POLYPTYQUE

DE

L'ABBÉ IRMINON

OU

DÉNOMBREMENT

DES MANSES, DES SERFS ET DES REVENUS

DE L'ABBAYE DE SAINT-GERMAIN-DES-PRÉS

SOUS LE RÈGNE DE CHARLEMAGNE

CHEZ

BENJAMIN DUPRAT, LIBRAIRE DE L'INSTITUT DE FRANCE,

DE LA BIBLIOTHÈQUE ROYALE DE PARIS ET DE LA SOCIÉTÉ ASIATIQUE DE LONDRES,

RUE DU CLOÎTRE-SAINT-BENOÎT, 7;

ET VIDECOQ PÈRE ET FILS, LIBRAIRES,

PLACE DU PANTHÉON, 1.

POLYPTYQUE

DE

L'ABBÉ IRMINON

OU

DÉNOMBREMENT

DES MANSES, DES SERFS ET DES REVENUS

DE L'ABBAYE DE SAINT-GERMAIN-DES-PRÉS

SOUS LE RÈGNE DE CHARLEMAGNE

PUBLIÉ

D'APRÈS LE MANUSCRIT DE LA BIBLIOTHÈQUE DU ROI

AVEC DES PROLÉGOMÈNES

POUR SERVIR À L'HISTOIRE DE LA CONDITION DES PERSONNES ET DES TERRES
DEPUIS LES INVASIONS DES BARBARES JUSQU'À L'INSTITUTION DES COMMUNES

PAR M. B. GUÉRARD

MEMBRE DE L'INSTITUT

———

TOME SECOND

POLYPTYQUE

PARIS

IMPRIMÉ PAR AUTORISATION DU ROI

A L'IMPRIMERIE ROYALE

M DCCC XLIV

INGENII. MAXIMI
LITTERIS. INTELLIGENTIAEQ. FATIS. INOPINIS. PRAEREPTI
AT. NIMIS. INCVRIOSI. FORTASSE. AVRAE. POPVLARIS
IDEOQ.
PRO. VNICA. INDOLIS. PRAESTANTIA. A. NEMINE. ADAEQVE. AESTIMATI
NISI. A. PAVCIS
VEL. ACADEMIAE. REGIAE. PARISIENSIS
CVIVS. DECVS. ERAT. ATQVE. ORNAMENTVM
VEL. INTIMORUM
QVIBVS. SERMONIS. PERPOLITI. VIRTVTVM. IVCVNDISSIMAE. CONSVETVDINIS
AETERNVM. DESIDERIVM. RELIQVIT

VIRI. SVMMI

ABELI. DE. REMUSAT

MEMORIAE

POLYPTYCHUM

IRMINONIS ABBATIS,

SIVE

LIBER CENSUALIS ANTIQUUS

MONASTERII SANCTI GERMANI PRATENSIS.

———⊷⊙⊙⊙⊶———

I. BREVE DE GAUGIACO[a].

———

1. Godeboldus, colonus sancti Germani, habet secum infantes II, his nominibus, Godelhildis, Amaltrudis; tenet mansum ingenuilem, habentem de terra arabili bunuaria VI, de vinea duas partes de aripenno, de prato dimidium aripennum. Facit inde in vinea aripennos III. Solvit de vino in pascione[b] II, pullos III, ova XV.

2. Walateus colonus et uxor ejus colona, nomine Framengildis, homines sancti Germani, habent secum[c] II, his nominibus Walantrudis, Madilindis; tenet mansum ingenuilem I, habentem de terra arabili bunuaria X. Solvit inde de vino in pascione modios II; facit in vinea aripennos IIII, manoperas, carroperas, caplim; pullos III, ova XV[d].

3. Gisleboldus, colonus sancti Germani; Ercamboldus colonus et uxor ejus colona, nomine Gisa, homines sancti Germani, habent secum infantes III, his

---

[a] Foliis primis ablatis, Codex noster hic titulum nullum præfert. — Foliorum ordinem, quemadmodum est in Codice, ad oram conjecimus.

[b] Omissa est vox *modios*.

[c] Adde, *infantes*.

[d] Subaudiendum, *solvit*.

1

nominibus, Saidra, Ercamberta, Hildegundis. Isti duo tenent mansum ingenuilem 1, habentem de terra arabili bunuaria viii, de vinea duas partes de aripenno, de prato aripennum 1. Solvunt similiter.

4. Stadius, colonus sancti Germani, tenet mansum ingenuilem 1, habentem de terra arabili bunuaria viii, de prato aripennum 1 et dimidium. Solvit similiter.

5. Acledulfus colonus et uxor ejus colona, nomine Winegardis, homines sancti Germani, habent secum infantes iiii, his nominibus, Hidulfus, Ragentrudis, Winegildis, Winegis; Lantbertus colonus et uxor ejus colona, nomine Ansberta, homines sancti Germani, habent secum infantes v, his nominibus, Lantbertus, Haltbertus, Waltbertus, Lantberta. Isti duo tenent mansum ingenuilem 1, habentem de terra arabili bunuaria x, de vinea aripennum 1, de prato aripennum 1. Solvunt similiter.

6. Dominicus servus et uxor ejus colona, nomine Landedrudis, homines sancti Germani, habent secum infantes iiii, his nominibus, Baldulfus, Bertraus, Liutardus, Grimharius; tenet mansum ingenuilem 1, habentem de terra arabili bunuaria vii, de vinea[a] duas partes de aripenno, de prato aripennum 1. Solvit similiter.

7. Leutharius, servus sancti Germani, tenet mansum servilem[b] 1, habentem de terra arabili bunuaria viii, de vinea dimidium aripennum, de prato dimidium aripennum. Solvit similiter.

8. Leutardus, servus sancti Germani, tenet mansum servilem 1, habentem de terra arabili bunuaria viii, de vinea dimidium aripennum, de prato dimidium aripennum. Solvit similiter.

9. Gerosmus, colonus sancti Germani, tenet mansum ingenuilem 1, habentem de terra arabili bunuaria vi, de vinea dimidium aripennum, de prato quartam partem de aripenno. Solvit similiter.

10. Godinus presbyter tenet mansum ingenuilem 1, habentem de terra arabili bunuaria xi, de vinea aripennum 1 et dimidium. Facit inde in vinea aripennos iiii. <small>Fol. 1 v°.</small>

11. Raintbertus, colonus sancti Germani, tenet dimidium mansum ingenuilem 1, habentem de terra arabili bunuaria v et dimidium. Facit inde in vinea aripennos ii; arat ad hibernatico[c] perticas ii, ad tremissem perticam 1; manoperas, carroperas; pullum 1 et dimidium cum ova.

12. Wintboldus, colonus sancti Germani, tenet dimidium mansum inge-

---

[a] Verba *de vinea* in Codice a librario oscitante bis continuatimque posita sunt.

[b] Pro voce *ingenuilem* manus paulo posterior scripsit *servilem*, ita tamen ut prior scriptura adhuc agnosci possit.

[c] Menda quæ magno numero grammaticæ adversantur, tollere longum, indicare in annotatione superfluum esset, præsertim quia scriptoris barbaries scripti nusquam mentem obscurat.

nuilem, habentem de terra arabili bunuaria vi, de vinea dimidium aripennum. Solvit similiter.

13. Acfredus lidus et uxor ejus colona, nomine Amaltrudis, homines sancti
Germani, habent secum infantem 1,
nomine Amalricus. Tenet mansum servilem 1, habentem de terra arabili bunuaria v. Facit inde in vinea aripennos
iii; pullos iii, ova xv; manoperas, caplim, ubi ei injungitur.

14. Alantcus lidus et uxor ejus colona,
nomine Ingberta, homines sancti Germani, habent secum infantes iii, his
nominibus, Ercamberta, Adalricus, Autbertus; Hairbertus lidus et uxor ejus lida,
nomine Godelindis, homines sancti
Germani, habent secum infantes iii,
his nominibus, Inilgaudus, Dodo, Hos-
toldus. Isti duo tenent mansum servilem
1, habentem de terra arabili bunuaria
vi et dimidium, de vinea aripennum 1,
de prato aripennum 1 et dimidium.
Facit in vinea aripennos iiii, manoperas, quantum ei jubetur; pullos iii,
ova xv.

15. Ragenulfus, colonus sancti Germani, et uxor ejus colona, nomine Ratrudis; Ragemboldus, colonus sancti
Germani. Isti duo tenent mansum servilem, habentem de terra arabili bunuaria
vi et dimidium, de prato aripennos iiii.
Solvit similiter*.

16. Restoldus, servus sancti Germani, tenet dimidium mansum servilem,
habentem de terra arabili bunuaria v,
de vinea duas partes de aripenno, de
prato aripennos ii. Arat perticas iii;
solvit multonem 1, pullum 1, ova v;
manoperas, carroperas, quantum ei
injungitur b.

17. Baldricus colonus et uxor ejus
colona, nomine Mauringa, homines
sancti Germani, habent secum infantes
ii, his nominibus, Vulfedrudis, Framberta. Tenet mansum dimidium servilem, habentem de terra arabili bunuaria v et dimidium. Facit inde in vinea
aripennos ii; pullum 1, ova v; manoperas, caroperas.

18. Caladulfus colonus et uxor ejus
colona, nomine Natalia, homines sancti
Germani, habent secum infantem 1,
nomine Nadaltrudis. Tenet dimidium
mansum ingenuilem, habentem de terra
arabili bunuaria ii et dimidium, de prato dimidium aripennum. Solvit inde
multonem 1, pullos iii, ova xv.

DE HOSPITIIS.

19. Landoinus colonus et uxor ejus
colona, nomine Handoildis, homines
sancti Germani, habent secum infantes
iii, his nominibus, Lantildis, Godelildis,
Salamonus. Tenet de terra arabili ant-

* Hic paragraphus manu paulo recentiore in ima pagina adjectus est. Litteræ tres extremæ nominis *Ratrudis* vocesque duæ *sancti Germani* notis tironianis scriptæ sunt.
b Hæc vox postrema item characteribus tironianis notatur.

1.

singas III. Facit inde in vinea aripennos II; pullos II, ova X.

20. Eureboldus, servus sancti Germani, tenet de terra arabili antsingas II; facit inde in unaquaque ebdomada diem I; pullum I, ova V.

21. Bertoinus colonus tenet ospitium; facit inde in unaquaque ebdomada diem I.

22. Godinus lidus et Natalidius tenent de terra arabili bunuaria IIII, de vinea aripennum I; facit inde in vinea aripennos II.

23. Adremarus, lidus sancti Germani, tenet de terra arabili bunuarium I, de vinea aripennum I, de prato aripennum I et dimidium; inde facit perticas II.

24. Frotgarius colonus tenet de terra arabili antsingam I; inde facit perticam I.

25. Siclebolda ancilla tenet de terra arabili bunuaria V, de vinea aripennum I; inde facit perticas IIII.

26. Godemarus colonus tenet de terra arabili bunuarium I et antsingas II, de vinea quartam partem de aripenno; inde facit in unaquaque ebdomada diem I, facit perticas IIII.

27. Dodo, colonus sancti Germani, tenet de terra arabili bunuaria II, de vinea duas partes de aripenno; inde facit perticas II; ad unum annum solidum I, ad alium denarius III; mano-

peras quantum ei injungitur; pullum I, ova V.

28. Agenulfus, colonus sancti Germani, tenet de terra arabili antsingam I, de vinea aripennum I, de prato dimidium aripennum; inde solvit de argento solidos IIII.

29. Teodradus, colonus sancti Germani, tenet de terra arabili dimidiam antsingam; facit in unaquaque ebdomada diem I; pullum I, ova V.

30. Teudhardus, colonus sancti Germani, tenet de terra arabili antsingam I; inde facit in unaquaque ebdomada diem I; pullum I, ova V.

31. Ansegarius colonus tenet de terra arabili bunuaria III; facit perticam I.

32. Leutgaudus colonus tenet de terra arabili antsingam I; inde facit in unaquaque ebdomada diem I; pullum I, ova V.

33. Ermentildis, colona sancti Germani, tenet de terra arabili antsingam I; fecit in unaquaque ebdomada diem I; pullum I, ova V.

34. Dalbertus, colonus sancti Germani, tenet de terra arabili antsingam I, inde facit tornatura.

35. Ermgaudus tenet hospitium; solvit inde in anno pullum I, ova V; facit in unaquaque ebdomada dies III.

36. Siclefredus colonus tenet de terra

arabili antsingas II; facit inde in unaquaque ebdomada dies III; pullum I, ova V.

37. Ansboldus lidus tenet hospitium I, habens de terra arabili antsingas II; inde solvit denarios III, pullum I,
ova V.

Fol. 2 v°. 38. Gautselmus colonus et uxor ejus
colona, nomine Ermina, homines sancti
Germani, habent secum infantes II, his
nominibus, Teodarus, Adalgundis; tenet
mansum ingenuilem I, habentem de
terra arabili bunuaria XII, de vinea
aripennos II, de prato aripennos III.
Facit inde perticas VI, corvadas; donat
parveretum; excepto, tenet de terra arabili bunuaria II.

39. Ratgis habet in beneficio mansos
ingenuiles III, habentes de terra arabili
bunuaria XXXVIII, de prato aripennos XIII
et dimidium, de vinea aripennos VI et
dimidium, de silva concidem parvam,
habentem bunuaria IIII.

40. Habet Teodradus in beneficio
mansos ingenuiles II et dimidium, habentem de terra arabili bunuaria XXX,

de vinea aripennum I, de prato aripennos V, de pastura bunuaria III; farinarium I, unde exiit in censum de annona modios XV et denarios III et auca
pasta II.

41. A...... [a] tenent mansum ingenuilem I, habentem de terra arabili
bunuaria XI, de vinea dimidium aripennum, de prato quartam partem de aripenno.

42. Habet in Gaugiaco [b] mansos inge- Fol. 3.
nuiles XCI, qui solvunt omni anno ad
hostem aut carra quattuor, aut boves XX,
aut de argento libras VIII; multones C,
ad tertium annum germgias LXXXVIII;
ad quartum annum porcos de denariis
quattuor LXXXVIII, et ad quintum annum
scindulas unusquisque C.

Habet ibi mansos inter ingenuiles et
serviles qui vineas faciunt XVIIII, qui solvunt de vino, si venerit in vineis, modios XXXVI; pullos CCCXXX, ova MDCL; de
capatico libras III, de pascione libram I
et solidos VIII.

Fiunt simul mansi CX [c].

---

[a] Deleta sunt nomina.

[b] Vulgo *Jouy en Josas*. V. Lebeuf, *Hist. du dioc. de Paris*, t. VII, p. 483 et sqq.

[c] Ex illis 110 mansis, quorum 91 ingenuiles, 19 serviles nominantur, hodie in Cod. nonnisi 12 dimidiusque ingenuiles et 4 serviles supersunt, in

summa, 16 mansi et dimidius; præter ingenuiles 5 cum dimidio, beneficii nomine collatos, aliumque ingenuilem unum cujuscumque census, saltem memorati, immunem. Exciderunt igitur paragraphi non pauciores quam 95, quibus mansus dominicus atque mansi censuales 93 cum dimidio describebantur.

II. BREVE DE PALATIOLO.

1. Habet in Palatiolo mansum dominicatum cum casa et aliis casticiis sufficienter.

Habet ibi de terra arabili culturas VI, quæ habent bunuaria CCLXXXVII, ubi possunt seminari de frumento modios MCCC; de vinea aripennos CXXVII, ubi possunt colligi de vino modios DCCC.

Habet de prato aripennos C, ubi possunt colligi de feno carra CL.

Habet ibi de silva, sicut æstimatur per totum in giro leuua I, ubi possunt saginari porci L.

Habet ibi farinarios III. Exiit inde in censum de annona modios CLIII.

Habet ibi ecclesiam[a] I, cum omni apparatu diligenter constructam. Aspiciunt ibi de terra arabili bunuaria XVII, de vinea aripennos V et dimidium, de prato aripennos III. Excepto, habet ibi mansum ingenuilem I, habentem de terra arabili bunuaria IIII et antsingas II, de vinea aripennum I et dimidium, de prato aripennos III. Habet ibi hospites VI, qui habent de terra arabili unusquisque jornalem I; inde faciunt in unaquaque ebdomada diem I; pullum I, ova V.

Habet aliam ecclesiam[b] in Gito, quem Warodus presbyter tenet. Aspiciunt ibi

hospites VII. Et habet, inter ipsum presbyterum et ejus hospites, de terra arabili bunuaria VI et dimidium, de vinea aripennos V, de prato aripennos V, de silva novella bunuarium I. Faciunt in unaquaque ebdomada diem I, si eos paverit. Pullum I, ova V et denarios IIII. Exiit inde in dona caballum I.

2. Walafredus, colonus et major, et uxor ejus colona, nomine Eudimia, homines sancti Germani, habent secum infantes II, his nominibus, Walahildis, Leutgardis. Tenet mansos ingenuiles II, habentes de terra arabili bunuaria VII, de vinea aripennos VI, de prato aripennos IIII. Solvit de unumquodque mansum bovem I; ad alium annum, soalem I; in ligncricia denarios IIII, de vino in pascione modios II, vervicem cum agno I. Arat ad hibernaticum perticas IIII, ad tremissem perticas II; corvadas, carroperas, manoperas, caplim, quantum ei jubetur; pullos III, ova XV.

3. Hairmundus colonus et uxor ejus colona, nomine Haldrada, homines sancti Germani, habent secum infantes V, his nominibus, Elisom, Hildegaudus,

---

[a] Ecclesia Palatioli, vulgo *Palaiseau*, sub invocatione S. Martini consecrata erat, ut vel nunc permanet. Vid. Lebeuf, *Hist. du Dioc. de Paris*, t. VIII, p. 2.

[b] Hanc alteram esse Vallis-Hellandi (vulgo *Vauhallan*) ecclesiam conjicit abbas Lebeuf, ibid. t. VIII, p. 512. Fortasse rectius vico vulgo *Gif* nominato eam vindicares.

Eliseus, Teudhildis, Hairiveo. Tenet mansum ingenuilem i, habentem de terra arabili bunuaria x, de vinea aripennos ii, de prato aripennum i et dimidium. Solvit similiter.

Fol. 4. 4. Turpius, colonus sancti Germani, habet secum infantes iii, his nominibus, Adaltrudis, Ermengauda, Adalsindis; Ragenulfus colonus et uxor ejus colona, nomine Adalburgs, homines sancti Germani, habent secum infantem i, nomine Ragenoldus. Isti duo tenent mansum ingenuilem i, habentem de terra arabili bunuaria iiii, de vinea aripennos ii, de prato aripennos ii. Solvunt similiter.

5. Sigoinus colonus et uxor ejus colona, nomine Ragenildis, homines sancti Germani, habent secum infantes ii, his nominibus, Ragenardus, Aitildis; Itharius colonus et uxor ejus colona, nomine Ardinga, homines sancti Germani, habent secum infantem i, nomine Adda. Isti duo tenent mansum ingenuilem i, habentem de terra arabili bunuaria xii, de vinea aripennos ii et dimidium, de prato aripennos ii et dimidium. Solvunt similiter.

6. Amalricus colonus et uxor ejus colona, nomine Ingardis, homines sancti Germani; Guntbertus colonus et uxor ejus colona, nomine Adalgaria, homines sancti Germani, habent secum infantes ii, his nominibus, Adreas, Adalgildis; Ermenoldus colonus et uxor ejus colona, nomine Cristoina, homines sancti Germani; Johannes colonus et

uxor ejus colona, nomine Siclehildis, homines sancti Germani, habent secum infantem i, nomine Elisabet. Isti quatuor tenent mansum ingenuilem i, habentem de terra arabili bunuaria xii, de vinea aripennos v, de prato aripennos iiii. Solvunt inde parveretum.

7. Johannes colonus et uxor ejus colona, nomine Balsma, homines sancti Germani; Madalulfus colonus et uxor ejus colona, nomine Eldrada, homines sancti Germani, habent secum infantes iiii, his nominibus, Arnulfus, Reudo, Adalgaria, Madalgudis. Isti duo tenent mansum ingenuilem i, habentem de terra arabili bunuaria ii et dimidium, de vinea aripennos ii, de prato aripennos ii. Solvunt similiter.

8. Aclehardus colonus et uxor ejus colona, nomine Teudhildis, homines sancti Germani, habent secum infantes v, his nominibus, Teuthardus, Sigebertus, Ingedrudis, Aclehardus, Aclehildis. Tenet mansum ingenuilem i, habentem de terra arabili bunuar.... et dimidiam antsingam, de vinea aripennum i et quartam partem de aripenno, de prato aripennos ii. Solvit similiter.

9. Sichardus colonus et uxor ejus colona, nomine Genovefa, homines sancti Germani, habent secum infantes ii, his nominibus, Echardus, Ebregrims. Tenet mansum ingenuilem i, habentem de terra arabili bunuaria ii et dimidiam antsingam, de vinea aripennum i et tres partes de aripenno, de prato aripennos iii. Solvit similiter.

10. Godalhardus colonus et uxor ejus colona, nomine Erlindis, homines sancti Germani, habent secum infantes IIII, his nominibus, Constantinus, Godelharius, Godelhildis, Godelberga. Tenet mansum ingenuilem I, habentem de terra arabili bunuaria III et antsingam I, Fol. 4 v°. de vinea aripennum I et dimidium, de prato aripennos III. Solvit similiter.

11. Trutgingus colonus et uxor ejus colona, nomine Salvia, homines sancti Germani, habent secum infantes III, his nominibus, Trutboldus, Odelhart, Godelindis. Tenet mansum ingenuilem I, habentem de terra arabili bunuaria III et antsingam I, de prato aripennos II, de vinea aripennos II. Solvit similiter.

12. Hildebertus colonus et uxor ejus colona, nomine Amalhildis, homines sancti Germani, habent secum infantem I, nomine Hildebert. Tenet mansum ingenuilem I, habentem de terra arabili bunuaria VI, de vinea aripennos II et dimidium, de prato aripennos II et dimidium. Solvit similiter.

13. Adalgrimus colonus et uxor ejus colona, nomine Rattrudis, homines sancti Germani, habent secum infantem I, nomine Gautmarus. Tenet mansum ingenuilem I, habentem de terra arabili bunuaria III, de vinea aripennum I, de prato aripennos II. Solvit similiter.

14. Ermenarius colonus et uxor ejus colona, nomine Teutberga, homines

sancti Germani, habent secum infantes II, his nominibus, Ermeharius, Ermedrudis. Tenet mansum ingenuilem I, habentem de terra arabili bunuaria III, de vinea aripennum I et dimidium, de prato aripennos II et dimidium. Solvit similiter.

15. Grimboldus, colonus sancti Germani, habet secum infantes III, his nominibus, Amalhildis, Ermentrudis, Wina; Hiltbertus colonus et uxor ejus colona, nomine Ragenildis, homines sancti Germani; Grimoldus sancti Germani *. Isti tres tenent mansum ingenuilem I, habentem de terra arabili bunuaria V, de vinea aripennos II, de prato aripennos IIII. Solvunt similiter.

16. Adalgrimus colonus et uxor ejus colona, nomine Ragenildis, homines sancti Germani, habent secum infantes V, his nominibus, Ragenoldus, Ansoinus, Adalgudis, Ragnois, Grima. Tenet mansum ingenuilem I, habentem de terra arabili bunuaria III et antsingam I et dimidiam, de vinea aripennum I et quartam partem de aripenno, de prato aripennum I. Solvit similiter.

17. Cristoinus colonus et uxor ejus colona, nomine Nolgia, homines sancti Germani, habent secum infantes IIII, his nominibus, Cristorius, Adalia, Cristoforus, Pura. Tenet mansum ingenuilem I, habentem de terra arabili bunuaria III, et antsingam I et dimidiam, de vinea aripennum I et quartam partem de ari-

* Omissa est vox *colonus*.

penno, de prato aripennum ɪ et quartam partem de aripenno. Solvit similiter.

18. Sichelmus colonus et uxor ejus, nomine Aitla, homines sancti Germani, habent secum infantes ɪɪ, his nominibus, Aitlandus, Sichildis; Ermengaudus, colonus sancti Germani. Isti duo tenent mansum ingenuilem ɪ, habentem de terra arabili bunuaria ɪɪɪ, de vinea aripennum ɪ et dimidium, de prato aripennos ɪɪ et dimidium. Solvunt similiter.

19. Teutbertus colonus et uxor ejus colona, nomine Ratgundis, homines sancti Germani, habent secum infantes ɪɪɪ, his nominibus, Rantgarius, Rantgis, Teutberta; Ebreharius, colonus sancti Germani. Isti duo tenent mansum ingenuilem ɪ, habentem de terra arabili bunuaria ɪɪɪ et dimidiam antsingam, de vinea aripennos ɪɪɪ, de prato aripennos ɪɪɪ. Solvunt similiter.

20. Maiulfus colonus et uxor ejus colona, nomine Ingalrada, homines sancti Germani, habent secum infantem ɪ, nomine Ingalberga; Gerulfus colonus et uxor ejus colona, nomine Ermoildis, homines sancti Germani, habent secum infantes ɪɪ, his nominibus, Gerardus, Geroardus. Isti duo tenent mansum ingenuilem ɪ, habentem de terra arabili bunuaria ɪɪɪɪ, de vinea aripennos ɪɪɪ, de prato aripennos ɪɪɪ. Solvunt similiter.

21. Alafredus colonus et uxor ejus colona, nomine Gerhildis, homines sancti Germani, habent secum infantes ɪɪɪɪ, his nominibus, Allo, Alaricus,

Alois, Arois. Tenet mansum ingenuilem ɪ, habentem de terra arabili bunuaria ɪɪɪ, et antsingam ɪ et dimidiam, de vinea aripennos ɪɪ, de prato aripennos ɪɪ et dimidium. Solvit similiter.

22. Hildeboldus colonus et uxor ejus colona, nomine Cristina, homines sancti Germani, habent secum infantes ɪɪɪ, his nominibus, Hildoardus, Hildebodus, Hildeberga. Tenet mansum ingenuilem ɪ, habentem de terra arabili bunuaria ɪɪɪ et dimidiam antsingam, de vinea aripennos ɪɪ, de prato aripennos ɪɪɪ. Solvit similer.

23. Eribrandus, colonus sancti Germani, habet secum infantes ɪɪɪ, his nominibus, Hildois, Hairberta, Autrannus; Grimoldus, colonus sancti Germani; Ermenfredus. Isti tres tenent mansum ingenuilem ɪ, habentem de terra arabili bunuaria ɪɪ, de vinea aripennos ɪɪɪɪ, de prato aripennos ᴠ. Solvunt similiter.

24. Aldingus, colonus sancti Germani; Wandalgarius colonus et uxor ejus colona, nomine Osanna, homines sancti Germani, habent secum infantes ɪɪ, his nominibus, Wanthildis, Winegildis. Isti duo tenent mansum ingenuilem ɪ, habentem de terra arabili bunuaria ɪɪɪ et dimidiam antsingam, de vinea aripennos ᴠ, de prato aripennos ᴠ. Solvunt similiter.

25. Adalelmus, colonus sancti Germani, tenet mansum ingenuilem ɪ, habentem de terra arabili bunuaria ᴠɪ, de

2

vinea aripennum I et dimidium, de prato aripennos II et quartam partem de aripenno. Solvìt similiter.

26. Hildegarius colonus et uxor ejus colona, nomine Agentrudis, homines sancti Germani, habent secum infantes II, his nominibus, Ermentarius, Altildis. Tenet mansum ingenuilem I, habentem de terra arabili bunuaria III, de vinea aripennos II et quartam partem de aripenno, de prato duas partes de aripenno. Solvit similiter.

27. Teudricus colonus et uxor ejus colona, nomine Adalsindis, homines sancti Germani, habent secum infantem I, nomine Gaugia; Teutbardus, colonus sancti Germani. Isti duo tenent mansum ingenuilem I, habentem de terra arabili bunuaria VIII, de vinea aripennos V, de prato aripennum I et duas partes de aripenno. Solvunt similiter.

28. Leutgarius colonus et uxor ejus colona, nomine Ermenildis, homines sancti Germani, habent secum infantem I, nomine Leutgaudus; Richarius, colonus sancti Germani. Isti duo tenent Fol. 5 v°. mansum ingenuilem I, habentem de terra arabili bunuaria III et dimidiam antsingam, de prato duas partes de aripenno. Solvunt similiter.

Non solvunt bovem, cetera similiter ipsi faciunt[a].

29. Bertraus colonus et uxor ejus

colona, nomine Idalia, homines sancti Germani, habent secum infantes III, his nominibus, Aclulfus, Aitardus, Idelindis; Nadalgarius colonus et uxor ejus colona, nomine Teutlindis, homines sancti Germani; Adericus colonus et uxor ejus colona, nomine Amalgaldis, homines sancti Germani, habent secum infantes III[b], his nominibus, Constantinus, Adaltrudis. Isti tres tenent mansum ingenuilem I, habentem de terra arabili bunuaria V, de vinea aripennos III, de prato aripennos II. Solvunt similiter.

30. Adrulfus colonus et uxor ejus colona, Aroïldis, homines sancti Germani, habent secum infantes VIII[c], his nominibus, Sigradus, Arois, Alois, Adaluinus, Aloardus, Adrehildis, Adaltrudis, Osanna, Adriïldis. Tenet mansum ingenuilem I, habentem de terra arabili bunuaria VII, de vinea aripennos II et dimidium, de prato aripennos II et dimidium. Solvit similiter.

31. Amalbertus colonus et uxor ejus colona, nomine Adaltrudis, homines sancti Germani, habent secum infantes IIII, his nominibus, Aredius, Haltbertus, Alaricus, Amalberga; Ansbertus colonus et uxor ejus colona, nomine Wandedrudis, homines sancti Germani, habent secum infantes III, his nominibus, Warimbertus, Hiltbertus, Wandalbertus; Ermenoldus colonus et uxor ejus colona, nomine Geirberta, homines sancti Germani, habent secum

---

[a] Voces extremæ litteris minutis excusæ, in Codice notis tironianis expressæ sunt.

[b] Nomen tertium non apparet.

[c] Liberi novem nominantur, non octo.

infantem I, nomine Ermenolt. Isti tres
tenent mansum ingenuilem, habentem
de terra arabili bunuaria VII, de vinea
aripennos II, de prato aripennos IIII.
Solvunt similiter.

3a. Amalgaudus colonus et uxor ejus
colona, nomine Auresma, homines
sancti Germani, habent secum infantes II, his nominibus, Amalgrat, Er-
mengaut. Tenet mansum ingenuilem I,
habentem de terra arabili bunuaria VII,
de vinea aripennos II, de prato aripennos II. Solvit similiter.

33. Ermbradus, colonus sancti Germani; Nadalradus colonus et uxor ejus
colona, nomine Segemberga, homines
sancti Germani habent secum infantes
II, his nominibus, Adalradus, Sigefre-
dus. Isti duo tenent mansum ingenuilem
I, habentem de terra arabili bunuaria II,
de vinea aripennos II et dimidium, de
prato aripennum I. Solvunt similiter.

34. Amalricus colonus et uxor ejus
colona, nomine Hincfreda, homines
sancti Germani; Landulfus colonus et
uxor ejus colona, nomine Ragentildis,
homines sancti Germani, habent secum
infantem I, nomine Ratbertus; Adrianus colonus et uxor ejus colona, nomine
Ingaltrudis, homines sancti Germani.
Isti tres tenent mansum ingenuilem I,
habentem de terra arabili bunuaria VI,
de vinea aripennos II et quartam partem
de aripenno, de prato aripennos II et
dimidium. Solvunt similiter.

' Tamen postea nominantur liberi septem.

35. Gairoinus, colonus sancti Ger- Fol. 6.
mani; Guntolandus colonus et uxor ejus
colona, nomine Adaltrudis, homines
sancti Germani; Guntarius colonus et
uxor ejus colona, nomine Gotbolda,
homines sancti Germani, habent secum infantem I, nomine Gotlanda. Isti
tres tenent mansum ingenuilem I, habentem de terra arabili bunuaria V, de
vinea aripennos II et dimidium, de
prato aripennum I et dimidium. Solvunt similiter.

36. Aclemandus colonus et uxor ejus
colona, cognomine Benina, homines
sancti Germani, habent secum infantes VI *, his nominibus, Beroldus, Benegarius, Euremodus, Audradus, Liutardus, Hairoardus, Adalberta; Ermenricus, colonus sancti Germani; Amicus,
colonus sancti Germani; Ratboldus colonus et uxor ejus colona, nomine Godina, homines sancti Germani, habent
secum infantes VI, his nominibus, Godinus, Leutboldus, Ansegarius, Siclebolda, Godelindis, Frothildis; Wineboldus colonus et uxor ejus colona,
nomine Ervina, homines sancti Germani, habent secum infantes IIII, his
nominibus Ragentelmus, Winerannus,
Wineberga, Wineburgs. Isti quinque
tenent mansum ingenuilem I, habentem
de terra arabili bunuaria VIII, de vinea
aripennos III, de prato aripennos II.
Solvunt similiter, et excepto parveretum de dimidio manso.

37. Godeboldus colonus et uxor ejus

2.

colona, nomine Ermentrudis, homines sancti Germani, habent secum infantes v, his nominibus, Frodinus, Hariberta, Altbertus, Ercantrudis, Hildegudis; Godinus colonus et uxor ejus colona, nomine Gundrada, homines sancti Germani, habent secum infantem I, nomine Mandisma. Isti duo tenent mansum ingenuilem I, habentem de terra arabili bunuaria VIII, de vinea aripennos II et dimidium, de prato aripennum I et dimidium. Solvunt similiter.

38. Ebrulfus colonus et uxor ejus ancilla, nomine Ermenildis, homines sancti Germani, habent secum infantes IIII, his nominibus, Merulfus, Berta, Dominica, Murna; Ermenoldus servus et uxor ejus colona, nomine Marta, homines sancti Germani, habent secum infantes IIII, his nominibus, Ermenbertus, Ardegarius, Ermenardus, Ingalsindis; Teutgardis, ancilla sancti Germani, habet secum infantem I, nomine Teutgaria. Isti tres tenent mansum ingenuilem I, habentem de terra arabili bunuaria IIII et antsingam I, de vinea aripennos IIII, de prato aripennos II. Faciunt in vinea aripennos VIII; solvunt de vino in pascione modios II, sinapi sestarios II.

39. Uldemarus colonus et uxor ejus colona, nomine Ermentildis, homines sancti Germani, habent secum infantes II, his nominibus, Ercanfredus, Ermengildis; Odelus, colonus sancti Germani, habet secum infantes II, his nominibus, Aregius, Adalardus. Isti duo tenent mansum ingenuilem I, habentem

de terra arabili bunuaria II et antsingas II, de vinea aripennos II. Solvunt similiter.

40. Salamon colonus et uxor ejus colona, nomine Frothildis, homines sancti Germani, habent secum infantes III, his nominibus, Ercanfredus, Sanson, Rotgarius. Tenet mansos ingenuiles II, habentes de terra arabili bunuaria IIII, de vinea aripennum I et duas partes de aripenno, de prato aripennum I et duas partes de aripenno. Solvit similiter, excepto bovem non solvit.

41. Riulfus servus et uxor ejus colona, nomine Hildenibia, homines sancti Germani, habent secum infantes II, his nominibus, Feregildis, Rectrudis. Tenet mansum ingenuilem I, habentem de terra arabili bunuarium I et antsingam I, de vinea aripennum I. Facit in vinea aripennos IIII; solvit de vino in pascione modium I, de sinapi sestarium I. Solvit similiter.

42. Hildegardis, colona sancti Germani, habet secum infantes II, his nominibus, Hardradus, Airhardus; Autbertus, colonus sancti Germani. Isti duo tenent mansum ingenuilem I, habentem de terra arabili bunuaria III et dimidiam antsingam, de vinea aripennos IIII, de prato aripennos v. Solvunt similiter.

43. Berneharius colonus et uxor ejus colona, nomine Framengildis, homines sancti Germani, habent secum infantes v, his nominibus, Framengarius, Bernegarius, Bernegildis, Bernoara,

Wistrildis. Tenet dimidium mansum, habentem de terra arabili bunuaria IIII, de vinea aripennum I et dimidium. Solvit demedietatem mansi.

44 et 45. [a] Bernehardus, colonus sancti Germani; Ansevoldus colonus et uxor ejus colona, nomine Beroildis, homines sancti Germani, habent secum infantes IIII [b], his nominibus, Ansegarius, Ansegaudus, Ansois; Adreharius colonus et uxor ejus colona, nomine Aclindis, homines sancti Germani, habent secum infantes III. Isti tres tenent mansum ingenuilem I, habentem de terra arabili bunuaria x, de vinea aripennum I, de prato aripennos II et dimidium. Solvunt similiter.

46. Landradus colonus et uxor ejus colona, nomine Ragamberta, homines sancti Germani, habent secum infantes II, his nominibus [c]; Ercamboldus, colonus sancti Germani, habet secum infantes II, his nominibus, Ernarius, Bertinga. Isti duo tenent mansum ingenuilem I, habentem de terra arabili bunuaria v, de vinea dimidium aripennum, de prato aripennum I et quartam partem de aripenno. Solvunt similiter.

47. Ragbertus colonus et uxor ejus colona, nomine Sichildis, homines sancti Germani, habent secum infantem I, nomine Sigeburgs. Tenet mansum ingenuilem I, habentem de terra arabili bunuaria VI, de vinea aripennum I. Solvit similiter.

48. Hairiboldus colonus et uxor ejus colona, nomine Bona, homines sancti Germani. Tenet mansum ingenuilem I, habentem de terra arabili bunuaria IIII, de vinea aripennum I et quartam partem de aripenno. Solvit similiter. ^{Fol. 7.}

49. Ermentarius colonus et uxor ejus colona, nomine Ermentrudis, homines sancti Germani; Germundus colonus et uxor ejus colona, nomine Hiltrudis, homines sancti Germani; habent secum infantem I, nomine Otmundus. Isti duo tenent mansum ingenuilem I, habentem de terra arabili bunuaria IIII, de vinea aripennum I et dimidium, de prato aripennum I et dimidium. Solvunt similiter.

50. Bovo, colonus sancti Germani, habet secum infantem I, nomine Fulcoinus; Aicfrida, colona sancti Germani, habet secum infantes III, his nominibus, Odelegius, Adalgis, Ermengaudus. Isti duo tenent mansum ingenuilem I, habentem de terra arabili bunuaria III et antsingam I. Solvunt similiter.

51. Gisleharius colonus et uxor ejus colona, nomine Agenildis, homines sancti Germani, habent secum infantes v, his nominibus, Gislehardus, Agena, Dominicus, Rotbertus, Frodeberga;

---

[a] Numeros duos præfert paragraphus.
[b] Liberi tres duntaxat nominantur.
[c] Abrasæ sunt voces duæ sequentes, nec tamen adeo ut Ernarii Bertingæque, liberorum Ercamboldi, nomina non facile perspiciantur. Ladradi vero filiorum nomina penitus prætermissa sunt.

Rotbertus colonus et uxor ejus colona, nomine Constantina, homines sancti Germani, habent secum infantem I, nomine Frodegardus. Isti duo tenent mansum ingenuilem I, habentem de terra arabili bunuaria III et antsingam I et dimidiam, de vinea aripennum I. Solvunt similiter.

52. Sigebertus, colonus sancti Germani ; Fredebertus, colonus sancti Germani. Isti duo tenent mansum ingenuilem I, habentem de terra arabili[a] III et dimidiam antsingam, de vinea aripennum I et dimidium, de prato aripennum I et dimidium. Solvunt similiter.

53 [et 54][b]. Adalelmus colonus et uxor ejus colona, nomine Osanna, homines sancti Germani, habent secum infantem I, nomine Altelmus; Aclemundus, colonus sancti Germani. Isti duo tenent mansum ingenuilem I, habentem de terra arabili bunuaria III et dimidiam antsingam, de prato aripennum I. Solvunt similiter.

55. Adalgrims colonus et uxor ejus colona, nomine Ermengildis, homines sancti Germani, habent secum infantes IIII, his nominibus, Teutgrims, Ermenarius, Madalbertus, Bartolomeus. Tenet mansum ingenuilem I, habentem de terra arabili bunuaria II et antsingam I et dimidiam, de prato aripennum I, de vinea aripennum I. Solvit similiter.

56. Sigoinus colonus et uxor ejus

colona, nomine Ingalrada, homines sancti Germani, habent secum infantes IIII, his nominibus, Magenulfus, Ingalrada, Adalrada, Waltrudis. Tenet mansum ingenuilem I, habentem de terra arabili bunuaria IIII et antsingas II, de vinea aripennum I, de prato aripennum I et dimidium. Solvit similiter.

57 et 58. Hildeboldus, colonus sancti Germani, habet secum infantem I, nomine Adalboldus; Winemarus colonus et uxor ejus colona, nomine Adalindis, homines sancti Germani, habent secum infantes II, his nominibus, Wineberga, Cristina. Isti duo tenent mansum ingenuilem I, habentem de terra arabili bunuaria IIII, de vinea aripennum I, de prato aripennum I. Solvunt similiter.

Fol. 7 v°.

59. Salamon, colonus sancti Germani, tenet mansum ingenuilem I, habentem de terra arabili bunuaria IIII et antsingas II, de vinea aripennos II, de prato aripennos II et dimidium. Solvit similiter.

60. Lantbertus colonus et uxor ejus colona, nomine Adalhildis, homines sancti Germani, habent secum infantem I, nomine Ermenarius. Tenet mansum ingenuilem I, habentem de terra arabili bunuaria II et antsingam I, de vinea aripennum I, de prato dimidium. Facit in vinea aripennos III. Solvit similiter.

61. Samuel colonus et uxor ejus co-

---

[a] Prætermissum *bunuaria*.

[b] Omissus est numerus 54.

lona, nomine Hairberta, homines sancti Germani, habent secum infantes II, his nominibus, Amalgildis, Adalhildis. Tenet mansum ingenuilem I, habentem de terra arabili bunuaria v et antsingam I et dimidiam, de vinea aripennum I, de prato aripennos II. Facit in vinea aripennos III.

62. Aclemundus colonus et uxor ejus colona, nomine Bertara, homines sancti Germani, habent secum infantes III, his nominibus, Ermundus, Osegarius, Osanna; Odelelmus colonus et uxor ejus colona, nomine Ermehildis, homines sancti Germani, habent secum infantes III, his nominibus, Richardus, Odelgardis, Odelgildis; Remcianus colonus et uxor ejus colona, nomine Adalgudis, homines sancti Germani, habent secum infantes II, his nominibus, Abraham, Ermedram. Isti tres tenent mansum ingenuilem I, habentem de terra arabili bunuaria v et antsingas II, de vinea aripennos II. Solvunt similiter.

63. Actoinus, colonus sancti Germani, tenet mansum ingenuilem I, habentem de terra arabili[a] IIII et antsingam I, de vinea quartam partem de aripenno, de prato aripennum I. Solvit similiter.

64. Aregius colonus et uxor ejus colona, nomine Landrada, homines sancti Germani, habent secum infantes III[b], his nominibus, Ingalbertus, Adalboldus; Paulus colonus et uxor ejus colo-

na, nomine Adalindis, homines sancti Germani. Isti duo tenent mansum ingenuilem I, habentem de terra arabili bunuaria VIII, de vinea quartam partem de aripenno, de prato aripennum I. Solvunt similiter.

65. Hildeboldus, colonus sancti Germani, habet secum infantes II, his nominibus, Hildegarius, Hildebertus; Paulinus colonus et uxor ejus colona, nomine Sichildis, habent secum infantes II, his nominibus, Sicharius, Amadildis; Benimius, colonus sancti Germani; Hiltbertus colonus et uxor ejus colona, nomine Aroildis, homines sancti Germani, habent secum infantem I, nomine Germanus. Isti quatuor tenent mansum ingenuilem I, habentem de terra arabili bunuaria x et dimidiam antsingam, de vinea aripennos II, de prato aripennum I. Solvunt similiter.

66. Gunthardus colonus et uxor ejus colona, nomine Frotlindis, homines sancti Germani, habent secum infantes Fol. 8. III, his nominibus, Electus, Winegarius, Guntharius; Sicharius, colonus sancti Germani. Isti duo tenent mansum ingenuilem I, habentem de terra arabili bunuaria III et antsingas II, de vinea aripennum I. Solvunt similiter.

67. Dominicus colonus et uxor ejus colona, nomine Winegildis, homines sancti Germani, habent secum infantem I, nomine Dodinus; Hildegaudus, colonus sancti Germani. Isti duo tenent

---

[a] *Bunuaria* prætermissum est.

[b] Nominantur tantum liberi duo.

mansum ingenuilem i, habentem de terra arabili bunuaria v et antsingas ii, de vinea aripennos ii, de prato aripennum i. Solvunt similiter.

68. Vulgoinus, colonus sancti Germani, habet secum infantes ii, his nominibus, Fulcranus, Elisom; Madaluinus, colonus sancti Germani; Aclulfus, colonus sancti Germani, habet secum infantes iiii, his nominibus, Aclemundus, Aclulfus, Wadegarus, Blathildis. Isti tres tenent mansum ingenuilem i, habentem de terra arabili bunuaria v et antsingas ii, de vinea aripennos ii, de prato aripennum i. Solvunt similiter.

69. Amalgaudus colonus et uxor ejus colona, nomine Aurisma, homines sancti Germani, habent secum infantes ii, his nominibus, Amalgardis, Ermengaudus. Tenet mansum ingenuilem i, habentem de terra arabili bunuaria x, de vinea aripennos iii, de prato aripennum i. Solvit similiter.

70. Sadraboldus et uxor ejus colona, nomine Grima, homines sancti Germani, habent secum infantes iii, his nominibus, Grimoldus, Teutlindis, Oliva. Tenet mansum ingenuilem i, habentem de terra arabili bunuaria iiii et antsingas ii, de vinea aripennos ii, de prato aripennum i. Solvit similiter.

71. Adalhildis, colonus sancti Germani, habet secum infantes ii, his nominibus, Haltbert, Adalhart. Tenet

mansum ingenuilem i, habentem de terra arabili bunuaria iiii, de vinea aripennos ii, de prato aripennum i. Solvit similiter.

72. Girboldus colonus et uxor ejus colona, nomine Authildis, homines sancti Germani, habent secum infantes iii, his nominibus, Rectrudis, Maria, Ragentildis. Tenet mansum ingenuilem i, habentem de terra arabili bunuaria iiii et antsingam i, de vinea tres partes de aripenno. Solvit similiter.

73. Gisoinus colonus et uxor ejus colona, nomine Frotlindis, homines sancti Germani, habent secum infantes iii, his nominibus, Josualis, Frothildis, Frotbolda. Tenet mansum ingenuilem i, habentem de terra arabili bunuaria v, de vinea aripennos ii. Solvit similiter.

73 bis[a]. Bernehardus et uxor ejus colona, nomine Hiltrudis, homines sancti Germani, habent secum infantes iii, his nominibus, Bernegarius, Hiltbert, Bertara. Habet tres partes de manso, habentes de terra arabili bunuaria iiii, de vinea aripennum i.

74. Acmirus colonus et uxor ejus Fol. 8 v°. colona, nomine Acledrudis, homines sancti Germani, habent secum infantes iiii[b], his nominibus, Aclemundus, Israhel, Ardulfus, Elisam, Daniel. Tenet mansum ingenuilem i, habentem de terra arabili bunuaria ii, de vinea aripennum i, de prato aripennum i; ex-

---

[a] Huic paragrapho numerus non ascriptus est.

[b] Liberi quinque nominantur.

cepto habet de terra arabili bunuaria III. Inde facit perticas VI, et solvit denarios IIII.

75. Frotfridus colonus et uxor ejus, nomine Ingaltrudis, homines sancti Germani, habent secum infantes II, his nominibus, Acfreda, Ingalsindis. Tenet mansum ingenuilem I, habentem de terra arabili bunuaria V, de vinea aripennos II et dimidium, de prato aripennum I. Solvit similiter.

76. Bertegarius colonus et uxor ejus libera, nomine Sigrida, habent secum infantes III, his nominibus, Bertingaudus, Paulus, Bertoildis. Tenet mansum ingenuilem I, habentem de terra arabili bunuaria IIII et antsingam I, de vinea aripennum I. Solvit similiter.

[77 et] 78ª. Bertgaudus colonus et uxor ejus colona; nomine Bernehildis, homines sancti Germani, habent secum infantes II, his nominibus, Bertingaudus, Bertegildis. Tenet mansum ingenuilem I, habentem de terra arabili bunuaria IIII, de vinea quartam partem de aripenno, de prato dimidium aripennum; excepto habet dimidium mansum, habentem de terra arabili bunuarium I, inde facit perticas III. Cetera similiter.

79. Winegardus; colonus [b], nomine Ragentildis, homines sancti Germani, habent secum infantes III, his nomini-

bus, Winegildis, Constantinus, Ragentrudis. Tenet mansum ingenuilem I, habentem de terra arabili bunuaria III et antsingas II, de vinea duas partes de aripenno. Solvit similiter.

80. Waldegaudus colonus et uxor ejus colona, nomine Aclehildis, homines sancti Germani, habent secum infantes II [c], his nominibus, Aclehardus, Waldegilgildis [d], Wandelgaudus, Winevoldus; Winevoldus, colonus sancti Germani. Isti duo tenent mansum ingenuilem I, habentem de terra arabili bunuaria III et antsingas II, de vinea dimidium aripennum. Solvunt similiter.

81. Idina, colona sancti Germani, tenet mansum ingenuilem I, habentem de terra arabili bunuaria IIII. Solvit similiter.

82. Ermengaudus et uxor ejus colona, nomine Ragentildis, homines sancti Germani, habent secum infantes V, his nominibus, Siclehardus, Ragentelmus, Ragenteus, Aclefredus, Ragamberga; Ermenbertus, colonus sancti Germani. Isti duo tenent mansum ingenuilem I, habentem de terra arabili bunuaria III et dimidiam antsingam, de vinea dimidium aripennum. Solvunt similiter.

[82 bis [e].] Widelfredus, colonus sancti

ª Prætermissus est numerus 77, ad oram vero notis tironianis adscriptum, *et dimidium.*

[b] Supple, *et uxor ejus colona.*

[c] Sequuntur tamen nomina quatuor.

[d] Legendum, *Waldegildis.*

[e] Loco numeri, voces *et dimidium* notis tironianis figuratæ in ora perspiciuntur.

Germani, tenet dimidium mansum, habentem de terra arabili bunuaria II. Facit sicut de dimidium mansum.

83. Ermenberga, colona sancti Germani, habet secum infantes IIII, his nominibus, Constantinus, Baldrannus, Dominicus, Beneventa. Tenet dimidium mansum, habentem de terra arabili bunuaria III, de vinea aripennum I. Facit sicut de dimidium mansum. Excepto tenet dimidium mansum, unde facit perticas III.

84. Hildradus, colonus sancti Germani, tenet mansum ingenuilem I, habentem de terra arabili bunuaria VII, de vinea aripennum I et dimidium, de prato aripennum I. Solvit similiter. Excepto tenet dimidium mansum, habentem de terra arabili antsingas IIII, inde facit perticas IIII[a].

85. Adalramnus, colonus sancti Germani, tenet mansum ingenuilem I, habentem de terra arabili bunuaria VII, de vinea aripennum I et dimidium, de prato aripennum I et dimidium. Solvit similiter.

86. Wineradus colonus et uxor ejus colona, nomine Oliva, homines sancti Germani, habent secum infantem I, nomine Adalgaria. Tenet mansum ingenuilem I, habentem de terra arabili bunuaria VI, de vinea aripennum I et dimidium, de prato aripennum I et dimidium. Solvit similiter.

87. Teudricus colonus et uxor ejus colona, nomine Ermenberta, homines sancti Germani, habent secum infantes IIII, his nominibus, Teuthardus, Ermentildis, Ermentarius, Teutbertus. Tenet mansum ingenuilem I, habentem de terra arabili bunuaria VII, de vinea aripennum I et dimidium, de prato aripennum I et dimidium. Solvit similiter.

88. Bertveus colonus et uxor ejus colona, nomine Eriberta, homines sancti Germani, habent secum infantes V[b], his nominibus, Autbertus, Bertrannus, Acbertus, Amalbertus, Ermentildis, Bertimia. Tenet mansum ingenuilem I, habentem de terra arabili bunuaria VII, de vinea aripennum I et duas partes de aripenno. Solvit similiter.

89. Aldegarius colonus et uxor ejus colona, nomine Berta, homines sancti Germani, habent secum infantem I, nomine Aldedrudis. Tenet mansum ingenuilem I, habentem de terra arabili bunuaria VII, de vinea dimidium aripennum, de prato aripennum I et dimidium. Solvit similiter.

90. Johannes, colonus sancti Germani, habet secum infantes V[c], his nominibus, Hildegarius, Elegius, Johanna, Elegia. Tenet mansum ingenuilem I, habentem de terra arabili bunuaria V, de vinea aripennum I et dimidium, de prato aripennos III et dimidium. Solvit similiter.

---

[a] In ora legitur *dimidium* item notis tironianis exaratum.

[b] Nominantur liberi sex.
[c] Quatuor tantum nominantur.

Fol. 9.

91. Bertfredus colonus et uxor ejus colona, nomine Ragamberta, homines sancti Germani, habent secum infantes II, his nominibus, Nadalberga, Teudricus; Dodeus, colonus sancti Germani; Electelmus, colonus sancti Germani. Isti tres tenent mansum ingenuilem I, habentem de terra arabili bunuaria II et antsingas II, de vinea aripennum I et dimidium, de prato aripennum I et quartam partem de aripenno. Solvunt similiter.

92. Leutfridus, colonus sancti Germani; Sicleboldus, colonus sancti Germani. Isti duo tenent mansum ingenuilem I, habentem de terra arabili bunuaria IIII, de vinea aripennum I et dimidium, de prato aripennos II et dimidium. Solvunt similiter.

93. Bernoinus, colonus sancti Germani, habet secum matrem suam et fratrem suum. Tenet mansum ingenuilem I, habentem de terra arabili bunuaria II et dimidium, de vinea dimidium aripennum, de prato aripennum I. Solvit similiter.

94. Adalgis, colona sancti Germani, tenet mansum ingenuilem I, habentem de terra arabili bunuaria III, de vinea tertiam partem de aripenno, de prato aripennum I. Solvit similiter.

95. Hildegaudus colonus et uxor ejus colona, nomine Baldegildis, ho-

mines sancti Germani, habent secum infantes v, his nominibus, Hildelindis, Baldinga, Hildegildis, Bertimia[a]; Hildegarius, colonus sancti Germani. Isti duo tenent mansum ingenuilem I, habentem de terra arabili bunuaria II, de vinea dimidium aripennum, de prato aripennum I. Solvunt similiter.

96. Leutharius colonus et uxor ejus colona, nomine Siclebolda, homines sancti Germani, habent secum infantes III, his nominibus, Acleharius, Leuthadus, Leutardus. Tenet mansum ingenuilem I, habentem de terra arabili bunuaria II et dimidium, de vinea tertiam partem de aripenno, de prato aripennum I. Solvit similiter.

97. Richardus colonus et uxor ejus colona, nomine Acledrudis, homines sancti Germani, habent secum infantes II, his nominibus, Leutgaudus, Adrehildis. Tenet mansum ingenuilem I, habentem de terra arabili bunuaria II, de prato dimidium aripennum. Solvit similiter.

[97 bis[b].] Adremarus, colonus sancti Germani, tenet dimidium mansum, habentem de terra arabili antsingam I et dimidiam, de vinea quartam partem de aripenno, de prato dimidium aripennum. Facit sicut de dimidio manso.

98. Frotboldus colonus et uxor ejus colona, nomine Ragentildis, homines

Fol. 9 v°.

[a] Nomen quintum non apparet.
[b] Huic paragrapho numerus nullus ascriptus est, sed vox *dimidium* notis tironianis exarata in ora conspicitur.

3.

sancti Germani, habent secum infantes
III, his nominibus, Aclefredus, Frotlindis, Ermenildis. Tenet mansum ingenuilem I, habentem de terra arabili
bunuaria II, de vinea dimidium aripennum, de prato duas partes de aripenno.
Solvit similiter.

99. Raganfredus colonus et uxor
ejus colona, nomine Ermenbolda, homines sancti Germani. Tenet mansum
ingenuilem I, habentem de terra arabili bunuaria III, de vinea aripennum I,
de prato aripennum I et tertiam partem
de aripenno. Solvit similiter.

100. Grama, colona sancti Germani, habet secum infantes III, his nominibus, Grimoldus, Grimhardus, Gair-
berga; Gaudimia, colona sancti Germani, habet secum infantes IIII, his
nominibus, Gautselmus, Guntarius,
Teodaldus, Ermenildis. Isti duo tenent
mansum ingenuilem I, habentem de
terra arabili bunuaria II, de vinea dimidium aripennum, de prato aripennum I
et duas partes de aripenno. Solvunt
similiter.

101. Adalharius, colonus sancti
Germani, habet secum sororem suam,
nomine Landrada. Tenet mansum ingenuilem I, habentem de terra arabili
bunuarium I et dimidium, de vinea dimidium aripennum, de prato aripennum I. Solvit similiter.

102. Wintbertus colonus et uxor
ejus colona, nomine Bertla, homines
sancti Germani, habent secum infantes

III, his nominibus, Bertgarius, Adalsada, Ragambolda. Tenet mansum ingenuilem I, habentem de terra arabili
bunuaria II et antsingas II, de vinea
quartam partem de aripenno, de prato
quartam partem de aripenno. Solvit
similiter.

103. Ardricus, colonus sancti Germani, tenet mansum ingenuilem I,
habentem de terra arabili bunuaria II et
antsingas II, de vinea quartam partem
de aripenno, de prato quartam partem
de aripenno. Solvit similiter.

104. Godaldus, colonus sancti Germani; Cesarius, colonus sancti Germani. Isti duo tenent mansum ingenuilem I, habentem de terra arabili
bunuaria II et dimidium, de vinea aripennum I et dimidium. Solvunt similiter.

105 et 106. Maurontus colonus et
uxor ejus colona, nomine Adalgildis,
homines sancti Germani, habent secum
infantes V, his nominibus, Adalgudis,
Raganfredus, Adalgis, Adalgarius, Ragambertus; Wilharius colonus et uxor
ejus colona, nomine Odelhildis, homines sancti Germani. Isti duo tenent
mansum ingenuilem I, habentem de
terra arabili bunuaria II et antsingam I,
de vinea aripennum I, de prato dimidium aripennum. Solvunt similiter.

107. Ermenfredus, colonus sancti
Germani, tenet mansum ingenuilem I,
habentem de terra arabili bunuaria III
et dimidium, de vinea aripennum I, de
prato aripennum I. Solvit similiter.

108. Acharius, servus sancti Germani; Ermenoldus servus et uxor ejus colona, nomine Amalfrida, homines sancti Germani, habent secum infantes IIII, his nominibus, Ermenoldus, Hildegarius, Amalfredus, Artcarius. Isti duo tenent mansum ingenuilem I, habentem de terra arabili antsingas IIII, de vinea aripennum I. Solvunt similiter.

109. Melgius, colonus sancti Germani, habet secum infantem I, nomine Bertradus; Berta, colona sancti Germani, habet secum infantes IIII, his nominibus, Ermenardus, Ermengildis, Bertrada, Ermenricus. Isti duo tenent mansum ingenuilem I, habentem de terra arabili bunuaria II, de vinea aripennum I, de prato quartam partem de aripenno. Solvunt similiter.

110. Elegandus servus et uxor ejus colona, nomine Gregoria, homines sancti Germani, habent secum infantes V, his nominibus, Winegaudus, Electrudis, Genovefa, Hildegildis, Hildegerus. Tenet mansum ingenuilem I, habentem de terra arabili bunuaria XIIII, de vinea aripennos III, de prato aripennum I. Faciunt in vinea aripennos IIII; solvunt de vino in pascione modium I, de sinapi sestarium I[a].

Fol. 10 v°.

111. Jagobus, colonus sancti Germani; Gausbertus, colonus et uxor ejus colona, nomine Ercamberta, homines sancti Germani, habent secum infantes III, his nominibus, Eriveus, Gotberga, Ercamberta; Adalsadus colonus et uxor ejus colona, nomine Gaustrudis, homines sancti Germani; Wandelindsi, colona sancti Germani, habet secum infantes IIII, his nominibus, Stratarius, Achildis, Wandalgarius, Dominica. Isti quatuor tenent mansum ingenuilem I, habentem de terra arabili bunuaria XII, de vinea aripennum I, de prato aripennos III. Solvunt similiter.

112. Ercanoldus colonus et uxor ejus colona, nomine Aregildis, homines sancti Germani, habent secum infantes IIII, his nominibus, Aregius, Adreveus, Ercanricus, Ardegildis; Vulfradus colonus et uxor ejus colona, nomine Hildegardis, homines sancti Germani; Arcoinus, colonus sancti Germani; Ercantrudis, colona sancti Germani, habet secum infantes III, his nominibus, Ercanarius, Actardus, Maitelmus. Isti quatuor tenent mansum ingenuilem I, habentem de terra arabili bunuaria V, de vinea aripennos II et dimidium, de prato aripennos III. Solvunt similiter.

————

1. Maurus servus et uxor ejus libera, nomine Aclehildis, homines sancti Germani, habent secum infantes II, his nominibus, Aldeberga, Amaltrudis; Guntoldus, colonus sancti Germani. Isti duo tenent mansum servilem I, habentem de terra arabili bunuaria II, de vinea aripennos II et

[a] Notæ tironianæ ad oram conjectæ hæc habent: *Isti non solvunt bovem.*

dimidium, de prato aripennum ɪ et
dimidium. Inde faciunt in vinea aripennos vɪɪɪ; solvunt de vino in pascione
modios ɪɪɪɪ, sinapi sestarios ɪɪ, pullos ɪɪɪ, ova xv; manoperas, corvadas,
caroperas.

[ɪ bisᵃ.] Leodardus, lidus sancti Germani, tenet quartam partem de manso,
habentem de terra arabili bunuaria ɪɪ,
de vinea dimidium aripennum; inde
facit in vinea aripennos ɪɪɪɪ; solvit de
vino in pascione modium ɪ, sinapi sestarium ɪ, pullum ɪ, ova v.

2. Nadalfredus servus et uxor ejus
colona, nomine Aregia, homines sancti
Germani, habent secum infantes ɪɪɪ,
his nominibus, Nadalgarius, Aregildis,
Amalricus; Electulfs servus et uxor
ejus colona, nomine Wilehildis, homines sancti Germani, habent secum infantes ɪɪɪ, his nominibus, Musca, Electa,
Teutburgs; Teodoinus servus et uxor
ejus colona, nomine Wileberga, homines sancti Germani. Isti tres tenent
mansum servilem ɪ, habentem de terra
arabili bunuarium ɪ, de vinea aripennum ɪ, de prato dimidium. Faciunt in
vinea aripennos vɪɪɪ, solvunt de vino in
pascioneᵇ ɪɪɪ, sinapi sestarios ɪɪɪ.

3. Macianus servus et uxor ejus
colona, nomine Gislara, homines sancti
Germani. Tenet mansum servilem ɪ,
habentem de terra arabili bunuaria ɪɪ,
de vinea aripennum ɪ, de prato quartam partem de aripenno. Inde facit in

vinea aripennos ɪɪɪɪ; solvit de vino in
pascione modium ɪ, sinapi sestarium ɪ.

4. Hildegilus colonus et uxor ejus
colona, nomine Odelgildis, homines
sancti Germani, habent secum infantes
ɪɪ, his nominibus, Hildebertus, Mag-
dalena; Adalharius, servus sancti Germani. Isti duo tenent mansum servilem ɪ,
habentem de terra arabili antsingas ɪɪ,
de vinea duas partes de aripenno. Faciunt inde in vinea aripennos ɪɪɪɪ; solvunt de vino in pascione modium ɪ, de
sinapi sestarium ɪ.

5. Hiltbertus servus et uxor ejus
colona, nomine Audrada, homines
sancti Germani, habent secum infantem ɪ, nomine Hiltbodus. Tenet mansum servilem ɪ, habentem de terra arabili antsingam ɪ et dimidiam, de vinea
dimidium aripennum. Facit in vinea
aripennos ɪɪɪɪ; solvit de vino in pascione modium ɪ, de sinapi sestarium ɪ.

DE CAPATICO.

[ᴬᶜ.] Samanildis solvit denarios ɪɪɪɪ;
Geroïldis similiter; Hildrada similiter;
Agenteus similiter; Elegius similiter;
Hidoinus similiter; Ragamboldus similiter; Gisleboldus similiter; Ermenildis
similiter; Pelagia similiter; Gislildis similiter; Ermentarius similiter; Achardus similiter; Ermenoldus similiter;
Teutlindis similiter; Grimoinus simili-

ᵃ Numerus paragraphi deest.
ᵇ Supple, modios.

ᶜ Paragraphis sequentibus neque numerus præfi-
gitur neque littera.

Fol. 11.

ter; Godalricus similiter; Gaudimia similiter; Aclebolda similiter; Betta similiter; Auttrudis similiter; Radoenus similiter; Ingboldus similiter; Hairiberta similiter; Aclufus similiter; Flodoinus similiter.

ISTI JURAVERUNT.

[B.] Walafredus major, Adrulfus, Acmerus, Hildeboldus, Jacob, Albericus, Sichardus, Alafredus, Trutgingus, Uldemarus, Aclemans, Maurantus, Ul-

fardus, Bildradus, Winegardus, Frotfredus, Adalharius, Berengarius, Johannes, Raganfredus, Vuntbertus.

c. Habet in Palatiolo mansos inge- Fol. 11 v°. nuiles CVIII, qui solvunt omni anno ad hostem carra VI, ad tertium annum sogales CVIII, ad alterum annum vervices cum agnis CVIII, de vino in pascione modios CCXL, de argento in lignericia solidos XXXV, pullos CCCL, ova MDCCL, de capatico solidos VIII.

Fiunt simul mansi inter ingenuiles et absos et serviles CXVII.

III. BREVE DE CELLA EQUALINA.

1. Habet in Cella Equalina[a] mansum dominicatum cum casa et aliis casticiis sufficienter. Habet ibi culturas VIII, quæ habent bunuaria LXV, quæ possunt seminari de frumento modios CCC. Habet ibi de vinea aripennum I et dimidium, de novella aripennos XIII, de prato aripennos XXXVIII. Habet ibi de silva in totum gyro leoas V, ubi possunt saginari porci mille. Habet ibi farinarios II; exiit inde in censo de anona modios XXVII, de argento solidum I.

Habet ibi aecclesias duas[b] cum omni aparatu diligenter constructas. Aspiciunt ibi de terra arabili bunuaria X, de vinea dimidium aripennum, de prato aripennos II. Excepto habet ibi mansos ingenuiles II, habentem de terra arabili bunuaria X, de vinea aripennum I et quartam partem de aripenno, de prato aripennos II.

2. Arnulfus colonus et uxor ejus colona, nomine Farberta, homines sancti Germani, habent secum infantes VI, his nominibus, Guntbertus, Farbertus, Elianta, Gerburc, Alboelt, Gerlaus; Gausbertus, colonus sancti Germani, habet secum infantes IIII, his

nominibus, Gunsoinus, Ernoldus, Guntfredus, Gunsoïldis. Isti duo tenent mansum ingenuilem I, habentem de terra arabili bunuaria XI, de vinea dimidium aripennum, de prato aripennos II. Solvunt ad hostem de argento solidos II, ad alium annum solidum I; solvunt in pascione denarios IIII; arant ad hibernaticum perticas IIII, ad tremissum perticas II; ad nativitatem Domini fossorium I, pullos III, ova XV; corvadas, carroperas, manoperas, caplim, quantum eis injungitur.

3. Ermenarius colonus et uxor ejus colona, nomine Gerlindis, homines sancti Germani, habent secum infantes III, his nominibus, Otgarius, Osgarius, Ermenarius; Rantgarius colonus et uxor ejus colona, nomine Ragambolda, homines sancti Germani, habent secum infantem I, nomine Radulfus. Isti duo tenent mansum ingenuilem I, habentem de terra arabili bunuaria X, de vinea dimidium aripennum, de prato ari- pennum I. Solvunt similiter.

4. Giroldus colonus et uxor ejus colona, nomine Gundoïldis, homines

---

[a] Vulgo *la Celle les Bordes*, vicus in silva Equilina (*la forêt d'Iveline*) ad lapidem nonum Dordingo, septentrionem versus.

[b] Ecclesia altera Cellæ Equilinæ sancto Germano consecrata est, altera vero in Bordis, vulgo *les Bordes*, viculo juxta Cellam, inter aquilonem et eurum, sub titulo sancti Joannis olim erat posita. Lebeuf, *Hist. du dioc. de Paris*, t. VIII, p. 174.

sancti Germani, habent secum infantes IIII, his nominibus, Girhaus, Geringus, Grimboldus, Ermenildis; Gairbertus colonus et uxor ejus colona, nomine Artemia, homines sancti Germani, habent secum infantes IIII, his nominibus, Germarus, Gerelmus, Aldina, Gerberga. Isti duo tenent mansum ingenuilem I, habentem de terra arabili bunuaria VI et dimidium, de prato duas partes de aripenno. Solvunt similiter.

5. Waldegarius colonus et uxor ejus colona, nomine Altgeberga, homines sancti Germani, habent secum infantes III, his nominibus, Haltgebert, Wanegarius, Heldegernus; tenent mansum ingenuilem I, habentem de terra arabili bunuaria VI, de vinea dimidium aripennum, de prato aripennum I. Solvit similiter.

6. Waltarius, colonus sancti Germani; Wandremarus, colonus sancti Germani. Isti duo tenent mansum ingenuilem I, habentem de terra arabili bunuaria VI. Solvunt similiter.

7. Edenultf colonus et uxor ejus colona, nomine Acleberta, homines sancti Germani, habent secum infantem I, nomine Edenelt; tenent mansum ingenuilem I, habentem de terra arabili bunuaria VI. Solvit similiter.

8. Teutfredus colonus et uxor ejus colona, nomine Fulca, homines sancti Germani, habent secum infantes VI, his

nominibus, Seats, Teodarus, Suspecta, Gisledrudis, Teodara; tenent mansum ingenuilem I, habentem de terra arabili bunuaria VII, de vinea quartam partem de aripenno, de prato aripennos III. Solvit similiter.

9. Teodo colonus et uxor ejus colona, nomine Ilaria, homines sancti Germani, habent secum infantes III, Grimaldus, Teutmarus, Deodatus[a]; tenent ingenuilem mansum, habentem de terra arabili bunuaria XI, de vinea quartam partem de aripenno, de prato aripennos III. Solvit similiter.

10. Gyroardus colonus et uxor ejus lida, nomine Odelberga, homines sancti Germani, habent secum infantem I, nomine Baldoarium. Tenet dimidium mansum, habentem de terra arabili bunuaria IIII. Solvit sicut de dimidio manso.

11. Haldegarius, colonus sancti Germani, tenet mansum ingenuilem I, habentem de terra arabili bunuaria IIII, de vinea aripennum I, de prato aripennum I. Solvit similiter.

12. Waltadus colonus et uxor ejus colona, nomine Ermengardis, homines sancti Germani, habent secum infantes VI, his nominibus, Waltismus, Warnadus, Waltrudis, Aldinga, Ermengildis, Baldoina; tenent mansum ingenuilem I, habentem de terra arabili bunuaria III et antsingam I, de vinea dimidium ari- Fol. 13.

---

[a] Nomen unicum quod antea legebatur, manus paululum recentior abrasit ut ista tria insereret.

pennum, de prato dimidium aripennum.
Solvit similiter.

13. Grimboldus colonus et uxor
ejus colona, nomine Hadelindis, homines sancti Germani, habent secum infantes vi, his nominibus, Grimoldus,
Hildemarus, Grimberga, Aldeildis, Hade-
na, Erlindis; tenent dimidium mansum,
habentem de terra arabili bunuaria iiii,
de vinea quartam partem de aripenno,
de prato dimidium aripennum. Solvit
sicut de dimidio manso.

14. Siclebertus colonus et uxor ejus
colona, nomine Adrehildis, homines
sancti Germani, habent secum infantes
iii, his nominibus, Givraus, Adremarus, Adalberta; tenent mansum ingenuilem i, habentem de terra arabili
bunuaria iiii, de vinea aripennum i et
dimidium, de prato dimidium aripennum. Solvit similiter. Excepto tenet dimidium mansum, habentem de terra
arabili bunuaria ii, de prato dimidium
aripennum; facit sicut de dimidio manso.

15. Lantharius servus et uxor ejus
colona, homines sancti Germani, tenent dimidium mansum, habentem de
terra arabili bunuarium i et dimidium,
de prato aripennos ii et dimidium. Facit
sicut de dimidium mansum.

16. Droctboldus, colonus sancti Germani; Ogtardus colonus et uxor ejus
colona, nomine Elisanna, homines
sancti Germani, habent secum infantes
iiii, his nominibus, Framtrudis, Ermenfredus, Ermengarius, Sonhada. Isti

duo tenent mansum ingenuilem i, habentem de terra arabili bunuaria iiii, de
vinea dimidium aripennum, de prato aripennum i et dimidium. Solvunt similiter.

17. Johanes tenet mansum ingenuilem i, habentem de terra arabili bunuaria vi, de prato dimidium aripennum. Solvit similiter.

18. Lantbertus, colonus sancti Germani; Gislemundus, colonus sancti
Germani. Isti duo tenent dimidium
mansum, habentem de terra arabili
bunuaria iii, de prato dimidium aripennum. Facit sicut de dimidio manso.

19. Aldegarius colonus et uxor
ejus colona, nomine Orienta, homines
sancti Germani, habent secum infantes vi,
his nominibus, Adalgudis, Ragenildis,
Grimoildis, Adalhildis, Waldinus, Ragenulfus; tenent mansum ingenuilem i,
habentem de terra arabili bunuaria v, de
prato duas partes de aripenno. Solvit
similiter.

20. Fulcardus, colonus sancti Ger- ^{Pol. 13 v°.}
mani; Waralenus colonus et uxor ejus
colona, nomine Eda, homines sancti
Germani, habent secum infantes iii, his
nominibus, Edus, Waltrudis, Alexandra. Isti duo tenent mansum ingenuilem i, habentem de terra arabili bunuaria xi, de vinea aripennum i et
dimidium, de prato aripennos vi. Solvunt similiter.

21. Sointhadus colonus et uxor ejus
lida, nomine Teutberga, homines

sancti Germani, habent secum infantes II, his nominibus, Wiltrudris, Sointhada ; Adremarus colonus et uxor ejus colona, nomine Osgildis, homines sancti Germani, habent secum infantes II, his nominibus, Adalsundis, Ercamarus. Isti duo tenent mansum ingenuilem I, habentem de terra arabili bunuaria IIII, de vinea aripennum I et dimidium, de prato aripennos III. Solvunt similiter.

22. Nortmannus colonus et uxor ejus colona, nomine Giulindis, homines sancti Germani, habent secum infantes VI, his nominibus, Sicledrudis, Sicleramna, Girlaus, Siclehildis, Girberga, Restadus; tenent mansum ingenuilem I, habentem de terra arabili bunuaria XI, de vinea aripennum I, de prato aripennos II. Solvit similiter.

23. Hincbertus, colonus sancti Germani; Hildevoldus colonus et uxor ejus colona, nomine Gislera, homines sancti Germani. Isti duo tenent mansum ingenuilem I, habentem de terra arabili bunuaria XII, de vinea dimidium aripennum. Solvunt similiter.

24. Agembertus colonus et uxor ejus colona, nomine Arcantildis, homines sancti Germani. Tenet dimidium mansum, habentem de terra arabili bunuaria IIII. Facit sicut de dimidio manso.

25. Ricboldus colonus et uxor ejus

colona, nomine Altchildis, homines sancti Germani, habent secum infantes III*, his nominibus, Ricberga, Alsindis, Oldilga, Waldo; tenent mansum ingenuilem I, habentem de terra arabili bunuaria VIII, de vinea quartam partem de aripenno. Solvit similiter.

26. Girfredus colonus et uxor ejus colona, nomine Alexandra, homines sancti Germani, habent secum infantem I, nomine Boecius. Tenet dimidium mansum, habentem de terra arabili bunuaria V, de vinea dimidium aripennum, de prato pertica I. Facit sicut de dimidio manso.

27. Benegarius colonus et uxor ejus colona, nomine Aldeverta, homines sancti Germani, habent secum infantem I, nomine Nadalfredus; Nodalbertus colonus et uxor ejus colona, nomine Ermenildis, homines sancti Germani, habent secum infantes III, his nominibus, Orsbertus, Ermenoldus, Ermensindis. Isti duo tenent mansum ingenuilem I, habentem de terra arabili bunuaria V, de vinea aripennum I, de prato aripennum I. Solvunt similiter.

28. Deodulfus colonus et uxor ejus colona, nomine Gendrada, homines sancti Germani, habent secum infantem I, nomine Deodoinus; Adalbertus, colonus sancti Germani. Isti duo tenent mansum ingenuilem I, habentem de terra arabili bunuaria XV, de vinea

Fol. 14.

* Sequuntur nomina quatuor.

4.

dimidium aripennum, de prato aripennos III. Solvunt similiter.

29. Mauriciolus colonus et uxor ejus, nomine Godila, homines sancti Germani, habent secum infantes II, his nominibus, Sointhildis, Ermentrudis; Adalhardus, colonus sancti Germani. Isti duo tenent mansum ingenuilem I, habentem de terra bunuaria VIII, de vinea duas partes de aripenno, de prato aripennos IIII. Solvunt similiter.

30. Ingoinus, colonus sancti Germani; Hincharius colonus et uxor ejus colona, nomine Saroildis, homines sancti Germani, habent secum infantes II, his nominibus, Saroinus, Gislebertus. Isti duo tenent mansum ingenuilem I, habentem de terra arabili bunuaria IIII, de vinea aripennum I, de prato aripennos III. Solvunt similiter.

31. Acco colonus et uxor ejus colona, nomine Waltildis, homines sancti Germani, habent secum infantes V[a], his nominibus, Electeus, Adaloldus, Nadalgarius, Rachildis, Ermemberta, Landradus; tenent mansum ingenuilem I, habentem de terra arabili bunuaria VII, de vinea dimidium aripennum. Solvit similiter.

32. Stratarius, colonus sancti Germani; Ragenoldus, colonus sancti Germani. Isti duo tenent mansum ingenuilem I, habentem de terra arabili bunuaria VI et dimidium, de vinea

aripennum, de prato aripennum I et perticas II. Solvunt similiter.

33. Grimoinus colonus et uxor ejus Fol. 14 v. colona, nomine Aroildis, homines sancti Germani, habent secum infantes IIII, his nominibus, Aroinus, Hairoardus, Hadoardus, Erlindis; Giroinus colonus et uxor ejus colona, nomine Agina, homines sancti Germani, habent secum infantem I, nomine Giroadus. Isti duo tenent mansum ingenuilem I, habentem de terra arabili bunuaria VIIII et dimidium, de vinea aripennum I et dimidium, de prato aripennum I et dimidium. Solvunt similiter.

34. Stainardus colonus et uxor ejus colona, nomine Waldeburgs, homines sancti Germani, habent secum infantes IIII, his nominibus, Wilelmus, Geroildis, Ermenulfus, Gerardus; tenent mansum ingenuilem I, habentem de terra arabili bunuaria VII, de vinea aripennum I, de prato aripennos IIII. Solvit similiter.

35. Grimharius colonus et uxor ejus lida, nomine Warmedrudis, homines sancti Germani, habent secum infantem I, nomine Girvau; Sichelmus, colonus sancti Germani, habet secum matrem suam. Isti duo tenent mansum ingenuilem I, habentem de terra arabili bunuaria XVIII, de vinea dimidium[b], de prato aripennum I. Solvunt similiter.

[a] Sex nominantur.

[b] Supple, *aripennum*.

36. Leutbertus colonus et uxor ejus colona, nomine Adalgildis, homines sancti Germani. Tenet mansum ingenuilem I, habentem de terra arabili bunuaria VIII, de vinea dimidium aripennum. Solvit similiter.

37. Winemundus colonus et uxor ejus colona, nomine Winetildis, homines sancti Germani, habent secum infantes II, his nominibus, Widreboldus, Framberta ; tenent mansum ingenuilem I, habentem de terra arabili bunuaria VII et antsingas II, de prato aripennum I. Solvit ad hostem de argento solidos II, ad alium annum solidum I, ad tertium annum soalem I valentem solidum I; arat ad hibernaticum perticas IIII, ad tremissum perticas II; corvadas, carroperas, manoperas, caplim, quantum ei jubetur; pullos III, ova XV.

38. Sointbertus , colonus sancti Germani, tenet mansum ingenuilem I, habentem de terra arabili bunuaria V, de vinea quartam partem de aripenno, de prato aripennos III. Solvit similiter.

39. Adalulfus, sancti Germani*, tenet mansum ingenuilem I, habentem de terra arabili bunuaria V et antsingas II, de vinea dimidium aripennum, de prato aripennum I et dimidium. Solvit similiter.

40. Daroinus, colonus sancti Germani, tenet mansum ingenuilem I, habentem de terra arabili bunuaria VIII, de

vinea aripennum I, de prato quartam partem de aripenno. Solvit similiter.

41. Vulfegarius, colonus sancti Germani, tenet dimidium mansum, habentem de terra arabili bunuaria III. Facit sicut de dimidio manso.

42. Airmarus et uxor ejus colona, nomine Salvia, homines sancti Germani, habent secum infantes II, his nominibus, Hartmarus, Gaustrudis; tenent mansum ingenuilem I, habentem de terra arabili bunuaria VII, de vinea quartam partem de aripenno, de prato aripennum I. Solvit similiter.

43. Bertegarius colonus et uxor ejus colona, nomine Amalgardis, homines sancti Germani. Tenet dimidium mansum, habentem de terra arabili bunuaria II, de prato aripennos II. Solvit similiter.

44. Adalhardus colonus et uxor ejus lida, quæ solvit denarios VIII, nomine Adalfrida, homines sancti Germani, habent secum infantem I, nomine Adalgardis. Tenet dimidium mansum, habentem de terra arabili bunuarium et dimidium, de prato aripennum I. Solvit sicut de dimidio manso.

45. Adalhardus, lidus sancti Germani; Warmenfredus colonus et uxor ejus colona, nomine Gautlindis, homines sancti Germani. Isti duo tenent mansum ingenuilem I, habentem de

* Supple, *colonus.*

terra arabili bunuaria x. Solvunt similiter.

46. Erlulfus colonus et uxor ejus
colona, nomine Madalberta, homines
sancti Germani, habent secum infantes II, his nominibus, Nadalia, Nadal-
burgs; tenet dimidium mansum, habentem de terra arabili bunuaria v, de prato
aripennum I et dimidium. Solvit sicut
de dimidio manso.

47. Nadalfredus servus et uxor ejus
colona, nomine Radohis, homines
sancti Germani, habent secum infantes v, his nominibus, Constantinus,
Adalbruc, Nadalia, Radohilt, Ratberga;
tenent mansum ingenuilem I, habentem de terra arabili bunuaria VIII, de
vinea duas partes de aripenno, de prato
aripennos II. Solvit similiter.

48. Leodoardus, servus sancti Germani, tenet mansum ingenuilem I, habentem de terra arabili bunuaria x, de
vinea dimidium aripennum, de prato
dimidium aripennum. Solvit similiter.

49. Guntboldus colonus et uxor
ejus colona, nomine Gaugina, homines
sancti Germani, tenent mansum ingenuilem I, habentem de terra arabili
bunuaria VIII, de vinea dimidium aripennum, de prato aripennum I et dimidium. Solvit similiter.

50. Boso colonus et uxor ejus ancilla, nomine Teodelindis, homines
sancti Germani, habent secum infantem I, nomine Haldulfus; Ursinianus,

colonus sancti Germani, habet secum
infantes II, his nominibus, Restoinus,
Restoildis. Isti duo tenent mansum ingenuilem I, habentem de terra arabili
bunuaria VII, de vinea aripennum I, de
prato dimidium aripennum. Solvunt
similiter.

51. Gisloldus colonus et uxor ejus
colona, nomine Sichildis, homines
sancti Germani, habent secum infantes II, his nominibus, Magenardus, Magenildis; tenent mansum ingenuilem I,
habentem de terra arabili bunuaria v
et dimidiam antsingam, de prato aripennos III. Solvit similiter.

52. Rageneus colonus et uxor ejus ^{Fol. 16.}
colona, nomine Wilhildis, homines
sancti Germani, habent secum infantes II, his nominibus, Ragenarius,
Cristofolus; tenent mansum ingenuilem I,
habentem de terra arabili bunuaria II et
dimidium, de prato aripennos II. Solvit
similiter.

53. Giroldus et uxor ejus lida, homines sancti Germani, habent secum
infantes III, his nominibus, Giroardus,
Giroinus, Giroldus; tenent mansum ingenuilem I, habentem de terra arabili
bunuaria III, de prato aripennos III.
Solvit similiter.

54. Winegarius servus et uxor ejus
colona, nomine Walantrudis, homines
sancti Germani, habent secum infantes
III, his nominibus, Walateus, Waldina,
Ragentrudis; Wildeharius servus et
uxor ejus colona, nomine Adalindis,

homines sancti Germani. Isti duo tenent mansum ingenuilem i, habentem de terra arabili bunuaria iiii et dimidium, de prato aripennos iiii et dimidium. Solvunt similiter.

55. Gisloinus, colonus sancti Germani; Adaluinus colonus et uxor ejus ancilla, nomine Autgelindis, homines sancti Germani, habent secum infantes ii, his nominibus, Adalboldus, Celsa. Isti duo tenent mansum ingenuilem i, habentem de terra arabili bunuaria iiii, de prato aripennum i et dimidium. Solvunt similiter.

56. Adalmarus colonus et uxor ejus colona, nomine Winegildis, homines sancti Germani, habent secum infantes v, his nominibus, Adalbertus, Adalmodus, Adalongus, Adalgis, Sointfrida; tenent mansum ingenuilem i, habentem de terra arabili bunuaria iiii, de vinea aripennum i, de prato aripennos iii. Solvit similiter.

57. Aldrannus, colonus sancti Germani; Alexander, colonus sancti Germani. Isti duo tenent mansum ingenuilem i, habentem de terra arabili bunuaria v, de vinea aripennum i, de prato aripennum i. Solvunt similiter.

58. Wandalfredus colonus et uxor ejus colona, nomine Idoara, homines sancti Germani, habent secum infantes

iiii, his nominibus, Amaltrudis, Hildoinus, Secundus[a]; tenent dimidium mansum, habentem de terra arabili bunuaria iii, de prato aripennum i. Solvit similiter.

59. Wiltrannus colonus et uxor ejus colona, nomine Ercanildis, habent secum infantes iiii, his nominibus, Ercanradus, Winefredus, Walateo, Wileberga; Otgarius, servus sancti Germani. Isti duo tenent mansum ingenuilem i, habentem de terra arabili bunuaria viii, de prato aripennum i. Solvunt similiter.

60. Wasco, colonus sancti Germani, Fol. 16 v°. tenet mansum ingenuilem i, habentem de terra arabili bunuaria v, de prato aripennum i. Solvit similiter.

61[b]. De alodo sancti Germani sito in pago Madriacensi[c]. Quem alodum, id est villam quæ vocatur Nidalfa, pariter cum ecclesia, dederunt sancto Germano ad luminaria Sigebertus, Hilduinus, Fulcoldus, Dodo, Winigis, Isnardus, Alkerus, Albuinus, Ermenricus, Aimardus, Rainardus, Harkerus, Frannus, Berta, ingenua femina. Isti homines fuerunt liberi et ingenui; sed quia militiam regis non valebant exercere, tradiderunt alodos suos sancto Germano, nominatos his nominibus : Nidalfam cum ecclesia sancti Martini, Domeri-montem, Berheri-vallem, Gelle. Et duas areas molendini dederunt, unum super villam Gelle, et alterum subtus villam ipsam ; item maxnile ubi dicitur ad mansum Fulcoldi, cujus terra et prati jacent juxta terram sanctæ Mariæ quæ est de Salcido. In villa Aiardi sunt mansi quinque, habentes duodecim arpennos prati. Omnes sylvæ quæ sunt a Nidalfa usque ad villam

---

[a] Nomen quartum non apparet.
[b] Manus sæculo certe uno recentior paragraphum illum videtur exarasse; quapropter typis minoribus eum excundendum esse duximus.

[c] Pagus Madriacensis, vulgo *pays de Madrie*, amnibus Sequana, Audura, Valleque Coloris terminatur.

Blarit et usque Attiliacum*, sunt sancti Germani, pertinentes ad potestatem ejus sancti. De istis villis vero in antea sunt sylvæ quæ pertinent ad comitatum.

62. Habet in Cella Equilina mansos ingenuiles LIII, qui solvunt, omni anno, ad hostem aut carrum I aut boves VI aut de **argento** solidos LXXVIII, et in pascione solidos X. Et sunt ex ipsis mansis XXII qui solvunt ad tertium annum soales XXII et fossorios XXX; pullos CLX, ova DCCC.

Fiunt simul inter mansos vestitos et absos LXX.

---

* Vici ac viculi illi nominantur hodie: *Neauflette, Dormont, Bréval, Gilles, le Manoir, Saussay, Villegats* aut *Ville-l'Évêque, Bléry, Tilly.* Vide in Prolegom. nostris quæ diximus de *Pago Madriacensi.*

IV. BREVE DE WANIACO.

1. Habet in Waniaco[a] mansum dominicatum cum casa et aliis casticiis sufficienter. Habet de terra arabili culturas IIII, quae habent bunuaria XLVIII, ubi possunt seminari de frumento modios CXCII, de vinea aripennos LXVI, ubi possunt colligi de vino modios CCCC. Habet ibi de silva per totum in giro leuuas II, quae possunt saginari porci CL. Habet ibi de prato aripennos XIIII, ubi potest colligi de feno carra XXX.

2. Ansegarius colonus et uxor ejus colona, nomine Ingalteus, habent secum infantes II, his nominibus, Ansegildis, Ingrisma. Tenet mansum I ingenuilem, habentem de terra arabili bunuaria III et quartam partem de bunuario, de vinea aripennos III. Solvit ad hostem in uno anno de argento solidos IIII[b], ad alium annum solidos II; in pascione de vino modios II; arat ad hibernaticum perticas IIII, ad tramissum II; curvadas, carroperas, manoperas, caplim, ubi ei injungitur; pullos IIII, ova XV, scindulas L.

3. Aldricus colonus et uxor ejus colona, nomine Agentrudis, homines

sancti Germani, habent secum infantes II, his nominibus, Godinus, Senedeus. Tenet mansum ingenuilem I, habentem de terra arabili bunuaria III et dimidium, de vinea aripennum I, de prato dimidium aripennum. Et cetera similiter.

4. Richardus, colonus sancti Germani, tenet mansum ingenuilem I, habentem de terra arabili bunuaria III et dimidium, de vinea aripennos II, de prato aripennum I. Et cetera similiter.

5. Ditfredus colonus et uxor ejus colona, nomine Waltgudis, homines sancti Germani, habent secum infantes II, his nominibus, Ragenteus, Waltgaudus. Tenet mansum ingenuilem I, habentem de terra arabili bunuaria III, de vinea aripennos II, de prato dimidium aripennum. Cetera similiter.

6. Madalharius colonus et uxor ejus colona, nomine Jonildis, homines sancti Germani, habent secum infantes IIII, his nominibus, Jonam, Ebrinus, Madalgarius, Abram. Tenet mansum I ingenuilem, habentem de terra arabili

---

[a] Vulgo *Gagny*. V. Lebeuf, tom. VI, pag. 133-135.
[b] Ex quatuor lineolis, numerum quatuor conficientibus (qui concordat cum paragrapho 35 hujus capitis), duæ priores abrasæ sunt, non ita tamen ut vestigia utriusque lineolæ non appareant.

bunuaria IIII et dimidium, de vinea aripennum I. Cetera similiter.

7. Ermsindis, colona sancti Germani, tenet mansum ingenuilem I, habentem de terra arabili bunuaria III, de vinea aripennos III et dimidium. Et cetera similiter.

Fol. 17 v°.

8. Hildefredus colonus et uxor ejus colona, nomine Plectrudis, homines sancti Germani, habent secum infantes II, his nominibus, Hildemarus, Ademarus. Tenet mansum I ingenuilem, habentem de terra arabili bunuaria II et jornalem I, de vinea aripennum I. Cetera similiter.

9. Giroldus servus et uxor ejus colona, nomine Dominica, homines sancti Germani, habent secum infantes II, his nominibus, Gisloldus, Gerardus. Tenet mansum ingenuilem I, habentem de terra arabili bunuaria IIII, de vinea aripennum I, de prato dimidium aripennum. Cetera similiter.

10. Aldo colonus et uxor ejus colona, nomine Erlindis, homines sancti Germani, habent secum infantem I, nomine Erlandum. Tenet mansum I ingenuilem, habentem de terra arabili bunuaria III et dimidium, de vinea aripennum I, de prato dimidium aripennum. Cetera similiter.

11. Winegarius colonus et uxor ejus colona, nomine Adalgindis, habent se-

cum infantes II, his nominibus, Adalgarius, Framoinus. Tenet mansum I ingenuilem, habentem de terra arabili bunuaria IIII, de vinea aripennum I et dimidium, de prato dimidium aripennum. Cetera similiter.

12. Dulcedramnus colonus et uxor ejus colona, nomine Ermengardis, homines sancti Germani, habent secum infantes II[a], his nominibus, Leudrada, Hiltbertus, Adalgardis. Tenet mansum I ingenuilem, habentem de terra arabili bunuaria II et dimidium, de vinea aripennum I, de prato dimidium aripennum. Cetera similiter.

13. Godingus colonus et uxor ejus colona, nomine Madalhildis, homines sancti Germani, tenent mansum ingenuilem I, habentem de terra arabili bunuaria II et dimidium, de vinea aripennum I, de prato similiter. Cetera similiter.

14. Sicfredus, colonus sancti Germani, tenet mansum ingenuilem I, habentem de terra arabili bunuaria II et dimidium, de prato aripennum I. Cetera similiter.

15. Berneardus colonus et uxor ejus colona, nomine Ermenildis, homines sancti Germani, habent secum infantes III[b], his nominibus, Ermenoldus, Godelindis, Ardois, Bernoinus. Tenet mansum ingenuilem I, habentem de terra arabili bunuaria III et dimidium, de vinea aripennum I. Cetera similiter.

---

[a] Tres nominantur.

[b] Subsequuntur nomina quatuor.

16. Autlaicus colonus et uxor ejus colona, nomine Aregia, habent secum infantem 1, nomine Hildegaudus. Tenet mansum ingenuilem 1, habentem de terra arabili bunuaria IIII, de vinea aripennos II, de prato aripennum 1. Cetera similiter.

17. Hildegaudus colonus et uxor ejus colona, nomine Agentrudis, homines sancti Germani, habent secum infantes III*, his nominibus, Hildegaus, Agenardus, Hildebrandus, Hiltrudis. Tenet mansum ingenuilem 1, habentem de terra arabili bunuaria v et dimidium, de vinea aripennos II, de prato aripennum 1. Cetera similiter.

Fol. 18.

18. Hildebodus colonus et uxor ejus colona, nomine Bertildis, habent secum infantes III, his nominibus, Francobertus, Hildebertus, Hildulfus. Tenet mansum ingenuilem 1, habentem de terra arabili bunuaria III et dimidium, de vinea aripennos II, de prato aripennum 1. Cetera similiter.

19. Lantfredus colonus et uxor ejus colona, nomine Adalhildis, habent secum infantes II, his nominibus, Adalfredus, Lantberga. Tenet mansum ingenuilem 1, habentem de terra arabili bunuaria III, de vinea aripennum 1. Cetera similiter.

20. Ragamboldus, colonus sancti Germani, habet secum matrem. Tenet mansum ingenuilem 1, habentem de

terra arabili bunuaria III et dimidium, de vinea aripennum 1 et dimidium, de prato dimidium aripennum. Cetera similiter.

21. Aregius colonus et uxor ejus colona, nomine Blitgildis, homines sancti Germani; Ingelhaus colonus et uxor ejus colona, nomine Erlindis, habent secum infantes II, his nominibus, Rectrudis, Aclevolda; Amalgaudus servus et uxor ejus colona, nomine Frotbolda, habent secum infantes II, his nominibus, Frotberga, Lotberta; Lontgaus, colonus sancti Germani. Isti quattuor tenent mansum ingenuilem 1, habentem de terra arabili bunuaria IIII, de vinea aripennos II. Cetera similiter.

22. Baldricus colonus et uxor ejus colona, nomine Ragambolda, habent secum infantes III, his nominibus, Hiltberta, Gamaltrudis, Hildricus; Adalboldus colonus. Isti duo tenent mansum ingenuilem 1, habentem de terra arabili bunuaria IIII, de vinea aripennos III, de prato aripennum 1. Cetera similiter.

23. Gunthardus colonus et uxor ejus colona, homines sancti Germani, habent secum infantes III; Framberta, colona sancti Germani; Berengaus, colonus sancti Germani. Isti tres tenent mansum ingenuilem 1, habentem de terra arabili bunuaria IIII et dimidium, de vinea aripennos II. Cetera similiter.

24. Stradidius colonus et uxor ejus

---

* Unus amplius nominatur.

colona, homines sancti Germani; Bernehaus colonus. Isti duo tenent mansum
ingenuilem I, habentem de terra arabili bunuaria III et dimidium, de vinea
aripennos II, de prato dimidium aripennum. Cetera similiter.

25. Bertradus colonus et uxor ejus
colona, nomine Waldina, homines
sancti Germani, tenent dimidium mansum, habentem de terra arabili bunuarium I et tertiam partem de bunuario,
de vinea dimidium aripennum. Cetera
similiter.

DE SERVIS.

26. Alaricus colonus tenet mansum
servilem I, habentem de terra arabili
bunuaria III, de vinea aripennos II, de
prato dimidium aripennum. Solvit in
pascione de vino modios III; facit in
vinea aripennos IIII^{or}; arat ad hibernaticum perticas II; corvadas, carroperas,
manoperas, caplim, ubi ei injungitur;
faculas VII, de sinapi sestarium I, pullos
IIII, ova XV.

Fol. 18 v°.

27. Dominicus colonus et uxor ejus
colona, nomine Ercantrudis, homines
sancti Germani, habent secum infantes
III, his nominibus, Ragenoldus, Hardradus, Hildradus. Tenet mansum servilem I, habentem de terra arabili bunuaria III, de vinea aripennum I.

28. Gislemarus servus et uxor ejus

colona, homines sancti Germani, nomine Bertrada, habent secum infantes
III, his nominibus, Winemarus, Wi-
nulfus, Gisledrudis; Wandalfredus, servus sancti Germani. [Isti duo tenent[a]]
mansum servilem I, habentem de terra
arabili bunuaria V et dimidium, de vinea aripennos II. Cetera similiter[b].

29. Ansfredus et uxor ejus colona,
nomine Ermengardis, homines sancti
Germani; Gislebertus, servus sancti
Germani. Isti duo tenent mansum servilem I, habentem de terra arabili bunuaria III et dimidium, de vinea aripennum I. Cetera similiter.

30. Ingalbertus colonus et uxor ejus
colona, nomine Wandelindis, homines
sancti Germani, habent secum infantem I, nomine Baltadus. Tenet mansum
servilem I, habentem de terra arabili
bunuaria IIII, de vinea aripennum I et
dimidium, de prato quartam partem de
aripenno.

31. Adalmodus colonus et uxor ejus
colona, nomine Goda, homines sancti
Germani. Tenet mansum servilem I,
habentem de terra arabili bunuaria III,
de vinea aripennum I. Cetera similiter.

32. Johannes colonus et uxor ejus
colona, nomine Oliva, homines sancti
Germani, habent secum infantes V, his
nominibus, Ingbolda, Ermbradus, Johanna, Ermboldra[c]. Tenet mansum ser-

---

[a] In Codice desunt quæ inter uncinos conclusi-
mus.

[b] In isto itemque in paragraphis 29, 31 et 32 sequentibus voces *cetera similiter* notis tironianis expressæ sunt.

[c] Nomen quintum non apparet.

vilem I, habentem de terra arabili bunuaria II, de vinea aripennum I et dimidium. Cetera similiter.

DE CAPATICO.

33. Elegius denarios III, Hildemans similiter, Elisanna similiter, Hildegardis similiter, Elaria similiter, Oldalricus similiter, Achildis similiter, Elisaria similiter, Airoenus similiter, Lantbertus similiter, Electrudis similiter, Dominica similiter, Frambolda similiter, Amelius similiter, Adegarius similiter, Maurus similiter, Germana similiter, item Aldegarius, Bertlindis similiter, Framengildis similiter.

DE VOTIVIS HOMINIBUS.

34. Natalifia, Bertisma, Nadalindis, Natalisma, Elifia, Sichelmus, Martinus, Sichildis, Adaltrudis, Bernegaria, Agia, Bernehildis, Adalgisdis, Adaltrudis, Fantlindis, Dominica, Valdegarius, Madaltrudis, Tanculfus, Guntberga, Leudisma, Siclina, Leudelindis, Griorgia, Lantbodus, Ingboldus, Girelma, Bertulfus servus.

Fol. 19.

35. Sunt mansi ingenuiles XXIII et dimidium, serviles VII. Exit inde in hostilicio ad unum annum de argento libras IIII et solidos X; ad alium annum, propter carnaticum, libras II et solidos V; de vino in pascione modios LXVI; pullos CXVIII cum ova. De capatico solidos VI et denarios IIII.

36. Tempore donni Walonis abbatis[a], fuerunt duo fratres in Antoniaco[b] villa, quorum unus major noster erat, nomine Gunfredus, alter vero Fulbertus, qui gloriabantur se esse nobiles; quos adquisivit donnus W. abba, dicens eos esse servos sancti Germani; et faciens eis retdere Kavaticum. Hujus Gunfredi fuerunt filii III et septem filiæ. Ex filiabus enim ejus accepit I Fletodus, nomine Ermintrudem, qui suum cavaticum similiter reddidit.

37. Hæc mulier, Alburgis nomine, ancilla sancti Germani, nata de Antoniaco villa, cum filiabus ejus, his nominibus, Alburgis et Eva. Eva quoque habuit filiam nomine Josembergam. Fol. 19 v°.

38. De villa Matriolas[c]: Hermenalda; filia ejus, nomine Hildeardis, mater Gunterii, et Odila, soror ejus. Item in eadem villa: Willelmus, filius Hermenalde; sorores ejus, Hermenalda, Hildeburgis, cum filiabus earum. Item in predicta villa: Waldrea cum filiis suis, nominibus Guntardus et Hugo; frater ejusdem Waldree, Laurentius nomine, cum filiis suis. Prædicta vero femina habet filiam, nomine Richildis.

---

[a] Walo electus est abbas monasterii Sancti Germani anno Christi 960. Hic paragraphus duoque sequentes sæculo X exeunte videntur exarati.

[b] Hodie *Antony*, ad lapidem octavum Parisiis, in via quæ Stampas ducit. Voyez Lebeuf, *Histoire du diocèse de Paris*, tom. IX, pag. 352-359.

[c] Matriolæ, nunc *Marolles*, in pago Melodunensi, novem millibus passuum, orientem versus, distant a Monasteriolo, ubi Icauna Sequanæ miscetur.

V. BREVE DE VEDRARIIS.

Fol. 20.

1. Habet in Vedrarias* de terra dominicata culturas IIII, quæ habent bunuaria CCLVII, et possunt seminare modios MC; de vinea aripennos XCV, ubi possunt colligi de vino modii MDC; de prato aripennos LX, ubi possunt colligi de feno carra LX; de silva, sicut estimatur in gyro per totum, leuuas II, ubi possunt saginari porci CCL.

2. Habet in Castinido[b] concidam duas partes de leuua.

3. Frodoldus, major et colonus, et uxor ejus colona, nomine Hildegardis, homines sancti Germani, habent secum filios III et filiam I; tenent mansum ingenuilem, habentem de terra arabili bunuaria III et dimidiam antsingam, de vinea aripennos VI, de prato aripennos III; de alio manso, de terra arabili bunuaria II et antsingam I, de vinea aripennos IIII, de prato aripennum I. Solvit ad hostem, de unumquemque mansum, de argento solidos IIII, et ad alium annum multones II; ad tertium annum, propter herbaticum, germia I; de vino in pascione modios III, de lignericia denarios IIII. Arat ad hibernaticum perticas IIII, ad tramisum perticas II; curva-

das, claplin, caroperas, manuoperas, ubi ei injungitur; pullos IIII, ova XV; facit in vinea aripennum I.

4. Amalgaudus colonus et uxor ejus colona, nomine Goitla, homines sancti Germani, habent secum infantes IIII. Tenet mansum ingenuilem I, habentem de terra arabili bunuaria III, de vinea aripennos III et dimidium, de prato aripennos III. Solvit similiter.

5. Godalricus colonus et uxor ejus colona, nomine Ragbalda, homines sancti Germani, habent secum infantes IIII. Tenet mansum ingenuilem I; habentem de terra arabili bunuarium I et dimidium, de vinea aripennos II, de prato dimidium aripennum. Solvit similiter.

6. Bertleis, colona sancti Germani, tenet mansum ingenuilem I, habentem de terra arabili bunuaria VII, de vinea aripennos II, de prato aripennum I et quartam partem de aripenno. Solvit similiter.

7. Raganhelmus colonus et uxor ejus colona, nomine Aglidis, homines sancti

---

* Vedrariæ, hodie *Verrières*, inter Antoniacum et Palatiolum æquo fere itinere, ad nonum lapidem Parisiis. De his agit doctissimus abbas Lebeuf, tom. IX, pag. 346-351.

[b] Vulgo *Châtenay-lez-Bagneux*, passibus circiter mille quingentis a Vedrariis, septentrionem versus.

Germani, habent secum infantes v; et Ingalmarus colonus. Isti duo tenent mansum ingenuilem I, habentem de terra arabili bunuaria II et antsingam I, de vinea aripennos II, de prato aripennos II. Solvunt similiter.

8. Walafredus colonus et uxor ejus colona, nomine Ratberga, homines sancti Germani, habent secum infantes III. Tenet mansum ingenuilem I, habentem de terra arabili bunuaria III et dimidium, de vinea aripennos II et duas partes de alio, de prato aripennos III. Solvit similiter.

Fol. 20 v°. 9. Gerhaus, colonus sancti Germani, et Fulcraus, colonus sancti Germani, tenent mansum ingenuilem I, habentem de terra arabili bunuaria IIII et dimidium, de vinea aripennos II et duas partes de alio, de prato aripennos III et tertiam partem de aripenno. Solvunt similiter.

10. Eribertus colonus et uxor ejus colona, nomine Nodalindis, homines sancti Germani, habent secum filiam I; Ingulfus, colonus sancti Germani. Isti duo tenent mansum ingenuilem I, habentem de terra arabili bunuaria III et dimidium, de vinea aripennos II et dimidium, de prato aripennum I et quartam partem de aripenno. Solvunt similiter.

11. Electa, colona sancti Germani, et filius ejus, Elegius; Droctramna, ancilla sancti Germani. Isti tres tenent mansum ingenuilem I, habentem de terra arabili bunuaria VI, de vinea ari-

pennos II, de prato duas partes de aripenno. Solvunt similiter.

12. Teudricus tenet mansum ingenuilem I, habentem de terra arabili bunuaria VI, de vinea aripennos II, de prato duas partes de aripenno. Solvit similiter.

13. Aldulfus colonus et uxor ejus colona, nomine Amalberga, habent secum infantes II; Fulcardus colonus; Aitulfus. Isti tres tenent mansum ingenuilem I, habentem de terra arabili bunuaria II, de vinea aripennos III, de prato dimidium aripennum. Solvunt similiter.

14. Flavidus colonus; Ermembertus colonus et uxor ejus colona, nomine Leutberga, homines sancti Germani, habent secum infantes IIII. Tenent mansum ingenuilem I, habentem de terra arabili bunuaria IIII, de vinea aripennos II et dimidium, de prato aripennum I et dimidium. Solvunt similiter.

15. Ernaldus colonus et uxor ejus colona, nomine Ermentrudis, homines sancti Germani, habent secum infantes V; Liutfridus et uxor ejus colona, nomine Wandrehildis, habent secum infantes II; Ermenoldus colonus et uxor ejus colona, nomine Aichildis. Isti tres tenent mansum ingenuilem I, habentem de terra arabili bunuaria VI, de vinea aripennos III, de prato aripennos III. Solvunt similiter.

16. Geroldus, colonus sancti Germa-

ni; Otfredus et uxor ejus colona, nomine Ganslinda, homines sancti Germani, habent secum infantes IIII. Isti duo tenent mansum ingenuilem I, habentem de terra arabili bunuaria VI, de vinea aripennos III, de prato aripennos IIII. Solvunt similiter.

17. Ingoinus, colonus sancti Germani; Adalgaudus et uxor ejus colona, nomine Gotledrudis, habent secum infantes IIII; Ragnoardus colonus et uxor ejus colona, nomine Gysla, homines sancti Germani. Isti tres tenent mansum ingenuilem I, habentem de terra arabili bunuarium I et antsingam I, de vinea aripennos II, de prato dimidium aripennum. Solvunt similiter.

18. Teudoldus colonus et uxor ejus colona, nomine Winegildis, homines sancti Germani, habent secum infantes IIII; Winemarus, colonus sancti Germani; Vulflindis, colona sancti Germani, habet secum infantes IIII. Isti tres tenent mansum ingenuilem I, habentem de terra arabili bunuaria VI, de vinea aripennos VI, de prato aripennum I. Solvunt similiter.

Fol. 21.

19. Otbertus, colonus sancti Germani; Isembertus, colonus sancti Germani; Vulfradus, colonus sancti Germani. Isti tres tenent mansum ingenuilem I, habentem de terra arabili bunuaria VI, de vinea aripennos III, de prato aripennum I et dimidium. Solvunt similiter.

20. Segoardus colonus et uxor ejus colona, nomine Leutildis, homines sancti Germani; Sadrildis, colona sancti Germani; Ermenoldus, colonus sancti Germani. Isti quattuor[a] tenent mansum ingenuilem I, habentem de terra arabili bunuaria III et dimidium, de vinea aripennos II et dimidium, de prato aripennos III et dimidium. Solvunt similiter.

21. Ansbrandus, colonus sancti Germani; Ingalharius, colonus sancti Germani. Isti duo tenent mansum ingenuilem I, habentem de terra arabili bunuaria V et dimidium, de vinea aripennos III, de prato aripennos III. Solvunt similiter.

22. Ragamboldus, colonus sancti Germani; Odilheus, colonus et uxor ejus colona, nomine Ratberta, homines sancti Germani, habent secum filium I; Sichaus colonus et uxor ejus colona, nomine Dominica, homines sancti Germani, habent secum infantes V. Isti tres tenent mansum ingenuilem I, habentem de terra arabili bunuaria IIII et antsingas II, de vinea aripennos III, de prato aripennos III. Solvunt similiter.

23. Ermenfredus colonus et uxor ejus colona, nomine Ercanildis, homines sancti Germani, habent secum infantes II; Berloinus, colonus sancti Germani; Gisoinus colonus et uxor ejus colona, nomine Ercamberta, homines sancti Germani, habent secum infantes II. Isti tres tenent mansum ingenuilem I,

---

[a] Hic, contra consuetudinem, Segoardus atque Leutildis, uxor ejus, pro duobus consortibus numerantur.

habentem de terra arabili bunuaria III et dimidium, de vinea aripennum I et dimidium, de prato aripennum I. Solvunt similiter.

24. Gundoinus colonus et uxor ejus colona, nomine Balsinda, homines sancti Germani, habent secum infantes V; Adalfredus, colonus sancti Germani. Isti duo tenent mansum ingenuilem I, habentem de terra arabili bunuaria III, de vinea aripennos III. Solvunt similiter.

25. Ebrevertus colonus et uxor ejus colona, nomine Balda, homines sancti Germani, habent secum infantes VIIII; tenent mansum ingenuilem I, habentem de terra arabili bunuaria IIII, de vinea aripennos IIII, de prato aripennos IIII. Solvit similiter, excepto facit alium dimidium aripennum.

26. Guntharius, colonus sancti Germani; Gerulfus colonus et uxor ejus colona, nomine Ermengildis, homines sancti Germani, habent secum filium I; Wandrehildis habet secum filium I. Isti tres tenent mansum ingenuilem I, habentem de terra arabili bunuaria III et dimidiam antsingam, de vinea aripennos IIII, de prato aripennos III. Solvunt similiter.

Fol. 21 v°. 27. Fredegarius colonus et uxor ejus colona, nomine Adalgudis, homines sancti Germani, habent secum infantes III; Ragnericus, colonus sancti Germani. Isti duo tenent mansum ingenuilem I, habentem de terra arabili bunuaria III et antsingas II, de vinea aripennos III,

de prato aripennos II et quartam partem de aripenno. Solvunt similiter.

28. Ingenulfus, colonus sancti Germani, habet secum matrem suam et sororem; tenet mansum ingenuilem I, habentem de terra arabili bunuaria III et antsingam I, de vinea aripennos II, de prato aripennum I. Solvit ad hostem de argento solidos IIII, et ad alium annum multones II; ad tertium annum, propter erbaticum, germia I; de vino in pascione modios III; arat ad hibernaticum perticas IIII, ad tramisum perticas II; pullos IIII, ova XV; caroperas, manuoperas, curbadas, caplim, ubi ei injungitur.

29. Blitharius colonus et uxor ejus colona, nomine Ada, homines sancti Germani, habent secum infantes III; tenent mansum ingenuilem I, habentem de terra arabili bunuaria II et antsingas II, de vinea duas partes de aripenno, de prato dimidium aripennum. Solvit similiter.

30. Geraldus colonus et uxor ejus colona, nomine Gertrudis, homines sancti Germani, habent secum infantes II; tenent mansum ingenuilem I, habentem de terra arabili bunuaria III, de vinea aripennos II et dimidium, de prato dimidium aripennum. Solvit similiter.

31. Wineradus colonus et uxor ejus colona, nomine Bertlindis, homines sancti Germani, habent secum infantes IIII; Warimbertus, colonus sancti Ger-

6

mani; Vulſara, colona sancti Germani.
Isti tres tenent mansum ingenuilem I,
habentem de terra arabili bunuaria III
et antsingam I, de vinea aripennos II,
de prato dimidium aripennum. Solvunt
similiter.

32. Vulſardus, colonus sancti Germani, habet secum filium I; tenet mansum ingenuilem I, habentem de terra
arabili bunuaria VII, de vinea aripennos
II, de prato dimidium aripennum. Solvit similiter.

33. Ado, colonus sancti Germani;
Gotharius colonus et uxor ejus colona,
nomine Bertsuindis , homines sancti
Germani, habent secum infantes VI.
Isti duo tenent mansum ingenuilem I,
habentem de terra arabili bunuaria II,
de vinea aripennos II, de prato dimidium aripennum. Solvunt similiter.

34. Maurus colonus et uxor ejus colona, nomine Ermengardis, homines
sancti Germani, habent secum infantes
III; Agebertus colonus et uxor ejus colona, nomine Julia, homines sancti
Germani, habent secum infantes II;
Eitfredus, colonus sancti Germani. Isti
tres tenent mansum ingenuilem I, habentem de terra arabili bunuaria IIII, de
vinea aripennos II, de prato aripennos II.
Solvunt similiter.

35. Vulfricus, colonus sancti Germani; Gerbalda, colona sancti Germani,
habet secum infantes II. Tenent man-
Fol. 22. sum ingenuilem I, habentem de terra
arabili bunuaria IIII, de vinea aripen-

num I et dimidium, de prato dimidium
aripennum. Solvunt similiter.

36. Gerosmus, colonus sancti Germani; Dominicus colonus sancti Germani.
Isti duo tenent mansum ingenuilem I,
habentem de terra arabili bunuaria III,
de vinea aripennos II et dimidium, de
prato quartam partem de aripenno. Solvunt similiter.

37. Vulfleis, colona sancti Germani,
tenet mansum ingenuilem I, habentem
de terra arabili bunuaria III et antsingam I, de vinea aripennos II, de prato
dimidium aripennum. Solvit similiter.

38. Ermenricus, colonus sancti Germani, tenet mansum ingenuilem I, habentem de terra arabili bunuaria II et
antsingam I, de vinea aripennos II. Solvit similiter.

39. Sicharius, colonus sancti Germani; Erimgaudus colonus et uxor ejus
colona, nomine Teuthildis, homines
sancti Germani. Isti duo tenent mansum
ingenuilem I, habentem de terra arabili bunuaria II et dimidiam antsingam,
de vinea aripennos II et dimidium, de
prato dimidium aripennum. Solvunt similiter.

40. Teudericus colonus et uxor ejus
colona, nomine Ermengardis, homines
sancti Germani, habent secum infantes
IIII; Vulfaldus colonus et uxor ejus colona, nomine Algeberga, homines sancti
Germani, habent secum infantes V. Isti
duo tenent mansum ingenuilem I, ha-

bentem de terra arabili bunuaria II et antsingas II, de vinea aripennos II et quartam partem de aripenno. Solvunt similiter.

41. Eldradus, colonus sancti Germani; Ragentelmus colonus et uxor ejus colona, nomine Wandrebalda, homines sancti Germani, habent secum infantes III. Isti duo tenent mansum ingenuilem habentem de terra arabili bunuaria II, de vinea aripennos II, de prato dimidium aripennum. Solvunt similiter.

42. Madalbertus, colonus sancti Germani; Madalgarius, colonus sancti Germani. Isti duo tenent mansum ingenuilem I, habentem de terra arabili bunuaria III et dimidium, de vinea aripennum I et dimidium. Solvunt similiter.

43. Teutbaldus colonus et uxor ejus colona, nomine Adalindis, homines sancti Germani, habent secum infantem I; Teudaldus colonus et uxor ejus colona, nomine Adalrada, homines sancti Germani, habent secum infantes IIII; Ingalgarius, colonus sancti Germani. Isti tres tenent mansum ingenuilem I, habentem de terra arabili bunuaria III et antsingam I, de vinea aripennos II et dimidium. Solvunt similiter.

44. Vulfradus, colonus sancti Germani; Maria, colona sancti Germani, habet secum infantes IIII. Isti duo tenent mansum ingenuilem I, habentem de terra arabili bunuaria III et dimidiam

antsingam, de vinea aripennum I et dimidium. Solvunt similiter.

45. Ingalandus colonus et uxor ejus colona, nomine Agedrudis, homines sancti Germani, habent secum infantes II; Gerlindis habet secum infantes III; Adrildis, colona sancti Germani, habet secum infantes III. Isti tres tenent mansum ingenuilem I, habentem de terra arabili bunuaria II et antsingas II, de vinea aripennum I, de prato aripennum I. Solvunt similiter.

46. Lederius, colonus sancti Germani, et Landoarius, colonus sancti Germani. Isti duo tenent mansum ingenuilem I, habentem de terra arabili bunuaria II et ansingam I, de vinea aripennos II et dimidium. Solvunt similiter. Fol. 22 v°.

47. Ingalardus, colonus sancti Germani; Pascoinus colonus et uxor ejus colona, nomine Aglenildis, homines sancti Germani, habent secum infantes VI. Isti duo tenent mansum ingenuilem I, habentem de terra arabili bunuaria III et antsingas II, de vinea aripennum I et duas partes de aripenno, de prato quartam partem de aripenno. Solvunt similiter.

48. Aictardus colonus et uxor ejus colona, nomine Frotlindis, homines sancti Germani; Ingoinus colonus et uxor ejus colona, nomine Grima, homines sancti Germani, habent secum infantes II. Isti duo tenent mansum ingenuilem I, habentem de terra arabili bunuaria III et dimidium, de vinea ari-

6.

pennum ɪ et quartam partem de aripenno. Solvunt similiter.

49. Ermenaldus, colonus sancti Germani, tenet mansum ingenuilem ɪ, habentem de terra arabili bunuaria ɪɪ et
dimidium, de vinea dimidium aripennum, de prato dimidium aripennum.
Solvit ad hostem multones ɪɪ; ad tertium annum, propter herbaticum, germia ɪ; in pascione denarios ɪɪɪɪ; arat ad
hibernaticum perticas ɪɪɪɪ, ad tramisum
perticas ɪɪ; pullos ɪɪɪ, ova xv; manuoperas; in vinea aripennum ɪ.

50. Beraldus, colonus sancti Germani, tenet mansum ingenuilem ɪ; habentem de terra arabili bunuaria ɪɪ et
dimidium, de vinea dimidium aripennum, de prato dimidium aripennum.
Solvit similiter.

51. Ragentrudis, colona sancti Germani, babet secum infantem ɪ; tenet
mansum ingenuilem ɪ; habentem de
terra arabili bunuaria ɪɪɪ et antsingam ɪ.

52. Winegarius colonus et uxor ejus
colona, nomine Doda, homines sancti
Germani, habent secum infantem ɪ;
tenent dimidium mansum ingenuilem,
habentem de terra arabili bunuaria ɪɪ.
Solvit ad hostem multonem ɪ; in pascione denarios ɪɪ; ad tertium annum,
in herbaticum, dimidiam germiam;
arat ad hibernaticum perticas ɪɪ, ad tramisum perticam ɪ; pullos ɪɪɪ, ova xv;
facit in vinea dimidium aripennum.

DE VEDRARIAS.

53. Gerbertus colonus et uxor ejus
colona, nomine Sigoildis, homines
sancti Germani, habent secum infantes
ɪɪɪɪ. Tenet mansum ingenuilem ɪ, habentem de terra arabili bunuaria ɪɪɪ et dimidiam antsingam, de vinea aripennum ɪ et dimidium, de prato aripennum ɪ
et dimidium. Solvit ad hostem de argento solidos ɪɪɪɪ, et ad alium annum
multones ɪɪ; ad tertium annum, propter
herbaticum, germia ɪ; de vino in pas-
cione modios ɪɪɪ; lignericia denarios ɪɪɪɪ. Fol. 23.
Arat ad hibernaticum perticas ɪɪɪɪ, ad
tramisem perticas ɪɪ. Curbadas, caplinum, caroperas, manuoperas, ubi ei
injungitur. Pullos ɪɪɪɪ, ova xv. Facit in
vinea aripennum ɪ.

54. Acharius et uxor ejus colona, nomine Bertlau, habent secum infantes ɪɪɪɪ;
Gregorius et uxor ejus, Constancia, colona sancti Germani, habent secum infantes ɪɪ. Tenent mansum ingenuilem ɪ,
habentem de terra arabili bunuaria ɪɪɪ
et dimidiam antsingam, de vinea aripennos ɪɪ, de prato aripennos ɪɪ. Solvunt
similiter.

55. Ermbertus colonus et uxor
ejus colona, nomine Sicbalda, homines
sancti Germani; Godelhardus et uxor
ejus, colona sancti Germani, nomine
Siclehildis, habent secum infantes ɪɪ;
Wineboldus, colonus sancti Germani.
Isti tres tenent mansum ingenuilem ɪ,
habentem de terra arabili bunuaria ɪɪ et
antsingam ɪ, de vinea aripennum ɪ, de
prato aripennos ɪɪ. Solvunt similiter.

56. Sichardus colonus et uxor ejus colona, nomine Waldehildis, homines sancti Germani, habent secum infantes III; tenent mansum ingenuilem I, habentem de terra arabili bunuaria III et dimidiam antsingam, de vinea aripennum I et dimidium, de prato aripennos II. Solvit similiter.

57. Aitricus colonus et uxor ejus colona, nomine Godelindis, homines sancti Germani, habent secum infantes V; Aitulfus colonus et uxor ejus colona, nomine Ermemberga, homines sancti Germani, habent secum infantes III. Isti duo tenent mansum ingenuilem I, habentem de terra arabili bunuaria III, de vinea aripennum I et dimidium, de prato aripennos II et dimidium. Solvunt similiter.

58. Adalardus, colonus sancti Germani; Abraham, colonus sancti Germani, et uxor ejus colona, nomine Constantina, habent secum infantes IIII. Isti duo tenent mansum ingenuilem I, habentem de terra arabili bunuaria III, de vinea aripennum I et dimidium, de prato aripennum I et dimidium. Solvunt similiter.

59. Warmedrannus colonus et uxor ejus colona, nomine Susanna, homines sancti Germani, habent secum infantem I ; Teutharius colonus et uxor ejus colona, nomine Elisavia, homines sancti Germani, habent secum infantem I. Isti duo tenent mansum ingenuilem I, habentem de terra arabili bunuarium I et dimidiam antsingam, de vinea

aripennum I, de prato quartam partem de aripenno. Solvunt similiter.

60. Richardus colonus et uxor ejus colona, nomine Rachildis, homines sancti Germani, habent secum infantes III; Siclehardus colonus et uxor ejus colona, nomine Frotberga, homines sancti Germani, habent secum infantem I. Isti duo tenent mansum ingenuilem I, habentem de terra arabili bunuaria III et dimidiam antsingam, de vinea aripennum I, de prato aripennum I et dimidium. Solvunt similiter.

61. Dotbertus colonus et uxor ejus colona, nomine Aglildis, homines sancti Germani, habent secum infantes IIII; Waltcaudus colonus et uxor ejus colona, nomine Dominica, homines sancti Germani, habent secum infantes II. Isti duo tenent mansum ingenuilem I, habentem de terra arabili bunuaria III et dimidiam antsingam, de vinea dimidium aripennum, de prato aripennum I. Solvunt similiter. Fol. 23 v°.

62. Aigulfus servus et uxor ejus colona, nomine Leuthildis, homines sancti Germani, habent secum infantes VI. Tenet mansum ingenuilem I, habentem de terra arabili bunuaria II et antsingam I, de vinea aripennos II, de prato dimidium aripennum. Solvit similiter.

63. Erlegerus; Gundulfus colonus et uxor ejus colona, nomine Wandrehildis, homines sancti Germani, habent secum infantem I. Isti duo tenent mansum ingenuilem I, habentem de terra

arabili bunuaria III et antsingam I, de
vinea aripennos II, de prato aripennum I
et dimidium. Solvunt similiter.

64. Adrabaldus et uxor ejus colona,
nomine Gendrada, habent secum infantes II; Pascoinus, colonus sancti Germani. Isti duo tenent mansum ingenuilem I, habentem de terra arabili bunuaria
III, de vinea aripennos IIII, de prato dimidium aripennum. Solvunt similiter.

65. Rathelmus colonus et uxor ejus
colona, nomine Agia, homines sancti
Germani, habent secum infantem I. Tenet mansum ingenuilem I, habentem
de terra arabili bunuaria IIII et dimidium, de vinea aripennos III, de prato
aripennos II. Solvit similiter.

66. Ercanfredus, colonus sancti Germani; Ragenardus, colonus sancti Germani. Isti duo tenent mansum ingenuilem I, habentem de terra arabili
bunuaria III et dimidiam antsingam, de
vinea aripennos II, de prato aripennum I
et dimidium. Solvunt similiter.

67. Bertingus colonus et uxor ejus
colona, nomine Agenildis, homines
sancti Germani, habent secum infantes
II; Agleharius. Isti duo tenent mansum
ingenuilem I, habentem de terra arabili
bunuaria VI, de vinea aripennos II et
dimidium, de prato aripennos IIII et
dimidium. Solvunt similiter.

68. Atingus colonus et uxor ejus colona, nomine Aglindis, homines sancti
Germani, habent secum infantes IIII;

Agledrudis, colona sancti Germani, habet secum infantes V. Isti duo tenent
mansum ingenuilem I, habentem de
terra arabili bunuaria III et dimidium,
de vinea aripennum I, de prato aripennum I et dimidium. Solvunt similiter.

69. Waltarius colonus et uxor ejus
colona, nomine Fulcrada, homines
sancti Germani, habent secum infantem I. Tenet mansum ingenuilem I,
habentem de terra arabili bunuaria III
et antsingas II, de vinea aripennum I et
dimidium, de prato aripennum I et dimidium. Solvit similiter.

70. Altbertus, colonus sancti Germani; Dominicus colonus et uxor ejus
colona, nomine Ermentrida, homines
sancti Germani, habent secum infantes II. Isti duo tenent mansum ingenuilem I, habentem de terra arabili bunuaria V et dimidiam antsingam, de
vinea aripennum I, de prato aripennum I
et dimidium. Solvunt similiter.

71. Sadreharius colonus et uxor ejus
colona, nomine Ermengildis, homines
sancti Germani; Geroardus colonus et
uxor ejus colona, nomine Ansoildis,
homines sancti Germani, habent secum
infantem I. Isti duo tenent mansum ingenuilem I, habentem de terra arabili
bunuaria II et antsingam I, de vinea
quartem partem de aripenno. Solvunt
similiter.

72. Sicharius colonus et uxor ejus
colona, nomine Amalberga, homines
sancti Germani, habent secum infan-

Fol. 24.

tes IIII; Adalranus colonus et uxor ejus colona, nomine Bertbildis, homines sancti Germani, habent secum infantem I. Isti duo tenent mansum ingenuilem I, habentem de terra arabili bunuaria III et antsingam I, de vinea aripennos II et dimidium, de prato aripennos II et dimidium. Solvunt similiter.

73. Bertingus, colonus sancti Germani; Ursius, colonus sancti Germani. Isti duo tenent mansum ingenuilem I, habentem de terra arabili bunuaria IIII, de vinea aripennos III, de prato aripennos III et dimidium. Solvunt similiter.

74. Ingalbertus, colonus sancti Germani; Gerharius colonus et uxor ejus colona, nomine Adalgildis, homines sancti Germani, habent secum infantes II; Ermenaldus colonus et uxor ejus colona, nomine Wandilbalda, homines sancti Germani, habent secum infantes III. Isti tres tenent mansum ingenuilem I, habentem de terra arabili bunuaria III, de vinea aripennum I, de prato*.....

75. Adalradus colonus tenet mansos ingenuiles II, habentes de terra arabili bunuaria VIII et antsingam I, de vinea aripennos IIII, de prato aripennos V. Facit aripennos VIII; solvit similiter.

76. Fredernus, colonus sancti Germani, tenet mansum servilem I, habentem de terra arabili bunuarium I et antsingam I, de vinea aripennos II, de prato aripennos II. Solvit in pascione de vino modios II, pullos IIII, ova XV, et facit in vinea aripennos VI.

77. Aiulfus colonus et Susanna colona, homines sancti Germani. Isti duo tenent mansum servilem I, habentem de terra arabili bunuarium I et dimidiam antsingam, de vinea aripennos II, de prato aripennum I et dimidium. Solvunt similiter.

78. Teudricus colonus et uxor ejus colona, nomine Gerliodis, homines sancti Germani, habent secum infantes V. Tenet mansum ingenuilem I, habentem de terra arabili bunuaria III et dimidium, de vinea aripennos III et dimidium, de prato aripennos II et dimidium. Solvit ad hostem de argento solidos IIII, et ad alium annum multones II; ad tertium annum, propter herbaticum, germia I; de vino in pascione modios III, lignaricia denarios IIII. Arat ad hibernaticum perticas IIII, ad tramisem perticas II; corbadas, caplinum, caropera, manuopera, ubi ei injungitur. Pullos III, ova XV. Facit in vinea aripennum I.

79. Ricbertus colonus et uxor ejus colona, nomine Ermentera, homines sancti Germani, habent secum infantes II; Adrebaldus colonus et uxor ejus colona, nomine Teuthildis, homines sancti Germani, habent secum infantes IIII. Isti duo tenent mansum ingenuilem I, habentem de terra arabili bunuaria II et antsingam I, de vinea aripennos II, de

* Deest finis paragraphi.

prato aripennum i et dimidium. Solvunt
similiter.

80. Rigulfus colonus et uxor ejus colona, nomine Adriana, homines sancti
Germani, habent secum infantem i;
Germanus, colonus sancti Germani,
habet secum infantes ii. Isti duo tenent
mansum ingenuilem i, habentem de
terra arabili bunuaria ii, de vinea ari-
Fol. 24 v°. pennos ii et dimidium, de prato aripennos ii. Solvunt similiter.

81. Aigulfus colonus et uxor ejus
colona, nomine Nadalia, homines sancti
Germani, habent secum infantes iiii.
Tenent mansum ingenuilem i, habentem de terra arabili bunuarium i et antsingam i, de vinea aripennum i et dimidium, de prato aripennum i. Solvit
similiter.

82. Geraldus colonus et uxor ejus
colona, nomine Agildis, homines sancti
Germani, habent secum infantes iii.
Tenent mansum ingenuilem i, habentem de terra arabili bunuaria iiii et dimidium, de vinea aripennos ii, de prato
duas partes de aripenno. Solvit similiter.

83. Bertulfus, colonus sancti Germani, tenet mansum ingenuilem i, habentem de terra arabili bunuaria iiii,
de vinea aripennos iii et dimidium, de
prato aripennos iiii. Solvit similiter.

84. Bertadus colonus et uxor ejus
colona, nomine Waldiana, homines
sancti Germani, habent secum infantes iii. Tenent mansum ingenuilem i,

habentem de terra arabili bunuaria ii
et antsingam i, de vinea aripennos ii,
de prato aripennos iiii. Solvit similiter.

85. Berneherus, colonus sancti Germani, tenet mansum ingenuilem i, habentem de terra arabili bunuaria ii et
dimidiam antsingam, de vinea aripennos ii et dimidium, de prato aripennum i.
Solvit similiter.

DE CAPATICO.

86. Aclildis denarios iiii; Winegildis
similiter; Marinus similiter; Bertinga similiter; Ragambolda similiter; Leutharia
similiter; Willonus similiter; Hercanil-
dis similiter; Godaltrudis similiter.

87. Sperendeus colonus et uxor ejus
colona, nomine Genildis, homines
sancti Germani, habent secum infantes
iii. Tenent mansum ingenuilem i et dimidium, habentem de terra arabili bunuaria vii et dimidium, de vinea aripennos iiii, de prato aripennos iii.

88. Jacobus tenet mansum ingenuilem habentem de terra arabili bunuarium i et dimidium, de vinea aripennos iii et dimidium, de prato aripennos ii et dimidium.

89. Waraculfus tenet mansum ingenuilem i, habentem de terra arabili
bunuaria iii et dimidiam antsingam, de
vinea aripennos iii, de prato aripennum i et dimidium.

90. Hildricus colonus tenet dimi-

dium mansum ingenuilem, habentem de terra arabili antsingas ɪɪ, de vinea aripennum ɪ et dimidium, de prato aripennum ɪ.

91. Merardus tenet dimidium mansum ingenuilem, habentem de terra arabili bunuarium ɪ, de vinea aripennum ɪ, de prato aripennum ɪ.

92. Godinus tenet mansum ɪ in beneficio. Habet in ipso manso de terra arabili bunuaria xɪɪ, de vinea aripennos ɪɪ, de prato aripennos vɪɪɪ.

93. Sunt in Vedrarias, sicut suprascriptum habetur, mansi ʟxxxvɪɪɪɪ, qui solvunt hostilitio solidos cccɪɪɪɪ, ad tertium annum; multones cʟvɪɪɪɪ ad tertium annum; germgias ʟxxvɪɪɪɪ ad tertium annum ; pastione vini modios ccxxxɪɪ, argento solidum ɪ, denarios ɪɪ; lignaricia solidos xxv, denarios ɪɪɪɪ; pullos cum ovis ccʟɪ, pullos regales ʟxxxɪɪɪɪ ᵃ.

94. De Baugenci : Guido, Maria, Sophisa, Isabel, Rodulfus, Falgardus et Alberta uxor ejus, Maria de Vallo-Nosi, Ernaudus, Faber et Done mater ejus, Galterius et Baltrudis uxor ejus, Galterius et Hildealdis uxor ejus de Furno Sancti-Leobini ; Teolt, femina Carnotensis ; Orioldis, Alberca, Villermus, Verinus, Vaco, Odo, Giraldus, Alfredus, Valterius, Ersenflis, Garinus, Ersendis, Valteris, Tebaldus, Giraldus, Girardus, Richoldis, Itta, Freebergis, Regina.
Fol. 25. De Baugenci : Benedictus, Girbaudus, Milesenda, Joffredus, Richerius, Raimberga, Argant, Gillermus, Elbergaut, Giraldus, Galterius, Ado, Floguinus.... ᵇ, Hugo, Ligart, Agnes, Odelina, Rannulfus, Marcarius, Petrus, Bene-

dicta, Rotledus, Minardus, Aales, Renburgis, Stephanus, Girberga, Goalus, Hauis, Landricus, Rænburgis, Galterius, Odelina, Hubertus, Leois, Alermus, Herbertus, Bernoldus Radulfus, Aanoeth, Galterius, Aie, Berta.

Guarinus, Guillelmus, Amalricus, Godefredus, Alaricus, Girardus, Hersandus, Guillelmus, Ascelina, Gislebertus, Lisvia, Hugo, Joscelina, Radulfus, Alburgis, Raingardus, Legardus, Rainerius, Helvis, Ernaldus, Milesindis, Gislebertus, Albertus, Ursus, Helvis, Richardus, Ermengardis, Odelina, Odo, Maria, Godefredus, Maria, Henricus, Guiardus, Hugo, Goisbertus, Anastasia, Frodo, Hugo, Guarinus, Osanna, Rodulfus, Bovevaldis, Christianus, Odo de Mosters, Ernoldus de Boneval, Hildeer del Salive, Robertus Eliot, Martinus, Sofisia, Stefanus, Fulco, Legardus, Osmæe, Gosca, Herbertus, Rodulfus, Aales, Eremburgis, Milesendis, Gosca, Hildeburgis, Richardus, Lanfredus, Augardus, Guarengerius, Aales, Jolduinus, Hauis, Graalanz, Herveus, Roetlein, Radulfus, Meinfelis, Orein, Aimericus, Legardus, Rainalmus, Andreas, Hildesendis, Gualterius, Eremburgis, Elinandus, Gilia, Huncgerius, Sophicia, Legardus, Morinus, Vitalis, Dua, Osbernus, Laurentia, Hilduinus, Richardus, Leda, Gualterius, Guarburgis, Eitgerbertus, Gualterius, Gualterius, Guillelmus, Rosca, Osmundis, Guillelmus, Orieldis, Berta, Isabel, Radulfus, Erenburgis, Joffredus, Hermandus, Odelina, Maria, Lisvia, Odelina, Gislebertus, Enmelina, Heumardus, Ava, Avelina, Robertus, Aalant, Odo, Henricus, Hildeburgis, Guarnerius, Enmelina, Raduala, Viellus, Guillelmus, Richeldis, Gualterius, Mainardus, Aales, Robertus, Ermengardis, Guillelmus, Odelina, Ersandus, Gunterius, Guillelmus, Radulfus, Aales, Hermenildis, Morandus, Erenburgis, Menoldus, Rainaldus, Richardus, Godefredus, Stephanus, Teodericus, Enmelina, Guarinus, Eremburgis, Auguart, Fulcherius, Hugo, Rainaldus, Rodulfus, Herveus de Malesvaus, Guido, Tebaudus, Bernardus filius Noe, Rai-

---

ᵃ Quæ sequuntur sæculo undecimo exeunte videntur exarata.

ᵇ Nomen unum recisum est.

nalmus, Drogo de Belvaiz, Martinus, Milesendis, Guillelmus, Engelboldus, Benedictus, Hugo, Susanna, Gualterius, Aaliz, Enmelina, Gislebertus, Girardus, Maria, Guillelmus carpentarius, Adelina, Legardus, Raburgis, Lanbertus, Odelina, Hugo, Mabilia, Joffredus, Ascelina, Johannes, Ermengardis, Robertus, Ermenaldus, Gualterius, Odelina, Goffredus, Enmelina, Viellus, Adelina, Rainaldus, Odelant, Odelina, Hubertus, Gefredus, Aales et uxor ejus de Canpo Rembabt, Hildeardis et Michael filius ejus, Bartolomeus Droar et li feutres Ansoldus et Froburc, Rogerius, Maria uxor ejus, Fulcarbus, Tecelina Carnotensis, Villermus et Annes, Fulgerius de Baugenci, Galterus et Aales, Constancia, Hubert de Bruolos, Richolt uxor ejus, Gillermus, Israhel, Guido prespiter, Aales, Rogerius, Johannes, Alexandra, Isabel, Erenburgis, Richerius, Hodierna, Isenbardus, Richeldis, Albert, Milesendis, Tibolt, Milesendis, Fulquis, Aiul, Ermengalt, Joslen, Wibert, Huldearus, Ernaudus, Emelina, Tezelina, Emelina, Ascelina, Galterius, Mercer, Luu, Simon Galter, Maria, Bernerius, Adelina uxor ejus, Colastice, Nerbertama, Joscelinus, Guillermus, Ricardus, Stephanus, Bernois, Guarinus, Aymericus, Rotbertus Torgis, Goffredus, Josca uxor sua, Johannes, Berenger et Berta uxor ejus, Legart, Guerri et uxor ejus, Hugo Lucot, Herbertus Guillermus, Beatrix et Basilia filia ejus, Rainerius et Alburgis uxor ejus, Garnerius, Alburgis, Isenbardus et uxor ejus, Menardus, Aales, Rodulfus, Aymericus et uxor ejus, Holdesendis, Martinus et uxor ejus, Herbertus, Permentarius, Maria, Joduinus, Beatrix uxor ejus, Fulbertus, item Fulbertus, Ricboldus, Aales, Ermengardis, Arnulfus filius ejus, Hugo de Caors, Gilo, Aia, Beatrix, Tebaudus, Fulcoinus li filz Rolfo, Rotbertus, Aales, Fulcherius, Girberga, Lanbertus, Doa, Robertus,

Guitburdis, Fromundis, Ermengardis, Ersendis, Gaulterius, Aales, Hilderius, Josco, Alelmus, Girardus Mansel, Joonart, Guillermus, Rainardus de Blai, Rotbertus, Otrea, Raganus, Patricius, Matheus de Soline, Hildricus, Eremburgis, Hubertus, Jaindox, Enmelina de Balgenci, Elisabet, Amelina femina, Guillemus, Drogo, Giburgis, Maria, Ozmundus, Fromundus, Rotbertus de Mauritania, Lambertus, Garinus Revel, Guillermus, Paganus, Rogerius de Rosca, Tecanda femina sua, Gislebertus, Hildeburgis, Hugo, Ernaudus, Rotbertus, Guillermus, Rotbertous et uxor ejus Hilduidis de Ruberiis de Sancta Maria, Aimericus, Galterius, Herveus, Ligerius, Landricus et uxor ejus Issenberga, Ossanna, Giraldus et uxor ejus de Nogento, Rollendus, Hildeberga de Mauritania, Gislebertus, Rainaldus et uxor ejus de Baugenci, Hodierna, Alburgis, Odelina, Johannes, Ugo, Ermenoldus, Eremburgis, Issabel, Joffredus, Bendicta, Rainaldus et uxor ejus, Frogerus et uxor ejus, Radulfus, Gilla, Hengerboldus, Odo, Christianus*.

Carnotenses : Hermemburgis, Rotbertus, Eremburgis.

Guillelmus presbyter; Girulfus, Guarnerius, presbyteri; Horris, Sapiencia et uxor ejus, Guillermus et Horanda mater ejus, Bernardus et uxor ejus, Noe et Maria uxor ejus, Christianus et Leogardis uxor ejus, Hugo, Innoge, Fromundus, Girardus, uxor ejus, Rotbertus, uxor ejus, Guillermus, uxor ejus, Guillermus, Laloer, Rodulfus, Chain, Odo et uxor ejus, Rainaldus de Matriolis, Guillermus li fil Aubri, Andris, Lalcrine fili ejus, Jofredus, li fil Horri, Grimol et Milessent uxor ejus, Fromundus de Capella, Richardus, Rotbertus, Isabel, Graulniu, Rainaldus, Christianus, Milesendis, Guillermus, Fulcho, Freesendis, Richeldis, Rogerius, Guarinus, Holchat, Constantia, Guoffridus, Aales, Durannus, Amelina, Her-

---

* Nomina quæ proxime sunt secutura, leguntur folio 101 verso, longoque, ut patet, intervallo ab illis quæ præcedunt; manu tamen eadem eademque ætate sunt exarata. Singula quoque ad homines monasterii sancti Germani in eisdem regionibus morantes pertinent, neque ullam relationem habent cum fiscis quibus subjunguntur. Hodie si paragraphis disjunctis continentur, causa procul dubio injuriis non paucis Codici illatis tribuenda. Nobis itaque congruum visum est separata in eumdem locum denuo hic cogere.

bertus, Guarinus, Rannulfus, Hildeburgis, Goffredus, Robertus, Constantius, Ermengardis, Rainaldus, Stephanus, Rodulfus, Robertus, Robes, Galterius, Guid, Bois, Gislebertus, Gislardus, Auburgus, Ermengardus, Jerlent, Martinus, Legardus, Herbertus, Richardus, Richeldus, Guillermus, Ermengardus, Joffredus, filius Ulrici, Joslenus li corvesers, Herbertus et uxor ejus, Johannes, filius Maineirii et uxor ejus, Hugo de Nogent et filius ejus et filia, Rogerius filius, Boselmus et uxor ejus, Laurentia, Rainaldus, Guismundus et uxor ejus, Flahauz et uxor ejus, Guillermus, Rodulfus de Bona Valle, Christianus, Odo de Monasteriis, Arnulfus de Bona Valle, Otgerius de Salivei, Robertus, Heliot.

De Mauritania : Guillermus mercator, Robertus et Sicilia uxor ejus, Giraldus de Boscel et Isabel uxor ejus, Henricus et Erenburgis uxor ejus, Garoldus de Hersees et Ermenoldis uxor ejus.

De Monte-Miral : Benedictus, Bussus, Erenburgis, Froilina, Robertus, Herbertus, Rabel, Petrus et Maria uxor ejus, Guillermus, filius Girardi et Lichardis uxor ejus, David, Frotmundus et Isabel uxor ejus, Tebaldus et Remburgis, Richerius et uxor ejus.

De Senoncha castro : Hubertus, Radulfus, Fulcherius, Quintinus, Isuardus, Erchembaldus, Germanus, Christianus.

De Mauritania : Rotbertus, Guillermus de Marens, Guillermus de Montcorlen, Rotbertus de Prulei, Hugo de Bosco, Matildis, Joffredus de Reveri, Jeezelina, Villermus de Belfet, Arnulfus de la Mesnerei, Hubertus, Guillermus de Aspres, Radulfus, filius Hildeardis, Guido.

De Mauritania vel de Baugenci : Leodericus, Germanus, Renuis, Amicus faber, Rotbertus, Anstesa.

De Baugenci : Roger lo regrater, uxor Emelina, Bernar li miners et Guiguinus et Odelina uxor ejus, Martins, Amrigaude, Rotbertus Porteguere et Heinris le corveser, Ermengar la Rose, Gislebertus li burhers, Bertrannus, Herbertus, Hubertus.

VI. BREVE DE SPINOGILO.

Fol. 25 v°. 1. Habet in Spinogilo* mansum dominicatum cum casa et aliis casticiis sufficienter. Habet ibi de terra arabili culturas vi quæ habent bunuaria cl, ubi potest seminare modios ccl. Habet ibi de vinea aripennos c, ubi potest colligi de vino modios dcccl. Habet ibi de prato aripennos xxx, ubi potest colligi de feno carra l. Habet ibi silva quæ habet in totum leguam i et dimidiam, ubi possunt saginari porci cc. Habet ibi farinarium i, unde exit in censum de annona modios lx.

2. Habet ibi Ricbertus ecclesiam in beneficio cum omni apparatu diligenter constructam, ubi aspicit mansus i, habens de terra arabili bunuaria iiii, de vinea aripennos vii et dimidium, de prato aripennos iii. Et sunt in suum dominium mansi ii, quæ habent de terra arabili bunuaria xi, de vinea aripennos xii, de prato aripennos vi.

3. Gamalfredus colonus et uxor ejus colona, nomine Adalhildis, homines sancti Germani, habent secum infantes iiii. Tenet mansum ingenuilem i, habentem de terra arabili bunuaria viii, de vinea aripennos iii, de prato aripennos v. Solvit in pastione de vino modios iii, et in alium annum multonem i, et ad alium annum soledos ii et denarios iii, et propter lignaricia denarios iiii, scindolas c; et facit in vinea dominica aripennum i; arat ad tramisem perticas ii; corvadas, manuoperas, caroperas, quantum ei injungitur.

4. Donefredus, colonus sancti Germani, tenet mansum ingenuilem i, habentem de terra arabili bunuaria v et dimidiam antsingam, de vinea aripennos iii et quartam partem de aripenno, de prato aripennum i et dimidium. Solvit similiter.

5. Ermenarius colonus et uxor ejus colona, nomine Siclefrida, homines sancti Germani, habent secum infantem i, nomine Siclehildis; Wandalbertus, colonus sancti Germani. Isti duo tenent mansum ingenuilem i, habentem de terra arabili bunuaria v et dimidiam antsingam, de vinea aripennos iii et dimidium, de prato aripennum i et dimidium. Solvunt similiter.

6. Ragamboldus colonus et uxor ejus colona, nomine Aclevalda, homines sancti Germani, habent secum infantes ii, Hildeboldus, Ragamberga; Warna-

---

* Hodie *Épinay-sur-Orge*, ad lapidem decimum sextum Parisiis, austrum versus.

dus colonus et uxor ejus colona, nomine Adalgudis, homines sancti Germani, habent secum infantes II, his nominibus, Adalgis, Droctara. Isti duo tenent mansum ingenuilem I, habentem de terra arabili bunuaria XI, de vinea aripennos III et dimidium, de prato aripennos II et dimidium. Solvunt similiter.

7. Aclevertus colonus et uxor ejus colona, nomine Landisma, homines sancti Germani, habent secum infantes IIII, his nominibus, Electeo, Gislevertus, Elictildis, Ulfranna. Tenet mansum ingenuilem I, habentem de terra arabili bunuaria X et antsingam I, de vinea aripennos III et quartam partem de aripenno, de prato aripennos V. Solvit similiter.

8. Adalharius, colonus sancti Germani, habet secum infantes II, Restoinus, Adalgudis; Waldemia libera. Isti duo tenent mansum ingenuilem I, habentem de terra arabili bunuaria X, de vinea aripennos III, de prato aripennos VII. Solvunt similiter.

9. Bertarius, colonus et uxor ejus colona, nomine Drocberta, homines sancti Germani, habent secum infantes III; Erlefredus colonus et uxor ejus colona, nomine Raghildis, homines sancti Germani, habent secum infantes III, his nominibus, Rainthardus, Giltranna, Ragentrudis. Isti duo tenent mansum ingenuilem I, habentem de terra arabili bunuaria X et antsingam I, de vinea aripennos II et dimidium, de prato aripennos VII. Solvunt similiter.

Fol. 26.

10. Baldoldus colonus et uxor ejus colona, nomine Baltfrida, homines sancti Germani, habent secum infantes IIII, his nominibus, Baldoinus, Airhildis, Baldisma, Waltarius; Eldoinus, colonus sancti Germani. Isti duo tenent mansum ingenuilem I, habentem de terra arabili bunuaria XI et antsingas II, de vinea aripennos III et duas partes de aripenno, de prato aripennos II et dimidium. Solvunt similiter.

11. Berneardus colonus et uxor ejus colona, nomine Rotberta, homines sancti Germani, habent secum infantem I, nomine Ermengarius. Tenet mansum ingenuilem I, habentem de terra arabili bunuaria X et antsingam I, de vinea aripennos II, de prato aripennos III. Solvit similiter.

12. Ermenoldus colonus et uxor ejus colona, nomine Aclisma, homines sancti Germani, habent secum infantes II, his nominibus, Ermenarius, Amalricus; Framengarius colonus et uxor ejus colona, nomine Landedrudis, homines sancti Germani, habent secum infantes III, his nominibus, Flodoildis, Framengildis, Flodois. Isti duo tenent mansum ingenuilem I, habentem de terra arabili bunuaria XI et antsingas II, de vinea aripennos III et duas partes de aripenno, de prato aripennos IIII et dimidium. Solvunt similiter.

13. Lantfredus colonus et uxor ejus colona, nomine Gentildis, homines sancti Germani, habent secum infantes II, his nominibus, Guntberga, Dructil-

dis; Martinus colonus et uxor ejus colona, nomine Plectrudis, homines sancti Germani, habent secum infantes IIII. Isti duo tenent mansum ingenuilem I, habentem de terra arabili bunuaria v, de vinea aripennos II, de prato aripennos v. Solvunt similiter.

14. Eurehanius colonus habet secum matrem et sororem; tenet mansum ingenuilem I, habentem de terra arabili bunuaria VII, de vinea aripennos II et dimidium, de prato aripennum I. Solvit similiter.

15. Berneharius colonus et uxor ejus colona, nomine Judildis, homines sancti Germani, habent secum infantes II, his nominibus, Bernegis, Bernoinus; Stradidius colonus et uxor ejus colona, nomine Walantrudis, homines sancti Germani, habent secum filium I, nomine Anstasius. Isti duo tenent mansum ingenuilem I, habentem de terra arabili bunuaria VII et antsinga I, de vinea aripennos III, de prato aripennum I. Solvunt similiter.

16. Ermenfredus colonus et uxor ejus colona, nomine Scupilia, homines sancti Germani, habent secum infantes v, his nominibus, Scopilius, Aganfredus, Ansarius, Blitgarius, Ermenfrida. Tenet mansum ingenuilem I, habentem de terra arabili bunuaria VIII, de vinea aripennos II et dimidium, de prato aripennos III. Solvit similiter.

17. Anstasius colonus et uxor ejus colona, nomine Bertildis, homines sancti Germani, habent secum infantes II, his nominibus, Laidradus, Machildis. Tenet mansum ingenuilem I, habentem de terra arabili bunuaria XI, de vinea aripennos III, de prato similiter. Solvit similiter.

18. Germenulfus et uxor ejus, colona sancti Germani, habent secum infantes IIII, his nominibus, Germanus, Pascuarius, Aclehildis, Germana. Tenet mansum ingenuilem I, habentem de terra arabili bunuaria x, de vinea aripennos II et dimidium, de prato dimidium aripennum. Solvit similiter.

19. Guntbertus et uxor ejus, colona Fol.26 v°. sancti Germani, nomine Teudelindis, habent secum infantes IIII. Tenet mansum ingenuilem I, habentem de terra arabili bunuaria VII, de vinea aripennos II, de prato aripennos II. Solvit similiter.

20. Waldegarius colonus et uxor ejus colona, nomine Adalgardis, homines sancti Germani, habent secum infantes II, his nominibus, Adalgis, Leutgardis. Tenet mansum ingenuilem I, habentem de terra arabili bunuaria IIII, de vinea aripennum I et dimidium, de prato aripennum I. Solvit in pastione de vino modium I, vervicem I; cetera solvit sicut Gamalfredus.

21. Eldradus colonus et uxor ejus colona, nomine Adalgardis, homines sancti Germani, habent secum infantes II, his nominibus, Adalradus, Ragamberta; Ermenoldus colonus et uxor ejus colona, nomine Hercanhildis, homines

sancti Germani, habent secum infantem I, nomine Hercanrada. Isti duo tenent mansum ingenuilem I, habentem de terra arabili bunuaria VII, de vinea aripennum I et dimidium, de prato aripennos II. Solvunt similiter.

22. Fulcoinus colonus et uxor ejus colona, nomine Adalgrinna, homines sancti Germani, habent secum infantes II, his nominibus, Bertfredus, Fulcois. Tenet mansum ingenuilem I, habentem de terra arabili bunuaria VII, de vinea aripennos II et dimidium, de prato aripennos III. Solvit similiter.

23. Autgarius colonus et uxor ejus colona, nomine Landa, homines sancti Germani, habent secum infantes III, his nominibus, Lantbertus, Autbertus, Autgildis. Tenet mansum ingenuilem I, habentem de terra arabili bunuaria VII, de vinea aripennum I et dimidium, de prato aripennum I et dimidium. Solvit similiter.

24. Sichaus colonus et uxor ejus colona, nomine Blatsinda, homines sancti Germani, habent secum infantes III, his nominibus, Hiltrudis, Austrudis, Sichildis. Tenet mansum ingenuilem I, habentem de terra arabili bunuaria IIII, de vinea aripennum I et quartam partem de aripenno. Solvit similiter.

25. Adalmannus colonus et uxor ejus colona, nomine Eldois, homines sancti Germani, habent secum infantem I,

nomine Adalrada; Ingo colonus et uxor ejus colona, nomine Adalbolda, homines sancti Germani, habent secum infantem I, nomine Agambodus. Isti duo tenent mansum ingenuilem I, habentem de terra arabili bunuaria X, de vinea aripennos II, de prato aripennum I. Solvunt similiter.

26. Landricus colonus et uxor ejus colona, nomine Agentrudis, homines sancti Germani, habent secum infantes II, his nominibus, Landrada, Framengildis; Aldedrudis, colona sancti Germani, habet secum infantem I, his nominibus, Haltbertus[*]; Danegildis, colona sancti Germani, habet secum infantes III, his nominibus, Dominicus, Landoldus, Amalberga. Isti tres tenent mansum ingenuilem I, habentem de terra arabili bunuaria VI et dimidium, de vinea aripennos III et dimidium, de prato aripennos II. Solvunt similiter.

27. Ragambertus, colonus sancti Germani, habet secum infantes III, his nominibus, Ragenarius, Ragamberta, Godelindis. Tenet mansum ingenuilem I, habentem de terra arabili bunuaria V, de vinea aripennum I et dimidium, de prato aripennum I. Solvit similiter.

28. Sicharius colonus et uxor ejus colona, nomine Ostedrudis, homines sancti Germani, habent secum infantes IIII, his nominibus, Ermenoldus, Richarius, Ermenarius, Ermenildis. Te-

Fol. 27

---

[*] Sic nunc legitur; prius erat *infantes duos*, sequebaturque duo nomina, quorum posterius erasum est.

net mansum ingenuilem i, habentem de terra arabili bunuaria v, de vinea aripennum i et duas partes de aripenno, de prato aripennum i. Solvit similiter.

29. Bernehardus colonus et uxor ejus colona, nomine Gentildis, homines sancti Germani, habent secum infantes iiii, his nominibus, Agenteus, Hildois, Agamberga, Aldeberga; Adreharius et uxor ejus, colona sancti Germani, nomine Autlindis, habent secum infantes ii, his nominibus, Hildeboldus, Farohildis. Isti duo tenent mansum ingenuilem i, habentem de terra arabili bunuaria vii, de vinea aripennos ii et dimidium, de prato aripennos vii et dimidium. Solvunt similiter.

30. Adalharius colonus et uxor ejus colona, nomine Randoildis, homines sancti Germani, habent secum infantes iii, his nominibus, Ratbertus, Ratgis, Adalhildis. Tenet mansum ingenuilem i, habentem de terra arabili bunuaria vi et dimidiam antsingam, de vinea aripennum i, de prato aripennos ii. Solvit similiter.

31. Randoinus colonus et uxor ejus colona, nomine Gisoildis, homines sancti Germani, habent secum infantes iii, his nominibus, Aldoinus, Ragenteus, Girboldus. Tenet mansum ingenuilem i, habentem de terra arabili bunuaria iiii, de vinea aripennum i et dimidium, de prato aripennum i. Solvit similiter.

32. Ingalmarus et uxor ejus, colona

sancti Germani, nomine Berla, habent secum infantes ii, his nominibus, Saul, Ingalsindis. Tenet mansum ingenuilem i, habentem de terra arabili bunuaria iiii, de vinea aripennos ii et dimidium, de prato aripennos ii. Solvit similiter.

33. Bertrannus colonus et uxor ejus colona, nomine Autrudis, homines sancti Germani, habent secum infantes iiii. Tenet mansum ingenuilem i, habentem de terra arabili bunuaria iiii, de vinea aripennum i et duas partes de aripenno, de prato aripennum i. Solvit in pastione de vino modios ii et multonem i. Facit in vinea aripennum i. Arat ad hibernaticum perticas iiii, ad tramisem perticam i. Manuoperas, caroperas, quantum ei injungitur. Pullos iii, ova xv.

34. Ermboldus colonus et uxor ejus colona, nomine Acletrudis, homines sancti Germani, habent secum infantes ii; Amalricus, colonus sancti Germani. Isti duo tenent mansum ingenuilem i, habentem de terra arabili bunuaria vi et dimidium, de vinea aripennum i et dimidium. Solvunt similiter.

35. Ardoinus colonus et uxor ejus colona, nomine Lisegundis, homines sancti Germani, habent secum infantes iii, his nominibus, Frotbertus, Dagobertus, Johanna; Aclulfus, colonus sancti Germani. Isti duo tenent dimidium mansum servilem, habentem de terra arabili bunuaria iii et dimidiam antsingam, de vinea aripennum i, de prato aripennos ii et dimidium. Solvunt

in pastione de vino modium ı et dimidium, et faciunt in vinea dominica aripennos ıııı, et manoperas in unaquaque ebdomada dies ıı. Pullos ııı, ova xv.

36. Radoardus lidus et uxor ejus
Fol. 27 vº. lida, nomine Sicletrudis (solvit denarios vııı), homines sancti Germani, habent secum infantes ııı. Tenet mansum ingenuilem ı, habentem de terra arabili bunuaria vıı, de vinea aripennum ı. Solvit in pastione de vino modios ııı. Facit in vinea aripennos ıııı, in unaquaque ebdomada curvadas ıı; manoperas, caroperas, quantum ei injungitur.

37. Ingalbertus servus et uxor ejus colona, nomine Danegildis, homines sancti Germani, habent secum infantes ııı. Tenet mansum servilem ı, habentem de terra arabili bunuaria ııı et dimidiam antsingam, de vinea aripennum ı. Solvit de vino modios ıı. Facit in vinea aripennos ıııı et manoperas. Pullos ııı, ova xv.

38. Aclehardus, colonus sancti Germani, tenet mansum servilem ı, habentem de terra arabili bunuaria ııı et dimidium, de vinea aripennum ı, de prato aripennum ı et quartam partem de aripenno. Solvit similiter.

39. Waldegarius colonus et uxor ejus colona, nomine Ermenildis, homines sancti Germani. Tenet mansum servilem ı, habentem de terra arabili bunuaria ııı, de vinea quartam partem de aripenno. Solvit in pastione de vino

modium ı. Facit in vinea aripennos ıııı et manoperas in unaquaque ebdomada. Pullos ııı, ova xv.

40. Maurondus colonus et uxor ejus colona, nomine Agildis „ homines sancti Germani, habent secum infantes ıı. Tenet mansum servilem ı, habentem de terra arabili bunuaria ııı et antsingam ı, de vinea dimidium aripennum, de prato duas partes de aripenno. Solvit similiter.

41. Maurinus, colonus sancti Germani, habet secum infantem ı; tenet mansum ingenuilem ı, habentem de terra arabili bunuaria ıııı et antsingam ı, de vinea aripennum ı et dimidium. Cetera solvit sicut Radoardus.

42. Dominicus servus et uxor ejus colona, nomine Gaudildis, homines sancti Germani, habent secum infantes ııı. Tenet mansum servilem ı, habentem de terra arabili bunuaria v et dimidium, de vinea aripennum ı et dimidium, de prato aripennum ı et dimidium. Cetera solvit sicut Waldegarius.

43. Gundoldus colonus et uxor ejus colona, nomine Autbolda, homines sancti Germani. Tenet mansum ingenuilem ı, habentem de terra arabili bunuaria ıııı, de vinea aripennum ı, de prato aripennos ıı. Cetera solvit sicut Radoardus.

44. Constantinus colonus et uxor ejus colona, nomine Ingeltrudis, habent secum infantem ı et matrem et fratres ıı et sororem ı. Tenet mansum servilem ı,

8

58   POLYPTYCHUM

habentem de terra arabili bunuaria vii,
de vinea aripennos ii. Cetera solvit sicut
Waldegarius.

45. Galtfridus servus et uxor ejus
colona tenent mansum ingenuilem i,
habentem de terra arabili bunuaria v
et dimidium, de vinea aripennum i et
dimidium, de prato aripennum i et dimidium.

46. Scubiculus colonus et uxor ejus
colona, nomine Teodildis, homines
sancti Germani, habent secum infantes
ii. Tenet hospicium i, habens de terra
arabili antsingam i, de vinea aripennum i. Inde facit in vinea dominica
aripennum i, et in unaquaque ebdomada diem i. Pullos iii, ova xv.

47. Gunthadus, colonus sancti Germani, habet secum sororem i; tenet
hospicium i, ubi habet de terra arabili
antsingam i et dimidiam, de vinea aripennum i; et facit inde aripennum i.
Cetera similiter.

48. Amadus et Ragenoldus, coloni
sancti Germani, habent secum matrem.
Isti duo tenent hospicium, habens de
terra arabili antsingam i, de vinea aripennum i et dimidium. Solvunt de vino
modium i, et faciunt in vinea aripennos ii, in unaquque ebdomada dies iii;
ova x, pullos ii.

49. Eldiengus, colonus sancti Ger-

mani, tenet hospicium, habens de terra
arabili bunuaria ii et dimidiam antsingam, de vinea dimidium aripennum.
Inde facit in vinea aripennum i, in unaquaque ebdomada diem i. Pullos ii,
ova x.

50. Aclevalda, colona sancti Germani, habet secum infantes ii; tenet hospicium i, habens de terra arabili antsingam i. Inde facit in vinea dimidium
aripennum. Pullum i, ova v.

51. Mancebodus colonus et uxor ejus
colona, nomine Berthildis, homines
sancti Germani, habent secum infantem i. Tenet hospicium i, habens de
terra arabili antsingas ii, de vinea duas
partes de aripenno. Solvit de vino modium i. Facit in vinea dimidium aripennum, et facit ortum dominicum.
Pullos iii, ova xv.

52. Ingalboldus, sacerdos[a] sancti
Germani, de beneficio Godoeno, tenet
hospicium nostrum, habens de terra
arabili bunuaria ii et antsingam i, de
vinea tres partes de aripenno. Solvit
de vino modium i, et facit aripennum i et antsingam i, et in unaquaque
ebdomada curvatam i et diem i. Pullos
iii, ova xv.

53. Martinus, colonus sancti Germani, habet secum infantes ii; tenet
hospicium i, habens de terra arabili
antsingam i, de vinea aripennum i; et

Fol. 28.

[a] Vix aliter explicanda est syllaba *sac*, qua manus
paulo recentior spatium vacuum, a priore librario
relictum, litteris pallidioribus explevit. Sensus ta-

men, non litterarum ductus, postulare videretur
saltuarius, cujus quasi collega *forestarius* in paragrapho sequenti occurrit.

inde facit aripennum i in vinea dominica ; et est foristarius de silva et vinea
dominica.

54. Undoinus tenet hospicium i, habens de terra arabili bunuaria iii. Solvit
de vino modium i et denarios iii; et
facit aripennum i et perticas v. Corvatas, manoperas, quantum ei injungitur.

55. Habet ibi Ragamboldus in beneficio mansum i, habentem de terra arabili bunuaria xi et antsingam i et dimidiam, de vinea aripennos iiii, de prato
aripennos iii et dimidium.

56. Isti juraverunt : Eldradus, Anstasius, Erlefredus, Scubiculus, Donefre-
fredus, Adalmannus, Berneardus, Ragambertus, Radoardus, Maurinus, Autgarius, Waldegarius.

Fol. 28 v°. 57. Sunt in Spinogilo, justa quod
suprascriptum habetur, mansi ingenuiles xxxii. Solvunt hostilicio solidos lxviii,
ad tertium annum multones xviiii, ad

tertium annum vervices xiii; lignaricia
solidos x, pastione vini modios lxviii,
scindolas iii m, pullos cum ovis xcvi.

Sunt mansi serviles xi. Solvunt pastione vini modios xviiii et dimidium,
pullos cum ovis xxxiii.

Sunt ibidem hospitia viiii. Solvunt
vini modios iiii, pullos cum ovis xvii,
denarios iii.

58. Isti sunt servi ex villa Spinogilo : Dominicus, Gotboldus, Jordanis, Dominica, Hildegardis , Radoara , Frotlindis , Berthildis ,
Ragenardis, Beata, Ranois, Donefredus, Edra-
lus, Elia, Elisabia, Adalardus, Odilardus,
Rainois, Adalindis, Adalrada, Hildegardis,
Adalhildis, Flodaldus, Gaudaldus, Martina,
Godelbertus, Sechadus, Adalbertus, Richardus, Ingalbertus [a].

59. Est in pago Vesuncensi abbatia
Sancti Ursini super Duvium fluvium,
et ad ipsam abbatiam pertinent villæ,
his nominibus, Chuviniacus, Curtis Ul-
dulfi , ad cœnobium sancti Germani
pertinentes [b].

---

[a] Hic paragraphus manu paululum recentiore
exaratus est.

[b] Hæc loca tria, diœcesis Bisuntinencis, circa

Pontem Reintrudis sita, hodie nominantur *Saint-
Ursane, Chaveney, Courtedoux.*

VII. BREVE DE VILLARI.

1. Habet in Villare[a] in cella fratrum mansum dominicatum cum casa et aliis casticiis sufficienter.

2. Habet ibi ecclesias II cum omni apparatu diligenter constructas.

3. Habet ibi de terra arabili culturas X, ubi possunt seminari modii DC.

Habet ibi de vinea veteri aripennos LIII; de vinea novella, quam domnus Irmino abba plantavit, aripennos VIIII, ubi possunt colligi in totum modii CCCC.

Habet ibi de prato aripennos L, ubi possunt colligi de feno carra XL.

Habet ibi de silva, sicut æstimatur totum in gyro, leuas II et dimidiam.

Habet in Nirbanio[b] de silva bunuaria III.

Habet in Lebiaco[c] de silva ubi possunt saginari in totum porci CLXX.

4. Habet Bodo colonus et uxor ejus colona, nomine Ermentrudis, homines sancti Germani, habent secum infantes III. Tenet mansum ingenuilem 1, habentem de terra arabili bunuaria VIII et antsingas II, de vinea aripennos II, de prato aripennos VII. Solvit ad hostem de argento solidos II, de vino in pas-

cione modios II; ad tertium annum scindolas C; de sepe perticas III. Arat ad hibernaticum perticas IIII, ad tramisem perticas II. In unaquaque ebdomada corvadas II, manuoperam I. Pullos III, ova XV; et caropera ubi ei injungitur. Et habet medietatem de farinarium, inde solvit de argento solidos II.

5. Frambertus colonus et uxor ejus colona, nomine Odelindis, homines sancti Germani, habent secum infantem I. Tenet mansum ingenuilem I, habentem de terra arabili bunuaria VIII, de vinea aripennum I et duas partes de aripenno, de prato aripennos II et tertiam partem de aripenno. Excepto scindolas, cetera solvit sicut Bodo.

6. Isti duo tenent alium mansum in censo, habentem de terra arabili bunuaria XIII, de vinea aripennos VI, de prato aripennos VI. Inde solvunt solidos V et denarios IIII.

7. Waltarius servus habet secum infantem I; Waldegaudus servus et uxor ejus colona, nomine Elegia. Isti duo tenent mansum ingenuilem I, habentem

---

[a] Nunc *La Celle-Saint-Cloud*, ad lapidem nonum Parisiis, occasum versus.

[b] Hodie, ni fallor, *Beyne*, tredecim millibus passuum et quingentis a Villari, versus occidentem.

[c] Nostro tempore *Lévy*, tredecim milliaribus a Villari, inter austrum et occasum. V. Lebeuf, t. VIII, pag. 30 et seqq.

de terra arabili bunuaria IIII et antsingam I, de vinea aripennum I et dimidium, de prato aripennos II. Faciunt de vinea aripennos IIII. Excepto scindolas, cetera solvit sicut Bodo.

8. Ragenoldus colonus et uxor ejus colona, nomine Adalsindis, habent secum infantes VI; Flodoinus colonus et uxor ejus Agenildis, homines sancti Germani. Isti duo tenent mansum ingenuilem I, habentem de terra arabili bunuaria X, de vinea aripennos II, de prato aripennos II. Cetera solvit sicut Bodo.

9. Josep colonus et uxor ejus colona, nomine Berta, homines sancti Germani, habent secum infantes VI. Tenet mansum I ingenuilem, habentem de terra arabili bunuaria XI, de vinea aripennum I et dimidium, de prato aripen num I et dimidium. Excepto scindolas, cetera solvit similiter.

10. Ermfredus, homo sancti Petri, *Fol. 29 v°.* tenet mansum ingenuilem I, habentem de terra arabili bunuaria VI et antsingas II, de vinea aripennum I et dimidium, de prato aripennos II. Cetera similiter.

11. Bertulfus colonus et uxor ejus colona, nomine Eusebia, homines sancti Germani, habent secum infantes V. Tenet mansum ingenuilem I, habentem de terra arabili bunuaria IIII, de vinea aripennum I, de prato I. Excepto scindolas, cetera similiter.

12. Agenricus colonus et uxor ejus colona, nomine Gerildis, homines

sancti Germani. Tenet mansum ingenuilem I, habentem de terra arabili bunuaria VI, de vinea aripennum I, de prato tertiam partem de aripenno. Excepto scindolas, cetera similiter.

13. Teodaldus colonus et uxor ejus colona, nomine Eribolda, homines sancti Germani, habent secum infantes III; Eurebaldus, colonus sancti Germani. Isti duo tenent mansum ingenuilem I, habentem de terra arabili bunuaria VI, de vinea aripennum I et dimidium, de prato aripennum I et dimidium. Cetera similiter.

14. Wuithelmus servus et uxor ejus colona, nomine Ermentrudis, homines sancti Germani, habent secum infantes II. Tenet mansum ingenuilem I, habentem de terra arabili bunuaria VIII, de vinea aripennum I et dimidium, de prato aripennum I et dimidium. Facit in vinea aripennos IIII. Cetera similiter.

15. Radoinus servus et uxor ejus colona, nomine Germentrada, homines sancti Germani, habent secum infantes III. Tenet mansum ingenuilem I, habentem de terra arabili bunuaria VI et dimidium, de prato aripennos II. Facit in vinea aripennos IIII. Excepto scindolas, cetera similiter.

16. Radulfus colonus; Erloldus colonus et uxor ejus colona, nomine Odilberga, homines sancti Germani, habent secum infantes V; Waltsinda, colona sancti Germani, habet secum infantes IIII. Isti tres tenent mansum ingenui

lem i, habentem de terra arabili bunuaria viii, de vinea aripennum i et dimidium, de prato aripennum i. Cetera
similiter.

17. Ermengaudus colonus et uxor ejus
colona, nomine Bertranna, homines
sancti Germani, habent secum infantes
iii. Tenet mansum ingenuilem i, habentem de terra arabili bunuaria viii, de
vinea aripennum dimidium, de prato
aripennos ii. Excepto scindolas, cetera
similiter.

18. Sindulfus servus et uxor ejus
ancilla, nomine Bertedrudis, homines
sancti Germani, habent secum infantem i; Benegaudus et uxor ejus ancilla
sancti Germani, nomine Ramberga, habent secum infantes ii. Isti duo tenent
mansum ingenuilem i, habentem de
terra arabili bunuaria viii, de vinea dimidium aripennum, de prato aripennum i et dimidium. Excepto scindolas,
cetera similiter.

19. Ermoinus; Natalis colonus et
uxor ejus colona, nomine Audimia, homines sancti Germani, habent secum
infantes ii. Isti duo tenent mansum ingenuilem i, habentem de terra arabili
bunuaria iiii et dimidium, de vinea aripennum i dimidium, de prato aripennos ii et dimidium. Excepto scindolas,
cetera similiter.

20. Frotboldus, servus sancti Germani; Deodatus colonus et uxor ejus

colona, nomine Warnehildis, homines
sancti Germani. Isti duo tenent mansum ingenuilem i, habentem de terra
arabili bunuaria viii et antsingam i, de
vinea dimidium aripennum, de prato
aripennum i. Solvunt ad hostem de argento solidos ii, de vino modium i.
Arant ad hibernaticum perticas iiii, ad
tramisem perticas ii; et in unaquaque
ebdomada corvadas ii. Faciunt in vinea
aripennos iiii, ad tertium annum perticas iii de sepe.

21. Hildegaudus colonus et uxor ejus
colona, nomine Witlindis, habent secum infantes iii. Tenet mansum ingenuilem i, habentem de terra arabili
bunuaria iiii, de vinea aripennos iii, de
prato aripennos ii. Excepto ad tramisem
non facit, cetera facit sicut Bodo.

DE BUSLONI CURTE[*].

22. Cricianus, colonus sancti Germani; Cristofolus colonus et uxor ejus
colona, nomine Hildegudis, homines
sancti Germani, habent secum infantes
ii. Isti duo tenent mansum ingenuilem i,
habentem de terra arabili bunuaria vi, Fol. 30.
de vinea aripennum i et dimidium, de
prato aripennum i. Solvunt ad hostem
de argento solidos ii, de vino modios ii,
ad tertium annum scindolas c; de sepe
perticas iii. Pullos iii, ova xv. Arant ad
hibernaticum perticas iiii. Caropera ubi
eis injungitur.

23. Giroardus et uxor ejus colona,

---

* Hodie *Boulincourt*, milliaribus octodecim a Villari, occidentem versus.

nomine Baltildis, habent secum infantes II. Tenet mansum ingenuilem I, habentem de terra arabili bunuaria IIII et antsingas II, de vinea aripennos II, de prato aripennum I. Cetera solvit sicut Cricianus.

24. Rotharius colonus et uxor ejus colona, nomine Restibia, homines sancti Germani; Teutgaudus colonus. Isti duo tenent mansum ingenuilem I, habentem de terra arabili bunuaria v, de vinea aripennum I, de prato dimidium aripennum. Cetera solvit sicut Cricianus.

25. Fulcaldus et uxor ejus colona, nomine Rictrudis, habent secum infantes v; Ansbaldus colonus et uxor ejus colona, nomine Elilindis, habent secum infantes III. Tenent mansum ingenuilem I, habentem de terra arabili bunuaria v et antsingam I, de vinea aripennum I, de prato aripennum I. Solvunt similiter.

26. Framnoinus colonus et uxor ejus Ernegundis, habent secum infantem I; Gisloinus colonus; Sichardus colonus et uxor ejus colona, nomine Ercantrudis, habent secum filios III. Isti tres tenent mansum ingenuilem I, habentem de terra arabili bunuaria IIII, de vinea aripennos III, de prato aripennos II. Solvunt ad hostem de argento solidos II, de vino modios II; in unaquaque ebdomada corvadas II. Ad tertium annum faciunt sepem perticas I. Arant ad hibernaticum perticas IIII. Pullos III, ova xv.

27. Amalbert colonus et uxor ejus colona, nomine Hiltrudis, homines sancti Germani, tenent mansum ingenuilem I, habentem de terra arabili bunuaria IIII, de vinea aripennos IIII, de prato aripennum I et dimidium. Cetera solvit usque huc sicut Cricianus.

28. Ercanteus colonus et uxor ejus colona, nomine Teitla, homines sancti Germani, habent secum infantes III. Tenet mansum ingenuilem I, habentem de terra arabili bunuaria x, de vinea aripennos II, de prato aripennum I. Cetera solvit sicut Bodo.

29. Ardoinus colonus et uxor ejus Fulberta, homines sancti Germani, tenent mansum ingenuilem I, habentem de terra arabili bunuaria vIIII, de vinea aripennum I et duas partes de aripenno, de prato aripennos III. Cetera solvit sicut Bodo.

30. Ingobodus colonus et uxor ejus colona, nomine Colonia, homines sancti Germani, habent secum infantem I; Acloinus colonus. Isti duo tenent mansum ingenuilem I, habentem de terra arabili bunuaria xI, de vinea duas partes de aripenno, de prato aripennum I. Solvunt similiter.

31. Ermedrannus colonus et uxor ejus colona, nomine Ermentera, homines sancti Germani, habent secum infantes II. Tenet mansum ingenuilem I, habentem de terra arabili bunuaria vIII, de vinea duas partes de aripenno, de prato aripennos II. Solvit similiter.

32. Madalricus, colonus sancti Germani; Adalcarius et uxor ejus Madaltrudis, colona Sancti Germani, habent secum infantes ii. Tenet mansum ingenuilem i, habentem [a] bunuaria vii et antsingas ii, de vinea aripennum i et dimidium, de prato aripennum i et dimidium. Solvit similiter.

33. Ermenarius, colonus sancti Germani, tenet mansum ingenuilem i, habentem de terra arabili bunuaria viii, de vinea aripennum i, de prato aripennum i et dimidium. Solvit similiter.

34. Bertinus colonus et uxor ejus colona, nomine Ragenildis, homines sancti Germani, habent secum infantes iii; Eurinus, colonus sancti Germani. Tenent mansum ingenuilem i, habentem de terra arabili bunuaria xi et dimidiam antsingam, de vinea aripennum i, de prato iii. Solvit similiter.

Fol. 30'v°.

35. Eribaldus colonus et uxor ejus colona nomine Ragenildis, homines sancti Germani, habent secum infantes iii; Restaldus, colonus sancti Germani. Isti duo tenent mansum ingenuilem i, habentem de terra arabili bunuaria viii, de vinea aripennum i, de prato aripennos iii. Excepto vino minuit modium i, cetera solvit similiter.

36. Vulfardus, colonus sancti Germani, tenet mansum ingenuilem i, habentem de terra arabili bunuaria vii et antsingam i, de vinea aripennum i,

de prato aripennum i. Cetera solvit sicut Bodo.

37. Gunsbertus, colonus sancti Germani; Cristofolus, colonus sancti Germani; Mortgilus colonus et uxor ejus colona, nomine Ermengudis, homines sancti Germani, habent secum infantes iii. Isti tres tenent mansum ingenuilem i, habentem de terra arabili bunuaria viii, de vinea aripennos iii et dimidium, de prato aripennum i. Solvunt ad hostem de argento solidos ii, de vino modios iiii. Arant ad hibernaticum perticas viii. Pullos vi, ova xxx. Ad tertium annum de sepe perticas iii. Et habent unum farinarium, unde solvunt de vino modios xvi. In unaquaque ebdomada corvadas ii; manoperas, caplim faciunt quantum sibi jubetur; caropera ubi eis injungitur.

38. Godevertus colonus et uxor ejus colona, nomine Ingenildis, homines sancti Germani, habent secum infantes iii. Tenet dimidium mansum ingenuilem, habentem de terra arabili bunuaria ii et antsingam i, de vinea aripennos ii. Solvit ad hostem de argento solidum i, de vino modium i. Arat ad hibernaticum perticas ii. In unaquaque ebdomada dies iii. Pullos iii, ova xv. Caroperas ubi ei injungitur.

39. Waltarius, colonus sancti Germani, tenet dimidium mansum, habentem de terra arabili bunuaria ii et antsingam i, de vinea aripennum i,

[a] Supple, *de terra arabili.*

de prato duas partes de aripenno. Solvit ad hostem denarios VIII, de vino modium I. Arat ad hibernaticum perticas IIII. Pullos III, ova XV. Manoperas ubi ei injungitur.

perticas VIII. Ad tertium annum scindolas c, et ad sepem perticas III. In unaquaque ebdomada corvadas II. Pullos III, ova XV. Caroperas ubi ei injungitur. Facit in vinea aripennos III.

40. Martinus colonus et uxor ejus colona, nomine Bertoara, homines sancti Germani, habent secum infantes IIII; Bertaldus colonus et uxor ejus colona, nomine Adalgardis, homines sancti Germani, habent secum infantes VI; Hertanarius colonus et uxor ejus colona, nomine Wintberta, homines sancti Germani, habent secum infantes IIII. Isti tres tenent mansum ingenuilem I, habentem de terra arabili bunuaria VIIII, de prato* aripennos IIII, de prato aripennos IIII. Excepto antsingam ad tramisem, cetera sicut Bodo.

41. Siclebertus, colonus sancti Germani; Segevertus, colonus sancti Germani; Siclebaldus, colonus sancti Germani. Isti tres tenent mansum ingenuilem I, habentem de terra arabili bunuaria IIII, de vinea aripennos III, de prato aripennos III.

42. Ragentlandus servus et uxor ejus colona, nomine Ingranna, homines sancti Germani, habent secum infantes III. Tenet mansum ingenuilem I, habentem de terra arabili bunuaria VI et antsingam I, de vinea aripennum I et dimidium, de prato aripennos IIII. Solvit ad hostem de argento solidos II, de vino modios III. Arat ad hibernaticum

43. Godalharius, colonus sancti Germani; Ogebertus colonus et uxor ejus colona, nomine Stargisa, homines sancti Germani, habent secum infantes IIII. Isti duo tenent mansum ingenuilem I, habentem de terra arabili bunuaria III et antsingam I, de vinea aripennum I et quartam partem de aripenno, de prato aripennos II. Excepto antsingam ad tramisem, cetera facit sicut Bodo.

44. Frambertus, colonus sancti Germani; Ebrehardus, colonus sancti Germani. Isti duo tenent mansum ingenuilem I, habentem de terra arabili bunuaria III et dimidium, de vinea aripennos II, de prato aripennos II et dimidium. Solvit similiter.

45. Amanoldus colonus et uxor ejus colona, nomine Ercantrudis, homines sancti Germani, habent secum infantes III; Natlaharius colonus et uxor ejus colona, nomine Ermeniildis, homines sancti Germani, habent secum infantes III. Isti duo tenent mansum ingenuilem I, habentem de terra arabili bunuaria VI, de vinea aripennos II, de prato aripennum I. Solvit similiter.

46. Giboinus colonus et uxor ejus

---

* Legendum *vinea*.

9

colona, nomine Ingildis, habent secum infantes II. Tenet dimidium mansum ingenuilem, habentem de terra arabili bunuaria II, de vinea aripennum I et dimidium, de prato aripennos II. Solvit ad hostem solidum I, de vino modium I. Arat ad hibernaticum perticas II. Corvadas, caroperas, ubi ei injungitur. Pullos tres, ova xv.

47. Giroldus colonus et uxor ejus colona, nomine Amada, habent secum filios II et filiam I. Tenet dimidium mansum, habentem de terra arabili bunuaria III et dimidium, de vinea aripennos II, de prato aripennum I. Solvit ad hostem de argento solidum I, de vino modium I. Arat ad hibernaticum perticas II. Ad tertium annum de sepe perticas II. Pullos III, ova xv. Caroperas ubi ei injungitur.

48. Hairteus colonus et uxor ejus colona, nomine Ragentrudis, homines sancti Germani, habent secum infantem I. Tenet mansum ingenuilem I, habentem de terra arabili bunuaria xx, de vinea aripennum I et duas partes de aripenno, de prato aripennos IIII. Inde facit antsingas II ad hibernaticum, et corvadas, et parveredum solvit.

49. Teudericus colonus et uxor ejus colona, nomine Ragnildis, homines sancti Germani, habent secum infantes II. Tenet mansum ingenuilem I, habentem de terra arabili bunuaria IIII, de vinea duas partes de aripenno. Solvit ad hostem solidum I, de vino modium I. Arat ad hibernaticum perticas IIII,

ad tramisem perticas II. Corvadas, caroperas, ubi ei injungitur; manoperas. Pullos III, ova xv. Ad tercium annum de sepe perticam I et dimidiam.

50. Ingo colonus et uxor ejus colona, nomine Rattrudis, homines sancti Germani, habent secum infantes IIII. Tenet mansum ingenuilem I, habentem de terra arabili bunuaria IIII, de vinea tertiam partem de aripenno, de prato aripennum I. Solvit vervicem I cum agno, in pascione denarios IIII; pullos III, ova xv; manoperas.

51. Ingalrannus colonus tenet mansum ingenuilem I, habentem de terra arabili bunuaria v et antsingas II, de vinea tertiam partem de aripenno, de prato aripennos II. Cetera solvit sicut Ingo.

52. Gisloldus tenet mansum inge- ^{Fol. 31 v°.} nuilem I, habentem de terra arabili bunuaria VI et dimidium, de vinea duas partes de aripenno, de prato aripennum I. Cetera solvit sicut Ingo.

53. Ermenarius, colonus sancti Germani; Betlina, colona sancti Germani, habet secum infantes IIII. Isti duo tenent mansum ingenuilem I, habentem de terra arabili bunuaria VI, de vinea aripennum I, de prato aripennum I. Solvunt ad hostem de argento solidum I, de vino modium I. Arat ad hibernaticum perticas IIII, ad tramisem perticas II. Manoperas, corvadas. Pullos III, ova xv. Ad tercium annum de sepe perticas III. Caroperas ubi eis injungitur.

54. Martinus colonus et uxor ejus colona, nomine Hilttrudis, homines sancti Germani, babent secum infantes IIII. Tenet dimidium mansum ingenuilem, habentem de terra arabili bunuaria III et antsingam I, de vinea aripennum I et dimidium, de prato aripennum I. Solvit ad hostem de argento solidum I, de vino modium I. Arat ad hibernaticum perticas II, ad tramisem perticam I. Manoperas, caroperas ubi ei injungitur. Pullos III, ova XV.

55. Antianus colonus et uxor ejus colona, nomine Genana, homines sancti Germani, habent secum infantes IIII. Tenet dimidium mansum, habentem de terra arabili bunuaria II et antsingam I, de prato aripennum I. Solvit ad hostem denarios VI. Arat ad hibernaticum perticas II. Manoperas. Pullos III, ova XV.

56. Restaldus colonus et uxor ejus colona, nomine Adrildis, homines sancti Germani, habent secum infantes III. Tenet de terra arabili bunuarium I et antsingam I, facit in unaquaque ebdomada diem I. Pullos III, ova XV.

57. Gisloldus habet de terra arabili antsingam I, de vinea aripennum I. Solvit inde de vino modium I, pullum I, ova V; et in unaquaque ebdomada diem I.

58. Ermenradus colonus et uxor ejus colona, nomine Beregildis, habent secum infantes VI. Tenet mansum ingenuilem I, habentem de terra arabili

* Supple *modios* II.

bunuaria VI, de vinea aripennos III et dimidium. Inde facit ad hibernaticum perticas IIII, et solvit parveredum.

59. Ebraldus colonus habet de terra arabili bunuarium I; inde facit in ebdomada diem I. Pullum I.

60. Sichelmus tenet de terra jornalem I; inde facit in ebdomada diem I. Pullum I, ova V.

61. Ogebertus habet de vinea aripennos II, et nihil inde facit.

62. Genismus servus habet secum infantes II. Tenet mansum servilem I, habentem de terra arabili bunuaria III et antsingas II. Solvit de vino*. In ebdomada corvadas II; manoperas. Pullos III, ova XV. Facit de vinea aripennos IIII; ad tercium annum de sepe perticam I.

63. Witleis servus et uxor ejus colona, nomine Gislehildis, habent secum infantes IIII. Tenet mansum servilem I, habentem de terra arabili bunuaria III, de vinea aripennum I, de prato aripennum I. Cetera solvit sicut Genismus.

64. Ragfridus colonus et uxor ejus ancilla, nomine Adalgundis, habent secum infantes III. Tenet mansum servilem I, habentem de terra arabili bunuaria III, de vinea aripennos II. Solvit de vino modios II. Manoperas. Pullos III, ova XV. Ad tertium annum de sepe perticam I. Facit in vinea aripennos IIII. Fol. 3x.

65. Ercanaldus servus et uxor ejus colona, nomine Eriberta, homines sancti Germani, habent secum infantem I. Tenent mansum servilem I, habentem de terra arabili bunuaria v, de vinea aripennum I, de prato aripennum I. Solvit de vino modios II, pullos III, ova xv. Corvadas, manoperas. Ad tercium annum de sepe perticam I. Facit in vinea aripennos IIII.

66. Guntharius servus et uxor ejus colona, nomine Ercanildis, habent secum infantes v. Tenet dimidium mansum servilem, habentem de terra arabili bunuaria II et antsingas II, de vinea dimidium aripennum, de prato aripennum I. Solvit de vino modium I. Arat ad hibernaticum perticas II. Pullos III, ova xv. Ad tercium annum de sepe perticam I. Manoperas, corvadas.

67. Bertaldus servus et uxor ejus ancilla, nomine Ermentrudis, habent secum infantes IIII. Tenet dimidium mansum servilem, habentem de terra arabili bunuaria II et antsingam I, de vinea aripennum I. Solvit de vino modium I, pullos III, ova xv. Caroperas, manoperas.

68. Witbaldus servus et uxor ejus colona, nomine Ermenildis, habent secum infantes IIII. Tenet dimidium mansum servilem, habentem de terra arabili bunuaria II et antsingam I. Pullos III, ova xv. Facit in vinea aripennos IIII; manoperas, caroperas.

69. Radoardus tenet mansum inge-

nuilem I, habentem de terra arabili bunuaria IIII et antsingas II, de vinea aripennos II et dimidium, de prato aripennum I. Facit antsingam I, et solvit de argento solidos v.

70. Cristingaudus, Ragenus, Gersinda, Radoardus. Isti quattuor habent de terra arabili antsingas II, de vinea dimidium aripennum. Inde solvunt de argento solidum I.

71. Frannus habet de terra arabili bunuarium I, de vinea aripennum I. Inde solvit denarios VI.

72. Aitingaudus habet de terra antsingas II. Inde solvit denarios VIII; et in messe diem I, et in prato similiter.

73. Hildegaudus solvit solidos III.

74. Lotfridus solvit in censum denarios IIII.

75. Vulflandus et uxor ejus, nomine Clara. Abet de terra bunuaria II, de vinea aripennum I, de prato aripennos II. Inde solvit de argento solidos II. Arat ad hibernaticum perticas II.

76. Hildegarius colonus et uxor ejus colona, nomine Gislefreda, homines sancti Germani, habent secum infantem I. Tenet mansum ingenuilem I, habentem de terra arabili bunuaria v et dimidiam antsingam, de vinea aripennum I, de prato antsingam I. Solvit in censo de argento solidos III. Arat ad

hibernaticum antsingam i. De vino modium i, pullos iii, ova xv.

77. Habet Gerardus de terra bunuarium. Solvit inde in censo solidos ii.

78. Ermenricus et uxor ejus colona, nomine Adrehildis, habet de terra bunuaria ii, inter vineam et pratum dimidium aripennum. Inde solvit de argento solidum i et denarios vi.

79. Gislulfus, homo sancti Germani, habet de terra bunuarium i, de vinea quartam partem de aripenno, de prato dimidium aripennum. Inde facit antsingam i. Et in censum de argento solidos ii.

Fol. 3a v°.

80. Waltarius in censum denarios iii.

81. Waltarius denarios iiii, Elismus similiter, Anstrudis similiter, Hadoardus similiter, Radoildis similiter, Eusebia similiter, Ava similiter, Hilduildis similiter, Hairhardus similiter, Alemunus similiter, Hildegarius similiter, Gisla similiter, Ragenus similiter, Rantguda similiter, Gotlindis similiter, Nordoinus similiter, Gislefrida similiter, Raganfridis similiter, Cristengaudus similiter, Siclehildis similiter, Gersinda similiter, Ragambertus similiter, Hartgarius similiter, Otbaldera similiter, Ercanfridus similiter, Sicleberta simi-

liter, Esau similiter, Andreharius similiter, Morondus similiter et soror sua similiter.

82. Habet in Filcusas[a] de vinea aripennos vii.

83. Habet in comitatu Witranni, in Pinciacensi pago, villam quæ vocatur Magedon[b]; et in ipsa villa habet i mansum indominicatum; et ad ipsum mansum pertinent xxiiii ospitia cum ecclesia indominicata, culturis, pratis, vineis, cum uno farinario, et quicquid ad ipsum prædictum mansum pertinere videtur.

84. Sunt in Villare Cella fratrum, secundum quod suprascriptum tenetur, mansi ingenuiles l, qui solvunt hostilitio solidos lxxxiii denarios ii omni anno; pastione vini modios lxxxv; de argento solidum i, de censu solidos xxviii denarios vii, vini modios xvii, vervices iii; scindolas iimcc ad tertium annum.

Sunt mansi serviles v et medius. Solvunt vini modios x.

Solvunt pullos cum ovis inter totum clxxxiii.

Solvunt forcapii solidos x.

85. Tempore Alberici[c] abbatis senis, venit quædam mulier, nomine Inga, nobilis, qui se tradidit sancto Germano, omni anno solvendo iiii denarios.

---

[a] Hodie *Fourqueux*, passuum quatuor millibus et quingentis a Cella, inter septentrionem et occasum.
[b] Nunc *Médan* ad Sequanam, infra Pinciacum.

[c] Abericus abbas anno Christi 990 munus absolvit. V. Bouillart, *Histoire de l'Abbaye de Saint-Germain*, page 70.

VIII. BREVE DE NOVIGENTO.

Fol. 33.

1. Habet in Novigento [a] mansum dominicatum cum casa et aliis casticiis sufficienter.

Habet ibi de terra arabili culturas III, quæ habent bunuaria LV et possunt seminari de frumento modii [b].

Habet ibi de vinea aripennos XLI et dimidium, ubi possunt colligi de vino modios CCC.

Habet ibi de prato aripennos XLIII, ubi possunt colligi de feno carra CXX.

Habet ibi de silva, sicut estimatur totum in gyro, leuas XV, ubi possunt M porci saginari.

Habet ibi farinarium I, unde exit in censum de annona modios XXX.

2. Habet ibi ecclesiam I. Aspicit ad ipsam ecclesiam mansus ingenuilis I, habent de terra arabili bunuaria VI, de vinea aripennum I; de prato aripennos II et dimidium.

3. Vulfardus colonus et uxor ejus libera, nomine Ermoara, habent secum infantes III, his nominibus, Vulfricus, Aldeberga, Vulfildis. Tenet mansum ingenuilem I, habentem de terra arabili bunuaria XI, de vinea aripennos II, de prato aripennos III et dimidium.

Solvit ad hostem de vino modios X, in pascione modios III, soalem I, valentem solidum I. Arat ad hibernaticum perticas VI, ad tramisem perticas III. Corvadas, caplim, caroperas, manoperas, quantum ei jubetur. Pullos III, ova XV. Fol. 33 v°. Carritat vinum ubi ei injungitur. Scindolas C. Facit in prato aripennum I.

4. Bertulfus lidus et uxor ejus colona, nomine Gisoberga, homines sancti Germani, habent secum infantes III, his nominibus, Acardus, Agenardus, Agia. Tenet mansum ingenuilem I et dimidium, habentem de terra arabili bunuaria III et dimidium, de vinea aripennos II, de prato aripennos III. Solvit similiter.

5. Hildebaldus colonus et uxor ejus libera, nomine Trutlindis, habent secum infantes III, his nominibus, Fulcraus, Hildradus, Maursinda. Tenet mansum ingenuilem I et dimidium, habentem de terra arabili bunuaria V, de vinea aripennum I et dimidium, de prato aripennos V. Solvit similiter.

6. Gerulfus colonus et uxor ejus colona, nomine Saxa, homines sancti

[a] Hodie *Nogent-l'Artaud*, ad Matronam, supra Castellum Theodorici.
[b] Numerus abest.

Germani. Tenet mansum ingenuilem I, habentem de terra arabili bunuaria II et dimidium, de vinea aripennum I et quartam partem de aripenno. Arat ad hibernaticum perticas IIII, ad tramisem perticas II. Cetera solvit sicut Vulfardus.

7. Godeharius, colonus sancti Germani, habet secum infantes II, his nominibus, Bertradus, Berloindis. Tenet mansum ingenuilem I, habentem de terra arabili bunuaria VII, de vinea aripennum I, de prato aripennos V. Solvit similiter.

8. Gisloldus, colonus sancti Germani, habet secum infantem I, nomine Gislindis. Tenet mansum ingenuilem I, habentem de terra arabili bunuaria VII, de vinea aripennum I et quartam partem de aripenno, de prato aripennos IIII. Solvit similiter.

9. Fulcoinus, colonus sancti Germani, tenet mansum ingenuilem I, habentem de terra arabili bunuaria III et dimidium, de vinea aripennum I et dimidium, de prato aripennum I. Solvit similiter.

10. Erlefredus et uxor ejus colona, nomine Grimildis, habent secum infantes III, his nominibus, Waltgrinus, Erlois, Goitla. Tenet dimidium mansum ingenuilem, habentem de terra arabili bunuarium I et dimidium, de prato aripennum I, de vinea dimidium aripennum. Solvit de vino in pascione

modium I; cetera sicut de medietatem mansi.

11. Giroinus colonus et uxor ejus colona, nomine Waldegardis, homines sancti Germani, habent secum infantes V, his nominibus, Geroardus, Girois, Geroïldis, Madalindis* . . . Vulfricus colonus et uxor ejus colona, nomine Gisleara, homines sancti Germani, habent secum infantes II, his nominibus, Rotmarus, Gisloinus. Isti duo tenent mansum ingenuilem I, habentem de terra arabili bunuaria VI, de vinea aripennum I et quartam partem de aripenno, de prato aripennos IIII. Solvunt similiter.

12. Hucholdus, colonus sancti Germani, habet secum matrem et fratres II, his nominibus, Gislindis, Gisledrudis. Tenet mansum ingenuilem I, habentem de terra arabili bunuaria III, de vinea aripennum I et quartam partem de aripenno, de prato aripennos II et dimidium. Solvit similiter.

13. Finitus colonus et uxor ejus colona, nomine Hincberta, homines sancti Germani. Tenet mansum ingenuilem I, habentem de terra arabili bunuaria III, de vinea aripennum I et quartam partem de aripenno, de prato aripennos II et dimidium. Solvit similiter

14. Flotgis colonus et uxor ejus colona, nomine Godelgardis, homines sancti Germani, habent secum infantes Fol. 34.

---

* Locus quinti nominis vacuus apparet.

IIII, his nominibus, Odelgis, Teutgis, Flotsidis, Hildegardis. Tenet mansum ingenuilem I, habentem de terra arabili bunuaria IIII et antsingam I, de vinea aripennos II, de prato aripennos III. Solvit similiter.

15. Roitlus colonus et uxor ejus colona, nomine Adalberga, homines sancti Germani, habent secum infantes III, his nominibus, Audoenus, Godoaldus, Savia. Tenet mansum ingenuilem I, habentem de terra arabili bunuaria IIII, de vinea aripennos II, de prato aripennum I. Solvit similiter.

16. Rutbaldus colonus et uxor ejus colona, nomine Birta, homines sancti Germani, habent secum infantes III, his nominibus Witrannus, Fuscildis, Isgildis. Tenet mansum ingenuilem I, habentem de terra arabili bunuaria x, de vinea aripennum I, de prato aripennos v. Solvit similiter.

17. Hildegingus, colonus sancti Germani, habet secum matrem, nomine Amalgardis, et fratrem, nomine Wandregarius, et sororem, nomine Euregardis. Tenet mansum ingenuilem I, habentem de terra arabili bunuaria VI, de vinea aripennum I, de prato aripennum I et dimidium. Solvit similiter.

18. Ambricus colonus et uxor ejus lida, nomine Berintildis, homines sancti Germani; Amalgaudus colonus et uxor ejus colona, nomine Ernesidis, homines sancti Germani. Isti duo tenent mansum ingenuilem, habentem de terra

arabili bunuaria v et dimidium, de vinea aripennum I, de prato aripennos III. Solvit similiter.

19. Sigeboldus colonus et uxor ejus colona, nomine Teudasia, homines sancti Germani, habent secum infantes v, his nominibus, Sigebrandus, Ermbrandus, Droctelindis, Teutboldus, Sigeburgis. Tenet mansum ingenuilem I, habentem de terra arabili bunuaria VIII, de vinea aripennos II, de prato aripennos II et dimidium. Solvit similiter.

20. Rotharius et uxor ejus colona, nomine Amalgildis, habent secum infantes VI, his nominibus, Rotlindis, Rathildis, Amalgardis, Scopilius, Waltharius. Tenet mansum ingenuilem I, habentem de terra arabili bunuaria v, de vinea aripennos II, de prato aripennos III. Solvit similiter.

21. Teudoldus, colonus sancti Germani, tenet mansum ingenuilem I, habentem de terra arabili bunuaria v, de vinea aripennum I et dimidium, de prato aripennos II et dimidium. Solvit similiter.

22. Ratgis et uxor ejus, colona sancti Germani, habent secum infantes III, his nominibus, Ermenarius, Rothadus. Tenet mansum ingenuilem I, habentem de terra arabili bunuaria II et dimidium, de vinea aripennum I, de prato aripennos IIII. Solvit similiter.

23. Winegarius, major, tenet mansum ingenuilem I, habentem de terra arabili

bunuaria viii, de vinea aripennum i, de prato aripennos iii. Solvit similiter.

24. Vulfegaudus, colonus sancti Germani, tenet mansum ingenuilem i, habentem de terra arabili bunuaria v et dimidium, de vinea aripennum i et quartam partem de aripenno, de prato aripennos ii et dimidium. Facit in vinea aripennos ii. Multonem i; de vino in pascione modios iii. Arat ad hibernaticum perticas iiii, ad tramisem perticas ii. Corvadas, caplim, caroperas, manoperas, ubi ei injungitur. Scindolas c, pullos iii, ova xv.

Fol. 34 v°. 25. Aiulfus, colonus sancti Germani, tenet mansum ingenuilem i, habentem de terra arabili bunuaria ii et dimidium, de vinea aripennum i, de prato aripennos vi. Solvit similiter.

26. Ermgilus colonus et uxor ejus colona, nomine Baldegardis, homines sancti Germani, habent secum infantem i, nomine Ermesidis. Tenet mansum ingenuilem i, habentem de terra arabili bunuaria ii et dimidium, de vinea aripennum i et tertiam partem de aripenno, de prato aripennos v et dimidium. Solvit similiter.

27. Godelsadus colonus et uxor ejus colona, nomine Agentrudis, homines sancti Germani, habent secum infantes iii, his nominibus, Ragentrudis, Vulfedrudis, Walthildis. Tenet mansum ingenuilem i, habentem de terra arabili bunuaria ii, de vinea aripennum i, de prato aripennos ii. Solvit similiter.

28. Warimbertus servus et uxor ejus colona, nomine Varlindis, homines sancti Germani, habent secum infantes ii, Warlaicus, Wanarius. Tenet mansum servilem i, habentem de terra arabili bunuaria iii et dimidium, de vinea aripennum i et dimidium, de prato aripennos ii. Solvit de vino in pastione modios iii, multonem i. Facit in vinea aripennos iiii. Arat ad hibernaticum perticas iii, ad tramisem perticam i. Manoperas, carroperas, corvadas, caplim, ubi ei injungitur. Pullos iii, ova xv, scindolas c, de sinapi plenum staupum.

29. Fredegarius et uxor ejus colona sancti Germani, nomine Andelindis, habent secum infantem i, nomine Fredecus. Tenet mansum servilem i, habentem de terra arabili bunuaria ii, de vinea aripennum i et quartam partem de aripenno, de prato aripennum i et dimidium. Solvit similiter.

30. Ermerannus, colonus sancti Germani; Vulfinus colonus et uxor ejus colona, nomine Anstrudis, homines sancti Germani, habent secum infantem i, nomine Ansboldi. Tenet mansum servilem i, habentem de terra arabili bunuaria v, de vinea aripennos ii, de prato aripennum i et dimidium. Solvit similiter.

31. Hildebodus et uxor ejus, colona sancti Germani, nomine Arois, habent secum infantes v, his nominibus, Hildesmodus, Airoaldus, Hildefredus, Haimericus, Ebrearius. Tenet mansum

10

servilem I, habentem de terra arabili bunuaria v, de vinea aripennum I et quartam partem de aripenno, de prato aripennum I. Solvit similiter.

32. Ercambertus et uxor ejus colona sancti Germani, nomine Adalindis, habent secum infantes IIII, his nominibus, Lantfredus, Ercalindis, Ermengardis, Ingalbertus. Tenet mansum servilem I, habentem de terra arabili bunuaria III, de vinea aripennum I et tres partes de aripenno, de prato aripennum I et dimidium. Solvit similiter.

33. Alagisus lidus et uxor ejus colona, nomine Ragamburgis, homines sancti Germani, habent secum infantes II, his nominibus, Ragambertus, Adalgisus. Tenet dimidium mansum servilem, habentem de terra arabili bunuaria II et dimidium, de vinea aripennum I, de prato aripennum I et dimidium.

34. Godebertus colonus et uxor ejus colona, nomine Raintlindis, homines sancti Germani, habent secum infantem I, nomine Ragamberto. Tenet mansum servilem I, habentem de terra arabili [bunuaria]ᵃ v et dimidium, de vinea duas partes de aripenno, de prato aripennos IIII et duas partes de aripenno. Solvit similiter.

35. Ansegis et uxor ejus ancilla sancti Germani, Gisleberga, homines sancti Germani, habent secum infantes IIII, Custuinus, Guntfredus, Gaus-

fredus, Ambrosia. Tenet mansum servilem I, habentem de terra arabili bunuaria II et dimidium, de prato aripennos II. Inde facitᵇ. . . . Solvit inde multonem I, valentem denarios IIII, pullos III, ova xv. Arat ad hibernaticum perticas II, ad tramisem perticam I.

36. Probardus, colonus sancti Germani, tenet mansum servilem I, habentem de terra arabili bunuaria II, de prato aripennos IIII. Arat ad hibernaticum perticas II, ad tramisem perticam I. Pullos III, ova xv. In unaquaque ebdomada dies III.

37. Eudaldus servus et uxor ejus colona, nomine Landa, homines sancti Germani, habent secum infantes IIII, his nominibus, Hildebertus, Hildebrandus, Lantfredus, Gaudia. Tenet mansum servilem, habentem de terra arabili bunuaria II et dimidium, de vinea tres partes de aripenno, de prato aripennos II. Solvit inde multonem I, de vino in pastione modios III. Arat ad hibernaticum perticas II, ad tramisem perticam I. Pullos III, ova xv. Corvadas, caplim, caroperas, manoperas, ubi ei injungitur.

38. Erlebaldus, colonus sancti Germani, tenet dimidium mansum, habentem de terra arabili bunuaria II, de vinea aripennum dimidium, de prato aripennum I.

39. Bernois denarios IIII, Dilegildis

ᵃ Omissa est vox *bunuaria*.

ᵇ Hic spatium aliquod interest vacuum.

similiter, Grima similiter, Hildelildis similiter, Autboldus similiter.

40. Vulfardus habet de terra arabili dimidium bunuarium; Godalharius bunuarium ı; Floltgis dimidium bunuarium; Alachis bunuarium ı; Hildeginus bunuarium ı; Gisloldus duas partes de bunuario; Erlefredus bunuarium ı et dimidium; Geroinus bunuarium ı; Vulfricus bunuarium ı; Sicboldus tertiam partem de bunuario; Warimbertus similiter; Probardus duas partes de bunuario.

41. Helvidis cum filiis suis.

42. SUNT in Novigento, secundum quod supra scriptum est, mansi ingenuiles xxıııı et medius. Solvunt pro hostilicio vini modios ccv, pastione vini modios lxxıııı, soales xx et medium, multones ıııı, pullos cum ovis lxxıııı.

Sunt mansi serviles x. Solvunt pastionem vini modios xxı et medium, multones vııı et medium, scindolas dcl, pullos cum ovis xxx *.

* Codicis folium 36, quod proxime secuturum esset, nihil continens præter ea quæ folio g5 transcripta mox reperiemus (adeo ut illius lectionem duplicatam iisdem prorsus verbis hoc præbeat), transcribere supervacuum arbitrati sumus: huc adde quod fiscum Acmanti, qui integer infra describetur, folium 36 nobis ex parte tantum subministrasset. Monendum quoque nos abhinc in ordinem restituisse folia in Cod. transposita; quamobrem, mediis nunc prætermissis, continuo ad 45 transibimus.

IX. BREVE DE VILLAMILT.

1. Habet in Villamilt[a] mansum indominicatum cum casa et aliis casticiis sufficienter. Habet ibi culturas inter majores et minores, inter totas tres decanias, xxi, habentes bunuaria ccccxlvi, quæ possunt seminari de modiis frumenti md; de vinea veteri aripennos lxviii, de novella vinea, quam domnus Irmino plantavit, aripennos xvii, ex quibus possunt colligi de vino modii cl; de prato aripennos lxxvi, ex quibus colliguntur de feno carra c. Habet ibi de silva passionali, inter totas decanias bunuaria lxx, in quibus possunt porci saginari c; de novella vero quam domnus Irmino nutrire præcepit bunuaria vii.

2. Habet inter Villamilt et Alnidum[b] farinarios xxii, qui reddunt de multura, inter totos, mcccxc de viva annona, de braciis modios clxxvii, de argento solidos xvi, porcos crassos xii, pastas xxxvi, ova dc; et unusquisque donat denarios ii cum porcis crassis quos donant. Et ipsi qui in Villamilt prævident ipsos farinarios, si poterint in ipsa aqua prendere, anwillas solvunt inde unusquisque c, quæ fiunt simul dcccc. Si vero eas accipere nequiverint, nihil inde solvant.

3. Sunt vero ibi quattuor farinarii quos domnus Irmino fecit, qui adhuc nondum sunt censiti.

4. Habet ibi ecclesiam bene constructam, in honore sancti Mauricii[c]. Aspiciunt ad ipsam ecclesiam de terra indominicata bunuaria xxiiii, de vinea aripennum i, de prato aripennos iiii, de pastura bunuarium i.

Aspiciunt ad ipsam ecclesiam vi mansi; sunt vero per focos xvi. Habent inter totos de terra bunuaria lxxiiii, de prato aripennum i, de pastura bunuarium i. Solvunt ad hostem de argento solidos xii, de capatico solidos vi, de spelta modios xxxv, pullos liiii cum ovis, axiculos dcc, scindulas dcc.

Sunt ibi hospites xiii, qui faciunt ei diem i in unaquaque ebdomada, si eos paverit.

5. Est ibi altera ecclesia bene constructa, in honore sanctæ Mariæ, quæ

---

[a] Hodie *Villemeux* propter Auduram, in pago Durocassino, passibus circiter sexies mille octingentis a Durocassibus, inter austrum et eurum.
[b] Nunc *Aulnay-sous-Crécy*, septem millibus passuum et quingentis a Villamilt, occasum versus, ad Blesam amniculum (*la Blaise*), qui infra Durocasses Auduræ jungitur.

[c] Hæc ecclesia adhuc consecrata est in honorem S. Mauricii. Altera, cujus mox fiet mentio, titulo prioratus postea est insignita. Conf. Nic. Doublet, *Pouillé du dioc. de Chartres*, pag. 52 et 57. Tertia ecclesia in eodem vico sub invocatione S. Petri ædifica est. V. ibid. pag. 52.

est subjecta suprascriptæ ecclesiæ. Aspiciunt ad ipsam ecclesiam de terra arabili bunuaria IIII, de prato aripennum I,
de silva bunuarium I, et servi duo.

6. Habet in Bidolido[a] ecclesiam bene
constructam. Aspiciunt ad ipsam ecclesiam hospites VI. Habent inter ipsum
presbiterum et ipsos hospites de terra
arabili bunuaria XX, de pastura bunuaria
III. Solvunt inter totos ad hostem denarios XVI, de capatico solidos II, de augustatico denarios II, de spelta sestarios XX, pullos XV cum ovis. Faciunt
diem I in unaquaque ebdomada, et per
blada II. Arant dimidiam rigam.

7. Habet in Gisoni villa[b] ecclesiam
bene constructam. Aspiciunt ad ipsam
ecclesiam de terra arabili bunuaria XII.

8. Vulframnus, major et colonus, et
uxor ejus colona, nomine Leutgardis.
Isti sunt ejus infantes : Godevertus,
Maurontus, Gulframnus, Osanna, Elisanna, Godalsindis. Iste manet in Teodulfi villa[c]. Tenet mansos II ingenuiles,
habentes de terra arabili bunuaria XXXVI;
et prævidet inde servicium, et solvit
caballum, et pascit alium ; et donat, ad
nativitatem Domini, porcos IIII, duos
majores et duos minores, et waccam I.

9. Iuorius colonus et uxor ejus co-

lona, nomine Ermina. Isti sunt eorum
infantes : Ermengardis, Fruda, Adalburgis. Et Frodacus colonus et uxor Fol. 46.
ejus colona, nomine Aitla. Isti sunt eorum infantes : Leutgardis, Frotburgis.
Et Frodoardus et uxor ejus colona, nomine Erbedildis. Isti sunt eorum infantes : Adeardus, Hildoardus, Erboardus,
Acberga. Omnes isti sunt homines
sancti Germani; manent in Villamilt;
tenent mansum ingenuilem I, habentem de terra arabili bunuaria XI, de vinea dimidium aripennum. Si habuerint
unde, solvunt ad hostem dimidium bovem; si vero non habuerint unde possint ipsum dimidium bovem solvere,
solvunt multones IIII ; et unusquisque
denarios IIII de capite suo; de lignaricia
inter totos denarios IIII ; quinque modios
de spelta ad caballi pastum; axiculos C,
si eis silva non datur; si vero eis datur
silva, CC reddunt, et ipsi qui ipsum mansum tenent adducunt ipsos axiculos in
curte dominica ; et medietas ipsorum
axiculorum remanet in curte dominica ;
altera quoque medietas, inter duos mansos ducunt eam ad monasterium. Et solvunt inter totos scindulas C, non de dominica silva, sed de suo conparatu; pullos
VI cum ovis. Et solvunt ad tertium annum
oviculam I de uno anno. Arant ad hibernaticum perticas IIII, ad tramisum II. Faciunt curvadas, quantumcunque necesse
fuerit; et quando non arant, faciunt tres

---

[a] Villæmilt circumjacent vici tres nomine Bi-
dolidus , vulgo *Boulay - les - deux - Églises* , *Boulay-
Mivoye*, *Boulay - Thierry*, omnes austrum versus,
prior passuum octo millibus, posteriores millibus
tribus. Villam unicam, ut opinor, olim constitue-
bant.

[b] Hodie *Gironville*, milliaribus sex a Villamilt,
inter austrum et occasum.

[c] Teodulfi villa, inferius in Cod. Teudulfi et De-
dulfi villa vocata, vulgo *Theuville*, milliaribus circiter
viginti quinque a Villamilt, austrum versus.

dies; manopera. Et faciunt ómni anno
inter totas tres decanias carrum i ad
wichariscam, si eis injungitur.

10. Wanulfus colonus, et Winegisus
colonus, homines sancti Germani. Isti
duo manent in Villamilt. Tenent mansum i ingenuilem, habentem de terra
arabili bunuaria xii, de vinea aripennum i. Faciunt similiter.

11. Adalildis colona sancti Germani.
Isti sunt ejus infantes : Racbertus, Ingalbertus. Et Bonus, et Warimfridus
colonus et uxor ejus colona, nomine
Winegardis, homines sancti Germani.
Isti tres manent in Villamilt. Tenent
mansum i, habentem de terra arabili
bunuaria x, de prato aripennos ii, de
vinea quartam partem de aripenno. Solvunt similiter.

12. Alacus colonus et uxor ejus co-
Fol. 46 v°. lona, nomine Gengundis. Isti sunt eo-
rum infantes : Ostrevaldus, Salacus,
Blatfridus, Amacus, Dedoicus. Et Winegaudus colonus. Isti sunt ejus infantes :
Ostrevoldus, Grima, Wineburgis, Ostrevolda, Adalgrima. Et Geroardus colonus et uxor ejus colona, nomine
Adaltrudis. Isti sunt eorum infantes : Gerardus, Ermoldus, Gerlau. Isti tres manent in Villamilt. Tenent mansum i ingenuilem, habentem de terra arabili
bunuaria viiii, de prato aripennum i.
Solvunt similiter.

13. Montrannus extraneus et uxor
ejus colona, nomine Ermenaura. Isti
sunt eorum infantes : Ermenarius, Er-

menulfus, Ermenildis, Ermengardis.
Et Adalgisus colonus et uxor ejus colona, nomine Raintildis : Adalardus est
eorum filius. Et Landoldus colonus et
uxor ejus colona, nomine Leutrudis.
Isti sunt eorum infantes : Gausbaldus,
Leuto, Gislebaldus. Isti tres manent in
Villamilt. Tenent mansum i, habentem
de terra arabili bunuaria xii et dimidium, de vinea dimidium aripennum,
de prato sextam partem de aripenno.
Solvunt similiter.

14. Gerurfus colonus et uxor ejus
colona, nomine Gamaltrudis. Et Adregaudus colonus et uxor ejus colona, nomine Ansegundis. Isti sunt eorum infantes : Adregundis, Ermengardis. Isti
duo manent in Villamilt. Tenent mansum i ingenuilem, habentem de terra
arabili bunuaria xiii et dimidium, de
prato dimidium aripennum. Solvunt
similiter.

15. Acluinus colonus. Isti sunt ejus
infantes : Acleardus, Gamalbertus, Do-
denildis, Acledonia, Daguinus, Baldrannus. Et Amalgaudus colonus et uxor
colona, nomine Agana. Isti sunt eorum
infantes : Aganus, Gamalboldus, Amalgildis, Acleildis, Amalgis. Et Gislevoldus et uxor ejus colona, nomine Eli-
sauna, de beneficio Rotcarii. Isti sunt
eorum infantes : Ingalgarius, Ingalhardus, Berneardus, Ansteus, Rac-
berga, Johanna. Et Ansedeus colonus.
Isti quattuor manent in Villamilt. Tenent mansum i ingenuilem, habentem
de terra arabili bunuaria xii. Solvunt
similiter.

16. Acluinus colonus et uxor ejus colona, de beneficio Frigiaci, nomine Teutlildis. Isti sunt eorum infantes : Germanus, Erbuinus, Erbona, Acletrudis. Et Acbaldus lidus et uxor ejus colona, nomine Ulberta. Isti sunt eorum infantes : Teutbaldus, Aldrada, Fol. 47. Aitberga. Isti duo manent in Villamilt. Tenent mansum 1, habentem de terra arabili bunuaria x, de vinea quartam partem de aripenno, de prato similiter. Solvunt similiter.

17. Gerhaus lidus et uxor ejus colona, nomine Madalhildis. Isti sunt eorum infantes : Adalardus, Gerardus, Gerhardus. Gerlaus. Et Wandremarus colonus. Isti sunt ejus infantes : Ercambaldus, Walthildis, Waldedrudis. Et Erbuinus colonus et uxor ejus colona, nomine Elisabet. Isti sunt ejus infantes : Arwis, Germenarius, Isentrudis, Elisa, Biris. Isti tres manent in Villamilt. Tenent mansum 1, habentem de terra arabili bunuaria xi et dimidium. Solvunt similiter.

18. Ercambalda colona. Isti sunt ejus infantes : Ercambertus, Arcamboldus, Wiltrudis. Et Hilgadrudis colona. Isti sunt ejus infantes : Hilgarnus, Guntlindis. Et Marina colona; Hildegardis est ejus filia. Et Ermengardis colonus et uxor ejus colona, nomine Maria. Isti sunt eorum infantes : Marta, Ermenildis. Omnes isti manent in Villamilt. Tenent mansum 1 ingenuilem, habentem de terra arabili bunuaria xvi, de

prato dimidium aripennum. Solvunt similiter.

19. Alaricus et uxor ejus colona, nomine Didohildis. Isti sunt eorum infantes : Agenulfus, Adalricus, Didoinus, Adalardus, Betla, Berta. Et Didoinus et uxor ejus colona, nomine Ratburgis. Isti sunt ejus infantes : Dedoardus, Adalridus. Isti duo manent in Villamilt. Tenent mansum 1 ingenuilem, habentem de terra arabili bunuaria xii, de prato dimidium aripennum. Solvunt similiter.

20. Faruinus colonus et uxor ejus colona, nomine Ermenildis. Isti sunt eorum infantes : Ermenteus, Habundus, Sigedeus, Deda. Et Gendradus colonus et uxor ejus colona, nomine Hildeburgis. Isti sunt eorum infantes : Hildegarius, Waltcarius, Ansteus, Vinefridus, Adalsindis. Isti duo manent in Villamilt. Tenent mansum 1 ingenuilem, habentem de terra arabili bunuaria x, de prato dimidium aripennum. Solvunt similiter.

21. Erbemarus colonus et uxor ejus, colona sancti Germani, de Calau[a], nomine Airbolda. Isti sunt eorum infantes : Gotmannus, Natalis, Adalfrida. Et Hildegarius colonus; et Leulfus colonus et uxor ejus colona, nomine Ermenberga. Isti sunt eorum infantes : Fol. 47 v°. Ansegildis, Autcharius, Autbertus, Ostrearius. Et Agrisma colona. Isti sunt eorum infantes : Agrannus, Inga. Et

<hr />

[a] Hodie *Chalo-la-Reine*, milliaribus septem a Stampis, inter austrum et occasum.

Judinga colona. Isti sunt ejus infantes : Jutcarius, Judelhildis, Luppa. Omnes isti manent in Villamilt. Tenent mansum ɪ ingenuilem, habentem de terra arabili bunuaria x et dimidium. Solvunt similiter.

22. Frutgaudus extraneus. Isti sunt ejus infantes : Adregaudus, Frutlindis. Et Fulcadramnus colonus et uxor ejus colona, nomine Odelindis. Isti sunt eorum infantes : Fulcraus, Fulcarius. Et Blidricus colonus. Omnes isti manent in Villamilt. Tenent mansum ɪ ingenuilem, habentem de terra arabili bunuaria xɪɪɪ, de prato dimidium aripennum. Solvunt similiter.

23. Ermenarius colonus et uxor ejus colona, nomine Walagis. Isti sunt eorum infantes : Walthadus, Ermaldus, Adalmundus, Ostrevaldus. Iste manet in Villamilt. Tenet mansum ɪ, habentem de terra arabili bunuaria xɪɪ, de prato dimidium aripennum. Solvit similiter.

24. Idulfus colonus et uxor ejus colona, nomine Atleverta. Isti sunt eorum infantes : Itgaudus, Ostrurfus. Et Waldegaudus colonus et uxor ejus colona, nomine Clementa. Isti sunt ejus infantes : Adalarius, Stadia. Et Hildoardus colonus et uxor ejus colona, nomine Waldobildis. Isti sunt eorum infantes : Hildegaudus, Hildegardis, Hilduis, Adalhildis. Omnes isti manent in Villamilt. Tenent mansum ɪ₄ habentem de terra

arabili bunuaria xɪɪ, de vinea dimidium aripennum. Solvunt similiter.

25. Ermbaldus colonus; et Ermenaldus lidus et uxor ejus lida, nomine Ada. Isti sunt eorum infantes : Adalardus, Gerbaldus, Ermenildis. Et Frutbertus colonus et uxor ejus colona, nomine Ulberta. Isti sunt eorum infantes : Ulberga, Domleverga, Frotcarius, Frudoldus, Frotbertus. Isti tres sunt lidi, quoniam de lida matre sunt nati. Isti duo manent in Villamilt. Tenent mansum ɪ ingenuilem, habentem de terra arabili bunuaria vɪɪɪɪ, de prato dimidium aripennum. Solvunt similiter.

26. Ostrebolda colona; Adalgisus est ejus filius. Et Eodulfus colonus et uxor ejus colona, nomine Ada. Isti sunt eorum infantes : Adrebaldus, Autrudis, Eutharius, Eodelildis. Et Eodalboldus colonus et uxor ejus colona, nomine Willa. Et Saisbertus colonus et uxor ejus ancilla, nomine Hildrada. Omnes isti manent in Villamilt. Tenent mansum ɪ ingenuilem, habentem de terra arabili bunuaria xɪɪɪ. Solvunt similiter. ^{Fol. 48.}

DE FLOGILVILLA[*].

27. Adreharius colonus et uxor ejus colona, nomine Ada. Isti sunt eorum infantes : Adalteus, Adrehildis, Adregundis. Et Andegaudus colonus et uxor ejus colona, nomine Waldrada. Isti sunt eorum infantes : Gerouildis, Saxa. Isti duo manent in Flogili villa. Tenent

[*] Nunc *Floville*, milliaribus viginti quinque a Villamilt, versus meridiem.

mansum I ingenuilem, habentem de terra arabili bunuaria xII, de prato aripennum I, de silva bunuarium I. Solvunt similiter.

28. Gerboldus colonus et uxor ejus colona de beneficio Remegi, nomine Ulfina; et Dandus colonus; et Adalboldus colonus; et Waltharius colonus et uxor ejus colona, nomine Wineburgis. Isti sunt eorum infantes : Winegaudus, Iutradus, Winevoldus, Adalgundis. Et Ava colona. Isti sunt ejus infantes : Eurehardus. Omnes isti manent in Flogil villa. Tenent mansum I ingenuilem, habentem de terra arabili bunuaria xII, de vinea aripennum I, de prato similiter, de pastura bunuarium I. Solvunt similiter.

DE LEVEN FONTANA*.

29. Waltharius colonus et uxor ejus colona, nomine Isemberga ; et Adalricus colonus; et Erbuinus colonus de beneficio Teodonis et uxor ejus colona, nomine Gisledrudis. Isti sunt eorum infantes : Grimbaldus, Erbona, Gisleverga, Aclebolda. Omnes isti manent in Levana Fontana. Tenent mansum I ingenuilem, habentem de terra arabili bunuaria xvII, de pastura bunuaria II. Solvunt similiter.

30. Adalbertus colonus et uxor ejus colona, nomine Rainisma. Isti sunt eorum infantes : Rainardus, Ermuinus, Ragenildis. Et Aldaldus colonus et uxor

ejus colona, nomine Widohildis. Isti sunt eorum infantes : Aldoardus, Aldoïldis. Isti duo manent in Leven Fontana. Tenent mansum I ingenuilem, habentem de terra arabili bunuaria xII, de prato dimidium aripennum, de silva similiter. Solvunt similiter.

31. Gerulfus colonus et uxor ejus colona de beneficio Amiconis, nomine Sigenildis ; et Randingus colonus et uxor ejus colona, nomine Agna. Isti sunt eorum infantes : Ratfridus, Ulfegaudus, Geroncius, Randingus, Ratburgis. Isti duo manent in Leven Fontana. Tenent mansum I ingenuilem, habentem de terra arabili bunuaria xIIII, de prato aripennum I, de pastura bunuarium I. Solvunt similiter.

32. Ermengaudus colonus ; et Madalgaudus colonus et uxor ejus colona, nomine Agenflidis. Isti sunt eorum infantes : Madalcarius, Madalgis, Madalberta, Ingoflidis, Sigrada, Madalgudis. Isti duo manent in Leven Fontana. Tenent mansum I, habentem de terra arabili bunuaria xII, de prato aripennum I, de pastura bunuarium I. Solvunt similiter. Fol. 48 v°.

33. Nodalricus colonus et uxor ejus colona, nomine Agantrudis. Isti sunt eorum infantes : Nodalgis, Nodalgrima, Nodaltrudis. Et Nodalgaudis colonus et uxor ejus colona, nomine Agenildis. Isti sunt eorum infantes : Nodalbertus, Agenoldus. Et Maurinus colonus et

---

* Hodie *Levainville*, circiter viginti millibus passuum a Villamilt, inter austrum et eurum.

uxor ejus colona, nomine Hildegardis ;
et Acluinus colonus et uxor ejus colona,
nomine Acledrisma. Isti sunt eorum
infantes : Aclevoldus, Aclemarus, Acloildis, Alda, Aclenildis. Omnes isti manent
in Leven Fontana. Tenent mansum I,
habentem de terra arabili bunuaria XII,
de prato dimidium aripennum. Solvunt
similiter.

DE SONTERI PONTE[*].

34. Gerulfus colonus et uxor ejus
colona, nomine Fraunehildis. Jsti sunt
eorum infantes : Geraus, Graulfus, Geroildis. Et Ansgisus colonus et uxor ejus
colona, nomine Adalildis ; Adalsindis
est eorum filia. Et Bernegaudus colonus
et uxor ejus colona de beneficio Teodonis, nomine Ostrevolda. Isti III ma-
nent in Sonteri Ponte. Tenent mansum I ingenuilem, habentem de terra
arabili bunuaria XVIIII, de prato aripen-
nos IIII, de pastura bunuarium I. Solvunt similiter.

35. Gamenulfus et uxor ejus colona,
nomine Madalgudis ; et Airinus colonus
et uxor ejus colona de beneficio Amiconis, nomine Sigemberga ; et Leutadus
colonus. Omnes isti manent in Sonteri Ponto. Tenent mansum I ingenuilem, habentem de terra arabili bunuaria XX, de prato aripennos III. Solvunt
similiter.

36. Ermoldus colonus et uxor ejus

colona, nomine Ermina. Isti sunt eorum
infantes : Ermenricus, Ermenarius. Et
Riginus colonus; et Agenteus colonus et
uxor ejus colona, nomine Martina.
Omnes isti manent in Sonteri Ponto.
Tenent mansum I ingenuilem, habentem de terra arabili bunuaria XX, de
prato aripennum I. Solvunt similiter.

DE AUDRIA[b].

37. Randuinus colonus et uxor ejus   Fol. 49.
colona de beneficio Gausbaldi, nomine
Grima ; et Adremarus colonus et uxor
ejus colona, nomine Alsinia ; Restovildis est eorum filia. Et Amalbertus
colonus et uxor ejus colona, nomine
Teutlindis. Isti sunt eorum infantes :
Teutbertus, Teutbaldus, Adalgudis,
Teuthildis. Omnes isti manent in Audria. Tenent mansum I ingenuilem,
habentem de terra arabili bunuaria XV,
de pastura bunuarium I. Solvunt similiter.

38. Aganfredus colonus. Isti sunt
ejus infantes : Agenardus, Hincbaldus,
Ingalbertus, Hincarius, Agentrudis. Et
Gerosmus colonus et uxor ejus colona,
nomine Adalgildis. Isti sunt ejus infantes : Adalcarius, Adalhelmus, Sigedrudis. Isti duo manent in Audria.
Tenent mansum I ingenuilem, habentem de terra arabili bunuaria XII, de
silva bunuarium I. Solvit similiter.

39. Marcamarus colonus et uxor

[*] Hodie *Charpont*, milliaribus tribus a Villamilt,
aquilonem spectans.
[b] Nostratibus prius *Autrie*, dein *Autrive*, ut con-

jector, postremo *Hauterive* nominatus locus, qui
circiter sexdecim millibus passuum a Villamilt
abest, inter austrum et occidentem.

ejus colona, nomine Adalgrima ; et Adalulfus colonus et uxor ejus colona, nomine Adalgudis. Isti sunt eorum infantes : Adaloldus, Guntardus. Isti duo manent in Audria. Tenent mansum ɪ, habentem de terra arabili bunuaria xɪɪ, de pastura bunuarium ɪ. Solvunt similiter.

40. Eodalhardus colonus et uxor ejus colona, nomine Gerhildis. Isti sunt eorum infantes : Acleardus, Maurellus. Et Ingalboldus colonus et uxor ejus colona, nomine Ercantrudis. Isti sunt eorum infantes : Ercanardus, Godalberta, Ingalburgis, Godelindis. Et Ermina colona. Isti sunt ejus infantes : Aclearius, Teodohildis. Omnes isti manent in Audria. Tenent mansum ɪ, ingenuilem, habentem de terra arabili bunuaria xɪɪ. Solvunt similiter.

DE ULMIDO[a].

41. Benedictus colonus et uxor ejus colona, nomine Ulberga. Isti sunt eorum infantes : Fulcraus, Fulbertus. Iste manet in Ulmido. Tenet mansum ɪ ingenuilem, habentem de terra arabili bunuaria xɪɪ. Solvit similiter.

42. Berthadus colonus, et Godaldus colonus, et Dodevertus colonus, et Dodaldus lidus, et Ansegaudus lidus, et Girevertus lidus. Omnes isti manent in Ulmido. Tenent mansum ɪ ingenui-

lem, habentem de terra arabili bunuaria x. Solvunt similiter.

43. Eurehardus, colonus et uxor ejus colona, nomine Gisloildis. Isti sunt eorum infantes : Gisloinus, Wineboldus, Frudoinus, Frudina, Ebrehardus, Gislindis, Gisla, Madalfridus, Frothardus, Frotberga. Et Gerlus colonus et ^{Fol. 49 v°.} uxor ejus colona, nomine Ulmeda. Isti sunt eorum infantes : Giroardus, Ermengardis. Isti duo manent in Ulmido. Tenent mansum ɪ ingenuilem, habentem de terra arabili bunuaria xvɪ, de prato dimidium aripennum. Solvunt similiter.

44. Berneardus colonus et uxor ejus colona, nomine Ava. Isti sunt eorum infantes : Pascuildis, Eodalburgis. Et Bernegarius colonus. Isti duo manent in Villare[b]. Tenent mansum ɪ, habentem de terra arabili bunuaria xɪɪɪ. Solvunt similiter.

DE CASDON[c].

45. Adregarius colonus ; et Ratgaudus colonus et uxor ejus colona, nomine Flabia. Isti sunt eorum infantes : Ratgarius, Trutgaudus, Truduinus, Ratgaudus, Truduildis. Isti duo manent in Casdon. Tenent mansum ɪ ingenuilem, habentem de terra arabili bunuaria xɪɪ, de prato tertiam partem aripenno, de pastura aripennum ɪ. Solvunt similiter.

---

[a] Hodie *Lormoye*, tribus millibus passuum et quingentis a Villamilt, inter austrum et ortum.
[b] Hodie *Villiers-les-Morlières*, milliaribus circiter septem a Villamilt, versus meridiem, paulo ad eurum vergens.
[c] Nostro tempore *Chaudon*, milliaribus duobus a Villamilt, inter austrum et orientem.

46. Eutharius colonus et uxor ejus colona, nomine Adalhildis. Isti sunt eorum infantes : Eutharia, Airlindis. Iste manet in Casdon. Tenet mansum I ingenuilem, habentem de terra arabili bunuaria xvi, de vinea aripennum I, de prato aripennos III, de novella silva bunuarium I et dimidium. Solvit similiter.

47. Leudo colonus et uxor ejus colona, nomine Godema. Iste manet in Casdon. Tenet mansum I ingenuilem, habentem de terra arabili bunuaria xvi, de vinea dimidium aripennum, de prato aripennos III, de silva bunuarium I et dimidium. Solvit similiter.

48. Ictrus colonus et uxor ejus colona, nomine Agina; Ermenricus est eorum filius. Et Aldulfus colonus; et Godefridus colonus; et Ermuinus colonus de beneficio Frigei, et uxor ejus colona, nomine Girohildis. Isti sunt eorum infantes : Ermoardus, Ermohildis. Isti tres manent in Casdon. Tenent mansum I ingenuilem, habentem de terra arabili bunuaria xiiii, de prato aripennum I. Solvunt similiter.

49. Eudo colonus; Isada et Adrama sunt ejus sorores. Et Hilduinus colonus et uxor ejus colona, nomine Ermengauda. Hildoara est eorum filia. Isti duo manent in Casdon. Tenent mansum I ingenuilem, habentem de terra arabili bunuaria x, de prato aripennos II. Solvunt similiter.

50. David colonus et uxor ejus colona, nomine Inga. Isti sunt eorum infantes : Albuinus, Albricus, Lantsera. Et Teuthardus colonus et uxor ejus colona, nomine Elia. Isti sunt eorum infantes : Anoildis, Ermenricus, Teutgardis. Et Stabilis colonus; et Gunthelmus. Omnes isti manent in Casdon. Tenent mansum I ingenuilem, habentem de terra arabili bunuaria xi et dimidium, de vinea dimidium aripennum, de prato tertiam partem de aripenno. Solvunt similiter.

Fol. 5o.

51. Didradus colonus et uxor ejus libera, nomine Gerlindis. Isti sunt eorum infantes : Laipingus, Ercambaldus, Osanna, Dedoildis, Godelindis. Et Odalricus colonus et uxor ejus colona, nomine Euda. Isti sunt eorum infantes : Stefanus, Adalricus, Eodildis. Isti duo manent in Casdon. Tenent mansum I, habentem de terra arabili bunuaria xii, de vinea dimidium aripennum, de prato similiter, de pastura dimidium bunuarium. Solvunt similiter.

DE MANULFI VILLA[*].

52. Restadus colonus et uxor ejus colona, nomine Leutalda. Isti sunt eorum infantes : Leutberga, Madalberta. Et Beraldus colonus et uxor ejus colona, nomine Leodoildis. Isti sunt eorum infantes : Alda, Beregildis, Gausbaldus. Isti duo manent in Manulfi villa. Tenent mansum I, habentem de terra arabili bunuaria xiiii, de prato quartam

---

[*] Hodie *Marville-Moutier-Brûlé*, passuum circiter tribus millibus quingentis a Villamilt, occidentem versus

partem de aripenno, de pastura aripennum I. Solvunt similiter.

53. Agedeus colonus et uxor ejus colona, nomine Alfasia. Isti sunt eorum infantes : Adalcarius, Agcteus, Ansedeus, Agitonia. Et Starcarius colonus et uxor ejus colona, nomine Odelildis. Isti duo manent in Manulfi villa. Tenent mansum I ingenuilem, habentem de terra arabili bunuaria x, de prato quartam partem de aripenno, de pastura bunuarium I. Solvunt similiter.

54. Ingadramnus colonus, et Winegaugius colonus. Isti duo manent in Manulfi villa. Tenent mansum I ingenuilem, habentem de terra arabili bunuaria xIIII, de pastura bunuarium I. Solvunt similiter.

DE MODINI VILLA*.

55. Guntharius colonus et uxor ejus colona, nomine Godelindis; Gunthardus est ejus filius. Et Amalgaudus colonus et uxor ejus colona, nomine Sigedrudis. Isti sunt eorum infantes : Gauslindis, Amalwara. Et Grimo colonus. Isti tres manent in Modini villa. Tenent mansum I ingenuilem, habentem de terra arabili bunuaria xII. Solvunt similiter.

56. Ermengardis colonus et uxor ejus colona, nomine Sicleverga. Isti sunt eorum infantes : Ermengaudus, Sicledulfus. Et Ratmundus colonus et uxor

ejus colona, nomine Odaltrudis. Et Ratgaudus colonus; et Sicledulfus colonus et uxor ejus colona, nomine Sigeburgis; Sigebrandus est eorum filius. Fol. 50 v°. Isti IIIIor manent in Modini villa. Tenent mansum I ingenuilem, habentem de terra arabili bunuaria xII. Solvunt similiter.

57. Giuroldus, colonus et decanus, et uxor ejus colona, nomine Pinola. Isti sunt eorum infantes : Eutharius, Andreas, Labarudis, Truthildis, Otlina. Iste manet in Casdon. Tenet mansum I ingenuilem, habentem de terra arabili bunuaria xIIII, de vinea dimidium aripennum, de prato aripennum I, de pastura dimidium bunuarium. Debet similiter solvere, sed, propter servitium, solvit in maio mense solidos v, et pascit caballum. Facit rigas et curvadas.

58. Ulfardus, colonus et junior decanus, et uxor ejus colona, nomine Ava. Isti sunt eorum infantes : Merulfus, Ulfildis. Iste manet in Villamilt. Tenet quartam partem de manso, habentem de terra arabili bunuaria v et dimidium. Propter servicum quod prævidet, nihil inde facit, nisi rigas et curvadas.

DE DECANIA WARIMBERTI.

59. Ermenteus colonus et uxor ejus colona, nomine Hildegardis. Isti sunt eorum infantes : Hildebrandus, Hil-

* Hodie *Moinville-la-Jeulin*, milliaribus viginti quinque a Villamilt, austrum versus.

doardus, Hilduis, Leutgardis, Ermentaria. Iste manet in Gisoni villa. Tenet
mansum I ingenuilem, habentem de
terra arabili bunuaria xviii. Solvit totum censum sicut superiores.

60. Erluinus colonus et uxor ejus
colona, de beneficio Gelradi, nomine
Raganberga; et Stefanus colonus. Isti
duo manent in Gisoni villa. Tenent
mansum I, habentem de terra arabili
bunuaria xiii. Solvunt similiter.

61. Godoinus colonus. Isti sunt ejus
infantes : Amalbertus, Raganfredus,
Rainhildis, Andrisma. Et Gundoinus
colonus et uxor ejus colona, nomine
Adalgudis. Isti sunt eorum infantes :
Hilduinus, Gunberga. Isti duo manent
in Gisoni villa. Tenent mansum I, habentem de terra arabili bunuaria xi.
Solvit similiter.

62. Godalricos colonus. Iste manet
in Gisoni villa. Tenet mansum I, habentem de terra arabili bunuaria x. Solvit
similiter.

63. Winearius colonus et uxor ejus
colona, nomine Gerhildis; Winegisus
est eorum filius. Et Ercanoldus colonus.
Isti duo manent in Gisoni villa. Tenent
mansum I ingenuilem, habentem de
terra arabili bunuaria viii. Solvunt similiter.

Fol. 51.

64. Ibuinus colonus; et Flodoinus
colonus et uxor ejus colona, nomine
Gaustrudis. Isti sunt eorum infantes :
Fludoicus, Flodogildis, Flodoardus, Gi-

rardus. Isti duo manent in Gisoni villa.
Tenent mansum I, habentem de terra
arabili bunuaria x. Solvunt similiter.

65. Droardus colonus et uxor ejus
colona, nomine Madalberta; Droctarnus
est eorum filius. Et Ausuhildis colona.
Isti sunt ejus infantes : Aistulfus, Fors-
tulfus, Erpulfus, Winegardis. Et Ingalbertus colonus et uxor ejus colona, nomine Madanildis; Adalbertus est eorum
filius. Isti tres manent in Gisoni villa.
Tenent mansum I, habentem de terra
arabili bunuaria xi. Solvunt similiter.

66. Ermengarius colonus et uxor ejus
colona, nomine Winehildis. Isti sunt
eorum infantes : Ermbaldus, Ratfridus,
Rathertus. Et Iwina colona. Isti sunt
ejus infantes : Ivo, Adrabolda. Isti tenent mansum I, habentem de terra arabili bunuaria xi. Solvunt similiter.

67. Godoinus colonus et uxor ejus colona, nomine Eurengardis; Godelildis
est eorum filia. Et Arcamarus colonus
et uxor ejus colona, nomine Agembur-
gis. Isti sunt eorum infantes : Agam-
baldus, Adalfridus, Agrisma. Isti manent in Gisoni villa. Tenent mansum I,
habentem de terra arabili bunuaria x
et dimidium. Solvunt similiter.

68. Gausbaldus colonus tenet mansum I, habentem de terra arabili bunuaria xv et dimidium. Solvit similiter.

69. Adalhildis colona. Isti sunt ejus
infantes : Dodo, Eodelildis, Adalburgis, Hildeburgis. Ista tenet mansum I,

habentem de terra arabili bunuaria xv.
Solvit similiter.

70. Gausbertus colonus et uxor ejus
colona, nomine Althildis. Isti sunt eorum infantes : Ulflandus, Leutharius.
Et Ermengardus colonus et uxor ejus
colona, nomine Aclisma. Isti tenent
mansum i, habentem de terra arabili
bunuaria xii. Solvunt similiter.

DE PANE COCTO*.

71. Ursmarus colonus et uxor ejus
colona, nomine Bernegildis. Isti sunt
eorum infantes : Ursoldus, Bernegardus. Iste manet in Pane Cocto. Tenet
mansum i, habentem de terra arabili
bunuaria xv. Solvit similiter.

72. Frotbertus colonus et uxor ejus
colona, nomine Ingoflidis. Isti sunt
eorum infantes : Frotburgis, Ingelildis,
Fol. 51 v°. Electrudis, Ingalgardis. Et Landradus
colonus et uxor ejus colona, nomine
Aldrisma ; Restadus est eorum filius.
Isti tenent mansum i, habentem de
terra arabili bunuaria xvi. Solvunt similiter.

73. Walameus colonus et uxor ejus
colona, nomine Geroildis. Isti sunt
eorum infantes : Walandus, Berneardus, Walamill. Et Martinus lidus ; et
Adalgildis lida ; et Givedrudis lida. Isti
tenent mansum i, habentem de terra
arabili bunuaria xvi. Solvunt similiter.

74. Starculfus colonus et uxor ejus
colona, nomine Hincflidis ; et Tanculfus colonus. Isti tenent mansum i, habentem de terra arabili bunuaria xiiii.
Solvunt similiter.

75. Walateus colonus et uxor ejus
colona, nomine Godalberta. Isti sunt
eorum infantes : Rathardus, Godalcarius, Walecarius, Waltcaudus. Iste
tenet mansum i, habentem de terra arabili bunuaria xx. Solvit similiter.

76. Alateus colonus et uxor ejus
colona, nomine Isamburgis ; Anstrada
est eorum filia. Et Ratfridus colonus et
uxor ejus colona, nomine Adalgudis.
Isti tenent mansum i, habentem de
terra arabili bunuaria xvi. Solvunt similiter.

DE ALNIDO*.

77. Alcismus colonus et uxor ejus
colona, nomine Ermengardis. Isti sunt
eorum infantes : Acloldus, Gauda. Et
Ragenardus colonus et uxor ejus colona,
nomine Adalhildis. Isti sunt eorum infantes : Amalcarius, Amalgaudus, Ragamberga, Ragena, Ratberga. Isti duo
tenent mansum i, habentem de terra
arabili bunuaria xii. Solvunt similiter.

78. Frothaus lidus ; et Adalgisus colonus ; et Altuinus lidus et uxor ejus
colona, nomine Winedrudis ; et Ratharius colonus ; et Frotgaudus lidus et

---

* Vulgo *Paincuit*, viculus, milliaribus sex a Villamilt, inter austrum et occasum.

* Hodie *Aulnay-sous-Crécy*, ut superius dictum
est.

uxor ejus colona, nomine Adalonia. Omnes isti tenent mansum i, habentem de terra arabili bunuaria lx. Solvunt similiter.

79. Ermengardis colonus et uxor ejus colona, nomine Wineburgis. Isti sunt eorum infantes : Ermenarius, Cristofolus, Walcarius, Balda. Et Winegarius colonus et uxor ejus colona, de beneficio Gerradi, nomine Walebildis; et Ricuinus colonus et uxor ejus colona, nomine Frothildis. Isti sunt eorum infantes : Frotmundus, Ingoinus. Omnes isti tenent mansum i, habentem de terra arabili bunuaria xiiii, de silva bunuaria ii. Solvunt similiter.

80. Droctengardus colonus et uxor colona, nomine Landrisma;"Autlindis est eorum filia. Et Autcarius lidus et uxor ejus ancilla, nomine Landovildis; Frutcarius est eorum filius. Et Gundoinus colonus et uxor ejus lida, nomine Gerberga. Isti sunt eorum infantes : Gundoardus, Gerveus. Et Gundoldus servus et uxor ejus extranea, nomine Nantoildis. Omnes isti tenent mansum i, habentem de terra arabili bunuaria xvi, de pastura bunuaria v.

81. Framboldus colonus et uxor ejus colona, nomine Frotberga ; et Ansarius lidus et uxor ejus colona, nomine Rainberta; et Bertulfus colonus et uxor ejus colona, nomine Amalberga. Isti sunt eorum infantes : Blatharius, Detla. Et Landeus colonus. Isti sunt eorum infantes : Lantbertus, Landoldus, Lantsindus, Landemia. Omnes isti tenent mansum i,

habentem de terra arabili bunuaria xvi. Solvunt similiter.

82. Aclefredus colonus et uxor ejus colona, nomine Grimhildis. Isti sunt eorum infantes : Grimharius, Acloildis. Et Landricus colonus et uxor ejus colona, nomine Marcadrudis; Landulfus est eorum filius. Et Andrevertus colonus et uxor ejus colona, nomine Rainhildis de precaria Acleverti. Omnes isti tenent mansum i, habentem de terra arabili bunuaria xiii, de silva bunuaria ii. Solvunt similiter.

83. Vincuinus colonus et uxor ejus colona, nomine Autrudis. Isti sunt eorum infantes : Raganbertus, Autulfus, Euruinus, Vincoildis. Iste tenet mansum i ingenuilem, habentem de terra arabili bunuaria xxi, de silva bunuarium i.

84. Adaluinus colonus et uxor ejus, nomine Leudrisma. Isti sunt eorum infantes : Adalginus, Adalwardus, Gausvinus, Gauselmus, Anselmus, Andalwildis, Adalwara. Et Madalgildis colonus. Isti sunt ejus infantes : Rotcarius, Daguinus, Daga, Madalwinus, Madalcarius. Isti tenent mansum i ingenuilem, habentem de terra arabili bunuaria xxii, de silva bunuaria ii. Solvunt similiter.

85. Rodoarius colonus et uxor ejus colona, nomine Frambolda. Isti sunt eorum infantes : Agrannus, Radaldus, Agrisma, Hildegardis. Et Ratgaudus colonus et uxor ejus colona, nomine

Fol. 52

Fruda. Isti sunt eorum infantes : Raduinus, Ratboldus, Rotcarius, Sinedrudis. Isti tenent mansum i, habentem de terra arabili bunuaria xxiiii, de pastura bunuaria iiii. Solvunt similiter.

86. Bertoinus colonus. Isti sunt ejus infantes : Winmarus, Vincoardus, Ansuricus, Acuinus, Adalgudis. Et Droctarnus colonus. Isti tenent mansum i, habentem de terra arabili bunuaria xviii. Solvunt similiter.

Fol. 55 v°.

87. Altmarus lidus et Asmundus lidus. Isti tenent mansum i, habentem de terra arabili bunuaria xv, de prato aripennum i, de concidis bunuarium i et dimidium. Solvunt similiter.

88. Aclulfus colonus et uxor ejus colona, nomine Ermemberta. Isti sunt eorum infantes : Amalcarius, Aclus, Ermensinta. Et Aldrus colonus. Isti tenent mansum i, habentem de terra arabili bunuaria xx, de prato aripennum i, de concidis bunuaria iiii. Solvunt similiter.

DE BEDOLIDO.

89. Godenulfus colonus et uxor ejus colona, nomine Landedrudis. Isti sunt eorum infantes : Lantbertus, Godoinus, Godelildis. Et Sicfridus colonus et uxor ejus colona, nomine Aldisma; et Agrannus colonus. Isti tenent mansum i, habentem de terra arabili bu-

nuaria xviii, de concidis bunuarium i. Solvunt similiter.

90. Erchaharius colonus et uxor ejus colona, nomine Marcadrudis. Isti sunt eorum infantes : Erchanardus, Marcardus, Ercanildis. Et Erluinus colonus et uxor ejus colona, nomine Winebolda. Isti sunt eorum infantes : Landisma, Winegardis, Rainhildis. Et Geroldis colonus et uxor ejus colona, nomine Geilsindis; et Gisloldus colonus et uxor ejus colona, nomine Hincbolda. Gisla est eorum filia. Omnes isti tenent mansum i, habentem de terra arabili bunuaria xx, de prato dimidium aripennum, de pastura bunuaria ii. Solvunt similiter.

91. Ingalhardus colonus et uxor ejus colona, nomine Eugenia; et Geroardus colonus et uxor ejus colona, nomine Gaustrudis. Isti sunt eorum infantes : Gausbaldus, Geiradus, Agenoldus, Gerlindis, Geirisma. Et Gavioldus colonus et uxor ejus libera, nomine Ingalwis. Omnes isti tenent mansum i, habentem de terra arabili bunuaria xxi, de concidis bunuaria iii. Solvunt similiter.

DE SENARDI VILLA*.

92. Criadus colonus et uxor ejus colona, nomine Restada. Isti sunt eorum infantes : Leutgardis, Adalgundis, Adalberta. Et Marcamarus colonus et uxor ejus colona, nomine Grimoildis. Isti

* Hodie *Charville*, parœciæ Bedolidi Theoderici, bis mille ducentis passibus a Villamilt, austrum versus.

sunt eorum infantes : Senardus, Marcoildis, Criada, Godisma, Marcanber-
ga, Marcohildis. Isti tenent mansum 1,
habentem de terra arabili bunuaria xxi,
de pastura bunuarium 1. Solvunt similiter.

93. Ortradus colonus et uxor ejus
colona, nomine Blatberta ; Benedictus
est eorum filius. Et Marcardus colonus;
et Senacus colonus ; et Framboldus colonus et uxor ejus colona, nomine Isemberga. Isti sunt eorum infantes : Ratharius, Gisla. Isti tenent mansum 1,
habentem de terra arabili bunuaria xx,
de pastura dimidium bunuarium. Solvit similiter.

94. Amalgardus colonus et uxor ejus
colona, nomine Berta. Isti sunt eorum
infantes : Bernoala, Bernoardus. Et
Isemberta colona. Isti sunt eorum infantes : Restagnus, Ramistagnus, Gautlindis, Isemburgis. Isti tenent mansum 1,
habentem de terra arabili bunuaria xxii,
de pastura bunuarium 1. Solvunt similiter.

95. Radalcarius colonus. Isti sunt
ejus infantes : Bertharius, Walafredus,
Gausbertus, Gausbaldus, Ratberga. Et
Ingalbertus colonus et uxor ejus colona, nomine Criada. Isti sunt eorum
infantes : Cristofilus, Radoildis. Et
Aclulfus colonus et uxor ejus colona,
nomine Teodildis. Isti sunt eorum infantes : Acloldus, Baracta, Otlildis. Isti
tenent mansum 1, habentem de terra

arabili bunuaria xxiiii. Solvunt similiter.

96. Blatfridus colonus et uxor ejus
colona, nomine Adalberga. Isti sunt
eorum infantes : Rainildis, Restada. Et
Raingaudus colonus et uxor ejus colona,
nomine Amaltrudis. Isti duo tenent
mansum 1, habentem de terra arabili
bunuaria xiiii. Solvunt similiter.

97. Ingedeus colonus et uxor ejus
colona, nomine Ercadrudis. Isti sunt
eorum infantes : Ingalmarus, Godoinus.
Et Waldegarius colonus et uxor ejus
colona, nomine Godolildis ; Godenia
est eorum filia. Et Winegardus lidus ;
et Benedictus colonus et uxor ejus colona, nomine Deodata. Isti sunt eorum
infantes : Ivo, Ivinga. Omnes isti tenent
mansum 1, habentem de terra arabili
bunuaria xviii et dimidium, de pastura
bunuarium 1 et dimidium. Solvunt similiter.

DE LEVACI VILLA.

98. Adalgrimus colonus et uxor ejus
colona, nomine Sigoara. Isti sunt eorum infantes : Sigevertus, Fulcoara.
Iste manet in Levaci villa. Tenet mansum 1, habentem de terra arabili bunuaria xviii. Solvit similiter.

99. Andrannus colonus et uxor ejus
colona, nomine Grima. Isti sunt eorum
infantes : Teodoenus, Adalburgis, Fulcois. Iste manet in Levaci villa. Tenet Fol. 37 v°.

---

* Nunc Levdville, tribus millibus passuum et octingentis a Villamilt, inter austrum et occasum.

mansum 1, habentem de terra arabili
bunuaria xxi. Solvit similiter.

100. Adalhardus colonus et uxor
ejus colona, nomine Teutlindis; Adalardus est eorum filius. Et Amaltrannus
colonus; et Winegaudus colonus et uxor
ejus colona, nomine Ermentrudis. Omnes isti tenent mansum 1, habentem de
terra arabili bunuaria xvii. Solvunt similiter.

DE TEUDULFI VILLA.

101. Teuthardus colonus et uxor ejus
colona, nomine Frodelindis, homines
sancti Germani. Isti sunt eorum infantes : Teutgardis, Guntberga. Et Urema-
rus colonus et uxor ejus colona, nomine
Benedicta. Isti duo tenent mansum 1,
habentem de terra arabili bunuaria xii.
Solvunt similiter.

102. Landoldus colonus et uxor ejus
colona de beneficio Ingalramni, nomine Ulfildis. Isti sunt eorum infantes :
Landoardus, Landrisma, Ulfleudis. Et
Elegius colonus et uxor ejus colona,
nomine Ernoildis. Isti sunt eorum infantes : Bernehildis, Eligardis. Isti duo
tenent mansum 1, habentem de terra
arabili bunuaria xviii. Solvit similiter.

103. Ermenfredus colonus et uxor
ejus colona de beneficio Godoeni, nomine Winegildis; et Ermengaudus colonus; et Michahel colonus et uxor ejus
colona, nomine Audina. Isti sunt eorum infantes : Audingus, Audenildis,
Nadalindis. Isti tenent mansum 1, ha-

bentem de terra arabili bunuaria xviii.
Solvunt similiter.

104. Adalardus colonus et uxor ejus
colona, nomine Teodoildis. Isti sunt
eorum infantes : Teudo, Adaloldus;
Adalberga. Et Aganteus colonus et uxor
ejus colona, nomine Aldinga. Isti sunt
ejus infantes : Raganteus, Agantismus,
Adalgisus. Et Frodericus colonus et uxor
ejus colona de beneficio Hildegarii, nomine Balouildis ; et Hitharius colonus
et uxor ejus lida, nomine Restouildis.
Isti sunt ejus infantes : Stephanus,
Gadalcarius. Omnes isti manent in De-
dulfi villa. Tenent mansum 1, habentem
de terra arabili bunuaria xvi. Solvunt
similiter.

105. Ulfardus colonus et uxor ejus
colona, nomine Geringa. Isti sunt ejus
infantes : Walameus, Ulfleus, Eurandus, Fulcardus, Ulfiardis. Iste tenet
mansum 1, habentem de terra arabili Fol. 38.
bunuaria xii. Solvit similiter.

106. Waldegaudus colonus et uxor
ejus colona, nomine Geringa. Isti sunt
ejus infantes : Geringus, Haldringus,
Isangildis, Gerberga. Et Frodecus colonus et uxor ejus colona, nomine
Droctara. Isti sunt eorum infantes : Isan-
brandus, Dructoinus, Hildeboldus, Hildeberga. Et Adalgisus de beneficio
Grimbaldi, et uxor ejus colona, nomine
Aclildis; Acloildis est eorum filia. Et
Gundoinus de beneficio Grimboldi, et
uxor ejus colona, nomine Gisla. Omnes
isti tenent mansum 1, habentem de terra
arabili bunuaria xiii. Solvunt similiter.

DE STRICOVILDI VILLA*.

107. Geradus ; isti sunt ejus infantes : Gerhardus, Gerhaus, Benedicta. Ista manet in Stricovildi villa. Tenet mansum 1, habentem de terra arabili bunuaria xvii. Solvit similiter.

108. Godrebaldus colonus et uxor ejus extranea. Iste tenet mansum 1, habentem de terra arabili bunuaria xvii. Solvit similiter.

109. Gautmarus colonus et uxor ejus colona, nomine Landeduna. Isti sunt eorum infantes : Gausbaldus, Frotbrandus, Gohardus, Gauttrudis, Ermina. Iste tenet mansum 1, habentem de terra arabili bunuaria xx. Solvit similiter.

110. Eurulfus colonus et uxor ejus colona, nomine Adrabolda. Isti sunt eorum infantes : Euremandus, Euregaudus. Et Cristina colona. Isti sunt ejus infantes : Winemundus, Godisma. Isti duo tenent mansum 1, habentem de terra arabili bunuaria xiii, de pastura bunuaria ii. Solvunt similiter.

111. Godaldus colonus et uxor ejus colona, nomine Grimhildis. Isti sunt eorum infantes : Amalcarius, Godalberga, Ausgudis. Iste tenet mansum 1, habentem de terra arabili bunuaria xiiii. Solvit similiter.

112. Frotgaudus colonus et uxor

ejus de beneficio Godoeni, nomine Germana ; et Frotmundus colonus et uxor ejus colona, nomine Hercanflidis; et Frodegisus colonus et uxor ejus colona, nomine Teutlindis. Isti sunt eorum infantes : Eurulfus, Aclebolda. Isti tenent mansum 1, habentem de terra arabili bunuaria xvi. Solvunt similiter.

113. Frodoinus colonus et uxor ejus colona, nomine Rainhildis; et Giroardus colonus et uxor ejus colona, nomine Lantrudis; Gervoldus est eorum filius. Et Gautlindis colona. Isti sunt ejus infantes : Landardus, Ermuinus, Erbediïdis, Raintbolda, Alsinia, Sigina. Isti tenent mansum 1, habentem de terra arabili bunuaria xviiii. Solvunt similiter. *Fol. 38 v°.*

114. Aldegarius colonus et uxor ejus colona de beneficio Paterni, nomine Giroildis. Iste tenet mansum 1, habentem de terra arabili bunuaria xii. Solvit similiter.

115. Anstasius de precaria Acleverti, et uxor ejus colona, nomine Isla ; Isnardus est eorum filius. Et Gaudius colonus et uxor ejus colona, nomine Flabia ; et Waldegaudus de beneficio Gerradi, et uxor ejus colona, nomine Ermengildis. Isti sunt eorum infantes : Wandalgaudus, Wandalgarius, Wandalgis, Wandalus, Wandalburgis. Istei tenent mansum 1, habentem de terra arabili bunuaria xvii. Solvunt similiter.

* Ad quem locum nomen istud pertineat OEdipo qui dicat cedo.

DE AMONTE VILLA[*].

116. Aloenus colonus et uxor ejus colona, nomine Gauslindis. Isti sunt eorum infantes : Agenulfus, Gausbertus, Aga. Et Agenardus colonus et uxor ejus colona, nomine Genesia. Isti duo manent in Amonte villa. Tenent mansum I, habentem de terra arabili bunuaria XVI. Solvunt similiter.

117. Winecarius colonus; et Ailmus colonus et uxor ejus colona, nomine Bertaria; et Teudoinus colonus et uxor ejus colona, nomine Hithildis; Ithardus est eorum filius. Et Aldadeus colonus et uxor ejus colona, nomine Beritla ; Gisledeus est eorum filius. Isti tenent mansum I, habentem de terra arabili bunuaria XIIII, de pastura bunuaria III. Solvunt similiter.

118. Gautus colonus et uxor ejus colona, nomine Beroïldis. Isti sunt eorum infantes : Beroinus, Beroardus. Et Rainbertus colonus et uxor ejus colona, nomine Framengaudia ; Berta est eorum filia. Isti tenent mansum I, habentem de terra arabili bunuaria XVIII. Solvunt similiter.

DE APIAROLAS[b].

119. Alfius colonus et uxor ejus colona, nomine Warna. Isti sunt eorum infantes : Frotgrimus, Frotbaidus, Maurinus, Warnegaudus, Ursaldus, Warimbertus, Alfia. Et Bernegarius colonus et uxor ejus colona, nomine Blidina ; Walemildis est eorum filia. Isti duo tenent mansum I, habentem de terra arabili bunuaria XVIII. Solvit similiter.

120. Lando colonus et uxor ejus colona, nomine Elisabet. Isti sunt eorum infantes : Landoardus, Landoinus, Gailo, Giroardus. Et Inchardus colonus et uxor ejus coloua, nomine Alvia. Isti sunt eorum infantes : Framtrudis, Ingenildis. Isti duo tenent mansum I, habentem de terra arabili bunuaria XXI. Solvunt similiter. Fol. 39.

121. Giroldus colonus et uxor ejus colona, nomine Aclesinta. Isti sunt eorum infantes : Sicholdus, Sigevertus, Gerhildis. Et Belegarius colonus et uxor ejus de beneficio Frigei, nomine Godalberga ; et Ansfridus colonus et uxor ejus colona, nomine Ansegudis. Isti tenent mansum I, habentem de terra arabili bunuaria XX. Solvunt similiter.

DE CASTELLO[*].

122. Madalgilus colonus et uxor ejus colona, nomine Godisma. Isti sunt eorum infantes : Godasmannus, Madalboldus, Altfrida. Et Wilericus colonus et uxor ejus colona de beneficio Audulfi presbyteri. Isti duo tenent man-

---

[*] Hodie *Montainville*, circiter triginta milliaribus a Villamilt, austrum versus.
[b] Idem, ni fallor, locus qui vocatur Apiarias, § 144, nunc *Aschères*, milliaribus novem a Villamilt,

versus meridiem, ad occasum paululum vergens.
[*] Hodie *Gastelles*, millibus passuum tredecim a Villamilt, inter meridiem et occidentem.

sum i, habentem de terra arabili bunuaria xvii, de pastura bunuaria x.
Solvunt similiter.

123. Madalbertus colonus et uxor
ejus colona, nomine Framnetrudis ;
Framtrudis est eorum filia. Et Gregorius colonus et uxor ejus de beneficio
Frotcari, nomine Lantrudis; et Bertolomeus. Isti tenent mansum i, habentem de terra arabili bunuaria xiiii,
de pastura bunuaria viiii. Solvunt similiter.

DE LANDULFI VILLA*.

124. Warimboldus colonus et uxor
ejus colona, nomine Nantedrudis. Isti
sunt ejus infantes : Berneardus, Bernegaudus , Walemildis , Gertrudis. Et
Frambertus colonus et uxor ejus colona,
nomine Adalhildis. Isti duo manent in
Landulfi villa. Tenent mansum i, habentem de terra arabili bunuaria xviii.
Solvunt similiter.

125. Frotlaicus colonus et uxor ejus
colona, nomine Autlindis; Frothardus
est eorum filius; et Ratgaudus colonus.
Isti duo tenent mansum i, habentem de
terra arabili bunuaria xvi. Solvunt similiter.

126. Hildegaudus colonus et uxor
ejus colona, nomine Frudina. Isti sunt
eorum infantes : Frudoinus, Frothardus, Iva. Et Hildradus colonus. Isti duo

tenent mansum i, habentem de terra
arabili bunuaria xviii. Solvunt similiter.

127. Criadus colonus et uxor ejus
colona, nomine Altberta; Emmo est
eorum filius. Iste tenet mansum i, habentem de terra arabili bunuaria xxx.
Solvit similiter.

128. Agardus colonus tenet man- Fol. 39 v°.
sum i ingenuilem, habentem de terra
arabili bunuaria xxv. Solvit similiter.

129. Adalricus colonus tenet mansum i ingenuilem, habentem de terra
arabili bunuaria xxv. Solvit similiter.

130. Wilevertus colonus et uxor ejus
colona, nomine Hildegardis. Isti sunt
eorum infantes : Witbertus , Winegildis. Et Grimbertus colonus et uxor ejus
colona de beneficio Frigei; et Bertulfus
colonus et uxor ejus colona, nomine
Blathildis ; Bertholdus est eorum filius.
Isti tenent mansum i, habentem de
terra arabili bunuaria xxii. Solvunt
similiter.

DE CADENAS^b.

131. Germundus colonus et uxor
ejus extranea. Iste manet in Catenas.
Tenet mansum i, habentem de terra
arabili bunuaria xx. Solvit similiter.

132. Adalricus colonus et uxor ejus
colona de beneficio Godoeni, nomine

---

* Nunc *Landonville*, septem circiter milliaribus a
Villamilt, austrum versus.

^b Hodie *Chaisnes*, decem millibus passuum a Villamilt, inter austrum et occasum.

Gerberga ; et Ainbaldus colonus et Adalberta colona. Isti tenent mansum i, habentem de terra arabili bunuaria xiiii. Solvunt similiter.   ....

133. Ercanfredus colonus de beneficio Godoeni et uxor ejus colona, nomine Ermena. Isti sunt eorum infantes : Geroinus, Ercanricus, Ercanradus, Ercantrudis, Ermenberga. Iste tenet mansum i, habentem de terra arabili bunuaria xvii. Solvit similiter.

134. Eurehardus de beneficio Godoeni; et Adalgrimus colonus et uxor ejus colona, nomine Amalberga. Isti sunt eorum infantes : Sigramnus, Gerardus, Frothaus, Hiltrudis, Adaltrudis, Adalrada. Isti duo tenent mansum i, habentem de terra arabili bunuaria xiii. Solvunt similiter.

DE VILITTA*.

135. Adalboldus colonus et uxor ejus extranea. Iste manet in Vilitta. Tenet mansum i, habentem de terra arabili bunuaria xv, de silva bunuaria v. Solvit similiter.

136. Beravius colonus et uxor ejus de beneficio Godoeni, nomine Genildis; et Blatharius colonus. Isti duo tenent mansum i, habentem de terra arabili bunuaria xviii, de silva bunuaria iii. Solvunt similiter.

137. Hairmundus colonus et uxor

ejus de beneficio Godoeni, nomine Aldedrudis; et Ratboldus lidus et uxor ejus colona, nomine Acloildis. Isti sunt eorum infantes : Aclulfus, Guntberga. Et Radulfus lidus et uxor ejus, nomine Raiovildis ; Ratsois est eorum filia. Et Dombertus colonus. Omnes isti tenent mansum i, habentem de terra arabili bunuaria xxv.

138. Gisleboldus colonus et uxor Fol. 40. ejus de beneficio Teodonis, nomine Ingalberta ; et Remegius colonus et uxor ejus de beneficio Godoeni, nomine Aldelindis. Isti tenent mansum i, habentem de terra arabili bunuaria xxv, de silva bunuaria v. Faciunt similiter.

139. Warimbertus, decanus et colonus, et uxor ejus colona, nomine Raintrudis. Iste tenet mansum i, habentem de terra arabili bunuaria xv, de pastura bunuaria ii. Debet omne servicium reddere ingenuile de integro manso; sed, propter servicium quod prævidet, pascit caballum, et solvit solidos v. Facit inde rigas et curvadam abbatilem et præpositilem.

140. Gendalbertus colonus et uxor ejus colona, nomine Elida. Isti sunt eorum infantes : Teuthardus, Gidalbertus, Gamalberta. Iste tenet dimidium mansum, habentem de terra arabili bunuaria viii. Facit inde rigam et curvadam abbatilem et præpositilem.

* Apud nostrates *Villette-le-Moutier*, milliaribus circiter undecim a Villamilt, inter meridiem et occidentem.

141. Isti sunt hospites de decania Warimberti :

Ulfricus, Fredegaudus, Fredegardus, Racoinus, Maurontus, Frotharius extraneus, Plectrudis.

DE MANSIBUS PARAVERADORUM.

DE DECANIA WARIMBERTI.

142. Osarius colonus et uxor ejus libera, nomine Baldruna. Isti sunt eorum infantes : Osgarius, Celinia. Iste manet in Leudardi villa[a]. Tenet mansum 1, habentem de terra arabili bunuaria xxxv. Facit inde rigas et curvadas abbatiles et præpositiles.

143. Dadalcarius colonus et uxor ejus colona de beneficio Gerradi, nomine Isengildis ; et Godalsadus colonus et uxor ejus colona de beneficio Paterni , nomine Aldedrudis. Isti tenent mansum 1 ingenuilem , habentem de terra arabili bunuaria xxxvi. Faciunt similiter.

144. Artemius colonus et uxor ejus libera. Isti sunt eorum infantes : Siguinus, Sigemundus, Sigeburgis, Gulfrannus, Winedrudis. Iste manet in Apiarias[b]. Tenet mansum 1 ingenuilem, habentem de terra arabili bunuaria xviii. Facit similiter.

DE DECANIA GIUROLDI.

145. Aldulfus, cujus uxor cum infantibus non sunt sancti Germani. Iste manet in Villamilt. Tenet mansum 1, habentem de terra arabili bunuaria xi et dimidium , de prato aripennum 1 et dimidium, de pastura bunuarium 1. Facit similiter. [Fol. 40 v°.]

146. Eurefridus colonus et uxor ejus colona, nomine Rictrudis. Isti sunt eorum infantes : Ermenardus, Frotberta. Iste manet in Villamilt. Tenet mansum 1, habentem de terra arabili bunuaria xii, de prato aripennum 1. Facit inde quicquid ceteri ministeriales sibi precipiunt cum suo caballo.

147. Aitlus liber et uxor ejus colona, nomine Ansohildis. Iste tenet dimidium mansum, habentem de terra arabili bunuaria iiii et dimidium, de prato tertiam partem de aripenno. Prosolvit eum de caballo suo.

148. Salamon colonus et uxor ejus colona, nomine Senedridis. Isti sunt eorum infantes : Senevoldus, Samson. Iste manet in Ulmido. Tenet mansum 1 ingenuilem, habentem de terra arabili bunuaria xvi, de pastura dimidium bunuarium. Facit sicut et ceteri paraveradarii.

149. Hildegarius colonus et uxor ejus colona de beneficio Godoeni, nomine Teutberga; et Raintelmus colonus et uxor ejus colona de beneficio Godoeni,

[a] Hodie, opinor, *Ouarville*, milliaribus sexdecim a Villamilt, austrum versus.

[b] Idem vicus qui Apiarolas, nunc *Aschères* aliter *Achères*, ut supra memoravimus, § 119.

nomine Flabia. Isti duo manent in Colrido[a]. Tenent mansum 1, habentem de terra arabili bunuaria xx, de prato aripennum 1. Faciunt similiter.

150. Gavioldus colonus manet in Telvico[b]. Tenet dimidium mansum, habentem de terra arabili bunuaria vi. Facit inde blasos vi.

151. Salomon et Benedictus tenent dimidium mansum in Casdon[c], habentem de terra arabili bunuaria vii et perticas ii, de prato tertiam partem de aripenno, de pastura bunuarium 1. Et nihil inde faciunt, nisi ad luminariam sancti Germani solidos iii[d].

152. Donationem quem fecit Aclevertus in pago Dorcassino, in villa quæ dicitur Alnidus[e]; dedit ibi mansos iiii et quartam partem de farinario[f].

153. Cricianus, colonus sancti Germani, manet in Samnarias[g]. Tenet mansum 1 ingenuilem, habentem de terra arabili bunuaria xii, de pastura bunuaria ii. Solvit ad hostem multones ii, de spelta modios v; facit integram rigam. Pullos iii cum ovis. Et in unaquaque satione facit curvadam 1, et alteram cum pane et poto. Facit winericiam cum duobus animalibus aut in Parisiaco aut

Fol. 41.

in Aurilianense aut in Blisense[h]. Scindulas c; de lignericia carradam 1.

154. Geroinus colonus et uxor ejus colona sancti Germani, nomine Oisberta. Isti sunt eorum infantes : Gerradus, Ingo, Gerflidis, Garoildis, Gisla, Daidrisma, Geroara. Et Lautmarus, servus sancti Germani, et uxor ejus extranea. Isti duo manent in Alnido. Tenent mansum 1, habentem de terra arabili bunuaria xii, de prato aripennum 1. Solvunt similiter, et faciunt duas rigas supra.

155. Alcianus lidus et uxor ejus ancilla, nomine Erloildis. Isti sunt eorum infantes : Erluinus, Erloardus, Ermenberga, Lanthildis. Iste manet in Alnido. Tenet mansum 1 ingenuilem, habentem de terra arabili bunuaria viii. Solvit ad hostem multonem 1, de spelta modios v. Facit integra riga. Pullos iii cum ovis. Facit curvadas sicut ceteri, et vinericiam cum uno bove. Scindulas c; de lignaricia carradam 1.

156. Aldo servus. Iste tenet hospicium habens de terra arabili bunuaria iii et perticas ii. Facit inde tres in ebdomada[i]. Solvit pullos iii cum ovis.

157. Berto extraneus, cujus uxor et

---

[a] Nunc *Le Coudray*, viculus, milliaribus quinque a Villamilt, orientem versus.
[b] Hodie *Theuxy*, milliaribus decem a Villamilt, inter austrum et occasum.
[c] Vid. annot. ad § 45.
[d] Eadem leguntur § 263.
[e] Conf. § 269.

[f] Vid. § 2.
[g] Hodie *Saulnières*, milliaribus novem a Villamilt, occasum versus.
[h] Sunt pagi tres, nempe Parisiacus, Aurelianensis, Blesensis.
[i] Supple *dies*.

infantes non sunt sancti Germani. Iste manet in Samnarias. Tenet hospicium habens de terra arabili bunuarium ɪ. Facit similiter.

158. E contra accepit de ratione sancti Germani indominicatum* cum casa et aliis casticiis sufficienter, et ecclesiam ɪ bene constructam. Aspicit ad ipsum mansum indominicatum de terra arabili bunuaria xv, de prato aripennos ɪɪɪ, ex quibus colliguntur de feno carra ɪɪɪɪ, de silva novella bunuaria vɪɪɪɪ. Et aspiciunt ad ipsam ecclesiam de terra arabili bunuaria vɪɪɪɪ. Aspicit ad ipsum mansum indominicatum alii mansi v, habentes inter totos de terra arabili bunuaria ʟx, de prato aripennum ɪ et dimidium. Solvunt inter totos ad hostem multones v; de spelta modios xxv, pullos xv, ova ʟxxv, et de lignaritia carra v, scindulas ᴅ. Et aspicit ad ipsum mansum indominicatum farinarius ɪ, qui solvit de multura, inter totas annonas, modios c, et porcum ɪ crassum, learem ɪ, denarios xɪɪ, pastas ɪɪɪ, ova ʟx. Sunt ibi hospites vɪɪɪ, qui faciunt in unaquaque ebdomada diem ɪ. Pullos xvɪɪɪ cum ovis.

Fol. 41. v°.

DE DECANIA ACLEDULFI.

159. Hinclearius colonus et uxor ejus colona, nomine Amalberta. Isti sunt eorum infantes : Restadus, Restemundus, Widulfus, Fulbertus, Adalberta, Restovildis. Iste manet in Landulfi villa[b]. Tenet mansum ɪ ingenuilem, habentem

de terra arabili bunuaria x, de pastura dimidium bunuarium. Solvit similiter sicut et ceteri.

160. Raintardus colonus et uxor ejus colona, nomine Altrada : Walitcarius est eorum filius. Et Iduinus colonus. Isti tenent mansum ɪ, habentem de terra arabili bunuaria xvɪ, de pastura aripennum ɪ. Solvit similiter.

161. Bernegaudus colonus et uxor ejus colona, nomine Ingrada. Isti sunt eorum infantes : Bertulfus, Stadia, Statgildis, Ercaharius. Et Amalcarius colonus et uxor ejus colona, nomine Aclildis. Isti sunt eorum infantes : Aclearius, Gamalbertus, Landrisma. Isti tenent mansum ɪ, habentem de terra arabili bunuaria xɪɪ, de pastura bunuaria ɪɪ. Solvunt similiter.

162. Odoardus colonus et uxor ejus colona, nomine Marcoildis. Isti sunt eorum infantes : Odilardus, Marcuinus, Odelindis. Et Deddo colonus. Isti sunt ejus infantes : Agrulfus, Adalgaudus, Aclara. Et Agenoldus colonus et uxor ejus colona, nomine Odalberga. Isti sunt eorum infantes : Giuroldus, Agenulfus, Agenildis, Otlindis. Et Macbertus colonus. Omnes isti tenent mansum ɪ, habentem de terra arabili bunuaria xɪ. Solvunt similiter.

163. Waltcarius colonus et uxor ejus colona, nomine Restildis. Isti sunt eorum infantes : Withelmus, Antonia. Et

---

* Supple *mansum*.

[b] Conf. § 124.

Geroardus colonus. Isti tenent mansum I, habentem de terra arabili bunuaria XIIII, de pastura bunuarium I et dimidium.

DE ANEIS VILLA*.

164. Fruduardus colonus et uxor ejus colona, nomine Giurisma : Frudinus est eorum filius. Et Adalgardis colonus et uxor ejus colona, nomine Ulfrada. Isti sunt eorum infantes : Ulfrannus, Ilgarnus, Adalcarius, Radoarius, Hidegardis, Teutgardis. Et Acluinus colonus et uxor ejus colona, nomine Agitia. Isti sunt eorum infantes : Raganteus, Raganhildis. Omnes isti tenent mansum I, habentem de terra arabili bunuaria XVIIII, de concidis bunuaria VII. Solvunt similiter.

Fol. 42.

DE OFFONI VILLA*.

165. Adalgaudus colonus et uxor ejus colona, nomine Giroildis. Isti sunt eorum infantes : Geroardus, Adalgildis, Adalildis, Altrada, Geirberga. Et Alafius colonus et uxor ejus colona, nomine Adalina. Isti sunt eorum infantes : Adegarius, Adalina, Acfrida, Guntberga, Adalsindis. Isti tenent mansum I, habentem de terra arabili bunuaria XVI. Solvunt similiter.

166. Axindus colonus et uxor ejus colona, nomine Madanildis. Isti sunt

eorum infantes : Agenulfus, Acledulfus, Aclebolda. Et Amalcarius colonus et uxor colona, nomine Adalgardis. Isti sunt eorum infantes : Hildegardis, Amalberga. Et Idala colona. Isti sunt ejus infantes : Teutlindis, Idolindis, Teutsindis, Idalberga. Omnes isti tenent mansum I, habentem de terra arabili bunuaria XVII. Solvunt similiter.

DE GAUDENI VILLA*.

167. Ermenardus colonus et uxor ejus colona, nomine Ragehildis : Ermentarius est eorum filius. Et Aldedrannus colonus et uxor ejus colona, nomine Waldoflidis; et Aldoicus colonus et uxor ejus colona, nomine Iderna. Gisulfus est eorum filius. Et Betto colonus. Omnes isti tenent mansum I, habentem de terra arabili bunuaria XIIII, de vinea dimidium aripennum. Solvunt similiter.

168. Erbenoldus colonus et uxor ejus colona, nomine Adalgildis. Isti sunt eorum infantes : Adalhildis, Planta, Sirica. Et Ermengarius colonus et uxor ejus colona, nomine Ansflidis. Isti sunt eorum infantes : Ermenarius et Amaltrudis. Et Idelgardis colonus et uxor ejus colona, nomine Geilindis. Isti sunt eorum infantes : Idelberga, Ildeberga, Geila. Omnes isti tenent mansum I in-

---

* Hodie *Anville*, viculus septem millibus passuum et quingentis a Villamilt, austrum versus.
b Nunc *Offonville* sive *Affonville*, viculus non procul a Castro Novo Theodemarensi, milliaribus circiter tredecim a Villamilt, versus austrum, aliquantum tamen ad occasum vergens.

c Nunc *Goinville*, viculus haud longe ab Offoni villa, milliaribus circiter sexdecim a Villamilt, inter austrum et occasum.

genuilem, habentem de terra arabili bunuaria xı, de vinea dimidium aripennum. Solvunt similiter.

169. Radingus colonus et uxor ejus colona, nomine Gaudida. Isti sunt eorum infantes : Adaltrudis, Randinga, Ansburgis. Et Adalulfus colonus et uxor ejus colona, nomine Ermida : Adalfidus est eorum filius. Et Adalgisus colonus et uxor ejus colona, nomine Randoil-

Fol. 42 v°. dis : Ermina est eorum filia. Isti tenent mansum 1, habentem de terra arabili bunuaria xıı, de vinea dimidium aripennum, de pastura bunuarium 1. Solvunt similiter.

170. Atlulfus colonus et uxor ejus colona, nomine Rainisma. Isti sunt eorum infantes : Gaudoinus, Ratgaudus. Et Bernearius colonus et uxor ejus colona, nomine Godildis : Bertinus est eorum filius. Isti tenent mansum 1 ingenuilem, habentem de terra arabili bunuaria xıı.

171. Ragenarius colonus de beneficio Rotcarii, et uxor ejus colona, nomine Adrama : Rainboldus est eorum filius. Et Rainardus colonus ; et Bernoinus colonus et uxor ejus colona, nomine Adaltrudis. Isti sunt eorum infantes : Ado, Leodoildis, Amalsida, Trisildis, Bertina. Et Amailis colona. Isti sunt ejus infantes : Geiringus, Amalgildis, Adrada. Isti tenent mansum 1, habentem de terra arabili bunuaria xvıı, de vinea dimidium aripennum. Solvunt similiter.

172. Bertoinus colonus, et Madaharius colonus; et Ernegildis colona. Iste tenet mansum 1, habentem de terra arabili bunuaria xıı, de concidis bunuaria ıı. Solvit similiter.

DE SONANI VILLA*.

173. Rainoardus colonus et uxor ejus colona, nomine Agenildis. Isti sunt eorum infantes : Agamboldus, Amalricus, Ragenildis, Adalhildis. Et Agradus colonus et uxor ejus colona, nomine Gimina. Isti sunt eorum infantes : Madrevertus, Agrada, Bertrida. Isti tenent mansum 1, habentem de terra arabili bunuaria xıı. Solvunt similiter.

174. Ermengardus colonus et uxor ejus colona, nomine Electa. Isti sunt eorum infantes : Restedunus, Martinus, Rainoildis. Et Andrevertus colonus et uxor ejus colona, nomine Gisla. Isti sunt eorum infantes : Eurinus, Gotfridus, Gisloardus, Andegaudus, Gisloildis, Nodalberta. Isti tenent mansum 1, habentem de terra arabili bunuaria xıı. Solvunt similiter.

175. Frodegarius colonus et uxor ejus colona, nomine Ratgundis : Criadus est eorum filius. Et Bertoinus colonus et uxor ejus colona, nomine Marina. Isti duo tenent mansum 1, habentem de terra arabili bunuaria vıı. Solvunt similiter absque scindulas.

* Hodie *Senainville*, viculus milliaribus quindecim a Villamilt, austrum versus.

DE ULMIS[a].

176. Blitmundus extraneus et uxor ejus colona, nomine Petronia. Isti sunt eorum infantes : Blitmarus, Jonatan, Adam, Jonaam, Sigrisma, Deodata. Et Elisanna colona. Isti sunt ejus infantes : Gerhaus, Garovildis, Erbedildis. Isti tenent mansum 1, habentem de terra arabili bunuaria xiii. Solvunt similiter.

Fol. 43.

177. Winevoldus colonus et uxor ejus colona, nomine Berta. Isti sunt eorum infantes : Givinus, Wicboldus, Teutbaldus, Ingrisma, Doda, Madalberta. Et Idulfus colonus et uxor ejus colona, nomine Winevolda : Warimbertus est eorum filius. Isti tenent mansum 1 ingenuilem, habentem de terra arabili bunuaria xv. Solvunt similiter.

178. Frutgaudus colonus et uxor ejus colona, nomine Eurasia. Isti sunt eorum infantes : Frotberga, Acledrudis, Frothildis. Et Gausbaldus colonus; et Frotgaudus colonus et uxor ejus colona, nomine Clementa. Isti sunt eorum infantes : Frothardus, Berta. Isti tenent mansum 1, habentem de terra arabili bunuaria xii et dimidium. Solvunt similiter.

179. Bertoldus colonus et uxor ejus colona, nomine Agedrudis. Isti sunt eorum infantes : Dominicus, Leutbertus, Agantrudis. Et Raintelmus colonus et uxor ejus colona, nomine Ausbalda. Isti sunt eorum infantes : Ratgaudus,

Berta, Rainildis. Isti tenent mansum 1, habentem de terra arabili bunuaria xii et dimidium[b]. Solvunt similiter.

180. Garulfus colonus et uxor ejus colona, nomine Agrada. Isti sunt eorum infantes : Gaudalbertus, Odalbertus, Clagradus, Gisledulfus. Iste tenet mansum 1, habentem de terra arabili bunuaria xv, de prato dimidium aripennum. Solvit similiter.

181. Landarius colonus et uxor ejus colona, nomine Geroildis. Isti sunt eorum infantes : Bertricus, Gregorius, Amaltrudis. Et Erbuinus colonus et uxor ejus colona, nomine Frotberga. Isti sunt eorum infantes : Frothardus, Frotgardis, Torveus, Adalrada. Et Frudegarius colonus. Isti sunt ejus infantes : Frotgarius colonus, Flodegarius. Isti tenent mansum 1, habentem de terra arabili bunuaria xv, de prato aripennum 1. Solvunt similiter.

182. Godefredus colonus; et Erlegaudus colonus; et Beroldus colonus. Isti tenent mansum 1 ingenuilem, habentem de terra arabili bunuaria xvi, de prato aripennum 1. Solvunt similiter.

183. Rainattus colonus et uxor ejus colona, nomine Ava. Isti[c]. Et Ratbaldus colonus et uxor ejus colona, nomine Benedicta. Isti sunt eorum infantes : Teutbaldus, Senedricus, Leodoildis. Isti tenent mansum 1, habentem de

---

[a] Hodie *Les Ormes,* viculus circiter decem millibus passuum et quingentis a Villamilt, versus occasum.

[b] Vox *dimidium* notis tironianis scripta est.

[c] Vox *isti* delenda est.

Fol. 43 v°. terra arabili bunuaria xx, de prato dimidium aripennum. Solvunt similiter.

184. Aguinus colonus et uxor ejus
colona, nomine Rainildis : Teodericus
est eorum filius. Et Agenulfus colonus
et uxor ejus colona, nomine Gamalberta. Isti sunt eorum infantes : Adaloldus, Adradus, Nictoildis. Et Lupus
colonus et uxor ejus colona, nomine
Ansildis. Isti sunt eorum infantes : Beroldus, Alduinus, Leudo, Ansgundis,
Elisoria. Et Nivalus colonus et uxor
ejus libera, nomine Ingoflidis : Altrudis
est eorum filia. Isti tenent mansum 1,
habentem de terra arabili bunuaria xxiii,
de prato dimidium aripennum. Solvunt
similiter.

DE VILLA ALLENI[a].

185. Leodoinus colonus et uxor ejus
colona, nomine Aganfreda : Ado est
eorum filius. Et Godalhardus colonus.
Isti tenent mansum 1, habentem de terra
arabili bunuaria xx. Solvunt similiter.

186. Andres colonus et uxor ejus,
nomine Garoildis. Isti sunt eorum infantes : Garoinus, Garoncius, Andafri-
dus, Andegisus, Lupittus. Iste tenet
mansum 1 ingenuilem, habentem de terra
arabili bunuaria xxii et dimidium[b]. Solvunt similiter.

187. Autbaldus colonus et uxor ejus
colona, nomine Landa. Isti sunt eorum

infantes : Aganfredus, Acboldus, Eodildis, Autburgis. Et Autharius colonus
et uxor ejus colona, nomine Teodoildis.
Isti tenent mansum 1, habentem de terra
arabili bunuaria xx. Solvunt similiter.

188. Bernardus colonus et uxor ejus
colona, nomine Gisleverga; et Adalhardus colonus et uxor ejus colona,
nomine Ingrisma : Elarius est eorum
filius. Et Geroardus colonus; et Gerardus colonus. Omnes isti tenent
mansum 1, habentem de terra arabili
bunuaria xxi et dimidium. Solvunt similiter.

DE LEDI VILLA[c].

189. Bertulfus colonus et uxor ejus
colona, nomine Aclebolda. Isti sunt
eorum infantes : Bertoldus, Gisledrudis. Et Adalboldus colonus et uxor ejus
colona, de beneficio Godoeni, nomine
Rotberga. Isti tenent mansum 1, habentem de terra arabili bunuaria xxii. Solvunt similiter.

190. Berneardus colonus et uxor ejus
colona, nomine Landohildis : Bernardus est eorum filius. Iste tenet mansum 1, habentem de terra arabili bunuaria xvi. Solvit similiter.

191. Bernardus colonus et uxor ejus
colona, nomine Richildis. Isti sunt eo-   Fol. 44.
rum infantes : Clementus, Framnega-
rius, Ricbertus. Et Berta colona. Isti

---

[a] Nunc *Allainville*, milliaribus octo a Villamilt,
versus occidentem, ad septentrionem vergens.

[b] Vox *dimidium* notis tironianis picta est.

[c] Hodie *Laideville*, viculus non procul a Teudulfi
villa, milliaribus vigenti quinque a Villamilt, austrum spectans.

sunt ejus infantes : Deodatus, Aiudus, Ritbertus, Deodata, Aiuda, Aclehildis. Et Waltharius colonus et uxor ejus colona, nomine Nodalhildis. Isti sunt eorum infantes : Eurevertus, Stradegarius. Omnes isti tenent mansum 1, habentem de terra arabili bunuaria xx. Solvunt similiter.

192. Acloldus colonus. Isti sunt ejus infantes : Geiringus, Adalgrimus, Adalgudis. Iste tenet mansum 1 ingenuilem, habentem de terra arabili bunuaria xvi. Solvit similiter.

193. Actuinus colonus et uxor ejus colona, nomine Gislebolda. Isti sunt eorum infantes : Gislevoldus, Fulcoinus, Rainoinus, Rainberta. Et Acledrisma colona : Aclulfus est eorum filius. Iste tenet mansum 1, habentem de terra arabili bunuaria xii. Solvunt similiter.

194. Ingalbertus colonus et uxor ejus colona, nomine Alfasia : Ingalberta est eorum filia. Et Ermemboldus colonus et uxor ejus colona, nomine Erbedildis. Isti sunt ejus infantes : Agrannus, Aitfredus, Johannes, Erbedonia. Et Wandrcmarus colonus et uxor ejus colona, nomine Agedrudis : Anovildis est eorum filia. Omnes isti tenent mansum 1, habentem de terra arabili bunuaria xv. Solvunt similiter.

195. Elisanna colona. Isti sunt ejus infantes : Symeon, Deonatus, Aderisma. Et Restedunus colonus et uxor ejus colona, nomine Agama. Isti sunt ejus infantes : Restoldus, Restoinus, Haldedringus, Godaltrudis. Isti duo tenent mansum 1, habentem de terra arabili bunuaria xiii. Solvunt similiter.

196. Celsoinus colonus et uxor ejus colona, nomine Autlindis. Isti sunt eorum infantes : Autbertus, Ingleboldus, Autelindis. Et Naredulfus colonus et uxor ejus colona, nomine Adalgisa : Nadalia est ejus filia. Isti tenent mansum 1, habentem de terra arabili bunuaria xii. Solvunt similiter.

197. Madalgrimus colonus et uxor ejus colona, nomine Nadalberga : Madalgildis est eorum filia. Et Ermengardus colonus; et Eudo colonus; et Emina colona. Isti tenent mansum 1, habentem de terra arabili bunuaria xiii. Solvunt similiter.

198. Adalmundus colonus. Isti sunt ejus infantes : Adalgarius, Herloinus, Adalhildis, Alsinia, Eudildis, Eudalgardis. Et Ratgaudus colonus et uxor ejus colona, nomine Waltberta. Isti sunt ejus infantes : Amalricus, Amalgildis. Isti tenent mansum 1, habentem de terra arabili bunuaria xiiii. Solvunt similiter.

199. Euroinus colonus et uxor ejus colona, nomine Baldrada : Baldoinus est eorum filius. Et Waltcarius colonus et uxor ejus colona, nomine Gisleverta. Isti sunt eorum infantes : Amalcarius, Acledulfus. Isti duo tenent mansum 1, habentem de terra arabili bunuaria xiii et dimidium. Solvunt similiter.

200. Gaustrudis coloha. Isti sunt ejus infantes : Adalgisus, Gautselmus, Madalvinus, Gisulfus, Gavioardus, Gisoardus, Madalvis, Hildegardis, Gisla. Ista tenet mansum 1, habentem de terra arabili bunuaria x. Solvit similiter.

201. Andrearius, et Leudoinus, et Nivelongus, et Lupus, et Autharius, et Adalharius, et Bernardus, et Giroardus, et Girardus. Omnes isti tenent mansum 1 supra suos mansos, habentem de terra arabili bunuaria iiii et dimidium. Solvunt inter totos totum debitum, preter magiscam, nec scindulas, nec lignericiam.

DE DISBOTH VILLA*.

202. Gislehildis colona. Isti sunt ejus infantes : Isulfus, Isenbardus, Acledeus, Raintberta. Et Amalharius colonus et uxor ejus de beneficio Gerradi, nomine Waldringa. Isti duo manent in Disboth villa. habent de terra arabili bunuaria xii. Solvunt similiter.

203. Acfreda colona. Isti sunt ejus infantes : Gisloardus, Gislemundus, Aclema, Acledildis, Gisloildis, Aldrisma. Et Erlemundus colonus et uxor ejus colona, nomine Osanua. Isti sunt eorum infantes : Ermengarius, Ermengis, Ausburgis. Et Erlearius colonus et uxor ejus colona, nomine Adalgardis. Isti sunt eorum infantes : Aitenoldus, Erlemandus, Alda, Adalhildis, Aitebur-

gis. Omnes isti tenent mansum 1, habentem de terra arabili bunuaria xiii. Solvunt similiter.

204. Hilgernus colonus et uxor ejus de beneficio Fulcradi, nomine Teutfrida; et Gerulfus extraneus et uxor ejus colona, nomine Lanthildis; et Flidastus de beneficio Godoeni, et uxor ejus colona, nomine Eureberga. Isti sunt ejus infantes : Ebroinus, Eurandus, Litberga. Isti tenent mansum 1. habentem de terra arabili bunuaria xiii. Solvunt similiter.

Fol. 53.

205. Haitenulfus colonus et uxor ejus colona, nomine Raintberta. Isti sunt ejus infantes : Teutmundus, Teudelindis, Teutburgis, Amalberga. Et Godalricus colonus et uxor ejus colona, nomine Ailsandra. Isti sunt eorum infantes : Nadalius, Nadalburgis, Adelindis, Adalgudis. Isti duo tenent mansum 1, habentem de terra arabili bunuaria xii. Solvunt similiter.

206. Warengarius colonus, et Aitoldus colonus. Isti duo tenent mansum 1, habentem de terra arabili bunuaria xii. Solvunt similiter.

207. Stefanus colonus et uxor ejus colona, nomine Betla. Isti sunt eorum infantes : Benedictus, Johanna. Et Hermenhardus colonus et uxor ejus colona, nomine Petrenilla. Isti sunt ejus infantes : Leuthardus, Amalberga, Ermenrada, Ermenberga. Isti duo tenent

---

* Nunc *Bouville*, circiter xxxii millibus passuum a Villamilt, versus meridiem.

mansum I, habentem de terra arabili bunuaria xv. Solvunt similiter.

208. Radoarius colonus, et Ermenarius colonus. Isti duo tenent tres partes de integro manso. Reddunt tres partes de integro manso.

209. Acledulfus, colonus et decanus, et uxor ejus colona, nomine Gautlindis. Isti sunt eorum infantes : Gaudovidus, Acleharius; Stefanus, Acledildis, Ansegardis. Iste manet in Dodane villa[a]. Tenet mansum I, habentem bunuaria x. Facit inde rigam, et facit curvadam abbatilem et præpositilem; et solvit inde caballi pastum et solidos v; et nihil inde aliud facit preter servicium quod previdet.

210. Cristoinus, colonus et junior[b] decanus, et uxor ejus colona, nomine Waltrada. Isti sunt eorum infantes : Berus, Waldrisma. Iste manet in Ulmis. Tenet dimidium[c] mansum, habentem de terra arabili bunuaria vi. Facit inde rigam et curvadam abbatilem et præpositilem, et nihil aliud facit preter servicium quod previdet.

211. Tresberto dedimus partem I, habentem de terra arabili bunuaria III. Facit inde buculas.

212. Ermentarius, et Adalildis, et Wineberga. Isti tenent quartam partem de servili manso, habentem de terra arabili bunuaria III. Fodit inde quattuor aripennos de vinea; et quando ipsam vineam non fodit, facit dies III in ebdomada, et facit wactam et quicquid eis injungitur. Et si vinum creverit in ipsa vinea quam facit, donat inde modium I, in pascione; si vero non creverit, nihil donat, solum pullos III, ova xv. Facit portatura parvis[d]. Facit curvadas.

213. Waldegaudus servus et uxor ejus lida, nomine Elgia. Isti sunt eorum infantes : Restuinus, Elegius, Elegia, Electrudis, Gerlindis. Iste tenet dimidium mansum, habentem de terra arabili bunuaria v et dimidium. Solvit similiter.

214. Ermenbertus servus et uxor ejus ancilla, nomine Oursleia. Isti sunt eorum infantes : Ermenarius, Ingalbertus, Ermemberga. Iste tenet dimidium mansum servilem, habentem de terra arabili bunuaria v et dimidium. Facit similiter.

215. Ermenberga. Iste tenet dimidium mansum servilem, habentem de terra arabili bunuaria v et dimidium. Facit similiter.

216. Waldegarius servus et uxor ejus ancilla, nomine Marcadrudis :

---

[a] Nunc *Dodainville*, viculus haud procul Carnuto, orientem spectans; milliaribus septemdecim a Villamilt, austrum versus.

[b] Has voces, *et junior*, super lineam notis tironianis scriptas, in textum recepimus.

[c] Vox *dimidium* item characteribus tironianis notata est.

[d] Juxta ductum litterarum item legere possis *parius*, quod est æque obscurum; nec tamen legere audemus *Parisius*.

14

Waltberta isti[a] eorum inf. Iste tenet dimidium servilem[b], habentem de terra
arabili bunuaria vi, de prato dimidium
aripennum. Facit similiter.

217. Basinus servus tenet quartam
partem de manso servili, habentem
de terra arabili bunuaria iiii. Facit similiter.

218. Hildebaldus servus et uxor ejus
colona, nomine Benedicta. Iste tenet
quartam partem de manso servili, habentem de terra arabili bunuaria iiii.
Facit similiter.

219. Herbuinus servus , et Grima
ancilla, et Amalberga ancilla. Iste tenet
quartam partem de manso servili, habentem de terra arabili bunuaria iii.
Facit similiter.

Fol. 51.   220. Ernuinus servus et uxor ejus
ancilla, nomine Erbona. Isti sunt eorum
infantes : Erboardus, Erbedisdis. Iste
tenet quartam partem de manso servili,
habentem de terra arabili bunuaria iii.
Facit similiter.

221. Grimoardus lidus et uxor ejus
lida, nomine Rainildis. Isti sunt eorum
infantes : Maurontus, Grimoildis. Iste
tenet dimidium mansum servilem, habentem de terra arabili bunuaria iiii et
dimidium. Facit similiter.

DE EURINI VICINIO[c].

222. Rangilus servus et uxor ejus ancilla, nomine Julida. Isti sunt eorum
infantes : Richardus, Rainardus. Iste
tenet quartam partem de manso servili,
habentem de terra arabili bunuaria iiii,
de prato dimidium aripennum, de pastura bunuarium i. Solvit similiter.

223. Rainingus servus et uxor ejus
ancilla, nomine Atla. Isti sunt eorum
infantes : Atlildis, Altla, Erboildis,
Aldoflidis. Iste tenet quartam partem
de manso servili, habentem de terra
arabili bunuaria iiii, de prato dimidium
aripennum. Facit similiter.

224. Jonam servus et uxor ejus ancilla, nomine Waltsida. Iste tenet quartam partem de manso servili, habentem
de terra arabili bunuaria iii, de prato
dimidium aripennum. Facit similiter.

225. Rainoardus servus et uxor ejus
colona de beneficio Teodonis, nomine
Airlindis. Iste tenet quartam partem de
manso servili, habentem de terra arabili
bunuaria iiii, de prato dimidium aripennum. Facit similiter.

226. Teuthardus servus et uxor ejus
colona, nomine Ermenrada. Iste tenet
quartam partem de manso servili, habentem de terra arabili bunuaria iiii,

---

[a] Fort. leg. *Waltberta est eorum filia.*
[b] Supple *mansum.*
[c] Ad Eurinum servum, paragrapho 279 memora-
tum, minime pertinere videtur nomen hujus loci ;
quamnam vero formam hodie apud nostrates indue-

rit nondum extricare potuimus. Attamen vicos vel
viculos nunc *Voisin, Mévoisin, Talvoisin* nuncupatos,
certe ob nominis similitudinem, indicare licet. Prior
parœciæ Sancti Hilarionis aggregatus est, posteriores
sunt jurisdictionis Mestenonis (*canton de Maintenon*).

de prato dimidium aripennum. Facit similiter.

227. Bertoldus servus. Iste tenet quartam partem de manso servili, habentem de terra arabili bunuaria IIII, de prato dimidium aripennum. Solvit similiter.

228. Adraboldus, servus et celerarius. Iste tenet dimidium mansum servilem, habentem de terra arabili bunuaria VII, de prato dimidium aripennum. Solvit similiter.

229. Gerulfus servus et uxor ejus ancilla, nomine Ermina. Iste tenet quartam partem de manso servili, habentem de terra arabili bunuaria IIII, de prato dimidium aripennum. Solvit similiter.

230. Athulfus servus et uxor ejus colona de Buxido*, nomine Faroildis. Isti sunt eorum infantes : Godovoldus, Ursedrannus, Aldulfus. Iste tenet quartam partem de manso servili, haben-

Fol. 54 v°. tem de terra arabili bunuaria IIII, de prato dimidium aripennum. Solvit similiter.

DE VINITORIBUS QUI MANSOS INGENUILES TENENT.

231. Ermengarius servus et uxor ejus colona, nomine Ragoildis. Isti sunt eorum infantes : Aldina, Ermengildis. Iste manet in Villamilt. Tenet dimidium mansum ingenuilem, habentem de terra

arabili bunuaria V. Debuerat reddere censum ingenuilem, sed propter vineam quam facit, reddit censum servilem.

232. Balduinus et uxor ejus colona, nomine Eurohildis. Isti sunt eorum infantes : Euruinus, Stefanus, Hilduinus, Gaudoinus. Iste tenet dimidium mansum ingenuilem habentem de terra arabili bunuaria V. Facit similiter.

233. Erlulfus servus tenet dimidium mansum ingenuilem, habentem de terra arabili bunuaria IIII. Facit similiter.

DE MANSIBUS SERVILIS DE DECANIA WARIMBERTI.

234. Eurulfus servus et uxor ejus colona, nomine Beata : Beirtla est eorum filia. Iste tenet dimidiam partem servilem, habentem de terra arabili bunuarium I et dimidium. Prævidet inde silvam. Facit inde rigam ad hibernaticum et ad tramisum. Solvit inde V sestaria de spelta et dimidium denarium de augustatico; pullos III cum ovis.

235. Areia ancilla. Isti sunt eorum infantes : Framericus, Adruinus. Isti tenent dimidiam partem servilem, habentem de terra arabili bunuarium I et dimidium. Facit rigam; pascit pastas, et reliqua similiter.

DE MANSIBUS SERVILIS DE DECANIA ACLEDULFI.

236. Ingalgarius servus et uxor ejus

* Hodie *Boissy-en-Drouais*, circiter quatuor millibus passuum et quingentis a Villamilt, versus occidentem.

colona, nomine Adalbolda : Ingedrannus est eorum filius. Iste manet in Gaudeni villa[a]. Tenet dimidium mansum servilem, habentem de terra arabili bunuaria v. Prævidet inde vervices. Facit inde rigam ad hibernaticum et ad tramisum; et solvit inde denarios ii ad agustaticum, et multonem i ad hostem; pullos iii cum ovis.

237. Osanna ancilla : Gerulfus est ejus filius. Iste manet in Sonane villa[b]. Tenet dimidium mansum servilem, habentem de terra arabili bunuaria v et perticas ii. Reddit omne debitum similiter.

238. Droctingus servus et uxor ejus ancilla, nomine Erbona. Isti sunt eorum infantes : Autlina, Erpoildis, Gerisma. Iste manet in Ulmis[c]. Tenet dimidium mansum servilem, habentem de terra arabili bunuaria vi. Solvit similiter.

Fol. 55.

239. Gyrulfus servus et uxor ejus de beneficio Grimboldi, nomine Gundrisma. Iste manet in Ulmis. Tenet dimidium mansum servilem, habentem de terra arabili bunuaria v. Facit inde curvadas quantum sufficit. Fodit inde aripennos iiii de vinea. Pullos iii cum ovis.

240. Milis servus et uxor ejus colona, nomine Gamalberga. Iste manet in Sonane villa. Tenet dimidium mansum servilem, habentem de terra arabili bunuaria v et dimidium. Solvit similiter.

241. Frotgaudus servus. Isti sunt ejus infantes : Frothardus, Frotberga, Autlindis. Iste manet in Sonane villa. Tenet dimidium mansum servilem, habentem de terra arabili bunuaria v et dimidium. Solvit similiter[d].

242. Deorulfus servus et uxor ejus lida, nomine Berta. Iste manet in Sonane villa. Tenet dimidium mansum ingenuilem, habentem de terra arabili bunuaria iii. Facit inde curvadas, et fodit inde iiii aripennos, et solvit pullos iii cum ovis.

243. Landricus servus. Isti sunt ejus infantes : Drogo, Teudulfus, Teutmundus. Iste manet in Disboth villa[e]. Tenet dimidium mansum ingenuilem, habentem de terra arabili bunuaria iiii et dimidium. Solvit inde caballi pastum, et multonem i ad hostem, et duos denarios ad agustatico. Facit inde rigam, et prævidet vervices. Solvit pullos iii cum ovis.

DE DECANIA GIUROLDI.

244. Winegaudus tenebat de fisco dominico campos ii, habentes de terra arabili bunuaria iii, et terram quam Godoenus ortolanus tenebat; quos tres Berto pro una parte dedimus. Et facit inde buculas.

---

[a] Conf. § 167.
[b] Conf. § 173.
[c] Vid. § 176.

[d] Paragraphum hunc, bis continuatimque in Cod. exaratum, semel transcripsisse satis est.
[e] Conf. § 202.

245. Gundoinus tenet de fisco dominico jornales II.

246. Giurordus tenet, supra suum Fol. 55 v°. mansum, jornales II. Arat inde perticas VIIII.

247. Euthari mater, libera femina, dedit infantibus de propria sua hereditate jornales VIIII. Arat inde dextrum I, ad tramisum dimidium.

248. Winegisus tenet dextrum I de fisco dominico, supra suum mansum, quem Hildoardo dare constituimus, et jornales II, quos Gundoinus tenebat, ut dimidium mansum haberet.

249. Gerosmus habebat partem I et nihil inde antea faciebat. Winegaudus et Giroardus similiter.

250. Sivaldus tenet dimidiam partem, habentem de terra arabili bunuaria VI; et nihil inde antea faciebat.

251. Remegius tenet partem I; et nihil faciebat.

252. Didradus tenet supra suum mansum partem I, et inde nihil facit.

253. Agardo et Adalrico fecimus mansum I de eorum terra, ut totum debitum inde solverent.

254. Winedrannus tenet jornales VI. Prævidet inde farinarium.

IN DECANIA ACLEDULFI.

255. Tenet Acloldus partem I supra suum mansum; et facit inde rigam, et seminat. Aitoino similiter.

256. Altmarus tenet, supra suum mansum, bunuarios II de dominico fisco, quos, sicut ipse dixit, domnus abba ei concessit. Arat inde dimidiam partem.

257. Terram quam Ermengarius, colonus sancti Germani, conquisivit in pago Carnotino, habens de terra arabili bunuarium I et duas partes de alio, de vinea tertiam partem de aripenno; tenent nunc eam Agardus et Alaricus nepotes ejus, et nihil inde faciunt.

258. Gerradus tenet de terra arabili bunuaria III, quos Isaac ei dedit.

259. Eodalboldus et Frodoardus tenent donationem Eutbrandi, habentem de terra arabili jornales II et dimidium.

260. Hildoardus tenet de fisco dominico campum I.

261. Walgarius tenet de fisco dominico de terra arabili bunuarium I, quem, sicut ipse dixit, domnus abba ei concessit.

262. Gulframnus tenet de fisco dominico dextrum I.

263. Salamon et Benedictus tenent in Casdon bunuaria VII et perticas II. Et nihil inde faciunt, nisi ad lumina-

riam sancti Germani de manso suprascripto [a].

264. Donationem quam fecit Landa
in pago Dorcassino, in villa quæ dicitur
Villamilt. Dedit mansum I, habentem
de terra arabili bunuaria VII, de prato
quartam partem de aripenno. Solvit ad
luminaria sancti Germani denarios IIII;
et facit dimidiam rigam.

265. Donationem quam fecit Hincledus in pago Dorgasino, in villa
Samnarias [b]. Dedit ibi de terra arabili
bunuaria XIII. Tenent nunc eam David
et Hincledus, nepotes Tanculfi, et donant inde solidum I.

266. Donationem quam fecit Tanculfus in pago Dorcasino, in loco quæ
dicitur Matiani villa [c]. Dedit mansum I,
habentem de terra arabili bunuaria XVI.
Tenet nunc eam Frotcarius lidus et
uxor ejus colona, nomine Sidonia. Isti
sunt eorum infantes : Faroardus, Landricus. Solvit inde ad hostem solidum I,
et propter manopera similiter, v modios de spelta, pullos III cum ovis; et
arat perticas VII ad unamquamque sationem.

267. Donationem quam fecit Waldo
et Generisma in villa Nigri Luco [d]. Dederunt ibi inter utrosque mansum I,
habentem de terra arabili bunuaria XIII.

Genoardus colonus et uxor ejus colona, nomine Eodalberga. Isti sunt
eorum infantes : Waldo, Waldovildis.
Iste manet in Nigro Luco. Tenet medietatem ipsius donationes, habentem
de terra arabili bunuaria VI et dimidium. Solvit inde solidos II. Facit rigas
III et curvadas.

Ulfinus liber tenet alteram medietatem ipsius donationis, habentem de
terra arabili bunuaria VI et dimidium,
de vinea aripennum I. Facit inde rigam,
et debuerat inde solvere solidos II ad
luminariam, et nihil inde facit.

268. Donationem quam fecit Milo
in pago Dorcassino, in villa Brotcanti [e].
Dedit ibi mansum I, habentem de terra arabili bunuaria VIIII, de prato aripennum I, de silva bunuarium I et
dimidium. Tenet nunc eam filius ejus
Haimericus, qui per cartam munbora-
tionem sancti Germani habet; et tenent
eam fratres ejus simul cum illo, qui
non sunt sancti Germani; sed Haimulfi
infantes sunt sancti Germani. Solvunt
inde denarios XII ad luminaria.

269. Praecariam quam tenet Aclevertus in villa Alnido. Habet ibi mansum indominicatum cum casa et aliis
casticiis sufficienter. Aspiciunt ad ipsum
mansum de terra arabili bunuaria XV,
de prato aripennos IIII, de silva bunuaria VIII, farinarium I [f].

[a] Conf. § 151.
[b] Villa eadem jam superius commemoratur, §§ 153, 157.
[c] Nunc *Majainville*, viculus milliaribus decem a Villamilt, occasum versus.
[d] Hodie, conjector, *Groulu*, viculus non procul a

Matiani Villa, milliaribus duodecim a Villamilt, versus occidentem.
[e] Hodie *Bréchamps*, ad lapidem tertium a Villa-milt, orientem versus.
[f] Conf. art. 152 et 158.

270. Habet ibi ecclesiam bene constructam. Aspiciunt ad ipsam ecclesiam de terra arabili bunuaria xii et hospites duo, qui faciunt diem i in unaquaque ebdomada ; et solvunt ei pullum i cum ovis[a].

271. Anstasius, major et colonus, tenet mansum i, habentem de terra arabili bunuaria xii. Solvit ad hostem multonem i, de spelta modium. Facit vinericiam cum uno bove. Scindulas c, pullos iii cum ovis. Facit curvadas ii et rigam, et dies ii in ebdomada[b].

272. Cristeus colonus et uxor ejus, colona de beneficio Teodonis. Iste manet in Alnido. Tenet mansum i ingenuilem, habentem de terra arabili bunuaria xii. Facit similiter.

273. Cristuinus colonus, et Adrianus colonus. Iste manet in Alnido. Tenet mansum i ingenuilem, habentem de terra arabili bunuaria xii. Facit similiter.

274. Hincbertus colonus et uxor ejus colona, nomine Waledrudis. Isti sunt eorum infantes : Walandus, Walafridus, Ingelbertus, Bertingus. Et Ingelflidus ; et Ulfegaudus colonus et uxor ejus colona, nomine Ragoildis. Omnes isti tenent mansum i, habentem de terra arabili bunuaria xii. Faciunt similiter.

275. Waltcarius et uxor ejus colona, nomine Elisabia. Isti sunt eorum infantes : Walfridus, Walbertus, Waldrisma. Iste tenet mansum i ingenuilem, habentem de terra arabili bunuaria xi. Facit similiter.

276. Adalcarius colonus. Iste tenet mansum i ingenuilem, habentem de terra arabili bunuaria xii. Facit similiter.

277. Precariam quam tenet Rotmundus non possum scribere.
Et ille quem Airvis tenet[c]. . . . . . .

278. Donationem quam fecit Dedda et Hisla in pago Carnotino, in loco que dicitur Wadrici Villa[d]. Dederunt ibi mansum i indominicatum cum casa ; et dederunt ibi mansos ii et dimidium. Aspiciunt ad ipsum mansum indominicatum de terra arabili bunuaria x, Fol. 57. quæ possunt seminari de modiis speltæ et avenæ xl ; de prato aripennos iiii, ex quibus colliguntur de faeno carra iii. Habet ibi de silva, sicut æstimatur totum in giro, leuas ii, in qua possunt saginari porci cc.

279. Eurinus servus et uxor ejus lida, nomine Ermentildis. Isti sunt eorum infantes : Euremannus, Beroinus, Ermenrada, Beroldus, Ermuinus. Iste manet in Wadrici villa. Tenet dimidium mansum, habentem de terra

[a] Conf. art. 158.
[b] Confer. art. 115.
[c] Sequitur spatium vacuum.

[d] Hodie *Gaudreville*, millibus xxxiv passuum et quingentis a Villamilt, euronotum versus.

arabili bunuaria v et dimidium. Solvit
ad hostem denarios xii , et dies ii in ebdomada. Sed pro ipsa wacaritiam quod
prævidet , non solvit denarios , sed facit curvadas et rigas quantascunque
sibi jusserit homo. Et solvit pullos iii
cum ovis.

280. Aclearius colonus et uxor ejus
colona, nomine Erledrudis. Isti sunt
eorum infantes : Nadalinus, Acleardus,
Erlegüdis, Erlegaudus, Erloildis, Acleildis. Et Hildingus colonus et uxor ejus
libera. Isti sunt eorum infantes : Hilde-
bernus , Geirtrannus. Isti duo tenent
mansum i , habentem de terra arabili
bunuaria viiii et dimidium. Solvit ad
hostem solidos ii ; pullos vi cum ovis.
Faciunt curvadas et rigas, et dies ii in
ebdomada.

DE MORNANE VILLARE[a].

281. Genearius colonus ; et Ans-
marus colonus et uxor ejus colona,
nomine Winehildis. Isti duo tenent
mansum i , habentem de terra arabili
bunuaria x. Solvunt similiter.

282. Rainardus colonus et uxor ejus
colona de beneficio Gerberni, nomine
Marcadrudis ; et Ingadeus lidus. Isti duo
tenent mansum i , habentem de terra
arabili bunuaria xii. Solvunt similiter.

283. Ercanteus colonus et uxor ejus
libera, nomine Adaltrudis. Iste manet
in Diniaco [b]. Tenet mansum i, habentem de terra arabili bunuaria xiii. Debet
solvere totum censum, sicut reliqui
pagenses, sed nihil inde facit.

284. Donationem quam fecit Ulma-
rus presbyter in pago Carnotino, in
centena Caunocense, in villa quæ
dicitur Idonis Villaris [c]. Dedit ibi mansum i cum casa. Aspiciunt ad ipsum
mansum de terra arabili bunuaria x,
de silva bunuarium i. Istum nullus reti- Fol. 57 v°.
net, ide[d] nullus census ab eo exigitur.

285. Eusebius lidus et uxor ejus
lida, nomine Beroildis : Bernardus est
eorum filius. Et ipse non tenet, sed
prævidet porcos.

286. Gisledrudis , Osovildis. Iste
tenet[e] hospicium, habens de terra arabili bunuarium i. Solvit pullos ii cum
ovis. Facit diem i in unaquaque ebdomada, et in augustatico dies ii.

DE FONTANELLA[f].

287. Habet ibi mansum indominicatum cum casa et aliis casticiis. Aspiciunt ad ipsum mansum de terra arabili bunuaria iii, quae possunt seminari
de modiis sigali viiii. Habet ibi de silva,

---

[a] Nunc *Mainvilliers,* juxta Carnutum, milliaribus
xvii a Villamilt , austrum versus.
[b] Nunc *Digny,* milliaribus xviii a Villamilt, inter
austrum et occasum.
[c] Idonis Villaris hodie (opinor) *Ivilliers,* viculus
distans Carnuto xxi millibus passuum, euronotum
versus; a Villamilt circiter xxxvi millibus passuum,

duobusque a Caunoco. De hoc loco, nunc, ni fallor,
Chenay, viculo, olim capite centenæ Caunocensis, in
Commentariis egimus.
[d] Legend. *ideo* vel *id est.*
[e] Legend. *istæ tenent.*
[f] Hodie *Fontenelle,* non longe a Novigento Rotroci,
milliaribus circiter xl Carnuto, occidentem versus.

justa aestimatione, leuas IIII, in qua possunt insaginari porci CCCC.

288. Erlulfus lidus et uxor ejus colona de beneficio Hildegarii, nomine Danahildis. Iste tenet mansum I, habentem de terra arabili bunuaria V. Solvit inde ad hostem denarios VI. Arat ad hibernaticum perticas III, ad tramisum III. Facit dies II in ebdomada, quando curvadam non facit. Solvit pullos III cum ovis.

289. Witbaldus lidus et uxor ejus extranea, nomine Hildedrudis, quorum infantes non sunt sancti Germani. Iste tenet mansum I, habentem de terra arabili bunuaria VII et dimidium. Solvit similiter.

290. Frotbertus lidus et uxor ejus extranea, nomine Gerlildis, quorum infantes non sunt sancti Germani; et Sicboldus lidus et uxor ejus colona, nomine Ulfinga. Isti duo tenent mansum I, habentem de terra arabili bunuaria VII et dimidium Solvunt similiter.

291. Est ibi mansus I absus, habens de terra arabili bunuaria VI.

292. Adalfridus lidus et uxor ejus extranea. Iste tenet hospicium, habens de terra arabili bunuarium I. Solvit pullos II cum ovis, et facit diem I in unaquaque ebdomada.

293. Isti solvunt IIII denarios de capite suo :

* Leg. lidi.

Aclisma,
Teodisma,
Bertinga,

Lantberga,
Teutlildis,
Nelia.

294. Isti jurati dixerunt :

Erlulfus,
Landulfus,

Asmarus,
Witboldus.

295. Isti jurati dixerunt de decania Warimberti :

Criadus,
Erloinus,
Vincoinus,
Adalboldus,
Gisleboldus,
Haltmarus,
Frotmundus,

Ingalgarius,
Raganbertus,
Walateus,
Eururfus,
Walameus,
Alateus.

De decania Acledulfi similiter dixerunt :

Restedunus,
Agenulfus,
Bernardus,
Aitoldus,
Aitoinus,
Simeon,
Flidastus,

Hiltgernus,
Inglebarius,
Bernegaudus,
Amalcarius,
Rainbertus,
Audoardus.

De decania Giuroldi similiter dixerunt :

Frodoardus,
Alaricus,
Ermenarius,
Restadus,
Ingadrannus,
Angisus,
Startcarius,

Amalgaudus,
Winegaudus,
Fulcadrannus,
Wanulfus,
Winegisus,
Bonardus.

296. Isti sunt ancille * de decania Giuroldi :

15

Acboldus,	Dodaldus,
Gerhaus,	Ansegaudus,
Ermenoldus,	Girevertus,
Dodevertus,	Eudo.

Iste sunt lidæ :

Raintildis,	Hiltga,
Gerberga,	Gunsberta,
Rainisma,	Gunsildis,
Godovildis,	Haltberta.
Hildegardis,	

Iste sunt ancille de decania Giuroldi :

Hildrada,	Erbona,
Waltsenta,	Ermenildis,
Giroflidis,	Marcadrudis,
Ermina,	Urfleia,
Haldowis,	Hilttrudis,
Atla,	Waltsida.
Rantgildis,	

297. Isti sunt lidi de decania Warimberti :

Martinus,	Bertoenus,
Frothaus,	Altmarus,
Altuinus,	Asmundus,
Frotgaudus,	Ingedeus,
Autcarius,	Waldegarius,
Ansarius,	Winegardus.

Iste sunt lidae :

Ingalwis,	Gunhildis,
Geldraberta,	Biada,
Landowildis,	Autberga,
Frothildis,	Adalgardis,

Gerberga,	Adalturdis,
Ingovildis,	Restoildis

Iste sunt ancille de decania Warimberti :

Domnovildis,	Leudovildis,
Aria,	Adrisma.
Winedrudis,	

298. Iste sunt ancille de decania Acledulfi :

Osanna,	Argovildis,
Erbona,	Berta.

DE BELONE MANSO.

299. Habet Adalbertus in Belone* mansum. Solvit de hostilitio denarios vi. Arat per tres sationes perticas xviii. Solvit pullos iii. Facit omni ebdomada dies ii ; set pro ipsa mannopera solvit carrum i cum duabus tonnis.

Grimharius similiter. Elegius similiter. Inter Dominicum et sociis suis similiter. Inter Witlaium et Electeum similiter.

Habet Stradilius quartam i. Ermeharius hospitium i ; facit omni ebdomada diem i, solvit pullos ii.

Magenardus dimidium ospitium. Facit unoquoque diem i ; pullum i.

Adalharius similiter.

Solvit Adalbertus denarios iiii.

Grimharius denarios iii et dimidium [b].

300. De decania Giuroldi de his qui cavatico solvere debent, de inframitico : Fol. 58 v°.

Framnus,	Ermenteus,
Amalgaudus,	Rainoardus,
Winemarus,	Wandremarus,
Guntharius,	Sinigus,

---

* Hodie *Belou-sous-Regmalard*, non procul a Fontanella, itemque milliaribus circiter xl Carnuto, occasum versus.

[b] Hic paragraphus, quasi ad oram conjectus, manu recentiore exaratus videtur.

Ratboldus,
Gislearius,
Samarinus,
Ermenardus,
Idinus,
Aclavertus,
Ratbertus,
Ingaradus,
Hainaradus,
Walaricus,
Ermenarius,
Lantboldus,
Aigridus,
Tresbertus,
Albricus,
Adalfridus,
Euremarus,
Frotgaudus,
Altoardus,
Ermengaudus,
Gidenoldus,
Agenoldus,
Aguinus,
Hiltcarius,
Aclearius,
Bertoinus,
Danegaudus,
Warimbertus,
Sicbaldus,

De forasticis :

Eurehardus,
Anaudinus,
Ermenmarus,
Stefana,
Aclesinta,
Elarius,
Sulpicius,
Ricbertus,
Ermedrudis,

Bertlaicus,
Bernardus,
Ermenoldus,
Edalboldus,
Ricboldus,
Amalcarius,
Peristanto,
Ermofridis,
Erboinus,
Framnegarius,
Leuthadus,
Gatharius,
Ermenoldus,
Albittus,
Aganboldus,
Ermenarius,
Sicbardus,
Ermenardus,
Adoarius,
Sivracus,
Aloinus,
Teuthardus,
Winegaudus,
Rainoardus,
Gehilhardus,
Winedulfus,
Geirvertus,
Acleardus.

Frotbertus,
Ison,
Siguinus,
Agenoldus,
Euregaudus,
Altcarius,
Erbemarus,
Hildeboldus.

301. De decania Warimberti, de his qui solvunt IIII denarios de capite suo, de inframitico :

Petrus,
Raganboldus,
Gavioldus,
Martinus,
Rainbertus,
Salacus,
Ercamboldus,
Bernegarius,
Ardulfus,
Droitbertus,
Jonam,
Wiltfridus,
Ingalhardus,
Ermenulfus,
Gautus,

Gislemarus,
Ercangarius,
Framneildil,
Widrevertus,
Germenarius,
Gotfridus,
Bertoldus,
Ainbaldus,
Aclericus,
Cristianus,
Flotveus,
Warimbodus,
Raganbaldus,
Ratgaudus,
Uldringus.

Fol. 59.

De forasmitico :

Eurohildis,
Waldrisma.

302. De decania Acledulfi, de inframitici :

Adalradus,
Adravoldus,
Adalbolda,
Leudo,
Aldedeus,
Euremarus,
Geirardus,
Gerulfus,
Agenulfus,
Adalvinus,
Actulfus,
Adalgardus,
Daguinus,
Landrannus,
Acloardus,

Ingalgarius,
Acledulfus,
Adalfredus,
Genadus,
Bertramnus,
Ingenoldus,
Restencius,
Widulfus,
Siclearius,
Sicluinus,
Adraveus,
Adragaudus,
Godalsadus,
Teodoildis,
Ermengardis,

15.

Itgius,   Ermesteus,
Adalbertus,   Sigemarus,
Widuinus,   Hilsoardus.

303. Concamiavimus ad Evrardum in Villare du [a] suo alode jornales v, unde fecimus Sigembolt dimidia quarta. Et pro hoc dedimus jam dictum Evrardum in Catenas [b] jornales vi. Dedimus in jam dicta villa de ipsa terra jornales viiii pro denariis viiii [c].

DONATIO HILDEMODI.

304. Habet in Celsiaco [d] villa mansum indominicatum absum, ubi aspitiunt de terra arabili bunuaria vii. Habet ibi sex mansos, qui solvunt de argento, omni anno, solidos viiii, pro carropera ad Trecas denarios viiii. Arant ad ibernaticum perticas x, ad tramisum perticas iiii; curvadas iiii, si bovos habuerint; carroperam in Æquilinam ad tertium annum. Traunt de fimo, ad tertium annum, quantum trahere possunt per duos dies; bannos iii. Sunt ibi quinque homines sancti Germani, qui solvunt denarios xx. Fatiunt in unaquæque ebdomada dies vi per bladum; fatiunt curvadas iii, et accipiunt panem et pulmentum. Solvunt pullos vi cum ovis. Habet ibi de silva bunuaria ii. Aspicit ibi ecclesia edificata in honore sancti Martini cum doto; attamen nihil solvit. Pertinent ad ipsam ecclesiam hospitia v, sed tamen absa sunt præter i, qui solvit ad ipsam ecclesiam denarios vi. Habet ad ipsam ecclesiam de benefitio mansum i, qui solvit de argento solidos viii.

[a] Leg. de.
[b] Conf. § 130.
[c] Paragraphi hujus scriptura minus antiqua nobis videtur.
[d] Nunc Souzy, septem millibus passuum a Stampis, septentrionem versus.
[e] Hanc chartam jam ediderunt Mabillon, *Annal. Bened.* t. II, p. 755, et Bouillard, *Histoire de l'Abbaye de S. Germ.* pr, n. xix, p. xvii.
[f] De hoc pago egimus in Commentariis.

305. Donatio quam fecit Brunardus de alodo propriæ ereditatis suæ, in villa Celsiaco. In nomine sancte et individue Trinitatis. Ego Brunardus ingenuus, de ingenuis parentibus natus; tam pro remedio anime meæ, quam pro remedio genitoris mei seu genetricis necnon parentum meorum; trado et transfundo duos mansos proprie ereditatis meæ beatissimo presuli Germano Parisiacæ urbis, sitos in villa ipsius sancti pontificis, nomine Celsiaco, in pago Stampinse [f]. Totum eidem concedimus sancto cum integritate et cum omnibus eorum appenditiis, terris cultis et incultis, pratis, et cum una molendini area: eoquidem tenore, ut de redituro censu, quod exinde exierit, queat lumen habere ante sanctum ejus sepulcrum; quatinus, ejus piis meritis et intercessionibus, valeamus adipisci perfectionem mentis a Domino, et contemplari eum in sede magestatis suæ. Si quis vero, quod minime credimus, fuerit successorum nostrorum, qui contra hanc traditionem assurgere temtaverit, coactus auri libras x componat, et insuper quod repetit minime adquirat; et veniant super eum omnes maledictiones que sunt scripte in libris.

Actum Parisius anno regni x karoli, kalendas apriles [g], abbate Gozlino.

Ego Brunardus, qui hanc traditionem fieri rogavi, mea manu firmavi. Conradus comes [h] suscripsit. Gozlinus abbas [i] suscripsit. Fulco et Wibertus et Jeronimus, filii Brunardi, subscripserunt.

[g] Die prima mensis aprilis anni Christi 849.
[h] Is Conradus, opinor, comes erat Parisiensis.
[i] Gozlinus successit circa a. 848 Ebroino, abbati monasterii sancti Germani. Decennio post a Normannis captus, non infra a. 867 restitutus est ipsius abbatiæ; hanc rexit usque ad a. circiter 884, quo episcopatum Parisiensem obtinuit. Rebus ibi strenue adversus Normannos gestis, obiit xvi kal. maii a. 886.

X. BREVE DE VITRIACO*.

Fol. 60.

1. Habet in valle Vitriaco [b] mansum dominicatum cum casa et aliis casticiis sufficienter. Habet ibi ecclesiam majorem et unam capellam, cum omni apparatu diligenter constructas. Habet ibi de terra arabili culturas x, ubi possunt seminari modii DC; de vinea veteri, quam sanctus Germanus plantavit, aripennos LIII. Habet ibi de prato aripennos LII. Est ibi silva, quæ vocatur Puciolus[c], quæ pertinet ad ipsam villam. Quæ videlicet silva, cum ipsa villa, fuit alodum sancti Germani. Coloni vero qui ipsam inhabitant villam, ita adhuc sunt ingēnui, sicuti fuerunt temporibus sancti Germani; quatinus nulli hominum, aut vi aut voluntarie, sine precepto abbatis aut arcisterii, aliquod exhibeant servitium. Nam ipsum alodum sanctus contulit Germanus ad luminaria ecclesiæ sanctæ Crucis sanctique Stephani prothomartyris seu sancti Vincentii levitæ et martyris; quatinus omnibus annis persolvant ad ipsam ecclesiam VIII sextarios olei aut XXII ceræ libras.

2. Est ibi in confinio quædam alia possessio, quæ dicitur Valliacus[d], aliaque procul, quæ vocatur Galliacus[e]; quas pater sancti Germani ab Ermenfrido comite emit, quasque prædictus sanctus præsul contulit prædictæ ecclesiæ sanctæ Crucis sanctique prothomartyris Stephani seu sancti Vincentii levitæ et martyris, cum omnibus appenditiis suis; quatinus, annis singulis, in commemoratione natalitii patris seu genitricis suæ, solvant ad sepulchra eorum cereos duos, librarum videlicet octo unumquodque, et refectionem fratrum XX solidorum. Addidit etiam prædictus sanctus præsul excommunicationem co-

---

[a] Caput istud integrum in lucem protulit D. Bouillard, *Histoire de l'abbaye de S. Germ.* pr. n. III, p. IV.

[b] Doctissimus abbas Lebeuf (*Hist. d'Aux.* t. I, pag. 114, in tabula geographica; et *Rec. de div. écr.* t. I, p. 32) vocem *valle* nomen proprium credens, alterius verbi *Vitriaco* nulla ratione habita, nomen vici, nunc *Lavau* nuncupati, a *valle Vitriaco* deduxit; Vitriacum vero vicum alium esse putat, hodie *Bitry-les-Mallons*, a Condate ad Ligerim milliaribus XII distantem, inter septentrionem et austrum. Nobis, si a tanto viro dissentire licet, vox *valle* pro communi accipienda videtur, ut inde fiat locus unicus, nempe *Bitry-les-Mallons*.

[c] Neque hic stare possumus a sententia ejusdem viri litteratissimi, qui per Puciolum silvam intelligit viculum, hodie *Pouceaux* nuncupatum, ad Icaunam, milliaribus circiter quinque infra Climacum. Puciolum vero silvam credimus esse pagellum, postea archidiaconatum diœcesis Autissiodorensis, nostratibus *la Puisaie*, in quo siti sunt Vitriacus moxque memorandi viculi Valliacus ac Galliacus.

[d] Nunc *Vailly*, ter mille passibus a Vitriaco, euronotum versus.

[e] Hodie *les Bailly*, circiter milliaribus sex a Valliaco, inter meridiem et orientem.

ram xviiii episcopis, ut quisquis, temeraria præsumptione, hoc donum, quod suæ contulit ecclesiæ, ex propria videlicet possessione, auderet auferre, seu episcopus urbis Autissioderensis, in cujus constant diocesi, seu princeps Nivernensis, sub cujus constant ditione, cum Juda traditore dampnationem percipiant hic et in ævum.

3. Dies depositionis patris ejus, nomine Eleutherii, kalendæ novembris; matris vero, nomine Eusebiæ*, v kalendas januarii.

---

* Horum erat filius sanctus Germanus, episcopus Parisiensis.

XI. BREVE DE NUVILIACO.

Fol. 60 v°. A. Habet in Nuviliaco[a] mansum in-dominicatum et aliis casticiis habundan-ter. Habet ibi campellos x, habentes bunuaria xL, que possunt seminari de modiis avene cc, de prato aripennos vIIII, ex quibus possunt colligi de feno carra x. Habet ibi de silva, juxta esti-mationem, leuuas III in longitudine, in latitudine leuuam I, in qua possunt in-saginari porci DCCC.

1. Electeus servus et uxor ejus co-lona, nomine Landina, homines sancti Germani, manent in Nuviliaco. Tenet dimidium mansum, habentem de terra arabili bunuaria vI, de prato dimidium aripennum. Arat ad hibernaticum per-ticas IIIIor, ad tramisum XIII. Trabit fimum in cultura dominicata, et nihil aliud fa-cit nec reddit, propter servitium quod prævidet.

2. Abrahil servus et uxor ejus lida, nomine Berthildis, homines sancti Ger-mani. Isti sunt eorum infantes : Abram, Auremarus, Bertrada. Et Ceslinus lidus et uxor ejus lida, nomine Leutberga. Isti sunt eorum infantes : Leutgardis,

Ingohildis. Et Godalbertus lidus. Isti sunt eorum infantes : Gedalcaus, Celso-vildis, Bladovildis. Isti tres manent in Nuviliaco. Tenent mansum I, habentem de terra arabili bunuaria xv, de prato aripennos IIII. Faciunt angariam in An-degavo, et in mense madio Parisius. Solvunt ad hostem multones II, pullos vIIII, ova xxx, axiculos c et totidem scindolas, xII dovas, circulos vI, xII faculas; et adducunt de ligna duo carra ad Sustrado[b]. Claudunt, in curte domi-nica, de tunino perticas IIII, in prato perticas IIII de sepe, ad messem vero quantum sufficit. Arant ad hibernaticum perticas vIII, ad tramisum perticas xxvI. Inter curvadas et rigas, trahunt fimum in cultura dominicata. Solvit unusquis-que IIII denarios de capite suo.

3. Gislevertus servus et uxor ejus lida, nomine Gotberga. Isti sunt eorum infantes : Ragno, Gausbertus, Gavioi-nus, Gautlindis. Et Sinopus servus et uxor ejus ancilla, nomine Frolaica. Isti sunt eorum infantes : Siclandus, Fro-thardus, Marellus, Adalvildis, Frotlil-dis. Et Ansegudis ancilla. Isti sunt eo-

[a] Hodie *Neuilly - le - Bisson*, milliaribus circiter novem Alentione, inter septentrionem et orientem.
[b] Vid. Ducang. Gloss. lat. s. v. *sustrado*, ubi de-prompta est hæc vox e Cod. nostro, in quo solo occurrit. Accipitur l. c. pro vocabulo communi, ex-

planatione tamen non addita. Arbitramur eo indicari locum, nomine Sustradum, hodic *Suré*, juxta Ma-mercias, milliaribus circiter xIv a Nuviliaco, euro-notum versus.

rum infantes : Ingalbertus, Frotbertus, Frotlaicus, Frotberga. Isti tres manent in Nuviliaco. Tenent mansum I, habentem de terra arabili bunuaria XXVI, de prato aripennos VIII. Solvunt similiter.

4. Maurifius lidus et uxor ejus colona, nomine Ermengardis : Ermengildis est eorum filius. Et Gaudulfus lidus et uxor ejus lida, nomine Celsa : Gaudildis est eorum filius. Isti duo manent in Nuviliaco. Tenent mansum I, habentem de terra arabili bunuaria XXVIII, de prato aripennos IIII. Solvunt similiter.

5. Ragenardus servus et uxor ejus colona, nomine Dagena : Ragenaus est eorum filius. Et Gausboldus servus et uxor ejus lida, nomine Faregildis. Isti duo manent in Nuviliaco. Tenent mansum I, habentem de terra arabili bunuaria XI, de prato aripennos IIII^{or}. Faciunt similiter.

Fol. 61.

6. Feremundus servus et uxor ejus colona, nomine Creada; et Feroardus servus et uxor ejus lida, nomine Adalgardis : Illegardis est eorum filia. Et Faroenus servus, et Adalgrimus servus. Isti IIII^{or} manent in Nuviliaco. Tenent mansum I, habentem de terra arabili bunuaria VIII, de prato aripennos IIII^{or}. Faciunt similiter.

7. Gautmarus servus et uxor ejus lida, nomine Sigalsis. Isti sunt eorum

infantes : Siclevoldus, Sicleardus. Iste manet in Nuviliaco. Tenet quartam partem de manso, habentem de terra arabili bunuarium I et dimidium, de prato aripennum I. Solvit quartam partem de integro manso.

8. Hildeboldus servus et uxor ejus lida, nomine Bertenildis. Isti sunt eorum infantes : Aldedrannus, Adalbertus, Hildegaudus, Trutgaudus, Bernardus, Bertrannus, Hildoinus, Haldedrudis, Martinga. Et Haldemarus servus et uxor ejus colona, nomine Motberga. Isti sunt eorum infantes : Martinus, Siclehildis, Bernegildis. Isti duo manent in Nuviliaco. Tenent^a habentem de terra bunuaria VI, de prato dimidium aripennum. Reddunt medietatem debiti de integro manso.

9. Bertlinus lidus et uxor ejus colona, nomine Lantsida. Isti sunt eorum infantes : Creatus, Martinus, Lantbertus. Iste manet in Nuviliaco. Tenet IIII^{am} partem de manso, habentem de terra arabili bunuaria III, de prato aripennos II. Facit rigam. Debet solvere quartam partem de integro manso, sed pro ipso debito prævidet porcos.

10. SUNT in Nuviliaco mansi vestiti VI et dimidius, et alia medietas est absa; sunt per focos XVI. Solvunt ad hostem multones XII; de cavatico solidos V et denarios IIII^{or}; pullos XLVIII, ova CLX, axiculos DC et totidem scindolas, dovas LIIII et totitem circulos, faculas LXXII.

_____
^{a} Supple *dimidium mansum.*

Faciunt dua carra ad vincriciam, et ad magiscam dua carra et dimidium, et dimidium bovem.

11. Isti sunt servi :

Electeus,	Faroardus,
Gislevertus,	Abrahil,
Sinopus,	Faroinus,
Ragenardus,	Adalgrimus,
Gausboldus,	Gautmarus,
Feremundus,	Hildevoldus.
Gedalbertus,	

Isti solvunt faculas et faciunt portaturam.

12. Isti sunt lidi :

Maurifius,	Ceslinus,
Gaudulfus,	Gedalbertus.
Bertlinus,	

13. Iste sunt ancillæ :

Frotlina,	Alda,
Ansegundis,	Framberta.

Iste pascunt pastas, et faciunt drappos, si lanificium eis datur.

14. Iste sunt lide :

Berthildis,	Faregildis,
Leutberga,	Sigalsis,
Gotberga,	Bertenildis.
Celsa,	

Iste solvunt denarios IIII^{er} de litmonio.

15. Ragenardus tenet de fisco dominico bunuarium I.

Gislevertus tenet, supra suum mansum, olcas II.

XII. BREVE DE CENTENA CORBONENSI.

1. Donationem quam fecit Iderna in pago Oximense, in centena Corbonense[a], in villa quæ dicitur Pontis[b]. Dedit itaque ibi mansos IIII[or], habentes de terra arabili bunuaria XXV, de prato aripennos XIII; farinarium I, et haec mancipia corum haec sunt nomina : Wineyertum et uxorem ejus, Gauthilde, quorum infantes isti sunt: Winebertus, Winevoldus, Winemannus, Winegildus, Adrebildis, Wineberga; et Sievertum et Solbertam, ejus uxorem, corum infantes isti sunt: Segenandus, Silvanius, Siemberga, Sigenildis, Sesberga; et Teutgardem, et Winecarium, et Adrebergam, et Siwaram.

2. Donationem quam fecit Godelhardus in eodem pago, et in cadem centena, in villa quæ dicitur Curtis Saonis[c]. Dedit itaque ibi mansum I indominicatum, habentem de terra arabili bunuaria XV, de prato aripennos VIII; et alios mansos III, habentes de terra arabili bunuaria XX, de prato aripennos VII, de silva bunuaria III; et farinarium I, et haec mancipia quorum ista sunt nomina :

Ratgaudum; et Rangaudum, quorum infantes non sunt sancti Germani; et Rothildem cum infantibus suis, id est, Adrevoldum et Rainboldum; et Teutgardem; et Airfridum cum infantes suos, hoc est, Balduinum, Soandum, Aregarium, Airboldam; et Soaram cum infantibus suis, id est, Sicfarum, Airtrudem, Sicfaram, Cocictum; et Sichildem.

Sunt in totum mansi VIII. Solvunt inter totos de argento, propter caropera, solidos II et denarios VIII; propter linum, solidos IIII[or] et dimidium; pullos V cum ovis.

3. Donationem quam fecit Alda in pago Oximense, in centena Corbonense, in villa quæ dicitur Landas[d]. Dedit ibi mansos II, habentes de terra arabili bunuaria XLIII, de prato aripennos IIII, de silva bunuaria IIII[or], excepto conparationem quam simul cum uxore suo, Acleardo, conparavit; de qua conparatione totum et ad integrum, tam de casticiis quam et de curtilis et terris arabilibus et silvis et pratis, tertiam

---

[a] Pagus Oximensis, hodie l'Hiémois, centenam Corbonensem, vulgo le Corbonnais, complectitur. De utroque diximus in Comment.

[b] Nomini isti convenire videntur loca complura, quorum duo solum, utrumque nunc Le Pont vocatum, indicabimus. Distant a Corbone, alter tribus milliaribus, aquilonem versus ; alter

mille quingentis passibus, versus occidentem.

[c] Hodie Courgeon, bis mille passibus a Corbone, septentrionem versus.

[d] Nunc vel les Landes, milliaribus sex a Corbone, euronotum versus; vel Landre, secundo circiter milliario ab eodem inter austrum et occasum.

partem partibus sancti Germani condonavit; et hæc mancipia quorum ista sunt nomina : Bertlandum et uxorem ejus, nomine Warsindam; isti sunt eorum infantes : Warnuinus, Bertlaicus, Landingus, Bertgaudus, Lantburgis, Sigemburgis, Sigedrudis, Bertcardis; et Teutfridum, et Adalgisum. Pro qua donatione deprecata est suprascriptas donationes, id est donationem Godalhardi et Iderne. Solvit inde ad luminaria sancti Germani solidos III.

Sunt inter totos mansi x.

4. Donationem quam fecit Alda pro filio suo, nomine Attone, in pago Oximense, in centena Corbonense, in loco qui dicitur Curtis Ansgili[a]. Dedit ibi de terra arabili bunuaria IIII, de prato aripennos IIII. Tenet ipsam donationem Alda simul cum aliis donationibus.

5. Donationem quam fecit Johannes in pago Oximense, in centena Corbonense, in villa quæ dicitur Gamarziacas[b]. Fol. 62. Dedit ibi mansum I, habentem de terra arabili bunuaria IIIIer, de prato aripennum I et dimidium.

6. Donationem quam fecit Waltcaus in pago Oximense, in centena Corbonense, in loco qui dicitur Curtis Frudanis[c], et in villa Gamartiazas. Dedit ibi quoque mansum I indominicatum, cum

casa et aliis casticiis, habentem de terra arabili bunuaria VIII, de prato aripennos VII, de silva bunuarium I. Tenet eum Geroldus, servus sancti Germani, et uxor ejus, nomine Rainbolda, de beneficio Gerradi; quorum filius est Rainmarus.

7. Item donationem Waltcarii, quam fecit in eodem pago et in eodem centena, in villa qui dicitur Curtis Dotleni[d]. Dedit ibi de terra arabili bunuaria II et dimidium, de prato aripennum I et dimidium. Istum non tenet homo sancti Germani.

8. Item donationem Waltcarii, quam fecit in eodem pago et in eadem centena, in villa quæ dicitur Mons Aldulfi[e]. Dedit ibi mansum indominicatum cum casticiis, et alios mansos III, habentes inter totos de terra arabili bunuaria XVIII, de prato aripennos IIII, de silva aripennum I; et hæc mancipia : Flotveum, et Saroardum, et Geroinum, cujus uxor, nomine Odelildis, est colona sancti Germani, de Buxido[f]; quorum infantes isti sunt : Odaldus, Odalricus, Girardus, Gerberga.

9. Item donationem ejusdem Waltcarii, quam fecit in eodem pago et in eadem centena, in villa quæ dicitur Manvis[g]. Dedit ibi mansos II, habentes

---

[a] Apud nostrates, ni fallor, *Courtail*, septimo milliario a Corbone, aquilonem versus.

[b] Nullus centenæ Corbonensis locus affinem huic suppeditat appellationem.

[c] Vestigia hujus nominis, in centena quidem Corbonensi, frustra quæsivimus.

[d] Hodie, opinor, *Courtoulain*, milliaribus circiter

[x] a Corbone, inter septentrionem et occidentem.

[e] De situ hujus loci nondum liquet.

[f] Hodie *Boissy-en-Drouais*, cujus mentio iterum fiet in Cod. fol. 65 A.

[g] Nostro tempore *Mauves*, quadringentis circiter passibus a Corbone, inter austrum et occasum.

de terra arabili bunuaria xv, de prato aripennos xiii, quos nunc retinent Aguinus, colonus sancti Germani, et Adalbertus munboratus, quorum uxor et infantes omnes sunt sancti Germani.

10. Item donationem ejusdem Waltcarii, quam fecit in eodem pago et in eadem centena, in villa quæ dicitur Curtis Ansgili[a]. Dedit ibi mansum i, habentem de terra arabili bunuaria iiii°r, et de prato aripennos iii°r· Et tenet eum Rainhildis, ancilla sancti Germani, cujus infantes isti sunt: Wineradus, Rainmarus, Winerildis. Omnes isti laborant ad medietatem.

11. Donationem quam fecit Ingo in pago Oximense, in centena Corbonense, in loco qui dicitur Mons Acbodi[b]. Dedit ibi mansum i, habentem de terra arabili bunuaria iii, de prato aripennum i, de silva bunuarium i. Tenet nunc eum Rainberta, colona sancti Germani, cujus infantes isti sunt : Rainbertus, Ainericus, Airoinus, Aimingus, Airulfus, Girberta.

12. Donationem quam fecit Ingobodus in eodem pago et in eadem centena et in eadem villa. Dedit ibi mansum i, habentem de terra arabili bunuaria iii, de prato aripennum i, de silva bunuarium i. Tenet nunc eum Geirwas, colonus sancti Germani, cujus infantes non sunt sancti Germani.

13. Donationem quam fecit Eblinus in eodem pago et in eadem centena et

in eadem villa. Dedit ibi mansum i, habentem de terra arabili bunuaria iii, de prato aripennum i, de silva bunuarium i; et haec mancipia quorum ista sunt nomina : Aguinum et infantem ejus Ainbertum, et Auduinum, Rotgildum, Rotbergam et Agoildem. Et hæc terra est tota divisa per mansoarios.

14. Donationem quam fecit Electa pro filio, Bernardo, in eodem pago et in eadem centena et in eadem villa. Dedit ibi mansum i, habentem de terra arabili bunuaria iii, de prato aripennum i, de silva bunuarium i. Et ipse similiter est divisus per mansuarios.

15. Donationem quam fecit Ebbo et Ermemberga in eodem pago et in eadem centena et in eadem villa. Dedit ibi mansum indominicatum cum aliis casticiis, habentem de terra arabili bunuaria xii, de prato aripennos viii, de silva bunuaria xii; et alias mansuras viiii, in eadem villa, habentes de terra arabili inter totos bunuaria xxiii, de prato aripennos vi, de pasturas bunuaria v; et haec mancipia : Audingam, Autbergam cum infantes suos, Leudingam, Ringonem, cujus infantes non sunt sancti Germani, et Wilildem. Solvunt de capite suo solidos iii et denarios iiii. Faciunt angariam ad vinericiam, et omnia quicquid eis injungitur. Solvunt pullos et ova.

Has xi donationes deprecata est Ermemberga, et solvit inde solidos ii ad luminaria sancti Germani. Et in Andecavo mansum i.

Fol. 62 v°.

---

[a] Conf. S 4.

[b] Locus adhuc nobis ignotus.

16. Donationem quam fecit Oso in pago Oximense, in centena Corbonense, in villa quæ dicitur Mosoni[a]. Dedit ibi mansum I, habentem de terra arabili bunuaria IIII, de prato aripennos IIII, de silva bunuaria II.

17. Donationem quam fecit Stainoldus in eodem pago et in eadem centena et in eadem villa. Dedit ibi mansum I, habentem de terra arabili bunuaria IIII, de prato aripennos III, de silva bunuaria II.

18. Donationem quam fecit Adalhildis in eodem pago et in eadem centena et in eadem villa. Dedit ibi mansum I, habentem de terra arabili bunuaria IIII, de prato aripennos IIII, de silva bunuaria III, de pastura bunuarium I. Et pro hac donatione deprecata est duas donationes suprascriptas. Donat inde denarios IIII.

19. Donationem quam fecit Hautarius in pago Oximense, in centena Corbonense, in villa quæ dicitur Mons Droitmundi[b]. Dedit ibi de terra arabili bunuaria III, de prato aripennum I et dimidium, de concidis dimidium jornalem. Tenet eam Wineradus; aut arat eam ad medietatem, aut denarios XII.

20. Donationem quam fecit Frotsindis, uxor Wineradi, in pago Oximense,

in centena Corbonense, in eadem villa. Dedit ibi mansum I, habentem de terra arabili bunuaria III, de prato aripennos II. Has duas donationes tenet Wineradus, colonus sancti Germani, cujus infantes isti sunt : Winerannus, Wicleradus, Unoldus, Ainardus, Frotberga. Et ipse Wineradus simul cum[c]... suis habet de sua comparatione de terra arabili bunuaria II, de silva bunuaria II in Monte Droitmundi. Solvit capaticum.

21. Donationem quam fecit Ermendrada, uxor Winegaudi, in pago Oximense, in centena Corbonense, in loco qui dicitur Curtis Ansgili. Dedit ibi de terra arabili bunuarium I et duas partes de alio. Quam donationem ipse et uxor ejus retinent.

22. Donationem quam fecit Ainhardus in pago Oximense, in centena Corbonense, in villa quæ dicitur Rotnis[d]. Dedit ibi de terra arabili bunuaria XVII, de prato aripennos V, de silva bunuaria II, de pastura bunuaria II. Hanc igitur donationem tenent filii ejus, hoc est, Winegaudus, colonus sancti Germani, et uxor ejus libera, nomine Ermenrada ; isti sunt eorum infantes : Winegaus, Bernardus, Adalgardis; et Winegardus, colonus sancti Germani, et uxor ejus libera, nomine Rotsindis; isti sunt eorum infantes : Winerannus, Fol. 63.

---

[a] Locus nobis ignotus; quippe vicus, hodie nuncupatus *Moussonvilliers*, milliaribus XV a Mauritania, extraque diœcesim Sagiensem situs, convenire ibi non videtur.

[b] De situ non liquet.

[c] Hic interjacet lacuna vocis unius.

[d] Nostro tempore, conjector, *Saint-Mard-de-Réno*, milliaribus quatuor a Corbone, septentrionem versus.

Unoldus, Ainardus, Willeradus, Rotberga; et Elena, colona sancti Germani, cujus infantes isti sunt : Grimoldus, Winegardis, Winebertus, Winevoldus, Ermentrudis, Grima; et Ingaltrudis, colona sancti Germani. Isti IIII[or] tenent mansum istum. Arant illum ad medietatem. Et supra istam terram, comparaverunt, de libera potestate, de terra arabili bunuaria IIII[or]. Et recepit Gerradus, de extranea potestate, de terra arabili bunuaria v, quos ipsi vendiderunt.

23. Donationem quam fecit Elinus in pago Oximense, in centena Corbonense, in villa quæ dicitur Villaris[a]. Dedit ibi mansum i, habentem de terra arabili bunuaria vi, de prato duas partes de aripenno. Tenet eum nunc Amatlaicus colonus et uxor ejus colona, nomine Winerada, homines sancti Germani. Isti sunt eorum infantes : Ermenardus, Amalgaus, Ermenildis, Winerildis. Arat ipsam terram ad medietatem. Donat quattuor denarios de capite suo, pullos et ova.

24. Donationem quam fecit Winiudis in pago Oximense, in centena Corbonense, in loco qui dicitur Curtis Dodleni[b]. Dedit ibi mansum i, habentem de terra arabili bunuaria viii, de prato aripennum i. Tenet eum nunc Guntoldus colonus et uxor ejus colona, no-

mine Winegildis, homines sancti Germani. Isti sunt eorum infantes : Guntbertus, Guntrudis. Solvit IIII[or] denarios de capite suo, pullos et ova.

25. Donationem quam fecit Hadoardus in eodem pago et in eadem vicaria, in villa qui dicitur Curtis Saxone[c]. Dedit ibi mansum i, habentem de terra arabili bunuaria IIII[or], de prato aripennum i et dimidium. Tenet eum Adalgardis libera, cujus infantes non sunt sancti Germani.

26. Donationem quam fecit Isemboldus in pago Oximense in centena Corbonense, in villa quæ dicitur Villaris. Dedit ibi mansum i, habentem de terra arabili bunuaria ii et dimidium, de prato aripennos ii et dimidium, de silva bunuarium i. Tenet eum Adalgardis. Arat illum ad medietatem.

27. Donationem quam fecit Remis in pago Oximense, in centena Corbonense, in villa quæ dicitur Curtis Sesoldi[d]. Dedit ibi mansum i, habentem de terra arabili bunuaria iii, de prato aripennum i. Tenet eum nunc Rotveus monboratus. Donat pro sua monboratione de cera valentem denarium i. Hujus infantes isti sunt : Frothardus, Frodardus, Godalardus, Rotcaus. Aut arat illum ad medietatem, aut solvit soledos ii.

---

[a] Nunc *Villiers*, septem millibus passuum a Corbone, versus aquilonem.

[b] Conf. § 7.

[c] Nostratibus *Courgeoust*, milliaribus circiter xvi a Corbone, inter aquilonem et occasum; nisi tamen

intelligenda sit *Curtis Saonis*, supra § 2. hodie *Courgeon*, ut diximus.

[d] Hodie *Courcerault*, bis mille passibus a Corbone, euronotum versus.

28. Donationem quam fecit Adleverta in pago Oximense, in eadem centena, in loco qui dicitur Gamartiacas[a]. Dedit ibi mansum I, habentem de terra arabili bunuaria XIII, de prato aripennum I et dimidium. Istum nullus retinet.

29. Donationem quam fecit Scotardus in pago Oximense et in eadem centena, in villa quæ dicitur Curtis Waldradane[b]. Dedit ibi de terra arabili bunuarium I, de prato aripennum I. Tenet eam nunc Amingus.

Fol. 63 v°.

30. Donationem quam fecit Godenardus in pago Oximense et in eadem centena, in villa quæ dicitur Curtis Waldradane. Dedit ibi de prato aripennum I. Tenet nunc eum Solignanus.

31. Donationem quam fecit Erpulfus in eodem pago et in eadem centena, in loco qui dicitur Villaris. Dedit ibi mansum I, habentem de terra arabili bunuaria II et dimidium, de prato aripennos II et dimidium.

32. Donationem quam fecit Rainlanda in eodem pago et in eadem centena et in eadem villa. Dedit ibi de terra arabili bunuaria III et dimidium, de prato aripennos II et dimidium. Has duas donationes tenet Airulfus, lidus sancti Germani. Arat eas ad medietatem.

33. Donationem quam fecit Adalcaus et Rainlanda pro filio suo, Godeberto, in eodem pago et in eadem centena et in eadem villa. Dedit ibi mansum I, habentem de terra arabili bunuaria IIII, de prato aripennos III. Tenet nunc eum Rainboldus, servus sancti Germani, et uxor ejus ancilla, nomine Framberta. Arat ipsam ad medietatem. Solvit denarios IIII, pullos et ova.

34. Donationem quam fecit Walateus in eodem pago et in eodem centena, in villa quæ dicitur Curtis Saxone. Dedit ibi de terra arabili bunuaria II, de prato aripennum I, de silva quartam partem de bunuario.

35. Donationem quam fecit Amadeus in eodem pago et in eadem centena et in eadem villa. Dedit ibi de terra arabili bunuaria II et dimidium, de prato aripennum I, de concidis quartam partem de bunuario. Et pro ac donatione deprecata est suprascriptam donationem Walatei; et donat inde denarios XII.

36. Donationem quam fecerunt Scotardus et Iderna in pago Oximense, in centena Corbonense, in loco qui dicitur Villaris ad illam Wactam[c]. Dederunt ibi de terra arabili bunuarium I et dimidium, de concidis bunuarium I, de prato tres partes de aripenno. Tenet eam Ello, et donat inde denarios II.

---

[a] Conf. §§ 5 et 6.

[b] Prædium ac molendinum, quater mille et quingentis passibus a Corbone, versus aquilonem, sita, apud nostrates *Couryaudré*, aliter *Cougaudray*, nominantur.

[c] Nunc *Villiers*, viculus parœciæ vulgo *Saint-Germain-de-la-Coudre* nuncupatæ, milliaribus circiter XIV a Corbone, versus meridiem.

37. Donationem Ermengarii in eodem pago et in eadem centena, in villa qui dicitur Curtis Ansmundi[a]. Dedit ibi mansum I, habentem de terra arabili bunuaria III.

38. Donationem Hilduini in eodem pago et in eadem centena et in eadem villa. Dedit ibi mansum I habentem de terra arabili bunuaria VI et tres partes de alio, de prato III partes de aripenno. Habet ibi farinarium I, de silva bunuarium I.

39. Donationem Hildegarii in eodem pago et in eadem centena et in eadem villa. Dedit ibi mansum I, habentem de terra arabili bunuaria XIIII et dimidium, de prato aripennos IIII et dimidium, de silva bunuarium I. Et pro hac donatione deprecatus est suprascriptas donationes Ermengarii et Hilduini.

40. Donationem quam fecit Witlaicus pro filio suo Witberto, in pago Oximense, in centena Corbonense, in villa quæ dicitur Molevardi[b]. Dedit ibi mansum I, habentem de terra arabili bunuaria IIII et dimidium, de prato aripennum I et dimidium. Tenet ipsum Teofridus, colonus sancti Germani. Solvit inde denarios XII, de capite suo denarios IIII, pullos et ova.

41. Item donationem Scothardi in pago Oximense in centena Corbonense, in villa quæ dicitur Molevardi. Dedit ibi mansum I, habentem de terra arabili bunuaria IIII, de prato aripennum I. Tenet eam nunc Silvanius, colonus sancti Germani, quem Iderna partibus sancti Germani condonavit[c]. Donat inde denarios XII, et denarios IIII de capite suo, pullos et ova.

42. Donationem Amingi in eodem pago et in eadem centena et in eadem villa. Dedit ibi de terra arabili bunuarium I et dimidium et perticas X; et tenet eam suprascriptus Silvanius.

43. Donationem quam fecit Hildradus pro filio suo, Hiltcario, in pago Oximense, in centena Corbonense, in villa quæ dicitur Mons Ainhildis[d]. Dedit ibi mansum I, habentem de terra arabili bunuaria III et perticas XXXVII, de prato aripennum I et perticas X. Et tenet eam nunc Adlevertus, colonus sancti Germani, de beneficio Gerradi. Arat ipsam terram ad medietatem. *Fol. 64.*

44. Donationem Walatei, quam fecit in pago Oximense, in centena Corbonense, in villa quæ dicitur Peciau[e]. Dedit ibi mansum I, habentem de terra arabili bunuaria XIII et dimidium, de prato aripennos II et dimidium, Eurinum autem et uxorem ejus cum infan-

---

[a] Locus nobis ignotus.
[b] Fortasse *Moulhard*, milliaribus XXX a Corbone, euronotum versus.
[c] Conf. § 1.
[d] Situs incertus.
[e] Nomen, quod postea nostrates huic loco indiderunt, neque hic eruere potuimus. Idque ideo (quod compluribus locis supra memoratis item accidit), quia loci quamplurimi centenæ Corbonensis, prioribus nominibus antiquatis, a sanctis appellati sunt, mutationumque illarum perierunt documenta.

tibus suis, et II ancillas alias. Tenent nunc ipsum mansum Hildegaus et Eurelinus, et Aldegaus, et arant ipsum ad medietatem. Eurelenus solvit denarios IIII°ʳ de capite suo, pullos et ova.

45. Donationem quam fecit Ostreboldus in pago Oximense, in centena Corbonense, in villa quæ dicitur Arsicius [a]. Dedit ibi mansum I, habentem de terra arabili bunuaria VII et perticas XXX, de prato aripennos IIII et perticas XXVII. Tenent nunc istam terram Gerhaus et Geroldus et Geroardus, homines sancti Germani. Donant inde solidos II; solvunt capaticum, pullos et ova.

46. Donationem quam fecit Warafius in eodem pago et in eadem centena, in villa quæ dicitur Lausei [b]. Dedit ibi curtilem I, habentem de terra arabili bunuarium I et perticas XVII, de prato perticas III. Tenet nunc eam Agevertus, colonus sancti Germani, cujus infantes non sunt sancti Germani. Solvunt capaticum tantum.

47. Terram quam conquisivit servus sancti Germani, nomine Maurhaus in pago Oximense, in centena Corbonense,

in loco qui dicitur Vallis Maurharii [c]. Habet ibi mansum I, habentem de terra arabili bunuaria XVIII et perticas XX, de prato aripennos VII. Tenet nunc ipsam terram Witlaicus in beneficio. Habet ibi homines duos extraneos manentes, et habent feminas sancti Germani, quorum infantes isti sunt : Altbertus, Adalmannus, Ragenbodus, Ercamflidis, Adalgaria, Ragenberga, Agenberga.

DONATIO AEVÆ COMITISSÆ [d].

48. In nomine sanctæ et individue Trinitatis. Ego Æva, ingenua, de ingenuis parentibus nata vel procreata; tam pro remedio anime meæ, quam pro remedio anime senioris mei, Walterii [e], necnon parentum meorum; trado et trasfundo alodum quod vocatur Fulloni Campum, et mansum Rotberti, in villa Ludolmis, in pago Castrinse [f]; totum concedimus sancto Germano com integritate et com omnibus eorum appenditiis, terris cultis et incultis, pratis : eo quidem tenore, ut de reditu et censu quod exinde exierit, quead lumen habere ante sanctum ejus sepulcrum; quatinus ejus piis meritis et intercessionibus valeamus adipisci perfectionem

---

[a] Hodie *Arcisse*, viculus juxta Corbonem.

[b] Vulgo *Loisail*, vicus quater mille passibus a Corbone, aquilonem versus; vel fortasse *Loisé*, viculus sexto milliario ab eodem Corbone, septentrionem inter et occidentem.

[c] Nunc, ni fallor, *Vauménard*, viculus, quatuor millibus et quingentis passuum a Corbone, aquilonem spectans.

[d] Hoc instrumentum publici juris fecit D. Bouillard, *Hist. de l'abb. de S. Germ.*, prob. XX, p. XVIII. Additum est in Cod. sæculo, ut videtur, decimo exeunte.

[e] Walterii nomine complures sub fine dynastiæ carolinæ occurrunt, qui comitum vices gesserunt; sed qui fuerit vir Evæ istius indicare non audemus.

[f] De pago Castrensi, cujus caput apud nostrates prius *La Châtre*, postremo *Arpajon* nominabatur, pluribus egimus in Commentariis. Villam Ludolmis hodie *Leudeville* nominari dicit doctissimus abbas Lebeuf, t. XI, p. 73. De nominibus hodiernis duorum locorum qui ibidem memorantur, indicium in promptu nullum habemus.

mentis a Domino, et contemplari eum
in sede magestatis suæ. Si quis vero,
Fol. 64 vº. quod minime credimus, fuerit successorum nostrorum qui contra hanc traditionem assurgere temptaverit, coactus
auri libras x componat, et insuper quod
repetit minime adquirat; et veniant super eum omnes maledictiones que sunt
scripte in libris sanctorum. Amen. Fiat.
Anathema. Maranatha ª.

49. Est in paco Meldis ᵇ homo nobilis, nomine Ermenhardus, et uxxor ejus, nomine
Emilsindis; et tradiderunt se sancto Germano,
Parisiace urbis episcopo, cum filia sua, nomine Havidis; et reddenttes, omni anno vite
suæ, denarios iiii, cum progenie sua. Et sit
eis in testimonio Hantsarius, momine ᶜ, colonus
noster de Teodasio ᵈ villa.

Drogomis filius ejus et uxores ejus, ᶜ ......
Warinburgis et Albulgis, ancille sancti Germani.

50. Hæc sunt ornamenta domni Walcherii
quæ apud nos sunt : dossalem 1, bancalia 11,

tapecia 11, mappam 1, lectisternia VII, cortinas
11, tentorium 1, in quinque partibus divisum ᶠ.

51. Consuetudo quam dedit ᵍ .... rex
.... cognomento Widone in quamdam villam sancti Germani, Theodasium nomine, scilicet
singulis annis, de unaquaque domo focum haben-
ti, unum sextarium avene....... Hic mos est
de bobus apud Masiacum ʰ et...............
.... villanorum, quod vulgo dicitur
sporles; quod vinum colligent ministeriales sancti
Germani, tempore vindemiarum, et deliberabunt
exceptoribus et conductoribus ejusdem Widonis
in eadem villa; et ipsi exceptores conducent vinum ad conductum suum, quod dominus eorum
voluerit Quod si defectio vini casu contigerit, et
coloni villæ perpenderint non se posse persolvere
debita vini sibi instituta, unusquisque eorum coram
ministerialibus sancti et coram exceptoribus con-
suetudinis............ .... exponet vindemiam vinee consuetudinem debentis et calcabit;
et ipsi recipient totum quicquid inde exierit. Quod
si summa ducentorum modiorum vini non possit in
vineis villanorum inveniri, sufficiat prædicto Widoni
et suis quod reppererint, nec quicquam ulterius
audeant repetere nec de dominio sancti nec de rus-
ticanis, sicut statutum et definitum sibi est in præcepto regali, ne hac occasione vinee destruamtur.
Hec consuetudo data est eidem Widoni dono regali,
ea scilicet ratione, ut nullam omnino aliam consuetudinem in prædicta villa habeat, neque receptum,
neque hospitatum, neque tapsationem, neque ro-
gationem, neque violentiam, nisi quod, tempore
vindemiarum, collectores vini sui v solidos ad expen-
sam habebunt.

ª In ora Cod. delineatum est monogramma quod
prodimus.

ᵇ De pago Meldensi dictum est in nostris Comment.

ᶜ Fort. leg. *nomine.*

ᵈ Hodie *Thiais*, ad septimum ab Urbe lapidem,
propter viam quæ Fontem Bliaudi ducit. De Theodaxio iterum atque iterum infra verba fient, pág. 151
et seqq.

ᵉ Hic vocis unius locus vacuus relictus est.

ᶠ Paragraphi 49 et 50 aliquanto post § 48 exarati
sunt.

ᵍ Pro verbis quæ penitus in Cod. erasa fuerunt
puncta posuimus in hoc paragrapho, manu etiam
paulo recentiore exarato quam §§ 49 et 50, qui
tamen ipsi, ut diximus, post reliqua scripti sunt.

ʰ Nostratibus *Macy*, ad lapidem nonum ab Urbe,
propter viam Aurelianensem.

XIII. BREVE DE BUXIDO.

DE DORGASINO.

Fol. 65. A. Habet in Buxido[a] mansum dominicatum cùm casa et aliis casticiis sufficienter. Habet ibi de terra dominicata culturas majores x, minores ii, quæ habent bunuaria cxcii, et possunt seminari de modiis frumenti cccclxxx; de prato aripennos lxxxii, in quibus possunt colligi de feno carra c. Habet ibi farinarios vii, sex vetustos et unum quem domnus Irmino abba fecit; qui solvunt de multura modios cccl. Solvunt illi v porcos v, et ille quem domnus abba fecit xii denarios; et illi iiii[or] solvunt solidos v et denarios iiii. De silvis, juxta estimationem, leuuas v totum in giro, in quibus possunt insaginari porci cc. Habet in Pertico[b] de silva, juxta estimationem, totum in circuitu leuuas x, in quibus possunt insaginari porci dccc.

B. Habet in Buxido ecclesias ii bene constructas, et alia casticia sufficienter. Aspiciunt ad ipsam ecclesiam de terra arabili bunuaria xi et iiii[a] pars de bunuario, de prato aripenni v, de concide dimidium bunuarium. Aspiciunt ibi mansi v, habentes inter totos de terra arabili bunuaria xxxiiii[or] et dimidium, de prato aripennos xi et dimidium. Solvunt inter totos de hostilicio multones viiii, et unus ex illis solvit xii denarios; de capatico solidos iii et denarios viiii; de spelta modios viiii, scindolas d, pullos xxxvi cum ovis, dovas xxxvi, circulos similiter. Faciunt carra duo ad vinericiam; similiter faciunt ad magiscam. Faciunt curvadas, et perticas arant. Faciunt clausuras ad ortum, ad curtem, ad messes; faciunt et dies. Donat inde caballum.

c. Habet in Bisau[c] ecclesiam et aliis casticiis. Aspiciunt ad ipsam ecclesiam de terra arabili bunuaria vi. Solvit solidos v.

DE CUMBIS[d].

1. Hildegaudus, colonus sancti Germani, et uxor ejus libera, nomine Franhildis: Hildegaus eorum filius. Et Nadalinus, colonus sancti Germani, socius ejus, et uxor ejus libera, et uxor ejus libera. Isti sunt eorum infantes: Ulfardus, Drojtoldus,

---

[a] Hodie *Boissy-en-Drouais*, vicus jam memoratus p. 123, § 8.
[b] Vulgo *le Perche*, pagus, de quo verba fecimus in Comment.
[c] Nostro tempore *Bizou*, circiter xxx milliaribus

[a] Buxido, inter austrum et occidentem, cujus ecclesia S. Germano consecrata est.
[d] Nunc *Combres*, item milliaribus circiter xxx a Buxido, austrum spectans.

Erlemundus, Franhildis, Ulberta. Et Rainlandus colonus. Isti tres manent in Cumbis. Tenent mansum ingenuilem I, habentem de terra arabili bunuaria XVII, de prato aripennos IIII^{or}, de concidis bunuaria II. Solvunt ad hostem, omni anno, solidos III; de lignaricia denarios IIII^{or}; de capite suo denarios IIII^{or}; de spelta, omnes qui aliquid de ipso manso tenent et ingenui fuerint, modios II; et de unoquoque foco, de viva anona dimidium modium; et inter totos qui ipsum mansum tenent, asciculos c, scindolas totidem, dovas XII, circulos VI; et unusquisque III pullos, ova x. Arant ad hibernaticum perticas IIII et ad tramisum IIII, ad proscendendum IIII; et per unamquamque sationem curvadas III, et quartam et quintam, cum pane et potu. Et quando curvadas non faciunt, in unaquæque ebdomada III dies operantur cum manu; et quando curvadas faciunt, nullum diem operantur ad opus dominicum, nisi summa necessitas evenerit. Et claudunt de tunini perticam I in curte dominica; et claudunt ad messes perticas VIII. Faciunt caropera propter vinum in Andegavo cum duobus animalibus de manso, et ducunt illud usque ad Sonane villam [a]. Et in madium mense facit caropera Parisius cum asciculos, similiter cum duobus animalibus.

2. Erloinus, colonus sancti Germani, et uxor ejus libera, nomine Fulcrada. Isti sunt infantes: Bovo, Aldrada, Huldrada, Nadramma. Et Marontus colonus et uxor ejus colona, nomine Rotgildis, homines sancti Germani. Iste sunt eorum filie: Frotberga, Wineverga. Et Faroinus colonus et uxor ejus colona, nomine Airbolda. Isti sunt eorum infantes: Feregaus, Faregildis. Isti tres manent in Cumbis. Tenent mansum ingenuilem, habentem de terra arabili bunuaria XVII et dimidium, de prato aripennos VIII, de silva bunuaria II. Faciunt similiter.

3. Sigrannus colonus et uxor ejus colona, nomine . . . . . . [b], homines sancti Germani. Isti sunt eorum infantes: Isovinus, Sigiricus, Isoardus, Sigevertus, Sigedrannus, Sigradus, Amalhildis. Et Concessus colonus et uxor ejus colona, nomine Waltberta, homines sancti Germani. Isti sunt eorum infantes: Goda, Waltrudis. Isti duo manent in Cumbis. Tenent mansum ingenuilem I, habentem de terra arabili bunuaria XIIII, de prato aripennos IIII^{or}, de silva bunuarium I. Facit similiter.

4. Hisulfus colonus et uxor ejus colona, nomine Agilsindis, homines sancti Germani. Isti sunt eorum infantes: Isengaudus, Isembertus, Antmundus, Isenardus, Isemberga. Et Ermenoldus colonus, et Balduinus colonus, et Ansedonius colonus, homines sancti Germani. Isti IIII^{or} manent in Cumbis. Tenent mansum ingenuilem I, habentem de terra arabili bunuaria XVI, de prato aripennos VI. Faciunt similiter.

---

[a] Hodie *Senonne*, milliaribus xxxv Andegavis, inter aquilonem et occasum; milliaribus circiter CL a Buxido, inter austrum et occidentem.

[b] Vacuus est nominis locus.

DE NOVA VILLA[a].

5. Erloinus colonus et uxor ejus colona, nomine Bertoildis, homines sancti Germani. Isti sunt eorum infantes : Nadalinus, Berneardus, Bernus, Bernardus, Erloildis, Clementia. Et socius ejus, Beraldus colonus, et uxor ejus colona, nomine Ulfa, homines sancti Germani. Isti sunt eorum infantes : Berinus, Faroardus, Ingaltrudis, Ingalsindis, Gundovaldus. Et Sicfarus colonus et uxor ejus colona, nomine Ansegildis, homines sancti Germani. Isti sunt eorum infantes : Bertradus, Ansoinus, Ansegaudus, Sicharius, Ansegaus, Andoinus, Actohildis. Et Ursbertus colonus et uxor ejus colona, nomine Winerada, homines sancti Germani. Isti sunt eorum infantes : Ursmarus, Wineradus, Wicleric. Isti iiii[or] manent in Nova Villa. Tenent mansum ingenuilem i, habentem de terra arabili bunuaria xviii, de prato aripennos xvi, de silva bunuaria ii. Faciunt similiter.

Fol. 66.

DE RAINBERTO VILLARE[b].

6. Aitoinus colonus et uxor ejus lida, nomine Altoildis, homines sancti Germani. Isti sunt eorum infantes : Altoardus, Onhildis, Aitoildis, Andoildis. Et socius ejus, Waldradus colonus. Isti sunt ejus infantes : Waldedrannus, Waratlinus, Walthildis, Saroara. Et Fraramundus liber et uxor ejus colona, nomine Rainhildis, homines sancti Germani.

Isti sunt eorum infantes : Betto, Autmundus, Faroardus, Aitohildis. Isti tres tenent mansum ingenuilem i, habentem de terra arabili bunuaria xiiii, de prato aripennos viii. Faciunt similiter.

7. Ostrovoldus, lidus sancti Germani, et uxor ejus extranea; et Gauthildis colonus. Isti sunt ejus infantes : Martinus, Hiltfredus, Dagbertus, Dairveus. Et Dacfredus colonus et uxor ejus colona, nomine Gairbolda : Gaifridus est eorum filius. Isti tres manent in Rainberto Villare; et tenent mansum ingenuilem i, habentem de terra arabili bunuaria xiiii et dimidium, de prato aripennos ii. Faciunt similiter.

8. Landegildis, colona sancti Germani. Isti sunt ejus infantes : Ragenulfus, Landegaus, Junegildis, Junildis, Rainildis, Lanthildis. Manet in Rainberto Villare. Tenet dimidium mansum, habentem de terra arabili bunuaria iiii[or], de prato aripennos iiii[or]. Solvit medietatem de integro manso.

DE BISAU.

9. Maurontus colonus et uxor ejus colona, nomine Autbolda, homines sancti Germani. Isti sunt eorum infantes : Bernehaus, Autbertus. Et Wilhaus colonus et uxor ejus colona, nomine Rainberga, homines sancti Germani. Isti sunt eorum infantes : Wilbodus, Rainardus, Winedrudis. Et Aistulfus

---

[a] Nostratibus *Neuville-la-Mare*, viculus juxta Puteolos (*Puiseux*), milliaribus xi a Buxido, austrum versus, aliquantulum vergens ad orientem.

[b] Hodie *Saint-Jean-de-Rebervilliers*, milliaribus novem a Buxido, meridiem spectans.

extraneus et uxor ejus, colona sancti Germani, nomine Ermentinga. Isti sunt eorum infantes : Wido, Ivo, Ivonia. Isti III manent in Bisau. Tenent mansum ingenuilem I, habentem de terra arabili bunuaria XIIII, de prato aripennos VIII, de concide bunuaria II. Faciunt similiter.

DE CAPPIS[a].

10. Celsuinus, colonus sancti Germani, et uxor ejus extranea; et Stallardus colonus et uxor ejus colona, nomine Ermentaria, homines sancti Germani. Isti sunt eorum infantes: Ermembertus, Celsoildis. Et Adalbertus extraneus et uxor ejus, colona sancti Germani. Isti sunt eorum infantes : Ermoinus, Ermgaudus. Isti III manent in Cappis. Tenent mansum ingenuilem I, habentem de terra arabili bunuaria V et dimidium, de prato aripennos II et dimidium, de silva dimidium bunuarium. Solvit similiter.

11. Siclandus colonus et uxor ejus colona, nomine Walthildis, homines sancti Germani. Isti sunt eorum infantes: Frotbannus, Sigemundus, Sigradus. Et Segenandus colonus et uxor ejus lida, nomine Frodohildis, homines sancti Germani. Isti duo manent in Cappis. Tenent mansum ingenuilem I, habentem de terra arabili bunuaria VIII, de prato aripennos II et dimidium, de silva bunuarium I. Faciunt similiter.

DE VICINIO[b].

12. Ermenulfus colonus et uxor ejus colona, nomine Hildeverta, homines sancti Germani. Isti sunt eorum infantes : Aitbertus, Ratgaudus. Et Serlus extraneus et uxor ejus, colona sancti Germani. Isti sunt eorum infantes: Arlevertus, Sarra. Et Rathaus colonus : Fol. 66 vº. Ratbertus est ejus filius. Isti tres manent in Vicinio. Tenent mansum ingenuilem I, habentem de terra arabili bunuaria VI et dimidium, de prato aripennos II et dimidium, de concide dimidium bunuarium. Faciunt similiter.

13. Rainoldus colonus et uxor ejus colona, nomine Frotberga, homines sancti Germani. Rainardus est eorum filius. Manet in Vicinio. Tenet dimidium mansum, habentem de terra arabili bunuaria IIII et dimidium, de silva aripennum I. Facit. omnia sicut de dimidio manso, excepto vinericia.

14. Erluinus colonus tenet partem I, supra illum mansum quem cum suis sociis tenet, habentem de terra arabili bunuaria IIII. Solvit inde inter scindulas et acxiculos[c]; solvit ad hostem denarios VIII. Arat inter tres sationes perticas III. Et denarium I ad lignericia. Et caropero, et magisca cum dimidium bove.

15. Remegius colonus et uxor ejus colona, de beneficio Ingalramni, nomine

---

[a] Nostratibus *Chappes*, juxta Castrum Novum Theodemarense, milliaribus XI a Buxido, versus meridiem.

[b] Nunc *Voisin*, non procul Carnuto, milliaribus XXVI a Buxido, versus austrum, ad orientem aliquantulum vergens.

[c] Vacuus relictus est numeri locus.

Erlisma, homines sancti Germani. Tenet partem ɪ, habentem de terra arabili bunuaɾia ɪɪɪɪ, de prato dimidium aripennum. Et mittit ɪ bovem ad caropera, inter vinericiam et magisquam. Solvit pullos et ova, scindolas xxv, axiculos similiter, dovas ɪɪɪ, circulos ɪɪɪ, de spelta modium ɪ, et denaɾios ɪɪɪɪ°ʳ de capite suo. Solvit ad hostem denarios vɪɪɪɪ. Facit curvadas, et cetera sicut alii.

16. Frotfridus colonus, et frater ejus, Waldingus colonus, homines sancti Germani. Manent in Vicinio. Tenent dimidium mansum ingenuilem, habentem de terra arabili bunuaria ɪɪɪɪ et dimidium, de prato aripennos ɪɪɪɪ, de silva jornales ɪɪ. Reddidit medietatem debiti de integro manso.

DE RIDO[1].

17. Ado extraneus et uxor ejus, colona sancti Germani, nomine Berthildis. Isti sunt eorum infantes : Allo, Adalmodus, Ingalsindis. Et socius ejus, Wandalenus, extraneus, et uxor ejus colona sancti Germani, nomine Aldrada. Isti sunt eorum infantes: Wandoildis, Wandalwis. Isti duo manent in Rido. Tenent mansum ingenuilem ɪ, habentem de terra arabili bunuaria xvɪɪɪɪ et dimidium, de prato aripennos vɪɪɪ, de silva bunuarium ɪ. Faciunt similiter.

18. Walateus, colonus et decanus, et

uxor ejus colona, nomine Hildegardis, de beneficio Rotmundi, homines sancti Germani ; et socius ejus Waldredannus colonus et uxor ejus colona, nomine Ingalberga, homines sancti Germani. Isti sunt eorum infantes : Waltmannus, Ingalbertus, Waldrada. Isti ɪɪ manent in Rido. Tenent mansum ingenuilem ɪ, habentem de terra arabili bunuaria vɪɪɪɪ et dimidium, de prato aripennos vɪ, de silva bunuarium ɪ et dimidium. Solvunt similiter.

19. Landoinus colonus et uxor ejus colona, nomine Rainohildis, homines sancti Germani. Isti sunt eorum infantes: Martinus, Ragenildis. Et socius ejus extraneus, nomine Hildegaudus, et uxor ejus colona sancti Germani. Isti sunt infantes eorum: Faregaudus, Hildegudis. Isti duo manent in Rido. Tenent mansum ingenuilem ɪ, habentem de terra arabili bunuaria vɪ, de prato aripennos ɪɪɪ, de silva bunuarium ɪ. Faciunt similiter.

20. Amalberta, colona sancti Germani. Isti sunt ejus infantes : Siginbertus, Siginberga, Gausbolda. Manet in Rido. Tenet dimidium mansum, habentem de terra arabili bunuaria ɪɪɪɪ°ʳ et dimidium, de prato aripennos ɪɪ et dimidium. Solvit medietatem debiti de integro manso. *Fol. 67.*

DE BUXIDO.

21. Droctoldus colonus et uxor ejus

[1] Nostro tempore *Ray* vel *le bois Ridon*, viculi : hic juxta Diniacum, milliaribus xv a Buxido, austrum versus, aliquantulum tamen ad occidentem vergens; ille propter Belonem, milliaribus xxxɪɪ

ab eodem Buxido, inter meridiem et occasum. Nisi malis hunc Ridum eumdem esse qui Ridus Gendrici inferius nominatur § 90.

colona, nomine Amalberta; et Hincbertus, colonus sancti Germani. Isti sunt
ejus infantes : Inganulfus , Ingalbertus.
Et Bernegaus, colonus sancti Germani;
et Ingrada colona. Isti sunt ejus infantes:
Eliscus, Johannes, Ingo. Isti III manent
in Buxido. Tenent mansum ingenuilem I,
habentem de terra arabili bunuaria x,
de prato aripennos III°ᵉ et dimidium,
de concide bunuarium I. Faciunt similiter.

22. Madalvinus colonus et uxor ejus
colona, nomine Hildebranda, homines
sancti Germani. Isti sunt eorum infantes.: Ulfrannus , Ulfradus. Et Gairbol-
dus, colonus sancti Germani. Isti duo
manent in Buxido. Tenent mansum ingenuilem I, habentem de terra arabili
bunuaria vi et dimidium, de prato aripennum I. Faciunt similiter.

DE POMERIDO[a].

24[b]. Waningus lidus et uxor ejus colona, nomine Sichildis , homines sancti
Germani. Isti sunt eorum infantes : Leut-
chaus , Sicmarus , Walachildis. Et Adalgildis, lida sancti Germani. Isti sunt ejus
infantes : Bricius, Adalgardus, Adalgisus,
Adalildis , Euregardis , Hildegardis. Isti
duo manent in Pomerido. Tenent mansum ingenuilem I, habentem de terra
arabili bunuaria viiii et dimidium, de
prato aripennos III. Faciunt similiter.

25. Frotlaicus lidus et uxor ejus colona, nomine Adaltrudis, homines sancti
Germani. Isti sunt eorum infantes : Frotboldus, Martinus, Adalgisus, Rotberga,
Ragentrudis. Et Hairveus lidus et uxor
ejus lida, nomine Walthildis, homines
sancti Germani. Isti sunt eorum infantes : Aldedrannus, Airoildis. Et Margil-
dus lidus et uxor ejus lida,-nomine Ingaltrudis. Isti sunt eorum infantes :
Ingalbertus, Ingalbodus, Frotbertus,
Amaltrudis. Isti III manent in Pomerido.
Tenent mansum ingenuilem I, habentem de terra arabili bunuaria xiiii et dimidium, de prato aripennos II et dimidium. Solvunt similiter.

26. Altrannus lidus et uxor ejus lida,
nomine Warna , homines sancti Germani. Isti sunt eorum infantes : Warnaldus, Altbrandus, Aldrus. Et Hilduinus
colonus. Istæ sunt ejus filic : Hildegardis, Hildegudis. Et Giraldus extraneus
et uxor ejus colona, nomine Ermtrudis,
homines sancti Germani. Isti sunt eorum
infantes : Elegardus, Ingalgardus. Isti III
manent in Pomerido. Tenent mansum
ingenuilem I, habentem de terra arabili
bunuaria vi et dimidium, de prato aripennos viii. Solvunt similiter.

DE OSONE VILLA[c].

27. Madalbertus colonus et uxor ejus
colona, nomine Ercantildis , homines

---

[a] llodie *la Pommeraye*, prædium sive viculus,
milliaribus xv a Buxido, meridiem spectans.
[b] Omissus est numerus 23.
[c] Hodie vel *Auzainville*, viculus, vel *Oynville*, vicus,
uterque milliaribus xxx a Buxido , euronotum
versus; vel denique, quod magis placet, *Affonville*
viculus, haud longe a Pomerido, milliaribus xv a
Buxido , versus meridiem, de quo jam facta est
mentio, p. 99, § 165 , iterumque inferius fiet §§ 52 ,
55, 60, ubi nuncupatur Osone, Osoni, Ausoni Villa.

sancti Germani. Isti sunt eorum infantes: Faroinus, Ercanoldus, Madalberta, Winerada. Et Madalfredus colonus et uxor ejus colona, nomine Teodolildis, homines sancti Germani. Isti sunt eorum infantes: Teutlindis, Waldrada. Isti duo manent in Osone Villa. Tenent mansum ingenuilem I, habentem de terra arabili bunuaria xvi, de prato aripennos iii, de silva bunuaria ii. Faciunt similiter.

28. Notboldus colonus et uxor ejus colona, nomine Restata, homines sancti Germani: Faroildis est eorum filia. Et Ingoildis, colona sancti Germani. Isti sunt ejus infantes: Waldradus, Ingalbertus. Isti duo manent in Osone Villa. Tenent mansum ingenuilem I, habentem de terra arabili bunuaria viii, de prato aripennos ii. Faciunt similiter.

/ . DE VILLARE*.

29. Ingulfus, colonus sancti Germani, et uxor ejus libera, nomine Sanctonia. Isti sunt eorum infantes: Aclentius, Eulalia, Angala. Et Winemundus colonus et uxor ejus colona, nomine Hotlindis, homines sancti Germani. Isti sunt eorum infantes: Autoinus, Wicbertus, Wido, Hildoara. Isti duo tenent mansum ingenuilem I, habentem de terra arabili bunuaria viiii, de prato aripennos viii, de concide aripennos ii. Et super ipsum mansum, tenet Ingulfus de cultura dominicata bunuaria ii.

3o. Ulgaudus colonus et uxor ejus colona, nomine Airlildis, homines sancti Germani. Isti sunt eorum infantes: Airbertus, Airulfus, Airveus, Autrudis. Et socius ejus, Gisloinus colonus, et uxor ejus colona, nomine Teutberga, homines sancti Germani. Isti sunt eorum infantes; Gisledrudis, Gislegildis, Gisla. Isti duo manent in Villare. Tenent mansum ingenuilem I, habentem de terra arabili bunuaria vi, de prato dimidium aripennum. Solvunt similiter.

31. Aganfredus, colonus et major, et uxor ejus colona, nomine Farohildis, homines sancti Germani. Isti sunt eorum infantes: Waldingus, Feredus, Agenardus, Teutgardis, Ainburgis. Manet in Gimberti valle[b]. Tenet mansum ingenuilem I, habentem de terra arabili bunuaria xiii, de prato aripennos xiii, de concidis bunuaria iii. Solvit similiter sicut et ceteri.

32. Wilericus colonus et uxor ejus colona, nomine Teutlindis, homines sancti Germani. Isti sunt eorum infantes: Adalgildis, Gerberga. Et Willevertus colonus et uxor ejus, colona sancti Germani, nomine Aldoildis, de Villamilt: Wilberga est eorum filia. Isti duo manent in Aimberti valle[c]. Tenent mansum ingenuilem I, habentem de terra arabili bunuaria xi, de prato aripennos x, de silva bunuarium I et dimidium. Solvunt similiter.

33. Walameus colonus et uxor ejus

---

* Nostratibus sive *Villiers-les-Morlières*, milliaribus circiter xvii a Buxido, inter austrum et orientem, vicus jam supra memoratus, p. 83, § 44; vel potius *Villiers*, prædium, sexies mille passibus a Buxido,

versus meridiem, haud procul a Blasia fluvio.
[b] Nunc, ut opinor, *Imbermais*, milliario sexto a Buxido, euronotum versus.
[c] Eadem quæ supra Ginberti vallis.

colona, nomine Adalsindis, homines
sancti Germani. Manet in Villare. Tenet dimidium mansum, habentem de
terra arabili bunuaria vi, de prato aripennos iii. Facit rigam integram, et cetera sicut de dimidio manso.

34. Frodegaus colonus et uxor ejus
colona, nomine Teutberga, homines
sancti Germani. Isti sunt eorum infantes : Teutbertus, Gundoinus, Teudoildis.
Manet in Villare. Tenet dimidium mansum. Et frater ejus, nomine Fredebertus, colonus et uxor ejus colona, nomine
Wicleberga, homines sancti Germani.
Isti sunt eorum infantes : Hildebodus,
Wineverga. Tenent dimidium mansum,
habentem de terra arabili bunuaria v,
de prato aripennos ii , de silva bunuaria
ii. Faciunt similiter.

35. Johannes colonus et uxor ejus
colona, nomine Waldoildis, homines
sancti Germani : Walthaus est eorum
filius. Manet in Bidulfi Villa*. Tenet dimidium mansum ingenuilem, habentem
de terra arabili bunuaria v, de prato
aripennum i. Facit similiter.

36. Warnuinus servus et uxor ejus
colona, nomine Radamildis. Isti sunt
eorum infantes : Maurellus, Mainbertus,
Warnoildis. Et Maurinus servus et uxor
ejus colona, nomine Adalberga. Isti sunt
eorum infantes : Adalgisus. Manent in
Bisau. Tenent dimidium mansum inge-

nuilem, habentem de terra arabili bunuaria v, de prato aripennum i, de
silva bunuarium i. Solvit similiter.

37. Faruinus colonus et uxor ejus colona, nomine Aldrida, homines sancti Germani. Isti sunt eorum infantes : Balduinus, Congaudia. Et Baldegaus, colonus
sancti Germani. Isti sunt ejus infantes :
Ermoldus, Baldegaudus, Ermengardus.
Et Amalbertus servus et uxor ejus colona, nomine Hinclehildis, homines
sancti Germani. Isti tres manent in Fol. 68.
Buxido. Tenent mansum ingenuilem i,
habentem de terra arabili bunuaria v,
de prato dimidium aripennum. Debent
solvere omne debitum, sicut de integro
manso, excepto caropera propter vinum.

38. Item Ado tenet in Dreausia[b] dimidium mansum ingenuilem, habentem
de terra arabili bunuaria iiii, de prato
aripennum i et dimidium. Debet facere
sicut alii dimidii mansi ingenuiles, sed
ipse de manibus suis prosolvit eum.

Blathaus, colonus de beneficio Rotmundi, tenet dimidium mansum in
Draavia[c] ingenuilem, habentem de terra
arabili bunuaria iii et dimidium. Facit
sicut dimidii mansi; excepto caropera
propter vinum, magiscam facit.

DE HIS QUI DENARIOS SOLVUNT DE MANSIBUS
LIDORUM.

39. Ermoldus colonus et fratres ejus,

---

* Inferius, §§ 51 et 72, Badulfi Villa, nunc vel
Badinville, viculus sexies mille passibus a Buxido,
occidentem spectans; vel, quod malim, *Badonville*
castrum, milliaribus xiii a Buxido, eurum versus.

[b] Nunc *Droaisy*, milliario nono a Buxido, inter
septentrionem et occasum.

[c] Apud nostrates, ut opinor, *Droué*, juxta Sparno-
nem; milliaribus xxiv a Buxido, euronotum versus

Gerardus, Ermenaus, Ermenulfus, Isemburgis, homines sancti Germani; et Ansardus colonus et uxor ejus colona, nomine Ingrada, homines sancti Germani : Geroldus est filius ejus. Isti duo manent in Cumbis. Tenent mansum I lidum, habentem de terra arabili bunuaria xvi et dimidium, de prato bunuaria vi. Solvunt inter utrosque solidos ii ad hostem, et reliqua sicut illi qui tenent mansos ingenuiles, præter unum solidum ad hostem.

40. Authaus colonus et uxor ejus colona, nomine Godelindis, homines sancti Germani. Et Guntberta colona. Isti sunt ejus infantes : Guntoldus, Gundadus, Ulfaicus, Bertbildis. Isti duo tenent mansum i lidum, habentem de terra arabili bunuaria xvi, de prato aripennos viiii. Solvit similiter.

41. Warimbertus extraneus et uxor ejus, colona sancti Germani, nomine Hinclehildis. Isti sunt eorum infantes : Blathaus, Ingalricus, Ingalmannus, Ingalaus, Waramboldus. Et Christianus colonus et uxor ejus colona, nomine Acleildis, homines sancti Germani. Isti sunt eorum infantes : Walameus, Sidonius. Isti duo tenent mansum i lidilem, habentem de terra arabili bunuaria xiii, de prato aripennos v. Solvit similiter, præter unam medietatem de bove ad caropera.

42. Dacboldus colonus et uxor ejus lida, nomine Gaudovildis, homines sancti Germani. Isti sunt eorum infantes : Gauvinus, Dacbertus, Acberga. Et Bertmi-

rus colonus et uxor ejus colona, nomine Dedla : Bertedruda et Betlina sunt eorum filiæ. Et Erlemarus extraneus et uxor ejus, colona sancti Germani : Aclevertus est eorum filius. Isti tres manent in Cumbis. Tenent mansum i lidilem, habentem de terra arabili bunuaria x, de prato aripennos ii. Solvunt sicut et ceteri.

43. Bertinianus colonus et uxor ejus colona, nomine Girlindis, homines sancti Germani. Isti sunt eorum infantes : Giroardus, Martinus, Girulfus, Anastasia. Et Baldevertus colonus et uxor ejus colona, nomine Hildegardis, homines sancti Germani. Isti sunt eorum infantes : Betto, Ingalardus. Isti duo manent in Nova Villa. Tenent mansum i lidilem, habentem de terra arabili bunuaria xvi, de prato aripennos iiii, de silva jornales iii. Solvunt similiter.

44. Gautsindus, colonus sancti Germani, et filius ejus servus, nomine Siclardus, et soror ejus ancilla, nomine Baldisma. Et Faramundus lidus et uxor ejus colona, nomine Siclanda. Isti duo Fol. 68 v°. manent in Nova Villa. Tenent mansum i lidilem, habentem de terra arabili bunuaria vii, de prato dimidium aripennum. Solvit similiter.

45. Gautsaus colonus et uxor ejus lida, nomine Faroildis, homines sancti Germani. Isti sunt eorum infantes : Gaudus, Faregaus, Gaugioldus, Gaudoildis. Et Erchengaudus servus et uxor ejus colona, nomine Isleburgis, homines sancti Germani. Et Berneaus colonus et uxor

ejus extranea; et Rainhaus servus et uxor ejus colona, nomine Rotlindis, homines sancti Germani. Isti sunt eorum infantes : Nadalinus, Bona. Isti quattuor manent in Nova Villa. Tenent mansum I lidilem, habentem de terra arabili bunuaria XIIII, de prato aripennos VIII. Faciunt similiter.

46. Witlaicus lidus. Isti sunt ejus infantes : Withaus, Withildis. Et Witboldus lidus et uxor ejus lida, nomine Ingalberta, homines sancti Germani. Isti sunt eorum infantes : Ingalbertus, Wiltrannus, Ingalberga. Et Winegaus lidus et uxor ejus colona, nomine Hinchildis. Isti sunt eorum infantes : Winegisus, Rainberga. Et Aldrismus lidus et uxor ejus colona, nomine Benoildis, homines sancti Germani. Isti sunt eorum infantes : Crispedeus, Aldrisma. Isti IIII[or] manent in Nova Villa. Tenent mansum I lidilem, habentem de terra arabili bunuaria XII, de prato aripennos V, de silva bunuarium I.

47. Waldingus colonus et uxor ejus colona, nomine Anahildis, homines sancti Germani. Isti sunt eorum infantes : Bernegaus, Edoildis. Et Faroinus colonus et uxor ejus lida, nomine Bertla : Naildis est ejus filia. Et Aitoinus lidus et uxor ejus colona, nomine Madahildis, homines sancti Germani. Isti sunt eorum infantes : Noctoinus, Aitoardus, Madalberga, Madalberta. Et Beroinus colonus et uxor ejus lida, nomine

Wandaildis, homines sancti Germani : Bernoinus est eorum filius. Et Otboldus lidus et uxor ejus colona, nomine Framnegildis : Erloildis est eorum filia. Et Aitardus lidus, et filius ejus Giroardus. Isti sex manent in Hachelmi Villare[a]. Tenent mansum I lidilem, habentem de terra arabili bunuaria XIIII, de prato aripennos VIII. Faciunt similiter.

48. Gaugioldus colonus et uxor ejus colona, nomine Madelindis, homines sancti Germani. Isti sunt eorum infantes : Witlaicus, Acleildis. Et Gaviovinus colonus et uxor ejus colona, nomine Winerada, homines sancti Germani. Et Agedeus colonus; et Ulsinus colonus, et fratres ejus, Ingalbertus, Madalgrimus, homines sancti Germani. Isti quattuor manent in Cumbis. Tenent mansum I lidilem, habentem de terra arabili bunuaria x et dimidium, de prato aripennos III[or]. Faciunt similiter.

49. Ingavertus lidus et uxor ejus colona, nomine Galdisma, homines sancti Germani. Isti sunt eorum infantes : Ingalfridus, Hispanellus, Ingalbertus, Hincbertus, Ermentrida. Et Nadalius lidus et uxor ejus colona, nomine Tcodildis, homines sancti Germani. Et Nadalgrimus lidus. Isti III manent in Bisau. Tenent mansum I lidilem, habentem de terra arabili bunuaria x, de prato aripennum I. Faciunt similiter.

50. Acledulfus colonus et uxor ejus

---

[a] Idem qui infra, § 78, nominatur Axelli Villaris, hodie *Clevilliers - le - Moûtier*, milliaribus xv a Buxido, versus austrum, aliquantulum ad orientem vergens.

colona, nomine Autgudis, homines sancti Germani; et Frotmundus servus et uxor ejus colona, nomine Rotleia : Frotbertus est eorum filius. Beraldus servus et uxor ejus colona, nomine Ainhildis, homines sancti Germani. Isti sunt eorum infantes : Bernaldus, Bernoinus, Bernoildis. Et Audoinus lidus et uxor ejus colona, nomine Aldegildis, homines sancti Germani. Isti IIII^{or} manent in Nova Villa. Tenent mansum I lidilem, habentem de terra arabili bunuaria VIII, de prato aripennos VIII. Faciunt similiter.

51. Honthardus colonus et uxor ejus colona, nomine Guntberga, homines sancti Germani : Gunthardus est eorum filius. Et Hincboldus colonus et uxor ejus ancilla, nomine Eurehildis. Isti sunt eorum infantes : Honthaus, Eurinus, Hincholda. Et Sicleboldus colonus et uxor ejus colona, nomine Bernehildis, de beneficio Ingalramni, homines sancti Germani. Isti III manent in Badulfi Villa. Tenent mansum I lidilem, habentem de terra arabili bunuaria VII et dimidium, de prato aripennos III, de silva dimidium aripennum. Faciunt similiter.

52. Rodrannus colonus et uxor ejus colona, nomine Landisma, homines sancti Germani. Isti sunt eorum infantes: Lantbodus, Lantbertus, Frotbertus, Frottrudis. Et Frodegardus colonus et uxor ejus colona, nomine Waldrada, homines sancti Germani. Isti sunt eo-

rum infantes : Frodegaus, Walduinus. Isti duo manent in Osone Villa. Tenent mansum I lidilem, habentem de terra arabili bunuaria VIII et dimidium, de prato aripennos II. Faciunt similiter sicut ceteri de lidilibus mansibus, præter I bovem ad vinericiam.

53. Ingalaus colonus et uxor ejus colona, nomine Adalberta, homines sancti Germani. Manet in Buxido. Tenet mansum I lidilem, habentem de terra arabili bunuaria V et dimidium, de prato aripennos II. Facit similiter.

54. Gudoinus colonus et uxor ejus lida, nomine Rodinga, homines sancti Germani. Isti sunt eorum infantes : Godenardus, Godaltrudis. Et Geilinus lidus et uxor ejus ancilla, nomine Autberga, homines sancti Germani. Isti sunt eorum infantes[a] : Autmundus. Isti duo manent in Pomerido. Tenent mansum I lidilem, habentem de terra arabili bunuaria V, de prato aripennos II. Faciunt similiter.

55. Airulfus, lidus sancti Germani, et uxor ejus libera; et Junigaudus colonus et uxor ejus colona, nomine Baldoflidis, de beneficio Rotmundi, homines sancti Germani. Manent in Osoni Villa. Tenent mansum I lidilem, habentem de terra arabili bunuaria XIII et dimidium, de prato aripennos II, de silva bunuarium I et dimidium. Solvunt totum debitum sicut ceteri de mansibus lidorum.

---

[a] Unum tantummodo nomen apparet.

Fol. 69.

56. Hildegaudus lidus et uxor ejus ancilla , nomine Bertoildis , homines sancti Germani. Isti sunt eorum infantes : Berengaus , Hildegaus , Berneardus , Saregaudus. Et Rotbolda, colona sancti Germani. Isti sunt ejus infantes : Aimericus, Frodelindis. Isti duo manent in Pomerido. Tenent mansum ı lidilem, habentem de terra arabili bunuaria vii, de prato aripennos viii , de silva bunuaria iiii. Faciunt similiter.

57. Hildevoldus colonus et uxor ejus lida, nomine Teutberga, homines sancti Germani. Isti sunt eorum infantes : Hildelaicus , Hildoildis, Bertohildis. Et Godo colonus et uxor ejus ancilla , nomine Adalberga, homines sancti Germani; et Warnuinus lidus. Isti iii manent in Pomerido. Tenent mansum ı lidilem, habentem de terra arabili bunuaria xi, de prato aripennos v, de concidis bunuarium ı. Faciunt similiter.

58. Frodegaudus lidus et uxor ejus advena, nomine Benedicta, homines sancti Germani. Isti sunt eorum infantes : Benedictus, Frotgius, Fredegildis, Gisleverga , Gislebildis. Et Faroinus colonus et uxor ejus colona, nomine Rainois, homines sancti Germani. Isti sunt eorum infantes : Altueus, Seattus, Rairicus, Rainbertus. Isti duo manent in Pomerido. Tenent mansum ı lidilem, habentem de terra arabili bunuaria viiii et dimidium , de prato aripennos iii et dimidium. Faciunt similiter sicut ceteri.

* Conf. § 27.

59. Merlus colonus et uxor ejus colona , nomine Frotlindis , homines sancti Germani. Isti sunt eorum infantes : Witboldus , Witbertus , Witberga, Airuildis , Ermgildis. Et Frodevertus colonus et uxor ejus colona , nomine Bertoildis, homines sancti Germani. Isti duo manent in Pomerido. Tenent mansum ı lidilem , habentem de terra arabili bunuaria vi , de prato aripennos iii , de silva aripennum ı. Faciunt similiter.

60. Junegaus colonus et uxor ejus colona, nomine Nadalgildis, homines sancti Germani : Nadalinus est eorum filius. Et Jonathan colonus et uxor ejus colona, nomine Bertlanda , homines sancti Germani : Bertoinus est eorum filius. Isti duo manent in Ausoni Villa*. Tenent mansum ı lidilem, habentem de terra arabili bunuaria vii , de prato aripennum ı et dimidium. Faciunt similiter.

61. Sarulfus extraneus et uxor ejus, colona sancti Germani, nomine Fredeberga. Isti sunt eorum infantes : Fredernus, Sarohildis, Gundoildis. Et Saroardus extraneus et uxor ejus, colona sancti Germani, nomine Rainoildis. Isti sunt eorum infantes : Aclandus, Gaviovinus, Rainovinus, Rainois. Isti duo manent in Buxido. Tenent mansum ı lidilem, habentem de terra arabili bunuaria vi , de prato aripennos ii , de concidis dimidium bunuarium. Solvunt similiter.

62. Frotveus colonus et uxor ejus colona, nomine Ansfringa, homines sancti Germani. Isti sunt eorum infantes : Frotbertus, Frotlandus, Frotberta, Ansberta, Anastasia. Et Rigenoldus lidus et uxor ejus advena, nomine Landegaria, homines sancti Germani : Bernefridus est eorum filius. Et Aimoinus colonus et uxor ejus colona, nomine Frotlaica, homines sancti Germani. Isti sunt eorum infantes : Amedeus, Frotlebertus, Frodoinus, Frotberga, Sigrada, Sigovildis, Fredegildis, Berthildis. Isti tres manent in Buxito. Tenent mansum I lidilem, habentem de terra arabili bunuaria VI et dimidium, de prato aripennos II et dimidium. Faciunt similiter.

63. Godalboldus lidus et uxor ejus colona, nomine Inga, homines sancti Germani. Isti sunt eorum infantes : Ingadeus, Martina. Et Rainbardus et uxor ejus colona, nomine Aclohildis, homines sancti Germani. Isti sunt eorum infantes : Gauslindis, Gaudoildis, Euregardis. Et Frotveus lidus et uxor ejus colona, nomine Acleverta : Rotgildis est eorum filia. Isti III manent in Nova Villa. Tenent mansum I lidilem, habentem de terra arabili bunuaria VI et dimidium, de prato aripennos II. Solvunt similiter.

DE MANSIBUS SERVILIS.

64. Autlemarus servus et uxor ejus colona, nomine Adalberta, homines sancti Germani : Ragenulfus est eorum filius. Manet in Nova Villa. Tenet dimidium mansum servilem, habentem

de terra arabili bunuaria III, de prato aripennos II. Solvit ad hostem multonem I, et denarios IIII de capite suo, et c libras de ferro, scindolas L, axiculos L, dovas VI, circulos III, de fumione sestarios II, faculas VII. Arat insuper annum perticas VI. Facit caropera. Claudit in curte dominica de tunino parietem I, ad messes perticas IIII. Pullos III, ova XV. De conjecto de annone dimidium modium. Wactat in curte dominica, vel quicquid necesse fuerit.

65. Martinus servus et uxor ejus ancilla, nomine Frotlindis, homines sancti Germani. Isti sunt eorum infantes : Raganbolda, filia eorum, est ancilla; Faregaus, Wiclericus, Winevoldus sunt lidi, quoniam de colona sunt nati. Manet in Nova Villa. Tenet dimidium mansum, habentem de terra bunuaria IIII, de prato aripennum I. Solvit similiter.

66. Hildegardus servus et uxor ejus Ulfuldis, homines sancti Germani : Ulfingus est eorum filius. Et Altrannus servus et uxor ejus colona, nomine Aginbolda, homines sancti Germani : Aldringus est eorum filius. Isti duo manent in Nova Villa. Tenent dimidium mansum servilem, habentem de terra arabili bunuaria V et dimidium, de prato aripennum I et dimidium. Solvit unusquisque c libras de ferro, cetera similiter.

67. Dudoinus servus et uxor ejus colona, nomine Celsima, homines sancti Germani. Isti sunt filii Dudoini de alia

femina, et sunt servi : Berhaus, Acléveruus, Dodo, Faregaus, Acleverga, Audina. Manet in Nova Villa. Tenet dimidium mansum servilem, habentem de terra arabili bunuaria v, de prato aripennum I et dimidium. Solvit similiter.

68. Witbolda ancilla et filii ejus servi, nominibus Hontboldus, Wiltrannus. Manet in Nova Villa. Tenet dimidium mansum servilem, habentem de terra arabili bunuaria vi, de prato aripennum I, de silva bunuarium I. Solvit similiter.

69. Ostrevoldus lidus et uxor ejus extranea. Manet in Rainberti Villare. Tenet dimidium mansum servilem, habentem de terra arabili bunuaria IIII, de prato aripennos II. Solvit similiter, præter ferrum.

70. Wandearius lidus et uxor ejus colona, nomine Farohildis, homines sancti Germani. Isti sunt eorum infantes : Faregaudus, Faroinus, Faroardus, Waldingus, Waratlinus, Wandoïldis, Walthildis. Manet in Nova Villa. Tenet dimidium mansum servilem, habentem de terra arabili bunuaria III et dimidium, de prato aripennos II. Solvit similiter, præter ferrum.

71. Frodevertus colonus et uxor ejus colona, nomine Bertovildis : Fredeberga est eorum filia. Et Bernoldus colonus. Isti duo manent in Pomerido. Tenent dimidium mansum servilem, habentem de terra arabili bunuaria III, de prato aripennum I. Solvunt similiter, præter ferrum.

72. Autlefredus servus et uxor ejus ancilla, nomine Gencbolda, homines sancti Germani. Manet in Badulfi Villa. Tenet dimidium mansum servilem, habentem de terra arabili bunuaria II et dimidium, de prato aripennum I. Solvit similiter et ferrum.

73. Wiltrannus, lidus sancti Germani. Isti sunt ejus infantes : Altbertus, Faroïldis. Iste manet in Pomerido. Tenet dimidium mansum servilem, habentem de terra arabili bunuaria II et II partes de alio, de prato dimidium aripennum. Solvit similiter, præter ferrum.

74. Ingradus lidus et uxor ejus ancilla, nomine Girlindis, homines sancti Germani. Isti sunt eorum infantes : Autlemarus, Ingalbertus, Ingalardus, Faregildis, Bertrada. Et Withaus lidus et uxor ejus lida, nomine Ingalberga : Widrannus est eorum filius. Isti duo manent in Pomerido. Tenent mansum I servilem, habentem de terra arabili bunuaria v et dimidium, de prato aripennos VII, de concidis jornalem I. Solvunt omne debitum sicut de integro manso servili, præter ferrum. Fol. 70 v°.

75. Godoinus colonus et uxor ejus lida, nomine Rodinga, homines sancti Germani. Isti sunt eorum infantes : Godenardus, Godaltrudis. Et Gailinus lidus et uxor ejus ancilla, nomine Otberga, homines sancti Germani. Isti sunt eorum infantes : Otmundus, Fulcoinus, Giroinus, Otlildis, Geilildis. Isti duo manent in Pomerido. Tenent

mansum ɪ servilem, habentem de terra
arabili bunuaria vɪ, de prato aripennos
ɪɪ. Faciunt similiter, præter ɪ bovem ad
carropera, et ferrum.

76. Ermenoldus lidus et uxor ejus
lida, nomine Bertara, homines sancti
Germani. Isti sunt eorum infantes : Ermenardus, Ermenaus, Ermoldus. Et
Godenulfus colonus et uxor ejus colona, nomine Waldrada, homines sancti
Germani. Isti sunt eorum infantes : Waldradus, Godelindis. Et Waltrudis ancilla, cum infantibus suis. Isti tres tenent mansum ɪ servilem, habentem de
terra arabili bunuaria vɪɪɪ, de prato aripennos ɪɪɪ, de concidis bunuaria ɪɪ.
Reddunt totum debitum servilem, preter ferrum.

[76 bis.] Ainfredus; et Andoinus colonus et uxor ejus colona, nomine Acledrudis, homines sancti Germani. Isti
sunt eorum infantes : Ainbertus, Andra-
dus, Ainteus, Deudoildis, Andoildis.
Tenent partes ɪɪ, habentes de terra arabili bunuaria v. Solvunt ad hostem denarios vɪ, et denarios ɪɪɪɪ de capite suo,
et dimidium modium de conjecto, et
modium ɪ de spelta, pullos et ova. Curvadas et perticas vɪ inter totas sationes,
et manopera, et nihil aliud.

77. Adalgudis colonus. Isti sunt ejus
infantes : Gausmarus, Gaudoinus, Gaus-
linus, homines sancti Germani. Manet
in Nova Villa. Tenet mansum ɪ servilem, habentem de terra arabili bu-

nuaria vɪɪɪ et dimidium, de prato aripennos ɪɪɪɪ[or], de silva bunuarium ɪ. Solvit
ad hostem multones ɪɪ, denarios ɪɪɪɪ de
capite suo, scindolas c, axiculos c, dovas
vɪ, circulos vɪ, de fumlone sestarios ɪɪɪɪ[or],
faculas xɪɪ, pullos ɪɪɪ, ova x; de unoquoque foco, de conjecto dimidium modium;
de annona similiter, de unoquoque foco.
Insuper annum arant perticas xɪɪ in
antsingis. Curvadas ɪɪɪ, et quartam et
quintam cum pane et potu. Et faciunt
similiter sicut illi qui mansos ingenuiles
tenent, excepto bovem ad caropera.

78. Walthaus colonus et uxor ejus
colona, nomine Lantborta, homines
sancti Germani. Isti sunt eorum infantes : Lantbertus, Waldedrannus, Walthildis, Waldida. Et Gifardus servus et
uxor ejus lida, nomine Atloildis, homines sancti Germani. Isti sunt eorum
infantes : Gibohildis, Agohildis, Giu-
rada, Dactoildis. Et Ostrulfus lidus et
uxor ejus colona, nomine Gaugildis,
homines sancti Germani. Isti sunt eorum infantes : Warnoinus, Ostroldus,
Ostrapius, Rainteus, Gaudoildis, Gau-
lildis. Et Aclulfus lidus et uxor ejus
colona, nomine Walda. Isti sunt eorum
infantes : Agenulfus, Walebegildis,
Waldisma. Isti ɪɪɪɪ[or] manent in Axelli
Villare[a]. Tenent mansum ɪ servilem,
habentem de terra arabili bunuaria vɪɪ,
de prato aripennos ɪɪɪɪ. Solvunt similiter; et isti mittunt ɪɪ boves ad caropera.

79. Rainhaus servus et uxor ejus

_____

[a] Conf. § 47.

Fol. 71. ancilla , nomine Frodisma , homines
sancti Germani. Isti sunt eorum infantes : Rainarius, Rainfrida, Rainberga.
Manet in Nova Villa. Tenet mansum ı
servilem, habentem de terra arabili bunuaria ıııı^{or}, de prato aripennum ı. Solvit similiter, et mittit ı bovem in caropera.

80. Aguinus lidus et uxor ejus ancilla, nomine Bertrada, homines sancti
Germani. Isti sunt eorum infantes :
Acluinus, Bertoildis. Manet in Nova
Villa. Tenet mansum ı servilem , habentem de terra arabili bunuaria xııı,
de prato aripennos vı. Solvit similiter,
et mittit ıı boves ad caropera.

81. Audulfus servus et uxor ejus ancilla, nomine Warna , homines sancti
Germani. Isti sunt eorum infantes :
Warnulfus , Warnaldus , Warneaus ,
Mauronia, Bernoildis, Audenildis, Autrudis. Et Ingo servus et uxor ejus colona , nomine Authildis , homines sancti
Germani. Isti sunt eorum infantes :
Hincbodus, Hincbertus, Rainoardus,
Aitbolda. Isti duo manent in Bisau. Tenent mansum ı servilem , habentem de
terra arabili bunuaria ıııı et dimidium,
de prato aripennos vı. Solvunt similiter,
et ferrum.

82. Bertlinus servus; et Bertgilus
servus et uxor ejus lida, nomine Waregildis , homines sancti Germani ; et Gauginus servus et uxor ejus extranea ; et
Franuinus servus et uxor ejus advena ,
nomine Genedrudis , homines sancti
Germani. Isti sunt eorum infantes : Ge-

nardus , Frannegaus , Mainbodus, Fram-
bertus. Isti ıııı^{or} manent in Bisau. Tenent
mansum ı servilem, habentem de terra
arabili bunuaria xı, de prato aripennos
vı. Solvunt similiter, et ferrum.

83. Frotgaudus servus et uxor ejus
colona , nomine Junisa , homines sancti
Germani. Isti sunt eorum infantes : Frodegaudus, Jonan, Mauricius, Frodingus,
Frodoildis , Junildis , Frotberga. Et
Framnericus servus. Isti sunt ejus infantes : Rainbertus, Maurilio. Isti duo
manent in Bisau. Tenent mansum ı
servilem , habentem de terra arabili
bunuaria v et dimidium, de prato aripennos ııı. Solvunt similiter, et ferrum.

84. Waningus colonus et uxor ejus
colona , nomine Wiclildis , homines
sancti Germani. Isti sunt eorum infantes:
Wandalonus, Wanduinus, Erlegardis ,
Winigisus , Widericus , Wandoildis ,
Waltildis , Feregildis , Winelindis. Et
Beraldus colonus et uxor ejus colona,
nomine Rottrudis : Bernegardus est eorum filius. Isti ıı manent in Bisau. Tenent mansum ı servilem , habentem de
terra arabili bunuaria v, de prato aripennos ııı. Solvunt similiter, præter ferrum.

85. Adalmarus servus et uxor ejus
lida, nomine Girlindis , homines sancti
Germani. Isti sunt eorum infantes :
Adalmannus, Adalricus, Geirada. Et
Faroinus servus et uxor ejus lida, nomine Aldedrudis, homines sancti Germani : Amalburgis est eorum filia. Isti
duo manent in Pomerido. Tenent mansum ı servilem , habentem de terra ara-

bili bunuaria vii, de prato aripennos viii. Solvunt similiter, et ferrum.

86. Sabudellus colonus et uxor ejus colona, nomine Drogtla, homines sancti Germani. Isti sunt eorum infantes : Droctarnus, Drutberga. Et Watlinus servus et uxor ejus lida, nomine Gauda, homines sancti Germani. Isti duo manent in Pomerido. Tenent mansum i servilem, habentem de terra arabili bunuaria viiii, de prato aripennos iiii^{or}. Solvunt similiter, et ferrum.

87. Berthundus servus et uxor ejus colona, nomine Drotla, homines sancti Germani. Isti sunt eorum infantes : Faramundus, Ermemberga. Et Geroldus servus et uxor ejus lida, nomine Os-

Fol. 71 v°. trebolda, homines sancti Germani. Isti sunt eorum infantes : Gerardus, Girmundus, Bertrada, Ostrildis. Et Adalricus servus et uxor ejus colona, nomine Gautlildis : Eva est eorum filia. Et Airveus servus; et Maurontus lidus et uxor ejus colona, nomine Warfrida, homines sancti Germani : Waningus est eorum filius. Isti v manent in Pomerido. Tenent mansum i servilem, habentem de terra arabili bunuaria xiii, de prato aripennos iiii, de silva bunuaria ii. Solvunt similiter. Illi qui sunt servi solvunt ferrum, præter......[a]; et ille qui lidus est solvit modium de spelta.

88. Ansedeus, colonus sancti Ger-

mani, et uxor ejus extranea. Manet in Cumbis. Tenet partem i de fisco dominico, habentem de terra arabili bunuaria iii. Solvit ad hostem denarios iii, et arat perticas iii insuper annum.

89. Bernoardus servus et uxor ejus colona, nomine Senera, homines sancti Germani. Manet in Nova Villa. Tenet partem i servilem, habentem de terra arabili bunuaria ii et dimidium, de prato aripennum i. Solvit totum censum sicut de parte i. Solvit denarios iii ad hostem, pullos iii, ova x, ferrum, fumlonem sextarium i, faculas iii, scindolas xxv, axiculos xxv, dovas iii, circulos iii; perticas iii in anno; caroperas, curvadas.

90. Frotgius servus et uxor ejus ancilla, nomine Ragambolda, homines sancti Germani : Ontboldus est eorum filius. Manet in Rido Gendrico[b]. Tenet partem i servilem, habentem de terra arabili bunuaria iii et dimidium. Debet facere similiter, sed, pro ipso debito, providet porcos.

91. Faregaudus colonus et uxor ejus colona, nomine Nadalildis, homines sancti Germani. Isti sunt eorum infantes : Faramundus, Faroardus, Nadalinus, Sigenildis, Otlindis. Et Euregaudus colonus et uxor ejus colona, nomine Frotgildis, homines sancti Germani. Isti sunt eorum infantes : Ratboldus, Domegardus, Frotcaus, Frothildis. Isti

<hr>

[a] Interjacet aliquod spatium vacuum.

[b] Nunc *Jaudrais*, milliaribus xii a Buxido, versus austrum, aliquantum vergens ad occidentem.

duo tenent mansum I servilem, habentem de terra arabili bunuaria IIII^or et jornalem I. Solvunt multonem I, et mittunt I bovem in madio mense, et reliqua faciunt, præter vinericiam.

92. Amingus colonus et uxor ejus extranea; et Teudulfus colonus et uxor ejus colona, nomine Ercamberta, homines sancti Germani. Isti sunt eorum infantes : Teodoardus, Teutgaudus, Teodoldus, Teutberta, Ingalsindis. Isti duo manent in Buxido. Tenent mansum I servilem, habentem de terra arabili bunuaria IIII^or. Solvunt multones II, et cetera similiter, excepto vinericiam.

93. Adalbertus colonus et uxor ejus colona, nomine Girlindis, homines sancti Germani; et Betlina colona. Isti sunt ejus infantes : Blathildis, Farohildis. Isti duo manent in Buxido. Tenent mansum I servilem, habentem de terra arabili bunuaria VII, de prato aripennos III, de silva bunuaria II. Solvunt totum censum sicut de servili manso.

94. Watlulfus servus et uxor ejus colona, nomine Ragantrudis, homines sancti Germani : Baldrevertus est eorum filius. Et Waldegaudus servus et uxor ejus ancilla, nomine Widisma, homines sancti Germani. Isti sunt eorum infantes : Waldricus, Watlinus, Waldoinus, Ercamboldus, Farohildis. Isti duo manent in Buxido. Tenent mansum I servilem, habentem de terra arabili bunuaria VI, de prato aripennum I, de silva bunuarium I. Solvunt totum debitum servilem.

Fol. 72.

95. Solinianus colonus et uxor ejus colona, homines sancti Germani. Isti sunt eorum infantes : Norbertus, Flodricus, Grimoildus. Isti tres sunt de ancilla : Inguinus, Gaila, Ingalburgis. Manet in Buxido. Tenet mansum I servilem, habentem de terra arabili bunuaria VI et jornalem I, de prato aripennum I. Solvit similiter.

96. Item Hildegaudus tenet partem I, habentem de terra arabili bunuaria II, de prato dimidium aripennum. Solvit inde denarios IIII. Arat inde perticas III insuper annum.

97. Godenulfus et Acboldus servi; et Bernoildis advena. Isti sunt ejus infantes : Bernegarius, Gisloldus, Wicleradus, Bernegildis. Isti tres manent in Bisau. Tenent partes II, habentes de terra arabili bunuaria III, de prato aripennum I. Solvunt ad hostem multonem I; et ille unus ex servis solvit denarios IIII de capite suo; et perticas III insuper annum; pullos III, ova X.

98. Item Waningus tenet de terra arabili bunuarium I; et arat inde per unamquamque sationem dimidiam perticam.

99. Sunt mansi ingenuiles XXXI et dimidius. Solvunt de hostilicio libras III et solidos VIIII et denarios VIIII, absque ministerialibus VI, qui retinent post se solidos XII et denarios VIIII. Est unus ibi censilis qui solvit solidos VI. Sunt libræ IIII et solidi IIII et denarii VIIII. Sunt ibi IIII^or perticæ, ex quibus exeunt XII denarii.
Sunt mansi lidorum XXIIII. Solvunt

de hostilicio libras ii et solidos vi et denarios viiii, absque ministerialibus, cum ministerialibus duobus, id est, forstario et decano, qui retinent post se solidum i et denarios iii. Sunt libræ vi et dimidia et solidi ii et denarii vi, aut boves xx.

Sunt mansi serviles xxv et dimidius. Solvunt ad hostem multones xlvii.

Sunt mansi inter ingenuiles et lidiles et serviles lxxxi et pertica i; sunt per focos clxxxii. Solvunt de capatico solidos l et denarios xviiii.

Sunt ibi foci inter ingenuiles et lidiles cxxiiii, qui solvunt de spelta modios cxxiiii. Propter wactam, solvunt de axiculo, inter ingenuorum et lidorum et servorum mansos, viDccc; de scindulis similiter, absque ministerialibus.

Sunt mansi, qui faciunt angariam propter vinum, lxv et dimidius; qui faciunt carra, xxxii et dimidius, absque ministerialibus et his qui [a]...... Solvunt, inter ingenuiles et lidiles et serviles, dovas dcclxxx, ex quibus conponuntur tonne xxxvi; circulos similiter; pullos d, ova ii. Solvunt de conjecto de viva annona modios xcviiii ad forstarium, et pullos clxxx. Solvit inde ipse forstaus ad opus dominicum modios lx, ingium i, denarios xii, caldariam i, de melle sestarium i, alterum de sapone, libram i de cera, aucas ii, accipitrem i, sprevarios iii, et, quando ipsos habere non potest, solidos iii; scrofas ad opus dominicum c.

Solvunt de lignaritia, inter ingenuiles et lidiles, solidos xvii.

Fol. 72 v°.

100. Ainfredus, major, et unusquisque homo qui de eadem villa major fuerit, solvit ad nativitatem Domini porcos ii, ferreolos ii, coniadas viii[b]..... Totidem censum solvit ad pascha.

101. Walateus, decanus ejusdem villæ, solvit inter utrasque festivitates porcellos ii, utrosque de quattuor denariis; aucas ii inter utrasque.

102. Hilduinus, cellarius, solvit indium i.
Aitoinus prosolvit medietatem mansi de sex blasis.

103. Ermenulfus faber medietatem mansi de vi lanceis.

104. Hado faber prosolvit medietatem mansi de fabricina sua.

105. Solinianus et Amingus inter utrosque prosolvunt mansum i servilem de manibus suis; et de unoquoque carra, quando caropera non faciunt, exeunt solidos iii.

106. Solvunt de unaquaque patella omnes in eodem fisco, postquam tres vices ibidem in anno bratsaverint, modium i de avena.

107. Mulnarii solvunt solidos vi et denarios iiii.

108. Isti sunt servi :
Watlulfus,   Waldegaudus,

---

[a] Vocis unius spatium vacuum interest.

[b] Hic linea una fere tota abrasa penitusque deleta est

Martinus,
Amalbertus,
Waldinus,
Giroldus,
Sabodellus,
Berthundis,
Aldricus,
Adalmarus,
Faroinus,
Audulfus,
Ingo,
Bertlinus,
Bertgilus,
Frainoinus,
Gauginus,

Framericus,
Frotgaudus,
Item Martinus,
Audomarus,
Hildegardus,
Raganhaus,
Ranchaus,
Ercangaudus,
Dodoinus,
Beroldus,
Bernoardus,
Gifardus,
Ontboldus,
Autlefredus.

Isti solvunt de ferro pensas xxxɪɪɪ, de fumlone modios vɪɪɪ et sistarios ɪɪɪɪ, faculas ccc.

109. Iste sunt ancillæ :

Widisma,
Frodolda,
Baltedrudis,
Otberga,
Adalberga,
Bertoïldis,
Waltrudis,

Girlindis,
Genbolda,
Frotlildis,
Rainbolda,
Rodisma,
Warna,
Bertrada.

Iste, si datur eis linificium, faciunt camsilos.

110. Iste sunt lidae :

Teudrada,
Hostravolda,

Teutberga,
Framengildis,

Gauda,
Girlildis,
Bertara,
Warna,
Berildis,
Ingalberga,
Ingaltrudis,
Wathildis,

Aldedrudis,
Waregildis,
Gautlildis,
Farildis,
Ingalberta,
Beirtla,
Faroildis.

Omnes iste aut faciunt camsilos de octo alnis, aut solvunt denarios ɪɪɪɪᵒʳ.

111. Isti sunt qui juraverunt :

Ainfredus,
Hildegaudus,
Walateus,
Gauthaus,
Marontus,
Altramnus,
Bertinianus,
Nadalinus,
Madalvinus,
Walthaus,
Erloinus,
Waldingus,
Waningus,
Waldedrannus,
Wandrehaus,
Johannes,
Isulfus,
Ermenulfus,
Celsuinus,
Gausmarus,

Actuinus,
Martinus,
Sedonius,
Merlus,
Margildis,
Walameus,
Madalfridus,
Gaugioldus,
Sigrannus,
Wilhaus,
Hildegardus,
Gifardus,
Item Martinus,
Audulfus,
Berthundis,
Bertlinus,
Geroldus,
Dodoinus,
Amalbertus,
Watlinus.

XIV. BREVE DE THEODAXIO.

1. Habet in Theodaxio mansum dominicatum cum casa et aliis casticiis sufficienter; de terra arabile culturas VI, que habent bunuaria CLXX, et possunt seminari modiis DCCC. Habet ibi de vineas veteris aripennos CXXXV, de vinea novella, quam domnus Irmino abba plantavit, aripennos VIII et dimidium, ubi possunt in totum colligi de vino modii MCCC; de prato aripennos CX, ubi possunt colligi de feno carra CCL.

2. Habet ibi ecclesiam cum omni apparatu diligenter constructam, cum casa et aliis casticiis. Aspiciunt ibi mansi ingenuiles II, habentes de terra arabile bunuaria VIII, de vinea aripennos VIII, de prato VI, et mancipia II. Exiit de ipsa ecclesia in dona caballus I.

3. Habet Giroldus colonus et uxor ejus colona, nomine Adalgera, homines sancti Germani, mansum ingenuilem I et dimidium, habentem de terra arabile bunuaria XIIII, de vinea aripennos V et dimidium, de prato aripennos XI. Solvit ad hostem de argento solidos IIII; et ad alium annum, propter carnatico, solidos II; ad tertium annum, propter herbaticum, germgia I; in pastione, de vino modios III; ad tertium annum asciculos C. Arat ad hibernaticum perticas IIII, ad tremissam perticas II. Curvadas in una-

quaque ebdomada II, manoperam I; pullos III, ova XV; carroperas ubi ei injungitur; et facit in vinea aripennum I.

4. Godebaldus colonus et uxor ejus colona, nomine Magenildis, homines sancti Germani, habent secum infantes IIII. Ragamboldus colonus et uxor ejus colona, nomine Frambolda, homines sancti Germani, habent secum filias II. Isti duo tenent mansum ingenuilem I, habentem de terra arabile bunuaria V, de vinea aripennos III et quartam partem de aripenno, de prato aripennos III. Cetera solvit sicut Giroldus.

5. Deotimius colonus et uxor ejus colona, nomine Statia, homines sancti Germani, habent secum infantes III. Madalharius colonus et uxor ejus colona, nomine Johanna, homines sancti Germani, habent secum filiam I. Isti duo tenent mansum ingenuilem I, habentem de terra arabile bunuaria V, de vinea aripennos III et dimidium, de prato aripennum I et quartam partem de aripenno. Cetera solvit similiter.

6. Vulfricus colonus et uxor ejus colona, nomine Richeldis, homines sancti Germani, habent secum filias II. Ingelfridus colonus et uxor ejus colona, no-

mine Godelhildis, habent secum infantes IIII. Landalbertus colonus et uxor Fol. 73 v°. ejus colona, nomine Adalberta, homines sancti Germani, habent secum infantes IIII. Isti tres tenent mansum ingenuilem I, habentem de terra arabile bunuaria v et antsingam I, de vinea aripennos III et quartam partem de aripenno; de prato aripennos III. Cetera solvit similiter.

7. Radoinus, homo liber, et uxor ejus colona, nomine Adalguis, habent secum filium I. Tenent mansum ingenuilem I, habentem de terra arabile bunuaria II, de vinea aripennos III, de prato aripennum I et dimidium. Cetera solvit similiter.

8. Bertelmus colonus et uxor ejus colona, nomine Odelindis, homines sancti Germani, tenent mansum ingenuilem I, habentem de terra arabile bunuaria v et antsingam I, de vinea aripennos IIII, de prato aripennum I et quartam partem de aripenno. Cetera solvit similiter.

9. Radulfus colonus et uxor ejus colona, nomine Frothildis, homines sancti Germani, habent secum infantes VI. Adalardus, colonus sancti Germani, habet secum matrem suam et fratrem. Isti duo tenent mansum ingenuilem I, habentem de terra arabile bunuaria VI, de vinea aripennos II et dimidium, de prato aripennos IIII et dimidium. Cetera similiter.

10. Sechaus colonus et uxor ejus colona, nomine Helmberga, homines sancti Germani, habent secum infantes v. Madalgis colonus et uxor ejus colona, nomine Berta, habent secum infantes III. Isti duo tenent mansum ingenuilem I, habentem de terra arabile bunuaria x, de vinea aripennos III, de prato aripennos IIII. Cetera solvit similiter.

11. Adalvinus colonus et uxor ejus colona, nomine Agentildis, homines sancti Germani, habent secum infantes VII. Dodrannus colonus et uxor ejus colona, nomine Benedicta, homines sancti Germani; habet secum fratres II. Isti duo tenent mansum ingenuilem I, habentem de terra arabile bunuaria v et dimidiam antsingam, de vinea aripennos III, de prato aripennos II et quartam partem de aripenno. Cetera solvit similiter.

12. Trutgaudus colonus et uxor ejus colona, nomine Adalberga, homines sancti Germani, habent secum infantes v. Godefredus colonus et uxor ejus colona, nomine Altana, homines sancti Germani, habent secum infantes III. Isti duo tenent mansum ingenuilem I, habentem de terra arabile bunuaria IIII et antsingam I, de vinea aripennos II et dimidium, de prato aripennos II et dimidium.

13. Madalgarius colonus et uxor ejus colona, nomine Claudia, habent secum infantes IIII. Tenent mansum ingenuilem I, habentem de terra arabile bunuaria XII, de vinea aripennos III et dimidium, de prato aripennos IIII. Cetera similiter.

14. Badilo colonus et uxor ejus colona, nomine Amalgildis, homines sancti Germani, habent secum infantes III. Tenent mansum ingenuilem 1, habentem de terra arabile bunuaria XII, de vinea aripennos IIII et dimidium, de prato aripennos IIII. Cetera similiter.

15. Dodo, colonus sancti Germani, habet secum sororem suam. Dominicus colonus et uxor ejus colona, nomine Teutberga, homines sancti Germani, habent secum filium unum. Isti duo tenent mansum ingenuilem 1, habentem de terra arabile bunuaria II et antsin-
Fol. 74. gas II, de vinea aripennos IIII, de prato aripennum 1 et quartam partem de aripenno. Cetera similiter.

16. Giroinus, colonus sancti Germani, tenet mansum ingenuilem 1, habentem de terra arabile bunuaria VI, de vinea aripennos IIII, de prato aripennos III et dimidiam antsingam. Cetera similiter.

17. Teudericus colonus et uxor ejus colona, nomine Aldedrudis, homines sancti Germani, habent secum filios II. Wandrehaus colonus et uxor ejus colona, nomine Amalberta, homines sancti Germani, habent secum infantes III. Isti duo tenent mansum ingenuilem 1, habentem de terra arabile bunuaria IIII, de vinea aripennos II et tres partes de aripenno, de prato aripennos II et dimidium. Cetera similiter.

18. Frotlandus colonus et uxor ejus

colona, nomine Ramedrudis, homines sancti Germani, habent secum filias II. Rotgandus, colonus sancti Germani, habet secum sorores II. Gislehardus colonus et uxor ejus colona, nomine Frotberga, homines sancti Germani, habent secum filium 1. Isti tres tenent mansum ingenuilem 1, habentem de terra arabile bunuaria VI et antsingam 1, de vinea aripennos IIII, de prato aripennos III. Cetera similiter.

19. Ermenoldus colonus et uxor ejus colona, nomine Baltildis, homines sancti Germani, habent secum filios II. Tenent mansum ingenuilem 1, habentem de terra arabile bunuaria IIII, de vinea aripennos IIII, de prato aripennos II. Cetera similiter.

20. Ermenaus colonus et uxor ejus colona, nomine Adalindis, homines sancti Germani, habent secum filium 1. Tenent mansum ingenuilem 1, habentem de terra arabile bunuaria IIII, de vinea aripennos IIII, de prato aripennos II. Cetera similiter.

21. Wartedenus colonus et uxor ejus colona, nomine Rotfreda, homines sancti Germani, habent secum infantes III. Hæriboldus colonus et uxor ejus colona, nomine Adalindis, homines sancti Germani, habent secum filium 1. Isti duo tenent mansum ingenuilem 1, habentem de terra arabile bunuaria IIII, de vinea aripennos II et tres partes de aripenno. Cetera similiter.

22. Adalricus colonus et uxor ejus

20

colona, nomine Elieldis, homines sancti
Germani, habent secum filios iii et
filiam i. Adalfredus colonus et uxor
ejus colona, nomine Teutlindis, homines sancti Germani, habent secum
infantes iiii. Isti duo tenent mansum
ingenuilem i, habentem de terra arabile bunuaria xiii, de vinea aripennos vi, de prato aripennos vii et dimidium. Solvunt in pascione de vino
modios iii ; parveretum. Faciunt ad
hibernaticum perticas iiii, ad tremissam perticas ii. In unaquaque ebdomada faciunt curvatas iii. Pullos iii, ova
xv [a].

23. Acboldus, colonus sancti Germani, tenet mansum ingenuilem i, habentem de terra arabile bunuaria ii et
dimidium, de vinea aripennos iii, de
prato aripennos ii. Cetera solvit sicut
Geroldus.

24. Anastasius colonus et uxor ejus
colona, nomine Girbolda, homines sancti
Germani, habent secum infantes iii.
Tenent mansum ingenuilem i, habentem de terra arabile bunuaria iii, de vinea aripennos iii et dimidium, de prato
aripennos iii et dimidium. Cetera similiter.

25. Frotbertus colonus et uxor ejus
colona, nomine Adalindis, homines
sancti Germani, habent secum filios ii.
Tenent mansum ingenuilem i, haben-
Fol. 74 v°. tem de terra arabile bunuaria vi et antsingam i, de vinea aripennos iii et quartam
partem de aripenno, de prato aripen-

nos iii et duas partes de aripenno. Cetera similiter.

26. Madalbertus colonus et uxor ejus
colona, nomine Autgildis, homines
sancti Germani, habent secum infantes
iiii. Tenent mansum ingenuilem i, habentem de terra arabili bunuaria vi et
antsingam i, de vinea aripennos iiii et
dimidium, de prato aripennos iiii. Cetera similiter.

27. Magenarus, colonus sancti Germani, habet secum matrem suam et
neptam. Tenet mansum ingenuilem i,
habentem de terra arabile bunuaria vi
et antsingam i, de vinea aripennos iiii
et quartam partem de aripenno, de prato
aripennos iii. Cetera similiter.

28. Gerhaus colonus et uxor ejus colona, nomine Benedicta, homines sancti
Germani, habent secum infantes iii.
Tenent mansum ingenuilem i, habentem de terra arabile bunuaria vi, de vinea aripennos iii et quartam partem de
aripenno, de prato aripennos ii. Cetera
similiter.

29. Wandalveus, colonus sancti Germani, habet secum fratres iii et matrem. Tenet mansum ingenuilem i,
habentem de terra arabile bunuaria
iiii et dimidium, de vinea aripennos iii,
de prato aripennum i. Cetera similiter.

30. Aclebarius colonus et uxor ejus
colona, nomine Ermentrudis, homines

---

[a] Vocem *paraveretum* ad oram manus antiqua conjecit.

sancti Germani, habent secum infantes vi. Tenent mansum ingenuilem i, habentem de terra arabili bunuaria v, de vinea aripennos iii et dimidium, de prato aripennos iii et dimidium. Cetera similiter.

31. Magenardus colonus et uxor ejus colona, nomine Gertrudis, homines sancti Germani, habent secum infantes iii. Gautselmus, colonus sancti Germani; Gausbertus, colonus sancti Germani; Teudoinus colonus et uxor ejus colona, nomine Gaudina, homines sancti Germani, habent secum infantes iii, his nominibus, Gaudenus, Teodrada, Gotlindis. Isti iiii tenent mansum ingenuilem i, habentem de terra arabile bunuaria v et antsingam i, de vinea aripennos ii et tres partes de aripenno, de prato aripennum i. Cetera similiter.

32. Ebrulfus colonus et uxor ejus colona, nomine Winegildis, homines sancti Germani; Adroinus colonus et uxor ejus colona, nomine Amalfreda, homines sancti Germani, habent secum infantes ii, his nominibus, Amalgarius, Amalgaudus. Isti duo tenent mansum ingenuilem i, habentem de terra arabile bunuaria vi, antsingam i, de vinea aripennos iiii et tres partes de aripenno, de prato aripennos ii et dimidium. Cetera similiter.

33. Agenoldus colonus et uxor ejus colona, nomine Landa, homines sancti Germani; Dagoinus colonus et uxor ejus colona, nomine Scupilia, homines sancti Germani. Isti duo tenent dimidium man-

sum. Faciunt servitium sicut de dimidio manso; et habent de terra arabile bunuaria iiii, de vinea aripennos iiii et quartam partem de aripenno, de prato aripennum i et dimidium.

34. Flodoinus colonus et uxor ejus colona, nomine Sedonia, homines sancti Germani, habent secum infantes ii, his nominibus, Siguinus, Godebertus. Gautbertus colonus et uxor ejus colona, nomine Johanna, homines sancti Germani, habent secum infantem i, nomine Godoinus. Isti duo tenent mansum ingenuilem i, habentem de terra arabile bunuaria vi, de vinea aripennos iii et dimidium, de prato aripennos iii et quartam partem de aripenno.

35. Celgaudus colonus et uxor ejus Fol. 75. colona, nomine Gundranna, homines sancti Germani, habent secum filium i, nomine Eldradrus. Geroldus colonus et uxor ejus colona, nomine Baltisma, homines sancti Germani, habent secum infantes iii, his nominibus, Baltaldus, Guntlindis, Gerhildis. Isti duo tenent mansum ingenuilem i, habentem de terra arabile bunuaria iii et dimidium et antsingam, de vinea aripennos iii, de prato aripennos ii. Solvit ad hostem de argento solidos ii; et ad alium annum, propter carnaticum, solidum i; ad tertium annum scindolas c; in pastione de vino modios ii. Faciunt ad hibernaticum perticas iiii, ad tremissam perticas ii; in unaquaque ebdomada curvatas ii; manoperas, carroperas, ubi eis injungitur. Pullos iii, ova xv. Faciunt in vinea aripennum i.

36. Ermenarius colonus et uxor ejus colona, nomine Dodina, homines sancti Germani, habent secum filium 1, nomine Dodinus. Tenent mansum ingenuilem 1, habentem de terra arabile bunuaria III et dimidium et antsingam, de vinea aripennos III, de prato aripennum I et quartam partem de aripenno. Cetera similiter[a].

37. Gamalfredus, colonus sancti Germani, et uxor ejus colona, nomine Amalberga, habent secum infantes VI, his nominibus, Amalricus, Teudericus, Gamalveus, Adalgaria, Amalia, Gamanildis. Tenent mansum ingenuilem 1, habentem de terra arabile bunuaria III et antsingam 1, de vinea aripennos III, de prato II. Solvit similiter.

38. Bertoinus, colonus sancti Germani; Belemarus, colonus sancti Germani, habet secum matrem et sororem. Isti duo tenent mansum ingenuilem 1, habentem de terra arabile bunuaria III et antsingas II, de vinea aripennos III, de prato aripennos II. Solvit similiter.

39. Gundoinus colonus et uxor ejus colona, nomine Winegildis, homines sancti Germani, habent secum infantes IIII, his nominibus, Ermoinus, Ermgaudus, Maria, Gunda. Tenent mansum ingenuilem 1, habentem de terra arabile bunuaria III et antsingas II, de vinea aripennos III, de prato aripennos II. Solvit similiter[b].

40. Ratbertus, colonus sancti Germani, habet secum matrem et fratrem et sororem. Gundradus colonus et uxor ejus colona, nomine Gundehildis, habent secum infantes III, his nominibus, Isoardus, Elisanna, Aldefrida, homines sancti Germani. Isti duo tenent mansum ingenuilem I, habentem de terra arabile bunuaria IIII, de vinea aripennos III, de prato aripennos II. Solvit similiter.

41. Berneardus colonus et uxor ejus colona, nomine Aclisma, homines sancti Germani; Landardus colonus et uxor ejus colona, nomine Gundrada, homines sancti Germani, habent secum infantes V, his nominibus, Lantbertus, Guntharius, Grimaldus, Sichildis, Landrada. Isti duo tenent mansum ingenuilem I, habentem de terra arabile bunuaria IIII et antsingas II, de vinea aripennos III, de prato aripennum I et quartam partem de aripenno. Solvit similiter.

42. Melianus colonus et uxor ejus colona, nomine Baltildis, homines sancti Germani; Winegaus, colonus sancti Germani. Isti duo tenent mansum ingenuilem I, habentem de terra arabile bunuaria III, de vinea aripennos III, de prato aripennos II. Cetera similiter. Fol. 75 v°.

43. Jordoinus colonus et uxor ejus colona, nomine Ermentaria, homines sancti Germani, habent secum infantes v, his nominibus, Acilo, Adalhardus,

[a] Subaudiendum, ut opinor, *sicut Giroldus*, superius nominatus, § 3.
[b] Ad oram hujus paragraphi triumque proxime

sequentium voces duæ, *deest hæres*, vel una, *deest*, manu antiqua conjectæ sunt.

Jordanis, Ermentelmus, Jordildis. Godinus colonus et uxor ejus colona, nomine Dominica, homines sancti Germani, habent secum infantes II, his nominibus, Strataus, Godelberga. Isti duo tenent mansum ingenuilem I, habentem de terra arabile bunuaria VI et antsingam I, de vinea aripennos III, de prato aripennum I. Cetera similiter.

44. Godo colonus et uxor ejus colona, nomine Grimoildis, homines sancti Germani, habent secum infantes III, his nominibus, Grimoldus, Grimoardus, Godelmarus. Droctelmus colonus et uxor ejus colona, nomine Warninga, homines sancti Germani. Isti duo tenent dimidium mansum ingenuilem, habentem de terra arabile bunuarium I et dimidium, de vinea aripennos II, de prato aripennum I. Solvit similiter sicut de dimidium mansum.

45. Bernehardus, colonus sancti Germani; Beraldus colonus et uxor ejus colona, nomine Anastasia, homines sancti Germani, habent secum infantes II, his nominibus, Aclardus, Agia. Isti duo tenent mansum ingenuilem I, habentem de terra arabili bunuaria IIII, de vinea aripennos II et quartam partem de aripenno, de prato aripennos III. Solvit similiter.

46. Strataus colonus et uxor ejus colona, nomine Adalberga, homines sancti Germani, habent secum infantes II, his nominibus, Frotleius, Gundevildis. Albericus colonus et uxor ejus colona, nomine Agia, homines sancti Germani, habent secum infantes IIII, his nominibus, Acbertus, Altelmus, Isembaldus, Ermoildis. Isti duo tenent mansum ingenuilem I, habentem de terra arabile bunuaria X, de vinea aripennum I. Solvit similiter.

47. Altanus colonus et uxor ejus colona, nomine Bertoina, homines sancti Germani, habent secum infantes III, his nominibus, Altbertus, Maria, Eligardis. Tenent mansum ingenuilem, habentem de terra arabile bunuaria V et antsingas II, de vinea tres partes de aripenno. Solvunt in pastione de vino modios II. Solvit[a] similiter.

48. Adaloldus colonus et uxor ejus colona, nomine Frodelindis, homines sancti Germani, habent secum infantes II, his nominibus, Frothaidis, Frotgildis. Tenent dimidium mansum ingenuilem, habentem de terra arabile bunuaria II et antsingam dimidiam, de vinea dimidium aripennum. Facit servitium de medietate mansi.

49. Adalboldus colonus et uxor ejus colona, nomine Ingildis, homines sancti Germani, habent secum infantes VI, his nominibus, Ingobodus, Adalman, Ingalbertus, Adalgundis, Inga, Ingalberga. Ragenaus colonus et uxor ejus colona, nomine Iselindis, homines sancti Germani, habent secum infantes II, his nominibus, Martinus, Ragenildis. Isti

Fol. 76.

_____

[a] Loco verbi *solvit* fortassis legendum, *cetera*.

duo tenent mansum ingenuilem I, habentem de terra arabile bunuaria VI, de vinea aripennos II, de prato aripennum I. Solvit similiter.

5o. Ranchaus, colonus sancti Germani, habet secum infantes II. Tenet mansum ingenuilem I, habentem de terra arabile bunuaria VII et antsingas II, de vinea aripennum I. Solvit similiter.

51. Wandrehardus colonus et uxor ejus colona, nomine Didinga, homines sancti Germani; Adaloldus, colonus sancti Germani; Frothardus, colonus sancti Germani. Isti tres tenent mansum ingenuilem I, habentem de terra arabile bunuaria VIII, de vinea aripennos II et dimidium, de prato tres partes de aripenno. Solvit similiter.

52. Ardoinus colonus et uxor ejus colona, nomine Hadoildis, homines sancti Germani, habent secum filias II, his nominibus, Ardoildis, Ansoildis. Ragenadus, colonus sancti Germani. Isti duo tenent mansum ingenuilem I, habentem de terra arabile bunuaria VI et antsingas II. Solvit similiter.

53. Marso colonus et uxor ejus colona, nomine Guntlindis, homines sancti Germani, habent secum infantes II, his nominibus, Guntleis, Adalhau. Altfridus colonus et uxor ejus colona, nomine Avildis, homines sancti Germani, habent secum infantes* IIII, his nominibus, Lantfridus, Eligaus, Madal-

fridus, Adrianus, Eligeldis. Adalardus colonus et uxor ejus colona, nomine Bernegisa, homines sancti Germani, habent secum infantes III, his nominibus, Adalhelmus, Adalvis, Bernegardis. Isti tres tenent mansum ingenuilem I, habentem de terra arabile bunuaria VIII et antsingam I et dimidiam, de vinea aripennos II, de prato aripennos IIII et quartam partem de aripenno. Solvit similiter.

54. Salomon colonus et uxor ejus colona, nomine Adalgudis, homines sancti Germani; Jonam colonus et uxor ejus colona, nomine Disha, homines sancti Germani; Ratgerus colonus et uxor ejus colona, nomine Framnildis, homines sancti Germani, habent secum infantes II, his nominibus, Rainhildis, Ragentrudis. Isti tres tenent mansum ingenuilem I, habentem de terra arabile bunuaria V et dimidium, de vinea aripennos V, de prato aripennos VI. Solvit similiter.

55. Flavidus, colonus sancti Germani, habet secum fratrem et sororem. Petronilla, colona sancti Germani, habet secum infantes II, his nominibus, Godalricus, Erledrudis. Isti duo tenent mansum ingenuilem I, habentem de terra arabile bunuaria XII et antsingam I, de vinea aripennos V, de prato aripennos VII. Solvit similiter.

56. Godoinus colonus et uxor ejus colona, nomine Alexsandria, homines

* Quinque sunt nomina.

sancti Germani, habent secum infantes vi, his nominibus, Godeboldus, Gun-
doinus, Godelhildis, Alesinda, Adelhildis[a]. Godelmarus colonus et uxor ejus colona, nomine Ansegundis, homines sancti Germani, habent secum infantes iii, his nominibus, Ansoinus, Agebaldus, Ebrehildis. Isti duo tenent mansum ingenuilem i, habentem de terra arabile bunuaria vii et antsingas ii, de vinea aripennos iii, de prato aripennos iiii et dimidium. Solvit similiter.

57. Ingalhaus colonus et uxor ejus colona, nomine Aglina, homines sancti Germani; Framengaus colonus et uxor ejus colona, nomine Grima, homines sancti Germani, habent secum infantes ii, his nominibus, Framengis, Framengildis. Histi duo tenent mansum ingenuilem i, habentem de terra arabile bunuaria xii, et antsingam i et dimidiam, de vinea aripennos v, de prato aripennos vii. Solvit similiter.

58. Ansfredus colonus et uxor ejus colona, nomine Godelindis, homines sancti Germani, habent secum filium i, nomine Adalhaus. Landohildis, colona sancti Germani, habet secum filium i, nomine Frotgaudus. Isti duo tenent dimidium mansum, habentem de terra arabile bunuaria vi, de vinea aripennum i et octavam partem de aripenno, de prato aripennum i et dimidium. Facit sicu[b] de dimidium mansum.

59. Ebtardus colonus et uxor ejus colona, nomine Ermentrudis, homines sancti Germani, habent secum infantes iiii, his nominibus, Guntarius, Adalgarius, Dominica, Amaltrudis. Acloinus, colonus sancti Germani. Isti duo tenent mansum ingenuilem i, habentem de terra arabile bunuaria iiii et dimidiam antsingam, de vinea aripennos iii et dimidium, de prato aripennos ii et dimidium. Solvunt similiter.

60. Hiltfredus, colonus sancti Germani; Anastasius colonus et uxor ejus colona, nomine Godeberta, homines sancti Germani. Isti duo tenent dimidium mansum, habentem de terra arabile bunuaria vi, de vinea tertiam partem de aripenno, de prato aripennos iii et quartam partem de aripenno. Solvunt similiter.

61. Ageteus colonus et uxor ejus colona, nomine Hildegildis, homines sancti Germani, habent secum infantes iiii, his nominibus, Hildegaudus, Dominicus, Hildeleis, Hildelindis. Landoldus colonus et uxor ejus colona, nomine Electildis, homines sancti Germani, habent secum infantes iiii, his nominibus, Hildeleis, Electeus, Dotboldus, Maurentia. Isti duo tenent mansum ingenuilem i, habentem de terra arabile bunuaria vi et antsingam i, de vinea aripennos iii, de prato aripennos iii. Solvunt similiter.

62. Frotgis colonus et uxor ejus colona, nomine Agia, homines sancti

---

Germani, habent secum infantes III, his nominibus, Vulfaldus, Gerhildis, Aclina. Fulcoldus colonus et uxor ejus colona, nomine Ragambolda, homines sancti Germani, habent secum infantes III. Adalgaus colonus et uxor ejus colona, nomine Landadrudis, homines sancti Germani, habent secum filios II, his nominibus, Lando, Landardus. Isti tres tenent mansum ingenuilem I, habentem de terra arabili bunuaria V et antsingas II, de vinea aripennos III, de prato aripennos III. Solvit similiter.

63. Segoaldus colonus et uxor ejus colona, nomine Arilindis, homines sancti Germani, habent secum filium I, nomine Remegium. Dodo colonus et uxor ejus colona, nomine Sigrada, homines sancti Germani, habent secum infantem I, nomine Benedictus. Isti duo tenent mansum ingenuilem I, habentem de terra arabile bunuaria IIII et antsingas II, de vinea aripennos III, de prato aripennum I et dimidium. Solvit similiter.

64. Dotdo colonus et uxor ejus colona, nomine Adelindis, homines sancti Germani; Dodoinus colonus et uxor ejus colona, nomine Giroildis, homines sancti Germani, habent secum infantes II, his nominibus, Ercambaldus, Gerhaus. Isti duo tenent mansum ingenuilem I, habentem de terra arabile bunuaria VI et antsingas II, de vinea aripennos IIII, de prato aripennos III et dimidium.

65. Lando colonus et uxor ejus co-

lona, nomine Aclevalda, homines sancti Germani, habent secum infantes IIII, his nominibus, Richardus, Landoanus, Ostgaus, Dodinus. Frothardus, colonus sancti Germani. Isti duo tenent mansum ingenuilem I, habentem de terra arabile bunuaria IIII et antsingam I et dimidiam, de vinea aripennos IIII, de prato aripennos VI. Solvit similiter.

66. Ermenulfus colonus et uxor ejus colona, nomine Hilaria, homines sancti Germani, habent secum infantes III. Tenent mansum ingenuilem I, habentem de terra arabile bunuaria VI, de vinea aripennos IIII et quartam partem de aripenno, de prato aripennos III et dimidium. Solvit similiter.

67. Maurus, colonus sancti Germani, habet secum infantes II, his nominibus, Ermembertus, Airhildis. Lantfredus, colonus sancti Germani. Isti duo tenent mansum ingenuilem I, habentem de terra arabile bunuaria IIII et antsingas II, de vinea aripennos II et dimidium, de prato aripennos V. Solvit similiter.

68. Teutgaus colonus et uxor ejus colona, nomine Aglildis, homines sancti Germani, habent secum infantes III. Teudoinus colonus et uxor ejus colona, nomine Ermentrudis, homines sancti Germani, habent secum infantes II, his nominibus, Ermenaus, Ardoinus. Isti duo tenent mansum ingenuilem I, habentem de terra arabile bunuaria I et antsingam I, de vinea aripennum I et dimidium, de prato aripennos IIII. Solvit similiter.

69. Ansboldus colonus et uxor ejus colona, nomine Doda, homines sancti Germani, habent secum infantes II, his nominibus, Ansbrug, Frotgaudus. Tenent mansum ingenuilem I, habentem de terra arabile bunuaria IIII et antsingas II, de vinea aripennos II, de prato aripennos III. Solvit similiter.

70. Frotgaus colonus et uxor ejus colona, nomine Auscella, homines sancti Germani, habent secum infantes IIII, his nominibus, Teutbertus, Frotbertus, Wilhaus, Wilbelmus; Titboldus colonus et uxor ejus colona, nomine Gislildis, homines sancti Germani, habent secum infantes III, his nominibus, Sigradus, Electeus, Manisla. Jsti duo tenent mansum ingenuilem I, habentem de terra arabile bunuaria VI et antsingas II, de vinea aripennos II, de prato aripennos V. Solvit similiter.

71. Litbertus colonus et uxor ejus colona, nomine Frendonildis, homines sancti Germani, habent secum infantes III, his nominibus, Untbrandus, Fridegis, Ansberta; Agloldus colonus et uxor ejus colona, nomine Bodila, homines sancti Germani, habent secum infantes II, his nominibus, Aclandus, Aclildis; Teutgaus colonus et uxor ejus colona, homines sancti Germani, habent secum infantes IIII[a], his nominibus, Frotlandus, Teutgis, Ermenfridus. Jsti tres tenent mansum ingenuilem I, habentem de terra arabile bunuaria IIII et antsingam I, de vinea aripennos III, de prato

aripennum I et dimidium. Solvit similiter.

72. Petrus servus et uxor ejus lida, nomine Scupilia, habent secum infantes IIII, his nominibus, Agembaldus, Petronilla, Elena, Agembalda. Tenent mansum servilem I, habentem de terra arabile bunuaria II, de vinea aripennum I, de prato aripennum I et dimidium. Solvit in pastione de vino modios II. Facit in vinea aripennos IIII. Pullos III, ova XV. Manopera, curvada, ubi eis injungitur.

73. Gautbertus servus; Gerardus, servus sancti Germani, et uxor ejus ancilla, nomine Celsa; Dominicus et uxor ejus lida, nomine Secbalda, habent secum filium I. Jsti tres tenent mansum servilem I, habentem de terra arabile bunuaria IIII, de vinea aripennum I et tres partes de aripenno. Solvit similiter.

74. Aclemarus, servus sancti Germani, et uxor ejus colona, nomine Walentrudis, habent secum infantes III, his nominibus, Goda, Ermenricus, Godalfridus. Tenet mansum servilem I, habentem de terra arabile bunuaria III et antsingam dimidiam, de vinea aripennos II et dimidium, de prato aripennos II. Solvit similiter.

75. Adalboldus servus et uxor ejus ancilla, nomine Rangnoildis, habent secum filium I, nomine Ragenaldus.

[a] Tres tantum nominantur.

21

Tenet mansum servilem I, habentem de terra arabile bunuaria IIII et antsingam I, de vinea aripennum I et dimidium, de prato aripennos II. Solvit similiter.

76. Autgaus, servus sancti Germani, tenet mansum servilem I, habentem de terra arabile bunuaria IIII et antsingam I, de vinea aripennum I et dimidium, de prato aripennum I et tres partes de aripenno. Solvit similiter.

77. Gisoinus colonus et uxor ejus colona, nomine Agentildis, homines sancti Germani; Gausbertus, colonus sancti Germani. Isti duo tenent mansum servilem I, habentem de terra arabile bunuaria IIII et antsingam I, de vinea aripennum I et quartam partem de aripenno, de prato tres partes de aripenno. Solvit similiter.

78. Acloldus colonus et uxor ejus colona, nomine Waltcaria, homines sancti Germani, habent secum infantes III, his nominibus, Waltcarius, Erleardus, Airsindis. Tenet mansum servilem I, habentem de terra arabile bunuaria v, de vinea aripennum I et dimidium, de prato aripennum I. Solvit similiter.

79. Ragnoinus, servus sancti Germani; Bernegaus colonus et uxor ejus, nomine Heribolda. Isti duo tenent mansum servilem I, habentem de terra arabile bunuaria IIII et antsingas II, de vinea

aripennum I et dimidium, de prato aripennos III. Solvit similiter.

80. Ageteus, servus sancti Germani; Georgia colona habet secum infantes VI, his nominibus, Framnildis, Adalbalda, Madalhildis, Airboldus, Airoinus, Aregis, Aclulf. Isti duo tenent mansum servilem I, habentem de terra arabile bunuaria IIII et antsingam I et dimidiam, de vinea aripennos III et dimidium, de prato aripennos II.

81. Adalgaus et uxor ejus, colona sancti Germani, nomine . . . . . [a], habent secum infantes IIII, his nominibus, Framnaldus, Frotgaudus, Adalgis, Rotberga. Tenet mansum servilem I, habentem de terra arabile bunuaria VI, de vinea aripennum I et quartam partem de aripenno, de prato aripennum I. Solvit similiter.

82. Ragenaus, servus sancti Germani; Gairbertus colonus et uxor ejus colona, nomine Madalhildis, homines sancti Germani, habent secum infantes II, his nominibus, Gerbaldus, Gerelmus. Isti duo tenent mansum servilem I, habentem de terra arabile bunuaria v et antsingam I et dimidiam, de vinea aripennum I et dimidium, de prato aripennos II. Solvit similiter.

83. Fredernus colonus et uxor ejus colona, nomine Erlehildis; Lantsindus colonus et uxor ejus colona, nomine Guntberga, homines sancti Germani,

[a] Locus nominis relictus est vacuus.

habent secum infantes III, his nominibus, Guntbertus, Lahtbertus,
Agembaldus. Isti duo tenent mansum
servilem I, habentem de terra arabile
bunuaria III et dimidiam antsingam, de
vinea aripennos III, de prato tres partes
Fol. 78v°. de aripenno.

84. Gaugius, servus sancti Germani,
tenet mansum servilem I, habentem
de terra arabile bunuaria v, dc vinea
aripennum I et dimidium, de prato aripennum I et dimidium. Solvit similiter.

85. Ermenboldus servus et uxor ejus
colona, nomine Geltfrida, homines
sancti Germani, habent secum infantes
v, his nominibus, Bertrudis, Aclebalda,
Ermemberga, Gerlindis, Madalindis.
Tenet mansum servilem I, habentem
de terra arabile bunuaria IIII et antsingam I, de vinea aripennum I et dimidium, de prato aripennum I. Solvit
similiter.

86. Elegius hospes habet de terra
arabile bunuarium I et dimidiam antsingam, de vinea aripennum I. Inde
facit in vinea aripennos IIII. Pullos III,
ova xv.

87. Aclulfus hospes, homo sancti
Germani, habet de terra antsingas III.
In ebdomadis III facit dies II. Pullos II,
ova x.

88. Gislemarus hospes habet de
terra antsingas II, de vinea dimidium
aripennum. In unaquaque ebdomada
dies II. Pullos II, ova x.

89. Isti juraverunt: Geroldus major,
Frotbertus, Adalricus, Bertelmus, Salomon, Marso, Maurus, Sichaus, Dotdo, Badilo, Madalgaus, Gerhaus, Gaugius decanus.

90. DE CAPATICO.
Bertoinus denarios IIII,
Grimoinus similiter,
Hildoinus similiter,
Hildelindis similiter,
Grimara similiter,
Teutbertus similiter,
Ansegaus similiter,
Frotvcus similiter,
Leudoinus similiter,
Godeltrudis similiter,
Margundis similiter,
Erlulfus similiter,
Dominica similiter,
Magenildis similiter,
Adalingus similiter,
Salecus similiter,
Ermenfrida similiter,
Ermenildis similiter,
Salius similiter,
Sintfreda similiter,
Godoenus similiter,
Ermenricus similiter.

91. Habet Frotbertus de terra arabile de fisco dominico antsingam I et
dimidiam. Inde solvit porcellum I, valentem denarios vI.

92. Habet Ragamboldus in beneficio
dimidium mansum, habentem de terra
arabile bunuaria IIII et antsingas II, de
vinea aripennos III et dimidium, de
prato aripennos II et dimidium.

21.

93. Habet Richardus in precaria mansum ingenuilem I, habentem de terra arabile antsingas III, de vinea aripennos V et tres partes de aripenno, de prato aripennum I et dimidium.

94. Habet in Teodaxio mansos ingenuiles LXVI, qui solvunt omni anno, ad hostem, aut carra III, aut boves XIII, aut de argento libras VI; de carnatico libras II et dimidiam; ad tertium annum jermgias LVI, asciculos V̄D.

Habet ibi mansos serviles XIII. Fiunt simul LXXVIIII, qui solvunt in pascione de vino modios CC; pullos CCXXXVII, ova MCLX; de capatico solidos VI.

Fiunt simul mansi LXXVIIII.

XV. BREVE DE VILLANOVA.

Fol. 79. 1. Habet in Villa Nova[a] mansum dominicatum cum casa et aliis casticiis sufficienter; de terra arabili bunuaria CLXXII, quae possunt seminare modios DCCC. Habet ibi de vinea aripennos XCI, ubi possunt colligi modii M; de prato aripennos CLXVI, ubi possunt colligi de feno carra CLXVI. Habet ibi farinarios III, unde exiit in censum de annona modios CCCCL : alium non est censitus. Habet ibi de silva in giro leuas IIII, ubi possunt saginari porci D.

2. Habet ibi ecclesia cum omni apparatu diligenter constructam, cum casa et aliis casticiis sufficienter. Aspiciunt ibi mansi III. Habet inter presbyterum et ejus homines de terra arabili bunuaria XXVII et antsingam I, de vinea aripennos XVII, de prato aripennos XXV. Exiit inde in dona caballum I; et arat perticas VIIII ad opus dominicum et antsingam I, et ad tremissum perticas II; et in prato claudit perticas IIII.

3. Actardus colonus et uxor ejus colona, nomine Eligildis, homines sancti Germani, habent secum infantes VI, his nominibus, Ageteus, Teudo, Simeon, Adalsida, Deodata, Electardus. Tenent mansum ingenuilem I, habentem de

terra arabili bunuaria V et antsingas II, de vinea aripennos IIII, de prato aripennos IIII et dimidium. Solvit ad hostem de argento solidos IIII; et ad alium annum, propter carnaticum, solidos II; et ad tertium annum, propter erbaticum, germgia I cum agno; de vino, in pastione, modios II; in lignaricia denarios IIII; de carratione pedalem I; scindolas L. Arat ad hibernaticum perticas IIII, ad tremisso perticas II. Curvatas, manopera, quantum ei injungitur. Pullos III, ova XV. Claudit in prato perticas IIII.

4. Girelmus colonus et uxor ejus colona, nomine Sicleverta, homines sancti Germani, habent secum infantes IIII, his nominibus, Girbernus, Girberga, Ildeburs, Hildesindis. Tenent mansum ingenuilem I, habentem de terra arabili bunuaria V et antsingas II, de vinea aripennos IIII, de prato aripennos IIII et dimidium. Solvit similiter.

5. Adalgis liber; Ertfredus, colonus Fol. 79 v°. sancti Germani, habet secum matrem et sororem. Isti duo tenent mansum ingenuilem I, habentem de terra arabili bunuaria II, de vinea aripennos II, de prato aripennum I. Solvit similiter.

---

[a] Nunc *Villeneuve Saint-Georges,* ad duodecimum Parisiis lapidem, in via Melodunensi.

6. Adalgrimnus colonus et uxor ejus colona, nomine Teutsinta, homines sancti Germani, habent secum infantes IIII, his nominibus, Teudo, Adalraus, Teutberga, Leutgardis; Hariarnus colonus et uxor ejus colona, nomine Adalsis, homines sancti Germani, habent secum infantes II. Isti duo tenent mansum ingenuilem I, habentem de terra arabili bunuaria VI et dimidium et antsingam I, de vinea aripennos II, de prato aripennos VIIII. Solvit similiter.

7. Walanteus, colonus sancti Germani, habet secum matrem et sororem. Tenet mansum ingenuilem I, habentem de terra arabili bunuaria VI et antsingas III, de vinea aripennos III et dimidium, de prato aripennos VII. Solvit similiter.

8. Sigoinus colonus et uxor ejus colona, nomine Susanna, homines sancti Germani, tenent mansum ingenuilem I, habentem de terra arabili bunuaria IIII et dimidium, de vinea aripennos II, de prato aripennos IIII et dimidium. Solvit similiter.

9. Bertlaus, colona sancti Germani, et Ricsindis pictor. Isti duo tenent mansum ingenuilem I, habentem de terra arabili bunuaria VIII, de vinea aripennos III, de prato aripennos X. Solvit similiter.

10. Walateus colonus et uxor ejus colona, nomine Actildis, homines sancti Germani, habent secum infantes III, his nominibus, Actoinus, Walenteo,

Electeo. Tenent mansum ingenuilem I, habentem de terra arabili bunuaria II, de vinea aripennos II et dimidium, de prato aripennos VI et dimidium. Solvit similiter.

11. Gulflaicus, colonus sancti Germani; Godalricus colonus et uxor ejus colona, nomine Hartgaria, homines sancti Germani, habent secum infantes II, his nominibus, Adalricus, Wandrabolda. Isti duo tenent mansum ingenuilem I, habentem de terra arabili bunuaria VII et antsingas II, de vinea aripennos II, de prato aripennos VIII. Solvit similiter.

12. Gamalbertus colonus et uxor ejus colona, nomine Wadedrudis; homines sancti Germani, habent secum infantem I, nomine Ingalbertus; Hildegaudus, colonus sancti Germani, habet secum filios II, his nominibus, Bertram, Bertarius. Isti duo tenent mansum ingenuilem I, habentem de terra arabili bunuaria V et antsingas II et dimidiam, de vinea aripennos II et dimidium, de prato aripennos VIII. Solvit similiter.

13. Wandremarus, colonus sancti Germani; Erlegerus colonus et uxor ejus colona, nomine Odaltrudis, habent secum infantem I, nomine Odalgis; Adalgrimus colonus et uxor ejus colona, nomine Ermengardis, homines sancti Germani, habent secum filiam I, nomine Adalgardis. Isti tres tenent mansum _{Fol. 80.} ingenuilem I, habentem de terra arabili bunuaria IIII et antsingas II, de vinea aripennos II, de prato aripennos VIII. Solvit similiter.

14. Bertulfus colonus et uxor ejus colona, nomine Ragenildis, homines sancti Germani, habent secum infantes II, his nominibus[a]; Hildebrandus colonus et uxor ejus colona, nomine Antildis, homines sancti Germani. Isti duo tenent mansum ingenuilem I, habentem de terra arabili bunuaria IIII et antsingam I, de vinea aripennum I et dimidium, de prato aripennos V. Solvit similiter.

15. Walateus colonus et uxor ejus colona, nomine Godelindis, homines sancti Germani, habent secum infantes III, his nominibus, Grimhaus, Elccteus, Godelsadus. Tenent dimidium mansum, habentem de terra arabili bunuaria IIII, de vinea tres partes de aripenno, de prato aripennos VIII. Facit opera de medietatem mansi.

16. Ragnericus, colonus sancti Germani, habet secum filium I, nomine Adalricus; Haimo colonus et uxor ejus colona, nomine Nadalindis, homines sancti Germani, habent secum infantes II, his nominibus, Germanus, Haimildis; Adam colonus et uxor ejus colona, nomine Sigrada, homines sancti Germani. Isti tres tenent mansum ingenuilem I, habentem de terra arabili bunuaria IIII et antsingas II, de vinea aripennos II, de prato aripennos III. Solvit similiter.

17. Hairbertus, colonus sancti Germani, habet secum matrem suam. Te-

net mansum ingenuilem I, habentem de terra arabili bunuaria II et antsingam I, de vinea aripennos III et dimidium, de prato aripennos V. Solvit similiter.

18. Amalgaus, servus sancti Germani; Amelius colonus et uxor ejus colona, nomine Erilindis, homines sancti Germani, habent secum infantes III, his nominibus, Adam, Airmarus, Airlindis. Isti duo tenent mansum ingenuilem I, habentem de terra arabili bunuaria III et antsingas III, de vinea aripennos II, de prato aripennos V. Solvit similiter.

19. Andelenus, colonus sancti Germani; Altbertus colonus et uxor ejus colona, nomine Landa, homines sancti Germani. Isti duo tenent mansum ingenuilem I, habentem de terra arabili bunuaria IIII, de vinea aripennos III, de prato aripennos V. Solvit similiter.

20. Amalgis, colona sancti Germani; Jonam colonus et uxor ejus colona, nomine Actildis, habent secum infantem I, nomine Frotgaudus; Martinus colonus et uxor ejus colona, nomine Wandreverta, homines sancti Germani, habent secum infantes IIII, his nominibus, Gislehardus, Jenesia, Waldedrudis[b]. Isti tres tenent mansum ingenuilem I, habentem de terra arabili bunuaria II et antsingam dimidiam, de vinea aripennos V, de prato aripennos II et dimidium. Solvit similiter.

---

[a] Prætermissa sunt nomina.

[b] Nomen quartum non apparet.

- 21. Adalgaudus colonus et uxor ejus colona, nomine Gotlindis, homines Fol. 80 v°. sancti Germani, habent secum infantes III, his nominibus, Godelindis, Gautrudis, Vulfildis. Tenent mansum ingenuilem I, habentem de terra arabili bunuaria III et dimidium, de vinea aripennos II et dimidium, de prato aripennum I. Solvit similiter.

22. Hildevaldus, colonus sancti Germani, habet secum infantes II, his nominibus, Hildoardus, Hildegardis; Grimhaus, colonus sancti Germani; Adalgrimnus colonus et uxor ejus colona, nomine Adalgardis, homines sancti Germani, habent secum infantes III, his nominibus, Ermengardis, Adalgis, Leutardus. Tenent mansum ingenuilem I, habentem de terra arabili bunuaria VII et antsingam I, de vinea aripennos III et dimidium, et de prato aripennos VIII. Solvit similiter.

23. Grimoinus, colonus sancti Germani, habet secum fratrem suum. Tenet mansum ingenuilem I, habentem de terra arabili bunuaria IIII, de vinea aripennum I et dimidium, de prato aripennos IIII. Solvit similiter.

24. Hairmundus colonus et uxor ejus colona, nomine Hitta, homines sancti Germani, tenent mansum ingenuilem I, habentem de terra arabili bunuaria IIII, de vinea aripennos III, de prato aripennos III. Solvit similiter.

25. Hairbertus colonus et uxor ejus colona, nomine Waldrisma, homines sancti Germani, tenent mansum ingenuilem I, habentem de terra arabili bunuaria IIII, de vinea aripennos III, de prato aripennos III et dimidium[*]. Solvit similiter.

26. Aldulfus colonus et uxor ejus colona, nomine Amalberta, homines sancti Germani, tenent mansum ingenuilem I, habentem de terra arabili bunuaria III et antsingam I, de vinea aripennos II, de prato aripennos II et dimidium. Solvit similiter.

27. Marcellus colonus et uxor ejus colona, nomine Aldedrudis, homines sancti Germani, habent secum infantes II, his nominibus, Aldo, Aldricus. Tenent mansum ingenuilem I, habentem de terra arabili bunuaria II, de vinea aripennos II et dimidium, de prato aripennum I et quartam partem de aripenno. Solvit similiter.

28. Martinus colonus et uxor ejus colona, nomine Gaugia, homines sancti Germani, habent secum infantes II, his nominibus, Ditbertus, Gautlindis; Bertricus colonus et uxor ejus colona, nomine Adala, habent secum infantes III, his nominibus, Audac, Adalelmus, Bertedrudis. Isti duo tenent mansum ingenuilem I, habentem de terra arabili bunuaria IIII et antsingas III et dimidiam, de vinea aripennum I et dimi-

---

[*] Voces *et dimidium* notis tironianis exaratæ sunt.

dium, de prato aripennos IIII. Solvit similiter.

29. Aclehardus colonus et uxor ejus colona, nomine Adalburgus[a], homines sancti Germani, tenent mansum ingenuilem I, habentem de terra arabili bunuaria IIII et antsingas III, de vinea aripennos II, de prato aripennos III. Solvit similiter.

30. Odelbertus colonus et uxor ejus colona, nomine Agia, homines sancti Germani, habent secum infantes II, his nominibus, Odalricus, Hairricus; Adalradus colonus et uxor ejus colona, nomine Gisla, homines sancti Germani. Fol. 81. Isti duo tenent mansum ingenuilem I, habentem de terra arabili bunuaria III, de vinea aripennum I et dimidium, de prato aripennum dimidium. Solvit similiter.

31. Ragenfredus colonus et uxor ejus colona, nomine Ragenildis, homines sancti Germani, habent secum infantes II, his nominibus, Grimbert, Girberga. Tenent mansum ingenuilem I, habentem de terra arabili bunuaria v et dimidium, de vinea aripennum I, de prato aripennos VIII. Solvit similiter.

32. Leotardus, colonus sancti Germani, tenet mansum I ingenuilem, habentem de terra arabili bunuaria III et antsingas III, de vinea aripennum I et dimidium, de prato aripennos II et dimidium. Solvit similiter.

33. Teutgarius colonus et uxor ejus colona, nomine Bertrudis, homines sancti Germani, habent secum infantes IIII, Bertoldus, Bertisma, Teutgildis, Teutberga; Ermentarius et uxor ejus colona, nomine Bertfreda, habent secum infantes III, his nominibus, Vulfingus, Grimharius, Magenarius. Isti duo tenent mansum I ingenuilem, habentem de terra arabili bunuaria II et antsingam I, de vinea aripennos II, de prato aripennum I. Solvit similiter.

34. Genesius, colonus sancti Germani, et uxor ejus libera, nomine Momma, tenent mansum I ingenuilem, habentem de terra arabili bunuaria VIII et antsingas II, de vinea aripennos III et quartam partem de aripenno, de prato aripennum I et dimidium. Solvit similiter.

35. Gamalboldus, colonus sancti Germani, et uxor ejus colona, nomine Sichildis, tenent mansum I ingenuilem, habentem de terra arabili bunuaria III, de vinea aripennum I, de prato aripennum I et dimidium. Solvit similiter.

36. Adalmarus colonus et uxor ejus colona, nomine Gislindis, homines sancti Germani, habent secum [infantes IIII[b]], his nominibus, Adalman, Adalardus, Adalmundi, Autmarus; Autgingus colonus et uxor ejus colona, nomine Ercamberta, habent secum infantes VI[c],

[a] Leg. *Adalburgis.*
[b] Hæ voces duæ in Codice prætermissæ sunt.
[c] Tres tantum nominabuntur.

Habram, Otgarius, Petrus. Isti duo tenent mansum ı ingenuilem, habentem
de terra arabili bunuaria xıı et antsingam ı, de vinea aripennos ııı et tertiam
partem de aripenno, de prato aripennos ııı et dimidium. Solvit similiter.

37. Constabulis, colona sancti Germani, habet secum infantem ı, his nominibus[a], Acloarius. Tenet mansum ı
ingenuilem, habentem de terra arabili
bunuaria ııı et antsingas ııı, de vinea
aripennos ıı, de prato aripennos ııı et
dimidium. Solvit similiter.

38. Abbo colonus et uxor ejus colona,
nomine Bertlaus, homines sancti Germani, habent secum infantes ııı, his nominibus[b].... Tenent mansum ı ingenuilem,
habentem de terra arabili bunuaria xııı
et antsingas ııı, de vinea aripennos v,
de prato aripennos vııı. Solvit similiter.

39. Girardus colonus et uxor ejus
Fol. 61 v°. colona, nomine Ermentrudis, homines
sancti Germani, habent secum infantes
ıııı, Ermoinus, Ermharius, Adafia,
Ermentrudis. Elisaba, colona sancti
Germani. Isti duo tenent mansum ı ingenuilem, habentem de terra arabili
bunuaria ıııı et antsingas ıı, de vinea
aripennum ı et duas partes de aripenno,
de prato aripennum ı. Solvit similiter.

40. Emmo colonus et uxor ejus colona, nomine Heltrudis, homines sancti
Germani, habent secum infantem ı,

nomine Teodoina[c]. Tenent mansum ı ingenuilem, habentem de terra arabili
bunuaria xv et antsingas ıı, de vinea
aripennos vıı, de prato aripennos v. Solvit similiter.

41. Erlefredus colonus et uxor ejus
colona, nomine Ragenildis, homines
sancti Germani, habent secum infantes
ııı, his nominibus, Hildesindis, Ingalfridus, Airfreda. Tenent mansum ı ingenuilem, habentem de terra arabili
bunuaria ıııı et antsingas ıı, de vinea
aripennum ı et dimidium, de prato aripennos v. Solvit similiter.

42. Dodo colonus et uxor ejus colona, nomine Airhildis, homines sancti
Germani, habent secum infantes v, his
nominibus, Adrianus, Erbertus, Ar-
dingus, Hairburgo, Odelindis; Godo,
colonus sancti Germani. Isti duo tenent
mansum ı ingenuilem, habentem de
terra arabili bunuaria vıı, de vinea aripennos ıııı, de prato aripennos vıııı.
Solvit similiter.

43. Berharius colonus et uxor ejus
colona, nomine Frotlena, homines sancti
Germani, habent secum infantes ıııı,
his nominibus, Hermcharis, Haimo,
Richildis, Frodelindis; Ercambaldus
colonus et uxor ejus colona, nomine
Doda, homines sancti Germani, habent
secum infantes v, his nominibus, Elegia, Ragamboldus, Ercamburg, Dodi-
lus, Rotrudis. Isti duo tenent mansum ı

---

[a] Sic.
[b] Nominum locus interjacet vacuus.

[c] Notis tironianis scriptum nomen, de cujus tamen lectione nondum satis constat.

ingenuilem, habentem de terra arabili bunuaria v et antsingas iii, de vinea aripennos iiii et dimidium, de prato aripennos iiii. Solvit similiter.

44. Ernaldus colonus et uxor ejus colona, nomine Ansgildis, homines sancti Germani, habent secum infantes ii, his nominibus, Ermaldus, Adalrada; Ermboldus, colonus sancti Germani, habet secum matrem suam et fratrem. Isti duo tenent mansum i ingenuilem, habentem de terra arabili bunuaria v et antsingas ii, de vinea aripennos iiii et dimidium, de prato aripennos iiii. Solvit similiter.

45. Godelbaldus colonus et uxor ejus libera, nomine Odeltrudis; Aclina, colona sancti Germani, habet secum filios* ii, his nominibus, Acloldus. Isti duo tenent mansum i ingenuilem, habentem de terra arabili bunuaria ii et antsingas ii, de vinea aripennos ii, de prato aripennos iii. Solvit similiter.

46. Amalgaudus, colonus sancti Germani[b], et uxor ejus libera; Airulfus colonus et uxor ejus colona, nomine Elisanna, homines sancti Germani, habent secum infantes iiii, his nominibus, Hairbertus, Hairmarus, Acleburg[c]; Flavidus et uxor ejus, colona sancti Germani, nomine Ingaltrudis, habent secum infantes iii[d], his nominibus, Gir-

boldus, Ingalbertus. Isti tres tenent mansum i ingenuilem, habentem de terra arabili bunuaria ii et antsingas ii, de vinea aripennos ii et dimidium, de prato aripennos iii. Solvit similiter.

47. Amalbertus colonus et uxor ejus colona, nomine Dedila, homines sancti Germani, habent secum infantes iiii*..... Tenent mansum i ingenuilem, habentem de terra arabili bunuaria vi et antsingas ii, de vinea aripennos vi, de prato aripennos xi. Excepto hostilaricio, solvit similiter, et parvaretum.

48. Amatus colonus et uxor ejus colona, nomine Hairohildis, homines sancti Germani, habent secum infantes v[f], Notalis, Wilehildis, Jenesia; Wichardus, colonus sancti Germani. Isti duo tenent mansum i ingenuilem, habentem de terra arabili bunuaria iiii, de vinea aripennum i et dimidium, de prato aripennos iiii. Solvit similiter.

49. Electrudis, colona sancti Germani, habet secum infantes v, his nominibus, Ermenarius, Ermentarius, Gislebertus, Acleboldus[g]; Haimericus colonus et uxor ejus colona, nomine Hairhildis, homines sancti Germani. Isti duo tenent mansum i ingenuilem, habentem de terra arabili bunuaria viii et antsingas ii, de vinea aripennos viii, de prato aripennos xiiii. Solvit similiter.

Fol. 82.

---

* Deleta est, non penitus tamen, vox *filios;* nomen alterum non apparet.

[b] Inter lineas characteribusque tironianis voces *sancti Germani* exaratæ sunt.

[c] Nomen quartum non apparet.

[d] Sequuntur non nisi duo nomina.

[e] Vacuus relictus est nominum locus.

[f] Tres duntaxat nominabuntur.

[g] Nomen quintum non apparet.

5o. Teutgarius, colonus sancti Germani; Jonam colonus et uxor ejus colona, nomine Berhildis, homines sancti [Germani[a]], habent secum infantes II, his nominibus, Girardus, Hildegildis. Isti duo tenent mansum I ingenuilem, habentem de terra arabili bunuaria IIII et dimidiam antsingam, de vinea aripennos IIII, de prato aripennos VIIII. Solvit similiter.

51. Lando, colonus sancti Germani, habet secum matrem et fratrem et sororem; Herlemarus, colonus sancti Germani. Isti duo tenent mansum I ingenuilem, habentem de terra arabili bunuaria III, de vinea aripennos III, de prato aripennos II et dimidium. Solvit similiter.

52. Ebroinus colonus et uxor ejus colona, nomine Gerlindis, homines sancti Germani, habent secum infantes III, Ermnus, Petrus, Girberga; Adalveus colonus et uxor ejus colona, nomine Airhildis, habent secum infantes III, his nominibus, Eurehardus, Adreveus, Sichelmus. Isti duo tenent mansum I ingenuilem, habentem de terra arabili bunuaria IIII et antsingam I et dimidiam, de vinea aripennos IIII, de prato similiter. Solvit similiter.

53. Ainboldus, colonus sancti Germani, habet secum matrem et sororem. Tenet mansum I ingenuilem, habentem de terra arabili bunuaria IIII et antsingas II, de vinea aripennos III et dimi-

Fol. 82 v°.

dium, de prato aripennos IIII et dimidium. Solvit similiter.

54. Ercambertus et uxor ejus, colona sancti Germani, nomine Gisohildis. Tenet mansum I ingenuilem, habentem de terra arabili bunuarium I, de vinea aripennos V, de prato aripennos II. Solvit similiter.

55. Albericus colonus et uxor ejus colona, nomine Agentildis, homines sancti Germani, habent secum infantem I, his nominibus[b], Costabulum. Iste tenet mansum I ingenuilem, habentem de terra arabili bunuaria III, de vinea aripennos V, de prato aripennos IIII. Solvit similiter.

56. Adalmodus colonus et uxor ejus colona, nomine Christina, homines sancti Germani; Vulgis colonus et uxor ejus colona, nomine Hermlagia, homines sancti Germani, habent secum infantem I, his nominibus, Teutgis. Isti duo tenent dimidium mansum ingenuilem, habentem de terra arabili bunuarium I, de vinea aripennos III, de prato aripennos II et dimidium. Facit sicut medietatem mansi.

57. Agenarius colonus et uxor ejus colona, nomine Adelindis, homines sancti Germani, habent secum infantes IIII, his nominibus, Agia, Lantfredus, Agenildis, Amaltrudis. Iste tenet mansum I ingenuilem, habentem de terra arabili bunuaria II et antsingas II, de

[a] Prætermissa est vox *Germani*.

[b] Sic, ut infra quoque sæpius.

vinea aripennos II, de prato aripennos II. Solvit similiter.

58. Geroldus, colonus sancti Germani; Grimhardus, colonus sancti Germani, et uxor ejus colona, nomine Waldrada, habent secum infantes IIII, Grimoardus, Grimharius, Girradus[a]. Isti duo tenent mansum I ingenuilem, habentem de terra arabili bunuaria V, de vinea aripennos II et tertiam partem de aripenno, de prato aripennos II. Solvit similiter.

59. Agenardus colonus et uxor ejus colona, Frothildis, homines sancti Germani, habent secum infantes II; Walacomis, colona sancti Germani. Isti duo tenent mansum I ingenuilem, habentem de terra arabili bunuaria II et antsingam I, de vinea aripennos II, de prato aripennum I et dimidium. Solvit similiter.

60. Adalardus colonus et uxor ejus colona, nomine Ercamtrudis, homines sancti Germani, habent secum infantes IIII, his nominibus, Walateus, Odilardus, Ercanildis, Gamanildis. Iste tenet mansum I ingenuilem, habentem de terra arabili bunuaria II, de vinea aripennos III, de prato aripennum I et dimidium. Solvit similiter.

61. Actoinus colonus et uxor ejus colona, nomine Blida, homines sancti Germani; Adalbertus colonus et uxor ejus colona, nomine Heldelindis, homines sancti Germani. Isti duo tenent mansum I ingenuilem, habentem de

terra arabili bunuaria III, et de vinea aripennos II et dimidium, de prato dimidium aripennum. Solvit similiter. Fol. 83.

62. Desideratus, colonus sancti Germani; Adalboldus colonus et uxor ejus colona, nomine Randoildis, homines sancti Germani; Dodo colonus et uxor ejus colona, nomine Adalsada, homines sancti Germani. Isti tres tenent mansum I ingenuilem, habentem de terra arabili bunuaria II et antsingas II et dimidiam, de vinea aripennos III, de prato aripennum I. Solvit similiter. Excepto habent dimidium mansum, habentem de terra arabili bunuarium I et dimidium, de prato aripennum I et dimidium.

63. Frodericus colonus et uxor ejus colona, nomine Beata, homines sancti Germani, habent secum infantes IIII, Frotgaudus, Frotgarius, Frotlindis, Godelindis; Godelharius, colonus sancti Germani; Deodatus colonus et uxor ejus colona, nomine Agentrudis, homines sancti Germani. Isti tres tenent mansum I ingenuilem, habentem de terra arabili bunuaria II et antsingam I, de vinea aripennos III, de prato aripennum I. Solvit similiter.

64. Siclina, colona sancti Germani; Wineraus colonus et uxor colona, nomine Ermentrudis, homines sancti Germani, habent secum infantes IIII, his nominibus, Giuraus, Gifreda, Ermenarius[b]. Isti duo tenent mansum I ingenuilem, habentem de terra arabili bunua-

---

[a] Quartum nomen non apparet.

[b] Quartus non nominatur.

ria II et antsingam I, de vinea aripennos II et dimidium, de prato dimidium aripennum. Solvit similiter.

65. Mancivus colonus et uxor ejus colona, nomine Gertrudis, homines sancti Germani, habent secum infantes II, his nominibus, Benimius, Ermengarius. Iste tenet dimidium mansum, habentem de terra arabili bunuarium I et antsingam dimidiam, de vinea aripennum I, de prato quartam partem de aripenno. Solvit similiter, sicut de dimidio manso.

66. Girlindis, colona sancti Germani, habet secum infantes VII. Tenet mansum I ingenuilem, habentem de terra arabili bunuaria IIII, de vinea aripennos II et dimidium, de prato aripennum I. Solvit similiter.

67. Electeus, colonus sancti Germani, tenet mansum I, habentem de terra arabili bunuaria IIII, de vinea aripennum I et dimidium, de prato aripennum I. Solvit similiter.

68. Elianus, colonus sancti Germani, habet secum sororem suam; Artgaudus colonus et uxor ejus colona, nomine Gaugia, homines sancti Germani, habent secum infantes V; Gaugina, Stephanus, Aldedrudis[a]. Isti duo tenent mansum I ingenuilem, habentem de terra arabili bunuaria IIII et antsingas II, de vinea aripennum I et quartam partem de aripenno, de prato aripennos IIII. Solvit similiter.

69. Sigramnus, servus sancti Germani; Geroinus colonus et uxor ejus colona, nomine Ermehildis, homines sancti Germani. Isti duo tenent mansum I ingenuilem, habentem de terra arabili bunuaria IIII et antsingam I, de vinea aripennos II et dimidium, de prato aripennos II et dimidium. Facit in vinea aripennos IIII. Solvit pascionem et[b] de vino modios III. Arat ad hibernaticum perticas IIII, ad tramisum II. Senapo sestarium I, osarias L, pullos III, ova XV. Ubi ei injungitur[c].

70. Acloinus servus et uxor ejus ancilla, nomine Waldadrudis. Iste tenet mansum I ingenuilem, habentem de terra arabili bunuaria IIII, de vinea aripennum I. Cetera similiter. Et illa ancilla facit de lana dominica sarcilum I; pastas quantum ei jubetur[d].

71. Alaricus, servus sancti Germani, habet matrem et sorores et fratres II; Aldoinus, colonus sancti Germani. Isti duo tenent mansum I ingenuilem, habentem de terra arabili bunuaria IIII et antsingam I, de vinea aripennum I et dimidium, de prato VII. Solvit similiter.

72. Richelmus colonus et uxor ejus colona, nomine Gerisma, homines sancti Germani, habent secum infantes III, Agenildis, Riclindis, Hildegardis; Agentelmus colonus et uxor ejus colona, nomine Godehildis, homines sancti Germani, habent secum infantes III, his

---

[a] Nomina duo desunt.
[b] Conjunctio et expungenda.

[c] Supple voces, *curvatas*, *manoperas*.
[d] Supple *pascit*.

nominibus, Deutselmus, Ainberga, Godebaldus. Isti duo tenent mansum I ingenuilem, habentem de terra arabili bunuaria IIII et antsingam I, de vinea aripennum I et dimidium, de prato aripennum I et dimidium. Solvit similiter.

73. Johannis colonus et uxor ejus, colona sancti Germani, nomine Teutsinda, habent secum infantes II, his nominibus, Teudulfus, Bertlindis. Iste tenet mansum I ingenuilem, habentem de terra arabili bunuaria v, de vinea aripennos II, de prato perticam I. Solvit similiter.

74. Berneardus et uxor ejus, colona sancti Germani, nomine Gulfildis; habent secum infantes III, his nominibus, Restoinus, Girtrudis, Gisla. Iste tenet mansum I ingenuilem, habentem de terra arabili bunuaria II et antsingas II, de vinea aripennum I, de prato aripennos III. Solvit similiter.

75. Ansbertus, colonus sancti Germani, habet secum fratres II et sororem. Tenet mansum I ingenuilem, habentem de terra arabili bunuaria III, de vinea aripennum I, de prato aripennos III. Solvit similiter.

76. ADALGARIUS, servus sancti Germani, et uxor ejus colona, nomine Hairbolda, homines sancti Germani. Iste tenet mansum I servilem. Hadoardus servus et uxor ejus ancilla, nomine Winigildis, homines sancti Germani,

habent secum infantes V, Frothardus, Giroardus, Airoildis, Adois, Eligildis. Isti duo tenent mansum I ingenuilem, habentem de terra arabili bunuarium I et dimidium, de vinea tres partes de aripenno, de prato aripennos V et dimidium. Facit in vinea aripennos IIII. Solvit de vino in pascione modios III, de senape sestarium I, osarias L, pullos III, ova XV. Manuopera, ubi ei injungitur. Et illa ancilla facit sarcilum de lana dominica, et pastas[a] quantas ei jubetur.

77. Adalgaudus colonus et uxor ejus colona, nomine Agildis, homines sancti Germani, habent secum infantem I, his nominibus, Adalgildis; Gislebertus, colonus sancti Germani, et uxor ejus ancilla sancti Germani, nomine Germana. Isti duo tenent mansum I servilem, habentem de terra arabili bunuaria II et antsingam I, de vinea aripennum I et dimidium, de prato aripennos II et dimidium.

78. Ermenoldus, colonus sancti Germani, et uxor ejus ancilla; Fulcaldus servus et uxor ejus ancilla, nomine Ragentisma, homines sancti Germani. Isti duo tenent mansum I servilem, habentem de terra arabili bunuaria II et antsingam I et dimidiam, de vinea aripennum I, de prato aripennos II et dimidium. Solvit similiter; et illa ancilla et ejus mater faciunt sarcilos, et pastas quantas ei jubetur.

79. Rangharius servus et uxor ejus lida, nomine[b], habent secum infan-

---

[a] Subaudi *pascit*.

[b] Nomen praetermissum est.

tem i, his nominibus, Adrebaldus. Tenet mansum i servilem, habentem de terra arabili bunuarium i et antsingam i et dimidiam, de vinea dimidium aripennum, de prato aripennos iii. Solvit similiter.

8o. Ansgaudus colonus et uxor ejus colona, nomine Radoildis, homines sancti Germani, habent secum filios v, Ansgarius, Eligaudus, Radoardus, Radulfus, Radoinus; Hairmarus colonus et uxor ejus colona, nomine Flothildis, homines sancti Germani, habent secum infantem i, his nominibus, Ermenarius. Isti duo tenent mansum i servilem, habentem de terra arabili bunuaria iii, de vinea aripennos ii, de prato aripennos iii. Solvit similiter.

81. Waltcaudus colonus et uxor ejus colona, nomine Aclehildis, homines sancti Germani, habent secum infantes iiii, his nominibus, Waltarius, Warengaudus, Salacus, Rathelmus; Altfridus colonus et uxor ejus colona, nomine Ragentildis, homines sancti Germani, habent secum infantes iiii, his nominibus, Deodata, Erlehildis, Altildis, Ferrelo. Isti duo tenent mansum i servilem, habentem de terra arabili bunuarium i et antsingam i, de vinea aripennos ii, de prato aripennos vi. Solvit similiter.

Fol. 84 v°.

82. Landingus servus et uxor ejus ancilla, nomine Aclildis, homines sancti Germani, habent secum infantes ii, his nominibus, Acloinus, Viviana. Iste tenet mansum i ingenuilem, habentem de terra arabili bunuarium i, de vinea aripennos iii, de prato tertiam partem de aripenno. Solvit similiter; et illa ancilla facit de lana dominica sarcilum, pastas quantas ei jubetur.

83. Elias colonus et uxor ejus ancilla, nomine Ingrada, homines sancti Germani, tenent dimidium mansum servilem, habentem de terra arabili bunuaria ii, de vinea aripennum i, de prato aripennum i et dimidium. Solvit similiter sicut de dimidio manso.

84. Aclebertus et uxor ejus ancilla, nomine Frotlindis, homines sancti Germani, habent secum infantem i, his nominibus, Aclebrug; Teutfridus, servus sancti Germani, habet secum matrem suam. Isti duo tenent mansum i servilem, habentem de terra arabili bunuaria iiii, de vinea aripennum i, de prato aripennos iiii. Solvit similiter.

85. Autgerus, servus sancti Germani; Petrus servus et uxor ejus colona, nomine Wandelindis, homines sancti Germani; Turpinus servus. Isti tres tenent mansum i servilem, habentem de terra arabili bunuaria ii et antsingam i, de vinea aripennum i et dimidium, de prato aripennos vi. Solvit similiter.

86. Artgarius et uxor ejus colona sancti Germani, nomine Ermberta; Winegarius est eorum filius. Leutbaldus colonus et uxor ejus colona, nomine Clara, homines sancti Germani, habent secum infantes ii, his nominibus, Teutbaldus, Leutberga. Isti duo tenent mansum i servilem, habentem de terra arabili bunuarium i, de vinea aripen-

num i et dimidium, de prato aripennum i. Solvit similiter.

87. Acloldus, servus sancti Germani, habet secum infantes ii, his nominibus, Agenoldus, Ratboldus; Agembaldus, servus sancti Germani. Isti duo tenent mansum i servilem, habentem de terra arabili bunuaria ii et antsingas ii, de vinea aripennum i et dimidium, de prato aripennum i. Solvit similiter.

88. Waldramnus colonus et uxor ejus colona, nomine Gotlindis, homines sancti Germani, habent secum infantes iii*, his nominibus, Godelindis, Ratharius. Iste tenet mansum i servilem, habentem de terra arabili bunuaria iii, de vinea aripennum i, de prato aripennum i. Solvit similiter.

89. Adalradus, colonus sancti Germani, habet secum matrem suam; Petrus et uxor ejus colona, nomine Adreildis, homines sancti Germani, habent secum infantes ii, his nominibus, Alaricus, Ratbertus. Isti duo tenent mansum i servilem, habentem de terra arabili bunuaria ii et antsingas ii, de vinea aripennos iii et dimidium, de prato aripennos ii. Solvit similiter.

90. Waltcarius colonus et uxor ejus colona, nomine Teutlindis, homines sancti Germani. Iste tenet mansum i servilem, habentem de terra arabili bunuaria iii, de vinea aripennum i et dimidium; de prato aripennos ii et dimidium. Solvit similiter.

Fol. 85.

' Sunt tantum nomina duo.

91. Recepimus de Emmo de fisco dominico de terra arabili antsingas iiii.

92. Habet Ingalramnus presbyter in beneficio mansum ingenuilem i.

93. Habet Eda similiter.

94. Droctingus solvit denarios iiii.

Erlindis similiter,
Adalhardus similiter,
Allo similiter,
Ragenhardus similiter,
Johanes similiter,
Gisledrudis similiter,
Altildis similiter,
Goda similiter,
Aclevalda similiter,
Johanna similiter,
Trudina similiter,
Teoda similiter,
Johannes similiter,
Martinus similiter,
Elegius similiter,
Wiclericus similiter,
Amalgildis similiter,
Wileramnus similiter,
Wilenteus similiter,
Acleverta similiter,
Wadalbertus similiter,
Nadaleus similiter,
Sagevardus similiter,
Waldo similiter,
Alda similiter,
Segelauris similiter,
Gersenta similiter,
Rathelmus similiter,
Lupus similiter,

Ragentrudis similiter,
Ratharius similiter,
Martina similiter,
Aclildis similiter,
Odeltrudis similiter.

95. Habet in Villa Nova mansos ingenuiles LX, qui solvunt omni anno, ad
hostem, aut carra III, aut boves XV, aut
de argento libras VI; de carnatico libras I: et solidos XVI; de lignericia
libram I et denarios XVI; ad tertium annum vervices, cum agnis, LX.

Habet ibi mansos serviles XIIII et dimidium. Solvunt simul de vino in pascione modios CCX; pullos CCCXXIIII, ova

MDCLXX; de carriciones pedales LXV; au-
sariis MLXX; de capatico solidos X; scindolas IIIMCCCL. Fiunt simul mansi LXXIIII
et dimidius.

96. In pago Briacensi[a], homines sancti Germani : Hermenhardus et Ingelsindis, uxor ejus,
et filia ejus Odelaidis ; Restuidis femina et filia
ejus Waldrada, et Oda filia ejus, et filius ejus
Martinus, et Teutboldus, Odæ filius[b].

97. Istos homines et istas mulieres adquisivit
Morardus abba[c] ; et sunt ex potestate Ville
Nove, et stant in Butiaco villa[d] : Restuidis femina, filie ejus Waldrada, Oda, Willendis,
filius Waldrade, Martinus, et filia Warem-
burgis ; filius Ode, Tetbaldus.

---

[a] Vulgo *la Brie*, cujus descriptionem videsis in
Comment. nostris.

[b] Manu non adeo antiqua §§ 96 et 97 exarati
sunt.

[c] Morardus, abbas monasterii Sangermanensis,
obiit kal. april. a. 1014. V. D. Bouillard, *Hist. de
l'Abbaye de S. Germain*, p. 71.

[d] Hodie *Boussy - Saint - Antoine*, ad Ederam,
quinque millibus passuum a Villa Nova, euronotum versus.

XVI. BREVE DE CUMBIS.

1. Habet in Cumbis[a] mansum dominicatum cum casa et aliis casticiis sufficienter. Habet ibi culturas vi, quae habent bunuaria clxviii, et possunt seminari de modiis frumenti dccccl. Habet ibi de vinea aripennos xciiii, ubi potest colligi de vino modios mcc; de prato aripennos lxxxviii, ubi potest colligi de feno carra c. Habet ibi de silva per totum in giro, sicut aestimatur leuas iii, ubi potest saginari porcos m. Habet ibi farinarios ii[b], unde exeunt in censu de annona modii cxx, de frumento modiis xl, de mistura lxxx.

2. Habet ibi ecclesias ii cum omni apparatu diligenter constructas, cum casa et aliis casticiis sufficienter. Aspiciunt ibi de terra arabili bunuaria xvi, de vinea aripenni viii, de prato aripenni xii. Excepto, dedit domnus Irmino abba ad ipsas ecclesias hospicium i, habens de terra arabili tertiam partem de jornali, de vinea aripennum i et dimidium, de prato quartam partem de aripenno. Et habet ibi hospites vi. Habent ipsi hospites de terra arabili bunuaria vi, de vinea aripennum i, de prato aripennos iii. In unaquaque ebdomada, si eos paverit,

faciunt dies ii. Solvunt pullos ii, ova x. Farinarius[c] exiit inde in dona caballus i, et exinde facit ad hibernaticum perticas iiii, ad tramisum ii; curvadas iii.

3. Rumoldus colonus et uxor ejus colona, nomine Gisleberga, homines sancti Germani, habent secum infantes vi. Tenet mansum i ingenuilem, habentem de terra arabili bunuaria vi et antsingam i, de vinea aripennos iii, de prato aripennos iii. Solvit ad hostem de argento solidos iiii, de vino in pascione modios ii, ad tertium annum scindulas c, de carriciones pedalem i. In unaquaque ebdomada curvadas ii, manoperas, caplim, carroperas, quantum ei jubetur. Pullos iii, ova xv. Arat ad hibernaticum perticas iiii, ad tramisum ii. Ad tertium annum wicharia.

4. Dulcebertus colonus et uxor ejus colona, nomine Grimhildis, homines sancti Germani, habent secum infantes v. Tenet mansum i ingenuilem, habentem de terra arabili bunuaria v et dimidiam antsingam, de vinea aripennos iii, de prato aripennum i. Solvit similiter.

---

[a] Nunc *Combs-la-Ville*, ad flumen Ederam in Briegio, ter mille passibus a Braia comitis Roberti, austrum versus, ad occidentem aliquantulum vergens.

[b] Farinarium unum duntaxat prius memorabatur, postea, numero mutato, duo enumerata sunt; eadem tamen emendatio in § 2 imprudenter omissa est.

[c] Conf. § 1.

5. Gerleus, colonus sancti Germani, habet secum matrem et fratrem et sororem. Tenet mansum i ingenuilem, habentem de terra arabili bunuaria v et dimidiam antsingam, de vinea aripennos ii, de prato aripennum i. Solvit similiter.

Fol. 86.

6. Aper colonus et uxor ejus colona, nomine Truda, habent secum infantes ii; Grimharius, colonus sancti Germani. Isti duo tenent mansum i ingenuilem, habentem de terra arabili bunuaria vii, de vinea aripennos iii, de prato aripennum i. Solvit similiter.

7. Radulfus colonus et uxor ejus colona, nomine Balda, homines sancti Germani, habent secum infantes ii. Tenet mansum i ingenuilem, habentem de terra arabili bunuaria vii et dimidium, de vinea aripennum i, de prato aripennum i et dimidium. Solvit similiter.

8. Gerelmus colonus et uxor ejus colona, nomine Ermenberga, homines sancti Germani, habent secum infantes vi. Tenet mansum i ingenuilem, habentem de terra arabili bunuaria vii, de vinea aripennos ii. Solvit similiter.

9. Ermengilus colonus et uxor ejus colona, nomine Airlindis, habent secum infantes vi. Tenet mansum i ingenuilem, habentem de terra arabili bunuaria viii, de vinea aripennos ii. Solvit similiter.

10. Germanus, colonus sancti Germani; Amalharius et uxor ejus colona, nomine Frodoara, habent secum infan-

tes iiii. Isti duo tenent mansum i ingenuilem, habentem de terra arabili bunuaria iiii, de vinea aripennum i et dimidium, de prato aripennos ii. Solvit similiter.

11. Vulfleus colonus et uxor ejus colona, nomine Watlindis, homines sancti Germani, habent secum infantes iiii. Tenet mansum i ingenuilem, habentem de terra arabili bunuaria ii et antsingas ii, de vinea aripennum i et dimidium, de prato aripennos ii. Solvit similiter.

12. Madalvcnus colonus et uxor ejus colona, nomine Herlindis, homines sancti Germani, habent secum infantes iii. Tenet mansum i ingenuilem, habentem de terra arabili bunuaria viii, de vinea aripennum i, de prato aripennum i et duas partes de alio. Solvit similiter.

13. Ansgarius et uxor ejus colona sancti Germani, nomine Wandegildis, habent secum infantes vi. Tenet mansum i ingenuilem, habentem de terra arabili bunuaria vii et antsingas ii, de vinea aripennum i et dimidium, de prato aripennos iii et dimidium. Solvit similiter.

14. Aiulfus colonus et uxor ejus colona, nomine Madanildis, homines sancti Germani, habent secum infantem i; Etlenus colonus et uxor ejus colona, nomine Madaltrudis, homines sancti Germani, habent secum infantes v. Isti duo tenent mansum i ingenuilem,

habentem de terra arabili bunuaria iiii et antsingam i, de vinea aripennum i. Solvit similiter.

15. Stephanus colonus et uxor ejus colona, nomine Bertefledis, homines sancti Germani, habent secum infantes vi; Agarnus colonus et uxor ejus colona, nomine Germana, homines sancti Germani, habent secum infantes iii. Isti duo tenent mansum i ingenuilem, habentem de terra arabili bunuaria vi, de vinea aripennos iii, de prato aripennum i. Solvit similiter.

Fol. 86 v°. 16. Helbodus et uxor ejus colona, nomine Bertinga, homines sancti Germani, habent secum infantes iii; Gerbertus, colonus sancti Germani. Isti duo tenent mansum i ingenuilem, habentem de terra arabili bunuaria vi, de vinea* et quartam partem de aripenno, de prato aripennos iii. Solvit similiter.

17. Flotveus, colonus sancti Germani; Frodoinus colonus et uxor ejus colona, nomine Ragnohildis, homines sancti Germani, habent secum infantem i. Isti duo tenent mansum i ingenuilem, habentem de terra arabili bunuaria iiii et antsingas ii, de vinea aripennos iii, de prato aripennos iii et tertiam partem de aripenno. Solvit similiter.

18. Ermenricus colonus et uxor ejus colona, nomine Eva, habent secum filios iiii. Tenet mansum i ingenuilem,

habentem de terra arabili bunuaria iiii et antsingas ii, de vinea aripennos ii et dimidium, de prato aripennos ii et tertiam partem de aripenno. Solvit similiter.

19. Ermenoldus colonus et uxor ejus colona, nomine Girsindis, homines sancti Germani, habent secum infantes v. Tenet mansum i ingenuilem, habentem de terra arabili bunuaria viii, de vinea aripennum i et dimidium, de prato aripennum i et dimidium. Solvit similiter.

20. Fulcramnus colonus et uxor ejus colona, nomine Unramna, homines sancti Germani, habent secum infantem i; Frotbanus, colonus sancti Germani, habet secum fratrem. Isti duo tenent mansum i ingenuilem, habentem de terra arabili bunuaria viii, de vinea aripennos iii, de prato aripennos vi. Solvit similiter.

21. Gisloinus colonus et uxor ejus libera, nomine Electa, habent secum infantem i; Waldegarius colonus et uxor ejus colona, nomine Landramna, homines sancti Germani. Isti duo tenent mansum i ingenuilem, habentem de terra arabili bunuaria viii et antsingas ii, de vinea aripennos ii. Solvit similiter.

22. Ingalbertus, colonus sancti Germani; Landoinus colonus et uxor ejus colona, nomine Electa, homines sancti Germani, habent secum infantes ii. Isti

---

* Fort. supplendum, *aripennum* i.

duo tenent ii ansum i ingenuilem, habentem de terra arabili bunuaria xxxii, de vinea aripennos ii et dimidium, de prato aripennos vi. Solvit ad hostem solidos iiii, de vino in pascione modios ii. Arat ad hibernaticum perticas iiii, ad tramisum iii. Ad tertium annum germgia i cum agno, et scindulas c. Solvit canonica et agraria; de carritione pedalem i; pullos iii, ova xv.

23. Ingalbertus colonus et uxor ejus colona, nomine Adalgarda, homines sancti Germani. Tenet mansum i ingenuilem, habentem de terra arabili bunuaria viii, de vinea aripennum i et quartam partem de alio, de prato aripennos ii. Solvit similiter*.

Fol. 87. 24. Ipcinus colonus et uxor ejus colona, nomine Betlindis, homines sancti Germani; Madalharius, colonus sancti Germani. Isti duo tenent mansum i ingenuilem, habentem de terra arabili bunuaria x, de vinea aripennum i et dimidium; de prato aripennos ii. Solvit similiter.

25. Gerhardus, colonus sancti Germani, tenet mansum i ingenuilem, habentem de terra arabili bunuaria xii, de vinea aripennum i, de prato aripennos iii. Solvit similiter.

26. Waltarius colonus et uxor ejus colona, nomine Dathildis, homines sancti Germani. Tenet mansum i ingenuilem, habentem de terra arabili bu-

nuaria xii, de prato aripennos iii. Solvit similiter.

27. Adalradus colonus et uxor ejus colona, nomine Leodois, homines sancti Germani, habent secum infantem i, his nominibus, Adegis. Tenet mansum i ingenuilem, habentem de terra arabili bunuaria xv et dimidiam antsingam, de vinea aripennum i et duas partes de alio, de prato aripennos ii et dimidium. Solvit similiter.

28. Grimboldus colonus et uxor ejus colona, nomine Adalindis, homines sancti Germani, habent secum infantes ii, his nominibus, Ermengaudus, Adaltrudis. Tenet mansum i ingenuilem, habentem de terra arabili bunuaria x et antsingas ii, de vinea aripennum i, de prato aripennos vi. Solvit similiter.

29. Dodo, colonus sancti Germani, et uxor ejus libera, nomine Gerlindis, habent secum infantes iiii, his nominibus, Ansarius, Electeus, Gislevertus, Dodelindis. Tenet mansum i ingenuilem, habentem de terra arabili bunuaria xxviiii, de vinea aripennum i et quartam partem de aripenno, de prato aripennos xiii. Solvit similiter.

30. Ardoinus colonus et uxor ejus colona, nomine Aidelina, homines sancti Germani, habent secum infantes iiii, his nominibus, Artfridus, Adoardus, Hildevoldus, Hairhildis. Tenet mansum i ingenuilem, habentem de terra

---

* Voces duæ postremæ characteribus tironianis scriptæ sunt.

arabili bunuaria xiii, de vinea aripennum i et dimidium, de prato aripennos vi. Solvit similiter.

31. Ascarius colonus et uxor ejus colona, nomine Godelindis, habent secum infantes iiii, his nominibus, Gatinus, Alfaidus, Doda, Gausmarus; Anserus, colonus sancti Germani, habet secum fratrem. Isti duo tenent mansum i ingenuilem, habentem de terra arabili bunuaria xiii, de vinea aripennum i, de prato aripennos vi. Solvit similiter.

32. Ermboldus colonus et uxor ejus colona, nomine Alfida, homines sancti Germani, habent secum infantes ii. Tenet mansum i ingenuilem, habentem de terra arabili bunuaria xii, de vinea aripennum i, de prato aripennos xi. Solvit similiter.

33. Adegis colonus et uxor ejus colona, nomine Adalrada, homines sancti Germani, habent secum infantes iii, his nominibus, Sicleverta, Airlindis, Gerlindis. Tenet mansum i ingenuilem, habentem de terra arabili bunuaria xiii, de vinea aripennos ii et dimidium, de prato aripennos iiii. Solvit similiter.

Fol. 87 v°. 34. Ermenbertus colonus et uxor ejus colona, nomine Flatberta, homines sancti Germani, habent secum filium i; Heldeboldus, colonus sancti Germani. Isti duo tenent mansum i ingenuilem, habentem de terra arabili bunuaria x et antsingam i, de vinea aripennum i et dimidium, de prato aripennos iii. Solvit similiter.

35. Airmodus colonus et uxor ejus colona, nomine Grimlindis, homines sancti Germani, habent secum infantes iii, his nominibus, Aclevolda, Germodus, Gisleramnus. Tenet mansum i ingenuilem, habentem de terra arabili bunuaria x et antsingam i, de vinea aripennum i, de prato aripennos iiii. Solvit similiter.

36. Adalgrimus colonus et uxor ejus colona, nomine Ermentrudis, homines sancti Germani, habent secum infantes vi, Aclevaldus, Wadalgrim, Emeltrudis, Starcarius, Hiltrudis, Elegius. Tenet mansum i ingenuilem, habentem de terra arabili bunuaria viii et antsingas ii, de vinea aripennos ii. Solvit similiter.
Habet dimidium mansum, habentem de terra arabili bunuaria v et dimidiam antsingam, de prato aripennos ii. Facit inde ad hibernaticum perticas iiii, ad tramisum perticas iii.

37. Ansoinus, colonus sancti Germani; Maurinus et uxor ejus colona, nomine Ingaltrudis, homines sancti Germani. Isti duo tenent mansum i ingenuilem, habentem de terra arabili bunuaria xii, de prato aripennos iiii. Solvit ad hostem multones ii, in pascione denarios iiii. Arat ad hibernaticum perticas ii. In unaquaque ebdomada curvadas ii. Pullos iii, ova xv.

38. Ragentelmus colonus et uxor ejus colona, nomine Aldrada, homines sancti Germani, habent secum infantes ii, Rangarius, Wandelindis. Tenet man-

sum I ingenuilem, habentem de terra
arabili bunuaria x, de vinea duas partes de aripenno, de prato aripennos II
et dimidium. Solvit similiter.

39. Frotgarius colonus et uxor ejus
colona, nomine Ingalaria, homines
sancti Germani, habent secum infantes
II, his nominibus, Frodoardus, Adalindis. Tenet mansum I ingenuilem, habentem de terra arabili bunuaria II, de
vinea dimidium aripennum, de prato
aripennum I. Solvit similiter.

40. Frotlandus, colonus sancti Germani, tenet mansum I ingenuilem, habentem de terra arabili bunuaria II et
antsingam I, de prato dimidium aripennum. Solvit similiter.

41. Siclonia, colona sancti Germani,
habet secum infantes II, his nominibus,
Nodalgis*. Tenet mansum I ingenuilem,
habentem de terra arabili bunuaria II,
de prato dimidium aripennum.

41 bis. Faregarius liber tenet mansum I
ingenuilem, habentem de terra arabili
bunuaria III et dimidiam antsingam, de
prato dimidium aripennum. Solvit similiter.

42. Teudoisus colonus et uxor ejus
colona, nomine Siclina, homines sancti
Germani, habent secum infantes IIII,
bis nominibus, Hedradus, Landulfus,
Adalais, Adaltrudis. Tenet mansum I
ingenuilem, habentem de terra arabili

* Nomen alterum non comparet.

bunuaria IIII, de vinea dimidium aripennum, de prato duas partes de aripenno. Solvit similiter.

43. Ardoinus colonus et uxor ejus
colona, nomine Altfrida, homines sancti
Germani, habent secum infantem I, his ^Fol. 55.
nominibus, Rumoldus. Tenet mansum I
ingenuilem, habentem de terra arabili
bunuaria IIII, de prato dimidium aripennum. Solvit similiter.

44. Frotbertus colonus et uxor ejus
colona, nomine Gamaltrudis, homines
sancti Germani, habent secum infantes
III, his nominibus, Frotberga, Frotlindis, Walateus. Tenet mansum I ingenuilem, habentem de terra arabili bunuaria III et dimidiam antsingam, de
vinea aripennum I, de prato aripennos
II. Solvit similiter.

45. Acleardus, colonus sancti Germani, tenet mansum I ingenuilem, habentem de terra arabili bunuaria IIII, de
vinea dimidium aripennum. Solvit similiter.

46. Abram, colonus sancti Germani,
tenet mansum I ingenuilem, habentem
de terra arabili bunuaria VI et dimidiam
antsingam. Solvit similiter.

47. Artmannus, colonus sancti Germani, tenet mansum I ingenuilem, habentem de terra arabili, bunuaria VI et
antsingam I, de prato aripennos III.
Solvit similiter.

48. Frotbertus colonus et uxor ejus colona, nomine Ansegildis, homines sancti Germani, tenent mansum ɪ ingenuilem, habentem de terra arabili bunuaria xɪɪ, de prato aripennos ɪɪ et dimidium. Solvit similiter.

49. Ercanradus colonus et uxor ejus colona, nomine Roslindis, homines sancti Germani, tenent mansum ɪ ingenuilem, habentem de terra arabili bunuaria ɪɪɪɪ, de vinea dimidium aripennum. Solvit similiter.

50. Odelbertus colonus et uxor ejus colona, nomine Malrada, homines sancti Germani, tenent mansum ɪ ingenuilem, habentem de terra arabili bunuaria vɪɪɪ, de vinea octavam partem de aripenno, de prato aripennos vɪ. Solvit similiter.

51. Adalvinus, colonus sancti Germani, tenet mansum ɪ ingenuilem, habentem de terra arabili bunuaria vɪɪɪ, de vinea aripennum ɪ et dimidium, de prato aripennos ɪɪ. Solvit similiter.

52. Magenfredus colonus et uxor ejus colona, nomine Eldelindis, homines sancti Germani, habent secum infantem ɪ, his nominibus, Sisa. Tenet mansum ɪ ingenuilem, habentem de terra arabili bunuaria ɪɪɪ et dimidiam antsingam, de vinea aripennos ɪɪ, de prato dimidium aripennum. Solvit ad hostem multones ɪɪ, de vino in pascione modios ɪɪ. Arat ad hibernaticum perticas

ɪɪɪɪ, ad tramisum ɪɪɪ. In unaquaque ebdomada curvadas ɪɪ, manoperas, caroperas, quantum ei injungitur. Pullos ɪɪɪ, ova xv.

53. Ratharius, colonus et uxor ejus colona, nomine Ermentrudis, homines sancti Germani, habent secum infantem, nomine Baltefredus. Tenet mansum ɪ ingenuilem, habentem de terra arabili bunuaria vɪɪ et dimidiam antsingam, de vinea aripennos ɪɪ. Solvit similiter.

54. Walafredus colonus et uxor ejus colona, nomine Gertrudis, homines sancti Germani, habent secum infantes ɪɪ, his nominibus, Girberga, Waranfredus. Habet de terra arabili bunuaria ɪɪ et antsingam ɪ, de vinea aripennum ɪ et tertiam partem de alio. Solvit similiter.

55. Guinaldus colonus et uxor ejus colona, nomine .... edis*, homines Fol. 88 v* sancti Germani, habent secum infantes ɪɪ, his nominibus, Baldasadus, Baltadus; Erlevoldus colonus et uxor ejus colona, nomine Teutlindis, homines sancti Germani, habent secum filios ɪɪ, his nominibus, Teodrada, Dominica. Isti duo tenent mansum ɪ ingenuilem, habentem de terra arabili bunuaria ɪɪɪ et dimidiam antsingam, de vinea aripennum ɪ et dimidium.

56. Ragembaldus colonus et uxor ejus colona, nomine Adalhildis, homines

* Primæ litteræ nominis penitus deletæ sunt.

24

sancti Germani; Amalricus colonus et uxor ejus colona, nomine Teutlindis, homines sancti Germani : Amalradus est eorum filius. Isti duo tenent mansum I ingenuilem, habentem de terra arabili bunuaria III, de vinea aripennos II, de prato aripennum I. Solvunt similiter.

57. Erlulfus colonus et uxor ejus colona, nomine Eva, homines sancti Germani, habent secum infantes IIII, his nominibus, Ermenarius, Ebreverta, Abbo, Emma; Amalgarius colonus et uxor ejus colona, nomine Ratbolda, homines sancti Germani, habent secum infantes II, his nominibus, Gendradus, Amalgis. Isti duo tenent mansum I ingenuilem, habentem de terra arabili bunuaria IIII et antsingas III, de vinea aripennos III et dimidium. Solvunt similiter.

58. Solamius colonus et uxor ejus colona, nomine Warmentildis, homines sancti Germani, habent secum infantes II, his nominibus, Warnarius, Warmemberga. Iste tenet mansum I ingenuilem, habentem de terra arabili bunuaria II, de vinea aripennum I et dimidium, de prato dimidium aripennum. Solvit similiter.

59. Warmedramnus colonus et uxor ejus colona, nomine Wandalberga, homines sancti Germani, habent secum infantes III, his nominibus, Audradus, Audram, Adrevolda. Tenet mansum I ingenuilem, habentem de terra arabili bunuaria II, de vinea aripennum I et

dimidium, de prato duas partes de aripenno. Solvit similiter.

60. Eurehardus colonus et uxor ejus colona, nomine Godina, homines sancti Germani, habent secum infantes II, his nominibus, Bertegaudus, Godebert; Framnus colonus et uxor ejus colona, nomine Erlefrida, homines sancti Germani, habent secum infantes II, his nominibus, Elefredus, Erledrudis. Isti duo tenent mansum I ingenuilem, habentem de terra arabili bunuaria II, de vinea aripennum I et dimidium, de prato tertiam partem de aripenno. Solvit similiter.

61. Teutgis colonus et uxor ejus colona, nomine Ermengardis, homines sancti Germani, habent secum infantes III, his nominibus, Teutgildis, Teutfreda, Elegius; Adalsadus colonus et uxor ejus colona, nomine Teodildis, homines sancti Germani. Isti duo tenent mansum I ingenuilem, habentem de terra arabili bunuaria II et antsingas III, de vinea aripennum I et dimidium, de prato similiter. Solvit similiter.

62. Fulbertus colonus et uxor ejus colona, nomine Gendresma, homines Fol. 89. sancti Germani, habent secum infantes IIII, his nominibus, Gotbolda, Fulberta, Warnevert, Andreus; Gendulfus colonus et uxor ejus colona, nomine Stabila, homines sancti Germani. Isti duo tenent mansum I ingenuilem, habentem de terra arabili bunuaria III et dimidium, de vinea aripennum I, de prato

aripennum ɪ et quartam partem de aripenno. Solvit similiter.

63. Ratgaudus, colonus sancti Germani : Ratharius est ejus filius. Tenet mansum ɪ ingenuilem , habentem de terra arabili bunuaria ɪɪɪ et antsingas ɪɪ , de vinea duas partes de aripenno. Solvit similiter.

64. Radoenus colonus et uxor ejus colona, nomine Electrudis, homines sancti Germani. Tenet mansum ɪ ingenuilem, habentem de terra arabili bunuaria ɪɪ , de vinea aripennum ɪ et dimidium, de prato dimidium aripennum. Solvit similiter.

65. Natalifius colonus et uxor ejus colona, nomine Widenildis, homines sancti Germani, habent secum infantes ɪɪɪ , his nominibus, Witbertus, Witboldus, Nadala; Ratvcus, colonus sancti Germani, habet secum matrem et sororem. Isti duo tenent mansum ɪ ingenuilem, habentem de terra arabili bunuaria ɪɪɪɪ , de vinea aripennum ɪ , de prato dimidium aripennum. Solvit similiter.

66. Landulfus servus et uxor ejus colona, nomine Gertrudis , homines sancti Germani, tenent mansum ɪ ingenuilem[a], habentem de terra arabili bunuaria ᴠɪ , de vinea aripennos ɪɪ , de prato aripennum ɪ. Solvit de vino in

pascione modios ɪɪ , umlone modium ɪ. Facit in vinea aripennos ɪɪɪɪ, in messem perticas ᴠɪ. Pullos ɪɪɪ , ova xᴠ. Curvadas, quantum ei injungitur.

67. Ercanoldus colonus et uxor ejus colona , nomine Ingalrada , homines sancti Germani, tenent mansum ɪ ingenuilem, habentem de terra arabili bunuaria ɪɪɪɪ , de vinea aripennum ɪ , de prato aripennum ɪ. Solvit similiter.

68. Landricus servus et uxor ejus colona, nomine Amalfreda , homines sancti Germani, tenent mansum ɪ ingenuilem, habentem de terra arabili bunuaria ɪɪɪ , de vinea aripennos ɪɪ , de prato dimidium aripennum. Solvit similiter.

69. Adalbarius et uxor ejus colona sancti Germani, nomine Adaltrudis , habent secum infantes ɪɪɪ , his nominibus, Adalhildis , Aldevertus, Teudricus. Tenet mansum ɪ servilem, habentem de terra arabili bunuarium ɪ , de vinea aripennos ɪɪ , de prato aripennos ɪɪ. Solvit similiter.

70. Adalardus servus et uxor ejus colona, nomine [b], homines sancti Germani , habent secum infantes ɪɪɪ : Adalardus , Adalberga , Madalhardus. Tenet mansum ɪ servilem, habentem de terra arabili antsingas ɪɪ , de vinea ari-

---

[a] Mansi ingenuiles qui in hoc paragrapho nonnullisque ad 79 usque sequentibus memorantur, in summa, § 93 , inter serviles numerantur.

[b] Nomen prætermissum est.

pennos ii, de prato aripennum i. Solvit similiter.

Fol. 89 v°. 71. Pascuarius, servus sancti Germani, tenet mansum i servilem, habentem de terra arabili bunuaria iiii, de vinea aripennum i, de prato dimidium aripennum. Solvit similiter.

72. Wiclelmus, homo sancti Germani; Bertsida, lida sancti Germani. Isti duo tenent mansum i servilem, habentem de terra arabili bunuaria iii, de vino aripennum i, de prato aripennos iii. Solvit similiter.

73. Fredebertus servus et uxor ejus ancilla, nomine Bertramna, habent secum infantes iii, his nominibus, Frotrudis, Bona, Lantberga. Tenet mansum i servilem, habentem de terra arabili antsingas iiii, de vinea aripennum i. Solvit similiter.

74. Adoharius colonus et uxor ejus colona, nomine Erlindis, homines sancti Germani, habent secum infantes iii, his nominibus, Acledramnus, Autcarius, Gotlandus; Waltharius servus et uxor ejus ancilla, nomine Sicla, homines sancti Germani, habent secum infantes iii, his nominibus, Sigebertus, Elena, Truda. Isti duo tenent mansum i ingenuilem, habentem de terra arabili bunuaria iiii, de vinea aripennos ii. Solvit similiter.

75. Heldierus colonus et uxor ejus ancilla, nomine Teuthildis, homines sancti Germani; Godebertus colonus et

uxor ejus colona, nomine Agrada, homines sancti Germani. Isti duo tenent mansum i ingenuilem, habentem de terra arabili bunuaria iiii, de vinea aripennos iii, de prato aripennum i et dimidium. Solvit similiter.

76. Guntardus servus et uxor ejus ancilla, nomine Petresilla, homines sancti Germani : Guntardus est eorum filius. Tenet mansum i ingenuilem, habentem de terra arabili bunuaria iiii, de vinea aripennos ii, de prato dimidium aripennum. Solvit similiter.

77. Ermenarius, colonus sancti Germani, habet secum fratrem et sororem. Tenet dimidium mansum servilem, habentem de terra arabili bunuaria ii, de vinea duas partes de aripenno, de prato dimidium aripennum. Facit sicut de dimidium mansum.

78. Adalgrimnus, homo sancti Germani; Eltsinda. Isti duo tenent mansum i ingenuilem, habentem de terra arabili bunuaria vi, de prato aripennum i. Solvit similiter.

79. Frothardus et uxor ejus colona, nomine Walantildis, homines sancti Germani. Tenet mansum i servilem, habentem de terra arabili bunuaria v et antsingam i, de vinea aripennum i, de prato aripennos ii. Solvit similiter.

80. Benecristus, colonus sancti Germani, habet secum matrem. Tenet hospicium dominicum, habens de vi-

nea dimidium aripennum. Inde facit in vinea aripennum i; in unaquaque ebdomada dies ii. Pullum i, ova xv.

81. Evus, colonus sancti Germani, tenet hospicium, habens de terra arabili jornales ii, de vinea dimidium aripennum, de prato aripennum i et dimidium. Inde facit in venia* aripennum i. Pullum i, ova v. In unaquaque ebdomada diem i.

Fol. 90.

82. Ermenarius colonus et uxor ejus colona, nomine Walvis, homines sancti Germani. Facit in unaquaque ebdomada diem i. Pullum i, ova v.

83. Dido, colonus sancti Germani, facit similiter.

84. Riculfus colonus et uxor ejus colona, nomine Arnildis, similiter.

85. Agradus, servus sancti Germani, similiter.

86. Ermensinda, ancilla, habet secum filium i. Similiter.

87. Agenoldus, colonus sancti Germani, et uxor ejus colona nomine Aldedrudis. Habet de vinea duas partes de aripenno. Facit inde in vinea aripennum i. Pullum i, ova v. In unaquaque ebdomada diem i.

88. Godoardus liber et uxor ejus colona, nomine Ilildegardis, homines

* Sic.

sancti Germani. Tenet de terra arabili bunuaria iiii et dimidiam antsingam. Solvit inde multonem i. Facit perticas iii; in unaquaque ebdomada diem i. Pullum i, ova v.

89. Bertoinus, liber, tenet dimidium hospicium. Facit inde in vinea et in messe et in prato, in unumquemque. diem i. Pullum i, ova v.

90. Habet Rothildis in beneficio mansum ingenuilem i et quartam partem de manso, habentem de terra arabili bunuaria xiii et dimidiam antsingam, de prato aripennos viii et dimidium, de vinea aripennum i.

91. Habet Ostraldus in beneficio mansos ingenuiles ii, habentes de terra arabili bunuaria xxxi et dimidiam antsingam, de vinea aripennos v et dimidium, de prato aripennos vii. Inde facit perticas viii, curvadas iii.

92. Habet Helthodus in beneficio mansum i ingenuilem, habentem de terra arabili bunuaria vi, de vinea aripennos vii, de prato aripennos iiii.

93. HABET in Cumbis mansos ingenuiles xxxiii, qui solvunt ad hostem, omni anno, aut carra ii, aut boves viii, aut de argento libras iii et solidos iiii; de carnatico libram i et solidos xiiii; ad tertium annum vervices, cum agnis, xxx; scindulas iiiimccc.

Sunt alii mansi ingenuiles xxx, qui solvunt ad hostem multones lx.

Habet ibi mansos serviles xiii, qui solvunt de umlone modios xiii. Solvunt insimul, inter ingenuiles et serviles, de vino in pascione modios cxxx.

Sunt mansi xii, qui solvunt in pascione de argento solidos iiii, de capatico solidos ii.

Sunt simul mansi lxxvi et dimidium.

94. Goscelinus et duo filii ejus, Rodulfus atque Walterius*.

* Manu paululum recentiore videtur exaratus esse paragraphus.

XVII. BREVE DE MURCINCTO.

———○———

1. Habet in Murcincto * casa dominica cum aliis casticiis sufficienter. Habet ibi de terra arabili bunuaria CXXII, quae possunt seminari modiis DC. Habet ibi de vinea aripennos CX, ubi possunt in totum colligi de vino modii DC; de prato aripennos XXX, ubi possunt colligi de feno carra XL; de silva, sicut aestimatur in giro, per totum, leuas II; et possunt saginari porci CCC.

2. Habet ibi ecclesias II, cum omni apparatu diligenter constructas. Aspiciunt ibi mansus serviles I et dimidius, habens de terra arabili bunuaria III et antsingam I, de vinea aripennos V, de prato aripennum I. Exiit inde curvatas III.

3. Geningus, major et colonus sancti Germani, tenet mansum I ingenuilem, habentem de terra arabili bunuaria IIII, de vinea aripennos II, de prato dimidium aripennum. Solvit in pascione de vino modios II. Facit in vinea aripennos II; ad tertium annum viniculam. Arat perticas VII. Curvadas, caplim, caroperas, manoperas, quantum ei injungitur. Pullos III, ova XV.

4. Grimhardus colonus et uxor ejus colona, nomine Walda, homines sancti Germani. Tenet mansum I ingenuilem, habentem de terra arabili bunuaria III et dimidiam antsingam, de vinea aripennum I, de prato similiter. Solvit similiter.

5. Gisoinus, colonus sancti Germani, et uxor ejus libera, nomine Winedrudis, habent secum infantes V, his nominibus, Bertfridus, Giso, Gisoardus, Gisoildis, Bernoildis. Tenet mansum I ingenuilem, habentem de terra arabili bunuaria XI, de vinea aripennos III, de prato quartam partem de aripenno. Solvit similiter.

6. Gislardus colonus et uxor ejus colona, nomine Teutgundis, homines sancti Germani, habent secum infantes II, his nominibus, Adaltrudis, Adaltramna. Tenet mansum I ingenuilem, habentem de terra arabili bunuaria VI, de vinea aripennos IIII, de prato dimidium aripennum. Solvit similiter.

7. Blitgarius colonus et uxor ejus colona, nomine Gislindis, homines sancti Germani, habent secum infantes II, his

* Hodie *Morsan-sur-Seine*, ter mille passibus a Corbolio, meridiem versus. V. Lebeuf, *Hist. du Dioc. de Paris*, tom. XIII, pag. 160.

nominibus, Gisledrudis, Deurtrudis; Gislardus colonus et uxor ejus colona, nomine Dodalagia, homines sancti Germani, habent secum infantes IIII, his nominibus, Dodalbertus, Gisleramnus, Gislebrandus*.... Tenet mansum I ingenuilem, habentem de terra arabili bunuaria XII, de vinea aripennos III, de prato aripennum I. Solvit similiter.

8. Alveus colonus et uxor ejus colona[b], nomine Ermoildis, homines sancti Germani, habent secum infantes IIII[c], Fol. 91. similiter coloni, his nominibus, Adalgarius, Erlandus, Erlildis, Ernildis, Aldo. Tenet mansum I ingenuilem, habentem de terra arabili bunuaria XII, de vinea aripennos II, de prato aripennum I. Solvit similiter.

9. Farcinctus colonus et uxor ejus colona, nomine Eurehildis, homines sancti Germani. Tenet mansum I ingenuilem, habentem de terra arabili bunuaria IIII et antsingas II; de vinea aripennos II, de prato aripennos IIII. Solvit similiter.

10. Farnoinus colonus et uxor ejus colona, nomine Airoildis, homines sancti Germani, habent secum infantes III, his nominibus, Airoin, Frambertus, Airois. Tenet mansum I ingenuilem, habentem de terra arabili bunuaria VIIII, de vinea aripennos III, de prato aripennos III et dimidium. Solvit similiter.

11. Rainlandus colonus et uxor ejus colona, nomine Ingramna, homines sancti Germani, solvunt senapi sestarium I, ansarias L. Ostremundus colonus et uxor ejus colona, nomine Agia. Isti duo tenent mansum I ingenuilem, habentem de terra arabili bunuaria VII, de vinea aripennos IIII. Solvit similiter.

12. Docfredus colonus et uxor ejus colona, nomine Audrada, homines sancti Germani, habent secum infantes II, his nominibus, Droitberga, Droitisma; Ermenardus colonus et uxor ejus colona, nomine Agenildis, homines sancti Germani. Isti duo tenent mansum I ingenuilem, habentem de terra arabili bunuaria VI, de vinea aripennos II, de prato aripennos IIII. Solvit similiter.

13. Euroinus, colonus sancti Germani, habet secum infantes IIII[d], his nominibus, Bonus, Euraldus, Ebroinus, Elisanna, Osanna. Tenet mansum I ingenuilem, habentem terra arabili bunuaria XVII, de vinea aripennos IIII, de prato aripennos VI. Solvit similiter.

14. Albericus, colonus, et uxor ejus, libera. Tenet mansos II ingenuiles, habentes de terra arabili bunuaria XV, de vinea aripennos III, de prato aripennos VII. Solvit similiter.

15. Aclefredus colonus et uxor ejus

---

* Nominis quarti locus vacuus relictus est.

[b] Prius legebatur *ancilla*, sed loco vocabuli illius abrasi *colona* positum est; ideoque, ne in dubium vocaretur liberorum conditio, quæ ubique mater-

nam sequitur, ipsorum nominibus voces *similiter coloni* præfixæ sunt.

[c] Quinque mox nominabuntur.

[d] Unus amplius nominatur.

colona, nomine Warmentrudis, homines sancti Germani, habent secum infantes II, his nominibus, Domnehildis, Adalfredus. Tenet mansum I ingenuilem, habentem de terra arabili bunuaria v et dimidiam antsingam, de vinea aripennum I et quartam partem de aripenno, de prato aripennum I et dimidium. Solvit similiter.

16. Waltarius colonus et uxor ejus colona, nomine Bernchildis, homines sancti [Germani[a]]. Tenet mansum I ingenuilem, habentem de terra arabili bunuaria VII, de vinea aripennum I et dimidium; de prato aripennos II. Solvit similiter.

17. Ermgarius colonus et uxor ejus colona, nomine Electa, habent secum infantes II, his nominibus, Electrudis, Electardus. Tenet mansum I ingenuilem, habentem de terra arabili bunuaria v et antsingas II, de vinea aripennos III, de prato aripennum I et dimidium. Solvit similiter.

18. Dodoinus colonus et uxor ejus colona, nomine Deodrada, homines sancti Germani, habent secum infantes II, his nominibus, Gerbertus, Daudoart. Tenet mansum I ingenuilem, habentem de terra arabili bunuaria II, de vinea aripennum I et dimidium, de prato similiter. Solvit in pascione de vino modios II. Facit in vinea aripennos II; ad tertium annum multonem I. Facit perticas IIII, curvadas, caplim, caroperas,

Fol. 91 v°.

manuoperas, quantum ei injungitur. Pullos III, ova xv.

19. Trudoinus, colonus sancti Germani, habet secum infantes III, his nominibus, Rotgarius, Ingalfredus, Aclina. Tenet mansum I ingenuilem, habentem de terra arabili bunuarium I, de vinea aripennum I, de prato aripennum I. Solvit similiter.

20. Ratbertus, colonus sancti Germani, tenet dimidium mansum, habentem de terra arabili antsingas IIII, de vinea aripennum I, de prato aripennum I. Solvit similiter.

21. Ragambaldus, colonus sancti Germani, habet secum infantes IIII, his nominibus, Hildeboldus, Giroardus, Euregildis. Tenet mansum I ingenuilem, habentem de terra arabili antsingas VII, de vinea aripennum I, de prato quartam partem de aripenno. Solvit in pascione de vino modium I, cetera similiter.

22. Adremarus colonus et uxor ejus colona, nomine Branthildis, homines sancti Germani, habent secum infantes II, his nominibus, Autgarius, Ermengaudus. Tenet mansum I ingenuilem, habentem de terra arabili bunuaria v, de vinea aripennum I.

23. Aringaudus colonus et uxor ejus colona, nomine Autgaria, homines sancti Germani, habent secum infantes

[a] Prætermissum Germani.

25

ii. Tenet mansum i ingenuilem, habentem bunuaria iiii et antsingas ii, de vinea aripennum i, de prato aripennum i. Solvit similiter.

24. Augarius, colonus sancti Germani, tenet dimidium mansum, habentem de terra arabili bunuaria v et dimidium, de vinea aripennum i et dimidium, de prato aripennos ii et dimidium. Facit sicut medietatem mansi.

25. Autgingus colonus et uxor ejus colona, nomine Godaltrudis, homines sancti Germani. Tenet mansum i ingenuilem, habentem de terra arabili bunuaria iiii et antsingas ii, de vinea aripennum i et dimidium, de prato similiter. Solvit similiter.

26. Gerfredus colonus et uxor ejus colona, nomine Ermburga, homines sancti Germani. Tenet mansum i ingenuilem, habentem de terra arabili bunuaria iii, de vinea aripennum i, de prato aripennum i et dimidium.

27. Adalgaudus colonus et uxor ejus colona, nomine Ragnoildis, homines sancti Germani, habent secum infantes ii, his nominibus, Ragemarus, Waltsis. Tenet mansum i ingenuilem, habentem de terra arabili bunuaria iiii et antsingas ii, de vinea aripennum i et dimidium, de prato aripennos ii. Solvit similiter.

28. Ermenteus colonus et uxor ejus colona, nomine Electrudis, homines sancti Germani; Ermenaldus, colonus sancti Germani. Isti duo tenent man-

sum i ingenuilem, habentem de terra arabili bunuaria iiii, de vinea aripennum i, de prato similiter. Solvit similiter.

29. Acleardus colonus et uxor ejus colona, nomine Domedrudis, homines sancti Germani. Tenet mansum i ingenuilem, habentem de terra arabili bunuaria iiii, de vinea aripennum i, de prato aripennum i. Solvit similiter.

30. Rathelmus colonus et uxor ejus colona, nomine Ermtrudis, homines sancti Germani, habent secum infantes iii, his nominibus, Autbaldus, Ermberta, Autberta; Audricus colonus et uxor ejus colona, nomine Adalgundis, homines sancti Germani. Isti duo tenent mansum i ingenuilem, habentem de terra arabili bunuaria iiii et antsingas ii, de vinea aripennos iii, de prato aripennos iii. Solvit similiter.

31. Farlenus, colonus sancti Germani, tenet mansum i ingenuilem, habentem de terra arabili bunuaria iiii, de vinea aripennos ii et dimidium, de prato aripennos ii. Solvit similiter.

32. Guntbertus colonus et uxor ejus colona, nomine Benedicta, homines sancti Germani. Tenet mansum i ingenuilem, habentem de terra arabili bunuaria v, de vinea aripennum i, de prato dimidium aripennum. Solvit similiter.

33. Constantinus et uxor ejus colona, nomine Hairtrudis, homines sancti Germani, habent secum infantes iii, his

Fol. 92.

nominibus, Remegius, Frelinus, Hilde-gis. Tenet mansum ι ingenuilem, ha-bentem de terra arabili bunuaria ιι, de vinea aripennum ι, de prato dimi-dium aripennum. Solvit similiter.

34. Dodalhardus colonus et uxor ejus colona, nomine Harlindis, homines sancti Germani, tenent mansum ι inge-nuilem, habentem de terra arabili bu-nuaria ιιι, de vinea aripennum ι, de prato aripennum ι. Solvit similiter.

35. Maurus servus et uxor ejus an-cilla, nomine Mauringa, homines sancti Germani, tenent mansum ι ingenuilem, habentem de terra arabili bunuaria ιιι, de vinea aripennum ι et dimidium, de prato aripennum ι. Solvit similiter.

36. Amalricus colonus et uxor ejus colona, nomine Hiltrudis, homines sancti Germani, habent secum infantes ιι, his nominibus, Gamanildis, Hilde-brus. Iste tenet mansum ι ingenuilem, habentem de terra arabili bunuaria ιιιιιιιι, de vinea duas partes de aripenno, de prato aripennum ι. Solvit similiter.

37. Adalboldus, colonus sancti Ger-mani, tenet mansum ι ingenuilem, habentem de terra arabili bunuaria ιι, de vinea dimidium aripennum, de prato aripennum dimidium. Solvit similiter.

38. Sichardus colonus et uxor ejus colona, nomine Winerada, homines

sancti Germani, tenent mansum ι inge-nuilem, habentem de terra arabili bu-nuarium ι, de vinea aripennum ι, de prato quartam partem de aripenno. Sol-vit similiter.

39. Boso colonus et uxor ejus co-lona, nomine Acberta, homines sancti Germani, habent secum infantes ιιιιιιιι, his nominibus, Cristemia, Bosa, Bovo, Bosleberta. Tenet dimidium mansum servilem, habentem de terra arabili bunuaria ιιιιιιιι et antsingam ι, de vinea aripennum ι et dimidium, de prato Fol. 92 vº. dimidium aripennum. Facit sicut de medietatem mansi.

40. Ebroinus colonus et uxor ejus colona, nomine Susanna, homines sancti [Germani[a]], habent secum infan-tem ι, his nominibus, Martinus. Tenet mansum ι ingenuilem[b], habentem de terra arabili bunuaria ιιιιιιιι, de vinea ari-pennos ιι, de prato aripennos ιιι et di-midium. Solvit similiter sicut Adalmarus.

41. Adalmarus, colonus sancti Ger-mani, tenet mansum ι servilem, ha-bentem de terra arabili bunuaria ιιιιιιιι, de vinea aripennos ιι, de prato aripen-num ι et dimidium. Facit in vinea ari-pennos ιιιιιιιι. Solvit in pascione de vino modios ιι, senapi sestarium ι, ausarias ʟ, pullos ιιι, ova xv.

42. Godefredus, colonus sancti Ger-mani, habet secum matrem et fratrem

[a] Prætermissum est *Germani*.

[b] In enumeratione § 49 mansus iste ad serviles detrusus est.

et sororem. Tenet mansum servilem i, habentem de terra arabili bunuaria iii, de vinea aripennum i et dimidium, de prato aripennum i et dimidium. Solvit similiter.

43. Lantbertus colonus et uxor ejus colona, nomine Sichildis, homines sancti Germani, tenent mansum i servilem, habentem de terra arabili bunuaria iii et dimidium, de vinea aripennum i, de prato aripennum i. Solvit de senapi sestarium i, osarias l.

44. Gaudoenus colonus et uxor ejus colona, nomine Aldoara, homines sancti Germani, habent secum infantes ii, his nominibus, Adalardus, Altbertus. Tenet mansum i servilem, habentem de terra arabili bunuaria viii, de vinea aripennum i, de prato aripennum i et dimidium. Solvit similiter.

45. Christehildis, colona sancti Germani, habet secum infantes ii, his nominibus, Crisanum, Andrebergam, similiter coloni. Tenet mansum servilem i, habentem de terra arabili bunua-

ria ii et antsingam i, de vinea aripennum i et dimidium, de prato aripennum i. Senapi sestarium i, osarias l.

46. Ratbert servus et uxor ejus ancilla, nomine Alda, habent de terra arabili antsingas iii, de vinea duas partes de aripenno, de prato dimidium aripennum. Solvit inde vervicem i, pullos iii, ova xv.

47. Sichardus tenet hospicium dominicum. Solvit similiter, et in unaquaque ebdomada dies ii.

48. Habet Fulbertus in beneficio mansum i ingenuilem, habentem de terra arabili bunuaria viii, de vinea aripennos iii, de prato aripennos ii et dimidium.

49. Habet in Muricinctu mansos ingenuiles xxxvi, qui solvunt, ad tertium annum, ad hostem geniculas viii et quartam partem, multones xiiii; mansos serviles vi et dimidium*. Solvunt simul de vino in pascione modios lxxxiiii, pullos cx, ova dc.

* Characteribus tironianis *et dimidium* exaratum est.

XVIII. BREVE DE COLRIDO.

Fol. 94.

1. Habet in Colrito* mansos ingenuiles xi et dimidium, qui solvunt omni
anno ad hostem boves v et dimidium,
pullos xxxiii, ova clxv.

2. Habet in Colrido mansum dominicato, habentem de terra arabili bunuaria lx, ubi potest seminari modios
clxxv; de vinea aripennos xiiii, ubi
possunt colligi de vino modii ccxxx;
de prato aripennos x, ubi possunt colligi de feno carra xl; de silva bunuaria
xxv.

3. Gerbertus colonus et uxor ejus
colona, nomine Adalgundis, homines
sancti Germani, habent secum infantes
ii, his nominibus, Bismodus, Gerberga.
Tenet mansum i ingenuilem, habentem de terra arabili bunuaria xi, de
vinea aripennos ii. Solvit ad hostem
dimidium bovem, de vino in pascione
modios ii; et arat perticas vii. Facit in
vinea aripennum i. Pullos iii, ova xv
Curvadas, caplim, caroperas, manoperas, quantum ei injungitur. Lignaritia
pedalem i.

4. Teutgrimus colonus et uxor ejus
colona, nomine Ingberta, homines sancti

Germani : Teutberga est eorum filia.
Tenet mansum i ingenuilem, habentem
de terra arabili bunuaria vi, de vinea
aripennum i. Solvit similiter.

5. Hiltbertus, colonus sancti Germani, et uxor ejus, ancilla, tenent mansum i ingenuilem, habentem de terra
arabili bunuaria xii, de vinea aripennos. Solvit similiter.

6. Amalgis colonus et uxor ejus libera, nomine Ardelindis, homines
sancti Germani; Odilelmus colonus et
uxor ejus ancilla, nomine Ermengardis,
homines sancti Germani, habent secum
infantes ii, his nominibus, Leudricus,
Gisloina. Isti duo tenent mansum i ingenuilem, habentem de terra arabili
bunuaria ii, de vinea aripennos ii. Solvit similiter.

7. Sicharius, colonus sancti Germani,
et uxor ejus libera, nomine Solisma :
Sicharia est eorum filia. Ermbradus,
sancti Germani, et uxor ejus, sancti Germani, habent secum infantes v, his nominibus, Hildebertus, Godalbertus,
Madalgarius, Ermbrada, Elia. Isti duo
tenent mansum ingenuilem i, habentem

---

* Hodie Le Coudray, ad ripam australem Sequanæ, e regione Murcincti, in altera ripa siti; uterque circiter tribus milliaribus a Corbolio, austrum
versus.

de terra arabili bunuaria xi et dimidium, de vinea aripennos ii. Solvit similiter.

8. Sicboldus, colonus sancti Germani, et uxor ejus libera, nomine Ercamberta; Agebertus, colonus sancti Germani. Isti duo tenent mansum i ingenuilem, habentem de terra arabili bunuaria xi, de vinea aripennos ii. Solvit similiter.

9. Godebertus, lidus; Mattheus, colonus sancti Germani, et uxor ejus colona, nomine Cristiana. Isti duo tenent mansum i ingenuilem, habentem de terra arabili bunuaria vii, de vinea aripennum i et tres partes de aripenno.

10. Ermenulfus, colonus sancti Germani; Ingulfus, colonus sancti Germani. Isti duo tenent mansum i ingenuilem, habentem de terra arabili bunuaria vii, de vinea aripennos ii et dimidium. Solvit similiter.

11. Airbertus, colonus sancti Germani; Adalradus colonus et uxor ejus colona, nomine Frotlindis, homines sancti Germani. Isti duo tenent man-

sum i ingenuilem, habentem de terra arabili bunuaria x, de vinea aripennos ii. Solvit similiter.

12. Edimius colonus et uxor ejus colona, nomine Electa, homines sancti Germani; Frothardus, colonus sancti Germani, habet secum matrem. Isti duo tenent mansum i ingenuilem, habentem de terra arabili bunuaria v, de vinea aripennum i et dimidium. Solvit*.

13. Ermenoldus colonus et uxor ejus colona, nomine Walda, homines sancti Germani, habent secum infantes ii, his nominibus, Sicrada, Sigenildis; Teutgarnus colonus et uxor ejus colona, nomine Ermentrudis, homines sancti Germani : Melismus est eorum filius. Isti duo tenent mansum i ingenuilem, habentem de terra arabili bunuaria xi, de vinea aripennum i et duas partes de aripenno.

14. Airoardus, colonus sancti Germani, tenet dimidium mansum, habentem de terra arabili bunuaria v, de vinea aripennum i. Cetera facit sicut medietatem mansi.

Fol. 94 v°.

---

* Prætermissum *similiter.*

XIX. BREVE DE ACMÀNTO.

DE PAGO SENONICO.

1. Habet in pago Senonico in villa Acmanto [a] mansum indominicatum cum casa et aliis casticiis sufficienter. Habet ibi de terra arabili culturas vIIII, quae habent bunaria cccIIII, et possunt seminari..... de modiis.....[b] Habet ibi de vinea veteri aripennos LxvI; de novella, quem domnus Irmino abbas plantare jussit, aripennos xIIII, ubi possunt colligi de vino modii DC. Habet ibi de silva, sicut æstimatur, per totum in giro, leuvas IIII, ubi possunt saginari porci D. Habet ibi de prato aripennos LxX, ubi colligi possunt de feno carradas CL. Habet ibi farinarios IIII : exiit inde in censum de annona modios cv, de argento solidos II, aucas II.

1 bis. Ego Hagano, per voluntatem uxoris meæ Adelaide, et cum consensu filiorum nostrorum Hugonis et Odonis, damus sancto Vincentio et sancto Germano necnon fratribus ibidem Deo deservientibus, per deprecationem Brunardi servi nostri, filiam ipsius, nomine Adhuidem, pro remedio animarum nostrarum, ut semper pro nobis intercedant ad Dominum. Et inde sunt testes Tedrannus et Josbertus atque Hilbertus presbyter[c].

2. Habet ibi ecclesiam cum omni apparatu diligenter constructam, cum casa et aliis casticiis sufficienter. Aspiciunt ibi hospites v, qui solvunt pullos vIIII, ova XLV, et faciunt in ebdomada, si eos paverit, dies II.

Habet inter presbyterum et ipso[d] de vinea aripennos IIII, de terra arabili bunuaria xvII, de prato aripennum I. Et exit de ipsa ecclesia in dona caballus I.

3. Ermenarius, major et colonus, et uxor ejus colona, nomine Adalbrug, homines sancti Germani, habent secum infantes IIII[e], his nominibus, Ermengardis, Ermembertus, Ermoara, Ermois, Ermenrada. Tenet mansos II ingenuiles, habentes de terra arabili bunuaria[f]....., de vinea aripennos vI, de prato aripennos II et dimidium. De istis duobus mansis previdet servitium, et donat caballum.

4. Albericus, cellerarius et colonus, et uxor ejus colona, nomine Altberta, homines sancti Germani, tenent man-

---

[a] Nunc *Emans*, ad dexteram viæ Senonensis, ter mille passibus a Monasteriolo, versus meridiem. De pago Senonico egimus in Commentariis.
[b] Relicta est hic lacuna duarum vocum.

[c] Paragraphum illum manus paulo recentior exaravit.
[d] Leg. *ipsos.*
[e] Unus amplius nominatur.
[f] Numerus deest.

sum I ingenuilem, habentem de terra arabili bunuaria x, de vinea aripennum I et dimidium, de prato aripennum I et dimidium. Et, propter servitium quod previdet, nihil solvit, nisi ut unam antsingam arat et de suo seminat, et ad tramissum perticas II.

5. Aimeradus, colonus et decanus, homo sancti Germani, tenet mansum I ingenuilem, habentem de terra arabili bunuaria VIIII, de vinea aripennum I. Nihil solvit, propter servitium quod previdet.

6. Grimhaldus colonus, mulinarius, homo sancti Germani, tenet dimidium mansum ingenuilem, habentem de terra arabili bunuaria IIII, de vinea dimidium aripennum, de prato similiter. Nihil solvit, propter servitium quod praevidet.

7. Adrianus colonus et uxor ejus colona, nomine Sulpitia, homines sancti Germani, tenent mansum I ingenuilem, habentem de terra arabili bunuaria xxvi, de vinea aripennos II, de prato aripennos IIII. Et, propter mercedis causam, nihil solvit, nisi unam antsingam arat ad hibernaticum et seminat de suo, et ad tramissum perticas II.

8. Salvius colonus et uxor ejus colona, nomine Blathildis, homines sancti Germani, habent secum infantes IIII, his nominibus, Landoinus, Radoino, Fredericus, Warnedrude. Tenet man-

sum I ingenuilem, habentem de terra arabili bunuaria xII, de vinea aripennos v, de prato aripennum I. Solvit ad hostem, aut de argento solidos IIII, aut multones IIII, aut dimidium bovem; de vino modios II, de avena modios II[a]; et si habuerit vinum, de viginti modiis solvit modium I, ad tertium annum vervicem cum agno; pullos III, ova xv. Arat ad hibernaticum perticas III, ad tramissum perticas II. Facit caplim quantum sibi jubetur. Facit caroperas ubi ei injungitur. Facit de vinea aripennum I. Excutit de dominica annona modios xII. Habet de suo conparato bunuarium I.

9. Gigo colonus et uxor ejus colona, nomine Gerlindis, homines sancti Germani, habent secum infantes II, his nominibus, Girandus, Waldedrudis. Tenet mansum ingenuilem I, habentem de terra arabili bunuaria xvII, de vinea aripennos IIII, de prato aripennum I. Solvit similiter.

10. Agardus colonus et uxor ejus colona, nomine Beledrudis, homines sancti Germani, habent secum infantes IIII, his nominibus, Ebroinus, Baldasar, Eurohildis, Altberga; Aimericus colonus et uxor ejus colona, nomine Benimia, homines sancti Germani. Isti duo tenent mansum ingenuilem I, habentem de terra arabili bunuaria xx, de vinea aripennum I, de prato dimidium aripennum. Solvunt de avena modios II, pullos vi, ova xxx, cetera similiter.

---

[a] In hoc paragrapho atque §§ 15, 16, 18, 21, 24, 26, 28, mox secuturis, numerus III vel IIII prius hic legebatur; postea numeri binarium excedentes rasura deleti sunt.

11. Leudelgis colonus et uxor ejus colona, nomine Ildelindis, homines sancti Germani, habent secum infantes IIII, his nominibus, Ragneramnus, Leudelgrimnus, Waldedrude, Deodata. Tenet dimidium mansum ingenuilem, habentem de terra arabili bunuaria III et dimidium, de vinea aripennum I, de prato dimidium aripennum.

12. Ermoinus colonus et uxor ejus libera, nomine Alda, homines sancti Germani, habent secum infantes IIII, his nominibus, Aldo, Salgia, Iusana, Papia. Tenet dimidium mansum ingenuilem, habentem de terra arabili bunuaria VI, de vinea dimidium aripennum, de prato similiter. Isti duo solvunt de avena modios II; pullos VI, ova XXX. Cetera similiter.

13. Ermgaudus colonus et uxor ejus colona, nomine Agenildis, homines sancti Germani, habent secum infantes VI, his nominibus, Agenteus, Agembertus, Ermgis, Airois, Acledrudis, Ermgildis. Tenet dimidium mansum ingenuilem, habentem de terra arabili bunuaria VIII et dimidium, de vinea aripennum I, de prato similiter.

14. Giso colonus et uxor ejus colona, nomine Gisla, homines sancti Germani, habent secum infantem I, his nominibus, Adingus. Tenet dimidium mansum ingenuilem, habentem de terra arabili bunuaria XII, de vinea aripennos II, de prato aripennum I et dimidium. Isti duo solvunt de avena modios II; pullos VI, ova XXX. Cetera similiter.

15. Frodonus colonus et uxor ejus colona, nomine Bertildis, homines sancti Germani; Berois colonus et uxor ejus colona, nomine Gundelindis, homines sancti Germani; Salecus colonus et uxor ejus colona, nomine Agleberga, homines sancti Germani. Isti tres tenent mansum ingenuilem I, habentem de terra arabili bunuaria XVIII, de vinea aripennos II, de prato aripennos III. Solvunt de avena modios II; pullos VIIII, ova XLV. Cetera similiter.

16. Bertigerus colonus et uxor ejus colona, nomine Ercadramna, homines sancti Germani, habent secum infantes IIII; Leutgis colonus et uxor ejus colona, nomine Titbalda, homines sancti Germani, habent secum infantes III; Gotbertus colonus et uxor ejus colona, nomine Germenberga, homines sancti Germani, habent secum infantes III. Isti tres tenent mansum ingenuilem I, habentem de terra arabili bunuaria XXI, de vinea aripennos III et dimidium, de prato aripennos II et dimidium. Solvunt de avena modios II; pullos VIIII, ova XLV. Cetera similiter.

17. Aglinus colonus et uxor ejus colona, nomine Silvana, homines sancti Germani, habent secum infantes II; Fulgarnus colonus et uxor ejus colona, nomine Aglisma, homines sancti Germani, habent secum infantes II; Godebaldus colonus et uxor ejus colona, nomine Albedrudis, homines sancti Germani, habent secum infantem I. Tenent mansum ingenuilem I, habentem de terra arabili bunuaria XVII, de

vinea aripennos III, de prato aripennos II. Cetera similiter.

18. Aalwinus colonus, homo sancti
Germani, habet secum infantes IIII;
Gislebertus colonus et mater ejus colona, nomine Gisleberta, homines sancti
Germani, habent secum infantes III.
Tenent mansum ingenuilem I, habentem
de terra arabili bunuaria XVII, de vinea
aripennos II et dimidium, de prato aripennum I. Solvunt de avena modios II,
pullos VI, ova XXX. Cetera similiter.

19. Eldradus colonus et uxor ejus
colona, nomine Berta, homines sancti
Germani, Dadois colonus et uxor ejus
colona, nomine Perpetua, homines sancti
Germani, habent secum infantes III;
Ascaricus colonus et uxor ejus colona,
homines sancti Germani, habent secum
infantes II. Isti tres tenent mansum ingenuilem I, habentem de terra arabili
bunuaria XIIII, de vinea aripennos III,
de prato aripennum I. Cetera similiter.

20. Wandalbertus colonus et uxor
ejus colona, nomine Bertrada, homines
sancti Germani, habent secum infantes
VI; Ingalbertus colonus, et uxor ejus
colona, nomine Vulfoildis, homines
sancti Germani, habent secum infantes V;
Ingalramnus colonus et uxor ejus li-
Fol. 96, v° bera, nomine Vulfoildis, habent secum
infantes II. Isti tres tenent mansum ingenuilem I, habentem de terra arabili
bunuaria XX, de vinea aripennos II et
dimidium, de prato aripennum dimidium. Solvit similiter.

21. Arduis colonus, homo sancti Germani; Florentinus colonus et uxor ejus
colona, nomine Arobildis, habent secum infantes III. Tenent mansum ingenuilem I, habentem de terra arabili
bunuaria XXV et dimidium, de vinea aripennos V, de prato aripennos II et dimidium. Solvunt de avena modios II;
pullos VI, ova XXX. Cetera similiter.

22. Saroardus colonus et uxor ejus
colona, nomine Agledramna, homines
sancti Germani, habent secum infantes
II; Randingus colonus et uxor ejus colona, nomine Benimia, homines sancti
Germani, habent secum infantes IIII;
Baldoinus colonus et uxor ejus colona,
nomine Landrada, homines sancti Germani, habent secum infantes II; Hilt-
garnus colonus, homo sancti Germani.
Isti quattuor tenent mansum ingenuilem I, habentem de terra arabili bunuaria XIIII, de vinea aripennos II, de prato
aripennos II. Solvit similiter.

23. Dodalbertus colonus et uxor ejus
colona, nomine Hildedrudis, homines
sancti Germani, habent secum infantes
IIII; Flotveus colonus et uxor ejus colona, nomine Ermbalda, homines sancti
Germani, habent secum infantes VI;
Elismus colonus et uxor ejus colona,
nomine Wandregildis, homines sancti
Germani, habent secum infantes III. Isti
III tenent mansum ingenuilem I, habentem de terra arabili bunuaria XVII,
de vinea aripennos III, de prato aripennos II. Solvunt similiter.

24. Maurus colonus et uxor ejus co-

lona, nomine Agentrudis, homines sancti Germani, habent secum filium I; Bruningus colonus et uxor ejus colona, nomine Adalfrida, homines sancti Germani, habent secum infantes IIII. Isti duo tenent mansum ingenuilem I, habentem de terra arabili bunuaria XVIII, de vinea aripennos V, de prato aripennum I et dimidium. Solvunt de avena modios II, pullos VI, ova XXX. Cetera similiter.

25. Framericus colonus et uxor ejus colona, nomine Ermentera, homines sancti Germani, habent secum infantem I; Actoinus colonus et uxor ejus colona, nomine Frodoildis, homines sancti Germani, habent secum infantes II; Benjamin colonus et uxor ejus colona, nomine Teudoildis, homines sancti Germani, habent secum infantem I; Godalgrimus colonus et uxor ejus colona, nomine Anteria, homines sancti Germani, habent secum infantem I. Isti IIII^{or} tenent mansum ingenuilem I, habentem de terra arabili bunuaria XVIII et dimidium, de vinea aripennos III, de prato aripennum I et dimidium. Solvunt similiter.

26. Aldegerus colonus et uxor ejus colona, nomine Belethildis, homines sancti Germani, habent secum infantes V; Gerhaus colonus et uxor ejus colona, nomine Adalsinda, homines sancti Germani, habent secum infantes IIII. Isti duo tenent mansum ingenuilem I, habentem de terra arabili bunuaria XIIII, de vinea aripennos III et dimidium, de prato aripennum I. Solvunt de avena

modios II; pullos VI, ova XXX. Cetera similiter.

27. Orgenteus colonus et uxor ejus colona, nomine Edelgardis, habent secum infantes II; Alegreis colonus, homo sancti Germani; Ermembaldus colonus et uxor ejus colona, nomine Ragemberga, homines sancti Germani, habent secum infantes IIII; Effraim colonus et uxor ejus colona, nomine Amalgundis, habent secum infantes IIII. Isti quattuor tenent mansum ingenuilem I, habentem de terra arabili bunuaria XVIII, de vinea aripennum I, de prato aripennos II. Solvunt similiter. Fol. 97.

28. Amalbertus colonus et uxor ejus colona, nomine Ermentildis, homines sancti Germani, habent secum infantes III; Abraham colonus et uxor ejus colona, nomine Ermina, homines sancti Germani, habent secum infantes II; Leutgardis, libera, habet secum infantes II, qui sunt sancti Germani; Pavia, colona sancti Germani, habet secum infantes III. Isti quattuor tenent mansum ingenuilem I, habentem de terra arabili bunuaria XV et dimidium, de vinea aripennos II, de prato aripennum I. Solvunt de avena modios II; pullos XII, ova LX. Cetera similiter.

29. Godoinus colonus et uxor ejus colona, nomine Ermengisa, homines sancti Germani, habent secum infantes III. Tenet mansum ingenuilem I, habentem de terra arabili bunuaria VIII, de vinea aripennos III, de prato aripennum I. Solvit similiter sicut Salvius.

26.

3o. Ermembertus, colonus sancti Germani, tenet de terra arabili bunuaria v. Solvit de avena modios ii, pullos iiii, ova xv.

DE VILLASTAI[a].

3i. Arcemirus colonus et uxor ejus colona, nomine Fulcrada, homines sancti Germani, habent secum infantes iii; Gislemarus colonus et uxor ejus colona, homines sancti Germani; Bernefons colonus et uxor ejus colona, nomine Gelsinda, homines sancti Germani, habent secum infantes ii. Isti tres tenent mansum ingenuilem i, habentem de terra arabili bunuaria xii, de vinea aripennos v. Solvunt de avena modios vii[b]; pullos viiii, ova xlv. Cetera similiter.

32. Ainardus colonus et uxor ejus colona, nomine Radoildis, homines sancti Germani, habent secum infantem i; Bertramnus colonus et uxor ejus colona, nomine Adilberga, homines sancti Germani, habent secum infantes vi ; Adoinus colonus, homo sancti Germani; Altoinus colonus et uxor ejus colona, nomine Adelindis, homines sancti Germani, habent secum infantes v ; Lucius colonus. Isti quinque tenent mansum ingenuilem i, habentem de terra arabili bunuaria xvi, de vinea aripennos ii et dimidium. Solvunt de avena modios ii; pullos xv, ova lxxv. Cetera similiter.

33. Teudaldus colonus et uxor ejus colona, nomine Grima, homines sancti Germani, habent secum infantes iii; Teudois colonus et uxor ejus colona, nomine Cristemberga, homines sancti Germani, habent secum infantes ii ; Gerbertus colonus et uxor ejus colona, nomine Lantberta, homines sancti Germani, habent secum infantes ii ; Agedisus colonus et uxor ejus colona, nomine Adalsis, homines sancti Germani, habent secum infantes ii. Isti quattuor tenent mansum ingenuilem i, habentem de terra arabili bunuaria xvi, de vinea aripennum i et dimidium, de prato aripennum i. Solvunt de avena modios ii; pullos xii, ova xl[c]. Cetera similiter. *Fol. 97 v°.*

34. Ermenardus colonus et uxor ejus colona, nomine Acledrudis, homines sancti Germani, habent secum infantes iii; Randoinus colonus et uxor ejus colona, nomine Winegarda; Ragenardus liber et uxor ejus, colona sancti Germani, nomine Ermentrida, habent secum filium i et filiam i ; Ragemfridus colonus et uxor ejus colona, nomine Octildis, homines sancti Germani, habent secum infantes viiii. Isti quattuor tenent mansum ingenuilem i, habentem de terra arabili bunuaria xvi, de vinea aripennos ii, de prato aripennum i. Solvunt similiter.

35. Algeinus colonus et uxor ejus colona, nomine Lantberga, homines

---

[a] Si quid conjiciendum esset, *Villecerf*, septimo milliario ab Acmanto, versus occidentem, si non nomine, certe situ, eo convenire videretur.

[b] In paragraphis hujus fisci pene singulis manus posterior, antiqua tamen, numeros quibus avenæ modii indicantur vel emendavit vel adulteravit.

[c] Fortassis legendum, lx; quando quidem ovorum numerus pullorum quintuplex esse solet.

sancti Germani, habent secum infantes
ii; Waldo colonus et uxor ejus colona,
nomine Gisoina, homines sancti Germani, habent secum infantes iii. Isti
duo tenent mansum ingenuilem i, habentem de terra arabili bunuaria xvii,
de vinea aripennos ii et dimidium. Solvunt de avena modios ii; pullos vi, ova
xxx. Cetera similiter.

36. Ansoinus colonus et uxor ejus
colona, nomine Saroildis, homines
sancti Germani, habent secum infantes
iii; Acleherus liber et uxor ejus, colona
sancti Germani, nomine Aisa, habent
secum infantes viiii. Isti duo tenent
mansum ingenuilem i, habentem de
terra arabili bunuaria xviii, de vinea aripennos ii. Solvunt similiter.

37. Anseramnus colonus et uxor ejus,
nomine Bertrudis, calumniata, habent
secum filium i; Rainoldus liber et uxor
ejus Ermentrida, habent secum filias iii.
Isti duo tenent mansum ingenuilem
dimidium, habentem de terra arabili
bunuaria v, de vinea aripennum i et
dimidium.

Ragenus colonus et uxor ejus colona,
nomine Ingaisis, homines sancti Germani, habent secum filiam i. Tenet dimidium mansum ingenuilem, habentem
de terra arabili bunuaria vii.

Isti tres solvunt de avena modios ii;
pullos viiii, ova xl. Cetera similiter.

38. Teudo mansum i in precaria;
unde solvit de argento uncia i.

39. Adelardus de vinea aripennum i
et dimidium, de prato similiter, de
terra arabili antsingam i; unde solvit
solidos v.

DE MONTE MICHAO [a].

40. Bertaldus colonus et uxor ejus
colona, nomine Wandalberga, homines
sancti Germani, habent secum infantes
iii; Ermgengus colonus et uxor ejus colona, nomine Marcadrudis, homines
sancti Germani, habent secum infantes
iii; Gunthaus colonus et uxor ejus colona, nomine Cristoildis, homines sancti
Germani, habent secum infantem i;
Guntfridus colonus et uxor ejus colona,
nomine Waldigardis, homines sancti
Germani. Isti quattuor tenent mansum
ingenuilem i, habentem de terra arabili
bunuaria xxiiii, de vinea dimidium aripennum, de prato i. Solvunt de avena
modios ii; pullos xii, ova xl [b]. Cetera
similiter.

41. Aldigerus colonus, homo sancti
Germani; Johannes colonus et uxor
ejus colona, nomine Sarra, homines
sancti Germani, habent secum infantem i; Erlebaldus colonus et uxor ejus
colona, nomine Dodilberga, homines
sancti Germani. Isti tres tenent mansum
ingenuilem i, habentem de terra arabili
bunaria xv, de vinea aripennum i. De
avena modios ii; pullos viiii, ova xlv.
Cetera similiter.

42. Madalgerus colonus et uxor ejus

[a] Nostro tempore *Montmachou*, bis mille trecentis passibus ab Acmanto, austrum versus.
[b] Conf. § 33.

colona, nomine Ermengisa, homines sancti Germani, habent secum infantes v; Aldemarus, colonus sancti Germani. Isti duo tenent mansum ingenuilem I, habentem de terra arabili bunuaria XXI, de vinea aripennos IIII, de prato aripennum I. De avena modios II; pullos VI, ova XXX. Cetera similiter.

43. Ercambertus colonus, homo sancti Germani; Ragentelmus colonus et uxor ejus colona, nomine Adelildis, homines sancti Germani; Ermbaldus colonus et uxor ejus colona, nomine Gisledrudis, homines sancti Germani; Nadalifius colonus et uxor ejus colona, nomine Ragnildis, homines sancti Germani, habent secum infantes v. Isti quattuor tenent mansum ingenuilem I, habentem de terra arabili bunuaria XVIII, de vinea aripennos v et dimidium. De avena modios II; pullos XII, ova LX. Cetera similiter.

DE FONTANAS [a].

44. Ermenaldus colonus, homo sancti Germani, et uxor ejus, Pavia, calumniata, habent secum infantem I; Hodalca, colona sancti Germani. Isti duo tenent mansum ingenuilem I, habentem de terra arabili bunuaria XX, de vinea aripennum I et dimidium, de prato dimidium aripennum. Solvunt de avena modios II; pullos VI, ova XXX. Cetera similiter.

45. Saroardus colonus et uxor ejus

colona, nomine Floremberga, homines sancti Germani, habent secum infantes v; Erlebaldus colonus et uxor ejus colona, nomine Ermemberga, habent secum infantes II; Ainbricus colonus et uxor ejus colona, nomine Flodoildis, habent secum infantes IIII. Isti tres tenent mansum ingenuilem I, habentem de terra arabili bunuaria XVIII, de vinea aripennos III, de prato aripennum I. Solvunt similiter.

46. Ragenus colonus et uxor ejus colona, nomine Ermgera, homines sancti Germani; Adelius colonus et uxor ejus colona, nomine Framnildis, homines sancti Germani, habent secum infantes II; Ado colonus et uxor ejus colona, nomine Ansigardis, homines sancti Germani, habent secum infantes VI. Isti tres tenent mansum ingenuilem I, habentem de terra arabili bunuaria X, de vinea aripennos II. Solvunt de avena modios II; pullos VIIII, ova LXV [b]. Cetera similiter.

47. Wadalgis colonus et uxor ejus Fol. 98 v°. colona, nomine Nadalia, homines sancti Germani, habent secum infantes II; Gislemirus colonus et uxor ejus colona, nomine Guntrudis, homines sancti Germani; Wandalbertus colonus et uxor ejus colona, nomine Ebertrudis, homines sancti Germani, habent secum infantes III; Arnoinus colonus et uxor ejus colona, nomine Frothildis, habent secum infantes II. Isti quattuor tenent mansum ingenuilem I, habentem de terra

---

[a] Hodie, ut opinor, *les Fontaines*, haud procul a Braia ad Sequanam, milliaribus XII ab Acmanto, eurum versus, ad aquilonem aliquantulum vergens.

[b] Fortassis legendum XLV.

arabili bunuaria xx, de vinea aripennos iii, de prato dimidium aripennum. Solvunt de avena modios ii; pullos xii, ova lx. Cetera similiter.

48. Bernoinus calumniatus et uxor ejus colona, nomine Electa, homines sancti Germani; Adacus calumniatus et uxor ejus, colona sancti Germani, nomine Elisabet, habent secum infantes iiii; Ingalfridus colonus et uxor ejus colona, nomine Bricia, habet secum infantes iiii. Isti tres tenent mansum ingenuilem i, habentem de terra arabili bunuaria xvii, de vinea aripennos ii. Solvunt similiter.

49. Habet in Alsciaco[a] ecclesiam dominicatam cum omni apparatu, cum casa et aliis casticiis. Habet de terra arabili bunuaria ii, de vinea dimidium aripennum, de prato aripennum i. Inde exeunt in censu solidi v.

Ratgerus colonus et uxor ejus colona, nomine Arlildis, homines sancti Germani, habent secum[b] . . . . .

50. Sunt in Acman, juxta quod su-

praescriptum tenetur, mansi ingenuiles xli et medius; qui solvunt, ad hostem, aut de argento solidos clxvi, aut clxvi[c]; vino, modios lxxxiii; avena, modios lxxxiii; vervices, cum agnis, xli et mediam, ad tertium annum; pullos cccxxi, ova mdcv; de censu solidos v.

51. Quidam homo, Rainoldus nomine, ex familia sancti Germani, natus in pago Parisiacensi, abiit in territorio Pruviniensi, et duxit uxorem quandam, Ahildem nomine, genere liberam; habuitque ex ea duas filias, Mammam scilicet et Rotbergam. Rotberga, soror Mammae, habuit duas filias, Fulcuciam et Angeluciam. Mamma genuit filiam, nomine Sophisiam, cum sorore ejus, nomine Girburga, et cum filio, nomine Framberto. Sophisia habuit duas filias, scilicet Lahildem et Girburgam. Lahildis itaque genuit filiam, vocabulo Plectrudem. Plectrudis habuit filiam, nomine Ingeltrudem, cum alia, nomine Leutberga, ac quinque filios, videlicet : Bernerium, Joscelinum, Teutbertum, Anselmum, Tetgerium. Suprascripta igitur Girburga, soror Lahildis, habuit filiam, nomine Mariam. Maria habuit filium, nomine Landricum. Hi et quicunque ex eorum progenie nati fuerint, debent solvere singulis annis, v kalendas junii, in festivitate sancti Germani, unam deneratam cerae, ad luminaria ejusdem sancti[d].

---

[a] Situs loci hujus videtur fuisse juxta vicum vulgo *la Tombe* nominatum, fortasse ubi nunc conspicitur *la Borde d'Arcis*, milliaribus octo ab Acmanto, eurum versus.

[b] His verbis desinit columna prior folii 98 versi; neque exhibet columna altera complementum paragraphi, sed, post enumerationem praestationum

fisci, genealogiam quamdam, mox § 51, referendam. Deest itaque finis paragraphi 49, vel quod nunquam insertus fuit in Codice, vel quod excidit folium ubi erat scriptura.

[c] Suppl. *multones*, ut jam dictum est § 8.

[d] Paragraphum istum manus paulo recentior exaravit.

XX. BREVE DE VILLA SUPRA MARE.

F l. 99.   1. Habet in Villa[a] ecclesiam in honore sancte Mariae et sancti Germani atque sancti Martini constructam, et pene dissipatam. Ad quam aspicit mansus 1, quem Hairmannus presbyter tenet, ubi ipse commanet, cum casa et aliis casticiis; ubi habet de terra arabili bunuaria viiii et mancipia ii, Adalgarium et Gulframnum.

2. Habet in ipsa Villa supra Mare mansum indominicatum cum casa et aliis casticiis abundanter. Aspicit ad ipsum mansum de terra arabili in valle bunuaria xxx, de alia terra inculta in monte bunuaria vii, de prato aripennos viii, de marisco xii, de silva bunuaria iii. Habet ibi farinarios v. Solvit unus ex illis de annona in anno modios cxxx, camsilem 1, pastas v, tres in pascha de dominicis pullis et tres in natale Domini. Alius solvit similiter. Tertius autem solvit cx, et cetera similiter; quartus cxl, cetera similiter. Quintus solvit cxxx, cetera sicut superiores.

3. Ingalgarius colonus et uxor ejus colona, Hildegardis. Qui habent infantes viii : Angalarius, Elisachar, Ansegarium, Ingalgarium, Sutgarium, Lantgarium, Rainboldam, Angalam. Tenet mansum ingenuilem 1 de terra[b], in terra arabili et pratum, bunuaria ii et dimidium. Solvit, ad hostem, omni anno multonem 1; ad tertium annum porcum 1, et ad tertium annum vervicem 1; et si spectaverit usque ad mense madio, solvit vervicem cum agno ; omni anno de spelta modium 1; pullos ii, ova x. Arat ad hibernaticum perticas iiii, ad tramissum ii. Curvadas ii, si animalia habuerit, et si non habuerit, facit curvadam 1; omni ebdomada dies iii, et tempora messis dies iiii; et facit caropera usque ad silvam Waveram[c], et navigium usque ad monasterium; et trahit fimum de curte dominica quantum in una die trahere poterit.

4. Grimoldus, colonus, habet filios quorum hec sunt nomina : Warinboldum, Warimbertum, Flavericum. Tenet mansum ingenuilem 1, habentem inter terram et pratum bunuaria iii; et solvit similiter sicut superior.

---

[a] Hæc Villa, sive Villa supra Mare, ut § 2 nominatur, hodie, opinor, *Mareuil-an-Pec*, juxta Sanctum-Germanum in Laia; de qua plura diximus in Commentariis.
[b] Leg. *habentem inter terram arabilem et pratum.*

[c] Silva nomen dedit vico, hodie *Vanve*, quandoque *Vanvre* nuncupato, juxta Issiacum, ad quartum ab Urbe lapidem, inter austrum et occidentem. Silva postea evulsa, campi vineæque ubi fuit conspiciuntur.

5. Grombertus, colonus, tenet mansum ingenuilem I, habentem inter terram et pratum bunuarium I et dimidium. Facit similiter.

6. Authardus extraneus et uxor ejus, Godelinda, colona sancti Germani, et sotias[a] ejus Gautberga, Gautlindis, Audelberga, Aurildis, Acleberga et Agelberga. Tenent mansum ingenuilem I, habentem inter terram et pratum bunuaria III et dimidium. Facit similiter.

Fol. 99 v°. 7. Modericus, homo extraneus, et uxor ejus, Rainois, colona sancti Germani. Isti sunt eorum infantes : Autbaldam, Hairlindem, Rainildem, Lantbergam. Tenet mansum I ingenuilem, habentem inter terram et pratum bunuaria III et dimidium. Facit similiter.

8. Gormenteus colonus et uxor ejus lida, nomine Agatea. Iste est eorum filius, Angaleum. Et socius ejus Teodoardus colonus et uxor ejus, Germana, colona, qui habent infantem I, nomine Teutlindem; et Grombricus, socius eorum. Tenent mansum ingenuilem I, habentem de terra arabili bunuaria II et dimidium. Solvunt ad hostem multonem I, ad tertium annum porcos III et vervices III. Facit similiter.

9. Hinchardus colonus et uxor ejus colona, nomine Stadia. Isti sunt eorum infantes : Withardum et Adaliviam. Et socius ejus Aregarius colonus et uxor ejus colona, nomine Teudelberga, ha-

bent infantes III, Rainingum et Arigildem[b]. Isti tenent mansum I, habentem inter terram et pratum bunuaria III. Solvunt ad hostem multonem I, porcos ad tertium annum II et vervices II. Faciunt similiter.

10. Gulfrigus colonus et uxor ejus, Bergundis, colona, et filiam ejus, Bernegundis. Tenet quartam partem mansi, habentem de terra arabili bunuarium I. Solvit ad hostem quartam partem multonis, ad tertium annum porcum I et vervicem I; aliud servicium similiter.

11. Desiderius colonus et mater ejus, Adalhildis, et sorores ejus, Amalgudis et Angalsindis et Amadinga. Tenet dimidium mansum ingenuilem, habentem de terra arabili bunuarium I. Solvit ad hostem dimidium multonem, ad tertium annum porcum I et vervicem I. Facit similiter.

12. Ingalgaudus colonus et frater ejus, Blitcarius, tenent dimidium mansum. Solvunt ad hostem dimidium multonem, ad tertium annum porcos II et vervices II. Facit similiter.

13. Electeus servus et uxor ejus, Waltrada, lida, habent secum infantes II, Wandalgaria et Electarium; et socius ejus Restaurius servus et uxor ejus, Warnedrudis, colona, habent secum infantes IIII, Ratgaudium, Leutgaudium, Leutgardem, Fulcradam. Tenent dimidium mansum ingenuilem, habentem

---

[a] Leg. *sociæ* vel *societas ejus.*

[b] Nomen tertium non apparet.

27

de terra bunuarium 1. Solvunt ad hostem dimidium multonem, porcos 11 ad tertium annum et vervices 11. Facit similiter, et facit wactam in curte dominica.

14. Aclebertus extraneus et uxor ejus, Andebalda, colona sancti Germani, habent secum infantes v, Hairbrandum, Altcarium, Adrabalda, Aclebera, Frodimia; et socius ejus, Hairgaudus. Tenent mansum ingenuilem, habentem de terra arabili bunuaria 111. Solvunt ad hostem multonem 1, ad tertium annum porcos 11 et vervices 11, de spelta modios 11. Facit similiter.

15. Ermoldus colonus et uxor ejus, Electrada, colona, quæ habet secum infantem 1, Gislemarum; et Electeus colonus et uxor ejus, Adalberga, qui habent infantes 111, Audelbertus, Electradum, Audelindis. Tenent mansum ingenuilem 1, habentem inter pratum et terram bunuaria 111. Solvunt ad hostem multonem 1, ad tertium annum porcos 11 et vervices 11; et aliud servicium similiter.

16. Odelbaldus colonus et uxor ejus, Flatberga, colona, habent secum infantes 11, Flotharium, Odelmannum; et socius Acsindus colonus et uxor ejus, Gertrudis, colona. Tenent dimidium mansum, habentem de terra arabili bunuarium 1. Solvit ad hostem dimidium multonem, ad tertium annum porcos 11 et vervices 11. Facit similiter.

17. Teutgaudus colonus et uxor ejus,

Adalindis, colona. Isti sunt eorum infantes : Teudericus et Teutgaudia. Tenet dimidium mansum, habentem de terra arabili bunuarium 1 et jornalem 1. Solvit ad hostem dimidium multonem, ad tertium annum porcum 1 et vervicem 1. Facit similiter.

18. Fulbaldus colonus et uxor ejus, Gerberga, colona, habent secum infantem 1, Gantharium; et socii ejus, Acbaldus colonus, et Fulgaudus colonus et uxor ejus, Teudelgildis, colona, habent infantes 1111, Fultgaudium, Gausmarum, Fulcoardum, Gantberga. Isti tenent dimidium mansum, habentem de terra bunuarium 1 et dimidium. Solvunt ad hostem dimidium multonem, ad tertium annum porcos 111 et vervices. Facit similiter.

19. Adalmundus colonus habet infantes 1111, Varbodus, Warmundus, Adalgundis, Aclisma; et socius ejus, Dominicus, servus, et uxor ejus, Teodois, colona. Isti sunt eorum infantes : Electeus et Onrois. Tenent mansum ingenuilem 1, habentem de terra bunuaria 1111. Solvunt ad hostem multonem 1, et ad tertium annum porcos 11 et vervices 11. Faciunt similiter.

20. Fredegarius, colonus, tenet dimidium mansum habentem de terra bunuaria 11. Solvit ad hostem dimidium multonem, ad tertium annum porco 1 et vervice 1, de spelta modium 1; cetera similiter.

21. Richardus colonus et uxor ejus,

Fol. 100.

Wandalgardis, colona, habent secum infantes II, Richarium et Richariam. Tenet quartam partem mansi. Solvit ad hostem quartam partem multonis, ad tertium annum porcum I et vervicem I; alia similiter.

22. Australdus, servus, tenet quartam partem mansi. Solvit ad hostem quartam partem multonis, porcum I ad tertium annum et vervicem I; et reliquum servicium sicut de quartam partem mansi.

23. Gausmarus, colonus, tenet dimidium mansum, habentem de terra arabili bunuarium I et dimidium. Solvit ad hostem dimidium multonem, ad tertium annum porcum I et vervicem I. Facit similiter.

24. Landoardus colonus et uxor ejus, Ingalburgis, habent secum infantes III, Landeberga, Ingalberga, Ermbalda. Tenet dimidium mansum. Solvit ad hostem dimidium multonem, ad tertium annum porcum I et vervicem I, de spelta modium. Facit similiter.

Fol. 100 v° 25. Baso, homo extraneus, et uxor ejus, Lantberga, habent infantes V, Baddo, Fredegerum, Baldegarium, Gerlindis, Adalbalda; et socius ejus, Ingo. Tenent dimidium mansum ingenuilem, habentem de terra arabili bunuarium I. Solvunt ad hostem dimidium multonem, ad tertium annum porcos II et vervices II. Facit similiter.

26. Odelharius colonus et uxor ejus, Gautberga, colona, habent infantes VI, Odelgis, Odelberga, Odelindis, Ingalberga, Lantberga[*]; et socius ejus, Ingalbertus, colonus. Tenent dimidum mansum ingenuilem, habentem de terra arabili bunuarium I et dimidium. Solvunt ad hostem dimidium multonem, ad tertium annum porcos II et vervices II; faciunt similiter.

27. Elisachar, colonus, tenet dimidium mansum ingenuilem, habentem de terra arabili bunuarium I. Solvit ad hostem dimidium multonem, ad tertium annum porcum I et vervicem I. Facit sicut de dimidio manso.

28. Adalgis colonus et uxor ejus, Bertoara, colona, habent secum infantes V, Odelgis, Adalramnus, Bertuis, Ermengardem, Odelindis; et socius ejus, Frotbertus, colonus, et uxor ejus, Ratberga, colona. Isti tenent mansum I ingenuilem, habentem de terra arabili bunuaria III. Solvunt ad hostem multonem I, ad tertium annum porcos II et vervices II; faciunt similiter.

29. Fulbertus, colonus, et Ostrebertus, servus, tenent dimidium mansum ingenuilem, habentem de terra arabili bunuarium I et dimidium. Solvunt ad hostem dimidium multonem, ad tertium annum porcos II et vervices II. Faciunt similiter sicut et ceteri.

---

[*] Nomen sextum non apparet.

27.

3o. Hiltmundus, servus, tenet hospicium servilem, habentem de terra arabili dimidium bunuarium. Solvit de humolone modium 1, pullum 1, ova v. Arat ad hibernaticum perticam 1, ad tramissum 1. Facit wactam, et alium servicium quod ei injungitur.

31. Ostrebertus servus et uxor ejus, Godelindis, habent secum infantes II, Godelegio et Dominicam, et de alia femina infantes IIII [a], Aclebertum, Aclearium, Adalgudem. Facit similiter sicut superior.

32. Bernearius, servus, tenet hospicium, habentem de terra jornalem 1. Solvit de humolone modium 1, pullum 1, ova v. Arat ad hibernaticum jornalem 1; et aliud servicium quod ei injungitur.

33. Odelgarius servus et uxor ejus, Avagisa, colona, habent infantes IIII [b], Huntgarium, Huntfridum, Wandalgarium. Tenet hospicium servilem, habentem de terra dimidium bunuarium. Facit similiter.

34. Adalharius servus et uxor ejus, Ermemberga, colona, habent infantem 1, Otreberga. Tenet hospicium servilem. Solvit pullum 1, ova v. Arat jornalem 1; facit diem 1 in ebdomada.

35. Restaurius, servus, solvit omni

anno de humelone modium 1, et facit wactam et omne servicium quod ei injungitur.

36. Raingaudus, servus, tenet hospicium 1. Solvit pullum 1, ova v. Arat jornalem 1; et aliud servicium quod ei injungitur.

37. Ermenradus, colonus, tenet hospicium. Solvit ad tertium annum porcum 1 et vervicem 1, et denarios II. Fol. 101.

38. Anganildis, ancilla, habet infantem 1, Anganhildis. Tenet hospicium habentem de terra bunuarium 1. Facit camsilem de lino dominico; pascit pastas VI; et aliud servicium quod ei injungitur.

39. Ermenildis, ancilla, habet infantes III, Audradum, Nodelindem, Germeningum. Facit similiter.

4o. Adalindis, ancilla, habet infantem 1, Angelsindis. Tenet hospicium. Facit similiter.

41. Gulfinga, ancilla, tenet hospicium. Habet infantem 1, Adalmarum. Facit similiter, et arat jornalem 1.

42. Vandremarus, servus, tenet hospicium. Solvit de humelone modium 1, pullum 1, ova v; et aliud servicium quod ei injungitur.

43. Angalbertus servus et uxor ejus,

[a] Unus minus nominatur.

[b] Tres duntaxat nominantur.

Alsavia. Tenet mansum ı, habentem de terra arabili bunuaria ıı. Inde prævidet silvam et pecora, si ibi fuissent. Pullum ı, ova v.

44. Ostroldus, servus, solvit de humolone modium ı; et aliud servicium quod ei injungitur.

45. Isti solvunt capatico :

Altbertus,	Grodoardus,
Rainardus,	Hiltcarius,
Mainoardus,	Isingarius,
Rainarius,	Aldegarius,
Everradus,	Grimulfus,
Ermengisus,	Ansericus,
Aledramnus,	Rainhardus,
Ermenarius,	Stadium,
Valtgisus,	Marcia,
Azalus,	Stadia,
Adalgardis,	Angalberga,
Gothardis,	Jolimia,
Hunoldus,	Hiltlitveus,
Walatgisus,	Hilda,
Adalgarius,	Waldrada,
Frudulfus,	Agathea,
Ermengarius,	Jolimia,
Rotboldus,	Aldradus,
Flidulfus,	Godo.
Airsindus,	

Isti sunt xxxvııı[a].

46. Isti solvunt de eorum capitis pullum ı, ova, et dies ııı :

Gerlindis,	Elisanna,
Teutgaudia,	Osanna,
Geugenia,	Verisma,
Grimbolda,	Madreberga,
Rainois,	Godelindis,
Ermemberga,	Ermembolda,
Rainildis,	Rotlindis,
Wandalgardis,	Ailberga,
Isemburgis,	Ermemberga,
Adaltrudis,	Rainbolda,
Adalisma,	Teudoara,
Acbolda,	Gerberga,
Ermemberga,	Acbolda,
Fredegardis,	Ermbrada,
Rotlindis,	Godaltrudis,
Teutberga,	Agedrudis.

47. Isti sunt votivi :

Rainbolda,	Item Gerlindis,
Ricboldus,	Madreberta,
Emelgarius,	Geugenius,
Gerberga,	Waldulfus,
Teutgaudia,	Ricbertus,
Gerlindis,	Gulfrada.

48. Sunt in summa mansi ingenuiles, cum dominicato, xx; mansi serviles xıı. Solvunt, ad hostem, omni anno, multones xx et quartam partem de alio ; porcos ad tertium annum lı, vervices lı ; de spelta modios lı; camsiles vıııı; omni anno, de humolone modios vııı ; pastas xlvıııı, denarios ııı, pullos xcvıııı, ova d[b].

[a] In summa sunt nomina xxxıx.
[b] Fisco illi subjungitur nominum haud paucorum series, quam supra retulimus, pag. 41 et 42, ut ibidem præmonitum est in nota.

XXI. BREVE DE MANTULA.

DE PAGO PINCIACENSE.

1. Habet in Mantula[a] mansum indominicatum cum casa et capella et aliis casticiis sufficienter. Habet ibi de vinea aripennos XLIIII, ubi possunt colligi de vino modii CL; de terra dominicata, inter Mantulam et Hostoldi villam[b], culturas XI, quæ habent bunuaria CCLXX, et possunt seminari de modiis frumenti D; de prato aripennos XX, ubi possunt colligi de feno carra XL. Habet ibi III lucos qui non ferunt fructum, habentes, juxta aestimationem, bunuaria C. Habet ibi farinarios III, quos domnus Irmino abbas in aptiori loco transmutavit et melius renovavit; qui solvunt de moltura modios CCC.

2. Habet in Maroilo[c] ecclesiam bene constructam, aspicientem ad memoratam villam. Habet ibi de terra arabili bunuaria XVI, de vinea aripennos VII, de prato aripennos III. Aspiciunt ibi mansi IIII et hospites duo. Habent de terra arabili bunuaria XXXI, de vinea aripennos II, de prato aripennos III. Solvunt pullos et ova; et unusquisque arat

ad hibernaticum perticas IIII et duos ad tramisum; et faciunt curvadas, et faciunt dies III. Hospites vero nihil ei faciunt præter unum diem in ebdomada.

3. Adalramnus, major, colonus sancti Germani, et uxor ejus, quorum infantes non sunt sancti Germani. Manet in Altogilo[d]. Tenet mansos II ingenuiles, habentes de terra arabili bunuaria XXVIIII, de vinea aripennos III, de prato aripennos IIII, de silvula, quam nunc nutrit, bunuaria II. Solvunt aequaliter omne censum, sicut alii mansi ingenuiles.

4. Madalboldus, decanus et colonus, et uxor ejus colona, nomine Ermentrudis, homines sancti Germani. Isti sunt filii eorum: Rainarius, Frudoldus, Gulfradus, Ermenoldus, Framneharius, Gisentrudis, Vulfrada. Manet in Mantula. Tenet ibi mansum I ingenuilem, habentem de terra arabili bunuaria X, de vinea aripennum I, de prato duas partes de aripenno. Solvit ad hostem, aut III solidos, aut tertiam partem de

[a] Hodie *Maule-le-Buat*, ad amnem Maldram, miliaribus circiter novem a Medunta, inter austrum et orientem.

[b] Locus nobis ignotus.

[c] Nunc *Mareuil-sur-Maudre*, passibus mille quingentis supra Mantulam.

[d] Nostro tempore *Auteuil*, milliario circiter quinto a Mantula, versus austrum, vergens ad occidentem.

bove; de vino modium I; pullos III,
ova xv. Arat ad hibernaticum perticas
Fol. 102 v° IIII, ad tramisum II. In unaquaque ebdomada, per singulas sationes, curvadas
II et diem I; et quando curvadas non facit, facit dies III. Facit caropera ubicunque ei injungitur. Solvit pullum regale.

5. Ercoinus colonus et uxor ejus colona, nomine Wilia, homines sancti
Germani; et Frotcarius colonus et uxor
ejus, colona de Sicca Valle*, nomine
Flavia, homines sancti Germani : iste
est eorum filius, Flodegarius. Manent in
Mantula. Tenent mansum I ingenuilem,
habentem de terra arabili bunuaria XI
et jornalem I supra, de vinea aripennum I, de prato aripennum I et dimidium. Solvunt similiter.

6. Ragenoldus colonus et uxor ejus
colona, nomine Leodimia, homines
sancti Germani : Leuthardus est eorum
filius. Manet in Mantula. Tenet mansum I ingenuilem, habentem de terra
arabili bunuaria VIIII, de vinea aripennum I, de prato aripennum I et dimidium. Solvit similiter.

7. Waluppus colonus et uxor ejus
colona, nomine Wicberta, homines
sancti Germani. Isti sunt filii eorum vel
filiæ : Ardulfus, Walismus, Gerberga,
Walantrudis, Girflidis. Manet in Mantula. Tenet mansum I ingenuilem, habentem de terra arabili bunuaria VIII,

de vinea aripennum I et dimidium, de
prato aripennum I. Solvit similiter.

8. Arnaldus colonus et uxor ejus colona, nomine Waldegundis, homines
sancti Germani. Isti sunt filii eorum vel
filiae : Arnulfus, Hildegarius, Arnolda,
Andriga. Manet in Mantula. Tenet mansum I ingenuilem, habentem de terra
arabili bunuaria VIIII, de vinea aripennum I, de prato similiter; et solvit similiter.

9. Madalbertus colonus et uxor ejus
colona, nomine Arigildis, homines
sancti Germani : Aregaudus et Madalberga, filii eorum. Et Restedunus colonus et uxor ejus colona, nomine
Ermengardis, homines sancti Germani.
Isti duo manent in Mantula. Tenent
mansum I ingenuilem, habentem de
terra arabili bunuaria X, de vinea aripennum I, de prato similiter. Solvunt
similiter.

10. Rumoldus colonus, homo sancti
Germani, manet in Mantula. Tenet
mansum I ingenuilem, habentem de terra
arabili bunuaria VIII et jornalem I, de
vinea aripennum I, de prato dimidium
aripennum. Solvit similiter.

11. Ulfoardus colonus et uxor ejus
colona, nomine Godelindis, homines
sancti Germani : ista est filia eorum,
Gutonia. Manet in Mantula. Tenet mansum I ingenuilem, habentem de terra

---

* Hodie *Saint-Germain-de-Secqueval*, sexto milliario a Mantula, inter aquilonem et occasum. Idem viculus
iterum infra memorabitur.

arabili bunuaria xii, de vinea aripennum i, de prato dimidium aripennum. Solvit similiter, et unum modium de vino supra.

12. Landoarius, colonus, de beneficio Paterni, et uxor ejus colona, homines sancti Germani. Isti sunt filii eorum : Walandus, Hairveus, Hairvildis, Walabildis, Wandala, Raina, Wandelindis. Et Actuinus et Artbertus coloni, homines sancti Germani. Isti tres manent in Mantula. Tenent mansum i ingenuilem, habentem de terra arabili bunuaria xvii, de vinea duas partes de aripenno, de prato aripennum et dimidium. Solvunt similiter, et unum modium de vino supra.

13. Ingalboldus colonus, homo sancti Germani. Isti sunt ejus filii : Ansboldus, Ingaltrudis, Aclildis. Manet in Mantula. Tenet mansum i ingenuilem, habentem de terra arabili bunuaria viii, de vinea dimidium aripennum, de prato similiter. Solvit similiter.

14. Godalricus colonus et uxor ejus colona, nomine Leodildis, homines sancti Germani. Isti sunt filii eorum vel filiæ : Leodo, Hildegildis, Eodildis. Manet in Mantula. Tenet mansum i ingenuilem, habentem de terra arabili bunuaria vii, de vinea aripennum i. Solvit similiter.

15. Ercanildis, colona sancti Germani. Isti sunt filius ejus vel filiæ :

Agenarius, Ermenardus, Agenildis, Ercantrudis. Manet in Mantula. Tenet mansum i ingenuilem, habentem de terra arabili bunuaria vii, de vinea aripennum i, de prato duas partes de aripenno.[*] Et unum modium de vino supra.

16. Bladalinus colonus et uxor ejus colona, nomine Rainberga, homines sancti Germani : Rainbertus, Rainboldus sunt filii eorum. Manet in Mantula. Tenet mansum i ingenuilem, habentem de terra arabili bunuaria x, de vinea aripennum i, de prato tertiam partem de aripenno. Solvit similiter.

17. Mainardus colonus et uxor ejus colona, nomine Rangildis, homines sancti Germani; et Johannes colonus et uxor ejus colona, nomine Ermhildis. Isti sunt filii eorum vel filiæ : Framhardus, Trutgildis, Ermentrudis, Ermemberta, Balfrida, Johanna. Isti duo manent in Mantula. Tenent mansum i ingenuilem, habentem de terra arabili bunuaria xviii, de vinea aripennum i, de prato dimidium aripennum. Solvunt similiter, et unum modium de vino supra.

18. Wicbolda, colona sancti Germani. Isti sunt filii ejus : Winegarius, Winitharius. Et David, lidus, homo sancti Germani. Isti duo manent in Mantula. Tenent mansum i ingenuilem, habentem de terra arabili bunuaria xii, de vinea dimidium aripennum, de prato similiter. Solvunt similiter, et unum modium de vino supra.

[*] Supple, *solvit similiter.*

19. Odo colonus et uxor ejus colona, nomine Madalhildis, homines sancti Germani. Isti sunt filii eorum vel filiæ : Ermenarius, Ermengisus, Doningus, Frotgardis. Manet in Mantula. Tenet mansum I ingenuilem, habentem de terra arabili bunuaria VIIII, de vinea dimidium aripennum, de prato aripennum I. Solvit similiter, et c scindulas supra; et dimidiam perticam ad tramisum.

20. Ercambertus colonus et uxor ejus colona, nomine Aclindis, homines sancti Germani. Isti sunt filii eorum vel filiæ : Aclemarus, Ercamboldus, Agitara. Manet in Mantula. Tenet mansum I ingenuilem, habentem de terra arabili bunuaria VIII, de vinea aripennum I, de prato similiter. Solvit similiter.

21. Gislemarus colonus, homo sancti Germani; et Odelelmus colonus et uxor ejus colona, nomine Raintrudis, homines sancti Germani. Manent in Mantula. Tenent mansum I ingenuilem, habentem de terra arabili bunuaria VI, de vinea aripennos II, de prato aripennum I. Solvunt similiter, et modios II de vino supra.

22. Hincbertus colonus, homo sancti Germani. Manet in Mantula. Tenet mansum I ingenuilem, habentem de terra arabili bunuaria VII, de vinea duas partes de aripenno, de prato aripennum I. Solvit modium I de vino et c scindulas, et dimidiam perticam ad tramisum, excepto supramemoratum censum.

23. Hiltcarius colonus et uxor ejus colona, nomine Godalindis, homines sancti Germani. Isti sunt filii eorum vel filiæ : Inguinus, Giringa, Edalgildis. Et Odilus colonus et uxor ejus colona, nomine Acleverta, homines sancti Germani : iste est filius eorum, Euremirus. Manet in Mantula. Tenent mansum I ingenuilem, habentem de terra arabili bunuaria XIII, de vinea aripennum I, de prato dimidium aripennum. Solvit similiter.

24. Rantgarius colonus et uxor ejus, nomine Plectrudis, homines sancti Germani : est filius eorum Frocarius. Manet in Mantula. Tenet mansum I ingenuilem, habentem de terra arabili bunuaria XI, de vinea aripennum I, de prato similiter. Solvit similiter.

DE ALTOGILO.

25. Godalharius colonus et uxor ejus colona, nomine Girberta, homines sancti Germani. Ipse Godalharius habet de alia femina colona filios II, Godinum et Godalboldum. Manent in Altogilo. Tenent mansum I ingenuilem, habentem de terra arabili bunuaria VIII, de vinea aripennum I, de prato dimidium aripennum. Solvit similiter,

26. Acleharius colonus et uxor ejus colona, nomine Girberga, homines sancti Germani. Filii eorum sunt et filiæ : Andefridus, Idelgarius, Benedictus, Stadia, Ercantia. Manet in Altogilo. Tenet mansum I ingenuilem, habentem de terra arabili bunuaria VIIII, de vinea aripennum I,

de prato dimidium aripennum. Solvit
similiter.

Fol. 104. Isti VIII° solvunt scindulas et vinum,
et dimidiam perticam ad tramisum aequaliter.

27. Berulfus servus et uxor ejus colona de Bisconcella[b], nomine Ermovil-
dis, homines sancti Germani. Habet ipse
Berulfus de alia femina colona filias duas,
Bertlindem et Givaram. Manet in Altogilo. Tenet mansum I ingenuilem, habentem de terra arabili bunuaria XI, de
vinea aripennum I, de prato similiter.
Solvit similiter absque scindulas.

DE HOSTURLFI CURTE[c].

28. Ercanradus servus et uxor ejus
colona de Sicca Valle, nomine Gislindis,
homines sancti Germani. Isti sunt filii
eorum : Richardus, Gislevertus. Manet
in Ostrulfi Curte. Et socius ejus Erlulfus colonus, homo sancti Germani. Tenent mansum I ingenuilem, habentem
de terra arabili bunuaria X, de vinea
aripennum I, de prato aripennos II. Solvit similiter.

DE MAIROILO.

29. Airboldus, colonus sancti Germani; et frater ejus, similiter colonus,
et uxor ejus libera, nomine Gunthildis.
Isti sunt filii eorum et filiæ : Gundulfus,
Airsindis, Airlindis, Gunda, Alsindis.

Manent in Maroilo. Tenent mansum I
ingenuilem, habentem de terra arabili bunuaria X, de vinea aripennum I, de prato
aripennum I. Solvunt de vino modios II,
et perticas IIII ad hibernaticum et tres ad
tramisum; et relicum censum similiter.

30. Isaac colonus et uxor ejus colona, nomine Amalgundis, homines
sancti Germani. Isti sunt filii eorum et
filiæ : Wilefridus, Amalgaudus, Genel-
lus, Gerlindis. Manet in Maroilo. Tenet
mansum I ingenuilem, habentem de
terra arabili bunuaria VIIII, de vinea aripennum I. Solvit similiter absque pertica I.

ITEM DE MANTULA.

DE HIS QUI MULTONES SOLVUNT.

31. Girveus colonus et uxor ejus
colona, Acleverta, homines sancti
Germani, habent filium I et filiam I,
Girfridum et Aclevertam. Manet in
Mantula. Tenet mansum I ingenuilem,
habentem de terra arabili bunuaria
VIII, de vinea tertiam partem de aripenno, de prato dimidiam partem de
aripenno. Solvit de vino modium I, de
capite suo multones II, pullos III, ova
XV, pullum regalem. Arat perticas IIII ad
hibernaticum et II ad tramisum.

32. Aguinus colonus, homo sancti
Germani, manet in Mantula. Tenet
mansum I ingenuilem, habentem de

---

[a] Subaudiendum *mansi.*
[b] Hodie *Béconcelle,* sive *Béconseil,* villula sive
prædium juxta vicum vulgo nuncupatum *Orgerus,*
milliaribus circiter novem a Mantula, inter meri-

diem et occasum. Vid. infra, cap. XXIV, cujus titulus : Breve de Bisconcella.
[c] Locus, ut videtur, inter Altogilum et Maroilum
situs, sed de nomine hodierno non liquet.

terra arabili bunuaria 'vii, de vinea dimidium aripennum, de prato similiter. Solvit similiter.

· 33. Teudulfus colonus, de Sicca Valle, et uxor ejus colona, nomine Giroïldis, homines sancti Germani. Habet ipsa Giroïldis de alio marito colono ii infantes, Gilmarum et Bipplinam. Manet in Mantula. Tenet mansum i ingenuilem, habentem de terra arabili bunuaria vii, de vinea dimidium aripennum, de prato similiter. Solvit similiter.

. 34. Bernegarius colonus et uxor ejus colona, nomine Adalburgis, homines sancti Germani. Isti sunt filii eorum vel filiæ : Odelelmus, Flodegarius, Gautmarus, Adalgardis, Gisloina, Teutburgis. Manet in Mantula. Tenet mansum i ingenuilem, habentem de terra arabili bunuaria viii, de vinea aripennum i, de prato dimidium aripennum. Solvit similiter.

35. Gauginus colonus et uxor ejus colona, nomine Leutgardis, homines sancti Germani. Isti sunt filii eorum vel filiæ : Gautvinus, Eva. Manet in Mantula. Tenet mansum i ingenuilem, habentem de terra arabili bunuaria vii, de vinea dimidium aripennum, de prato aripennum i. Solvit similiter.

36. Beata, colona sancti Germani. Isti sunt filii vel filiæ eorum : Ernearius, Germanus, Saruinus, Ermentarius, Ermentisma. Manet in Mantula. Tenet

mansum i ingenuilem, habentem de terra arabili bunuaria v, de prato aripennum i. Solvit similiter.

37. Godalcarius colonus et uxor ejus colona, nomine Amantrudis, homines sancti Germani : iste est eorum filius, Electeus. Manet in Mantula. Tenet mansum i ingenuilem, habentem de terra arabili bunuaria vii, de vinea tertiam partem de aripenno, de prato duas partes de aripenno. Solvunt similiter isti equaliter.

38. Sindus colonus et uxor ejus colona; nomine Hotlindis, homines sancti Germani. Isti sunt eorum filii : Otbertus, Grimo, Walcarius, Walindis. Manet in Mantula. Tenet mansum i ingenuilem, habentem de terra arabili bunuaria vi, de vinea aripennum i. Solvit similiter. Iste debet solvere duos modios de vino supra.

39. Ercangaudus colonus et uxor ejus lida, nomine Lisabiris, homines sancti Germani. Isti sunt filii eorum : Frotgaudus, Gislulfus, Benedictus. Manet in Marogilo. Tenet mansum i ingenuilem, habentem de terra arabili bunuaria viii, de vinea aripennum i et dimidium. Solvit similiter.

Isti duo solvunt equaliter.

DE BOLA*.

40. Altbertus colonus et uxor ejus colona, nomine Gothildis, homines sancti Germani. Isti sunt filii eorum vel

___
* Nunc *Beule*, viculus mille quingentis passibus a Mantula, inter septentrionem et eurum.

filiæ : Waltharius, Maginbertus, Stra-
darius, Agtrudis, Altberta, Ragentrudis. Manet in Bola. Tenet mansum i
ingenuilem, habentem de terra arabili
bunuaria viii et jornales ii, de prato
aripennum i; et solvit similiter, et de-
Fol. 105. narios iiii supra de capite suo; excepto
vino, quod non solvit.

ISTI DEBENT ESSE SCRIPTI AD BOVES.

41. Flodericus et Flavidus, lidi, et
uxor ejus colona, nomine Ermengildis,
homines sancti Germani. Isti sunt eorum infantes : Modericus, Salvia, Rant-
gardis. Manent in Mantula. Tenent
mansum i ingenuilem, habentem de
terra arabili bunuaria viiii, de vinea dimidium aripennum, de prato similiter.
Solvunt de vino modium i, ad hostem solidos iii, et reliqua sicut de integro manso.

42. Hildegarius colonus, homo sancti
Germani, tenet mansum i ingenuilem
in Mantula, habentem de terra arabili
bunuaria x, de vinea aripennum i, de
prato aripennos ii. Solvit similiter, sed
iste nihil inde reddit.

43. Ermenarius, servus domni abbatis, et uxor ejus libera, nomine Ermengardis. Manet in Maroilo. Tenet mansum i ingenuilem, habentem de terra
arabili bunuaria x, de vinea aripennum
i, de prato tertiam partem de aripenno.
Debet omne censum solvere, sicut de
integro manso, sed iste nihil inde fecit.

44. Gunthardus colonus et uxor ejus
colona, nomine Godreverta, homines
sancti Germani, habent filium i, nomine Andream. Manet in Bola. Tenet
dimidium mansum, habentem de terra
arabili bunuaria v, de prato tertiam partem de aripenno. Solvit multonem i et
denarios ii; et cetera facit sicut de dimidium mansum.

45. Godalharius colonus et uxor ejus
colona, nomine Balthildis, homines
sancti Germani. Isti sunt filii eorum vel
filiæ : Gotharius, Godaltrudis, Aclehildis, Godahildis. Manet in Bola. Tenet
dimidium mansum, habentem de terra
arabili bunuaria iiii, de prato dimidium
aripennum. Solvit similiter.

46. Leutboldus colonus, homo sancti
Germani. Manet in Bola. Tenet dimidium mansum, habentem de terra arabili bunuaria v. Solvit similiter. Isti tres
solvunt equaliter.

ITEM IN MANTULA.

47. Adoardus colonus et uxor ejus
colona, nomine Osanna, homines sancti
Germani. Manet in Mantula. Tenet dimidium mansum, habentem de terra
arabili bunuaria viii, de vinea tertiam
partem de aripenno. Solvit modium i
de vino et multonem i, et reliqua sicut
de dimidio manso.

48. Adalgrimus, colonus, de Buxido*,

* De Buxidis duobus jam diximus. Hicne de illis
agitur, vel de vico nostratibus *Boissy-sans-Avoir*

nuncupato, septimo milliario a Mantula, austrum
versus? hæreo.

et uxor ejus colona, nomine Ermentrudis. Isti sunt filii eorum vel filiæ : Ermenulfus, Ermenardus, Adalgisa, Adalberga. Manet in Mantula. Tenet dimidium mansum, habentem de terra arabili bunuaria v. Habet ibi de vinea quartam partem de aripenno. Solvit multonem, et reliqua sicut de dimidio manso. Iste non solvit vinum.

49. Walantinus colonus et uxor ejus colona, nomine Ercanildis, homines sancti Germani. Isti sunt filii eorum vel filiæ : Ercamberta, Airoldus. Manet in Mantula. Tenet mansum I ingenuilem, habentem de terra arabili bunuaria IIII, de vinea aripennum I. Solvit de vino modios II et multones II, et facit rigas, et reliqua sicut de integro manso. Et iste bovem debet solvere, sed ante non fuit ad bovem.

50. Aroicus colonus et uxor ejus colona, nomine Winegildis, homines sancti Germani. Isti sunt filii eorum vel filiæ : Winegarius, Grimlindis, Winegardis. Manet in Mantula. Tenet mansum I ingenuilem, habentem de terra arabili bunuaria XIII, de vinea aripennum I et dimidium, de prato aripennum I. Facit totum servicium sicut de integro manso.

51. Rainboldus colonus et uxor ejus colona, nomine Teutlindis, homines sancti Germani : Valantinus est eorum filius. Manet in Mantula. Tenet mansum I ingenuilem, habentem de terra arabili bunuaria VII. Solvit multonem I,

Fol. 105 v°

pullos IIII, ova XV, et facit rigas, sicut de integro manso.

52. Gauginus colonus et uxor ejus colona, Anslindis, homines sancti Germani, habent filium I, nomine Ansarium. Manet in Maroilo. Tenet dimidium mansum, habentem de terra arabili bunuaria IIII, de vinea tertiam partem de aripenno. Solvit multonem I, et denarios IIII de capite suo; et cetera solvit similiter.

53. Gerfridus colonus et uxor ejus ancilla, nomine Rainildis, homines sancti Germani. Isti sunt filii eorum vel filiæ : Ragenarius, Winefridus, Winegildis. Manet in Mantula. Tenet mansum I ingenuilem, habentem de terra arabili bunuaria IIII, de prato quartam partem de aripenno. Arat quattuor perticas ad hibernaticum, et solvit pullos III et quartum regalem, ova XV; et nihil aliud inde facit, nisi quattuor perticas ad hibernaticum.

54. Godinus advena et uxor ejus, colona sancti Germani, nomine Adregundis. Isti sunt filii eorum vel filiæ : Gislemarus, Ulfinus, Celsa, Godelindis. Manet in Pociolis*. Tenet mansum I ingenuilem, habentem de terra arabili bunuaria XII. Solvit multones II, et rigas; pullos IIII, ova XV; facit curvadas et caropera et dies.

55. Ansedramnus servus et uxor ejus colona, nomine Gundoina, homines

* De nomine hodierno hujus loci nihil certi eruere potuimus.

sancti Germani ¿ est filius ejus Teutbertus. Manet in Mantula. Tenet dimidium
mansum, habentem de terra arabili
bunuaria IIII. Solvit pullos III, ova XV;
arat perticas II ad hibernaticum. Non
solvit multonem.

56. Baldrevertus, colonus sancti Germani, tenet mansum I ingenuilem, habentem de terra arabili bunuaria III,
de prato dimidium aripennum. Solvit
pullos III et ova; arat perticas IIII ad
hibernaticum.

Fol. 106. 57. Rainardus, servus sancti Germani,
de Salcido[a], et uxor ejus libera, nomine
Ilisabia. Isti sunt eorum infantes : Rainarius, Magenarius, Narthildis. Manet in
Mantula. Tenet dimidium mansum, habentem de terra arabili bunuaria IIII. Solvit pullos III et ova; arat ad hibernaticum
perticas II; facit dies II in ebdomada.

58. Adalradus colonus et uxor ejus
colona, nomine Waltberta, homines
sancti Germani. Manet in Bola. Tenet
dimidium mansum, habentem de terra
arabili bunuaria VII. Solvit multonem et
denarios II, pullos III et ova, et reliqua
sicut de dimidio manso.

DE MANSIBUS SERVILIS.

59. Adrevertus servus et uxor ejus
lida, nomine Ymnetrudis, homines sancti
Germani. Isti sunt eorum infantes :
Remistagnus, Bernegaudus, Winegau-

dus. Manet in Mantula. Tenet mansum I
servilem, habentem de terra arabili bunuaria VI, de vinea duas partes de aripenno, de prato aripennum I et dimidium. Solvit dimidium modium de vino,
pullos III et quartum regalem, ova XV.
Fodit vineam; arat IIII perticas ad hibernaticum; facti curvadas et caropera.

60. Trutboldus, colonus sancti Germani, manet in Mantula. Tenet mansum I servilem, habentem de terra
arabili bunuaria VII, de vinea dimidium
aripennum, de prato tertiam partem de
aripenno. Solvit IIII denarios; arat perticas IIII ad hibernaticum et duas ad
tramisum; et reliqua similiter.

61. Aregarius servus et uxor ejus
colona, nomine Petranilla, homines
sancti Germani. Isti sunt filii eorum :
Petrus, Airboldus. Manet[b]. Tenet mansum I servilem, habentem de terra
arabili bunuaria VIII, de vinea aripennum I, de prato duas partes de aripenno.
Solvit dimidium modium de vino, pullos
et ova; arat IIII perticas ad hibernaticum; facit curvadas et caropera.

62. Bernardus lidus, homo sancti
Germani. Isti sunt filii eorum : Berengarius, Bernico, Bernegardis, Rinca,
Remegia, Mancia. Manet in Mantula.
Tenet mansum I servilem, habentem de
terra arabili bunuaria VII, de vinea dimidium aripennum, de prato tertiam partem de aripenno. Solvit similiter.

[a] Nostro tempore *Saussay*, vicus, juxta Anetum, milliaribus XXV a Mantula, versus occasum hibernalem ;

de quo jam mentio facta est supra, cap. III, § 61.
[b] Nomen loci omissum est.

63. Teutboldus servus et uxor ejus ancilla, nomine Hiltrudis, homines sancti Germani. Isti sunt eorum infantes : Teutgaudus, Leutrudis, Teutbolda, Alda, Adalgudis. Manet in Mantula. Tenet mansum ɪ servilem, habentem de terra arabili bunuaria v, de vinea dimidium aripennum, de prato similiter. Solvit similiter.

64. Frodoldus servus, homo sancti Germani, et uxor ejus advena, nomine Julia. Isti sunt eorum infantes : Frotlindis, Avizone. Manet in Mantula. Tenet mansum ɪ servilem, habentem de terra arabili bunuaria ɪɪɪɪ et dimidium, de prato dimidium aripennum. Solvit similiter.

65. Adalgrimus servus et uxor ejus colona, nomine Gulframna, homines sancti Germani. Isti sunt eorum infantes : Frotgrimus, Adalgarisma. Manet in Mantula. Tenet mansum ɪ servilem, habentem de terra arabili bunuaria v, de vinea dimidium aripennum, de prato duas partes de aripenno. Solvit similiter.

66. Constantinus servus, homo sancti Germani, et uxor ejus advena, nomine Adalindis. Manet in Mantula. Tenet mansum ɪ servilem, habentem de terra arabili bunuaria vɪɪɪ, de vinea dimidium aripennum, de prato similiter. Solvit similiter.

67. Wilericus servus et uxor ejus colona, nomine Balthildis, de Bisconcella, homines sancti Germani. Isti sunt eorum infantes : Richardus, Rainfrida.

Manet in Mantula. Tenet mansum ɪ servilem, habentem de terra arabili bunuaria vɪɪɪ, de vinea aripennum ɪ, de prato similiter. Solvit similiter.

68. Lantbertus lidus et uxor ejus colona, nomine Aidramna, homines sancti Germani. Isti sunt eorum infantes : Mainbertus, Aginildis, Magimberta, Ermenildis, Ermengardi. Manet in Mantula. Tenet mansum ɪ servilem, habentem de terra arabili bunuaria xɪɪ, de vinea aripennum ɪ, de prato similiter, de silva bunuarium ɪ. Solvit similiter.

69. Eurehardus servus et uxor ejus colona, nomine Fredegundis, homines sancti Germani. Isti sunt eorum infantes : Fredegarius, Adalsindis. Manet in Mantula. Tenet mansum ɪ servilem, habentem de terra arabili bunuaria v, de vinea aripennum ɪ. Solvit similiter.

70. Gundoinus servus et uxor ejus colona, nomine Framnehildis, homines sancti Germani. Isti sunt eorum infantes : Bernoicus, Beligardis. Manet in Mantula. Tenet mansum ɪ servilem, habentem de terra arabili bunuaria ɪɪɪɪ, de vinea duas partes de aripenno, de prato dimidium aripennum. Solvit similiter.

71. Radacus advena et uxor ejus colona, de beneficio Guntharii, femina sancti Germani. Manet in Mantula. Tenet mansum ɪ servilem, habentem de terra arabili bunuaria vɪɪɪɪ, de vinea duas partes de aripenno, de prato dimidium aripennum. Solvit similiter.

72. Ingalbertus colonus et uxor ejus colona, nomine Odilbildis, homines sancti Germani : Ansevertus est eorum filius. Manet in Mantula. Tenet mansum I servilem, habentem de terra arabili bunuaria VII, de vinea aripennum I, de prato similiter. Solvit similiter.

73. Fredevertus colonus et uxor ejus colona, nomine Eutberta, homines sancti Germani, isti sunt eorum infantes : Rainfredus, Hunuanus, Otbertus, Teutberga. Manet in Mantula. Tenet mansum I servilem, habentem de terra arabili bunuaria VIII, de vinea duas partes de aripenno, de prato similiter. Solvit similiter, et duas perticas supra ad tramisum.

Fol. 107. DE HOSPITIBUS[a] QUI SUNT IN BOVAIS VILLA[b].

74. Ermengarius colonus et uxor ejus lida, nomine Genuvefa, homines sancti Germani. Isti sunt eorum infantes : Alberadus, Ermengisus, Savinus, Ermena. Manet in Altogilo. Tenet hospicium, habens de terra arabili bunuaria III. Solvit pullos III, ova XV. Arat perticas II ad tramisum. Facit curvadas, si habuerit unde.

75. Audoinus colonus et uxor colona, nomine Ingalrada, homines sancti Germani : Ingalmarus est eorum filius. Manet in Altogilo. Tenet hospicium,

habens de terra arabili bunuaria V, inter vinea et prato dimidium[c]. Solvit pullos et ova XV. Arat perticas IIII ad hibernaticum, ad tramisum II; et reliqua similiter.

76. Godalfridus colonus et uxor ejus colona, nomine Eusebia, homines sancti Germani. Isti sunt eorum filii vel filiæ : Aclevertus, Ratboldus, Godrevertus, Godalricus. Manet in Bola. Tenet hospicium, habens de terra arabili bunuaria II. Solvit pullos et ova; et arat perticam I ad hibernaticum. Facit curvadam I, et diem I, quando curvadam non facit.

77. Acluinus colonus et uxor ejus colona, nomine Madalgudis, homines sancti Germani. Isti sunt eorum filii vel filiæ : Berila, Deotimia. Manet in Bola. Tenet hospicium, habens de terra arabili jornalem I. Solvit pullum I et ova V in anno; et diem I in unaquaque ebdomada.

DE MANSIBUS CENSILIS[d] QUI SUNT IN PETRALVI[e].

78. Gulfoinus colonus et uxor ejus colona, nomine Teodalgardis, homines sancti Germani. Isti sunt eorum infantes : Gulfardus, Angalgarius, Tutinus, Gulframnus, Leutrudis. Manet in Mantula. Tenet proprietatem patris sui, quam partibus sancti Germani condonavit, habentem de terra arabili bunuaria XVI,

---

[a] Et hic et sæpius infra *hospitibus* usurpatur pro *hospitiis.*

[b] Eadem, ni fallor, villa quæ Bovani dicetur cap. XXII, § 1; nunc *Boinville,* ter mille quingentis passibus a Mantula, versus occasum æstivalem.

[c] Deest *aripennum.*

[d] Id est *de mansis censilibus.*

[e] Hodie fortasse *le Clos de Pierre,* bis mille passibus et quingentis a Mantula, occidentem versus.

de vinea aripennum i, de prato similiter. Solvit inde solidum i, pullos iii et
ova. Arat perticas iiii ad hibernaticum,
et ii ad tramisum, et bannos iii in unaquaque satione.

79. Wilivertus colonus et uxor ejus
colona, nomine Frotlindis, homines
sancti Germani. Isti sunt eorum infantes:
Wilibertus, Wilihildis, Wilirada. Et Hildebertus, colonus sancti Germani. Isti
duo manent in Fiolinis[a]. Tenent mansum i ingenuilem, habentem de terra
arabili bunuaria xxiiii, de prato aripennos iii. Solvunt solidos v, pullos iii et
ova. Arant ad hibernaticum perticas vi,
ad tramisum ii.

80. Raivinus servus et uxor ejus lida, nomine Eusebia. Isti sunt eorum
infantes : Ermenarius, Euseius. Manet
in Mantula. Tenet hospicium habens
de terra arabili jornalem i, de vinea
tertiam partem de aripenno. Solvit inde
pullum i, ova v, et diem i in unaquaque ebdomada.

DE HOSTOLDI VILLA.

81. Ratbertus colonus, homo sancti
Germani, et uxor ejus advena, cujus
infantes non sunt sancti Germani. Manet
in Hostoldi villa. Tenet mansum i...[b],
habentem de terra arabili bunuaria xviii.
Solvit pullos iii, ova xv. Arat ad hibernaticum perticas iiii, ad tramisum ii; et

in unaquaque ebdomada, curvadam i ad
unamquamque sationem. Facit caropera
infra pagum cum uno socio, extra pagum cum iiii sociis suis; et quando curvadam facit, duos dies operatur cum
manu; et quando curvadam non facit,
tres dies operatur cum manu.

82. Otbertus[c]......., homo sancti
Germani, et uxor ejus advena, cujus
infantes non sunt sancti Germani. Manet in Hostoldi villa. Tenet mansum
i....., habentem de terra arabili bunuaria xviii. Facit similiter.

83. Odelindis..... et infantes ejus
Ursbertus, Lupa, Odalgisus, Framnegarius, homines sancti Germani. Manet
in Hostoldi villa. Tenet mansum i.....,
habentem de terra arabili bunuaria viiii.
Facit similiter.

84. Ricboldus advena et uxor ejus Fol.107 v°.
colona sancti Germani, nomine Gislindis. Isti sunt eorum infantes : Gislemarus, Ercambodus, Rigoldus, Ricburgis,
Ricberga, Ricsindis. Manet in Hostoldi
villa. Tenet mansum i....., habentem
de terra arabili bunuaria viii, et facit
similiter.

85. Girboldus colonus et uxor ejus
colona, nomine Godalhildis, homines
sancti Germani. Isti sunt eorum filii vel
filiæ : Gausboldus, Airoldus, Gulfoldus,
Gulfrada, Otfrida, Godelindis, Gaus-

---

[a] Nostro tempore *Flins*, milliaribus tribus et
dimidio a Mantula, septentrionem versus.
[b] Sequitur lacuna unius vocis, qua mansi conditio
indicabatur.

[c] Et hoc paragrapho et sequentibus conditio per-
sonarum mansorumve sæpe prætermissa est, suntque
spatia vacua in Cod.

29

burgis. Manet in Hostoldi villa. Tenet dimidium mansum....., habentem de terra arabili bunuaria XIII[a]. Facit similiter.

86. Bernulfus....., homo sancti Germani, et uxor ejus extranea, cujus infantes non sunt sancti Germani. Manet in Ostoldi villa. Tenet dimidium mansum....., habentem de terra arabili bunuaria VIII. Solvit ad unum annum pullos II, ad alterum I, et reliqua sicut de dimidio manso.

87. Bernarius, Berneardus, Johannes sunt nepotes Ratberti et homines sancti Germani.

88. Meroldus, Rantgarius, Rainoldus, Lantbertus, Gundoinus, Fredevertus, Gislemarus, Ercuinus, Gulfoinus, Ingalboldus, Walapo, Magenardus, Edelgerus, Arnaldus, Ercambertus, Landoidus, Godalgerus, Gauginus, Madalbertus, Rainardus, Rainboldus, Hincbertus, Airboldus, Odo, Bladalenus, Girveus, Adalgrimus, Altbertus, Ratbertus, Autbertus.

89. Isti sunt servi :
Ercanradus,   Adrevertus,

Haregarius,   Constantinus,
Teutboldus,   Wilericus,
Frodoldus,   Beirulfus,
Adalgrimus,   Raivinus.

90. Istae sunt ancillæ :
Hiltrudis [b].

91. Isti sunt lidi :
David,   Bernardus,
Flodericus,   Lantbertus,
Flavidus,   Gundoinus.

92. Istæ sunt lidæ :
Lisaviris,   Genuvefa.
Ymnedrudis,

93. SUNT mansi ingenuiles XLVIIII, et duo dati in beneficio; serviles XVI, censiles II. Solvunt de hostilitio libras IIII et solidos IIII; de capatica solidum I et dimidium[c]; de censilibus mansis, solidos VI. Sunt in summa libræ IIII et solidi XII et dimidium; multones XXXI, pulli CCXCIII, ova mille CLXXX, scindulæ DCCC.

Adalramnus, major, habet mansos II, Agramnus presbyter V.

Sunt in Hostoldi villa mansi V et dimidius.

Sunt in summa mansi LXXXI.

---

[a] Voces extremæ paragraphi, prioribus deletis, rescriptæ sunt.
[b] Nomen alterum penitus est deletum.

[c] In isto sequentique paragrapho *dimidium* legitur characteribus tironianis.

XXII. BREVE DE SICCA VALLE SIVE FORESTE[*].

1. Habet ibi mansum dominicatum bene constructum et aliis casticiis sufficienter, et broilum muro petrino circumseptum, quem domnus Irmino abba construxit.

Habet ibi culturas majores VI, minores IIII, habentes inter totas bunuaria CXX, quae possunt seminari de modiis frumenti M.

Habet ibi styrpos II, quos domnus Irmino styrpavit, quæ possunt seminari de modiis frumenti LX.

Habet in Bovani villa[b] culturas III, habentes bunuaria XXVIIII, et possunt seminari de modiis frumenti C.

Habet in Sicca Valle de vinea veteri aripennos LXX; de novella vero, quam domnus Irmino plantavit, aripennos XXX; ex quibus colliguntur de vino modios CCC.

Habet ibi de prato aripennos XVII, ex quibus colliguntur de feno carra XX.

Habet ibi de silva bunuaria IIII, in Romani Valle[c] bunuaria IIII, in Bovani villa bunuaria II, in Buscalide[d] bunua-

ria II ; in quibus possunt porci saginari L.

Habet ibi farinarios vetustos VII. Solvunt inter totos de annona modios DXC. Quinque ex illis solvunt de argento solidos V : et solvunt isti quinque inter totos, ad Nativitatem, pastas XXX, ova CCL, et in Pascha similiter. Sunt ibi farinarii duo quos domnus Irmino fecit, qui adhuc nondum sunt censiti.

Habet in Porto[e] ecclesiam bene constructam. Aspiciunt ad ipsam ecclesiam de terra arabili bunuaria XXXIII, de vinea aripennos IIII, de prato aripennos VII; et aspicit ibi mansus I et dimidius. Sunt omnes desupra manentes III et hospites VI. Habent inter totos de terra arabili bunuaria XVII. Faciunt ei curvadas III in unaquaque sacione et manuopera. Solvunt ei pullos XV, ova LXXV.

Habet in Sicca Valle capellam[f] bene constructam. Aspiciunt ad ipsam capel- lam de terra arabili bunuaria VII. Habet ipse presbiter farinarium I, quem ipse fecit.

---

[a] Sicca Vallis, viculus, hodie, ut jam dictum est, *Saint-Germain-de-Secqueval*, tertio milliario a Medunta ad Sequanam, austrum versus. Foreste, item viculus, nunc *la Forêt*, milliaribus novem a Sicca Valle, versus meridiem, ad occasum aliquantum vergens.

[b] Nostro tempore *Boinville*, ut supra monuimus, bis mille et quadringentis passibus a Sicca Valle, meridiem spectans.

[c] Nunc, opinor, *la Rouvallerie*, viculus, milliaribus XII a Sicca Valle, versus occasum æstivalem.

[d] Nostratibus *Buchelay*, quarto milliario a Sicca Valle, occasum æstivalem spectans.

[e] Vulgo *Port-de-Villez*, tredecim millibus et dimidio a Sicca Valle, inter aquilonem et occidentem.

[f] Hæc capella postea titulo prioratus est insignita.

2. Laifinus, major, et uxor ejus colona, nomine Lisinia. Isti sunt eorum infantes : Gotselmus, Acluinus, Fulclindis, Eugenia. Iste tenet mansos II, habentes inter utrosque de terra arabili bunuaria XX, de vinea aripennos II, de prato aripennos III. Debet omne debitum solvere de his duobus mansibus, sed, propter servicium quod prævidet, donat inde caballum I et pascit alium; et donat de ipso ministerio, ad missam sancti Martini, multones II; ad nativitatem Domini, porcos II, unum de VIII denariis, et alium de IIII. Facit curvadas et rigas.

3. Mascardus, colonus et decanus, et uxor ejus colona, nomine Waratlindis. Isti sunt eorum infantes : Marcoinus, Gotlindis. Iste tenet mansum I, habentem de terra arabili bunuaria IIII, de vinea aripennum I, de prato aripennos II. Solvit inde de vino modium I; facit curvadas et rigas.

4. Frotgrimus colonus et uxor ejus colona, nomine Gundrildis. Isti sunt eorum infantes : Gausbertus, Frotcarius, Gerosmus, Frotbertus, Savidus, Deodildis, Gundrada. Iste manet in Medanta*. Tenet mansum I ingenuilem, habentem de terra arabili bunuaria XII, de vinea aripennum I, de prato aripennum I. Solvit ad hostem, ad unum annum, dimidium bovem; ad alterum annum, multones II; ad tercium annum, oviculam I de uno anno; iterum ad tercium annum, non solvit oviculam, sed

solvit learem I de denariis IIII; et solvit omni anno de vino modios II, de mustatico sestarios II, de lignaricia denarios IIII; et ad tercium annum scindolas L : si vero ei data fuerit silva, c; si vero ei data non fuerit, non amplius quam L; pullos III, ova XV, et unum pullum regale absque ovis. Facit in unaquaque ebdomada curvadam I cum quantis animalibus habuerit, quantum ad unam carrucam pertinet. Arat ad hibernaticum perticas IIII, ad tramisem perticas III; et facit, ad unamquamque sationem, curvadas III, abbatilem, præpositilem et judicialem.

5. Hilgernus colonus et uxor ejus colona, nomine Adalrada. Isti sunt eorum infantes : Beraldus, Starchildis. Tenet mansum I ingenuilem, habentem de terra arabili bunuaria VIII, de vinea aripennum I et dimidium, de prato dimidium aripennum. Solvit similiter.

6. . . . . Fol. 109.
. . . .
. . . .
. . . .
. . . . .b.

7. Frothaus colonus et uxor ejus colona, nomine Ermentrudis. Isti sunt eorum infantes : Frodaldus, Ermembertus, Ermenrannus, Deoroldus. Tenet mansum I, habentem de terra arabili bunuaria XII, de prato aripennos III. Solvit similiter.

---

* Duo sunt loci sic nominati : Medanta castrum hodie *Mantes-sur-Seine*, Medanta villa, *Mantes-la-Ville*, mille quingentis passibus distans austrum versus. Uter hic memoretur non satis constat.
b Paragraphi 6 locus interjacet vacuus.

8. Herlus colonus et uxor ejus colona, nomine Arina : Erledrudis est eorum filius; et Frotgrimus colonus et uxor ejus colona, nomine Genisma. Isti sunt eorum infantes : Waltgrimus, Frotberga. Isti duo tenent mansum i, habentem de terra arabili bunuaria viii, de vinea aripennum i, de prato aripennos iii. Solvunt similiter.

9. Bernegarius colonus et uxor ejus colona, nomine Adalburgis : Adalbertus est eorum filius. Tenent mansum i, habentem de terra arabili bunuaria vi, de vinea dimidium aripennum, de prato aripennum i et dimidium. Solvit similiter.

10. Hildoinus colonus et uxor ejus colona, nomine Teutlindis* : Hildoardus, Witlindis, Hilda. Tenet mansum i, habentem de terra arabili bunuaria viii et dimidium, de vinea aripennum i, de prato aripennum i et duas partes de alio. Solvit similiter.

11. Ingalbertus colonus et uxor ejus colona, nomine Gerlindis. Isti sunt eorum infantes : Teutbertus, Wandalbertus, Gerfridus, Gerlaicus, Constabila. Tenet mansum i, habentem de terra arabili bunuaria x, de vinea aripennum i, de prato aripennos ii. Solvit similiter.

12. Deodatus colonus et uxor ejus colona, nomine Adalguis. Isti sunt eorum infantes : Hardradus, Donatus, Adalgis, Gamalbertus, Gisleberga. Tenet mansum i ingenuilem, habentem de terra arabili bunuaria x, de vinea aripennum i, de prato aripennos ii. Solvit similiter.

13. Ado colonus et uxor ejus colona, nomine Hildelindis. Isti sunt eorum infantes : Godo, Hildegaudus, Ercoinus, Adalildis. Et Ingalboldus colonus et uxor ejus colona, nomine Aidramna. Isti sunt eorum infantes : Willebaldus, Magemboldus, Nadalinus, Ingalsindis, Amalberta, Nadaltrudis. Isti tenent mansum i ingenuilem, habentem de terra arabili bunuaria viiii, de vinea aripennum i, de prato aripennos ii. Solvit similiter.

14. Johannes colonus et uxor ejus colona, nomine Genesia. Isti sunt eorum infantes : Amalgarius, Gerhildis. Et Leutardus colonus et uxor ejus colona, nomine Inga. Isti sunt eorum infantes : Ingalgarius, Ingalhardus, Ingoildis, Ingaltrudis, Euthildis. Isti ii tenent mansum i ingenuilem, habentem de terra arabili bunuaria xii, de vinea aripennum i, de prato aripennos iii et dimidium. Solvit similiter.

15. Amalfridus colonus et uxor ejus colona, nomine Ermengildis. Isti sunt eorum infantes : Majenardus, Aleteus, Gaudalindis, Ermenildis. Tenet mansum i ingenuilem, habentem de terra arabili bunuaria v, de prato aripennos ii. Solvit similiter.

* Supple, *isti sunt eorum infantes.*

16. Gerulfus colonus et uxor ejus colona, nomine Amalberga. Isti sunt eorum infantes : Geulfus, Idulfus. Godalboldus, Wineberga. Tenet mansum i, habentem de terra arabili bunuaria iiii, de vinea aripennum i, de prato similiter. Solvit similiter.

17. Pipinus colonus et uxor ejus colona, nomine Gulframna. Isti sunt eorum infantes : Aldricus, Sicfredus, Ercoildis, Ercanais. Tenet mansum i ingenuilem, habentem de terra arabili bunuaria xii, de vinea aripennos ii; de prato aripennos iii. Solvit similiter.

18. Lantoinus colonus et uxor ejus colona, nomine Arlindis. Isti sunt eorum infantes : Landoinus, Adalberta. Et Fredevertus colonus et uxor ejus colona, nomine Landoildis. Isti sunt eorum infantes : Adalberga, Flodevertus. Isti duo tenent mansum i ingenuilem, habentem de terra arabili bunuaria v, de vinea aripennum i, de prato aripennum i et dimidium. Solvit similiter.

19. Ragambertus colonus et uxor ejus colona, nomine Plectrudis; et Gislevertus colonus et uxor ejus colona, nomine Gunthildis : Gundoinus est eorum filius. Isti duo tenent mansum i ingenuilem, habentem de terra arabili bunuaria v; de vinea aripennum i et dimidium, de prato similiter. Solvit similiter.

20. Grimoinus servus et uxor ejus colona, nomine Winevolda : Gislindis est eorum filia. Tenet mansum i ingenuilem, habentem de terra arabili bunuaria viiii, de vinea aripennum i, de prato aripennos ii. Solvit similiter.

21. Frodricus colonus et uxor ejus colona, nomine Walthildis. Isti sunt eorum infantes : Flotarius, Flodegarius, Frotcarius, Walaricus, Florisma. Tenet mansum i ingenuilem, habentem de terra arabili bunuaria viiii, de vinea aripennum i, de prato aripennum i et dimidium. Solvit similiter.

22. Landegarius colonus et uxor ejus colona, nomine Ascoildis. Isti sunt eorum infantes : Landoarius, Sarildis, Ancoinus. Tenet mansum i ingenuilem, habentem de terra arabili bunuaria v, de vinea aripennum i, de prato aripennos iii. Solvit similiter.

23. Ragamboldus colonus et uxor ejus colona, nomine Andreverta : Lantfridus est eorum filius. Et Teudoldus et uxor ejus colona, nomine Rainbolda. Isti ii tenent mansum i ingenuilem, habentem de terra arabili bunuaria v, de vinea aripennum i et dimidium, de prato similiter. Solvit similiter.

24. Ainricus colonus et uxor ejus colona, nomine Frutrudis. Isti sunt eorum infantes : Ercanildis, Restovildis. Tenet mansum i ingenuilem, habentem de terra arabili bunuaria iiii, de prato aripennum i et dimidium. Solvit similiter.

25. Hildevertus colonus et uxor ejus extranea, nomine Ratbrut; et Adalgisus

extraneus et uxor extranea, nomine Godildis. Isti II tenent mansum I ingenuilem, habentem de terra arabili bunuaria V et dimidium, de vinea dimidium aripennum, de prato aripennos II. Solvit similiter.

26. Hiltbrandus colonus et uxor ejus nomine Erminga. Isti sunt eorum infantes : Hiltberga, Ermentrudis. Tenet mansum I ingenuilem, habentem de terra arabili bunuaria VI, de vinea aripennum I et dimidium, de prato dimidium aripennum. Solvit similiter.

Fol. 110.

27. Walacus colonus et uxor ejus colona, Algildis. Isti sunt eorum infantes : Teuthardus, Wanacus, Altcarius, Winehildis, Naudalgildis. Tenet mansum I ingenuilem, habentem de terra arabili bunuaria VI, de vinea aripennum I et dimidium, de prato aripennos II. Solvit similiter.

28. Aclegaudus servus et uxor ejus colona, nomine Aclisma, de beneficio Paterni. Tenet mansum I ingenuilem, habentem de terra arabili bunuaria V, de vinea aripennum I, de prato aripennum I et dimidium. Solvit similiter.

29. Sicbaldus servus et uxor ejus colona, nomine Gausberga. Isti sunt eorum infantes : Hairboldus, Sigebaldus, Sigeburgis, Wiclebertus, Ratharius, Grimboldus, Gaustrudis. Tenet mansum I ingenuilem, habentem de terra arabili bunuaria VII, de vinea ari-

pennum I et dimidium, de prato aripennos III. Solvit similiter.

DE PORTO.

30. Ragenarius colonus et uxor, Adalguis : Rantgilus est eorum filius. Tenet mansum I ingenuilem, habentem de terra arabili bunuaria XII, de vinea duas partes de aripenno, de prato aripennos II et dimidium. Solvit similiter.

31. Genesius colonus et uxor ejus libera, nomine Adalwis. Isti sunt eorum infantes : Fulcoinus, Adarla, Adalgudis. Et Godefredus colonus et uxor ejus colona, nomine Adalsindis. Tenent mansum I ingenuilem, habentem de terra arabili bunuaria XII, de vinea aripennum I, de prato similiter. Solvit similiter.

32. Lantfredus colonus et uxor ejus ancilla, nomine Actrudis. Tenet mansum I ingenuilem, habentem de terra arabili bunuaria XII, de vinea quartam partem de aripenno, de prato aripennum I. Solvit similiter.

33. Teutmundus colonus et uxor ejus extranea, nomine Girhildis; et Walitcarius colonus et uxor ejus colona, nomine Ermehildis. Isti sunt eorum infantes : Agardus, Ermharius. Tenet mansum I ingenuilem, habentem de terra arabili bunuaria VIII, de vinea dimidium aripennum, de prato aripennos II. Solvit similiter.

[33 bis.] Hildioldus colonus et uxor

ejus Rainildis colona. Tenet mansum I. Isti sunt eorum infantes : Hildemarus, Berneoldus, Raigardis*.

DE SICCA VALLE.

34. Idalcarius colonus et uxor ejus colona, nomine Hairuildis. Isti sunt eorum infantes : Magembertus, Godalcarius. Tenet mansum I ingenuilem, habentem de terra arabili bunuaria VI, de vinea dimidium aripennum, de prato aripennum I. Solvit similiter.

35. Wicbodus colonus et uxor ejus colona, nomine Ermberta. Isti sunt eorum infantes : Wicharius, Hiltbertus, Hiltcarius, Ermbalda. Tenet mansum I ingenuilem, habentem de terra arabili bunuaria VI, de vinea quartam partem de aripenno, de prato aripennos II. Solvit similiter.

Fol. 110 v° 36. Ermenarius colonus et uxor ejus colona, nomine Hildeberta. Isti sunt eorum infantes : Erminus, Gerflidus. Tenet mansum I ingenuilem, habentem de terra arabili bunuaria V, de vinea quartam partem de aripenno, de prato aripennos II. Solvit similiter.

37. Walateus colonus et uxor ejus colona, nomine Flotrudis. Isti sunt eorum infantes : Walitcarius, Ritharius, Walandus, Hiltgudis, Godelindis. Tenet mansum I ingenuilem I, habentem de terra arabili bunuaria VI, de vinea ari-

pennum I, de prato aripennum I. Solvit similiter.

38. Grimfredus colonus et uxor ejus colona, nomine Gundrudis. Isti sunt eorum infantes : Grimoldus, Gundoldus, Gundegardis. Tenet mansum I ingenuilem, habentem de terra arabili bunuaria VI; de vinea quartam partem de aripenno, de prato aripennos III. Solvit similiter.

39. Wandalinus servus et uxor ejus colona, nomine Bertlindis. Isti sunt eorum infantes : Altbertus, Blandelcarius, Berthildis, Waritlinus. Tenet mansum I ingenuilem, habentem de terra arabili bunuaria IIII, de vinea dimidium aripennum, de prato aripennum I. Solvit similiter.

40. Richardus colonus et uxor ejus colona, nomine Nadalina : Nodolharius est eorum filius. Tenet mansum I ingenuilem, habentem de terra arabili bunuaria V, de vinea quartam partem de aripenno, de prato aripennos II. Solvit similiter.

41. Berinfreda colona. Isti sunt ejus infantes : Adalhardus, Adalramnus. Tenet mansum I ingenuilem, habentem de terra arabili bunuaria IIII, de vinea aripennum I, de prato aripennum I. Solvit similiter.

42. Flodoinus, colonus, tenet mansum I ingenuilem, habentem de terra

* Hic paragraphus manu posteriore, antiqua tamen, exaratus, in margine legitur.

arabili bunuaria v, de vinea aripennum I, de prato aripennos II. Solvit similiter.

43. Radoenus colonus et uxor ejus colona, nomine Andregundis : Magnus est eorum filius. Tenet mansum I ingenuilem, habentem de terra arabili bunuaria v, de vinea quartam partem de aripenno, de prato aripennum I et dimidium. Solvit similiter.

44. Witboldus colonus et uxor ejus colona, nomine Madrehildis. Isti sunt eorum infantes : Wido, Rantgarius, Wicharius, Girbertus, Girboldus, Restauria. Tenet mansum I ingenuilem, habentem de terra arabili bunuaria XI, de vinea aripennos II, de prato aripennos III. Solvit similiter.

45. Fulcoinus, colonus, tenet mansum I ingenuilem, habentem de terra arabili bunuaria VII, de vinea aripennum I, de prato aripennos II. Solvit similiter.

46. Idalus colonus et uxor ejus colona, nomine Rainberta. Tenet mansum I ingenuilem, habentem de terra arabili bunuaria VII, de vinea aripennum I et dimidium, de prato aripennos II. Solvit similiter.

47. Rainardus colonus et uxor ejus colona, nomine Gaustrudis. Isti sunt eorum infantes : Fulcardus, Fulchildis. Et Giroldus colonus et uxor ejus colona, nomine Artlindis. Isti sunt eorum in-

fantes : Giroardus, Gerhildis. Isti duo tenent mansum I ingenuilem, habentem de terra arabili bunuaria VI, de vinea aripennum I, de prato aripennos II. Solvit similiter.

48. Hildemundus colonus et uxor ejus lida, nomine Genedrudis Isti sunt eorum infantes : Autmundus, Adalmundus, Genesius. Tenet mansum I ingenuilem, habentem de terra arabili bunuaria III et dimidium, de prato aripennos II. Solvit similiter.

49. Godaltrudis, colona. Isti sunt ejus infantes : Airfredus, Germanus, Hiltrudis, Plectrudis. Tenet mansum I ingenuilem, habentem de terra arabili bunuaria v, de vinea aripennum I, de prato aripennos II. Solvit similiter.

50. Flotharius colonus et uxor ejus colona, nomine Gotfrida. Isti sunt eorum infantes : Gotfridus, Flodegarius, Adalgrimus, Winefredus, Flodegildis. Tenet mansum I ingenuilem, habentem de terra arabili bunuaria v, de vinea aripennum I, de prato aripennos II. Solvit similiter.

DE FRAXINELLO*.

51. Adlemarus colonus et uxor ejus colona, nomine Gotlindis. Isti sunt eorum infantes : Ingalmarus, Uldemarus, Gautrudis, Bertgardis, Deodildis. Tenet mansum I ingenuilem, habentem de terra arabili bunuaria VI, de vinea ari-

* Hodie Frénel, viculus, juxta Siccam Vallem, euronotum versus.

pennum i, de prato aripennum i. Solvit similiter.

52. Winevertus colonus; et Adalboldus colonus et uxor ejus colona, nomine Adalgudis. Isti sunt eorum infantes : Adalburgis, Hardoildis. Isti duo tenent mansum i ingenuilem, habentem de terra arabili bunuaria vi, de vinea aripennum i, de prato aripennum i. Solvit similiter.

53. Leutgrimus, colonus, cujus infantes non sunt sancti Germani. Iste tenet mansum i ingenuilem, habentem de terra arabili bunuaria vii, de vinea aripennum i et dimidium, de prato aripennos iii. Solvit similiter.

54. Godevertus colonus et uxor ejus colona, nomine Blatsindis. Isti sunt eorum infantes : Winegarius, Winegildis, Hildegundis, Octolindis. Tenet mansum i ingenuilem, habentem de terra arabili bunuaria xii, de vinea aripennos ii, de prato aripennos ii. Solvit similiter.

55. Ainradus colonus et uxor ejus colona, nomine Richerta. Isti sunt eorum infantes : Maivis, Wineverga, Cristina, Godevolda. Tenet mansum i ingenuilem, habentem de terra arabili bunuaria iiii, de prato aripennum i. Solvit similiter.

56. Ratbertus colonus et uxor ejus,

Wandelindis. Isti sunt eorum infantes : Ratherus, Ratberga, Gerberga, Adalindis. Et Framnegarius, germanus ejus, et uxor ejus, Goitla[a] : Gundovinus, Constabula. Isti duo tenent mansum ingenuilem i, habentem inter mansum et vineam aripennum i, de terra arabili bunuaria v, de prato aripennos ii. Solvit similiter.

DE SEMODI VILLA[b].

57. Hildevertus colonus et uxor ejus colona, nomine Gerlindis. Isti sunt eorum infantes : Artlaicus, Hildevoldus, Girmodus. Tenet mansum i ingenuilem, habentem de terra arabili bunuaria viii, de vinea dimidium aripennum, de prato aripennum i et dimidium. Solvit similiter.

58. Ermengaudus colonus et uxor ejus colona, nomine Restevildis : Ermenulfus, Benina, Adalbarius, Ermena, Ermengildis, Aclildis. Tenet mansum i ingenuilem, habentem de terra arabili bunuaria viiii, de vinea aripennum i et dimidium, de prato similiter. Solvit similiter.

59. Magenarius, colonus, tenet mansum i ingenuilem, habentem de terra arabili bunuaria viiii, de vinea aripennum i et dimidium, de prato similiter. Solvit similiter.

60. Ragenardus colonus et uxor ejus

---

[a] Supple, *isti sunt eorum infantes.*
[b] Nunc, ut videtur, *Senneville*, viculus, parœciæ Guervillæ, milliario uno a Sicca Valle, meridiem spectans.

colona, nomine Aldina. Isti sunt eorum infantes : Frotcarius, Gunthadus, Guntrannus, Alsaidis, Rainburgis, Ermengardis. Tenet mansum i ingenuilem, habentem de terra arabili bunuaria viii, de vinea dimidium aripennum, de prato aripennum i. Solvit similiter.

61. Bernegarius colonus et uxor ejus colona, nomine Dominica. Isti sunt eorum infantes : Bernulfus, Rainberta. Tenet mansum i ingenuilem, habentem de terra arabili bunuaria viii, de vinea dimidium aripennum, de prato aripennum i. Solvit similiter.

62. Adalveus colonus et uxor ejus colona, nomine Godenia. Isti sunt eorum infantes : Godevertus, Godo, Barucius, Bodo, Adraveus. Tenet mansum i ingenuilem, habentem de terra arabili bunuaria x, de vinea aripennum i et dimidium, de prato aripennos ii et dimidium. Solvit similiter.

63. Flavidus colonus et uxor ejus colona, nomine Adalindis. Isti sunt eorum infantes : Galamannus, Adalardus, David, Odelindis. Tenet mansum i ingenuilem, habentem de terra arabili bunuaria viiii, de vinea aripennum i et dimidium, de prato similiter. Solvit similiter.

64. Winedulfus colonus et uxor ejus colona, nomine Ratberga. Isti sunt eorum infantes : Gaulfus, Godulfus, Adalindis, Winegardis, Winclindis. Tenet mansum i ingenuilem, habentem de terra arabili bunuaria vii, de vinea ari-

pennos ii, de prato aripennum dimidium. Solvit similiter.

65. Grimharius colonus et uxor ejus colona, nomine Rainuis. Isti sunt eorum infantes : Autcarius, Gauduis, Girtrudis. Et Nodalbertus colonus et uxor ejus colona, nomine Ratrudis. Isti sunt eorum infantes : Odalbertus, Odalgarius, Ratberta, Nodalberta, Ratburgis. Isti ii tenent mansum i ingenuilem, habentem de terra arabili bunuaria xii, de vinea aripennum i, de prato aripennos vi. Solvit similiter.

66. Aganteus colonus et uxor ejus colona, nomine Gamenildis : Agenardus, Gamenulfus. Tenet mansum i ingenuilem, habentem de terra arabili bunuaria xii, de vinea aripennum i et dimidium, de prato aripennos ii. Solvit similiter.

67. Airbaldus, colonus : Adalteia est ejus filia. Et Magenoldus colonus et uxor ejus colona, nomine Godalhildis. Isti ii tenent mansum i ingenuilem, habentem de terra arabili bunuaria viiii, de vinea aripennum i, de prato dimidium aripennum. Solvit similiter.

Fol. 112

68. Leutcarius servus et uxor ejus colona, Odelindis. Isti sunt eorum infantes : Ermenardus, Adalardus. Tenet mansum i ingenuilem, habentem de terra arabili bunuaria viiii, de vinea aripennum i, de prato aripennum i. Solvit similiter.

69. Leo colonus et uxor ejus colona,

30.

nomine Widelindis. Isti sunt eorum infantes : Adalboldus, Feodo, Ermenardus. Iste manet in Fleomodi villa[a]. Tenet mansum ɪ ingenuilem, habentem de terra arabili bunuaria vɪɪɪ.

DE ɪꜱ QUI TENENT MANSOS INGENUILES, ET NON SOLVUNT HOSTILICIUM SED CARNATIGUM.

DE ARNONI VILLA[b].

70. Wandalbertus colonus et uxor ejus colona, nomine Maximella. Isti sunt eorum infantes : Wandilcarius, Wandelmarus, Wandelindis. Tenet mansum ɪ ingenuilem, habentem de terra arabili bunuaria ɪɪɪɪ, de prato duas partes de aripenno. Solvit ad hostem multones ɪɪ; ad hibernaticum arat perticas ɪɪɪɪ, ad tramisem perticas ɪɪɪ; facit curvadas ɪɪɪ in unaquaque satione; operatur dies ɪɪɪ in unaquaque ebdomada. Pullos ɪɪɪ, ova xv.

71. Grimhardus colonus; et Gaufredus colonus et uxor ejus colona, nomine Isauria. Isti sunt eorum infantes : Airulfus, Agia. Tenent mansum ɪ ingenuilem, habentem de terra arabili bunuaria vɪ. Solvunt similiter.

72. Jusopus colonus et uxor ejus extranea, nomine Gaugefreda, quorum infantes non sunt sancti Germani; et Eliseus servus et uxor ejus colona, nomine Mainberga. Isti sunt eorum infantes : Andreas, Atleverta, Mainberta.

Tenent mansum ɪ, habentem de terra arabili bunuaria vɪ. Faciunt similiter.

73. Hiltrudis, colona. Isti sunt ejus infantes : Gotbertus, Agardis, Hildegardis, Godaltrudis, Airildis, Amaltrudis. Tenet mansum ɪ, habentem de terra arabili bunuaria xɪɪ, de vinea aripennum ɪ, de prato dimidium aripennum. Similiter.

74. Abraham colonus et uxor ejus, de beneficio Gisloldi presbyteri, nomine Gerhildis. Tenet mansum ɪ, habentem de terra arabili bunuaria ɪɪɪɪ, de vinea dimidium aripennum. Solvit multonem ɪ, et reliqua similiter.

75. Fulbrandus colonus et uxor ejus colona, nomine Aldenildis. Isti sunt eorum infantes : Fulcradus, Fulcrada, Halda. Iste manet in Medanta. Tenet mansum ɪ ingenuilem, habentem de terra arabili bunuaria vɪɪɪ, de vinea aripennum ɪ, de prato aripennum ɪ. Solvit multonem ɪ et dimidium, de vino modium ɪ et dimidium. Arat ad hibernaticum perticas ɪɪɪ, ad tramisem perticas ɪɪ; facit curvadas. Solvit pullos ɪɪɪ, ova xv.

76. Hidalbertus colonus et uxor ejus Fol. 112v° colona, nomine Hiltrudis : Hiltbertus, Airbertus, Idala, Ilaria, Hildesindis. Tenet dimidium mansum, habentem de terra arabili bunuaria ɪɪɪ, de prato aripennum ɪ. Facit similiter.

---

[a] Nunc, conjector, *Jumeauville*, milliaribus quatuor a Sicca Valle, austrum versus, aliquantulum vergens ad orientem.

[b] Nostro tempore *Arnouville*, ter mille passibus et trecentis a Sicca Valle, meridiem spectans.

[76 *bis.*] Airoldus, colonus, tenet dimidium mansum, habentem de terra arabili bunuaria II, de prato aripennos IIII.
Solvit multonem 1; et arat ad hibernaticum perticas II, ad tramisem dimidiam.
Solvit pullos III cum ovis.

[76 *ter.*] Guntharius, colonus, tenet
hospicium, habens de terra arabili jornales VI. Arat inde perticas IIII, et nihil
aliud facit.

DE MANSIBUS INGENUILIBUS QUI FACIUNT VINEAS.

77. Waldinus servus et uxor ejus
colona, nomine Itbolda. Isti sunt eorum
infantes : Waldegaudus, Wandrisma,
Wandalboldus, Girhildis, Richaldus.
Tenet mansum I ingenuilem, habentem
de terra arabili bunuaria VI, de vinea
dimidium aripennum, de prato aripennum I. Fodit inde de vinea dominica
aripennos IIII; facit caroperas; facit curvadas, sicut et ceteri. Pullos III, ova XV.

78. Amlehardus et uxor ejus colona,
nomine Aldevina. Isti sunt eorum infantes : Hildegarius, Eudo, Aldegundis. Et
Eureundus servus et uxor ejus libera,
nomine Dedda. Tenet mansum I ingenuilem, habentem de terra arabili bunuaria x, de vinea aripennum I, de
prato aripennos III. Solvit similiter.

79. Grimfredus servus et uxor ejus
colona, nomine Perpetua. Tenet mansum I ingenuilem, habentem de terra
arabili bunuaria v, de vinea quartam
partem de aripenno, de prato aripennos II. Solvit similiter.

[79 *bis.*] Frudinus servus et uxor ejus
colona, nomine Balsima. Isti sunt eorum infantes : Fruduina, Teutlindis.
Tenet dimidium mansum, habentem
de terra arabili bunuaria II et dimidium,
de prato dimidium aripennum. Facit
inde vineam, et, si haberet unde faceret, curvadas. Solvit pullos III, ova XV.
Facit wactam, et portat caveas ad monasterium.

80. Frodoldus servus et uxor ejus
colona, nomine Bertramna : Frutuinus,
Dructuinus, Frotlandus, Frotberga,
Danagildis, Bertrada. Tenet dimidium
mansum, habentem de terra arabili bunuaria II et dimidium, de vinea dimidium aripennum, de prato similiter.
Solvit similiter.

[80 *bis.*] Ingramnus servus et uxor
ejus extranea, nomine Euroildis. Tenet
dimidium mansum, habentem de terra
arabili bunuaria II et dimidium, de vinea
dimidium aripennum, de prato sextam
partem de aripenno. Facit similiter.

81. Teuthardus servus et uxor ejus
colona, nomine Ingoberta. Isti sunt eorum infantes : Leotardus, Teodradus,
Leodardus. Tenet dimidium mansum,
habentem de terra arabili bunuaria II et
dimidium, de prato dimidium aripennum. Facit similiter.

[81 *bis.*] Wichardus servus et uxor
ejus extranea, nomine Gundrada. Tenet
dimidium mansum servilem, habentem

Fol. 113.

de terra arabili bunuaria II et dimidium, de vinea dimidium aripennum, de prato similiter. Facit similiter.

82. Agedeus servus et uxor ejus extranea, nomine Nodalia, cujus infantes non sunt sancti Germani. Tenet mansum servilem I, habentem de terra arabili bunuaria VIII, de vinea aripennum I, de prato aripennos II et dimidium. Facit similiter.

83. Ragnegardis, colona, tenet mansum dimidium servilem, habentem de terra arabili bunuaria IIII et dimidium, de vinea terciam partem de aripenno, de prato similiter. Facit similiter.

[83 bis.] Baldegarius servus et uxor colona, nomine Gaudoildis. Tenet dimidium mansum servilem, habentem de terra arabili bunuaria VI, de vinea aripennum I, de prato terciam partem de aripenno. Facit similiter.

84. Danafridus servus et uxor ejus extranea, nomine Frutlindis, cujus infantes non sunt sancti Germani. Tenet dimidium mansum servilem, habentem de terra arabili bunuaria IIII et dimidium, de vinea dimidium aripennum, de prato quartam partem de aripenno. Facit similiter.

[84 bis.] Ermenoldus servus et uxor ejus colona, nomine Airlindis. Isti sunt eorum infantes : Airmundus, Bertlindis. Tenet dimidium mansum servilem, habentem de terra arabili bunuaria IIII et

dimidium, de vinea aripennum I, de prato quartam partem de aripenno. Facit similiter.

85. Blatharius servus; et Raganfredus servus, et Adalsinda lida. Tenent dimidium mansum servilem, habentem de terra arabili bunuaria III, de vinea terciam partem de aripenno. Facit similiter.

[85 bis.] Ermenarius servus. Isti sunt ejus infantes : Ermenardus, Ermenulfus. Tenet dimidium mansum servilem, habentem de terra arabili bunuaria IIII et perticas VI, de vinea dimidium aripennum, de prato similiter. Facit similiter.

86. Ratharius et uxor ejus lida, nomine Hinchildis. Tenet dimidium mansum servilem, habentem de terra arabili bunuaria III, de vinea quartam partem de aripenno, de prato aripennum I et dimidium. Facit similiter.

[86 bis.] Acluinus, servus, tenet dimidium mansum servilem, habentem de terra arabili bunuaria II et dimidium, de vinea terciam partem de aripenno, de prato aripennum I. Facit similiter.

87. Godaluinus servus et uxor ejus lida, nomine Genisma : Godaldus est eorum filius. Tenet dimidium mansum servilem, habentem de terra arabili bunuaria II et dimidium, de vinea quartam partem de aripenno, de prato aripennum I. Facit similiter.

DE HIS QUI HOSPICIIS* TENENT.

[88 b.] Frodoldus colonus et uxor ejus colona, nomine Amalgildis. Tenet mansum dimidium, habentem de terra arabili bunuaria IIII, de vinea duas partes de aripenno, de prato aripennum I. Solvit inde modios III de vino. Arat inde ad hibernaticum perticas III, ad tramisem perticas II. Facit curvadas et manuopera. Solvit pullos et ova.

Fol. 113 v° [89.] Blatharius, colonus, tenet hospicium, habens de terra arabili bunuarium I, de vinea dimidium aripennum, de prato dimidium aripennum. Solvit inde modios III de vino, pullos et ova; et arat jornalem I ad hibernaticum; et manuopera.

[90.] Nadalus, colonus, tenet hospicium, habens de terra arabili bunuarium I et dimidium, de vinea dimidium aripennum, de prato similiter. Solvit similiter.

[91.] Geroldus colonus et uxor ejus extranea, nomine Gisleverga, quorum infantes non sunt sancti Germani. Tenet hospicium, habens de terra arabili buuuarium I et dimidium, de vinea dimidium aripennum, de prato similiter. Solvit similiter.

DE MANSIBUS PARAVERADORUM.

[92.] Adalricus, colonus. Isti sunt ejus infantes : Odalricus, Alaricus, An-

gala, Adalburgis. Et Adricus colonus et uxor ejus colona, nomine Leodramna : Aregisus, Aregaudus, Airmannus, Brioria. Isti tenent mansos II, habentes de terra arabili bunuaria XIII et perticas XX, de vinea aripennum I, de prato aripennos V. Et habent dimidium farinarium; et de ipso farinario solvunt in dominicum de annona modios V, et paraveredum I; et faciunt curvadas III in unaquaque satione; et arant ad hibernaticum perticas VIII, ad tramisem VI ; de lignaricia denarios V.

[93.] Godalricus colonus et uxor ejus libera, nomine Sicbolda. Isti sunt eorum infantes : Madalricus, Segenandus. Et Adam colonus et uxor ejus colona, nomine Æwa. Isti sunt eorum infantes : Eurinus, Wairmarus, Gulfinus, Adalberga. Tenent mansos II ingenuiles, habentes de terra arabili bunuaria XII, de vinea aripennum I, de prato aripennos V. Et habent dimidium farinarium. Solvunt similiter.

[94.] Ermenoldus, colonus, tenet mansum I ingenuilem, habentem de terra arabili bunuaria XI, de vinea aripennum I, de prato similiter. Solvit inde paraveredum I. Arat ad hibernaticum perticas IIII, ad tramisem III; et curvadas III in unaquaque sacione.

[95.] Raduis colonus et uxor ejus colona, nomine Julia. Tenet mansum I, habentem de terra arabili bunuaria IIII et dimidium, de vinea terciam partem

---

* Sic.

b Paragraphis sequentibus numeri desunt.

de aripenno, de prato aripennos ii, de silva bunuaria ii. Debet solvere similiter.

Et habent inter Ermenoldum et Randuicum et Petrum et Eodimiam, de hereditate bunuaria xii, de vinea aripennum i et dimidium, de prato aripennum i.

[96.] Adricus cum filiis suis heredibus habent de proprietate jornales viiii.

Fol. 114. [97.] Sunt mansi ingenuiles lxx absque ministerialibus et paraveredariis, per focos vero xc. Solvunt ad hostem, omni anno, aut boves viii, aut solidos lxxx; multones ciii, de vino modios cxxxiiii, de annona modios vi, pullos cccxv, ova mcccclx, pullos regales lxx absque ovis; de lignaricia solidos xxvi et denarios viiii. Ad tercium annum solvunt oviculas de uno anno lxx; item ad tercium annum totidem leares, valentem unumquemque denarios iiii; et solvunt semper ad tercium annum scindolas iiimd; si vero datur eis silva, viim.

Sunt ibi mansi servorum x, per focos vero xx.

Sunt ibi mansi paraveradorum vi. Isti solvunt de annona modios x et denarios x.

Sunt ibi alii mansi ingenuiles, qui non solvunt hostilicium sed carnaticum, viiii, per focos xii. Solvunt ad hostem multones viii; pullos xxxvi, ova clxxx.

Sunt ibi mansi ingenuiles iii qui faciunt vineas, et solvunt in pascione de vino modios vi.

XXIII. BREVE DE CAVANNAS[a] VEL DE LODOSA[b].

1. Waltbertus et uxor ejus colona, nomine Rathildis. Isti sunt eorum infantes : Rado, Waldrada. Tenet mansellum I, habentem de terra arabili bunuaria III et dimidium , de prato octava parte de aripenno. Arat inde ad hibernaticum perticas IIII , ad tramisem III, et jornalem I in corvada; et in blado mittit operarios X. Solvit pullos et ova.

2. Airmundus colonus; et Airbertus colonus et uxor ejus colona, nomine Godalberga : Airberta est eorum filia. Tenent mansellum I, habentem de terra arabili bunuaria III et dimidium , de vinea dimidium aripennum, de prato similiter. Arat ad hibernaticum perticas IIII , ad tramisem III, et in corvada jornalem I. Facit manopera, dies III in ebdomada. Solvit pullos III , ova XV.

3. Eugenius colonus et uxor ejus colona, nomine Genisia. Isti sunt eorum infantes : Genesius, Jutcarius, Eugenia. Tenet de terra arabili bunuarium I et perticas XII. Arat inde ad hibernaticum

perticas IIII, ad tramisem III, et nihil aliud facit.

4. Sicledulfus colonus et uxor ejus colona, nomine Gamalberga. Isti sunt eorum infantes : Sicleharius, Gamalberga. Tenet mansellum I, habentem de terra arabili bunuaria II et dimidium, de prato dimidium aripennum. Arat ad hibernaticum perticas IIII, ad tramisem III, et in curvada jornalem I; pullos III, ova XV. Operatur dies III in ebdomada.

5. Airveus colonus et uxor ejus ancilla, nomine Girlindis. Isti sunt eorum infantes : Evaidus, Plectrudis, Airvildis. Tenet mansellum I, habentem de terra arabili bunuaria II, de prato dimidium aripennum. Solvit similiter.

6. Precariam quam tenet Elavia et Godalberga.

DE BOVANI VILLA.

7. Constabulis colonus et uxor ejus colona, nomine Frotsindis. Isti sunt

---

[a] Vulgo *Chavannes*, quod nomen adhuc servatur molendino in ripa Vallis-Coloris, amniculi, infra Villettam, ter mille passibus a Medanta ad Sequanam , austrum versus.

[b] Hodie *Leuse*, viculus, milliario uno a Cavannis, meridiem spectans. Fiscus ille, cui mansus dominicus nullus præest , sub fisco Siccæ-Vallis, qui proxime præcedit , fuisse videtur. Conf. § 7 mox secuturum.

eorum infantes : Bernegarius, Ainbertus, Angenildis, Frotgildis. Tenet mansum I ingenuilem, habentem de terra
arabili bunuaria VIII, de vinea aripennum I, de silva bunuarium I. Solvit
totum debitum sicut ceteri Siccavel-
lenses.

8. Wichardus colonus et uxor ejus
lida, nomine Droildis. Isti sunt eorum infantes : Giroardus, Richildis.
Tenet mansum I ingenuilem, habentem de terra arabili bunuaria VIIII, de
vinea dimidium aripennum. Solvit similiter.

9. Fredericus colonus et uxor ejus
colona, nomine Lanthildis. Isti sunt
eorum infantes : Fredegis, Ermenulfus,
Ermentrudis, Lantrudis. Tenet mansum I ingenuilem, habentem de terra
arabili bunuaria VII, de vinea aripennum I, de concidis aripennum I. Solvit
similiter.

10. Leutardus colonus et uxor ejus
colona, nomine Frotbolda : Leuthardus
est eorum filius. Tenet mansum I ingenuilem, habentem de terra arabili
bunuaria VIIII, de vinea aripennum I,
de concide aripennum I. Solvit similiter.

11. Fredevertus colonus et uxor ejus
colona, nomine Frodoara. Isti sunt
eorum infantes : Fredernus, Adalwara. Tenet mansum I ingenuilem, habentem de terra arabili bunuaria VIIII,
de vinea aripennum I, de concidis aripennum I.

12. Airhardus, colonus, tenet mansum I ingenuilem, habentem de terra
arabili bunuaria VIII, de vinea aripennum I, de prato octavam partem de aripenno, de concidis aripennum I. Facit
similiter.

13. Flotharius colonus et uxor ejus
colona, nomine Adaltrudis. Tenet mansum I ingenuilem, habentem de terra
arabili bunuaria VIII, de vinea dimidium
aripennum, de concidis aripennum I.
Facit similiter.

14. Wicleboldus, colonus, tenet mansum I ingenuilem, habentem de terra
arabili bunuaria VI et dimidium, de
concidis dimidium aripennum. Facit
similiter.

15. Geroardus colonus et uxor ejus
colona, nomine Johanna. Isti sunt eorum infantes : Geroinus, Ingalboldus,
Beligardis, Hildegardis. Tenet mansum I
ingenuilem, habentem de terra arabili
bunuaria VIII, de vinea quartam partem
de aripenno. Facit similiter.

16. Fredegarius colonus et uxor ejus
colona, nomine Walda. Tenet mansum I ingenuilem, habentem de terra
arabili bunuaria X, de vinea quintam
partem de aripenno, de concidis dimidium aripennum. Facit similiter.

17. Aclevertus, colonus; et Mannus,
colonus. Isti sunt ejus infantes : Gun- Fol. 115.
thardus, Manuis. Et Elisma, colona :
Ermgarius est ejus filius. Et Airgundis,
colona. Isti sunt ejus infantes : Giran-

nus, Airulfus, Agenildis, Ermenildis.
Tenent mansum i ingenuilem, habentem de terra arabili bunuaria x, de
vinea aripennos ii, de prato quartam
partem de aripenno, de concidis dimidium aripennum. Facit similiter.

18. Remegius colonus et uxor ejus
colona de beneficio Fredelonis, nomine
Ermina. Isti sunt eorum infantes : Re-
megarius, Bertoara. Tenet mansum i
ingenuilem, habentem de terra arabili
bunuaria vii, de vinea aripennum i,
de concidis aripennum i. Facit similiter.

19. Ingalbertus colonus et uxor ejus
lida, nomine Dominica. Isti sunt eorum
infantes : Ingalboldus, Laivartus. Tenet
mansum i ingenuilem, habentem de
terra arabili bunuaria v. Facit similiter.

20. Teudericus, colonus, tenet mansum i ingenuilem, habentem de terra
arabili bunuaria vii. Facit similiter.

21. Hunbertus colonus et uxor ejus
colona de beneficio Fredelonis, nomine
Placia. Tenet mansum i ingenuilem,
habentem de terra arabili bunuaria vi.
Facit similiter.

22. Giroinus colonus et uxor ejus de
beneficio Ermengaudi, nomine Rada-
lindis. Tenet mansum i ingenuilem,
habentem de terra arabili bunuaria vi.
Facit similiter.

23. Ratgaudus colonus et uxor ejus
colona, nomine Deodata. Isti sunt eo-

rum infantes : Grimoldus, Ratharius,
Deodatus, Ratgarius, Ratrudis, Adalgrimus. Tenet dimidium mansum ingenuilem, habentem de terra arabili
bunuaria iiii, de vinea dimidium aripennum. Reddit medietatem debiti de integro manso.

24. Gotboldus colonus et uxor ejus
colona, nomine Datlina : Frotboldus
est eorum filius. Tenet mansum i ingenuilem, habentem de terra arabili
bunuaria vi, de silva dimidium, de
concidis i. Arat ad hibernaticum perticas iiii, ad tramisem iii, et in curvada
iiii, et nihil aliud facit.

25. Eurehardus servus et uxor ejus
ancilla, nomine Wandrehildis. Isti sunt
eorum infantes : Giroardus, Wandre-
voldus. Tenet hospicium, habentem
de terra arabili jornales ii. Solvit inde
pullum i et ova v, et facit diem i in unaquaque ebdomada.

26. SUNT in summa mansi ingenuiles Fol. 115 v°
xvii, per focos vero xviiii. Solvunt ad
hostem, ad unum annum, aut boves iii
et dimidium et ad alium annum iiii,
aut de argento solidos xxiiii, ad alium
annum xxx; et multones xxv; pullos
lii, ova ccl; de lignaricia solidos xv et
denarios iiii; de vino modios xxxiii. Ad
tercium annum solvunt oviculas xvii;
item ad tercium annum leares xvii, valentem unumquemque denarios iiii. Similiter ad tercium annum solvunt scindolas dcccl; si vero datur eis silva, md.

27. Iste sunt lidae : Droihildis, Do-

minica. Iste debent solvere camsilos IIII
aut denarios XVI.

Ista est ancilla : Wandrehildis. Ista
debet facere de dominica lana sarcilem I
et pascere pastas.

28. Isti dixerunt jurati :

Constabulis,
Leutardus,
Fredericus,
Airardus,
Wicleboldus,
Fredegarius,

Flotharius,
Teudericus,
Fredevertus,
Wichardus,
Giroardus.

XXIV. BREVE DE BISCONCELLA.

1. Habet in Bisconcella[a] mansum dominicatum bene constructum, cum ecclesiis duabus bene constructis et decoratis, et aliis casticiis sufficienter. Habet inter tres decanias de terra arabili bunuarios cxc, qui possunt seminari de modiis frumenti DC. Habet ibi inter Bisconcellam et Bolam[b] et Macerias[c] et Altogilo[d] de vinea veteri aripennos xxxvi, in quibus possunt colligi de vino modii CCL. Habet ibi de vinea novella quam domnus Irmino abba plantavit aripennos xii. Habet ibi de prato aripennos XL, in quibus possunt colligi de feno carra XL. Habet inter Hainrici Villam[e] et Super-Vigeram[f] de terra arabili bunuarios xv, qui possunt seminari de modiis frumenti L. Habet inter Super-Vigeram et Septoilum[g] farinarios vi, qui solvunt inter totos de moltura modios CCLXXXV; et unus ex illis solvit pastas ii ad Nativitatem Domini. Habet ibi juxta Bisconcellam, de una parte, de silva annosa, sicut estimari potest, totum in giro leguam i, et de altera parte bunuarios iiii. Habet in Villare[h] de silva annosa bunuarios iii. Habet in Morcincto[i] de silva annosa bunuarios v. Habet in Ricmarivilla[j] de silva annosa bunuarios vii. Habet in Farone Villa[k] de silva annosa bunuarios iii. Habet in Frotmiri Villa[l] de silva annosa bunuarium i. Habet in Hainrici Villa de silva annosa bunuarios iii. In quibus possunt porci

[a] Nunc vel *Béconcelle* sive *Béconseil*, prædium, juxta *Orgerus*; vel, quod magis placet, ipse *Orgerus*, vicus, sexto milliario a Monte Forti Amalarici, inter septentrionem et occidentem. De Bisconcella jam egimus xxi, 27, pag. 218.

[b] Hodie *Beule*, milliaribus xii a Bisconcella, inter aquilonem et eurum. Conf. xxi, 40, pag. 219.

[c] Nostratibus *Mésières*, milliaribus xi a Bisconcella, versus septentrionem, aliquantum ad orientem vergens.

[d] Nostro tempore, *Auteuil*, circiter sexto milliario a Bisconcella, orientem versus æstivalem. Conf. xxi, 3, pag. 214.

[e] Nunc fortasse *Richeville*, viculus, haud procul a Vigera, vulgo *la Vègre*; milliaribus septem a Bisconcella, occasum spectans hibernalem. Idem inferius *Anrig villa* nominatur.

[f] Intelligendam putamus Vigeram superiorem, qui amnis oritur prope Sanctum Leodegarium

Aquilinæ silvæ, infraque Ibriacum in Auduram influit.

[g] Hodie *Septeuil*, milliario quinto a Bisconcella, aquilonem versus, nec tamen situs ad Vigeram sed ad fluvium Vallis-Coloris, qui supra Meduntam Sequanæ jungitur.

[h] Nunc *Villiers-le-Mahieux*, quater mille quingentis passibus a Bisconcella, inter aquilonem et eurum.

[i] Nostro tempore *Mulsent*, milliaribus quinque a Bisconcella, septentrionem versus, aliquantum tamen ad orientem vergens.

[j] Hodie, conjector, *Richebourg*, aliter *Saulx-Richebourg*, ter mille passibus a Bisconcella, occidentem spectans.

[k] Nunc *Féranville*, item ter mille passibus a Bisconcella, inter aquilonem et eurum.

[l] Nostratibus, ut conjicio, *Fréville*, milliaribus octo a Bisconcella, austrum versus, aliquantulum ad occasum vergens.

saginari cc. Habet ibi de silva novella, quam domnus Irmino abba nutrire præcepit, inter totos locos bunuarios xii.

Habet in Maisnilo* ecclesiam bene constructam. Aspicit ad ipsam ecclesiam mansus i, habens de terra arabili bunuarios vi, de vinea aripennum i et dimidium, de concide aripennos ii.

Fol. 116 v° 2. Teuthardus, colonus et major, et uxor ejus colona, nomine Hildesindis, homines sancti Germani. Isti sunt eorum infantes : Teuthardus, Hildebodus, Teuthertus, Sichildis. Tenet mansum i ingenuilem, habentem de terra arabili bunuarios x et jornalem i, de vinea dimidium aripennum, de prato aripennos v. Solvit soledos iii ad hostem in uno anno, ad alium annum soledum i, pullos iii, ova xv. Arat ad hibernaticum perticas iiii, ad tramisum perticas ii. Facit curvadam in unaquaque ebdomada cum duobus animalibus per unamquamque sationem; facit caropera Aurilianis aut Cinomannis; et dies ii operatur, et quando curvadam non facit, operatur dies iii; et claudit perticas duas ad vineam de paxillis fissis, et duas ad messem, si ei silva non datur in proximo; et si proximo datur silva, claudit iii; et secat in prato perticas ii.

3. Benjamin colonus et mater ejus colona, nomine Frotlinda, homines sancti Germani. Tenet mansum i ingenuilem, habentem de terra arabili bunuarios xii, de vinea aripennum i et

dimidium, de prato aripennos iiii. Solvit similiter.

4. Frudoldus colonus et filius ejus Frotlandus colonus, homines sancti Germani, tenent mansum i ingenuilem, habentem de terra arabili bunuarios vii, de vinea aripennum i, de prato aripennos iiii. Solvit similiter.

5. Haldoinus colonus et uxor ejus colona, nomine Nodisma, homines sancti Germani. Istæ sunt eorum filiæ : Godina et Aldina et Restovildis. Tenet mansum i ingenuilem, habentem de terra arabili bunuarios vii, de vinea dimidium aripennum, de prato aripennos ii. Solvit similiter.

6. Aclulfus colonus et uxor ejus colona, nomine Ratgardis, homines sancti Germani. Iste est eorum filius : Ermenardus. Tenet mansum i ingenuilem, habentem de terra arabili bunuarios v et jornalem i, de vinea dimidium aripennum, de prato aripennos iii. Solvit similiter.

7. Aldo colonus et uxor ejus colona, nomine Teutsindis, homines sancti Germani. Altbertus est eorum filius. Tenet mansum i ingenuilem, habentem de terra arabili bunuarios xii, de vinea aripennos ii, de prato aripennos iiii. Solvit similiter.

8. Restoinus lidus, homo sancti Germani, tenet mansum i ingenuilem, ha-

---

* Hodie le *Ménil-Simon*, milliario decimo a Bisconcella, inter septentrionem et occidentem.

bentem de terra arabili bunuarios v, de vinea dimidium aripennum [a]. . . . .

9. Teutharius colonus et uxor ejus colona, nomine Aclindis, homines sancti Germani. Isti sunt eorum infantes: Teutgarius, Bertfredus, Ailaurus, Teutburgis, Teutberga. Tenet mansum I ingenuilem, habentem de terra arabili bunuarios IIII et dimidium, de vinea terciam partem de aripenno, de prato aripennum I. Solvit similiter.

10. Isigilus, colonus sancti Germani, de Talevinda[b], et uxor extranea; et socius ejus Lantharius colonus et uxor ejus colona, nomine Frutbolda, homines sancti Germani. Tenent mansum I ingenuilem, habentem de terra arabili bunuarios VI, de vinea terciam partem de aripenno, de prato aripennos III. Solvit similiter.

11. Gotardus advena et uxor ejus colona, nomine Teuthildis. Isti sunt eorum infantes: Godinus, Gaudinus, Aldrada. Et socia ejus colona, nomine Azerlia. Isti sunt ejus infantes: Heelenus, Eusebia, Autgudis, homines sancti Germani. Tenent mansum I ingenuilem, habentem de terra arabili bunuarios VI, de vinea aripennum I, de prato aripennum I et dimidium. Solvit similiter.

12. Atlas colonus et uxor ejus colona, nomine Actenildis, homines sancti

Germani : Gulfradus est eorum filius. Tenet mansum I ingenuilem, habentem de terra arabili bunuarios VIIII, de vinea dimidium aripennum, de prato aripennos IIII. Solvit similiter.

13. Frotmundus colonus et uxor ejus colona, nomine Ermenrada, homines sancti Germani. Iste sunt eorum filiæ : Elaria, Frotburgis. Tenet mansum I ingenuilem, habentem de terra arabili bunuarios VIII, de vinea aripennum I et dimidium, de prato aripennos II. Solvit similiter.

14. Berninus colonus et uxor ejus colona de beneficio Gunthardi, nomine Bernehildis, homines sancti Germani. Tenet mansum I ingenuilem, habentem de terra arabili bunuarios VII, de vinea dimidium aripennum, de prato aripennos IIII. Solvit similiter.

15. Adalradus colonus et uxor ejus colona, nomine Adalrada; et Ingalradus colonus, homines sancti Germani. Isti duo tenent mansum I ingenuilem, habentem de terra arabili bunuarios VI et dimidium, de vinea aripennum I, de prato II. Solvit similiter.

16. Lantbertus colonus et uxor ejus colona, nomine Hildelindis, homines sancti Germani. Isti sunt eorum infantes : Hildebrandus, Hildebodus, Hildebertus, Fredericus, Amalricus, Hil-

---

[a] Paragraphus imperfectus relictus est, ideoque nonnihil spatii vacui subsequitur in Cod.

[b] Nunc diremta in vicos duo, quorum alter *Talevende-le-Grand*, sive *Saint-Martin-de-Talevende*; alter *Talevende-le-Petit*, sive *Saint-Germain-de-Talevende*; uterque circiter milliario tertio a Vira Normanniæ, inter austrum et occidentem.

devoldus, Farandildis, Lantberga, Lantburgis. Et Ratbertus socius ejus, homo
sancti Germani. Isti duo tenent mansum ı ingenuilem, habentem de terra arabili bunuarios vııı, de vinea aripennum ı, de prato aripennum ı, de silva
parva similiter. Solvit similiter.

Fol. 117 v° 17. Radoenus colonus et uxor ejus
colona, nomine Girhildis, homines
sancti Germani. Isti sunt eorum infantes : Girbertus, Ratwis. Et Gotselmus,
colonus sancti Germani. Isti duo tenent
mansum ı ingenuilem, habentem de
terra arabili bunuarios vııı, de vinea
dimidium aripennum, de prato aripennum ı.

18. Ratherus colonus et uxor ejus
colona, nomine Winegildis, homines
sancti Germani. Isti sunt eorum infantes : Rantharius, Rantgarius, Rainoldus,
Ratrudis, Rainildis. Et socii ejus, Bernegarius[a] colonus, homines sancti Germani. Isti duo manent in Fontanito[b].
Tenent mansum ingenuilem, habentem
de terra arabili bunuarios vııı, de vinea
quartam partem de aripenno, de prato
aripennum ı. Solvit similiter.

19. Almedius colonus et uxor ejus
colona, nomine Hildeberga, homines
sancti Germani. Isti sunt eorum infantes : Adalgaudus, Ermgerus, Allo, Gothildis, Framninga. Manet in Fontanodo.
Tenet mansum ı ingenuilem, habentem
de terra arabili bunuarios vıı, de vinea

dimidium aripennum, de prato aripennos ıı. Solvit similiter.

20. Hiltcarius colonus et uxor ejus
colona, nomine Nithildis, homines sancti
Germani. Manet in Fontanido. Et socius
ejus Altcarius et uxor ejus colona, nomine Sunthildis. Isti sunt eorum infantes : Adalgarius, Evertramna. Manet in
Fontanido. Tenet mansum ı ingenuilem,
habentem de terra arabili bunuarios vıı,
de prato aripennum ı et dimidium. Solvit similiter.

21. Richardus colonus et uxor ejus
colona, nomine Bertrada, homines
sancti Germani. Isti sunt eorum infantes :
Richarius, Adalgis, Adalgarius, Aius.
Manet in Fontanido. Habet de terra
arabili bunuarios vı, de prato aripennum. Solvit denarios xıı, et cetera similiter.

22. Erchearius colonus, homo sancti
Germani. Isti sunt ejus filii vel filiæ :
Godalricus, Ostoldus, Ingilhildis, Eusebia. Manet in Fontanido. Tenet mansum ı ingenuilem, habentem de terra
arabili bunuarios v, de prato ı. Solvit
denarios xıı, et cetera similiter.

23. David, decanus, colonus et uxor
ejus colona, nomine Rainberga, homines
sancti Germani : est eorum filia Bele-
gardis. Et socius ejus Gaugius colonus
et uxor ejus colona, nomine Adeverta :
Goismarus est eorum filius. Manent in

---

[a] Alius nemo præter Bernegarium nominatur.
[b] Hodie nominatus *Fontenay-Mauvoisin*, vicus decies mille passibus a Bisconcella, versus septentrionem.

Villare. Tenent mansum i ingenuilem, habentem de terra arabili bunuarios viii, de vinea duas partes de aripenno, de prato aripennos ii et dimidium. Solvit similiter.

24. Nodalbarius colonus et uxor ejus colona, Adleverta, homines sancti Germani. Isti sunt eorum infantes : Nodalmarus, Nodalis, Johannes, Nodalgardis. Et socius ejus Nodalhardus colonus et uxor ejus colona, nomine Rainberta : Girhildis est eorum filia. Manent in Villare. Tenent mansum i ingenuilem, habentem de terra arabili bunuarios vii, Fol. 118. de vinea duas partes de aripenno, de prato aripennum i et dimidium, de silva aripennum i. Solvit similiter.

25. Lantfredus colonus et uxor ejus colona de Sicca Valle, nomine Ermengardis, homines sancti Germani. Ipse Lantfredus habet filias ii de alia femina sancti Germani, Gaudam et Aclinam. Manet in Villare. Tenet mansum i ingenuilem, habentem de terra arabili bunuarios vii, de vinea dimidium aripennum, de prato aripennos ii. Solvit similiter.

26. Nodelus colonus et uxor colona, Vulfrada, homines sancti Germani, manent in Villare. Tenet mansum i ingenuilem, habentem de terra arabili bunuarios vi, de vinea aripennum i, de prato aripennos ii. Facit similiter.

27. Ermengardus colonus et uxor ejus colona, nomine Hinchildis, homines sancti Germani. Isti sunt eorum infantes :

Hincbodus, Sunthildis, Alla, Eufrasia, Beltrudis. Manet in Villare. Tenet mansum i ingenuilem, habentem de terra arabili bunuarios viii, de vinea aripennum i, de prato aripennos ii. Solvit similiter.

28. Anstasius colonus; et socius ejus, nomine Girmundus, colonus, et uxor colona, Bernegildis. Isti sunt eorum infantes : Bernegaudus, Remedius, Valerius, homines sancti Germani. Et Geroinus colonus et uxor ejus colona, Gunthildis, homines sancti Germani. Isti sunt eorum infantes : Gunthardus, Aldisma. Manent in Villare. Tenent mansum i ingenuilem, habentem de terra arabili bunuarios vi et jornalem i, de vinea dimidium aripennum, de prato aripennum i. Solvit similiter.

29. Girveus colonus et uxor ejus, Ermengildis. Isti sunt eorum infantes : Giroardus, Girfridis, Ermena, Ermengardis, Girtrudis. Et socius ejus Rainulfus colonus et uxor ejus colona, nomine Salama. Isti sunt eorum infantes : Hincharius, Rainildis, homines sancti Germani. Et manent in Villare. Tenent mansum ingenuilem, habentem de terra arabili bunuarios vi, de vinea aripennum i, de prato aripennos ii, de silva aripennum i. Solvit similiter.

30. Alduigus presbyter, homo sancti Germani, manet in Bisconcella. Tenet dimidium mansum, habentem de terra arabili bunuarios vi, de vinea aripennum i, de prato aripennum i et duas partes de alio. Et solvit omni anno

32

denarios viiii, pullos et ova, et facit rigam.

DE BISCONCELLA.

31. Girvinus colonus et uxor ejus colona, nomine Aclehildis, homines sancti Germani; et socius ejus Gislemarus colonus et uxor ejus colona, nomine Grimberga. Isti sunt eorum infantes : Grimbertus, Gislevertus, Girmarus. Manent in Biscella ª. Tenent dimidium mansum ingenuilem, habentem de terra arabili bunuarios iiii. Solvunt moltonem i omni anno, pullos iii, ova xv. Arant ad hibernaticum perticas iiii, ad tramisum ii. Faciunt curvadam cum uno animali, et diem i; quando curvadam non faciunt, dies ii.

32. Godaldus colonus et uxor ejus colona, nomine Bobla, homines sancti Germani. Isti sunt eorum infantes : Boda et Goda. Et socius ejus, nomine Frudoinus, colonus, et uxor ejus colona, nomine Adreverta. Isti sunt eorum infantes : Leutharius, Froduis, Fredeberga, Fredericus, homines sancti Germani. Manent in Bisconcella. Tenent dimidium mansum servilem, habentem de terra arabili bunuarios iiii. Solvit similiter.

Fol. 118 vº

33. Winefredus servus et uxor ejus ancilla, nomine Frotlindis. Isti sunt eorum infantes : Winemarus, Grimlindis, Winelindis. Et socia ejus, nomine Rainildis, ancilla, homines sancti Germani.

Isti sunt eorum infantes : Landedrudis, Rainhildis, Hildegardus, Landoildis, Senova. Manent in Bisconcella. Tenent dimidium mansum servilem, habentem de terra arabili bunuarios v. Solvit similiter.

34. Electeus servus et uxor ejus advena, nomine Waltberga. Isti sunt eorum infantes : Giltrada, Girbertus, homines sancti Germani. Manet in Bisconcella. Tenet dimidium mansum servilem, habentem de terra arabili bunuarios iiii et jornalem i. Solvit similiter.

35. Idernus colonus et uxor ejus colona, nomine Ermendrudis, homines sancti Germani. Isti sunt eorum infantes : Teudrada, Ermherus, Itburgis. Manet in Bisconcella. Tenet dimidium mansum ingenuilem, habentem de terra arabili bunuarios v, de vinea aripennum. Solvit similiter.

36. Adlegaudus colonus et uxor ejus advena, nomine Grimberta; et socius ejus Acleherus colonus et uxor ejus colona, nomine Ermengildis, homines sancti Germani. Manet ᵇ in Bisconcella. Tenent mansum dimidium, habentem de terra arabili bunuarios v. Solvit similiter.

37. Adelulfus colonus et uxor ancilla, nomine Ardimia, homines sancti Germani. Isti sunt eorum infantes : Electa, Aldrada. Manet in Bisconcella. Tenet dimidium mansum ingenuilem, haben-

---

ª Leg. *Bisconcella.*

ᵇ Leg. *manent.*

tem de terra arabili bunuarios IIII. Solvit
similiter.

38. Iltbertus colonus et uxor colona, nomine Grima, homines sancti
Germani. Isti sunt eorum infantes : Grimoldus, Hiltbodus, Hiltberga. Et socius
ejus Ermengarius colonus et uxor ejus
colona, nomine Aclehildis. Ista est ejus
filia : Aclildis. Manet in Bisconcella.
Tenet quartam partem de manso servili,
habentem de terra arabili bunuarios VI,
de vinea aripennum I, de prato aripennum I. Solvit similiter.

39. Gislevoldus servus et uxor ejus
colona, nomine Adalindis, homines sancti
Germani. Isti sunt eorum infantes : Gislearius, Autdrada. Et socius ejus Gisloinus servus et uxor ejus colona, nomine
Dominica. Manet in Bisconcella. Tenet
quartam partem de manso servili, habentem de terra arabili bunuarios III.
Arat ad hibernaticum perticas II, et ad
tramisum I. Solvit pullos et ova; et prævident porcos de ipsa parcione omnis
qui ipsam tenuerit *.

DE VILLARE.

40. Daduinus servus et uxor ejus colona, nomine Guthildis, homines sancti
Germani. Isti sunt eorum infantes : Au-
lehardus, Gutlindis. Et socius ejus Bertarius colonus et uxor ejus colona,
nomine Ragentrudis, de Villamilte. Manet in Villare. Tenet dimidium b servilem, habentem de terra arabili bunuarios

III, de prato aripennum I. Solvit multonem I et pullos et ova; rigam integram,
curvadas et dies.

41. Inguinus colonus et uxor ejus
colona de Villamilt, nomine Janovildis,
homines sancti Germani : Genardus est
eorum filius. Manet in Villare. Tenet dimidium mansum ingenuilem, habentem
de terra arabili bunuarios III, de vinea
quartam partem de aripenno, de prato
aripennum I, de silvula dimidium aripennum. Solvit similiter.

42. Ermengerus, colonus sancti Germani, et uxor ejus calumniata, nomine
Vitlindis. Isti sunt eorum infantes : Wi-
drehadus, Ermgaudus, Ricbolda, homines sancti Germani. Manet in Villare.
Tenet dimidium mansum ingenuilem,
habentem de terra arabili bunuarios III
et jornalem I, de vinea quartam partem
de aripenno, de prato aripennum I. Solvit similiter.

43. Aregarius colonus et uxor ejus
colona, nomine Teutfrida, homines
sancti Germani. Isti sunt eorum infantes :
Teuthildis, Aregildis. Manent in Villare.
Tenent dimidium mansum ingenuilem,
habentem de terra arabili bunuarios IIII
et dimidium, de vinea perticas VII, de
prato aripennum I et dimidium. Solvit
similiter.

DE FONTANITO.

44. Hilduinus colonus et uxor ejus

* Leg. *tenuerint.*   b Supple *mansum.*

32.

colona, nomine Nodelindis, homines
sancti Germani. Isti sunt eorum filii vel
filiæ : Hildevertus, Hildemundus, Hildegardis, Hildesindis. Manet in Fontanito. Tenet dimidium mansum ingenuilem, habentem de terra arabili bunuarios
v, de vinea tertiam partem de aripenno,
de prato aripennum I. Solvit denarios
XII omni anno, et facit integram rigam
et totum servitium sicut de dimidium
mansum.

45. Aiulfus colonus et uxor ejus colona, nomine Adalgardis, homines sancti
Germani. Manet in Fontanito. Tenet
dimidium mansum ingenuilem, habentem de terra arabili bunuarios v. Solvit
denarios IIII, pullos et ova; facit integram rigam et dies II.

46. Odalvinus colonus ; et socius ejus
Adalricus colonus et uxor ejus colona,
nomine Aldedrudis, homines sancti Germani. Isti sunt eorum infantes : Odal-
mannus, Odalwis. Manet in Bisconcella.
Tenet dimidium mansum ingenuilem,
habentem de terra arabili bunuarios v,
de vinea aripennum I et dimidium. Solvit multonem I, et cetera similiter.

DE OSPITIBUS.

47. Frotgarius colonus et uxor ejus
colona, nomine Inpergia; ista est ejus
filia, Frotburgis : homines sancti Germani. Manet in Villare. Tenet hospicium. Habet de terra arabili bunuarium I
et dimidium, de prato aripennum I. Solvit denarios II, pullos III, ova XV. Arat
perticam I ad unamquamque sationem ;

Fol. 119 v°

et diem I in unamquámque ebdomadam.

48. Ermenarius colonus et uxor ejus
colona, nomine Rainboldera, homines
sancti Germani. Ista est eorum filia :
Erminga. Manent in Villare. Tenet hospicium. Facit similiter.

49. Ebrulfus advena et uxor ejus
colona sancti Germani. Manet in Bisconcella. Tenet hospicium. Facit similiter.

50. Raivinus extraneus et uxor ejus
extranea, nomine Andreverta. Manet in
Bisconcella. Tenet hospicium. Facit similiter.

51. Gotfredus et uxor ejus, nomine
Ermengildis, homines sancti Germani.
Manet in Bisconcella. Tenet hospicium.
Facit similiter.

52. Godramnus advena et uxor ejus
colona, nomine Berthildis; ista est eorum filia, Gotrudis : homines sancti
Germani. Manet in Bisconcella. Tenet
hospicium. Facit similiter.

53. Gundoinus servus, homo sancti
Germani, manet in Bisconcella, tenet
hospicium, facit similiter.

54. Ragamfredus colonus et uxor
ejus colona, nomine Daitla, homines
sancti Germani. Manet in Bisconcella.
Tenet hospicium. Facit similiter.

55. Sicboldus colonus et uxor ejus

colona, nomine Oistra. Iste est eorum filius, nomine Sicbrandus. Manet in Bisconcella. Tenet hospicium. Facit similiter, et ad unamquamque sationem perticam I; et solvit pullos et ova et denarium I, et facit diem I.

DE DECANIA AGEMBOLDI.

56. Agemboldus colonus, de beneneficio Gausbaldi, et uxor ejus colona, nomine Walegundis, homines sancti Germani : Alsida est eorum filia. Manet in Vinceni Curte[a]. Tenent mansum I ingenuilem, habentem de terra arabili bunuarios IIII et de vinea dimidium aripennum, de prato similiter. Solvit in unumquemque annum multonem I, pullos III, ova XV. Arat ad hibernaticum perticas IIII, ad tramisum II; et facit curvada cum duobus animalibus. Quando vero curvadam non facit, facit dies III; quando curvada facit, facit dies II; et facit sepes sicut et ceteri.

57. Isembrandus colonus et uxor ejus colona, nomine Adrevolda, homines sancti Germani. Isti sunt eorum infantes : Ostrevoldus, Eldebrandus, Isnardus, Ercambrandus. Manet in Vinceni Curte. Tenet mansum I ingenuilem, habentem de terra arabili bunuarios IIII, de vinea dimidium aripennum, de prato similiter. Solvit similiter.

58. Isembertus colonus, homo sancti Germani, et uxor ejus advena; et socius

ejus Hidelbertus colonus, homo sancti Germani. Manent in Vinceni Curte. Tenent mansum I ingenuilem, habentem de terra arabili bunuarios V, de vinea dimidium aripennum, de prato quartam Fol. 120. partem de aripenno. Solvit similiter.

59. Walthadus servus et uxor ejus ancilla, nomine Bernegardis. Isti sunt eorum infantes : Bertgaudus, Waraculfus, Waltasia, Bertlaus, homines sancti Germani. Manet in Vincenti[b] Curte. Tenet mansum I ingenuilem, habentem de terra arabili bunuarios IIII et dimidium, de prato aripennos III. Solvit similiter.

60. Acledulfus colonus et uxor ejus Landisma colona, de Villamilte. Isti sunt eorum infantes : Lantberga, Landovildis. Et socius ejus Girmundus. Homines sancti Germani. Manent in Berlandi Curte[c]. Tenent mansum I ingenuilem, habentem de terra arabili bunuarios IIII et jornalem I, de vinea terciam partem de aripenno, de prato aripennum I. Solvit similiter.

61. Agenulfus, de beneficio Gausboldo, homo sancti Germani, et uxor ejus advena; et socius ejus Stephanus, colonus sancti Germani. Manent in Vinceni Curte. Tenent mansum I ingenuilem, habentem de terra arabili bunuarios IIII, de vinea quartam partem de aripenno, de prato aripennum I et dimidium. Solvunt similiter.

---

[a] Hodie *Courgent* (opinor), milliario sexto a Bisconcella, aquilonem versus.

[b] Sic.

[c] De nomine hodierno nihil ausim definire.

62. Walharius colonus, homo sancti Germani : Vaiharius est ejus filius. Et socius ejus Odoenus colonus, homo sancti Germani. Manent in Vinceni Curte. Tenent mansum I ingenuilem, habentem de terra arabili bunuarios v, de vinea terciam partem de aripenno, de prato aripennum I et dimidium. Solvunt similiter.

63. Bernehardus colonus et uxor ejus colona, Berhildis, homines sancti Germani. Isti sunt eorum infantes : Berthildis, Ingardis. Et socius ejus Ebrehardus, colonus, et uxor ejus colona, Agenildis, homines sancti Germani. Isti sunt eorum infantes : Guntfredus, Guntlindis. Manent in Viceniᵃ Curte. Tenent mansum I ingenuilem, habentem de terra arabili bunuarios v, de vinea dimidium aripennum, de prato similiter. Solvunt similiter.

64. Adrevoldus colonus et uxor ejus colona, nomine Isemberta, homines sancti Germani. Isti sunt eorum infantes : Airboldus est eorum filius. Manet in Viceni Curte. Tenet mansum I ingenuilem, habentem de terra arabili bunuarios v et dimidium jornalem, de vinea dimidium aripennum, de prato quartam partem de aripenno. Solvit similiter.

65. Isemboldus, colonus sancti Germani. Manet in Vinceni Curte. Tenet mansum I ingenuilem, habentem de terra arabili bunuarios v, de vinea di-

midium aripennum, de prato dimidium aripennum. Solvit similiter.

66. Senopus colonus et uxor colona, nomine Benimia, homines sancti Germani. Isti sunt eorum infantes : Frotboldus, Benimia. Et socius ejus Radivina. Isti sunt eorum infantes : Tengaiara, Idelboldus. Manent in Anrig Villaᵇ. Tenent mansum I ingenuilem, habentem de terra arabili bunuarios x, de prato dimidium aripennum. Solvunt similiter.

DE OSPITIBUS.

67. Audoenus colonus et uxor ejus colona, nomine Rainberga, homines sancti Germani. Isti sunt eorum infantes : Grimharius, Rainburgis. Manent in Vinceni Curte. Tenet hospicium. Habet de terra arabili bunuarios II et dimidium aripennum. Solvit in unoquoque anno multonem I, pullos III, ova xv. Arat ad hibernaticum perticas II, ad tramisum similiter. Facit curvadam per III vices in anno cum duobus animalibus. ⟨Fol. 120 vᵒ⟩

68. Frotcarius colonus et uxor ejus colona, nomine Emma, homines sancti Germani. Isti sunt eorum infantes : Ermenardus, Frotgardis. Manet in Vinceni Curte. Tenet hospicium I, habens de terra arabili bunuarium I. Facit in unaquaque ebdomada diem I. Pullos III, ova xv.

69. Isaac, colonus sancti Germani, manet in Vinceni Curte. Tenet hospi-

---

ᵃ Sic.

ᵇ Eadem, nisi fallor, quæ Henrici Villa, supra, § 1.

cium ɪ, habens de terra arabili aripennum ɪ. Facit similiter.

70. Froterus colonus et uxor ejus colona, nomine Alisabia, homines[a]. Isti sunt eorum infantes : Waldricus, Flotharius, Frodericus. Manet in Vinceni Curte. Tenet hospicium, habens de terra arabili jornalem ɪ. Facit similiter.

DE DECANIA HILDEGARNI.

71. Hildegarnus decanus, colonus, et uxor ejus colona, nomine Sirica, homines sancti Germani. Isti sunt eorum infantes : Hildemarus, Hildebrandus. Manet in Septogilo. Tenet mansum ɪ ingenuilem, habentem de terra arabili bunuarios vɪ, de prato aripennos ɪɪ et dimidium, de silvula aripennum ɪ. Solvit ad hostem, in uno anno, solidos ɪɪɪ; ad alium annum, solidum ɪ; pullos ɪɪɪ, ova xv. Arat ɪɪɪɪ perticas ad hibernaticum, et ɪɪ ad tramisum. Facit curvadam ɪ in ebdomada in unamquamque sationem cum duobus animalibus, et dies ɪɪ; et facit caropera aut Aurelianis aut Cinomannis.

72. Teudo colonus, homo sancti Germani, manet in Septogilo. Tenet mansum ɪ ingenuilem, habentem de terra arabili bunuarios vɪɪɪ, de prato aripennum ɪ et dimidium, de silvula bunuarios ɪɪ. Solvit similiter.

73. Guntharius colonus et uxor ejus colona, nomine Adalgisa, homines sancti Germani. Isti sunt eorum infantes :

Gunthardus, et Guntardus, Adalwis, Ratgildis. Manent in Septogilo. Tenent mansum ɪ ingenuilem, habentem de terra arabili bunuarios ɪɪɪɪ et jornalem ɪ, de prato aripennum ɪ et dimidium, et de silva parva aripennum ɪ. Solvit similiter.

74. Hostulfus colonus et uxor ejus colona, nomine Ratrudis, homines sancti Germani. Iste est eorum filius, Randulfus. Manet in Septogilo. Tenet mansum ɪ ingenuilem, habentem de terra arabili bunuarios vɪɪ et jornalem ɪ, de prato aripennum ɪ, de silvula aripennum ɪ. Solvit similiter.

75. Rainarius colonus et uxor ejus colona, nomine Amalgardis, homines sancti Germani. Iste[b] sunt eorum filius vel filiæ : Raganharius, Amalharius, Raingardis, Angilgardis. Manet in Murcincto. Tenet mansum ɪ ingenuilem, habentem de terra arabili bunuarios vɪ et jornalem ɪ, de vinea dimidium aripennum, de prato similiter. Solvit similiter.

76. Ermharius colonus et uxor ejus Fol. 121. colona, nomine Gisentrudis, homines sancti Germani. Isti sunt eorum infantes : Albuinus, Eugenia. Manet in Murcincto. Tenet mansum ɪ ingenuilem, habentem de terra arabili bunuarios vɪ, de vinea dimidium aripennum, de prato aripennum ɪ et duas partes de aripenno. Solvit similiter.

77. Ratboldus colonus et uxor ejus

---

[a] Supple, sancti Germani.

[b] Sic.

colona, nomine Hildara, homines sancti Germani. Ista est eorum filia : Hilduis. Manet in Murcincto. Tenet mansum I ingenuilem, habentem de terra arabili bunuarios VI, de vinea dimidium aripennum, de prato similiter. Solvit similiter.

78. Flodevertus extraneus et uxor ejus colona de Sicca Valle, nomine Aclina. Ista est eorum filia : Flodeverga. Manet in Murcincto. Tenet mansum I ingenuilem, habentem de terra arabili bunuarios IIII, de vinea dimidium aripennum. Solvit denarios XII, et cetera similiter.

79. Ermenardus colonus et uxor ejus colona, nomine Ermenwis, homines sancti Germani. Isti sunt eorum infantes : Hildoardus, Ermengildis. Et Leuthadus, socius ejus, colonus. Manent in Murcincto. Tenent mansum I ingenuilem, habentem de terra arabili bunuarios VI, de vinea aripennum I, de prato similiter. Solvunt similiter.

80. Arnulfus colonus et uxor ejus colona, nomine Ansildis; et Berildis, homines sancti Germani. Manent in Murcincto. Tenent mansum I ingenuilem, habentem de terra arabili bunuarios VI, de vinea dimidium aripennum, de prato similiter. Solvunt similiter.

81. Artcarius servus et uxor ejus colona, nomine Amalberga, homines sancti Germani. Isti sunt eorum infantes : Aregildis, Amalgildis, Bertegundis. Manet in Murcincto. Tenet mansum I ingenuilem, habentem de terra arabili bunuarios V, de vinea dimidium aripennum, de prato aripennum I. Solvit similiter.

82. Restoinus servus; et Leudegarius servus et uxor ejus colona, nomine Plectrudis, homines sancti Germani. Isti sunt eorum infantes : Leutcarius, Leutharius. Manent in Murcincto. Tenent mansum I ingenuilem, habentem de terra arabili bunuarios IIII, de vinea dimidium aripennum. Solvunt similiter.

83. Altgrimus colonus et uxor ejus colona, nomine Ingalhildis, homines sancti Germani. Isti sunt eorum infantes : Segenandus, Ingalsindis, Bilhildis, Benina. Manet in Urs Villare[a]. Tenet mansum I ingenuilem. Habet de terra arabili bunuarios XI, de vinea duas partes de aripenno, de prato aripennum I et dimidium. Solvit similiter.

84. Ermeningus colonus et uxor ejus colona, nomine Grima, homines sancti Germani. Manet in Urs Villare. Tenet mansum I ingenuilem, habentem de terra arabili bunuarios XI, de vinea dimidium aripennum, de prato aripennum I. Solvit similiter.

85. Ardoinus extraneus et uxor ejus colona, nomine Gunthildis, homines sancti Germani; et Bertolomeus, socius ejus, servus, et uxor ejus, nomine Grimoena, homines sancti Germani. Ista

---

[a] Nunc *Orvilliers*, quater mille quingentis passibus a Bisconcella, inter septentrionem et occidentem.

Fol. 121 v° est eorum filia : Grimberga. Isti duo manent in Murcincto. Tenent mansum I ingenuilem, habentem de terra arabili bunuarios v et dimidium, de vinea dimidium aripennum. Solvunt similiter.

DE HIS QUI PER SINGULOS ANNOS SOLVUNT XII DENARIOS AD HOSTEM.

86. Adalbertus colonus et uxor ejus, nomine Bernegundis, homines sancti Germani. Isti sunt eorum infantes : Bernoinus, Hiltbertus, Adalburgis. Manet in Murcincto. Tenet mansum I ingenuilem, habentem de terra arabili bunuarios vi, de vinea dimidium aripennum, de prato aripennos II. Solvit ad hostem denarios XII, et reliqua facit similiter.

87. Warnuinus colonus et uxor ejus colona, nomine Hildelindis, homines sancti Germani. Isti sunt eorum infantes : Hildemundus, Hildebodus, Hildisindis. Manet in Septoigilo. Tenet mansum I ingenuilem, habentem de terra arabili bunuarios vii, de prato dimidium aripennum, de silvula bunuarium I. Solvit similiter.

88. Fredevertus colonus et uxor ejus colona, nomine Aldegundis, homines sancti Germani. Iste est eorum filius, Fredernus. Et Nithardus, socius ejus, colonus, homo sancti Germani. Manent in Septoigilo. Tenent mansum I ingenuilem, habentem de terra arabili bunuarios vii, de prato aripennum I. Solvunt similiter.

89. Adalhardus colonus et uxor colona, de beneficio Gisloldi presbyteri, nomine Rainoildis, homines sancti Germani. Isti sunt eorum infantes[a] : Bertedrudi, Adalgardis, Adalindis, Danaildis. Et Hildulfus socius ejus, colonus, et uxor colona, nomine Badoildis, de Sicca Valle, homines sancti Germani. Isti sunt eorum infantes : Teudulfus, Godalrada, Baltaflidis, Junildis, Bernardus, Baldasar. Isti duo manent in Tontoni Curte[b]. Tenent dimidium mansum ingenuilem, habentem de terra arabili bunuarios vi, de vinea aripennum I. Solvunt similiter.

90. Avilanus colonus et uxor ejus colona, nomine Ricfrida, homines sancti Germani. Isti sunt eorum infantes : Constabilis, Fredericus, Ermentarius, Fredevertus, Avelonia. Manet in Tontoni Curte. Tenet dimidium mansum ingenuilem, habentem de terra arabili bunuarios IIII, de vinea dimidium aripennum. Solvit similiter.

91. Isaac colonus et uxor ejus colona, Fol. 122. nomine Erlindis, homines sancti Germani. Iste sunt eorum filie : Isigildis, Erledrudis. Manet in Tontoni Curte. Tenet dimidium mansum ingenuilem, habentem de terra arabili bunuarios IIII, de vinea dimidium aripennum. Solvit similiter.

DE HIS QUI MULTONES SOLVUNT.

92. Godovoldus colonus, et Ermingus

[a] Vox infantes de industria abrasa, prope ut visum effugiat.

[b] Hodie Dancourt, viculus parœciæ Septoili, quinque millia a Bisconcella dissitus, aquilonem spectans.

colonus, homines sancti Germani, et
uxor ejus, ancilla domni abbatis, nomine
Gundelindis. Isti duo manent in Septogilo. Tenent dimidium mansum ingenuilem, habentem de terra arabili bunuarios vii, de prato aripennos iiii.
Solvit multonem i, pullos et ova, et
curvadam sicut superiores.

93. Grimoldus colonus et uxor ejus colona, nomine Berthildis, homines sancti
Germani. Isti sunt eorum infantes :
Grimharius, Grimbodus, Berengardis.
Manet in Murcincto. Tenet mansum i
ingenuilem, habentem de terra arabili
bunuarios iiii, de vinea dimidium aripennum. Solvit multonem i, pullos et
ova, et facit similiter.

94. Joseph, colonus et uxor ejus colona, nomine Altberta, homines sancti
Germani. Isti sunt eorum infantes :
Teutbertus, Josepia. Manet in Septogilo.
Tenet dimidium mansum, habentem
de terra arabili bunuarios vi. Solvit similiter.

95. Frutlenus colonus, homo sancti
Germani. Manet in Septogilo. Tenet
dimidium mansum, habentem de terra
arabili bunuarios vi, de prato dimidium
aripennum. Solvit similiter.

96. Madanulfus de Buxito[a] manet in
Septogilo. Tenet dimidium mansum ingenuilem, habentem de terra arabili
bunuarios vi, de prato tertiam partem
de aripenno. Facit similiter.

97. Waraldus colonus et uxor ejus
colona, nomine Riclindis, homines
sancti Germani. Isti sunt eorum infantes :
Walandus, Walmannus, Waratlindis.
Manet in Murcincto. Tenet dimidium
mansum ingenuilem, habentem de terra
arabili bunuarios iiii, de vinea perticas
iiii, de prato dimidium aripennum.
Solvit multonem, pullos iii, ova xv;
arat duas perticas ad hibernaticum et
una ad tramisum.

98. Bernardus colonus et uxor ejus
colona, nomine Grimhildis, homines
sancti Germani. Ista est eorum filia,
Grimburgis. Manet in Murcincto. Tenet
dimidium mansum, habentem de terra
arabili bunuarios iii, de vinea duas
partes de aripenno, de prato aripennum i. Solvit similiter.

99. Autbertus colonus et uxor ejus,
nomine Ingrisma, homines sancti Germani. Manet in Septogilo. Tenet dimidium mansum, habentem de terra arabili bunuarios iiii, de prato dimidium
aripennum. Solvit similiter.

100. Frutrudis colona et infantes
ejus Frodricus, Flavia, Flothildis, homines sancti Germani. Manet in Septogilo. Tenet dimidium mansum, habentem de terra arabili bunuarios iiii, de
prato aripennum i. Solvit similiter.

101. Ratboldus colonus et uxor colona, nomine Leutsinda, homines sancti
Germani. Iste est eorum filius : Leut-

[a] Nunc *Boissy-sans-Avoir*, quater mille quingentis passibus a Bisconcella, eurum versus. Conf. xxi, 48.

brandus. Et Grimharius colonus et soror ejus Ercantrudis, homines sancti Germani. Isti duo manent in Tontoni Curte. Tenent unciam I, habentem de terra arabili bunuarios II, de vinea dimidium aripennum. Solvunt pullos et ova; arant duas perticas ad hibernaticum et unam ad tramisum.

102. Girohildis, colona sancti Germani. Isti sunt ipsius infantes : Giroardus, Girvinus. Manet in Septoigilo. Tenet unciam I, habentem de terra arabili bunuarios II et dimidium. Facit [similiter[a]].

103. Frutlaicus colonus et uxor ejus colona, nomine Onrada, homines sancti Germani. Isti sunt eorum infantes : Frotlandus, Salvalindis, Maureia. Manet in Ricmari Villa. Tenet unciam I, habentem de terra arabili bunuarios IIII. Solvit ad hostem denarios II, pullos et ova, et cetera.

104. Frutgarius colonus et uxor ejus colona, nomine Adalgardis, homines sancti Germani. Iste est eorum filius, Frutgildus. Manet in Murcincto. Tenet mansum dimidium ingenuilem, habentem de terra arabili bunuarios IIII, de prato dimidium aripennum. Solvit IIII denarios, pullos et ova.

DE HOSPITIBUS.

105. Fludoinus colonus et uxor ejus colona, nomine Airisma, homines sancti

Germani. Isti sunt eorum infantes : Airulfus, Fredericus, Fladrudis. Manet in Tontoni Curte. Tenet hospicium, habens de terra arabili bunuarios II. Solvit pullos III, ova XV; arat perticam I ad hibernaticum, et I ad tramisum; et diem I; et solvit denarios IIII.

106. Grimboldus colonus et uxor ejus, nomine Anstasia, homines sancti Germani. Iste est eorum filius : Rainboldus. Manet in Septogilo. Tenet hospicium, habens de terra arabili bunuarium I et dimidium. Solvit pullos et ova, et diem I.

107. Berneharius colonus et uxor ejus ancilla, nomine Ingrisma. Isti sunt eorum infantes : Bernehardus, Berneildis. Manet in Septogilo. Tenet hospicium, habens de terra arabili dimidium bunuarium. Solvit pullos et ova, et facit similiter.

108. Ainboldus colonus et uxor ejus colona, nomine Grimlindis, homines sancti Germani. Isti sunt eorum infantes: Grimfredus, Ainildis. Manet in Septogilo. Tenet hospicium habens [de terra[b]] arabili bunuarium dimidium, de prato dimidium aripennum. Solvit pullos et ova; et facit similiter.

109. Alafius colonus, homo sancti Germani : uxor ipsius et infantes non sunt sancti Germani. Tenet hospicium. Solvit pullos et ova, et diem I.

[a] Deest similiter.

[b] Illud, de terra, prætermissum est.

33.

1 1 o. Ercanricus colonus, homo sancti
Germani, et uxor ipsius : et infantes non
sunt sancti Germani. Manet in Septogilo. Tenet hospicium, habens de terra
arabili bunuarium I. Solvit similiter.

111. Aclehildis colona et infantes
ejus, Bertulfus, Berthildis, homines
sancti Germani. Manet in Septogilo.
Tenet hospicium, habens de terra arabili dimidium bunuarium, de prato aripennum I. Solvit similiter.

112. In paco Belviciacensi[a] sunt mulieres
duæ, quæ vocatur una Amalsindis, et alia vocatur Emiltrudis; et dederunt se in servitio
sancti Germani, Parisiace urbis episcopi, cum
progenie sua, cum una candela. Est de nascen-
cia eorum una mulier, nomine Adelaidis; filia
ejus, nomine Fredeburgis. Soror Adelaidi,
Alpaidis. Bannoido[b] stant. Item alius, nomine
Walterius, cognatus earum[c].

DE DECANIA RAGENULFI.

1 1 3. Ragenulfus, colonus et decanus,
et uxor ejus, nomine Ercanildis, homines sancti Germani. Isti sunt eorum
infantes : Ranbodus, Ercanrada. Et socius ejus, Nohelenus, sancti Germani.
Isti duo manent in Ulmido[d]. Tenent
mansum I ingenuilem, habentem de
terra arabili bunuarios VIII et dimidium,
de vinea duas partes de aripenno, de
prato aripennos II et dimidium[e]. Solvunt in uno anno solidos III ad ostem,

ad alium annum solidum I. Arat perticas IIII ad hibernaticum, II ad tramisum.
Pullos III et ova XV. Facit caroperam
sicut et ceteri. Facit curvada cum duobus animalibus, et duobus diebus :
quando vero curvada non facit, facit
dies III.

1 1 4. Morellus colonus et infantes
ejus, Adelricus, Arven, Ada, Rain-
sinta, Winegardis, homines sancti Germani. Manet in Ulmido. Tenet mansum I
ingenuilem, habentem de terra arabili
bunuarios VIII, de prato aripennum I,
de vinea dimidium aripennum. Solvit
similiter.

1 1 5. Frotboldus colonus et uxor ejus
colona, nomine Godelhildis. Isti sunt
eorum infantes : Goda, Framnoldus. Et
socius ejus, Frothadus. Homines sancti
Germani. Manent in Ulmido. Tenent
mansum I ingenuilem, habentem de
terra arabili bunuarios VII, de prato aripennum I et duas partes de alio. Solvunt similiter.

1 1 6. Cristeus colonus et uxor ejus
colona, nomine Rosibia, homines sancti
Germani. Isti sunt eorum infantes : Arnulfus, Gohearius, Erherus. Manet in
Ulmido. Tenet mansum I ingenuilem,
habentem de terra arabili bunuarios VIII,
de vinea aripennum I et dimidium. Solvit similiter.

[a] De pago Belvacensi, nostratibus *le Beauvoisis*,
egimus in commentario.

[b] Hodie, ut opinor, *Bailleu*, vicus ad Taram, ad
sextum Bellovaco lapidem, euronotum versus.

[c] Manu paulo minus antiqua totus paragraphus
112 exaratus est.

[d] Nostro tempore *Osmoy*, milliario quarto a Bisconcella, septentrionem versus.

[e] Vox *dimidium* notis tironianis exarata est.

117. Wilharius ª.... et uxor ejus colona, nomine Grimhildis, homines sancti Germani : Adhelsadus est eorum filius. Et socius ejus, Witboldus, servus. Homines sancti Germani. Manent in Ulmido. Tenent mansum ı ingenuilem, habentem Fol. ₁₂₃ vᵉ de terra arabili bunuarios vi, de vinea aripennum ı et dimidiumᵇ. Solvunt similiter.

118. Godelboldus colonus et uxor ejus colona, nomine Ardrada; et socius ejus, Acardus, colonus, et uxor ejus, nomine Erminga, ancilla. Isti duo tenent mansum ı servilem, habentem de terra arabili bunuarios viii, de vinea aripennum ı, de prato dimidium aripennum. Solvunt similiter.

119. Airboldus servus et uxor ejus ancilla, de cella fratrum, nomine Godaltrudis, homines sancti Germani. Manent in Ulmido. Tenent mansum ı ingenuilem, habentem de terra arabili bunuarios viii, de vinea aripennum ı et dimidio, de prato quartam partem de aripenno. Solvit similiter.

DE FLARSANE VILLA.

120. Ercanradus colonus et uxor ejus colona, nomine Datla, homines sancti Germani. Manet in Flarsane Villaᶜ. Tenet mansum ı ingenuilem, habentem de terra arabili bunuarios viii, de vinea aripennos ii, de prato aripennum ı et dimidio. Solvit similiter.

121. Utelricus colonus et uxor ejus colona, nomine Hiltrudis. Isti sunt eorum infantes : Adelmarus, Adeltrudis, Odelindis. Et socius ejus, Framnoldus, et uxor ejus colona, nomine Flotgildis. Isti sunt eorum infantes : Ingilmarus, Ermenoldus, Gertrudis. Homines sancti Germani. Manent in Flarsane Villa. Tenent mansum ı ingenuilem, habentem de terra arabili bunuarios vi, de vinea aripennum ı et dimidio, de prato dimidium aripennum. Solvunt similiter.

122. Druetoinus colonus et uxor ejus colona, de beneficio Artmari, nomine Ingoildis. Manet in Flarsane Villa. Tenet mansum ı ingenuilem, habentem de terra arabili bunuarios vii, de vinea aripennum ı et dimidium, de prato aripennum ı. Solvit similiter.

DE FROTMIRI VILLA DE CELLA FRATRUM.

123. Randingus colonus et uxor ejus colona, nomine Gerohidis. Isti sunt eorum infantes : Ranbodus, Rangildis. Homines sancti Germani. Manet in Frotmiri Villa. Tenet mansum ı ingenuilem, habentem de terra arabili bunuarios vi, de vinea duas partes de aripenno. Solvit similiter.

124. Girulfus colonus et uxor ejus Fol. ₁₂₄ colona, nomine Frotbolda. Isti sunt eorum infantes : Hildeboldus, Graulfus, Gernildis. Homines sancti Germani.

ª Loco vocis natales Wilharii declaraturæ, spatium vacuum relictum est.

ᵇ Characteribus tironianis scriptum est *dimidium.*

ᶜ Hodie *Flexanville,* ter mille passibus a Bisconcella, inter aquilonem et eurum.

Manet in Frotmiri Villa. Tenet mansum I ingenuilem, habentem de terra arabili bunuarios VII, de vinea dimidium aripennum. Solvit similiter.

125. Arnefredus colonus et uxor ejus colona, nomine Frutbolda. Isti sunt eorum infantes : Gerboldus, Itlefridus, Frutbolda. Homines sancti Germani. Manet in Frotmiri Villa. Tenet mansum I ingenuilem, habentem de terra arabili bunuarios VII, de vinea dimidium aripennum. Solvit similiter.

126. Ingilfridus colonus et uxor ejus colona, nomine Ricfrida. Isti sunt eorum infantes : Waltarius, Germana. Homines sancti Germani. Manet in Frotmiri Villa. Et socius ejus, Godoinus, et uxor ejus ancilla, nomine Aichildis : Godina et Ermhildis sunt eorum infantes. Tenent mansum I ingenuilem, habentem de terra arabili bunuarios VII, de vinea duas partes de aripenno, de prato aripennum I. Solvunt similiter.

DE BRAOGILO DE CELLA FRATRUM.

127. Leutbertus, colonus, de Giliaco, et uxor ejus colona, nomine Adalindis. Isti sunt eorum infantes : Adeloldus, Teudoldus, Adelsadus, Benipsia. Et socius ejus, Ercanricus, servus, et uxor ejus colona, nomine Frandildis. Isti sunt eorum infantes : Dada, Guntlindis, Gundrada, Frotrudis. Homines sancti

Germani. Manet in Braogilo[a]. Tenet mansum I ingenuilem, habentem de terra arabili bunuarios VI et dimidium, de vinea dimidium aripennum, de prato aripennum I. Solvit similiter.

128. Gulfradus, colonus. Isti sunt ejus infantes : Teutlandus, Teutgarius, Teuthildis. Homines sancti Germani. Manet in Braogilo. Tenet mansum ingenuilem, habentem de terra arabili bunuarios VI et dimidium, de vinea dimidium aripennum, de prato similiter. Solvit similiter.

129. Acloinus colonus et uxor ejus libera. Isti sunt eorum infantes : Benedictus, Bertharius, Benedicta, Flavildis. Homines sancti Germani. Tenet mansum I ingenuilem, habentem de terra arabili bunuarios VI, de vinea dimidium aripennum. Solvit similiter.

DE WARENCERAS.

130. Bernoinus colonus et uxor ejus colona, nomine Berta. Isti sunt eorum infantes : Bernehardus, Deotimia. Homines sancti Germani. Manet in Warenceras[b]. Tenet mansum I ingenuilem, habentem de terra arabili bunuarios X, de vinea aripennum I, de prato similiter. Solvit similiter.

131. Frotlandus colonus et uxor ejus colona, nomine Vina, homines sancti

---

[a] Nunc vel *Breuil* castrum, millia passuum tria a Bisconcella, inter meridiem et occasum; vel *Breuil*, viculus parœciæ Warencerarum, quater mille quingentos passus circiter ab eadem, eurum versus.
[b] Nostratibus *Garencières*, ter mille passibus a Bisconcella, orientem spectans.

Germani. Isti sunt eorum infantes : Vi-
nevoldus, Vinegarius, Froderindis. Et
socius ejus Villeboldus, homo sancti
Fol.124v° Germani. Manet in Warenceras. Tenet
mansum I ingenuilem, habentem de
terra arabili bunuarios XI, de vinea
dimidium aripennum. Solvit similiter.

USQUE HUC DE CELLA[a].

DE BUBLA.

132. Bernulfus colonus et uxor ejus,
nomine Teutlindis, homines sancti Germani. Isti sunt eorum infantes : Atlin-
dis, Teuthildis, Bernegardis. Et socius
ejus, nomine Teutfridus, colonus, et
uxor ejus colona, nomine Flothildis.
Isti sunt eorum infantes : Teutbert,
Bertlindis. Et Singevertus. Homines
sancti Germani. Isti tres manent in
Bubla[b]. Tenent mansum I ingenuilem;
habentes de terra arabili bunuarios VIII
et dimidium, de vinea aripennum I, de
prato dimidium aripennum. Solvunt
similiter.

133. Ermoardus colonus et uxor ejus
colona, nomine Ragenanta, homines
sancti Germani. Isti sunt eorum infantes : Ursinianus, Bertramnus, Ermoinus. Manet in Bubla. Tenet mansum I
ingenuilem, abentem de terra arabili
bunuarios VIII et dimidium, de vinea
aripennum I. Solvit similiter.

134. Frottrudis, colona sancti Germani. Isti sunt infantes ejus : Frotbertus, Frotharius, Frotardus, Frotmundus.
Frotlindis, Rangamburgis. Manet in
Bubla. Tenet mansum I ingenuilem,
habentem de terra arabili bunuarios VIII
et dimidium, di vinea aripennum I.
Solvit similiter.

DE ALTOGILO.

135. Frotmundus colonus, homo
sancti Germani; et Frotcarius et uxor
ejus[c]...., nomine Bernegildis, homines
sancti Germani ; et Ermenoldus, et
Ermenarius, homines sancti Germani.
Manent in Altogilo. Tenent mansum I
ingenuilem, habentem de terra arabili
bunuarios VIIII, de vinea aripennum I
et dimidium, de prato dimidium aripennum. Solvunt similiter.

136. Frotbertus colonus et uxor ejus
colona, nomine Lantfrida, homines
sancti Germani : Frotberta est eorum
filia. Et Valandus colonus et uxor ejus
colona, nomine Bertildis, homines sancti
Germani. Isti sunt eorum infantes :
Frotlindis, Astrandus. Et Lantsindus
et uxor ejus colona, nomine Alcisma,
homines sancti Germani. Isti sunt eorum
infantes : Lantardus, Lantsinda. Isti tres
manent in Altogilo. Tenent mansum I
ingenuilem, habentem de terra arabili
bunuarios VIIII, de prato aripennum I.

DE VILLA FARONIS. Fol. 12

157. Hildegarius colonus, homo

---

[a] Hæc verba posterius adjecta sunt, manu tamen
antiqua.

[b] Idem locus qui § 1 nominatur Bola.
[c] Spatium vocis unius interest vacuum.

sancti Germani, et uxor ejus libera, nomine Avalonia. Manet in Villa Faronis.
Tenet mansum ı ingenuilem, habentem de terra arabili bunuarios xıı et
jornales ıı, de vinea aripennos ıı et dimidium, de prato similiter. Solvit in
uno anno solidos ııı, in altero solidum ı.
Arat ad hibernaticum perticas vııı, ad
tramisum ıııı. Facit curvadas cum duobus animalibus in unaquaque ebdomada per singulas sationes, et dies ıı,
et caropera sicut et ceteri. Pullos et ova
non solvit.

138. Gulfardus colonus et uxor ejus
colona, nomine Datlefreda : Ansfreda
est eorum filia. Homines sancti Germani.
Manet in Villa Faronis. Tenet mansum ı
ingenuilem, habentem de terra arabili
bunuarios v et dimidium[a], de vinea dimidium aripennum, de prato similiter.
Solvit in uno anno solidos ııı in altero
anno solidum ı. Arat ad hibernaticum
perticas ıııı, ad tramisum perticas ıı.
Facit curvada de duobus animalibus
in unaquaque ebdomada, et dies ıı, et
caropera sicut et ceteri.

139. Deroldus colonus et uxor ejus
colona, nomine Raintrudis : iste est
eorum filius, Andreus. Et socius ejus
Incbaldus, servus, homo sancti Germani. Manet in Villa Faronis. Tenet
mansum ı ingenuilem, habentem de
terra arabili bunuarios vı, de vinea aripennum ı et dimidium[b], de prato aripennos ıı. Solvit similiter.

140. Aldrada, colona sancti Germani: Aldara est ejus filia. Et socia ejus
ac filia, Adalguis: et Guntegisus est ejus
filius. Homines sancti Germani. Manent
in Villa Faronis. Tenent mansum ı ingenuilem, habentem de terra arabili
bunuarios vı, de vinea aripennum ı, de
prato aripennos ıı. Solvunt similiter.

141. Blidramnus colonus et uxor ejus,
Inga, colona, homines sancti Germani :
Blidiricus est eorum filius. Et socius
ejus Adhelegius colonus, homo sancti
Germani. Manent in Villa Faronis. Tenent mansum ı ingenuilem, habentem
de terra arabili bunuarios vııı, de vinea
terciam partem de aripenno, de prato ı.
Solvunt similiter.

142. Adelardus colonus, homo sancti
Germani, manet in Villarcerlis[c]. Tenet
mansum ı ingenuilem, habentem de
terra arabili bunuarios xıı, de vinea aripennum ı, de prato aripennos ıı. Facit
duas rigas, et cetera solvit similiter.

143. Adremarus colonus, homo sancti
Germani; et socius ejus Artcarius colonus et uxor ejus colona, Madrehildis,
homines sancti Germani. Isti sunt eorum
infantes : Frudoldus, Madrisma. Manent in Villarcellis. Tenent mansum ı
ingenuilem, habentem de terra arabili
bunuarios xıı, de vinea dimidium aripennum, de prato aripennum ı, de silva
bunuarios ıı. Solvunt similiter sicut et
ceteri.

---

[a] Characteribus Tironis adumbratum est *dimidium*.
[b] Item notis tironianis vox *dimidium* exarata est
hic et infra §§ 150, 151, 155, 158.

[c] Hodie *Villarceaux*, viculus millia passuum sex a
Bisconcella, inter aquilonem et eurum.

144. Ercanfredus servus et uxor ejus colona de beneficio Ercammari, nomine Petrisma, homines sancti Germani. Manet in Villa Faraonis. Tenet mansum I ingenuilem, habentem de terra arabili bunuarios v, de vinea dimidium aripennum, de prato aripennum I et dimidium. Solvit similiter.

145. Ercanricus colonus et uxor ejus colona, Adeliva, homines sancti Germani : Ercangarius est eorum filius. Manet in Flarsane Villa. Tenet dimidium mansum ingenuilem, habentem de terra arabili bunuarios vi, de vinea aripennos ii, de prato aripennos ii. Solvit in uno anno denarios xviii, in altero anno denarios vi; pullos iii, ova xv. Arat ad hibernaticum perticas iiii, ad tramisum perticas ii. Facit dies ii in unaquaque ebdomada.

146. Ostreharius colonus et uxor ejus colona, nomine Gotlindis, homines sancti Germani. Manet in Flarsane Villa. Tenet dimidium mansum ingenuilem, habentem de terra arabili bunuarios iii, de vinea dimidium aripennum, de prato similiter. Solvit in uno anno denarios vi, in altero anno denarios xviii. Arat ad hibernaticum perticas ii, ad tramisum perticam i. Facit in una ebdomada dies ii, in alia ebdomada diem i.

DE IS QUI MULTONES SOLVUNT.

147. Gundoinus colonus et uxor ejus colona, nomine Walantrudis, homines sancti Germani : Wandalberga est eorum filia. Et socius ejus, Rainmarus, et uxor ejus ancilla, nomine Fredeildis : Ragenarius est eorum filius. Manent in Ulmido. Tenent dimidium mansum ingenuilem, habentem de terra arabili bunuarios v, de vinea aripennum i, de prato dimidium aripennum. Solvit multonem i omni anni, pullos iii, ova xv. Arat quattuor perticas ad hibernaticum, duas ad tramisum; et facit dies ii in unaquaque ebdomada.

148. Ragenulfus colonus, homo sancti Germani, manet in Ulmido. Tenet dimidium mansum ingenuilem, habentem de terra arabili bunuarios vi, de prato terciam partem de aripenno. Solvit similiter.

149. Martoinus colonus, homo sancti Germani, manet in Villa Faraonis. Tenet dimidium mansum ingenuilem, habentem de terra arabili bunuarios iii, de prato aripennum i. Solvit similiter.

150. Ercansindus colonus et uxor ejus colona, nomine Liseverus, homines sancti Germani. Manet in Altogilo. Tenet dimidium mansum ingenuilem, habentem de terra arabili bunuarios v et dimidium, de prato aripennum i. Solvit similiter.

151. Segemarus colonus, homo sancti Germani, manet in Farone Villa. Tenet dimidium mansum ingenuilem, habentem de terra arabili bunuarios v, de vinea aripennum i, de prato aripennum i et dimidium. Solvit similiter.

152. Bernegaudus colonus et uxor

34

ejus colona, nomine Fradohis : Bertgardis est eorum filia. Manet in Farone Villa. Tenet dimidium mansum ingenuilem, habentem de terra arabili bunuarios v, de prato aripennos ii et dimidium. Solvit unamquamque anno denarios x, pullos iii, ova xv. Facit rigam i et in unaquaque ebdomada dies i.

Fol. 126.

153. Eodo, homo sancti Germani, colonus, manet in Frotmiri Villa. Tenet dimidium mansum ingenuilem, habentem de terra arabili bunuarios iii. Solvit multonem i, pullos iii, ova[a]..... Ad hibernaticum perticas ii, ad tramisum i. Facit dies ii in una ebdomada, in alia i.

154. Godelboldus servus et uxor ejus, nomine Berga, colona sancti Germani, de Cella, manent in Ciolis[b]. Tenent dimidium mansum servilem, habentem de terra arabili bunuarios iiii. Solvit similiter.

155. Anno colonus et uxor ejus colona, Ercainfreda, homines sancti Germani, manent in Flarsane Villa. Tenent dimidium mansum ingenuilem, habentem de terra arabili bunuarios iiii et dimidium, de vinea dimidium aripennum, de prato aripennum i et dimidium. Solvit similiter.

156. Balsmundus colonus et uxor ejus ancilla, nomine Briza, homines sancti Germani, manent in Pociolis[c]. Tenent dimidium mansum servilem, abentem de terra arabili bunuarios iiii. Isti non solvit pullos et ova ; solvit similiter.

157. Adelmundus colonus et uxor ejus Ingalberga, ancilla, homines, sancti Germani, manent in Pociolis. Tenet dimidium mansum servilem, habentem de terra arabili bunuarios iiii. Solvit similiter. Et David socius ejus, colonus sancti Germani, de Mantola[d], et uxor ejus ancilla, nomine Adalberta : Adalgisus est eorum filius.

158. Ingalbertus, servus sancti Germani, et uxor ejus extranea, manent in Pociolis. Tenet dimidium mansum servilem, habentem de terra arabili bunuarios iii et dimidium. Solvit similiter.

159. In Maxnili Badanrete[e] habetur area molendini una. Debet autem ipsum molendinum modios frumenti decem, alterius vero annonæ modios v. Terræ vero arabiles circa farinarium bonuaria iii, de prato aripennes iii ; hostitia iiii, quæ solvunt denarios iiii unumquodque. Pertinet autem eadem terra per suggectionem ad fiscum Spicarias[f]. De altera ripa Medante fluminis, quicquid

---

[a] Locus est vacuus, explendus fortasse sic : xv. *Arat.*

[b] Idem, ut videtur, locus qui mox § 156 Pocioli nominabitur ; nunc, conjector, *les Foncianx* sive *les Poncianx* appellatus, bis mille quingentis passibus a Bisconcella, occasum versus æstivalem.

[c] Conf. § 154.

[d] Conf. xxi, 1.

[e] Maxnilis Badanrete quo situ fuerit, plane incertum est

[f] Hodie *Épieds*, milliaribus xviii a Bisconcella, occasum æstivalem spectans, non procul a læva Auduræ ripa.

ibi est de terra arabili et de pratis inter duas vias puplicas ad Septem usque Sortes[a], totum est terra sancti Germani[b].

DE OSPITIBUS.

160. Rainharius extraneus et uxor ejus colona, nomine Teutgardis, homines sancti Germani, cum infantibus suis. Manet in Ulmidello[c]. Tenet ospicium, abentem de terra arabili bunuarium I. Solvit pullos et ova, et diem unum.

[fol.126v°] 161. Helpuinus colonus et uxor ejus ancilla, nomine Hairfrida, homines sancti Germani : Airfridus est eorum filius. Manet in Ulmido. Tenet ospicium, habentem de terra arabili jornales II. Facum[d] similiter.

162. Ragamfredus colonus et uxor ejus colona, nomine Ermchildis, homines sancti Germani : Ragamberga est eorum filia. Manet in Ulmido. Tenet ospicium, babentem de terra arabili jornales II. Facit diem I, nihil alid[e], et non solvit pullos.

163. Adalgisus colonus, homo sancti Germani, manet in Ulmido. Tenet ospicium, habentem de terra arabili jornales II. Solvit pullos et ova, et diem I.

164. Leutharius colonus et uxor ejus extranea, nomine Oiverta. Manet in Ulmido. Tenet ospicium, habentem de terra arabili jornalem I. Solvit similiter.

165. Ragambertus colonus et uxor ejus colona, nomine Actila, omines sancti Germani : Grimboldus est eorum filius. Manct in Ulmido. Tenet ospicium, habentem de terra arabili jornales II. Facit similiter.

166. Erloinus colonus et uxor ejus colona, nomine Gerlindis, omines sancti Germani. Manet in Altogilo. Tenet ospicium, habentem de terra arabili jornalem I. Facit similiter.

167. Georgius, colonus sancti Germani, in Braogilo, tenet ospicium, habentem de terra arabili bunuarios II. Solvit pullos et ova et denarios II. Arat ad hibernaticum perticam I, ad tramisum I, et facit dies II in ebdomada una, in alia unum diem.

168. Amalgundis, colona sancti Germani. Isti sunt ejus infantes : Wineramnus, Adelulfus, Frotgarius. Manet in Frotmiri Villa. Tenet ospicium I. Solvit pullos III et ova XV; et in blado unaquaque ebdomada diem I.

169. Berthadus colonus et mater ejus colona, nomine Ostrehildis, homines sancti Germani. Manet in Flarsane Villa. Tenet ospicium I, habentem de terra arabili bunuarios V. Facit in unaquaque

---

[a] Locus nobis ignotus.
[b] Paragraphus ille manu non adeo antiqua exaratus videtur.
[c] Locus vel idem qui Ulmidus, vel proxime situs.
[d] Leg. facit.
[e] Leg. aliud.

34.

ebdomada diem i. Solvit pollos iii et ova xv.

170. Bernegarius colonus, homo sancti Germani; et socius ejus servus, nomine Ratboldus, et uxor ejus colona, nomine Frothildis, homines sancti Germani. Isti sunt eorum infantes : Ratharius, Frothaidis. Isti duo manent in Camborto*. Tenent mansum i ingenuilem, habentem de terra arabili bunuarios vi et de prato aripennum i. Solvunt similiter[b].

ISTE MANSUS SOLVIT BOVEM.

171. Gregorius colonus, homo sancti Germani, cui femina et infantes non sunt sancti Germani ; et frater ejus Ragamfredus colonus, homo sancti Germani; et Teutgaudus colonus et uxor ejus colona, Gregoria, homines sancti Germani[c]. . . . .
. . . .
. . . .
. . . .
. . . .
. . . .
. . . .

Fol. 127. 172. Hunrocus, Saxo, tenet mansos ii ingenuiles. Unus ex illis est in Flarsanc Villa : habet de terra arabili bunuarios vii, de vinea aripennum i, de prato ari-

pennum i et dimidium. Solvit iii solidos ad unum annum, et ad alium annum solidum i; pullos iii, ova xv; et cetera sicut de integro manso. Alter est in Aglini Curte[d] : habet de terra arabili bunuarios xv. Exeunt inde solidi v, sed iste nihil inde facit.

173. Bernardus colonus et uxor ejus, Idelinga, colona sancti Germani, de Villa[e]. Manet in Bisconcella. Isti sunt eorum infantes : Ingliseus, Idilardus, Bermodus, Hildegardis, Elisabia, Gerois. Tenet mansum i ingenuilem, habente de terra arabili bunuarios x, de vinea aripennos ii, de prato similiter[f], de concide bunuarios ii.

174. Petrus colonus sancti Germani, et uxor ejus libera[g]. . . . . Tenet mansum i ingenuilem, habentem de terra arabili bunuarios vii, de prato aripennum i, de vinea aripennos iii.

DE ANDRIG VILLA.

175. Berneardus colonus, homo sancti Germani, et uxor ejus advena, nomine Berta ; et socius ejus, Bertoinus, colonus, et uxor ejus colona, nomine Isemberga, homines sancti Germani. Isti sunt eorum infantes : Isengaudus, Bertfrida, Godalricus. Manent in Andrig Villa. Tenent mansum i ingenuilem,

---

* Nunc *Chambort*, decies mille quingentis passibus a Bisconcella, versus ortum hibernalem.
[b] Paragraphus iisdem verbis iteratur infra, § 180.
[c] Folium in quo finis paragraphi illius sequentesque complures scripti fuerant, evulsum ex Cod. hodie intercidit.
[d] Hodie vel *Eglancourt*, viculus, milliaribus xvi a

Bisconcella, austrum versus, aliquantum ad occidentem vergens ; vel, quod malim, *Elancourt*, vicus milliario xiii, ab eadem, ortum hibernalem spectans.
[e] Utrum *Villa Faronis* legendum sit, utrum Villamilt, aut *Villa* tantum, incerti sumus.
[f] Vox *similiter* bis scripta est, oscitante librario.
[g] Locus vocis unius interest vacuus.

habentem de terra arabili bunuarios xi, de prato aripennum i. Solvit in unaquaque anno denarios xii, pullos iii, ova xv. Arat ad hibernaticum perticas iii, ad tramisum ii. Facit curvadam et dies sicut et ceteri.

176. Nodelsingus advena et uxor ejus colona, nomine Isengildis*..... Isti sunt eorum infantes : Isengarius, Framnildis. Et socius ejus colonus de Villamilte, et uxor ejus, nomine Bertovildis, homines sancti Germani. Manent in Andrig Villa[b]. Tenent mansum i ingenuilem, habentem de terra arabili bunuarios xii, de prato dimidium aripennum. Solvit similiter.

177. Bernildis, colona sancti Germani. Isti sunt ejus infantes : Bernovinis, Girlindis, Acloardus, Berta. Manet in Andrig Villa. Tenet hospicium, habentem de terra arabili bunuarios iiii. Solvit pullos iii, ova xv. Arat ad hibernaticum perticas iiii, ad tramisum similiter; et facit in unaquaque ebdomada diem i.

178. Girbertus colonus, homo sancti Germani, manet in Andrig Villa. Tenet hospicium, habentem de terra arabili bunuarios ii. Facit in unaquaque ebdomada diem i. Pullos iii, ova xv.

Fol.127v   179. Ratmundus colonus et uxor ejus ancilla, nomine Heltrudis, homines

sancti Germani; et socius ejus, nomine Wileboldus. Manent in Camborto. Tenent mansum i ingenuilem, habentem de terra arabili bunuarios v, de prato aripennum i. Solvunt multonem i, pullos iii, ova xv. Faciunt rigas, curvadas, opera manu et sæpes.

180. (Bernegarius colonus, homo sancti Germani; et socius ejus servus, nomine Ratboldus, et uxor ejus, nomine Frothildis, homines sancti Germani. Isti sunt eorum infantes : Ratharius, Frothaidis. Isti duo manent in Camborto. Tenent mansum i ingenuilem, habentem de terra arabili bunuarios vi, de prato aripennum i. Solvunt similiter[c].)

181. Ratmundus, servus, tenet hospicium i. Solvit pullos iii, ova xv, in unaquaque ebdomada diem i.

182. Isti sunt homines qui se tradiderunt ad luminaria sancti Germani :

Hildegarnus,	Artcarius,
Aldricus,	Rainardus,
Teudo,	Grimoldus,
Guntharius,	Arnulfus,
Frutlenus,	Altgrimus,
Flodoinus,	Ermingus,
Hildulfus,	Fredevertus,
Adalhardus,	Godovoldus,
Ermentarius,	Frutlegius,
Natboldus,	Ermenardus.

* Duarum triumve vocum patet arcola.
[b] Conf. § 1.
[c] Is paragraphus totidem verbis legitur jam supra § 170, nec constat sitne hic suo loco an ibi. Quapropter, cum utrobique moneatur solvendum esse perinde ac in paragrapho proxime superiore, cumque in §§ 169 et 170 differant præstationes, quæ sint hic servitutes difficiliter definiri potest.

183. Isti sunt similiter ad luminaria :

De decania Ragenulfi :

David,	Nadalus,	Ragenulfus,	Bernovinus,
Berninus,	Benjamin,	Maurellus,	Griorgius,
Gaugius,	Bernardus,	Wilharius,	Ercanricus,
Alduinus,	Teutharius,	Frotboldus,	Radingus,
Frudoldus,	Lantbertus,	Ercanfredus,	Arnefredus,
Nodalharius,	Erchaarius,	Gulfardus,	Girulfus,
Ermengarius,	Aiulfus,	Frudinus,	Frotlandus,
Raduinus,	Ingalradus,	Ermherus,	Cristeus,
Almedicus,	Haircarius,	Ulfardus,	Godalboldus,
Ermengardis,	Rotmundus.	Boslinus,	Artcarius*.

* Summa redituum fisci desideratur.

XXV. [BREVE] DE MANSIONIS' VILLA,

QUAE EST IN PAGO PINCIACENSI.

1. Habet in Mansionibus mansum dominicatum cum casa et aliis ædificiis sufficienter. Habet ibi de vinea veteri aripennos XLVI, de novella, quam domnus Irmino plantavit, aripennos IIII, ubi possunt colligi de vino modii C; de terra dominicata inter Mansiones et Camborciacum[b], habet culturas VII et campellum I, quae habent bunuarios CCXX; et insulam I quam domnus Irmino styrpavit, in qua continentur bunuarii VI : et possunt seminari de modiis frumenti et sigali DCL; de prato aripennos CX, ex quibus possunt colligi de fœno carra C.

Habet in Lida[c] de silva, juxta æstimationem, totum in giro leuas III, in qua possunt saginari porci CC. Habet in Creua[d] de silva totum in giro, sicut æstimatum est, leuuas II, in qua possunt saginari porci CL. Habet ibi lucos II parvulos, ad nutriendum purcellos.

2. Habet ibi ecclesias II; unam in Mansionibus, et alteram in Cambor-

ciaco, cum casis et aliis casticiis. Aspiciunt ibi hospites III. Unus ex illis solvit XVI denarios, pullos III, ova XV; et illi duo solvunt de argento solidum I, pullos III, ova XV, duo carra de ligna; et arant perticas IIII ad hibernaticum, et II ad tramisum. Habet inter presbyterum et ipsos de vinea aripennos IIII, de terra arabili bunuarios XXXV, de prato aripennos VIII. Sunt mansi tres et dimidius.

DE CAMBURCIACO.

3. Cristingaudus colonus et uxor ejus[e]......, nomine Amaltrudis, homines sancti Germani. Isti sunt eorum infantes.....................

....

Manen[f] in Camburciaco. Tenent mansum I ingenuilem, ubi habet de terra arabili bunuarios XI, de vinea aripennos II, de prato aripennos II. Solvit ad hostem aut solidos IIII, aut dimidium bovem; de vino in canonica modium I et denarios IIII in lignaricia, et IIII denarios de

---

[a] Hodie *Maisons-sur-Seine*, quinque millibus passuum infra Sanctum Germanum in Ledia, ad lævam Sequanæ ripam.

[b] Nostratibus *Chambourcy*, milliario sexto a Mansionibus, inter austrum et occasum, ad lævam a Sancto Germano Meduntam recta via euntibus.

[c] Nostro tempore *la forêt de Saint-Germain*.

[d] Prius *la forêt de Cruie*, postea *de Joyenval*, nunc *de Marly*, milliaribus octo a Mansionibus, austrum versus, ad occasum aliquantulum vergens.

[e] Descriptio fisci Mansionum et fine caret et non paucis scatet lacunis; loca vacua relicta punctis notavimus.

[f] Sic.

capite suo : pro hoc accipiunt passionem. Ad tertium annum gergia ı; et de curte dominica trahit fimum, v carra in cultura dominica ; similiter ad tertium annum ; de carrationibus pedalem ı, omni anno; centum scindulas, similiter omni anno. Arat ad hibernaticum perticas ııı, ad tramisum perticas ıı. In prato secat perticas ıııı. Pullos ııı, ova xv. Et in unaquaque satione, omni ebdomada, facit curvadas ıı, et manuopera diem ı; facit caropera , et scutit xıı modios de annona in granica dominica, et ducit eam ad monasterium.

4. Airoardus colonus, homo sancti Germani, tenet mansum et dimidium ingenuilem, habentem de terra arabili bunuarios xv, de vinea aripennos ııı et dimidium, de prato aripennos ıı et dimidium. Solvit similiter.

5. Gautsarius colonus et uxor ejus, nomine Godaltrudis, homines sancti Germani. Isti sunt eorum infantes ° :
. . . .
Tenet dimidium mansum ingenuilem, habentem de terra arabili bunuarios ıııı, de vinea aripennum ı et dimidium, de prato dimidium aripennum. Solvit sicut de dimidio manso.

6. Sichelmus colonus et uxor ejus ancilla, nomine Landa. Isti sunt eorum infantes : . . . . Tenet mansum ı ingenuilem, habentem de terra arabili bunuarios xıı, de vinea aripennum ı et dimidium, de prato aripennos ıı. Solvit similiter. Uxor vero ejus aut facit sarcilem, aut solvit denarios xıı.

7. Amalgisus colonus, homo sancti Germani, habet filium ı lidum de alia fimina de fisco dominico. . . . . et uxor colona de beneficio Bettonis, et de ipsa femina aut filiam non habet. Tenet mansum ı ingenuilem, habentem de terra arabili bunuarios vı, de vinea aripennum ı et dimidium, de prato aripennum ı. Solvit similiter.

8. Erlenteus colonus et uxor colona sanctæ Mariæ, nomine Hildegardis, homines sancti Germani. Isti sunt eorum infantes : . . . . Tenet mansum ingenuilem dimidium, habentem de terra arabili bunuarios vı, de vinea aripennos ııı, de prato aripennos ıı et dimidium. Solvit omne debitum sicut de dimidio manso. Et habet unciam ı de terra arabili, habentem bunuaria tria, et de prato aripennum ı, quæ de hereditate proximorum suorum ei in hereditate successit. Facit inde perticam ı ad tramisum, et solvit inde denarios ıııı.

9. Aldegarius colonus et uxor ejus colona, nomine Adalhildis, homines sancti Germani. Isti sunt eorum infantes : . . . . Tenet dimidium mansum ingenuilem, habentem de terra arabili bunuarios v, de vinea aripennum ı et dimidium, de prato similiter.

10. Teutboldus colonus et uxor ejus colona, nomine Framneildis, homines sancti Germani. Istæ sunt eorum filie : . . . . Tenet mansum ı ingenuilem, habentem de terra arabili bunua- Fol. 129.

rios viii, de vinea aripennos ii, de prato aripennos ii. Solvit similiter.

11. Landolinus colonus et uxor ejus colona, nomine Iltrudis, homines sancti Germani. Ista est eorum filia,....... Tenet mansum i ingenuilem, habentem de terra arabili bunuarios viiii, de vinea aripennum i et dimidium, de prato aripennum i. Solvit eundem censum.

DE POTENTIACO*.

12. Adalharius colonus et uxor ejus colona, nomine Wathildis, homines sancti Germani. Isti sunt eorum infantes :..... Tenet dimidium mansum ingenuilem, habentem de terra arabili bunuarios vi, de prato aripennum i. Solvit omne debitum sicut de dimidio manso.

13. Aimardus colonus et uxor ejus colona, nomine Gisla, homines sancti Germani. Isti sunt eorum infantes :... .... Tenet mansum ingenuilem i, habentem de terra arabili bunuarios xv, de vinea aripennos ii, de prato similiter. Solvit similiter.

14. Ingo colonus, Ingalramnus colonus et Leudramnus colonus; Teuthardus advena et Algundis colona, uxor ejus, homines sancti Germani. Ista est eorum filia,......... Inter istos totos tenent mansum i ingenuilem, habentem de terra arabili bunuarios xv, de vinea aripennos ii, de prato similiter.

15. Deusadjuva colonus et uxor colona, nomine Eusebia, homines sancti Germani. Isti sunt eorum infantes :.... .... Geroardus advena et uxor ejus colona, homines sancti Germani. Isti sunt eorum infantes :................. Inter istos tenent mansum i ingenuilem, habentem de terra arabili bunuarios viiii, de vinea aripennum i, de prato similiter. Solvunt similiter.

16. Radoinus colonus et uxor ejus colona, nomine Autrudis, homines sancti Germani. Isti sunt eorum infantes :........................... Aregarius vero colonus et uxor ejus colona, nomine Grimhildis. Isti sunt eorum infantes :........... Artgaudus colonus et uxor ejus ancilla, nomine Hiltrudis. Istæ sunt eorum filiæ :...... Isti tres fratres tenent mansum i ingenuilem, habentem de terra arabili bunuarios xvi, de vinea aripennos iii, de prato similiter. Solvunt similiter. Et supradicta ancilla solvit xii denarios.

17. Adalfredus colonus et uxor ejus colona, nomine Ermoflidis, homines sancti Germani. Isti sunt eorum infantes :........ .... Et Giltrada colona. Isti sunt eorum infantes :................... Isti duo tenent mansum i ingenuilem, habentem de terra arabili bunuarios viiii, de vinea aripennum i, de prato similiter.

* Hodie *Poncy*, viculus in vicinia Camburciaci, milliario septimo a Mansionibus, inter meridiem et occidentem.

18. Amalgardus colonus et uxor ejus advena; Teutmannus lidus et uxor ejus colona, homines sancti Germani. Isti sunt eorum infantes : . . . . Isti duo tenent mansum ingenuilem 1, habentem de terra arabili bunuarios VIII, Fol. 129 v° de vinea dimidium aripennum, de prato similiter. Solvunt similiter.

19. Agardus lidus et uxor ejus colona, nomine Framnedrudis, homines sancti Germani. Iste est eorum filius, ... Tenet mansum 1 ingenuilem, habentem de terra arabili bunuarios VIIII, de vinea aripennum 1. Solvit ad hostem denarios XII, et denarios IIII de capite suo. Solvit pullos III, ova XV, et facit antsingam.

20. Altsindus advena et uxor ejus, nomine Plectrudis, colona sancti Germani. Isti sunt eorum infantes : . . . . Et Aldradus colonus et uxor ejus colona, nomine Acleildis, homines sancti Germani. Isti sunt eorum infantes : . . . . Isti duo tenent dimidium mansum ingenuilem, habentem de terra arabili bunuarios V, de vinea aripennos II, de prato aripennum 1. Solvunt de airbanno solidos II, et unusquisque denarios IIII, et de herbatico agnellum 1 inter utrosque.

21. Acleharius colonus et uxor ejus colona, nomine Ermenildis, homines sancti Germani; et absque liberis sunt. Tenent quartam partem de manso ingenuili. Solvunt ad hostem denarios XII

et denarios IIII de capite suo; et solvunt simul cum sociis suis VI modios de vino.

22. Aimericus colonus et uxor ejus colona, nomine Gauda, homines sancti Germani. Isti sunt eorum infantes : . . . . Ingo colonus, Ingalramnus colonus. Deusadjuva colonus; Ermingus colonus et uxor ejus colona, nomine Airvina. Isti sunt eorum infantes : . . . . Bertinus colonus; Frotcarius colonus et uxor ejus colona, nomine Rainoara. Isti sunt eorum infantes : . . . . Teuthardus advena, Adalharius colonus, Leudramnus colonus, Aimardus colonus, Ingina colona. Isti XII tenent dimidium mansum ingenuilem, habentem de terra arabili bunuarios V, de vinea aripennos II; et solvunt de vino modios XV, et unus quisque solvit denarios IIII de capite suo, et pullos simul et ova.

23. Restoldus. . . . . et uxor ejus colona, nomine Benedicta, homines sancti Germani. Isti sunt eorum infantes : . . . . Tenet mansum absum, habentem de terra arabili bunuarios VI, de prato aripennum 1. Solvit inde multonem; et arat IIII perticas ad hibernaticum et II ad tramisum. Nihil exinde aliud solvit.

24. Bernoalus colonus et uxor ejus, nomine Sigrada. Ista est eorum filia, ... Tenet mansum 1 ingenuilem, habentem de terra arabili bunuarios

IIII, de vinea dimidium aripennum, de prato aripennum I. Solvit multonem I; et facit III dies in unaquaque ebdomada. Pullos III, ova XV, et denarios IIII de capite suo.

Fol. 130. 25. Adalgaudus colonus et uxor ejus colona, nomine Adalindis. Isti sunt eorum infantes : . . . .
. . . .
Tenet mansum I, habentem de terra arabili bunuarios VIII, et de prato aripennos III. Solvit multonem I, et facit similiter.

26. Abbo colonus, homo sancti Germani, habet mansum I ingenuilem, habentem de terra arabili bunuarios VI, de vinea aripennum I, de prato aripennos III. Solvit similiter.

27. Giltradus colonus et uxor ejus colona, nomine Agia. Isti sunt eorum infantes : . . . .
Tenet mansum ingenuilem I, habentem de terra arabili bunuarios VI; et solvit multones II : reliquum servitium facit sicut superiores.

28. Ricboldus colonus et uxor ejus colona, nomine Berta, homines sancti Germani. Isti sunt eorum infantes : . . .
. . . .
Tenet dimidium mansum, habentem de terra arabili bunuarios VI, de vinea dimidium aripennum. Solvit multonem I de uno anno. Arat perticas II ad hiber-

naticum, et I ad tramisum; et solvit denarios IIII de capite suo, III pullos et ova XV.

29. Item Aldegarius et item Altsindus tenent mansum ingenuilem I, habentem de terra arabili bunuarios XIII, aripennum I de prato. Solvunt multones II; arant ad hibernaticum perticas IIII et duas ad tramisum.

30. Item Rotcarius colonus, et Agleharius et Bertinus coloni tenent alium mansum ingenuilem, habentem de terra arabili bunuarios VI. Solvit multonem, et reliquum servitium simili modo exhibet.

31. Bernardus colonus; et Grimoenus colonus et uxor ejus colona, nomine Hildedrudis : non habent filios. Tenent mansum I ingenuilem, habentem de terra arabili bunuarios XIIII, de prato aripennos III. Solvunt multones II. Arant inter utrosque perticas IIII ad hibernaticum et II ad tramisum; et solvunt similiter.

32. Item Adalfredus colonus tenet mansum ingenuilem I, habentem de terra arabili bunuarios IIII. Solvit multonem I, et facit similiter.

DE SPINITO*.

33. Ermharius servus et uxor ejus colona, nomine Lanthildis. Isti sunt

---

*Num hodie *Épinay-sur-Seine?* Dubito. Etenim temporibus illis majorem certe partem villa erat

monasterii Sancti Dionysii. Accedit quod imminet alteri ripæ Sequanæ, qui amnis per hos tractus dis-

eorum infantes :................
Tenet mansum ingenuilem, habentem
de terra arabili bunuarios viii. Solvit
multonem, et facit similiter.

34. Godalharius colonus et uxor ejus
colona, homines sancti Germani. Isti
sunt eorum infantes :............
Tenet mansum i ingenuilem, habentem
de terra arabili bunuarios viiii, de vinea aripennum i, de prato aripennum i.
Solvit ad hostem dimidium bovem aut
solidos iiii; de vino in canonica modium i; de lignaricia denarios iiii; de
capite suo denarios iiii; ad tertium
annum ovem unam de uno anno. Et de
curte dominica trahit fimum quinque
carra in cultura dominica, similiter ad
tertium annum; de carrationibus pedalem i omni anno; c scindulas, similiter
omni anno. Arat ad hibernaticum perticas iiii, ad tramisum ii. Secat in prato
perticas iiii. Solvit pullos iii, ova xv.

35. Madanulfus et Berengaudus coloni tenent mansum ingenuilem, habentem de terra arabili bunuarios xiiii,
de vinea aripennos ii, de prato aripennos
iii. Faciunt similiter.

36. Bertgaudus colonus et uxor...
........nomine Bertfreda. Isti sunt
eorum infantes :................
Tenet mansum ingenuilem, habentem
de terra arabili bunuarios viiii, de vinea

aripennum i, de prato i et dimidium.
Et facit similiter.

37. Aldricus colonus et uxor ejus
colona, nomine Ingaltrudis. Isti sunt
eorum infantes :................
Lantfredus colonus et uxor ejus colona,
homines sancti Germani. Isti sunt eorum
infantes :....................
Isti duo tenent mansum ingenuilem i,
habentem de terra arabili bunuarios xii,
de vinea aripennos iii, de prato i. Faciunt
similiter.

DE MOLINELLIS*.

38. Adalharius, colonus sancti Germani, et uxor ejus colona, nomine Teo-
dela, de beneficio Guntharii, homines
sancti Germani. Isti sunt eorum infantes :
....
Tenet dimidium mansum ingenuilem,
habentem de terra arabili bunuarios v,
de prato aripennum i.

39. Aglehildis, colona sancti Germani, et Deodramnus colonus, filius ejus,
homines sancti Germani. Tenent dimidium mansum ingenuilem, habentem
de terra arabili bunuarios v, de vinea
aripennum i, de prato aripennum i.

DE CURCELLIS*.

40. Johannes colonus et uxor ejus

---

junxisse videtur prædia S. Dionysii et S. Germani. Alium tamen locum, qui huc quadret, non
video.
* Nunc les Moulineaux, prædium, milliaribus xi a
Mansionibus, euronotum versus.

* De hoc loco non habeo quod liqueat, neque apte
convenire videntur viculi nunc Courcelles nuncupati.
Qui minime distant a capite fisci, sunt alter haud
procul a Caprosia, milliaribus xviii a Mansionibus,
meridiem versus; alter juxta Clipiacum, ad dextram

colona, nomine Basina, de beneficio Hiltbodi, homines sancti Germani. Isti sunt eorum infantes :. . . . .

. . . .

Tenet dimidium mansum, habentem de terra arabili bunuarios v, de prato aripennum 1ᵃ.

DE MANSIONIBUS.

41. Madanulfus colonus et uxor ejus colona, nomine Adalindis, homines sancti Germani. Iste est eorum filius, ... Tenet dimidium mansum, habentem de terra arabili bunuarios IIII, de vinea aripennum 1, de prato similiter ᵇ.

42. Wandelgarius colonus et Guntbertus, frater ejus, et mater eorum colona, nomine Amaltrudis, homines sancti Germani. Tenent dimidium mansum ingenuilem, habentem de terra arabili bunuarios v, de prato aripennum 1.

43. Gentianus colonus et uxor ejus colona, nomine Eurehildis, de beneficio Guntharii, homines sancti Germani. . .

. . . .

Tenet dimidium mansum, habentem de terra arabili bunuarios IIII, de vinea aripennum 1, de prato similiter.

44. Vinegardus colonus et uxor ejus colona, nomine Aia, homines sancti Germani. Tenet quartam partem de manso ingenuili, habentem de terra arabili bunuarios III, de vinea dimidium aripennum, de prato similiter.

SEQUENTIA DESIDERANTUR.

Sequanæ ripam, octies mille passus ab iisdem, ortum æstivalem spectans.

ᵃ Proxime sequuntur in Codice notæ duæ tironianæ, quæ significare videntur, *absus est;* subaud. *mansus.*

ᵇ Eædem notæ iterantur hic.

FRAGMENTA DUO

AD POLYPTYCHUM IRMINONIS PERTINENTIA*.

I.

1. *Sunt* in summa de beneficio Eurici in pago Parisiaco, in Geline[b] . . . . . , cum illo manso qui in *dominicato* est, mansi VIII. Solvunt ad hostem de argento *solidos* . . . . et denarios VIIII; in pascionem *de vino* modios XVI; pullos X, *ova L.*

2. Regnante Ludovico *serenissimo* imperatore, anno X[c], tempore *domni* Irminonis, abbatis sancti Germani, *fuit* constitotum de ipsa potestate, ut ubi *habet* culturas indominicatas, ipsa *potestas* veniat ad hospitalitatem *sancti Germani* cum omni integritate.

DE BENEFICIO ACOINI.

3. *Habet* Acoinus in pago Parisiaco in villa Novarito[d] mansum *dominicatum* cum casa et alia *casticia abu*ndanter. Aspiciunt ad ipsum mansum *de ter*ra arabili bunuaria XXXVI, de vinea *aripennos* . . . . ,

de prato aripennos X, de silva, *secundum æstim*ationem, ad c porcos saginandos.

4. *Dominicus*, major, colonus et uxor *ejus*, nomine Dominica, *homines* sancti Germani; habent *infantes* II, his nominibus Dominicas, *T*eudildis. Hildradus colonus et uxor ejus colona, nomine Teutlindis, habent infantes II, his nominibus, Hildegaudus, Baldranus, homines sancti Germani. Isti duo tenent mansum ingenuilem I, habentem de terra arabili bunuaria VI et perticas IIII, de vinea aripennum I. Solvit ad hostem solidos II, in pastione denarios IIII, in unaquaque ebdomada corvatam I, manoperas II; arat ad hibernaticum perticas IIII, ad tramissem perticas II. Pullos III, ova XV.

5. Teudericus colonus, Winevoldus colonus, homines sancti Germani. Isti duo

---

* Hæc fragmenta, reperta in tegumento codicis sangermanensis nᵒ 1489, subjunximus Polyptycho nostro, cujus pars olim fuerant. Voces litterasve prorsus ablatas aque nobis ex conjectura restitutas, charactere italico distinguendas curavimus : lacunæ quas explere non audebamus, punctis notatæ sunt.

[b] Fortasse legendum *Geline Villare*, nunc *Genevilliers*, ab urbe sexto fere milliario, inter aquilonem et occasum.

[c] Hoc est a Chr. 823.

[d] Nunc *Nosay*, antea *Noray*, bis mille passibus a Monte Letherici inter septentrionem et occidentem.

tenent mansum ingenuilcm, habentem de terra arabili bunuaria viii, de vinea aripcnnum i. Facit omne servitium similiter.

6. Frodericus colonus et uxor ejus colona, nomine Raintildis, habent infantes iiii, his nominibus, Ragenarius, Frotgarius, Ragemberga, Regenildis. Item Dominicus colonus et uxor ejus colona, nomine Andedrudis, habent infantem i, nomine Agevertum, homines sancti Germani. Isti duo tenent mansum ingenuilem i, habentem de terra arabili bunuaria vi, de prato aripennos ii. Facit omne servitium similiter.

7. Isembolda, colona sancti Germani, habet infantes iiii*, his nominibus, Masilianus, Masemboldus, Helseus, Gyrfredus, Balda. Tenet mansum i ingenuilem, habentem de terra arabili bunuarium et dimidium, de vinea aripennum i et dimidium. Facit omne servitium similiter.

8. Frambolda, colona sancti Germani, habet infantes v, his nominibus, Balda, Eugenia, Ragenildis, Isemburgis, Paulinus. Tenet mansum ingenuilem i, habentem de terra arabili bunuaria v; de vinea in longo perticas ii, in latus pertica i. Facit omne servitium similiter.

9. Domaldus, colonus sancti Germani, tenet mansum ingenuilem i, habentem de terra arabili bunuarium et perticas

iiii, de vinea aripennum i, de prato dimidium aripennum. Facit omne servitium similiter.

10. Romanus colonus et uxor ejus colona, nomine Teutbolda, habent infantes ii, his nominibus, Teutbertus, Gaudidus. Ercanarius colonus, homo sancti Germani, habet infantes iii, Magambertus, Trutboldus, ... Tenent mansum ingenuilem i, habentem de terra arabili bunuarium et perticas ....., de vinea aripennum ....., de prato aripennum i. Faciant omne servitium similiter.

11. Landrada colona, femina sancti Germani, habet infantes v, his nominibus, Hildegaudus, Godalharius, Adalvinus, Elegia, Adalhildis; Ragaintildis colona, femina sancti Germani. Isti duo tenent mansum ingenuilem i, habentem de terra arabili bunuaria ....., de vinea dimidium aripennum, de prato aripennum et dimidium. Facit omne servitium similiter.

12. Corbus colonus, Gummarus colonus, homines sancti Germani. Isti duo tenent mansum ingenuilem i, habentem de terra arabili bunuaria x, de vinea aripennum et quartam partem de aripenno. Faciant omne servicium similiter.

13. Romanus colonus, homo sancti Germani, tenet dimidium mansum ingenuilem, habentem de terra arabili bunuaria iii, de vinea aripennum, de prato simi-

* Legendum *quinque* : tot enim nominatim proferuntur liberi.

liter. Facit *medi*etatem de omni servicio *quod* alii faciunt.

14. Sunt in summa de beneficio *Acoi-*

ni, in pago Parisiaco, in Nova*rito, cum* illo manso qui indomin*icatus est*, mansi x et dimidius. Solvunt. . . . .

II.

1. . . . .
Tenet mansum ingenuilem 1, habentem de terra arabili bunuaria v, de vinea aripennos 11, de prato aripennos 111 et dimidium. Facit omne servicium similiter.

2. Magnarius colonus et uxor ejus colona de Auxionis Monte [a], nomine Gerrada, homines sancti Germani, habent infantes v, his nominibus Guiberga, Hartmanus, Gerradus, Magenadus, Maria. Tenet mansum ingenuilem 1, habentem de terra arabili bunuaria 111 et perticas 11, de vinea aripennos 11, de prato aripennos 11. Facit omnem servicium similiter.

3. Audoenus colonus et uxor ejus colona, nomine Girlindis, habent infantes 111, his nominibus Sicardus, Acloildis, Aduisus, homines sancti Germani. Tenet mansum ingenuilem 1, habentem de terra arabili bunuaria 111 et perticas 111, de vinea aripennum 1, de prato aripennum 1 et dimidium. Facit omnem servicium similiter.

4. Radulfus, filius Hetioni, habet in

beneficio mansum ingenuilem 1, habentem de terra arabili bunuaria v11 et dimidium, de vinea aripennum 1, de prato aripennos 1111. Facit omne servicium similiter.

5. Frotgarius colonus et uxor ejus colona, nomine Norgildis, habent infantes 111, his nominibus, Adalbertus, Hirlindis, Adohardus. Isti duo [b] tenent mansum ingenuilem 1, habentem de terra arabili bunuaria. . . . . et perticas 11, de vinea aripennum 1, de prato aripennos 11. Facit omne servicium similiter.

6. Otbertus servus et uxor ejus ancilla, nomine Ada, habent infantes duos, his nominibus, Odberga, Aclara. Tenet mansum ingenuilem 1, habentem de terra arabili bunuaria 1111 et perticam 1, de vinea aripennum 1, de prato aripennum 1 et dimidium. Facit in vinea dominica aripennos 1111, et uxor ejus sarcilem 1, et pascit pastas 111. Et facit omne servicium similiter.

7. Gaufredus servus tenet mansum ingenuilem 1, habentem de terra arabili

---

[a] Nunc, quantum conjectura assequor, *Osmont*, villula parœciæ Bonnellæ, pagi Castrensis, milliaribus sex a Caprosia, austrum versus.

[b] Hic duo numerantur; initio unus duntaxat nominatur, alterius nomen omissum est, quippe vir uxorque unius conductoris vicem præstant.

bunuaria III et perticas VIII, de vinea aripennum I, de prato aripennum I et dimidium. Facit in vinea dominica aripennos IIII, et omnem servicium similiter.

8. Ercangaudus servus et uxor ejus colona, nomine Ermenberta, habent infantes III, his nominibus, Adalbertus, Ercangarius, Ermenberga. Tenet mansum ingenuilem dimidium, habentem de terra arabili bunuarium et perticas III, de vinea dimidium aripennum, *de* prato aripennum I. Facit in vinea *domi*nica aripennos IIII, omnem servicium *si*militer.

9. *D*ominicus servus tenet mansum ingenuilem dimidium, habentem de terra arabili bunuarium I et dimidium, de vinea aripennos II. Facit in vinea dominica aripennos IIII, omne servicium similiter.

10. Sunt in villa Cersito[a], cum dominicato, mansi XXI. Solvunt omni anno, in pascione, de vino modios XL; ad ostem de argento solidos XX; in lignaricia solidos VI *et* denarios VIII; soales XX, vervices XX, pullos LX, ova CCC.

11. Isti debent cabaticum solvere :
Landricus servus,
Hildoarius colonus,
Adalburgis colona,

Adaltrudis colona,
Hairbalda ancilla,
Ermentildis ancilla,
Aldo colonus,
Adreboldis colona,
Edraius servus,
Teutberga ancilla,
Ragentildis colona,
Edeltrudis ancilla,
Nodalgarius servus,
Hildegaudus servus,
Autrudis ancilla,
Gisloldus servus.

12. Isti juraverunt omnia ita vera esse :

Nectarius,	Gilmarus,
. . . . oalus,	Fulcradus.

DE BENEFICIO VULFRADI.

13. Habet Vulfradus in pago Parisiaco, in Monte Waldone[b], de beneficio mansum dominicatum cum casa et aliis casticiis abundanter. Aspicit ad ipsum mansum de terra arabili bunuaria XXX, de vinea aripenni XVII, de prato aripenni V.

14. Habet in Maciaco[c] ecclesiam in honore sancti Germani. Tenet ipsam ecclesiam presbiter nomine Beraldus. Aspicit ad ipsam ecclesiam de terra arabili bunuaria X, de vinea aripenni IIII, de prato similiter.

---

[a] Hodie *Cerçay*, castrum sive viculus, milliario quarto a Villa Nova Sancti Georgii, curum versus; nisi Cersitus idem sit qui Celsiacus supra memoratus, IX, 3o5.

[b] De nomine hodierno nondum satis liquet; videtur tamen hic locus haud procul a Maciaco abfuisse.

[c] Nunc *Macy*, sive *Massy*, ad decimum ab Urbe lapidem, austrum versus. Sacellum in arce S. Germano erat consecratum. V. Lebeuf, *Hist. du dioc. de Paris*, t. IX, p. 337.

15. Grimoldus colonus, major, et uxor ejus colona, nomine Ragentrudis, homines sancti Germani, manent in Monte Waldone; habent infantes III, his nominibus, Grimboldus, Grimhardus, Ragenoldus. Tenet mansum ingenuilem I, habentem de terra arabili bunuarios IIII, de vinea aripennum I et duas partes de alio, de prato similiter. Facit in unaquaque ebdomada corvatas II, manoperam I; arat ad hibernaticum perticas IIII, ad tramissem II; facit ad hibernaticum corvatas III, ad tramissem similiter. Solvit ad hostem de vino modios IIII, in pascione modios....., ad tercium *annum*...........................

CÆTERA DESUNT.

APPENDIX.

I.

POLYPTYCHUM FOSSATENSE[a].

(Ex codice regio, n° 3.)

1. Habet in Varena mansos caroperarios xxxvii; et sunt ex ipsis in beneficio mansi iiii et tres partes; et sunt ibi manoperarii xviii. Sunt ibi ospicia vii. Et manent ibi inter mansos caroperarios et manoperarios et ospicia homines cxxi. Solvunt mansi carroperarii in tertio anno unusquisque solidos v, et alios duos annos unusquisque vervecem cum agno. Solvunt de annona inter totos annis singulis modios cviiii. Arant ad ivernaticum unusquisque perticas iiii, et ad tramisium ii; et in tertia ebdomada faciunt corbadam. Solvit unusquisque pullos iii cum ovis. Habet ibi mansos manoperarios iii, et solvunt in tertio anno solidos viiii.

2. Habet in Novigente mansos carroperarios xviii et manoperarios vi et dimidium; et manent ibi homines lv. Solvit unusquisque mansus carroperarius uno anno solidos v, et alio anno vervecem cum agno; de vino modios ii. Arat ad ivernaticum unusquisque perticas v, ad tramisium ii. Arant ad ivernaticum et ad tramisium in unaquaque ebdomada perticas iii; a tertia ebdomada inter tres mansos jornalem i. Fodiunt in vinea aripennum i. Solvit unusquisque pullos iii cum ovis. Serviles mansi vi et dimidius. Solvunt verveces vi cum agnis suis, de vino modios viii. Arant ad ivernaticum perticas iiii, ad tramisium ii. Solvunt pullos iii cum ovis.

3. Habet in Tortiaco mansos carroperarios xxxii et manoperarios iii, ospicia vi. Manent ibi homines lxxi. Solvit unusquisque carroperarius uno anno solidos v, alio anno vervecem cum agno; de vino modios ii. Arat ad ivernaticum perticas iiii, ad tramisium ii. In unaquaque ebdomada arat ad ivernaticum et ad tramisium jornalem i. Facit corbadas iii, et solvit pullos iii cum ovis. Unusquisque mansus manoperarius solvit per annos singulos vervecem cum agno, de vino modios ii. Arat ad ivernaticum perticas iiii, ad tramisium ii; et solvit pullos iii cum ovis.

[a] Hoc documentum primus publici juris fecit St. Baluzius, *Capitul.* t. II, col. 1387-1391.

36.

Ospicia vi solvunt communiter de vino modios iii et dimidium, unusquisque vero pullum cum ovis. Solvunt ibi homines de terra censale solidos vi denarios iiii.

4. Habet in Curte Protasio ospicia iiii. Solvit unusquisque per singulos annos de vino modium i, et pullum cum ovis.

5. Habet in Buxido mansos carroperarios xxiiii et dimidium, et manoperarios x; ospicia xiii. De quibus mansis sunt in beneficio v et dimidius, et ospicium i. Manent ibi homines lxxviii. Solvit unusquisque mansus carroperarius uno anno solidos v, alio anno vervecem cum agno; de vino modios ii. Arat ad ivernaticum perticas iiii, ad tramisium ii. Inter duos mansos in unaquaque ebdomada arant perticas iii, a tertia ebdomada inter tres mansos carruam i. Et solvit unusquisque omni anno ad vineam claudere carradam i de virgis, et pullos iii cum ovis. Solvit unusquisque mansus manoperarius de vino modios ii, omni anno vervecem cum agno. Arat ad ivernaticum perticas iiii, ad tramisium ii. Solvit pullos ii cum ovis. Ospicia solvunt de vino modios viii et dimidium, et unusquisque pullos ii cum ovis. Est ibi terra censalis unde solvunt festivitate sancti Dyonisii solidos viiii denarios viii.

6. Habet in Ferrarias mansos carroperarios xvi, manoperarios iiii. Manent ibi homines l. Habet ibi duos mansos absos. Solvunt vestiti mansi hairbannum pro duobus bovibus solidos xx, pro homine ridimendo de oste solidos iii; verveces xiiii cum agnis, de vino modios xx, de frumento modios xx. Arat unusquisque ad ivernaticum perticas iiii, ad tramisium ii; ad ivernaticum corbadas iii, ad tramisium iii. Solvit unusquisque pullos iii cum ovis.

7. Habet in Savegias mansos vii, ubi manent homines x. Solvit unusquisque omni anno vervecem cum agno, de vino modios ii, pullos iii cum ovis. Arat ad ivernaticum perticas iiii.

8. Habet in Derentiaco mansos serviles vii, ubi manent homines xxiiii. Solvit unusquisque vervecem cum agno. Arat ad ivernaticum perticas iiii, ad tramisium ii, et inter ivernaticum et tramisium corbadas viiii. Solvit pullos iii cum ovis.

9. Habet in Mairiaco mansum indominicatum cum casa et diversis ædificiis suprapositis, cum viridiario et omnibus congruis adjacentiis. Habet ibi de vinea indominicata juctos, id est aripennos, c; de terra arabili indominicata ad modios

ducentos quadraginta unius sationis, de prato juctos lx , de silva plus minus bunuarios c, habens in giro plus minus leuuam i. Est ibi capella indominicata , honori sanctæ Mariæ dicata, ad quam respicit terra arabilis ad modios xxx unius sationis, de vinea jucti vi, de silva iiii, de prato ii. Est ibi etiam alia ecclesia parrochialis, sub honore sancti Melanii dicata, cui aspicit terra arabilis ad modios l unius sationis, et de vinea jucti xiii, de prato v. Solvunt censum inter capellam et ecclesiam libram unam. Habet in ipsa villa factos, id est mansos, lx. Solvit unusquisque de hostileso, id est pro bove, solidos ii, et porcos ii aut solidos iiii, multones ii, aut solidos ii. Solvit inter vinericiam et pascionem de vino modios vi, de lignario denarios vi. Facit pecturam in cultura dominicata, et seminat ibi de suo tritico modios ii. Solvit de avena modios v, de faba sextarios iiii. Fodit unusquisque juctum i in vinea dominicata. Solvit pullos iii cum ovis xv, et alios pullos vindemiales cum ovis. Solvit sinapem et faces.

1 0. Habet in Floriaco unum mansum indominicatum , ad quem respiciunt mansi xviiii, ex quibus sunt ingenuiles xii, et serviles vii. Respiciunt etiam ad ipsum mansum de terra arabili bunuaria xxxviii, quæ sunt sita inter Remis et Floriacum ; et in alio loco sunt bunuaria xxxii et dimidium , sita inter Remis et Curtem Rokiniacum. Est etiam una area in Remis, pertinens ad ipsum mansum, quæ habet de uno latere, juxta terram sanctæ Mariæ, pedes cxvi ; de alio latere , juxta terram sancti Crispini , pedes cxvi; de una fronte, juxta terram sanctæ Mariæ, pedes lxvi ; ex alia fronte , juxta viam publicam , pedes xlii. De supradictis ingenuilibus mansis sunt v in ipso Floriaco, et ii in Pimella, iiii in Curte Rokiniaco, et unus in Mastiaco. Solvit unusquisque mansus ingenuilis per totas ebdomadas in anno dies v, preter tres ebdomadas, unam in natale Domini, alteram in Pasca, tertiam in Rogationibus. Debet napaticas ii, habente unaquaque in longum perticas xl et in transversum iiii; de lignatico carradas iii. Quinque mansi ingenuiles, qui sunt in Floriaco, et duo , qui sunt in Pimella, solvit unusquisque scintulas cl ; quatuor vero mansi qui sunt in Curte Rokiniaco, et unus qui est in Mafriaco solvit unusquisque scintulas c. Debet unusquisque pullos iii cum ovis xv, de vino sextarios xii; corbadas ii, unamquamque cum sex bovibus, et tertiam corbadam cum duobus ; pro hostilicio denarios xiiii, pro carropera denarios v; bannos iii, unum in vinea, alterum in prato, tertium in messe. Debet unam carradam adducere de feno in granicam senioris, et unam carradam de garbis de campania. Debet ducere annonam ad farinarium super carrum suum de suis diebus, et in ipso farinario debet stare servilis mansus qui ipsam annonam provideat et cooperetur. Debet etiam de suis diebus fimum ducere in campum et expandere de suo carro, et servilis mansus debet levare fimum super

carrum. Debet unusquisque mansus servilis per totas ebdomadas dies v, et unam napaticam in vinea, de qua recipit tertiam partem; pullos III cum ovis. Debet corbadas III, unamquamque de duobus bovibus. Debet denarios v pro carropera, bannos III. Debet faculas. Debet mansionem et curtem custodire et stabulum curare, et facere quicquid opus est. Unusquisque mansus ingenuilis et servilis debet in eulogiis panes VI, ad carnem denarios II, et pullos II; de vino sextarios II, de avena sextarios IIII. Cum fecerint corbadas, in mense martio debent habere panem et ligumen et siceram, mense maio panem et caseum, mense octobrio panem et vinum, si esse potest. Si ibi sunt cavaticarii, debent kalendis octobris denarios IIII; et unum diem in banno et ad tres audientias venire cum suis eulogiis.

11. Habet in Turgiaco mansos serviles VIIII et dimidium. Manent ibi homines XIII. Solvunt mense maio verveces VIIII et dimidiam cum agnis. Arat unusquisque ad ivernaticum perticas x, ad tramisium II. Claudit unusquisque a tertio anno in manso dominico perticas II. Solvit pullos II cum ovis.

12. Habet in Belsa mansos serviles VIII et dimidium. Manent ibi homines XIIII. Solvunt annis singulis agnos VIII et dimidium. Arat unusquisque ad ivernaticum perticas IIII, ad tramisium II. Arat corbadam inter ivernaticum et tramisium perticas IIII. Ducit de frumento ad monasterium modios x. Solvit pullos II cum ovis. Habet ibi culturas xv.

13. Habet in Vitlena mansos xi, ubi manent homines XIIII. De quibus mansis sunt unus et dimidius in beneficio et unus absus. Solvit unusquisque uno anno solidos II, alio anno porcos II et arietes II. Solvunt duo mansi de vino modios II et dimidium; alii mansi unusquisque de frumento modium I. Arat unusquisque ad ivernaticum perticas IIII, ad tramisium II; et arat corbadas III ad ivernaticum, ad tramisium perticas III. Claudit unusquisque in vinea perticas VII. Solvit pullos III cum ovis.

14. Habet in Monte Hayrici mansos ingenuiles XII. Manent ibi homines XXI. De quibus mansis tenent xi alii homines. Solvit unusquisque annis singulis solidos v et dimidium. Arat ad ivernaticum perticas VII et dimidiam, ad tramisium v. Facit ad ivernaticum corbadas III, ad binalia III, ad tramisium III. Debet unusquisque de lignario in latum pedes v; in altum pedes VI, et de caractionibus carradas IIII, et omni anno, festivitate sancti Martini et in natale Domini et in Pascha, carradam I. Claudit inter curtem et ortum et vineam perticas VII et dimidiam. Solvit de

lino fascium ɪ, de xxx madasciis, et in pascione modios ɪɪ de vino ; de terra censali modios ɪɪ de vino. Arat ad ivernaticum perticas vɪɪ et dimidiam. Solvit pullos ɪɪɪ cum ovis.

15. Habet in Equa mansos serviles vɪɪɪɪ et dimidium. Manent ibi homines xvɪɪɪɪ. Solvit unusquisque usque ad monasterium carroperam ɪ, et soc et cultrum. Faciunt corbadas xɪ. Arat unusquisque inter ivernaticum et tramisium perticas x. Solvit pullos ɪɪ cum ovis.

16. Habet in Fabarias septem mansos ingenuiles. Octavus mansus pertinet ad ecclesiam ipsius villæ, dicatam in honore sancti Martini. Antiquo tempore solvebat unusquisque mansus solidos v ; postea in alio tempore solvebat unusquisque in unoquoque mense per totum annum tres dies. A festivitate sancti Johannis usque in natale Domini, solvebat a tertia in tertiam ebdomadam corbadam, et faciebat unum bannum in vinea, alium in messe. Solvebant duo mansi tres carroperas in anno usque ad Fossatis. Solvebat unusquisque de pascione denarios xɪɪ et pullos tres cum ovis xv. Nonus mansus est indominicatus ; ubi habet culturas v, et pratum et silvas et aquas cum farinario.

17. Isti sunt cavaticarii sancti Petri : Tetboldus, Gondoïldis defuncta, Emhardus, Ledelindis, Amalgarius, Hairlindis, item Amalgarius, item Tetboldus, Amalbertus, Frodovinus, Frodevildis.

18. Familia de Cliciaco : Godelsadus, Ravenus, Odilo, Vivardus, Ermengisus, Hildegisus, Ansberga, Vitalis, Adelgardis, Mamucia cum tribus infantibus suis, id est Dominicus et Hildulfus et Gozlenus, et cum aliis tribus ; Gisberga, Erluinus, Nadalbertus, Erliardis, Godinus, Doda, Odila, Adelindis, item Odila, Wido, Winegauda, Tedelindis, Odelberga, Ermengildis, Roducia, Frotgarius, Grimhardus, Erembertus, Johannes, Tetsinda, Hildbertus et soror ejus, Rainberga et filia ejus, nomine Elisabet, cum suis filiis.

19. Hengelrannus, Rodulfus, Rainerius, Hengelsent, Warenburgis, Rodulfus et Bernice, omnes isti cum infantibus suis, Berhengerius bresbiter.

20. Ingelburgis, filia Vitalis de Buxido, beato Petro se tradidit, tali ratione ut numquam a monachis esset vendita neque ulli homini donata. Doda, Warnerius, Ingelgerus, Ansoldus, Beliardus.

21. Adrianus, Rainuis uxor sua cum tribus filiis, Durandus, Germundus, Rainerius, Ermengardus, Nodelenda cum quinque filiabus et unum filium, Richardus, Tescenda cum duabus filiabus et unum filium, Ildeardus et filius ejus Constantius. Isti sunt fratres et sorores Adriani. Rainuis, Legardus, Nodelenda abent seniores. Alboldus, Girberga, Tescenda, Constantius, Ascelinus, Sireda soror ejus, Idfredus cognatus eorum, Isenbardus filius Richardi. Isti sunt cognati Adriani germani.

22. Hisenburgis Brittonisa gratanter se condonavit sancto Petro, antequam acciperet maritum, ut in posterum cum filiis et filiabus suis sub servitutis jugo teneatur. Quorum hec sunt nomina : Odolricus, Gislebertus, Durandus.

23. De Nobiliaco remanent xxviiii panes, lviiii capones et denarios xvi, solidos x et dimedium, et de tramisso viii modios.

24. Habet in Varena in longo prato aripennos xxx et quartos iii.

II.

FRAGMENTA POLYPTYCI S. REMIGII REMENSIS,

SCRIPTI TEMPORE HINCMARI ARCHIEPISCOPI [a].

(Ex Bibliotheca regia, mss. Du Chesne, t. LXXIII, pag. 12 et seqq.)

1. In Trielongum habet mansum dominicum cum solario et cellario et caminata, laubia, horrea ii, quoquina, stabula ii, hortum ac gardinium, torcular i.

2. In Tasiaco mansi ingenuiles xxxii. Donat unusquisque in hostelitia den. xxv, pro carropera Cavalonense den. ii, et propter bovem den. ii. — Lign. carr. iiii, pull. iiii cum ovis ; carropera et manopera ; inter totos circulos l.

[a] Memoratur polyptychum illud cum a Mabillone *Diplom.* p. 235, § 2 ; tum *Nouv. Traité de dipl.* t. III, p. 520, et t. V, p. 449 ; itemque a Guill. Marloto, *Metrop. Rem. hist.* t. I, p. 391. Immo de eodem codice Vincentius, mon. Bened., duas epistolas edidit in *Ephemeridib. eruditor.* 1770, jun. p. 415-421, et dec. p. 405-409. Denique in Ducangii *Gloss. lat.* passim occurrunt excerpta ex eodem polyptycho remigiano. Hunc codicem præstantissimum , qui maxima mihi utilitate fuisset in hoc opere, Remis Catalaunisque quærendum curavi, frustra tamen ; videtur enim prorsus evanuisse.

3. In Curte Acutiore sunt et farinarii tres : primus solvit de frumento mod. xx, de mixta annona mod. xl. Caroperum ad vinum seu annonam quocumque necesse fuerit deducendum. — Ad macerias monasterii seu alterius loci faciunt manopera. — Facit ad vindemiam dies xv et pecturas ad cortem, scurias et hortum. — Nomina feminarum ingenuitatem habentium per cartam de jam dicta Curte Augutiore, et debent annis singulis dies iiii. — Nomina omnium servorum vel ancillarum interius et exterius de eadem villa, debentium unusquisque servorum, scilicet perfectæ ætatis, din. xii, ancillarum vero din. xii. Sin autem aliquam partem mansi ancillæ habuerint, donant pastas iii, pascentes eas de dominico, et ova xv.

4. Ordinante Ingmaro archiepiscopo, venerunt ejus missi in Curte Acutiori, Sigloardus scilicet, presbyter vel caput scolæ sanctæ Remensis ecclesiæ, et Dodilo, vir nobilis, vassallus ejusdem episcopi. Residentes ipsi in placico publico, investigantesque justitiam S. Remigii vel senioris jamdicti, audierunt sonum de istis vel his mancipiis, quorum subter continentur nomina, et de eorum genealogia, quod servi et ancillæ merito debuerant esse, eo quod Berta et Avila, eorum aviæ, de precio dominico fuissent comparatæ. Missi enim supradicti, ut hoc audierunt, requisierunt diligenter eamdem rationem. Et hæc nomina eorum qui præsentes interrogati fuerunt : Grimoldus, Warinherus, Leuthadus, Ostroldus, Adelardus, Ivoia, Hildiardis filia. Ipsi enim respondentes dixerunt : «Non est ita, quoniam ex «nativitate ingenui esse debemus.» Præfati vero missi interrogaverunt si aliquis ibi fuisset qui ex hac ratione veritatem sciret, vel abprobare voluisset. Tunc accesserunt testes senissimi, quorum hæc sunt nomina : Hardierus, Tedicus, Odelmarus, Sculfus, Gisinbrandus, Gifardus, Teudericus ; et testificaverunt quod de precio dominico eorum origo comparata fuit, et magis per justitiam et legem servi vel ancillæ deberent esse, quam ingenui et ingenuæ. Missi autem interrogaverunt si testes contra eos verum dicebant. Ipsi enim videntes cognoscentesque rei veritatem atque comprobationem, statim se recrediderunt, et per judicium scabinorum, quorum hæc sunt nomina, Geunfridus, Ursoldus, Fredericus, Ursiandus, Haroderaus, Herlcherus, Ratbertus, Gislehardus, rewadiaverunt servicium multis diebus injuste retentum vel neglectum. Actum in curte Acutiori iii idus maias in placito publico, anno vi regnante Karolo rege glorioso, regente autem Ingmaro archiepiscopo sanctam sedem Remensem anno iii. Ego Sigloardus presbyter omnibus his veris indiciis regius interfui, et manu propria subscripsi. Ego Heronodus cancellarius scripsi. Ego Dodilo propria manu subscripsi. Sig. Leidradi monachi. Sig. Adroini majoris. Sig. Gozfredi vocati. Sig. Flotgisi. Sig. Guntionis. Et ego Hairoaldus cancellarius recognovi et subscripsi. Testes suprascripti compro-

baverunt etiam Teutbertum et Blithelmum originaliter esse servos, et per judicium scabinorum, quorum nomina supra videntur scripta, rewadigaverunt servicium in eodem placito[a].

5. In Baina facit et bannum ı. Dat asciculas c, scindulas ʟ. Tempore vindemiæ facit dies xv. Facit et pecturas ad claudendam cortem et ad tegumen scuriarum, ubi de materiamine quantum necesse sit mittit. — Ingenui. — Accolæ præfatæ villæ, commanentes in ipsa villa, debentes omnes dies vıııı aut den. ıııı. — Forenses homines debentes unusquisque denarios ıııı. Servi vel ancillæ intra villam.

6. In villa Vico habetur ecclesia in honore S. Remigii.

7. Villa Pullionis.

8. In civitate Catalaunis habet sessus ı, a via publica usque in aquam. Hrotberga ingenua donat pro mansione denar. ıııı, pro capite suo similiter. Avrulfus ingenuus similiter. Marius ingenuus pro capite suo den. ıııı, pro mansione ııı.

9. Colonica de Luperciaco. Unusquisque colonorum qui ibi est ex nativitate debet den. vııı, et feminæ denar. ıııı. Ceteri coloni qui ibi se addonaverunt, debet unusquisque den. ıııı, et feminæ den. ıı. Servi quoque debent unusquisque den. xıı, ancillæ similiter.

10. In vico S. Remigii est ecclesia in honore S. Timothei dedicata.

11. In Risleio est ecclesia in honore S. Remigii dedicata.

12. DECIMÆ DE ABBATIA S. TIMOTHEI AD HOSPITIUM S. REMIGII.

IN PAGO REMENSI DECIMÆ HÆ SUNT.

De Scoilo.	De Porceto.
De Hunrezeio.	De Nantoilo,
De Calmiciaco.	De Pratellis,

---

[a] Hoc placitum in lucem protulit Baluz. *Capitul.* t. II, cal. 823 et 824. Præterea conferend. ibid. col. 1247 et 1273.

De Villari Asinorum.

De altero Villari.

De Burdenaio.

De Puteolis.

De Villa Merla.

De Cerfoilo.

De Sparnaco.

De Savercei Corte.

De Alemannorum Corte.

De Hildrisei Villa.

De Remiliaca Corte.

De Burgerti Corte.

De Ursiniaca Corte.

De Floreio.

De Avennaco.

De Ventoilo.

IN PAGO LAUDUNENSI.

De Coceio.

De Azillis.

De Condato.

De Audani Corte.

De Vauguliaca Corte.

IN PAGO TARDINENSI.

De Pavilleo.

De Antenaio.

De Auvennaio.

De Lagereio.

De Baconi Villa.

De Monte S. Mariæ.

De Monte S. Martini.

De Proviliaco.

IN PAGO PORCENSI.

De Castello.

De Vender.

De Godulfi Monte.

De Abbonis Corte.

De Somma Turba.

13. In Atrio S. Remigii est ecclesia in honore SS. martyrum Cosmæ et Damiani sacrata.

14. In Lupertiaco est mansus dominicatus cum ædificiis, porto et viridario. Sunt ibi avergariæ tres, ubi possunt seminari de sigilo modii xx.

15. Colonica de Condato super Materna. — Colonica in Castellione. Anno incarnationis dominicæ dccclxi, episcopatus autem domni Hincmari xvii, veniens missus domni regis Karoli, nomine Gautselmus, clericus, in villam Condatum, sitam super fluvium Matronam, viii kal. octob., ex præcepto præfati gloriosi regis, coram testibus multis, francis videlicet atque colonis, et consignans tradidit ipsam villam missis domni Hincmari, Adaloldo scilicet, custodi ecclesiæ S. Remigii, et Herin-

gaudo, ipsius advocato. Hi testes in præsenti fuerunt Mainherus, Theodaldus, Herleboldus.

(*Ex D. Vincentii epistola, excusa in Ephemeridib. Eruditorum*, jun. 1770, p. 419.)

16. Major ejusdem villæ [i. e. Agutioris Curtis]..... ex antiqua consuetudine debet nativitate Domini et Pascha venerari seniores in monasterio, ex his oblationibus, de melle buticulas II..... In venerationibus magistrorum...., Quando autem aut magister illud venerint, occurrunt ei deferentes oblationes.

Balda ing. cum inf. I tenet mans. dimidium ad dimidium censum.....

Landoldus serv. ten. mans. ingenuil. dimid.; facit et solvit medietatem similiter.

(*Ex Baluz. Capitul.* t. II, col. 806.)

17. IN TASIACO habet mansum dominicatum cum cæteris ædificiis, hortum cum . arboretis, vinario, etc.; mansos ingenuiles XXXII, serviles XXXIV......

18. IN CURTE ACUTIORE, excepto dominicato manso, mansi ingenuiles XCII semis, serviles XXXV.

III.

FRAGMENTA POLYPTYCHI SITHIENSIS[a].

(Ex Folcuini chartario, in bibliotheca civitatis Bononiensis asservato.)

1. IN TORBODESHEM habet ecclesiam cum bunariis VIII et jornalem I, mancipium I indominicatum; de prato bunaria XV, de terra arabili bunaria CXLVII, de silva minuta bunaria VIIII, de pastura communi satis, mansa XVIII : ex his unum constat bunariis XII, decem per bunaria X, item VII per bunaria VIIII. Sunt in eis servi XII, qui faciunt in ebdomada dies III; ancille VIIII, faciunt ladmones VIIII. Alii ingenui faciunt in ebdomada II dies; et ille ingenue femine VII, unaqueque facit ladmon. Ad hostes solidos IIII; ad vineas carra III. Facit de brace modia X, de farina similiter. Pullos II, ova X. Lunarios VI, luminarios XVI. Solvunt inter omnes solidos II denarios VIII. Molinum I, unde veniunt in censum modia XII. De terra censal;

---

[a] De chartario Folcuini, sæculo X scripto, conf. Mabill. *Diplom.* p. 7, 235, 605 et seqq.; *Hist litt. de la France*, t. VI, p. 385.

modia vIIII. Arat bunaria IIII, et dat multonem I. Rogenger habet bunarium I et jornalem I. Arat bunarium I. Alavius habet bunaria II. Arat bunarium I. Hisegeger, major, habet bunaria xVIII, mancipia vIII, molinum I. Solvit modia xI. Homines qui faciunt II dies in anno sunt xxvIIII. Sacger habet bunaria xx, mancipia III, et caballicat. Alfwardus, ille Saxo, habet bunaria vIIII.

2. In Scala habet casam indominicatam cum aliis casticiis; de prato bunaria vII, de terra arabili bunaria lxxxII, de pastura communi sufficienter; mansa xvI, omnes per bunaria xII, cum servis v, qui faciunt II dies in ebdomada; ancille II, quæ faciunt ladmones II. Alie ingenue, unaqueque facit ladmon. Ad hostes solidos IIII, ad vineas carram I. Parat unusquisque de brace modia x, de farina similiter. Pullos III, ova x. Sunt ibi prebendarii vI. Adalland habet bunaria xx, arat bunaria III; ille major habet xxIIII, mancipia I.

3. In Bermingahem habet mansum cum scuria; de terra arabili bunaria xIII, silva minuta bunaria III, et in Edekenas de terra bunaria x, mancipia x. Omnes, excepto Iremberto, arant ad ipsam villam bunaria IIII, et colligunt II et ducunt ad monasterium; et claudunt virgas xII, et in monasterio item omnes virgas IIII. Et facit unusquisque in anno dies xxIIII in estate. Irembertus autem arat bunaria II et colligit I. Luminarii xI, solvunt inter omnes solidos vII, denarios vIII. Homines qui faciunt in anno III dies sunt xx.

4. In Kelmis habent monachi ecclesiam I ac bunuaria xII et mancipia vI. Luminarii IV : unusquisque solvit de cera valente denarium I. Mansum indominicatum cum casa et aliis casticiis; de prato bunaria xxxvIIII, de terra arabili bunaria xxx, de silva minuta bunaria xv. Mansa xv et ille dimidius per bunaria vI, cum servis x, qui faciunt in ebdomada III dies, et ancille vI faciunt ladmones vI : alie ingenue, facit unaqueque id est dimidium ladmon; unaqueque parat de brace modia x, de farina vI. Pullos III, ova xx. Ad vineas unum quodque annum carros II. Lunarii xvI, prebendarii vII. Ded habet bunaria vI, arat bunaria II.

5. In Morningahem Gundebertus habet bunaria vIII, arat bunaria IIII. Gerbald habet bunaria III, arat bunarium I. Stracfret habet bunaria vI, arat bunarium I. Theger, major, habet casam dominicatam cum aliis casticiis; de prato bunaria v, de terra arabili bunaria xx, de silva minuta bunaria v; mancipia xII. Bertarius caballarius habet mansum de terra arabili bunaria xx, de prato bunaria v, de silva minuta bunaria vI. Mansa II per bunaria xII. Facit sicut superius. Mancipia vIII.

Benemar habet casam cum aliis casticiis; de prato bunaria x, de terra arabili
bunaria xxx, de pastura et silva minuta bunaria xxiii; mansa iii per bunaria xii.
Facit sicut superius. Mancipia xxiiii. Ostorandus habet mansa cum casticia; de
prato bunaria xii, de terra arabili bunaria xx, de silva minuta bunaria vi,
mansa iii per bunaria xii. Facit sicut superius. Mancipia xxiiii. Bavo habet casam
cum aliis casticiis; de prato bunaria xi, de terra arabili bunaria xxx, de silva
minuta bunaria iiii; casam i; per bunaria viii. Facit sicut superius. Mancipia xvi.
Wendelbadus habet casam cum aliis casticiis; de prato bunaria xi, de terra
arabili bunaria xxx, de silva minuta bunaria iii; mansum i, per bunaria xii. Facit
sicut superius. Mancipia xiiii. Megenfridus habet casam cum aliis casticiis; de prato
bunaria xi, de terra arabili bunaria xiv, de silva minuta et pastura bunaria xvi;
mansa ii, per bunaria xii. Facit sicut superius. Mancipia iiii. Balduinus habet
casam cum aliis casticiis; de prato bunaria vi, de terra arabili bunaria xx, de silva
minuta et pastura bunaria xx; mansum i per bunaria xii. Facit sicut superius.
Mancipia viii.

6. In Bringa villa habet ecclesiam, indominicatum mansum cum casticiis; de prato
bunaria xv, de terra arabili bunaria cxx, de silva grossa bunaria xl ad saginandos
porcos xx, de silva minuta bunaria c. Mansa xviii et dimidium per bunaria xii, et
ille dimidius per bunaria vi, cum servis xi, qui faciunt iii dies in ebdomada;
ancille viiii faciunt ladmones viiii; alii ingenui faciunt ii dies in ebdomada; et de
ingenuis feminis x veniunt ladmones v. Ad vineas carra iv et dimidium. Unusquisque de brace parat modia x, de farina vi; pullos iii, ova xx. Lunarii xxi. Sunt ibi
prebendarii vi. Luminarii xc. Solvunt inter omnes libram i, solidos v. Brunger
habet bunaria vi, arat bunarium i et dimidium. Megel habet bunarium i et dimidium, arat dimidium. Megenger habet bunaria ii, arat dimidium. Bavo habet
bunaria iiii, solvit denarios viii. Gundalbertus habet bunaria iii, arat bunaria ii.
Omel, decanus, habet bunaria iii, arat bunaria ii. Lantfred habet de terra
bunaria xxxi et dimidium, de silva minuta bunaria iii; mancipia xiii. Arat bunaria ii, solvit solidos ii. Emgelger, major, habet bunaria de terra xliii et dimidium,
de silva minuta bunaria x; mancipia xx. Item alius Ingelgerus habet casam cum
casticiis, de terra arabili bunaria xlii, de silva minuta bunaria x; mancipia vi. Isti
arant bunaria iiii unusquisque, et sepiunt virgas xv. Gundelbertus habet bunuaria xl, inde solvit solidos vi, et unaquaque ebdomada ii dies; et habet mancipia iii. Molinos iii : de uno veniunt modia c; de aliis, de unoquoque modia lx;
et ille unus dat pullos xx, ova cc; illi alii unusquisque pullos xv, ova c. Badager
habuit inde precariam i, hoc est mansum i, de terra bunaria xliiii; mancipia ii.

Isti arant bunaria IIII unusquisque, et sepiunt virgas xv; et in estate facit dies xvi, et colligit bunarium I, et ducit ad monasterium; et ad monasterium sepiunt inter omnes virgas III. Dant pullos II, ova x.

7. In Coiaco habet ecclesiam cum bunariis xviii, mancipia II. De luminaribus solidos III. Casam indominicatam cum aliis casticiis. De prato bunaria xL, de terra arabili bunaria cLx, de silva minuta bunaria xxxv. Mansa xxi, per bunaria x. Sunt in eis servi xv, qui faciunt in ebdomada dies III; ancille vii faciunt ladmones vii; alii ingenui, qui faciunt in ebdomada II dies; et ille ingenue femine unaqueque facit lidmon. Ad hostes carrum, ad vineas carra III. Facit unusquisque de brace modia x, de farina modia vi. Pullos III, ova x. Sunt ibi lunarii xxIIII, luminari xLII. Solvunt inter omnes solidos xII. Prebendarii sunt ibi vi. Habet ibi sedilium I, inde solvit solidum I. Walager habet bunaria II, arat bunarium I. Molinum I, solvit modia xxx. Camba I, solvit solidos IIII. Megenbardus habet bunaria III, solvit solidum I. Homines qui faciunt II dies in anno sunt xxxvii. Ille major habet casam cum casticiis; de terra bunaria xxII, de silva minuta bunaria vii; mancipia IIII.

8. In Rumingahem habet mansum cum casticiis; de terra bunaria xv, de silva minuta bunaria x. Mansa II per bunaria xII, et ille dimidius per bunaria vi. Resident in eis servi III, qui faciunt in ebdomada dies III; ipsique perserviunt totos illos mansos. Ad vineas carrum. Faciunt de brace modia x. Pullos II, ova xx. Habet ibi lunares III, luminarios x. Solvunt inter omnes solidos II, denarios II. Homines qui faciunt II dies in anno sunt IIII. Sunt ibi bunaria xIIII. Veniunt ad incensum de formaticis pense x. Item de bunariis II solvit pensam I de formatico. Item de bunario solvit de formaticis pensam. Item de bunariis vii veniunt de formaticis pense vii.

9. In Wesernio habet ecclesiam indominicatam, mansum cum casticiis; de prato bunaria xvi, de terra arabili bunaria cLviiii, de silva grossa bunaria xviii ad saginandos porcos xx, de silva minuta bunaria Li, de pastura communi sufficienter. Mansa xviii. Decem ex his constant per bunaria xII; item v constant bunaria x, tres bunaria viiii; cum servis xII, ancillis viii. Faciunt in ebdomada dies II, et ladmones viii. Alii ingenui faciunt II dies in ebdomada, et de ingenuis feminis x veniunt ladmones v. Ad hostem carram, ad vineas carram I. Unusquisque parat de brace modia x, de farina vi; et dant pullos II, ova xx. Prebendarii v, lunarii xxxvi, luminarii Lx: inter omnes solvunt libram I. Sunt ibi homines xxi qui faciunt in anno II dies. Habet ibi sedilios x. Veniunt in incensum de argento

solidi VIII. Junel habet bunaria XIIII, arat bunaria II et custodit silvam. Molinos III : unusquisque solvit modia majora XXX; in uno anno saginat porcos II, in alio I; et debet pullos XX, ova CC. Item molinum I, solidos V. Winelmar, major, habet de prato bunaria III, de terra arabili bunaria XXXII, silva minuta bunaria V; mansa II. Facit sicut superior. Lunarii XVII. Hlodeger habet mansum dominicatum; de prato bunaria VII, de terra arabili bunaria XLIII, de silva minuta bunaria VIII. Lunarii XXI. Gervine, caballarius, habet casam dominicatam cum casticiis, de terra bunaria XV, municipia II.

IV.

SPECIMEN BREVIARII RERUM FISCALIUM CAROLI MAGNI[a].

(Ex J. G. Eckhardi Comment. de rebus Franc. orient. t. II, p. 902-910.)

1. INVENIMUS in insula, quæ Staphinsere[b] nuncupatur, ecclesiam in honore S. Michaelis constructam, in qua reperimus altare auro argentoque paratum I. Capsas reliquiarum deauratas et cum gemmis vitreis et crystallinis ornatas V. Cuprinam per loca deauratam I. Crucem reliquiarum parvulam, cum clave, laminis argenteis deauratam I; aliam vero crucem parvam reliquiarum auro vitroque fabricatam I, aliam vero crucem majorem auro argentoque paratam cum gemmis vitreis I. Pendet super idem altare corona argentea per loca deaurata I, pensans libras II, et in medio illius pendet crux parva cuprina deaurata I et pomum crystallinum; et in eadem corona per girum pendent ordines margaritarum diversis coloribus XXXV. Est ibi de argento munidato solid. III. Habentur ibi inaures aurei IV, pensantes denarios XVII. Sunt ibi calices argentei II, quorum unus, deforis sculptus et deauratus, pensat pariter cum patena sua solid. XV. Offertorium argenteum I, pensans solid. VI. Bustam cum cuperculo argenteam ad timiama portandum I, pensantem solid. VI; aliam bustam argenteam I, pensantem solid. V.

2. Invenimus ibi turibulum argenteum per loca deauratum I, pensans sol. XXX;

---

[a] Cum Carolus M. capitulare de Villis anno 812 condidisset, et missis per provincias regiis exequendum tradidisset, videtur simul iis specimina quædam exhibuisse, unde discerent qua ratione vellet res fiscales ubique in catalogum referri et recenseri. Hujusmodi specimina et speciminum fragmenta nactus est vetustissimus descriptor capitularis illius de Villis eaque dicto capitulari huic prænotavit. Conringius vero, cum lectu difficiliora essent, eadem cum Baluzio non communicavit, nos vero ex codice carolinis temporibus coævo, qui extat in bibliotheca Helmstadiensi, exacte descripsimus. *Eckhard.*

[b] Nunc *Stephansweert,* in Mosæ fluminis insula, miliaribus XXI infra Trajectum.

aliud etiam turibulum cuprinum antiquum I. Ampullam cuprinam I; aliam ampullam stagneam[a] I. Urceum cum aquamanile cuprinum I. Ollam vitream magnam I. Ampullas vitreas parvulas cum balsamo[b] II. Pendentes super eandem ecclesiam signa bona II, habentes[c] in funibus circulos cuprinos deauratos II. Invenimus ibi planetas[d] castaneas II, de lana factam et tinctam I. Dalmaticam I. Lineam[e] I. Albas VII. Amictus IIII. Fanones lineos serico paratos ad offerendum ad altare XIII. Pallia ad altaria inducenda VIIII. Pallia de lana facta et tincta ad altare induendum II. Pallia linea tincta II. Linteamina serico parata ad altaria vestienda XX. Manicas sericeas auro et margaritis paratas IIII, et alias sericeas IIII. Corporales IIII. Orarii II. Plumacium[f] I.

3. De libris : liber Eptaticum[g] Moysi et liber Josuae et liber Judicum, et Ruth, et libri Regum IIII, et libri Paralipomenon II, in uno volumine. Liber psalmorum David, et liber parabolae Salomonis, et liber Ecclesiastes, et liber Canticum canticorum, et liber Sapientiae, et liber Jesu filii Sirach, et liber Job, et liber Tobi, et liber Judith, et liber Esther, et libri duo Machabaeorum, in uno volumine. Libri XII Prophetarum, et libri Hesdrae duo in uno volumine. Liber Actuum Apostolorum, et liber Epistolarum Pauli, et libri VII Epistolarum canonicarum, et liber Apocalypsis, in uno volumine. Liber Lectionarius, tabulas laminis cuprinis deauratis habens paratas, I. Liber Omeliarum diversorum auctorum I. Liber B. Gregorii quadraginta Omeliarum I. Libri Sacramentorum III. Libri Lectionarii II. Liber Canonum excerptus I. Liber Expositio psalmorum sine auctore I. Liber quatuor Evangeliorum vetustus I. Libri Antifonarii II. Liber commentarii Hieronymi in Mathaeum I. Liber Regulae S. Benedicti I. Est ibi de nitro duae tinae plenae, de plumbo tabulae III et una massa, et calami CLXX. Faldonem ad sedendum.

Item unde supra.

4. INVENIMUS in eodem loco curtem et casam indominicatam, cum caeteris aedificiis, ad praefatam ecclesiam respicientem. Pertinent ad eandem curtem de

---

[a] Pro stanneam.

[b] Intellige sacrum chrisma.

[c] Corrigendum, opinor, pendentia et habentia.

[d] Planeta sive casula, nostris chasuble, erat vestis sacerdotis, sicut dalmatica diaconi, tunica subdiaconi.

[e] Videtur subaudiendum tunicam.

[f] Eckardus plumacium hic exponit de velo sive tabernaculo opere plumato vel plumeo facto, hoc est, acupicto, a plumario sive textore aut acupictore.

[g] Eptaticum est Heptateuchus sive libri quinque Moysis, liber Josuæ et liber Judicum.

terra arabili jurnales DCCXL; de pratis, unde colligi possunt de foeno carrades DCX.
De annona nihil reperimus, excepto quod decimas provendarunt carrad. XXX,
qui sunt provendati usque ad missam S. Johannis[a], et sunt LXXII. De brace
modii XII. Caballum domitum I, boves XXVI, vaccas XX, taurum I, animalia
minora[b] LXI, vitulos V, vervices LXXXVII, agnellos XIV, hircos XVII, capreas LVIII,
haediculos XII, porcos XL, porcellos L, avecos[c] LXIII, pullos L; vasa apium XVII.
De lardo baccones XX, pariter cum minutiis; unctos XXVII; verrem occisum et
suspensum I; formaticos XL, de melle siclus dimidius; de butiro sicli II, de sale
modii V, de sapone sicli III. Culcitra cum plumariis V; caldaria aerea III, ferrea
vero VI; gramacula V, luminare ferreum I, tinas ferro ligatas XVII, falces X, falciculas XVII, dolaturas VII, secures VII; coria hircina X, pelles vervecinas XXVI,
sagenam ad piscandum I. Est ibi genicium, in quo sunt foeminae XXIV, in quo
reperimus sarciles V cum fasciolis IV, et camisiles V. Est ibi molina I; reddit annis
singulis modios XII.

5. Respiciunt ad eandem curtem mansi ingenuiles vestiti XXIII. Ex his sunt VI
quorum reddit unusquisque, annis singulis, de annona modios XIV, frishcinguas IV,
de lino ad pisam seigam I, pullos II, ova X, de semente lini sextarium I, de len-
ticulis sextarium I. Operatur annis singulis hebdomades V, arat jurnales III, secat
de foeno in prato dominico carradas I et introducit. Scaram facit. Caeterorum vero
sunt VI, quorum unsquisque arat annis singulis jurnales II, seminat et introducit;
secat in prato dominico carradas III et illas introducit; operatur hebdomadas II.
Dant inter duos in hoste bovem, id est, quando in hostem non pergunt; equitat
quocunque illi praecipitur. Et sunt mansi IV, quorum arat unusquisque annis
singulis jurnales IX, seminat et introducit; secat in prato dominico carradas III et
illud introducit. Operatur in anno hebdomadas VI, scaram facit ad vinum du-
cendum, firmat de terra dominica jurnalem I, de ligno donat carradas X. Et
est unus mansus qui arat annis singulis jurnales IX, seminat et introducit; secat
de foeno in prato dominico carradas III et illas introducit; scaram facit; parafredum donat, operatur in anno septimanas V. Serviles vero mansi vestiti XIX,
quorum reddit unusquisque annis singulis friskingam I, pullos V, ova X; nutrit
porcellos dominicos IV; arat dimidiam araturam; operatur in ebdomada III dies,

---

[a] Decimarum itaque, ut hunc locum dilucidem, triginta carradæ certis quibusdam hominibus, LXX numero, fruendæ usque ad festum S. Joannis ab ecclesiæ Stephanserensis præpositis datæ fuerant. Nec reticendum tamen Eckhardum hic longe aliam in suo commentario subministrare interpretationem.

[b] Animalia minora, quæ, nondum tauri aut vaccæ, vitulorum tamen ætatem excesserunt. *Ex Eckhardo.*

[c] *Avecos* idem est ac *aucas,* quod anseres signi-ficat.

scaram facit, parafredum donat. Uxor vero illius facit camisilem ɪ et sarcilem ɪ; conficit bracem et coquit panem[a].

6. Restant enim de ipso episcopatu curtes ᴠɪɪ de quibus hic breviatum non est; sed in summa totum continetur : habet quippe summa Augustensis episcopatus mansos ingenuiles vestitos ᴍɪᴠ, absos ᴀᴀᴀᴠ; serviles vero vestitos ᴄᴄᴄᴄxxɪ, absos ᴀᴌᴠ. Inter ingenuiles autem et serviles vestitos ᴍᴄᴄᴄᴄxxᴠɪɪ, absos ʟxxx. Explicit.

De illis clericis et laicis, qui illorum proprietates donaverunt ad monasterium, quod vocatur Witunburg (*Weissenbourg*), et e contra receperunt ad usum fructuarium.

7. Hartwic presbyter tradidit ad ipsum monasterium supradictum in pago Wormacinse medietatem de illa ecclesia, quae est constructa in villa Hessiheim, et cum casa dominicata mansos vestitos serviles ɪᴠ, de vineis picturas ᴠ; et e contra recepit illam ecclesiam in villa Unkenstein, et cum casa dominicata mansos vestitos serviles ᴠɪ, de vineis picturas ᴠ, de prata ad carradas xx : in ea vero ratione, ut id ipsum, quod tradidit, diebus vitae suae habeat in precarium.

8. Motuuinus et uxor ejus similiter tradiderunt ad ipsum monasterium, in villa Hessihaim, in ipso pago, cum casa dominicata mansos vestitos serviles ᴠɪ, de vineis picturas ᴠ, de prata ad carradas xɪɪ; et e contra receperunt, in ipsa villa, cum casa dominicata mansos vestitos serviles ᴠɪ, de vineis picturas ᴠɪɪ, de prata ad carradas xᴠ.

9. Unroh habet in ipso pago, similiter in precarium, in villa illa mansum vestitum ɪ, serviles absos ɪɪ; de vinea pictura ɪ, de prata ad carradas xx, diebus vitae suae.

10. Birniho presbyter tradidit ad ipsum monasterium, in ipso pago, in villa Franconadal, ecclesiam ɪ, et cum casa dominicata mansos vestitos serviles ᴠɪɪ, de vineis picturas ɪɪɪ, de prata ad carradas xx; et e contra recepit, in ipso pago, in villa Marisga, mansos serviles absos ɪɪɪ, de vineis picturam ɪ, de prata ad carradas xx.

[a] Hic desinit recensio rerum quæ ad fiscum Stɑphinsere pertinuerunt. Cum vero non procul ab hoc fisco Asnapium, Grisio et Treola, ut inferius videbimus, jaceant, hinc evidens est librarium, qui hæc breviarii carolini specimina descripsit, ea quæ de fiscis hisce postea profert, loco movisse, iisque fragmentum de episcopatu Augustano (*Augsbourg*, longe abhinc dissito) et recensionem bonorum monasterii Weissenburgensis, quæ proxime sequuntur, intercalasse, loco certe non congruo. *Ex Eckhardo.*

11. Similiter tradidit Gomoldus ad ipsum monasterium, in ipso pago, in villa nuncupata Vuisa, cum casa dominicata mansos serviles vestitos v, de vineis picturas III, de prata ad carradas xx; et e contra recepit in ipsa villa cum casa dominicata mansos vestitos serviles IV, de vineis picturas II.

12. Graolfus clericus tradidit ad ipsum monasterium, in ipso pago, in villa illa, cum casa dominicata mansos vestitos serviles v, de vineis picturas quinque. ET SIC CETERA BREVIARE DEBES.

De beneficiariis qui de eodem monasterio beneficium habere videntur.

13. HABET Hunbertus in beneficium, in pago Wormacinse, in villa nuncupata Wanesheim, cum casa dominicata mansos vestitos serviles VI; ingenuiles vestitos II, absos IV; de prata ad carradas xx, de vineis picturas VI, et silvam communem. Et in ipsa villa habet Friduricus beneficium I. Baldrih habet beneficium in ipso pago, in villa nuncupata illa, cum casa dominicata mansos vestitos serviles v, absos IV; de prata ad carradas xxx, de vineis picturas v, molinum I, et silvam communem.

14. Habet Gerbertus, in ipso pago, in villa illa, beneficium, cum casa dominicata, mansos serviles absos, de vineis picturas v.

15. Meginbartus habet in beneficium, in ipso pago in villa Alusenza, cum casa dominicata mansos vestitos serviles II, absos III; de prata ad carradas xv, de vineis picturam I, molinum I, et silvam communem.

16. Habet Herigis, in ipso pago, in beneficium, in villa illa, mansos vestitos serviles IV, absum I; de vineis picturas II.

17. Waltheri habet in beneficium, in ipso pago, in villa illa, cum casa dominicata mansos vestitos serviles VI, de vineis picturas VI, de prato ad carradas VI; et inter Lorenzen Villare et Hepfanheim et Winolfesheim mansos vestitos serviles II, absos II. Et habet ipse Waltheri, in pago Spirense, in villa Tatastat, ecclesiam I, cum casa dominicata mansos vestitos ingenuiles III; serviles vestitos x, absos I; de vineis picturas v, de prata ad carradas xx. ET SIC CAETERA DE TALIBUS REBUS BREVIARE DEBES.

Item ad breviandum de Peculiis e ministerio ill. Majoris vel ceterorum[a].

18. Invenimus in Asnapio[b] fisco dominico salam regalem ex lapide factam optime : cameras III, solariis totam casam circumdatam, cum pisilibus XI, infra cellarium I, porticus II; alias casas infra curtem ex ligno factas XVII cum totidem cameris et ceteris appendiciis bene compositis; stabulum I, coquinam I, pistrinum I, spicaria II, scuras III, curtem tunimo strenue munitam, cum porta lapidea, et desuper solarium ad dispensandum. Curticulam, similiter tunimo interclusam, ordinabiliter dispositam diversique generis plantatam arboribus. Vestimenta : lectum parandum I, drappos ad discum I parandum; toaclum I. Utensilia : concas aereas II, poculares II, calderos aereos II, ferreum I, sartaginem I, gramalium I, andedam I, farum I, secures II, dolatoriam I, terebros II, asciam I, scalprum I, runcinam I, planam I, falces II, falciculas II, palas ferro paratas II; utensilia lignea ad ministrandum sufficientia. De collaboratu : spelta vetus de anno praeterito, corbes XC, quae possunt fieri de farina pensas CCCL; ordeum, modios C. Praesenti anno fuerunt speltae corbes CX; seminum ex ipsis corbes LX, reliqua reperimus. Frumenti modios C; seminum LX, reliqua reperimus. Siliginis modios XCVIII, seminum totidem; ordei modios mille, DCCC seminum, reliqui repositi; avenae modios CCCCXXX, fabae modium I, pisorum modios XII, de mol. V mod. CCXL, reliqua reperimus. De cambis IV praebendarum mod. DCL ad minorem mensuram, de pont. II; [de] sale mod. LX et sol. II, de ortis IV sol. XI; mel mod. III de censu; butyrum mod. I; lardum de praeterito anno baccones X, novos baccones CC, cum minutia et unctis; formaticos de anno praesenti pensas XLIII. De peculio : jumenta majora capita LI, de anno tertio V, de praeterito VII, de praesenti VII; poledros bimos X, annotinos VIII, emissarios III; boves XVI, asinos II, vaccas cum vitulis L, juvencos XX, vitulos annotinos XXXVIII, tauros III; porcos majores CCLX, porcellos C, verres V; vervices cum agnis CL, agnos annotinos CC, arietes CXX; capras cum hoedis XXX, hoedos annotinos XXX, hircos III; aucas XXX, pullos LXXX, pavones XXII.

De eo quo supra.

19. Item de mansionibus quae ad suprascriptum mansum aspiciunt. In Grisione[c] villa invenimus mansioniles dominicatas, ubi habet scuras III et curtem sepe cir-

[a] Vid. not. a, pag. 298.
[b] Nostro tempore, Eckhardo interprete, Gennep, oppidum milliaribus circiter XLV a Stephanswerdo, haud

procul ab urbe Clivia, occasum versus hibernalem.
[c] Hodie Grieth, ad septimum Clivia lapidem, orientem versus.

cumdatam. Habet ibi hortum I cum arboribus; aucas x, anantes VIII, pullos xxx; casas et curtem sepe munitam. In alia villa reperimus mansioniles dominicatas, et infra scuras III, vineam aripenn. I, hortum cum arboribus I, aucas xv, pullos xx. In villa illa mansioniles dominicatas. Habet scuras II, spicarium I, hortum I, curtem sepe munitam.

Item unde supra.

2 0. MENSURAM modiorum et sestariorum ita invenimus, sicut et in Palatio. Ministeriales non invenimus aurifices, neque argentarios, ferrarios, neque ad venandum, neque in reliquis obsequiis. De herbis hortulanis quas reperimus, id est : lilium, costum, mentam, petresilum, rutam, apium, libesticum, salviam, satureiam, savinam, porrum, allia, tanazitam, mentastram, coliandrum, scalonias, cepas, caules, ravacaules, vittonicam. De arboribus : pirarios, pomarios, mispilarios, persicarios, avelanarios, nucarios, morarios, cotoniarios. Reperimus in illo fisco dominico domum regalem, exterius ex lapide et interius ex ligno bene constructam; cameras II, solaria II; alias casas infra curtem ex ligno factas VIII; pisile cum camera I ordinabiliter constructum; stabulum I, coquina et pistrinum in unum tenentur. Spicaria quinque; granecas III, curtem tunimo circumdatam desuperque spinis munitam, cum porta lignea. Habet desuper solarium, curticulam similiter tunimo interclusam; pomerium contiguum, diversi generis arboribus nemorosum; infra vivarium cum piscibus I; hortum bene compositum I. Vestimenta ad lectum parandum I, drappos ad discum parandum I, toaclam I. Utensilia : concas aereas II, pocularem I, baccinum I; caldaria aerea II, ferreum I; sartaginem I, cramalium I, andedam I, farum I, securem I, dolaturam I, terebros III, scalprum I, asciam I, runcinam I, planam I, falces II, falciculas III, fossoria II, palas ferro paratas II; utensilia lignea sufficienter. De conlaboratu : spelta vetus de anno praeterito corbes LXXX, quae possunt fieri farina pensas CCCC; de anno praesenti spelta corbes XC, quae possunt fieri pensas CCCCL; de ordeo novello ad servitium modii DCC, ad sementem modii DC; lardum vetus de anno praeterito baccones LXXX, novo de nutrimine baccones C, cum minutia et unctis; sunt simul baccones CCCXXX; formatas pensas XXIV. De peculio : jumenta majora, capita LXXIX; pultrellas trimas XXIV, bimas XII, annotinas XIII; puledros bimos VI, annotinos XII; emissarios vel burdones IV; boves XX, asinos II, vaccas cum vitulis XXX, tauros III; alia animalia X; porcos majores CL, minores C; verveces cum agnis LXXX, agnos anniculos LVIII, multones LXXXII; capras cum hoedis XV, anniculos VI; hircos VI; vasa apium L; aucas XL, anantes XVII, pullos C, pavones VIII.

21. Invenimus in illo fisco dominico casam regalem cum cameris ii, totidemque caminatas, cellarium unum, porticus ii; curticulam interclusam, cum tunimo strenue munitam; infra cameras ii, cum totidem pisilibus; mansiones foeminarum iii; capellam ex lapide bene constructam, alias intra curtem casas ligneas ii, spicaria iv, horrea ii, stabulum i, coquinam i, pistrinum i. Curtem sepe munitam, cum portis ligneis ii, et desuper solaria; lectum paratum i, drappos ad discum parandum i, toaclam i. Utensilia : concas aereas ii, poculares ii; caldaria aerea ii, ferreum i, patellam i, securem i, dolaturam i, terebrum i, scalprum i, planum i, utensilia lignea ad ministrandum sufficienter.

De conlaboratu : spelta vetus de anno praeterito, corbes xx, quae possunt fieri farina pensas c; praesenti anno fuerunt de spelta corbes xx; seminavit ex ipsis corbes x, reliqua reperimus. Sigil modii clx; seminavit c, reliqua reperimus. De ordeo mod. ccccl; seminavit ccc, reliqua reperimus. De avena modios cc; seminavit totidem. Lardum vetus de praeterito anno, baccones lx; novello de nutrimine, baccones l, cum minutia et unctis; de censu baccones xv, cum minutia et unctis : sunt simul baccones cxxv.

De peculio : jumenta majora, capita xliiii; putrellas trimas x, bimas xii, anniculos xv; poledros bimos vii; emissarios vel burdones ii; boves xxiiii, vaccas cum vitulis vi, alia animalia v; porcos majores xc, minores lxx; verveces cum agnis cl, anniculos cc; multones viii, capras cum hoedis xx, anniculos xvi, hircos v, aucas x.

22. Repperimus in illo fisco dominico domum regalem, ex ligno ordinabiliter constructam; cameram i, cellarium i, stabolum i, mansiones iii, spicaria ii, coquinam i, pistrinum i, scuras iii; curtem cum tunimo circumdatam et desuper sepe munitam, hortum diversi generis insertum arboribus, portas ligneas ii, vivaria cum piscibus iii. Utensilia : concas aereas ii, poculares aereos ii, cramalium i, andedam i, patellam i, securem i, dolaturam i, terebrum i, scalprum i, palam ferro paratam, utensilia lignea sufficienter. Vestimenta : lectum paratum i, culcitram i, plumacium i, linteos ii, mantile i, mappam i, toaclam i.

De conlaboratu : spelta vetus de anno praeterito, corbes xx, unde possunt fieri farina pensas c; praesenti anno fuerunt spelta corbes xxx, seminavit corbem unum, reliquum repperimus. Lardum vetus de praeterito anno, baccones cc; novello de nutrimine, baccones l, cum minutia et unctis; de censu baccones lxxx, cum minutia et unctis.

De peculio : jumenta majora, capita tantum; putrellas trimas tantum, bimas x, anniculos xi; poledros de tertio anno tantum, bimos x, anniculos v; emissarios ii;

boves tantum, vaccas cum vitulis tantum, juvencos VIII, vitulos anniculos III, taurum I; porcos majores CL, minores C, verbices cum agnis CL, agnos anniculos CC, multones C; capras cum hoedis XXX, anniculos XC, hircos X, aucas XX, anantes IIII.

23. INVENIMUS in Treola fisco dominico, id est casam dominicatam, ex lapide optime factam, cameras II cum totidem caminatis, porticum I, cellarium I, torcularium I, mansiones virorum ex ligno factas III, solarium cum pisili I; alia tecta ex maceria III; spicarium I; scuras II; cortem muro circumdatam cum porta ex lapide facta. Vestimenta : culcitram I, plumarium I, lectarium I, linteum I, coopertorium I, bancalem. Utensilia : ferreolum I, patellam plumbeam I. De vineis dominicis, vino mod. DCCXXX, de censu mod. D. Canabis libras II.

De herbis hortulanis, id est : costum, mentam, livesticum, apium, betas, lilium, abrotanum, tanezatum, salviam, satureiam, neptam, savinam, sclareiam, solsequia, mentastrum, vittonicam, acrimonia, malvas, mismalvas, caulas, cerfolium, coriandrum, porrum, cepas, scalonios, brittolos, alia.

De arboribus : pirarios diversi generis, pomarios diversi generis, mispilarios, persicarios, nucarios, prunarios, avellanarios, morarios, cotoniarios, cerisarios.

Haec est summa de supradictis villis.

24. SUNT in summa : spelta vetus de praeterito anno corbes τωιτ, unde possunt fieri de farina pensae τωιτ; frumentum vetus, et sic de caeteris praeteritis et praesentibus lrl [litterulis ?] numerabis.

V.

(Ex cod. sangermano-pratensi fere coœvo, n° 964, in Biblioth. reg.)

NATIVITAS THOMÆ.

Ad stabulum III.	Letramnus I.
Ad buriam I.	Filibertus I.
Vervecarius I.	XLVI. Isti accipiunt panem sprimatum.
XLVI superadditi.	Matriculari VIIII.
Medici I. III.	Laici XXX.
Albuinus.	De prima camera IIII.
Hartlaium.	De secunda camera X.
Ragemboldus.	De tertia camera II.
Guntvinus.	Ad portam secundam I.
Vulgerus.	Ad domum infirmorum I.

Ad portam mediam I.

Ad portam sancti Albini I.

Carpentarii IIII.

Mationes IIII.

Molendarii x accipiunt panes xv.

Ad piscatores vi.

Ad ortos viii.

Ad buriam vi.

Ad vineam I.

Ad vivarium III.

Verbecarius I.

Tres infantes.

Superadditi.

Ad cellarium viii.

Ad marmorum II.

Erluinus.

Et Wandilt I.

Et Bertuf.

Et Otgerus, I.

Infirmum I. xxi.

Molendarii III.

Panes viii. cvi.

cxxxv.

QUIBUS TEMPORIBUS POTIO DATUR.

viii kal. jan. .... Nativitas Domini ; mor. [i. e. moratum].

vii. kal. jan. .... Stephani : non mor. , sed potio.

vi kal. jan. .... Johannis : non mor., sed potio.

kal. jan. .... Circumcisio Domini : potio.

viii id. jan...... Epiphania : mor.

III kal. feb..... Balthildæ : mor.

IIII non. feb..... Purificatio sanctæ Mariæ : mor.

IIII id. mart . .. Gregorii : potio.

kal. mai..... Philippi et Jacobi : potio.

x kal. jul. .... Paulini : potio.

viii kal. jul. .... Johannis : mor.

III kal. jul. .... Petri et Pauli : mor.

IIII non. jul..... Martini : potio.

xiii kal. agust.... Dedicatio sancti Stephani : potio.

viii kal. agust.... Jacobi : potio.

v kal. agust.... Dedicatio Petri : potio.

III non. agust. .. Inventio Stephani : potio.

IIII id. agust.... Laurentii : potio.

xviii kal. sept..... Assumptio Mariæ.

viiii kal. sept..... Bartholomei : potio.

vi id. sept. .... Nativitas Mariæ : potio.

xi kal. octob.... Mathei : potio.

vii kal. octob.... Firmini : potio.

v kal. novemb.. Simonis et Judæ : potio.

IIII id. novemb. . Martini : non mor., sed potio.

II kal. decemb.. Andreae : non mor., sed potio.

III id. decemb . . Fusciani, Victorici et Gentiani , mor.

xii kal. jan.. ... Thomæ : potio.

In caput Quadragesimæ : potio.

In cena Domini : potio.

In sabbato sancto : potio.

In dominica Pasche : mor.

Per totam ebdomadam : mera.

In medio Paschæ; in ebdomada abbatis.

In Ascensione Domini; in Pentecosten : potio.

v id. jul. sancti Benedicti abbatis : potio.

STATUTA[a] ANTIQUA ABBATIÆ SANCTI PETRI CORBEIENSIS[b].

Brevis[c] quem Adalhardus senex[d], ad Corbeiam regressus, anno incarnationis Domini DCCCXXII, mense januario, indictione quinta decima, imperii vero gloriosi Chluduici Augusti[e] VIII°, fieri jussit.

LIBER PRIMUS[f].

CAPUT I.

Isti sunt provendarii qui omni tempore æqualiter et pleniter in nostris diebus esse debent; et si unus ex eis mortuus fuerit, statim alter restituendus est, ut ille numerus semper sit plenus, et nullus amplius in illo numero addatur. Et quamvis modo sint alii clerici superflui, sicut est Savaricus[g] et aliquanti alii ad illam cellam; vel laici aliqui, sicut sunt[h] ibi ad ipsam cellam[i], et sicut sunt illi Winedi et Gerola et Bruningus Saxo, vel germanus Bituradi, vel si alii adhuc mittantur[j] clerici vel laici, non tamen ad illum numerum CL adjungendi sunt, sed semper separatim habendi et tunc[k] liberandi sunt, secundum quod tunc temporis ille qui præest eis singulis dare jusserit. Isti vero CL uno semper tenore in nostris diebus liberandi sunt, sicut hodie per singulas officinas liberantur; alii sic, alii vero sic : quod ideo hic scribere necesse non fuit, quia ex usu quotidiano[l] tam dantibus quam

[a] Hæc Adalhardi statuta bis fereque continuatim scripta sunt in nostro Codice; prior transcriptio cum lacunis, posterior cum iterationibus, imperfecta tamen, utraque parum congruens et inordinata. Ideoque modo unam modo alteram secuti sumus, prout hæc aut illa magis genuina præbere videbatur, spuriis ad oram conjectis cum variantibus ex Acherio lectionibus, quas tamen ipsas quoque in textum interdum inseruimus. Littera A priorem in ordine transcriptionem indicat, B posteriorem, Ed Acherii editionem.

[b] Conf. Mabill. *Annal. Bened.* l. xxix, c. 16, t. II, p. 465 et 466.

[c] *Breve.* B.

[d] *Senex* deest. B. Ed.

[e] *Agusti.* A.

[f] Nullus in Codice apparet divisionis ordo; attamen quem instruxit Acherius, illum, utut sit, quantum potuimus servandum duximus.

[g] *Salvaricus.* A.

[h] *Sunt* deest. B. Ed.

[i] *Cellam* deest. A.

[j] *Mittuntur.* A.

[k] *Tunc* deest. A. B.

[l] *Cotidiano.* A. B.

accipientibus notissimum est, et ipsi ministeriales habent inde singuli breves suos, id est camararius, cellerarius* et senescalcus.

DE CLERICIS : Pulsantes duodecim; alii clerici septem. Ex his ad cellarium[b] duo, ad lavendariam fratrum unus, ad curticulam abbatis unus, ad domum infirmorum tres. Aliæ vero necessitates quas clerici facere debent, per pulsantes fiant. Et ideo necesse est, ut tales ibi ponantur, qui omnes necessitates interiores facere possint, et de familia nostra sint; nec[c] contradicere quicquam audeant, et, juxta quod esse potest, ut officiales sint, et de ipso officio vel religione sua, post præpositum et decanum, ad custodem[d] sancti Johannis respiciant, nec omnino sine custodia relinquantur, ne, propter aliquam turpitudinem illorum, religio monasterii blasphemetur.

ITEM DE LAICIS : Matricularii duodecim, laici triginta. Ad primam cameram sex, sutores III, cavalarii[e] II, fullo I. Ad secundam cameram decem et septem[f]. Ex his ad cameram unus, fabri grossarii sex, aurifices duo, sutores duo, scutarii duo, pargaminarius I, saminator[g] I, fusarii tres. Ad tertiam cameram III; ad cellarium et dispensam portarii duo; ad domum infirmorum unus; gararii duo; ad lignarium in pistrino unus; ad portam medianam unus; ad portam sancti Albini unus[h]; carpentarii quatuor, mationes[i] quatuor; medici duo; ad casam vasallorum[j] duo. Isti sunt infra monasterium.

ISTI VERO EXTRA MONASTERIUM : Ad molinum duodecim, ad piscariam sex, ad stabulum duo, ad hortos[k] octo, ad buriam septem, ad vineam unus[l], ad vivarium unus[m], ad arboretam novam duo, berbicarii duo.

CAPUT II.

Isti autem sunt dies tredecim in quibus eis, propter amorem Dei et honorem[n] sanctorum dierum, excepto provenda sua, si non amplius, vel talis consolatio

* Cellararius. A. B.
[b] Cellararium. B. — Cellerarium. Ed.
[c] Ne. A.
[d] Custorem. A.
[e] Cavalos. A. B.
[f] Quatuordecim. Ed.
[g] Samiator. A.
[h] Voces, *ad portam sancti Albini unus,* desunt. B. Ed.
[i] Mationes. A.
[j] Vasalsallorum. A. — Vassallorum. Ed.
[k] Ortos. B.
[l] *Ad vineam unus,* deest. B. Ed.
[m] Quinque. Ed.
[n] Horum pro honorem. A. B.

danda est; id est, inter duos panis unus vasallorum[a], talis qui fiunt ex modio uno triginta; et unicuique cujus libet generis pulmenti media libra; et unicuique plenus calix, si fuerit unde, de vino, sin autem de cervisa fratrum : Nativitas Domini, sancto Teophaniæ[b], missa domnæ Balthildis[c], et ipso die de ministerio camerarii; purificatio sanctæ Mariæ; die dominica, initium quadragesimæ; cœna Domini, sancto Paschæ[d], Ascensio Domini, Pentecosten[e], missa sancti Johannis Baptistæ, sancti Petri, sancti Martini, sancti Andreæ.

Et isti[f] sunt dies in quibus eis ab opere publico, excepto necessitate præparandi victus, parcendum est, dies XXIIII : Nativitas Domini, sancti Stephani, sancti Johannis, natale Innocentum[g], octabas[h] Domini, sancto Theophaniæ, missa domnæ Balthildæ, purificatio sanctæ Mariæ; primo die jejuniorum quadragesimæ[i], adeo ut spatium habeant confessiones suas renovare; cœna Domini, Parasceven[j], Sabbato Sancto, quarta feria in Pascha, Rogationes, triduo[k]; Ascensio Domini; sancti Johannis Baptistæ, S. Petri[l], sancti Marcellini[m], sancti Firmini, sancti Martini, sancti Andreæ, vigilia natalis Domini; et illos[n] dies de quatuor temporibus[o].

CAPUT III.

Hæc sunt quæ clericis nostris canonicis suprascriptis, qui specialiter pulsanti[p] dicuntur, dari debent : de vestimento, tunicas[q] duas albas et tertiam de alio[r] colore, et caligas IIII, femoralia duo, soccos filtrinos II, calcearios IIII cum solis novis, exceptis denariis VIII[s] ad calceamentum, wantos[t] II et mulfolas[u] II. Hæc

[a] *Vassallorum.* Ed.

[b] *Teophania.* Ed.

[c] Hic paragraphus et sequens quater iterantur in Codice; in tertia transcriptione legitur *Balthildis*, quod retinuimus; in cæteris inque Acherio, *Balthildæ.*

[d] *Pascha.* Ed.

[e] *Pentecoste.* Ed.

[f] Duæ priores transcriptiones, pariter ac Acherius, hic habent: *Similiter etiam isti sunt dies quibus eis ab opere dominico parcendum est, excepto illud quod* [*quod* deest in Acherio] *ad victum præparandum pertinet.* Duas posteriores sequi maluimus.

[g] *Innocentium.* Ed.

[h] *Octaba.*

[i] *Primo die lunis in quadragesime, ideo ut spatium habeant confessiones suas renovare,* in duabus transcriptionibus; in duabus alteris : *Die lunis primo in quadragesimo, ut et ammoniti sint, et ha-*

beant locum omnes confessiones suas renovandas.

[j] *Parasceve.* Ed.

[k] *Sabbato sancto, si non amplius,* IIII *feria infra ipsa ebdomada; tres dies, Rogationes,* in duabus transcriptionibus posterioribus.

[l] In tertia transcriptione : *sancti Petri et Pauli;* in quarta : *Sancti Petri et S. Pauli.*

[m] *Sancti Mathei vel Sancti Marcellini, qui uno die sunt,* in tertia quartaque transcriptionibus.

[n] *Illi.* Ed.

[o] *Et illos dies de quattuor temporibus,* deest in duabus transcriptionibus posterioribus.

[p] *Pulsantes.* Ed.

[q] *Tonicas.* A. B.

[r] *Alia.* A. B.

[s] *Denariis* VII. A.

[t] *Vantos.* A.

[u] *Muffolas.* A

omnia anno. Cappam vero de sago et pellitiam; cottum aut lectarium sive sagum in tertio anno accipiant. Ista omnia de illo vestimento debent accipere, quod fratres reddunt dum accipiunt novum; et talia de his eligantur illis qualia inveniri possunt utiliora. Ceterum capellæ[a], hroccus, sive cuculla de sago, unde hroccus fieri possit, ad arbitrium prioris erit.

CAPUT IV.

Constituimus ad hospitalem pauperum quotidie dare panes de mixtura factos XLV, librarum trium et dimidiæ, et de frumento vel spelta panes V, quales vasalli[b] accipiunt, ut fiant simul L. Ipsi vero panes isto modio partiantur, id est[c], ut XII pauperes, qui supra noctem ibi manent, accipiant singuli unusquisque panem suum, et in crastinum[d] unusquisque dimidium ad viaticum. Hospitalarii autem duo, qui ibi deserviunt, de suprascripto numero unusquisque panem unum : nam panes V frumentacii debent partiri inter clericos peregrinos qui in refectorium ducuntur ad viaticum, et infirmos qui ibi sustentantur. Ipsam tamen distributionem panum arbitrio committimus hospitalarii; ea videlicet ratione, ut, si venerit major numerus pauperum, aut plus aut minus indigentes sicut sunt[e] inedia defecti, aut pueruli parvuli, ipse discernat juxta quod oportet. Quod si contigerit aliquo tempore minus venire pauperes, ipse hospitalarius et magister ejus, senior portarius, in memoriam omnimodis habeant quanto[f] de suprascripto numero, propter paucitatem venientium, minus dispensatur, ut iterum, cum plures venerint, quod remansit dispensetur.

Cæteris vero pauperibus venientibus, et eadem die recedentibus, solet dari quartarius, vel, sicut diximus, juxta quod hospitalarius præviderit in majori vel minori numero aut necessitate expedire[g]; conpanaticus autem[h] secundum consuetudinem tribuatur.

De potu autem detur quotidie[i] cervisa[j] modius dimidius, id est[k] sextaria VIII; de quibus dividuntur sextaria IIII inter illos XII suprascriptos, ita ut unusquisque accipiat calices II : ex aliis quoque quatuor sextariis[l] datur[m] clericis, quibus pedes

---

[a] *Capella.* B.
[b] *Vassalli.* A. Ed.
[c] *Id est* deest. B. Ed.
[d] *In crastino.* A.
[e] *Sunt* deest. A.
[f] *Quantum.* A.
[g] *Compedire.* B. Ed.

[h] *Aut* pro *autem.* B. Ed.
[i] *Cotidie.* A. B.
[j] *Cervisa* deest. B. Ed.
[k] *Id sunt.* A. B.
[l] *Sex.* B. Ed.
[m] *Dantur.* Ed.

lavantur a fratribus, unicuique calix unus, et Willeranno servitori calix unus.
Quod residuum fuerit in arbitrio hospitalarii relinquimus, quomodo illud sive
infirmis, sive aliis pauperibus dividat.

De laicis autem qui, pro beneficio quod[a] tenent, abbati aut priori vel[b] præpositis, intus aut[c] foris, vel equitando vel aliud[d] servitium faciendo, serviunt;
constituimus ut, in natali Domini et Pascha, habeant aut duo sextaria cervisæ,
aut unum sextarium vini, non hereditario jure, sed pro charitate seu loci honore :
hoc tamen sit in voluntate abbatis et prioris et præpositorum[e].

De vino autem erit in arbitrio prioris. Infirmorum autem necessitatem senior
portarius debet juxta possibilitatem providere, sive in cibo sive in potu, in his
rebus quæ hospitalario desunt ad opus infirmorum.

Si contigerit venire peregrinos de longinquis provinciis, qui suprascriptum
numerum excedant, portarius provideat eis quæ necessaria sunt, ita ut non mi-
nuatur quicquam de his quæ quotidianis diebus deputata sunt.

CAPUT V.

Addimus etiam de companitico in cibos pauperum ad pensas xxx, quæ dantur
inter caseum et lardum, et modios xxx de leguminibus, quintam partem de decima
quam accipit portarius a cellerario de anguillis, vel caseo recente, qui constitutus
est dare de decem berbicariciis, necnon et de illo qui de villis dominicis datur in
decimam. Similiter omnem quintam decimæ de pecudibus, id est, in vitulis, in
berbicibus, vel omnibus quæ dantur de gregibus portario, etiam in caballis.

Insuper disposuimus dare ipsi supracommemorato hospitalario de omni argento
quicquid ad portam venerit quintam partem, per manus portarii senioris. De quo
argento talem voluimus fieri distributionem[f], ut non minus quotidie quam iiii[or]
denarii dentur; et si minor fuerit numerus de ipsa quinta, quam sufficere possit
ad hanc distributionem quotidianam faciendam, abbas, si vult, suppleat aliunde;
et si ultra creverit, non subtrahatur.

Ligna autem providcat portarius pauperibus, secundum consuetudinem, vel
cetera quæ hic scripta non habentur, sicut sunt panni in lectulis vel vasa et cetera

---

[a] Quem. A.
[b] Aut. Ed.
[c] Vel. Ed.
[d] Aliud deest. Ed.
[e] Paragraphus iste totus desideratur. B. — Eadem Acherius in commentario submisit. Voces ex-

tremæ, *et prioris et præpositorum*, ex Acherio suppletæ
sunt; hæ et sequentes, usque post initium cap. iv
lib. II, in hoc priore Codicis exemplari, foliis non-
nullis ibi avulsis, perierunt.
[f] *Volumus fieri dispositionem.* Ed.

quæque. Hæc omnia suprascripta de his quæ ad portam veniunt, propter illud supplementum argenti, sicut supra commemoratum est, dentur. Insuper accipiat hospitalarius a camerario vestimenta vel calciamenta fratrum vetera, pauperibus tribuenda secundum consuetudinem.

Obsecramus igitur omnes quibus ordinandi[a] fuerit officium in hoc monasterio, ut, in largitate ac distributione, Dei potius attendant[b] voluntatem, quam nostræ parcitatis exemplum; quoniam unusquisque est pro se redditurus rationem.

CAPUT VI.

Ratio vel numerus annonæ seu panis, qualiter vel unde vel quantum ad monasterium debeat annis singulis venire, vel qualiter custos panis illud debeat dispensare.

Volumus ut annis singulis veniant de spelta bene ventilata atque mundata corbi DCCL, unusquisque corbus habens modia XII bene coagitata et rasa, ad istum novum modium quem domnus imperator posuit. Et veniat ipsa annona de illis[c] villis quas præpositus specialiter in ministerio habet, et[d], si necesse fuerit, de omnibus; sin autem, de illis quibus ipse cum abbate consideraverit. Istum numerum ideo taliter ordinavimus : ut per dies singulos anni, qui sunt CCCLXV, semper duos corbos habeat; qui simul sunt corbi DCCXXX. Ideo autem XX addere fecimus, ut antea supercrescat, quam deficiat. Et quamvis ipsa annona interdum melior, interdum deterior, et aliquando amplius, aliquando minus de farina reddere soleat; nos tamen mediocriter æstimantes, speramus quod de illis duobus corbis semper X haberi modia possint. Sic[e] ergo singula modia XXX panes CCC. Quia ergo certi sumus quod omni tempore non minus quam CCC, et aliquid amplius, semper intus assidue manentes et supervenientes in monasterio erimus, cum tamen modo non magis quam CCCL simus, nos tamen, quia aliquando minus, aliquando amplius, quam CCCC fortasse sumus, ita ordinare volumus, ac si omni tempore CCCC simus, ut ex eo quando minus quam CCCC sumus, supercrescit, habeat unde abundanter dari possit quando amplius sumus. Raro tamen fit quod amplius simus, cum hoc sæpissime fiat quod multo minus quam CCCC simus.

Addamus ergo ex eo quod de molinis venit quotidie modia IIII[or], et fiunt panes CXX; junge simul, et sunt panes CCCCXX. Ecce habemus non solum ad CCCC, qui raro sunt, sed etiam cotidie ad XX supra, qui rarissime fiunt. Sed quia omnis

---

[a] *Ordinatum.* Ed.   [d] *Et* deest in Cod.

[b] *Attendat*, in Cod. nostro.   [e] *Si* in Cod.

[c] *De ipsis.* Ed.

substantia nostra, quæ per ministros nostros dispensanda est, semper magis volumus
ut supercrescat, quam deficiat, addimus adhuc ex eo quod de molinis venit modium unum, et fiunt quotidie panes cccct de molinis xv. Collecto igitur numero
per singulos dies, fiunt in totum in anno modia vmcccclxxv; addamus etiam xxv[a]
de illis molinis, et fiunt vmd, ex quibus iiimdcl de spelta, reliqua vero mdcccl de
molinis venire debent. Quia ergo, sicut supradiximus, magis ut supercrescat quam
deficiat volumus, idcirco primo corbos xx et insuper quotidie panes supra illos cccc
provendarios, et adhuc modia xxv addere fecimus; cum tamen, sicut supradictum est, sæpius minus quam aut cccc, aut certe ultra cccc esse soleamus.

Et quia ad ipsum molinum boves, porci, aves diversæ, canes et interdum
caballi pascendi sunt, addamus[b] adhuc de ipsis molinis modia cl, et fiunt in totum,
quod de molinis venire debet, modia ii [millia][c]. Hæc interim ita dicta atque
servata sint, quousque pariter considerare valeamus, utrum addere aut subtrahere
aliquid necesse sit.

Verumtamen monemus atque obsecramus custodem panum, ut quicquid
exinde per mensuram vel numerum dierum septimanarum, vel totius anni men-
sium[d] sciri potest, cum omni diligentia scire non negligat, quemadmodum cum
tempus mutationis venerit[e], nobis renuntiare sciat qualiter præsentem annum ad-
ministrando transeat. Et ut hoc levius scire possit, separet inde primo illos provendarios, qui per pensas semper æqualiter et habentur et liberantur, quorum
numerus semper æqualis est, nisi forte aliquando minor, nam nunquam fit major.
Deinde perpendat panem fratrum, quando semel, vel quando bis in die manducant; et ponat semper semotim illum qui ad illorum opus deputatus est, et consideret quantum eo tempore quando semper semel, quantum eo quando semper
bis in die manducant, et quantum in una septimana, in utroque tempore quando
minime, et quantum in una quando maxime impendit; et arbitremur prope eum
invenire posse de quanto valeat pane vel modiis ad eorum opus transire.

In isto numero ponendi sunt omnes qui panem fratrum accipiunt, excepto hospites, qui hunc quotidie[f] non accipiunt. Observet autem ne tantum pariter de
pane fratrum faciat, ut remanendi nimium obdurescat : quod si fecerit, eo tempore quando ille illum numerum probat, ipse panis tollendus est et alter pro eo
ponendus. Quia vero, ut diximus, modo semel, modo bis in die manducamus, et
nunc plures, nunc pauciores sumus, et numerum nostrum quanti esse debeamus

[a] *XX* Ed.   [d] *Mensuum*, in Cod.
[b] *Addimus*, in Cod.   [e] *Nerit*, ibid.
[c] *Modia ducenta*. Ed.   [f] *Ospites, qui hunc cotidie*, ibid.

definire nunquam possumus; si ipse aliam rationem meliorem ad hoc probandum invenire potest, cum Dei gratia faciat.

Similiter de vasallis nostris; similiter etiam ad portam, quorum numerus certus esse non potest, si eodem sensu, quem supra diximus, per dies, per septimanas, per menses, quando minime, quando mediocriter, quando maxime dat, æstimare cœperit, putamus eum omnino[a] invenire posse, unde per totum annum valeat transire. Nam de pulsantis, de scolariis, de reliquis clericis seu laicis nostris vel extraneis, facile sciri potest qualiter eos liberare potest.

Monemus etiam ut hoc considerare non negligat, quod panis ille qui datur non ad unam mensuram omnibus, sed quibusdam major, quibusdam vero minor datur. Et ob hoc necesse est ut de singulis mensuris panum consideret, quanti de majoribus, mediocribus vel minoribus, de uno modio fieri possunt. Et speramus quod hoc facto ei cuncta aperte patebunt.

Ecce ut potuimus, non ut ita semper tenendo firmemus, sed ut incipiendo probare valeamus, qualiter inantea tenere debeamus hoc quod ad monasterium de annona venire debet; sub has divisiones quas supra posuimus hoc bene invenire posse speramus : id est, prima famulorum nostrorum, vel matriculariorum, qui semper æqualiter habendi sunt; secunda fratrum, tertia vasallorum, quarta hospitum, quinta pulsantium vel scholariorum[b]; sexta singulorum huc illucque provendariorum. Ex quibus tamen, ut diximus, nullum qui semper æqualiter habeatur definire numerum possumus.

CAPUT VII.

De molinis vel cambis[c] talis volumus ut sit ratio : Primo ut unicuique molinario mansus et vi bonuaria de terra dentur; quia volumus ut habeat unde ea quæ ei jubentur perficere valeat, et illam molturam salvam faciat : id est, ut boves et reliquam pecuniam habeat, cum quibus laborare possit, unde[d] et ipse et omnis familia ejus possit vivere; porcos, aucas et pullos nutrire; molinum componere; et omne matriamen, quod ad illum molinum emendandum pertinet, adducere; sclusam emendare, molas adducere, et omnia quæ ibidem ad habendum vel faciendum necessaria sunt, et habere possit et facere. Et ideo nolumus ut ullum alium servitium, nec cum carro, nec cum caballo, nec manibus operando, nec arando, nec seminando, nec messes[e] vel prata colligendo, nec braces faciendo, nec hum-

---

[a] *Omni non*, in Cod.
[b] *Pulsaltum vel scolariorum*, in Cod.
[c] *Cambiis*. Ed.
[d] *Ut de*, in Cod.
[e] *Messis*, in Cod.

lonem, nec ligna solvendo, nec quicquam aliud ad opus dominicum faciat; sed tantum sibi et suo molino serviat. Porcos autem, aucas et pullos, quos de suo molino incrassiare[a] debet, de suo nutriat, et òva solvat; et ea, ut diximus, quæ vel molino necesse est facere, vel quæ de molino debent[b] exire, illa tantum studeat procurare. Quod vero supra diximus, ut IIM modiorum ad opus nostrum de molinis ad monasterium venire debuissent, non hoc ideo diximus, ut illam aliam molturam ab illo granario separemus; sed ut ipse hoc anno probare studeat, utrum addere vel subtrahere necesse sit, et ad tantos provendarios, et ad ea opera quæ omni anno in monasterio fiunt, ut sunt vendemiæ, horti, prata[c] et his similia, cum tanto numero per totum annum transire valeat. Volumus etiam ut illa modia anteriora coram illis molinariis ad istum novum modium æstimare faciat, cum omni æqualitate, quanta modia de illis faciant ista, et, secundum hæc modia, quantum eis convenit, sic solvant in antea eorum censum sive de annona sive de brace. Volumus autem ut ipsi molinarii singuli integram causam habeant ad providendum cum rotis VI. Quod si noluerint habere VI, si medietatem de illa causa, id sunt rotæ III, non habeat nisi medietatem de illa terra quæ ad illum mansum pertinet, id est, bonuaria III, et socius ejus alia III; et inter illos duos et integram molturam reddant, et integrum servitium faciant, quantum ad illum unum molinum pertinet, vel de opere, vel de sclusa, vel de ponto, vel de omnibus, quantum singulis molinis deputatum est.

LIBER SECUNDUS.

CAPUT I.

HÆC EST ORDINATIO HORTORUM.

Ut fratres, qui eos laborare debent, sine molestia vel aliqua incommoditate inhonesta possint in eis officium sibi commissum ad communem explere utilitatem; constituimus ut mansiones, quæ ibi necessariæ sunt, et sepes faciant, quandocumque necesse fuerit; et emendent majores de his villis : Ad primum ostium quod[d] est juxta vivarium, de Waniaco et Cipiliaco; ad secundum de Villa; ad tertium de Albiniaco et Cerisiaco; ad quartum de Vernis et Taziaco. Et idem ipsi dent, unusquisque ad hortum cui deservit, in tertio anno aratrum I, jugum cum amblacio et conjunclis[e], quando necesse fuerit, et in quarto erptiam in hortum excolendum semper ad missam sancti Marcellini. Et postquam tempus

---

[a] *Incrastiare*, in Cod.
[b] *Debet.* Ed.
[c] *Parata*, in Cod.
[d] *Hostium qui*, in Cod.
[e] *Cojunclis*, ibid.

venerit quo necessarium fuerit hortos a noxiis purgare herbis, id est, a medio
apreli usque[a] medium octobrium, omnimodis absque negligentia vel aliqua
subtractione, semper finitis viginti diebus, veniat unusquisque de ipsis majoribus
ad illum fratrem hortolanum; cui ipse adjutorium facere debet, videre et interro-
gare quando necesse fuerit sarculatores in illo mittere.

Porricini autem et porri postquam transplantati fuerint, ascaloniæ quoque,
allia[b] atque cepe; hæc tantum debent majores, quandocumque necesse fuerit,
sicut dictum est, purgare; et quandocumque familia ad eamdem convenerint pur-
gationem, major ipse per se, sive decanus, unus ex illis duobus, omnimodis ibi
sit ad providendum ut studiose et utiliter operarii expleant opus suum. Carra vero
accipiant hortolani de bura omni anno secundum consuetudinem. Omnia utensilia
ferrea[c] debent accipere a camerario, qui fabros providet, secundum consuetudinem
communem. Idem si fracta fuerint, ostendat illa camerario, et ipse faciat[d] ea
reparare; aut det illi aliud ferramentum, et recipiat illud fractum. Similiter quocumque modo necesse fuerit reparari ea, a camerario requirantur. Et unusquisque
habeat ad hortum excolendum, sive ad alias necessitates explendas, fossorios vɪ
bessos ɪɪ, secures ɪɪ, dolatoriam; taratra ɪɪ, majus et minus; scalprum ɪ, gulbium ɪ,
falcilia ɪɪ, falcem ɪ, truncos ɪɪ, cultrum ɪ, serram[e] ɪ. Cætera autem vasa ad ipsum
officium pertinentia, sicut sunt vanni, banstæ, vel alia quælibet hujusmodi, quandocumque vetera defecerint, dicat hortolanus abbati, et ipse det ei adjutorium
unde possit alia adquirere.

Constituimus etiam illis dare ad conducendos homines, qui areas levent in
autumno, et plantationes primo tempore facere adjuvent, necnon et sarcolare
herbolas in æstate, cum necesse fuerit, unicuique fratri hortolano per vices panes c
provendaricios, quos panes debet dare frater qui panem providet fratrum; et non
simul, sed juxta quod hortolano necesse fuerit, sic distribuat dispensator illi ipsum
panem, donec numerus, si necesse fuerit hortolano, completus fiat. Detur etiam
unicuique hortolano a cellerario de cervisa modium ɪ, eodem modo sicut et panis
datur, id est non simul, sed per partes, quando et quantum hortolano necesse
fuerit, et ipse eam requisierit, donec mensura prædicta compleatur. Et debet unusquisque modium ɪ accipere de legumine, et unicuique debent dari ab abbate
solidi v per annum, ad conducendos homines, sicut diximus: qui conducticii non
sunt necessarii quærere aliubi, nisi infra monasterium. De cætero unusquisque
frater quidquid de horto suo potuerit adquirere supra servidas, quas fratribus

[a] A medio aprilis ad. Ed.
[b] Alii, in Cod.
[c] Ferre, ibid.
[d] Faciet, in Cod.
[e] Dcerum, ibid.

40.

316   APPENDIX.

facere debent, pleniter absque aliqua deminoratione deferant oportuno tempore
abbati. Bovem disposuimus habere unumquemque suum, quibus[a] sine impedimento hoc solum excolant, quæ ad hortos necessaria sunt. Hoc præcipue commo-
nemus hortolanos, ut lucri facere aliquid turpiter, aut petere vicinos, omnimodis
declinent[b].

CAPUT II.

DE MEIRIS IN FESTIVITATIBUS SANCTORUM.

In nativitate Domini III, in sancti Stephani II, in sancti Johannis II, in natale
Innocentum I, in sancti Silvestri I, octavas[c] Domini I, in Epiphania[d] II, octava
Epiphaniæ[e] I, sanctæ Agnetis I, dedicatio sancti Johannis et Baltildis I, purificatio
sanctæ Mariæ II, sanctæ Agathæ I, sancti Vedasti I, sancti Gregorii I, sancti Benedicti I,
adnuntiatio sanctæ Mariæ I, Philippi et Jacobi II, sancti Johannis Baptistæ I, sancti
Petri II, sancti Pauli I, sancti Martini I, sancti Jacobi I, dedicatio sancti Petri I,
dedicatio sancti Stephani I, sancti Laurentii I, assumptio sanctæ Mariæ I, sancti
Bartholomæi I, sancti Johannis I, nativitas sanctæ Mariæ I, sancti Mathei I,
sancti Mauritii I, sancti Firmini I, sancti Michaelis I, sancti Dionysii I, Simonis
et Judæ I, Omnium Sanctorum II, sancti Quintini I, sancti Martini I, sanctæ Ce-
ciliæ I, sancti Andreæ I, Fusciani et Victorici I, sancti Thomæ I, in cœna Domini II,
in Sabbato Sancto I, in sancto Pascha III et per totam hebdomadam meros[f] II, in
ascensione Domini II, in Pentecosten III, post vindemias I. Dies dominici XLVIII,
sabbatum similiter, festivitates sanctorum L.

CAPUT III.

COMMEMORATIO DE REFECTIONIBUS QUAS CELLERARIUS DEBET FACERE.

De curtilis unam pro Hilmerado episcopo et fratre suo Isengario[g], XVI kal.
junii; altera autem pridie nonas junii, pro Herirado et Gundradane[h]; XIII kal.
maii anniversarius Judit; idibus junii nativitas Karoli regis; XII kal. julii anniversarius Ludowici imperatoris[i].

[a] In pro quibus. Ed.
[b] Post hæc proxime succedit in Cod. caput II
libri I; quod jam supra dedimus.
[c] Octava. Ed.
[d] In Theophania. Ed.
[e] Octavas Epiphania, in Cod.
[f] Meros deest. Ed.

[g] Hengario. Ed.
[h] Herirardo et Gundradone. Ed.
[i] Hæc profecto Adalhardi esse non possunt,
quippe cui non Judith solum, sed etiam Ludovicus
Pius diu superstites fuere. Acher. — Capiti huic
proxime succedit in Cod. caput quod inferius legetur
sub n° v.

CAPUT IV.

§ 1. Hæc quoque breviter de his quæ infra ecclesiam horis quibus opus Dei cele-
bratur strictim commemoratis, salva ut semper et anteposita diligentiore, seu
præstantiore, cui Dominus dederit[a], ratione vel ordine, hæc non ab re adjungenda
videntur. Si æstivum tempus fuerit, peractis his horis, post quas continuo in
refectorio generaliter eundum est, oportet ut omnes cum silentio in ecclesia sub-
sistant, quousque, audito signo, caute reverentiam Deo dantes exeant, et cum
præfato silentio intrantes, et residentes, et exeuntes de refectorio, singuli ad ea
quæ tunc secundum tempus ratio docuerit, vel jussum fuerit, adtendant. Si autem
hyemps fuerit, et calefaciendi necessitas ingruerit, prout ei qui præest visum fuerit,
sive ante seu post peractum officium aliquod intervallum fiat, quando se calefacere
possint; sin autem, in ecclesia exspectent, ut supra. Hæc etiam de his.

De dormitorio, in hoc omnia apud eos, qui hoc digne intelligere volunt,
complecti possunt, quod nullo tempore aliquid ibi inhonestum vel inhoneste fieri
debet; et ut aliqua ex his ad memoriam reducantur, per quæ cætera his similia
nequaquam obliviscendo contempnantur. Quando loqui licet, quia locutio semper
ibi servanda est, sive duo, seu tres, seu etiam plures, sicuti fieri solet quando
de capitulo surgunt, conjungantur. Quando vero dormiendi tempus fuerit, sive
in die, sive in nocte, sicut silentium funditus in ore, ita in incessu, ut nullus
injuriam patiatur, summa cautela esse debet. Nemo vestimenta sua excutere, nemo
incaute ascendere, vel descendere de lecto debet, vel cetera his similia, quæ stre-
pitu, vel cujuslibet incommodo[b] sonitum reddant, incaute agere debet; sed et
omni tempore, ut prædictum est, omnis ibi cautela servanda[c] est, vel propter
honestatem, vel propter infirmorum requiem, ne si forte aliquis ibidem necessitate
coactus requiescere optat[d], alterius improbitate turbetur. Quod si aliquis etiam ad
legendum in lectulo suo resederit, nequaquam alterum sibi ibidem ad colloquium
conjungat; sed si necessitatem loquendi diutius habuerint, exeant foras, et ibi
loquantur. Nam longe alterum[e] ab altero positum propter sonum, nec duos conse-
dentes vel stantes propter domus ipsius honestatem vel consuetudinem, colloquium
habere nequaquam oportet. Hæc etiam inter cætera plurima quæ in dormitorio

[a] Quæ præcedunt, a capitis initio, desunt in Codice, itaque ea ex Acherio supplevimus, cujus caput VI libri II hoc nostrum caput IV factum est. Hinc inde usque ad calcem ordinem Codicis nostri, non acherianæ editionis, servavimus, novaque capita cum novis capitum numeris admisimus
[b] *Incommodum*, in Cod.
[c] *Servandum*, ibid.
[d] *Obtat*, ibid.
[e] *Alter*, ibid.

servanda sunt breviter dicta, ne quasi pro nichilo a quibuslibet insipientibus, vel
ultra quam debent prementibus contemnantur, non solum a præposito, decano,
seu ceteris decanis, omni tempore non mediocriter, sed ab ipsis etiam circinnato-
ribus, horis quibus vacant fratres lectioni[a], observanda, et inventa arctius casti-
ganda sunt. In piselo vero, tempore quando illo uti necesse est, eadem pene in
omnibus, excepto quod ad dormiendum pertinet, cautela et honestas servanda est,
quæ de dormitorio diximus; et si forte quædam ad eamdem domum specialiter pertinent, ut est de pannis infusis qui suspenduntur, de pigritantibus et somnolentis,
et propter caloris suavitatem minus attente legentibus, et si qua his similia, ex usu
quotidiano quid exinde faciendum sit nullus ignorat, qui hujusmodi[b] ad providendum sollicitudinem impositam quantulamcunque portat. Cum vero horæ incompe-
tentes transierint, et tam colloquendi quam conjungendi tempus licitum advenerit,
semper tamen ibi, sicut et in cæteris omnibus locis, sive pauciores sive plures fuerint, in loquendo et agendo sæpe commemorata honestas servanda est, nec unquam
postponenda aut contemnenda.

CAPUT V.

ORDINATIO REFECTORII SIVE COQUINÆ FRATRUM[c].

In administratione autem refectorii, interim quousque aliter, sicut et in cæteris
habitaculis nostris diximus, melius aliquid invenitur, talis fortasse non inconvenienter debet servari ratio. Inprimis cellerarius junior omnibus fratribus eminam[d]
suam sub æquali mensura anteponat. Deinde si propter aliquam necessitatem
cujuslibet temporis, hospitum, et inæqualitatem aeris, necesse fuerit, deputetur
ei talis frater maturus, de cujus conscientia omnes securi sint, ut nulli quicquam
debeat nisi legitima mensura[e] addere vel subtrahere. Si vero domnus abbas aut
præpositus vel decanus, propter cujuslibet infirmitatem, die, duobus, tribus, vel
aliquanto amplius, ei potum mutare præceperit, non tamen ullo modo ipse junior
cellerarius, aut ille qui ei solatium præstat, aut alteri dare, aut ultra denominatos
dies eidem id ipsum dando protendere præsumat. Cætera autem omnia ad legitimam
honestatem pertinentia, quæ vel causa hospitum, vel mensæ seniorum, vel generaliter fratrum omnium, administranda vel procuranda sunt, ad ejusdem curam

[a] *Lectionem*, in Cod.
[b] *Hujus regi*, ibid.
[c] Titulus deest. B. Ed. — Hic iterum, quæ paulo

ante defecerat, nobis subvenit posterior transcriptio.
[d] *Geminam*. B. Ed.
[e] *Legitimam mensuram*. A.

junioris cellerarii pertinere debent, ne aliquid ibi intrantes, exeuntes aut commorantes, sive, ut dictum est, supervenientes, in usu vel qualibet minus digna procurata munditia offendat. Ea autem quæ specialiter ad cocos pertinent, ipsi quidem cum summo studio eadem providere debent. Sed[a] tamen præfatus cellerarius nequaquam præfatam sollicitudinem postponere debet, sed semper caute providere et admonere, ne præfati coci ea quæ sibi commissa sunt, nullatenus præsumant, quousque hebdomada expleta, secundum quod Regula præcipit, vasa ministerii sui munda et integra restituant.

Senior autem cellerarius, tam interius quam exterius, id est, vel in refectorio, vel in coquina, vel in his habitaculis quæ ad coquinam pertinent, in omnibus et pro omnibus sollicitudinem gerat, ne quis ibi aliter agendo[b], loquendo intemperanter, vel se, vel ea quæ[c] agit, tractare præsumat, nisi secundum quod religioni nostræ omnino conveniat. Nec quærendum nec exigendum ab eodem cellerario est, ut ipse ac si propria devotione in præparandis[d] pulmentis se ingerat, et præfatam sollicitudinem ob hoc in aliquo postponat; sed potius, secundum Regulæ auctoritatem, aliud solatium, si opus fuerit, requirat, ut ipse quidem semper[e] hinc et inde ad ea quæ Dei sunt providenda liber remaneat. Hæc non ideo dicimus, ut ejus devotioni, quando absque offendiculo præfati[f] sollicitudinis fieri potest, obsistamus, sed ne dum se in his quæ ad eum eo[g] tempore non pertinent, ac si devotius[h] immergit, certam sibi impositam providendi necessitatem postponere præsumat.

CAPUT VI.

Sed[i] ne cellerarius dicat nescire se de quibus et in quibus præfati coci admonendi sint, ut agant vel non agant, hæc inter cætera principaliter observanda sunt. Inprimis de omni re, quæ ad hoc officium eo tempore non prodest, ut silentium teneatur; deinde ut ipsum silentium cum fructu alterius mercedis ab omnibus illis ibi servari possit, psalmi sine intermissione cantandi sunt; et quandiu duo ex illis adsunt, nunquam iidem psalmi prætermittendi. Et cum contigerit ut aliqui ex ipsis, propter quamlibet necessitatem administrandam, longius discesserit, et ob

[a] Si. B.
[b] Agenda. A.
[c] Quæ deest. A.
[d] Increpandis. A.
[e] Super. B. Ed.
[f] Præfatæ. Ed.
[g] Eo deest. Ed.

[b] Devotus. A.
[i] A vocibus brevi secuturis, Hæc inter cætera principaliter observanda sunt, caput IV in Acherio incipit; ne autem mens orationis suspensa, ut ibi, hæreret, sectionem anticipandam duximus, minime omnino obstante Codice, cujus partes, ut monuimus, sunt parum distinctæ numerisque prorsus destitutæ.

hoc solus fortasse inchoatum psalmum cantare non poterit, mox ut reversus fuerit,
in loco in quo cæteros psallentes invenerit, ingrediatur, et cum eis, quandiu cum
ipsis est, cantare studeat. Similiter quoque si alter tertiusve[a] discesserit, revertens
psallentibus se conjungat.

Quod si etiam talis evenerit causa, sicut nonnunquam fieri solet, ut omnes
quidem ita occupentur, ut nullus memoria[b] cantando percurrere liceat, mox ut
cuilibet[c] vacaverit intermissum psalmum in loco quo eum dimiserit, repetat, et
ceteri omnes quibus vacat cum eo pariter in laude Domini ora permoveant. Sed et
si ita forte evenerit, ut nulli occurrat quo loco inchoatum psalmum dimiserit, ubi
vicinius retro cecinisse memoriæ[d] occurrit, ibi incipiat, et opus cœptum non ne-
gligant, quousque consummatis omnibus, cum quibus et in quibus idem studium servari potuit. Et tunc singuli, prout ratio docet, ad ea quæ restant, servato
semper, quantum possibile fuerit, silentio, redeant. Sed ne cui hæc propter priorem
sermonem a mente ceciderint, idcirco breviter repetimus tria esse in quibus hæc
omnia[e] constant : id est, ut aut a non[f] necessariis tacere, aut necessaria dicere,
aut psalmos cantare. Sed et hoc nequaquam, quasi propter servandum ordinem,
negligendum est. Cum fortasse idem ordo juniores omnes, aut etiam minus sapientes
vel constantes, in coquinam mittere poposcerit[g], ut, prætermisso eodem loco, aliquis[h] junioribus[i] senior constans addatur, qui et se et ceteros, zelo Dei ductus,
custodire studeat; et transacto servitutis suæ tempore, iterum ille, qui tunc propter
talem rationem transilitus[j] est, mixtus cum senioribus ingrediatur, ac sic omni
tempore omnimodis observetur, ut nunquam tantummodo sive propter defessam
ætatem fatui, sive propter juventutem minus perfecti, illi solummodo mittantur,
de quibus in nullo ejusmodi conservandi justitiam fiducia habeatur; sed semper, ut
præmissum est, unus aut duo ita maturi[k] hebdomadis singulis mittantur, ut et
interius voluntas Dei, et exterius[l] condigna semper sobrietas custodiatur.

At si quis dicere[m] voluerit non ita oportere fieri, sed secundum ordinem quomodo per mensas sedent, ita semper ordo tenendus est; nequaquam ille audiendus
est, sed fortiter cur aliter sentiat objurgandus; et si non ab hac temeritate quie-
verit[n], et patienter obediens fuerit, acrius coerceatur, quousque saniori consilio

---

[a] *Similiter quoque alter tertius, si inde decesserit.* Ed.
[b] *Nullius memoriam.* A. B.
[c] *Mox cuilibet.* A. B.
[d] *Memoria.* Ed.
[e] *Hæc omnia deest.* Ed.
[f] *Non deest.* B. Ed.
[g] *Poposcerat.* A.
[h] *Aliquem.* B. Ed.

[i] *Ex junioribus.* B.
[j] *Transitus.* Ed.
[k] *Maturis.* A. — *Matures.* B.
[l] *Voluntas Dei, tu fili, et exterius.* B. — *Voluntas Dei, ut filii, et exterius.* Ed.
[m] *Docere.* Ed.
[n] *Quiescerit.* B. Ed.

obediat. Hæc idcirco propter simpliciores, vel, quod majus est, ut ita dicam, stultiores, sic aperte et multipliciter dicimus, ne quis se de ignorantia excuset. Ut autem hæc ita servari possint, semper decanus et cellerarius per plures dies antea provideant, quomodo ista dispositio nullatenus turbetur, neque per occasionem infirmitatis alicujus, neque propter, si evenerit, itineris causam, vel propter quamlibet novam surgentem necessitatem, vel etiam propter domni abbatis aut præpositi quamcumque jussionem. His ita propter perpetuam custodiam præmissis, illud quoque postponendum non est, ut cellerarius semper, quando ei vacat, illas administrationes manu propria singulis anteponat; ne alter ei majus minusve quam debeat, propter cujuslibet gratiam dando, excedat; et ipse, qui[a] singulorum infirmitates vel necessitates scire debet, prout certa et recta necessitas poposcerit cuncta[b] distribuat. Si vero ei non vacaverit, tunc ille[c] cui ipse jusserit, vice sua hoc faciat, cavens semper ne aliquod vitium ibi oriri incipiat. Hæc etiam de his[d].

CAPUT VII.

De laicis autem hæc est una et definita sententia. Ut quandiu ibi aut pulmentaria præparantur, aut præparata ministrantur, sive quando fratres prius generaliter, sive quando postmodum ministri[e] reficiuntur, nullus ingrediatur. Si vero talia aliqua, aut prius præparanda, aut postmodum mundanda vel curanda fuerint, quæ laicis deputata sint, fenestra, aut ostium, aut locus, extra coquinam talis constitutus sit, ubi fratres vel præparanda suscipiant, vel mundanda[f] referant, ubi ea illi vel ponere, vel posita recipere possint; ut tamen nullam occasionem, pro qua coquinam ingrediantur, habeant. De quibus hæc interim memoriæ occurrunt, ut sunt herbæ cujuslibet generis, unde pulmentarium fieri debeat, adferendæ, mundandæ, ordinandæ. Similiter pisces, quando opus fuerit exinterandi, exquamandi; legumina diversi generis lavanda vel præparanda, sive cetera vel his similia, quæ tamen omnia extra coquinam in locis sibi deputatis plenissime et honestissime, quotiens necesse fuerit, agere studeant; et in loco apto ubi a fratribus congrue suscipi possint, studiosissime ponere vel componere studeant; et tamen, ut dictum est, ab ingressu coquinæ prædictis temporibus funditus abstineant. Ligna quoque similiter quæ comportanda, scindenda vel congrue præparanda sunt, per fenestram, ut diximus, aut per oportunum introitum ita abundanter immittantur, ut nec illis introire ad fratres, nec fratres ob hoc ad eos exire necesse sit. Forsitan enim hæc[a] alicui tam multipliciter dicta increscunt, sed nos[b] magis elegimus singula, prout necessaria videntur, singulariter ordinando dicere, quam alicui, acsi nesciat quid facere debeat, occasionem excedendi relinquere. Cellerarius autem hæc omnia, prout ei vacaverit, diebus singulis, ne quid ibi vitium nascatur, providere studeat, quousque, Deo auctore, quicquid ibi rite et honeste agendum est in consuetudinem veniat, ut nullusquamlibet novitius propter ignorantiam excedat. Idcirco autem hæc omnia ad providentiam cellerarii flectimus[c], quia ei nullum in ipso officio vel officina rebellem aut contradicentem esse volumus aut permittimus. Sed et si, quod absit, contigerit ut ipse cellerarius, senior aut junior, hæc et his similia quæ ad hoc pertinent, caute non servaverit, et secundum[d] regulam[e] admonitus non se correxerit; ipse quidem, si ad permanendum dignus non fuerit, cum condigna invectione exeat : ordo vero inconfusus et imperturbatus permaneat.

CAPUT VIII.

DE PROVENDARIIS[f].

De porta autem monasterii, vel quæ ad eam pertinent, idcirco inter hæc quæ superius complexa sunt, nil inserere voluimus; quia quæcumque ad eam vel ministros ejus pertinent de decimis, Domino insinuante, per se semotim disponendum judicavimus. Unde primo loco illud commemorandum est, ut de provendariis, qui ibi servire debent, certa discretio servetur, ut et sufficienter sint, et ultra quam necesse est nullo modo sint, quia ipsi de eadem decima et pascendi et vestiendi sunt, ea mensura quæ eis competit; ita ut nec penuriam patiantur, nec aliqua superfluitate distendantur. Visum est igitur nobis in decem provendariis ad eos qui hospites suscipere et eis servire debent sufficere posse. Similiter ut ipsi provendarii eadem qualitate et quantitate cibi et potus, sicut cæteri provendarii nostri, sustententur : id est, ut pensam quidem secundum cæterorum consuetudinem per mensem; similiter panem et potum, secundum eorumdem consuetudinem, accipiant; vestimenta autem et calceamenta, sicut supradictum est, mensurate accipiant, ita ut nec nuditate nec aliqua turpitudine squaleant, nec tamen e contra ultra mensuram suam exigere præsumant. Hæc de provendariis.

De pane autem et cervisa ista erit consideratio, ut, sicut ipsi portarii de decimis

[a] *Forsitan enim nec hæc.* Ed.
[b] *Ut si nos.* Ed.
[c] *Refectimus.* A.
[d] *Secundo.* Ed.

[e] *Regulam* deest. B. Ed.
[f] Hic titulus manu recentiore scriptus est in Cod.
[g] Paragraphus iste omnino deest apud Acherium.

quæ eis dantur, annonam et braces de suo dant, ita quoque ligna similiter dent, juxta quod in utroque ad suum opus præparandi ipsi cum cæteris ministris consideraverint necessarium esse. Unde necesse erit, ut omnia ligna, quæ familia nostra generaliter ad annualem necessitatem ad monasterium adducit, sicut cætera omnia; decimata fiant, et semotim ponantur, in ipsa tamen clausura. Et hoc ideo, ne forte cum portariis ligna ad alios usus, quæ ipsi ex sua sollicitudine providere debent, deficere cœperint, ipsi ad ea quæ supra diximus manum mittant, et in utraque parte decepti [a] fiant, sicut hoc anno factum vidimus. Et ideo ligna quæ ad suscipiendos hospites, vel ad cæteras omnes necessitates, ad totius anni spatium, ad portam necessaria fuerint, æstivo tempore erga portam monasterii comparata fiant, et in locis oportunis servanda collocata; ut semper eis qui merito accipere debent, in omni hospitio, sufficiant, et tamen ab omni fraude tuta permaneant. Idcirco autem eadem ligna, licet carius sit, circa monasterium comparare diximus, ne vagandi acsi ad conducendum, et ob hoc levius comparandi occasionem dedisse videremur. His ita et jam specialiter de lignorum providentia dispositis, transeamus ad cætera.

CAPUT IX.

Videtur igitur nobis, si omnis decima de omnibus et in omnibus, sicut [b] constitutum est, datur, ut omnino ad omnes hujus modi necessitates divitum vel pauperum sufficere debeat: id est, vel de his quæ ad monasterium, elemosynæ causa, ecclesiis vel fratribus in diversis corporalibus speciebus vel mobilibus rebus sponte condonantur [c], similiter quicquid in diversis laborationibus quolibet modo adquiritur, vel in variis peculium [d] generibus enutritur, vel in ipsis peculiis, Deo dispensante, sine humana providentia sponte producitur, ut est lac et lana; similiter fenum, vel quæ in arboribus gratis nascuntur, ut est pastio, vel diversi generis fructus, quantum possibilitas admittit, data fuerint, secundum qualitatem vel quantitatem singularum rerum, juxta quod tempus permiserit, sufficere possint. Et ut manifestius quod dicimus elucescat, primo de nostris villis quæ in Ambianense, Atrapatinse, seu Belvacense sitæ sunt, pleniter omnia, sicut supra commemoratum est, dantur; deinde, si forte, propter longiorem viam, possibilitas adducendi familiæ non fuerit, bonum exinde restat, Domino insinuante, consilium, ut propter hoc nec decima remaneat, nec ullum in pauperibus generetur peccatum [e]

[a] *Decepta.* A.
[b] *Si.* A.
[c] *Condonamur.* A. Ed.
[d] *Peculam.* Ed.
[e] Hic desinit Acherius; cætera quæ sequuntur nunc primum in lucem prodeunt.

41.

id est, ut omnis illa quantitas vel qualitas laborationis, quæ in longioribus locis
adcreverit, et ob hoc quamvis in spelta fieri possit, in garbas tamen et feno impos-
sibile fuerit, restat tamen, Deo inspirante, ex alia parte salubre consilium, ut nec
familia conteratur, nec decima retrahatur. Sed antequam id ipsum quomodo rationabiliter fieri possit dicamus, obsecramus bonitatem omnium qui hæc administrare
debent, ne ea illis aut inpossibilia appareant, aut in fastidium veniant, si aliquid,
propter satisfactionem presentium vel futurorum, paulo longius dicendo et ratio-
cinando extendimus, dum, ut præmissum est, per hoc qualiter et secundum Deum
sine peccato, et secundum seculum sine aliquo detrimento, fieri possit, satisfa-
cere querimus. Videtur igitur nobis nullum esse malum, immo, propter rationem
superius premissam, non modicum esse bonum, si omnis illa laboratio quæ per
manipulos decimari potest, ut pleniter singulæ annonæ in suo genere decimatæ
fiant, et insuper per veram exactionem probata fiant quanti manipuli modium[a]
reddant. Similiter illud omnino observandum est, ut de singulis campis singulæ
annonæ per se decimatæ fiant; quia quamvis, sicut omnes novimus, unius generis
sint, non tamen equaliter bonæ et fructuosæ in omnibus campis fiunt; et ideo
necesse est, ut homines in villis singulis ad hoc agendum Deum timentes eligantur, eisque a magistris suis fortissime præcipiantur, ut nullam hinc aut inde fraudem
facere præsumant, ut vel majus vel minus quam sicut veritas est dicant. Hæc
autem ideo prosecuti sumus, ut, cum per veram rationem probatum fuerit,
quanta modia de singulis annonis, si omnes manipuli decimati excutiuntur, ad
decimam venire debuissent, nulla remaneat dubitatio qualiter in alio loco restaurari possint. Similiter de feno diligenter et equaliter considerandum et nume-
randum est, quanta carra ad decimam veniant, ut eadem qualitate[b] in alio loco
restitui valeant. Cur[c] autem talem rationem, quæ forsitan quibusdam superflua
videri potest, describendo præmisimus, melius ostendimus si per villas denomi-
natas[d] id ipsum plenius demonstramus. Ecce etenim cuncti novimus, quod de
Waliaco et Montiaco, de Haiono quoque Villare et de Domno Aglino, sicut et in
ceteris quibusdam locis, non solum grave, sed etiam pene inpossibile est, ut illæ
annonæ quæ in manipulos colliguntur, aut fenum quod ibidem collectum recon-
ditur, ad monasterium deduci possit sine gravi valde afflictione familiæ. Quod si
ibidem excutitur, et tantummodo annona aut venundatur aut adducatur, palea
omnis quæ eis similiter in hieme, secundum suam qualitatem, necessaria est,
inutilis remanet, cujus, ut diximus, profectus pene similiter necessarius esset. Quamobrem, si hinc et inde vel juxta villarum magnitudinem, vel singulorum annorum

[a] *Modicum.* A.
[b] *Qualitatem.* A.
[c] *Qaur,* in Cod.
[d] *Nominatas.* A.

frugum quantitatem, causa perpenditur, fortasse non inconvenienter de propinquioribus villis duplex decima datur, et illa supra enumerata, vel decimæ demino-
ratio, vel familiæ afflictio, facillime declinatur. Sed ne obscurum sit quod dicimus,
aut ad quem finem dicendo pervenire volumus, necesse est ut villas aliquas deno-
minemus, inter quas talis commutatio sine detrimento fieri potest. Jungamus ergo
Waliacum et Vernum, ut, cum illa decima data fuerit et perducta ad monasterium
quæ de Verno[a] est, tunc veniat ille missus et brevis qui illam decimam in Waliaco
dinumeravit, et faciat de ipsis manipulis per diversa genera annonæ probationem
in Vernis quantum ad æqualitatem ejusdem decimæ quæ ad Waliacum dinumerata
est, conveniat; et tunc ipsa decima ad monasterium deducta, sive in manipulis
integris et non excussis, sive in feno pleniter veniat. Hoc tamen sciendum, quia
nullatenus volumus ut illa familia per imperium ipsam secundam decimam ad monasterium deducat, sed ipse portarius sibi carra cum pretio conducat, secundum
quod tunc tempus fuerit, et ipsa carra locare potuerit. Et haec non ita dicimus, ut
ipse portarius aut illam decimam ad Waliacum examinandam vel ad istam iterum
ad equalitatem ejus æstimandam, per se ipsum vadat et faciat, sed ut per præpositum et per actorem villarum tales ministri Deum timentes et fidem in omnibus
fideliter servantes eligantur, qui hoc et ibi et hic absque ulla fraude perficiant, et
portarius inde nullam sollicitudinem, excepto ad suscipiendum, habeat. Per brevem
tamen de singulis locis omni anno semper omnia suscipiat, ut, si necesse fuerit,
cognosci possit utrum ipsi ministri hoc fideliter peregissent. Haec exempli causa de
his duabus villis dicta sufficiant, ut ad hanc similitudinem ceteræ villæ duæ et duæ,
una longius et altera vicinius posita, conjungantur, prout oportunius et aptius
conjungi possunt, ut eo modo, sicut supra intimatum est, de vicinioribus duplex
decima detur ut et eadem sæpe dicta decima pleniter ad monasterium absque ullo
detrimento vel deminoratione perducatur, et familia nullatenus affligatur : id est,
Montiacus et Albiniacus, Templum Martis et Vila, Habronastus cum Campania et
Waniacus, Fortiaca Villa cum Walhono Curte et Saliacus, Filcono Villaris et
Tittono Montis, Haiono Villaris et Tanedas, Domnus Aglinus et Domnus Audoinus. Paliortus vero, Alas, Haiono Curtis et Arvillaris[b], Cipiliacus, Cirisiacus,
Galliacus, Wadono Curtis[c], unusquisque tantum decimam suam simplicem solvat.
Ideo autem easdem villas ita dimisimus, quia nec tam longæ sunt, ut decimas suas
adducere non possint, aut, si forte in aliquo loco[d] aut laboratus non creverit et
tempestas abstulerit, et in ipsis remanserit ut aliquid semper supersit, unde hoc
restaurari possit.

[a] *Verna.* B.
[b] *Haionocurtis et Arvillaris* deest. B.
[c] *Galiacus, Wadoni Curtis.* B.
[d] *Loco* deest. A.

Quod si alius ordo vel alia conjunctio prædictarum villarum melius inveniri potest, non recusamus ut fiat; ita tamen ut, sicut supra diximus, prædictá ratio firmiter permaneat, et, quantum esse potest, ipsa duplex decima in propinquioribus villis fiat, propter gravationem portarii, qui ipsa carra, sicut præmissum est, conducere debet. De pretio autem, unde illa carra conduci debent, portarius per discipulum suum quicquid agendum est agat; quia turpe est ut ipse hoc per se faciat, quasi nullum hominem invenire valeat, cui merito credere debeat.

Spelta autem aut [a] ordeum, qui similiter cum medula sicut spelta colligitur, de singulis villis ubi [b] nascuntur, ex jussione dominica, adducantur. Similiter linum, lana, naves et omnia legumina, quæ universa, priusquam inde sementia separetur, decimanda sunt, ut nihil in singulis locis non decimatum remaneat. De hortis [c] vero, juxta quod consuetudo in singulis locis [d] laborandum est, sicut sunt porri, ascaloniæ, algi, vel cetera his similia ; quæ rationabiliter venundari possunt, venundentur aut contra denarios aut contra annona, et ad portarium deferatur. De fructu quoque ubi et unde rationabiliter fieri potest, similiter fiat ; vel si quæ aliæ quæcumque minutæ laborationes fiunt, similiter ex eis faciendum est [e]. Tecta vero et coopertura tectorum, ubi annonæ recunduntur, ad præpositum pertineat, qui disponat qualiter congrue haec fieri possint : nobis quoque videtur, quod aptissime ex Verno et Saliaco et Cirisiaco et Galiaco fieri possit, nisi melius aliter invenerit.

CAPUT X.

Haec interim de his satis dicta sunt [f]; nunc de omni peculio et nutrimento videndum est. Sed antequam aliquid inde specialiter de singulis pecudibus discernatur, hoc generaliter de omnibus servari volumus, ut quantæ decadæ de omni nutrimento quadrupedum fierint [g] decimus detur. Si vero ultra decadas novem remanserint, nonus detur; similiter si octo, octavus; si septem, septimus; atque ita usque ad unum; et si amplius ultra decadas quam unus non fuerit, ipse unus detur. In qua decimatione illud præceptum Domini diligenter servandum est, ut non eligatur nec mutetur alter pro altero, id est, nec bono inferius, nec inferiore melius, sed quale unum post unum per foramen [h] cujuslibet clausuræ transeuntes decimum occurrerit, illud detur. Si vero decim non fuerint, detur nonum, vel octavum vel ipsum unum, si amplius non fuerit, sicut supra dictum est.

---

[a] *Aut* deest. A.
[b] *Ibi.* A.
[c] *Ortis* hic et fere ubique in Cod. pro *hortis.*
[d] *Non decimatum remaneat* hic iteratur. B.

[e] Quæ sequuntur ad finem usque capitis desunt. B.
[f] *Sint.* B.
[g] *Fuerint.* B.
[h] *Perforamus.* B.

Primo autem de jumentis. Mox ut omnes ejusdem anni pulletri nati fuerint, decimandi sunt, et ita a pastore gregis usque dum annum habeant, sicut et ceteri[a], diligenter servandi : similiter si portarius voluerit, usque dum duos annos habeant custodiendi sunt. Si vero prius eos portarius tollere voluerit, in ejus potestate sit : ultra tamen duos annos eos ibi non dimittat, sed aut venundando, aut quolibet modo commutando, in obsequium præfatæ portæ convertere studeat. Idcirco autem eos non multo postquam nati fuerint decimari volumus, ut si forte aliquis ex eis per humanam negligentiam perierit, sciat ille per cujus neglectum evenerit, quia portario hoc componere et non actori vel majori debet. Similiter autem in decimando, vel per biennium in nutriendo vel conservando, de vitulis omnibus agendum est; lactis vero fructus ad monasterium decimandus est.

De agnis quoque decimandis, vel usque biennium nutriendis, similis per omnia forma servetur. Lana vero illorum tota portario reddatur. Reliqua autem lana in ipsa tonsura ovium, sive majorum sive minorum, seu agnorum, absque ulla electione bonitatis vel coloris vel magnitudinis, mox per ipsa vellera decimetur, et portario ad monasterium deferatur. Lac autem, ut supra de vaccis diximus, ad monasterium decimetur.

De hœdibus quoque decimandis et nutriendis similis ratio, sicut de agnis diximus, per omnia servetur. Et si lac caprarum ad monasterium defertur, ibi decimetur; sin autem in ipsa villa ubicunque capræ fuerint, actor et major provideant, ut omnino per caseos juste decimatum fiat. Et quicquid inde decimum adcreverit, singulis[b] mensibus ad portam delatum fiat, nec[c] ultra servatum inutile proveniat.

De porcis autem quia difficilis ratio est, propter necessaria et incerta tempora illorum generandi et pariendi, ut ita ordinari possint sicut de ceteris pecudibus supra ordinatum est; ideo bonum nobis visum est, ut in hac ordinatione magis ad necessitatem totius anni considerandam animum convertamus; et prout estimamus sufficere posse numerum certum, statuamus quantum annis singulis de porcis non minus quam bene mediocriter crassis ad portam dentur, sive sit pastio, sive non sit. Quod si pastio abundanter fuerit, et porci pleniter incrassati, pleniter etiam ad portam incrassati donentur. Quia igitur, sicut omnibus notum est, quinquaginta et duæ ebdomades in anno sunt, videntur[d] nobis, quantum ad hanc rationem pertinet, duo porci per septimanas singulas sufficere posse, exceptis his quos ipse sibi portarius nutrire voluerit.

De porcellis autem, quia annonam, Deo auctore, pleniter habebit, ipse sibi pro-

---

[a] *Ceteræ.* A.
[b] *Similis*, in Cod.
[c] *Ne.* B.
[d] *Videtur.* B.

videat, et prævideat ut, juxta quod esse potest, de suo nutrimento unde hospitibus hujusmodi honorandis sufficienter habeat.

De agnis autem, dum tempus illorum fuerit, in sua potestate erit quantum de
decima sua sumere voluerit.

De arietibus vero, dum similiter tempus illorum utendi fuerit, ipse de decem
berbicariciis, unde fratribus æstivo tempore caseum procuratur, quantum voluerit
sumat; quia de ipsis, sicut de ceteris omnibus, decimus agnus ipsius est. Et cum de
ceteris gregibus ipsi decimi agni absque matribus sine detrimento vivere possunt,
in ipsius potestate sunt, si aliquos ex eis ante biennium illorum tollere voluerit, ut
eos infra decim[a] præfatos greges, qui ad monasterium deserviunt, mittere voluerit,
ut eos ad manum habeat, et quando vel quantum voluerit tollat. Interim vero
quousque præfati agni, qui hoc anno decimandi sunt, bimi vel trimi facti fuerint,
ipse de decim supradictis gregibus, secundum quod inter se et magistrum gregum
convenerit, tollat : ita tamen ut nec ultra mensuram desolentur greges ; nec necessitatem vel indigentiam contra rationem patiantur hospites.

De decima autem agnorum de cunctis gregibus, ideo illos in illos decim greges
mittere diximus, qui æstivo tempore ad monasterium de caseo serviunt, ut ibi
semper ad manum sufficienter habeat, unde hospitibus abundanter ministrare
possit, et non sit necessitas propter longitudinem villarum, aut portarium aut pas-
torem aut quemcunque hominem pro hoc sepius fatigari. Ipsa autem adductio
agnorum non ad portarium sed ad majorem pertinere debet, ut ipse, cum portarius
jusserit, eos ad præfatos greges adducere faciat. Si autem, cum ad biennium vel
triennium venerint, ipsi predicti decimati agni plus creverint quam ipsi decim
greges aut pastores[b] sustentare possint, consideret portarius cum magistro gregum
quid exinde faciat, aut venundando aut occidendo et suspendendo, aut certe porcos
commutando, unde iterum, eo tempore quando berbices non prosunt, friskingas
habere possit, sicut de ceteris friskingis supra dictum est; vel si annonam tantum
non habuerit, unde eos per totum hiemem pascere possit, partim ex eis occidat et
suspendat, partim ut semper aliquid de friskingas habere possit, vivos reservet :
ita faciat, qualiter omnia quæ vel ad necessitatem vel honestatem prefatæ portæ et
monasterii in susceptione hospitum providendâ vel prævidenda sunt, tempore
congruo procurentur, ut semper tempore congruo habeantur[c]. Et quamvis forsitan
aliquibus hæc superflua videantur, nos tamen magis elegimus minus intelligentium
verba patienter ferre, atque per hoc quod scribimus omnes occasiones[d] non neces-

[a] Sic.
[b] Ad. A.
[c] Habeant. A.
[d] Occansiones. B.

sarias auferre, quam portarium in aliquam non necessariam et incongruam religioni nostræ occasionem[a] incurrere. Et ideo præfatum magistrum decem gregum eidem portario in hac parte conjungimus, ut omnem utilitatem quæ congrue de ipsis decimis ordinare possunt, cum communi consensu disponant, utque una cum discipulis laicis ejusdem portarii cuncta perficiant; ut non sit necessitas præfatum portarium vel quemcunque monachorum pro hac re extra monasterium huc illucque discurrere, sed secundum præfatas rationes universa ordinare et ordinate recipere, et ipsum tamen ab hoc exteriore tumultu in monasterio quietum residere.

CAPUT XI.

Hic est numerus et hæc est divisio porcorum qui occiduntur in anno ad cellarium nostrum. Numerus ut minus si ullatenus habentur quam DC, divisio in quattuor partes erit : inprimis ad portam dentur LX cum omni[b] integritate, excepto sungias ; ad cellarii dispensationem CCCLXX ; ad provendariorum opus qui pensas accipiunt, CXX : L vero qui superfuerint ad quod albas voluerit reserventur. De tribus autem partibus quæ cellerario remanent talis erit dispensatio : de CCCLXX inde debet cellerarius omnia providere, quantum ad carnem pertinet[c], infirmis vasallis, et cetera ut diximus, omnia, excepto ad portam et ad illos provendarios qui dispensas accipiunt. Ideo autem CCCLXX ad hoc deputati sunt, ut per singulos dies in anno, qui sunt CCCLXV, singulos baccones cum minutia eorum habeat; et insuper quinque, ut CCCLXX compleantur, addere fecimus, quia magis volumus ut remaneat quam deficiat. Sed et ipsi CCCLXX taliter volumus ut dispensentur : quando primitus suspensi fiunt, separentur semper XXX baccones cum plena minutia eorum, ita ut per duodecim menses[d] semper unusquisque mensis XXX habeat cum minutia eorum semotim suspensa; et, si esse potest, volumus ut semper per singulos menses cum illis XXX bacconibus, cum minutia eorum, liberet, et secundum quod illi homines fuerint quibus dare debet, aut lardum aut carnem ita provideat, ut eis congrue donare studeat. Si autem ei lardus defecerit, tollat de illis L porcis quod ad opus nostrum servari jussimus, et impleat illum mensem. [Similiter si ei minutia defecerit, tollat ex ipsa per numerum, et impleat ipsum mensem[e].] Observet autem ne ad illam aliam carnem vel lardum transeat, qui ad sequentem mensem deputatus est, ante kalendas mensis sequentis. Si autem ei lardus vel minutia remanserit de illo primo mense, dimittat eam in ipso loco esse, et ad illas alias kalendas incipiat

[a] Occansionem. B.
[b] Cummuni A.
[c] Pertinet deest. A.

[d] Per XI menses. B.
[e] Prætermissa quæ uncinis inclusa sunt. A.

de illo alio mense, et, sicut supradiximus, liberet ipsum mensem; et si ei defecerit, repetat iterum quod ei necesse fuerit aut lardum aut carnem aut utrumque de illo mense anteriore quod remansit. Quod si etiam ibi satis non habuerit, recurrat iterum ad illos L quæ separatim positi sunt ad opus abbatis. Expleto autem secundo mense, si viderit* inter duos menses qui retro sunt hoc sibi remansisse, aut de lardo aut de carne aut de utroque, unde tertium mensem liberare possit, accipiat et faciat. Si autem aliquid defuerit ei, addat de illo tertio mense, qui tunc est, quantum necesse fuerit, et quod de tertio remanet servet ad quartum, de quarto ad quintum; atque ita in antea semper per singulos menses faciat, hoc omnino observans ut numquam de futuro mense in præteritum, sed de præterito, si ei remanet, accipiat in futurum.

Nec volumus ut ipsam carnem aut illum lardum qui ei remanet, per singulos menses de loco ad locum eat pendendo, sed ut in suo loco ubi sui fuit tamdiu pendere permittat, donec illam in secundo aut in tertio mense futuro, sicut supradictum est, expendat. Nec volumus ut ipse cellerarius hoc quaerat ut æqualiter per singulos menses aut minutia cum lardo, aut lardus cum minutia currat; sed lardus secundum suam, et minutia secundum suam rationem currat; quia hoc aliter bene esse non potest: scimus enim quod lardum et minutiam unius anni non debet equaliter vel simul ad dispensandum incipere qui illam debet providere, quia minutia, statim cum facta fuerit, ad dispensandum bona est, et quantum plus servatur semper deterior habetur; lardus vero nec statim cum factus fuerit bene coctus, nec ante Pascha bene comedi potest crudus. Et ideo etiam exinde talis volumus ut sit ratio: ut ille cellerarius qui intrat kalendis januariis sic incipiat illam novam carnem dispensare per illos IIII^{or} menses, et tamen illum novum lardum non tangat ante kalendas maias, sed habeat reservatum ab anno priore de veteri lardo unde illos IIII^{or} menses, sicut supra dictum est, secundum uniuscujusque mensis rationem dispensare possit usque kalendas maias. A kalendis autem maiis per illos VIII menses usque iterum kalendas januarias, utrumque simul, et carnem et lardum novum, dispenset; et ita fiat, ut semper minutia de kalendis in kalendas januarii, lardus vero de kalendis in kalendas maii currat. Nec volumus ut ille lardus vel illa minutia quæ de illis porcis fit, qui de molinis veniunt, nec illa minutia quæ de illis porcis fit unde alabum fit, in isto numero ponantur; similiter nec illa, si secundum consuetudinem, quando porci de pastione boni sunt, minutia supercrescere solet super illum numerum qui de singulis porcis redditur. Haec autem omnia ideo separatim superesse volumus, si forte necesse fuerit, ut cellararius habeat unde

* *Videris* A.

cum omni plenitudine ministrare quibuscumque debet possit, et tamen ipsa admi-
nistratio in omnibus locis semper cum ratione sit, ut, cum tempus mutationis
fuerit[a], pleniter de singulis rationem deducere possit, quantum vel qualiter in
præterito[b] expendit, vel quantum ex veteri ad futurum annum reservatum habet[c],
excepto novo quod tunc vel in carne vel in lardo susceptum habet. Et illud omnino
volumus, sicut supradiximus, observet, ne ille numerus qui sequenti cellarario
reddi debet, aut de veteri aut de novo lardo vel carne, ullatenus confusus sit,
sed quicquid inde fuerit, et per ordinem per brevem dicatur, et per ordinem ubi
et ubi sit demonstretur.

CAPUT XII.

Est autem de ipsa carne in quocunque loco dispensanda est etiam aliqua ratio,
quam volumus ut ministeriales nostri intendant atque studiose intelligant. Si enim
computamus illos XL dies in quadragesima, quando nemo carnem manducat; et
insuper illas sextas ferias quæ extra quadragesimam XL et VI, quando etiam vix
ullus carnem manducat; inveniemus dies LXXXVI. Est etiam consuetudo multis
hominibus ante natalem Domini, et vix ullus est perfectæ ætatis qui non aliquantam
a carne abstinentiam faciat. Hæc idcirco ad memoriam reducere volumus, quia, si
evenerit aliqua necessitas, aut ad iter aut ad opera aut ad aliam quamlibet necessitatem, ut integri baccones aut minutia detur, aut ut cellerarius ad amplius dispensandum quam supra ordinavimus aliqua necessitate constringatur; non tamen
necesse esse, aliqua si non nimis datur, ut ratio quam supra ordinavimus destruatur.
Quod si talis necessitas aut parva aut nulla evenerit, multo minus ut destruatur
necesse erit, sed magis ad fructum futurum crescere poterit. Hoc iterum atque iterum
monemus, ut quicquid exinde quicunque debet facere, quantum potest, et Deo
placite et hominibus grate studeat agere, et semper ex singulis divisionibus singulas
noverit rationes deducere.

De secunda autem parte ubi CXX sunt ad opus provendariorum qui illas pensas
accipiunt, debet per singulos menses X baccones accipere, ad decem pensas faciendum, de singulis bacconibus singulas pensas facere. Et si illi baccones singuli singulas pensas non faciunt, postea ei dicturi sumus unde illas compleat. Si autem
aliquis plus habet, tollat et mittat ad illum qui non habet. Sic faciat per singulos
menses, ita ut numerum suum nunquam perdat. Quem tamen lardum, secundum

[a] *Venerit.* B.   [c] *Habetur.* A.
[b] *In præterito* deest. A.

superiorem rationem, a kalendis maiis incipere debet, et ita per singulos menses x et x dare, qualiter post illam mutationem remaneat sequenti cellarario unde ille iterum usque ad kalendas maias habere possit. Illam minutiam vero de ipsis cxx porcis salvam faciat, donec ei abbate aut præposito vel decano præcipiatur quid exinde faciat. Quod si forte talis fuerit causa, ut ei illa minutia sua et insuper de illis l porcis defecerit, dicat hoc magistris suis, et quantum necesse fuerit accipiat exinde per numerum. Idcirco vero istam minutiam, nisi necessitate cogente, nullo loco deputamus, quia si nobis, Domino donante, aliquid superfuerit, magis istam dispensationem de veteri lardo aut de veteri minutia facere speramus quam de novo. De tertia parte ubi l sunt, si ad aliquem mensem, secundum quod supradictum est, necesse fuerit, accipiat[a]; sin autem, cum omni integritate ad abbatis arbitrium serventur.

Prima autem portio quæ ad portam esse debet, omnes quidem lx infra ipsum lardarium suspendantur; et secundum illam rationem quomodo cellararius facit de mense in mensem per xxx et xxx, ita portarius per singulas septimanas faciat per unum et unum. Et sicut cellararius non pendit quod remanet[b] de loco in locum, ita nec portarius faciat; sed quod necesse fuerit ad portam portet, et quod remanet ibi dimittat. Ideo autem viii porcos supra numerum septimanarum anni, quæ sunt lii, addere fecimus, ut, si necesse fuerit, inde accipiat et illas futuras septimanas non tangat.

De molendinis, quæ habet Lupus in suo ministerio, possunt omnibus annis venire inpinguati porci xli. Freskingias ad domum infirmorum damus a missa sancti Johannis Baptistæ usque ad missam sancti Martini.

CAPUT XIII.

Hæc ita de berbicibus dicta, non idem de pulletris, de vitulis et de hœdibus ordo servandus est; sed tantummodo, si non ante, post biennium portarius eos non servando, sed, ut dictum est, venundando vel commutando, ad utilitatem hospitalis, prout ratio docuerit et melius potuerit, eos convertere studeat. Aucas autem et pulli quæ in tuninis dominicis nutriti fuerint, semper decimus portario reddatur. De ceteris pullis quos familia solvit, si ad monasterium deducuntur, decimus ibidem portario detur; si autem pretio redimuntur, de ipso pretio decimum eidem reddatur. Similiter, quantum esse potest, de ovis fiat, sive ad monasterium deducantur, sive in villis redimantur.

[a] *Accipiatur.* B.   [b] *Quod remanet* omissum est. A.

Precamur autem ut nemo hæc aut superflua aut non necessaria ad conservandum judicet, quia in hoc nihil superfluum quæritur ubi non tantum hominis quantum Dei causa exigitur; sicut ipse auctor humani generis Phariseis de decimatione mentæ et aneti inter cetera dicere dignatus est : *et haec oportuit facere et illa non omittere*[a]. Quæquæ omnibus legentibus et intelligentibus cur[b] dicta sint nota sunt, ideo a nobis non prolixe extendi sed breviter tangi debuerunt. Unde magis oportet ut hoc cujusque sapientis et intelligentis studium provideat, ne aliquid inde remaneat, quam ut de his quæ dari Deo jubentur vel admonentur, acsi ridiculosa sint subsannare præsumant.

CAPUT XIV.

Insuper etiam volumus omnino, quamvis usque modo consuetudo non fuisset, ut de omnibus molendinis nostris ad portam decimam pleniter detur, et semper prius detur quam aliquid inde, vel propter viduas, vel propter quamlibet aliam utilitatem aut comparationem, vel venundationem seu cujuslibet provendam, distribuatur. Sed quicquid agendum est in aliis partibus postea agatur.

De adductione autem ejusdem decimæ ad portarium proprie pertinebit, ut ipse discipulum suum mittat, qui hanc aut cum bubus suis adducat, aut certe alia sibi carra cum pretio suo conducat.

CAPUT XV.

De cambis quoque et bracibus, quæ de cambis fiunt, similiter volumus, ut decimus modius de bracibus, postquam factæ fuerint, portario dandus, priusquam monasterio deducantur, separetur. Et si forte tantum non restat unde illa servita dominica plena sit nec de ipsis cambis impleri possit, de annona dominica quæ decimata est compleatur, et inde portario decima non detur.

Portarius autem, ut supradictum est, de malatura braces suas per suam sollicitudinem ad se venire faciat. Si vero ibi satis non habuerit, ipse sibi scientem hominem conducat qui tantum ei braces faciat, quantum sufficiat. De humlone quoque, postquam ad monasterium venerit, decima ei portio de singulis servidis per singulos menses detur. Si vero hoc ei non sufficit, ipse vel comparando, vel quolibet alio modo, sibi adquirat unde ad[c] cervisas suas faciendas sufficienter

[a] Matth. xxiii, 23.   [c] *Inde at.* A.
[b] *Quur,* in Cod.

habeat. Similiter præpositus, si ei necesse fuerit, de dominica substantia faciat, ut propter hoc nequaquam ipsam familiam supra suum legitimum censum affligat.

Hoc tamen sciendum, quod omnem panem, quantum ad portam necessarium est, ipsi pistores dominici coquere debent; similiter ac[a] omnes cervisas bratsare bratsatores dominici. Portarius autem annonam et braces de suo dare debet; et quotiens aut in cervisa aut in panibus numerus ejus quem dedit consumptus fuerit, iterum alium augeat, ut semper de suo et non de dominico fiat.

CAPUT XVI.

De vestiario autem fratrum de his villis quæ aut in Ambianense aut Belloacense aut in Atrapatinse sitæ[b] sunt, ita per omnia, sicut de reliquis villis nostris ordinatum est, observetur.

CAPUT XVII.

De decimis autem quas vassi vel casati homines nostri dare debent, talis est ratio. Omnia enim quæcunque ad opus suum in terra laboraverint, sicut est annona, vinum, ligumina horti vel cetera; quæque majora vel minora laboraverint, ex omnibus decimas et dare et ad monasterium adducere debent. Similiter etiam ea quæ sponte nascuntur, sicut sunt poma, fenum vel reliqua, in quibus homo non tantum laborare cernitur, quantum omnipotentis Dei providentia non solum homines sed etiam pecudes pasci voluit, decimare studeant, et, ut dictum est, ad monasterium sua etiam pia voluntate ante perducant. De omni genere autem diversorum animalium simile studium mittant, ut a jumentis usque ad pullos vel ova, quicquid vivum nutrierint; aut a familia sua eis[c], sive de his quæ supra enumeravimus, sive de istis quæ nunc dicimus, ex annali debito datur; nihil in sua domo, quantum provideri et rationabiliter fieri potest, non decimatum remaneat. Si quis vero hæc pleniter non intellexerit, vel animus ejus dubitaverit quo ordine vel qualiter hæc impleri debeant, veniat ad monasterium, et interroget magistros monasterii : quomodo ibi de rebus monasterio servientibus impleri jussa sunt, sic et ipse de rebus suis faciat. Si vero beneficium ejus paulo longius positum fuerit, quam ut manipuli aut fenum sine nimio labore adduci possint, sciat quantum de decima est, et convenientia cum portario faciat, quo tempore hæc eadem utiliter

---

[a] *Ad*, in Cod.
[b] *Sita*, in Cod
[c] *Ei*, in Cod.

venundare possit, et absque ulla fraude vel subtractione venundatum pretium ejus portario deferatur. Si vero portarius cum suo magis carra conducere voluerit unde hoc ad monasterium perducat, quam ibi venundatum fiat, in ejus potestate sit.

Sciendum etiam, quod illi decimam suam, eo ordine quo supradictum est, ad monasterium solvere debent, qui usque quattuor mansos de beneficio habent : nam qui minus habent, eodem quidem ordine, decimas suas pleniter dare debent, non tamen ad monasterium, sed ad illam ecclesiam vel presbyterum ubi illa familia, quam habet, decimam suam dare consueverit. Istum brevem tantum omnes bene-ficiarii sancti Petri habere debent, ut sciant quomodo facere debeant, et nullus se de ignorantia excusare possit. Si quid tamen, ut præmissum est, dubitaverit, ad monasterium recurrat, ubi illa ómnia quæ de decimis ordinata sunt per ordinem digesta sunt, et ibi discat quomodo facere debeat [*].

I.

BREVIS DE MELLE QUOD SOLVERE DEBENT MAJORES

AD MISSAM SANCTI MATHEI.

De Walhuncurte sextarii ii, de Fortiaco Villa iiii, de Villa ii, de Templo Martis viii, de Waniaco iiii, de Havernast ii, de Haiono Villare iiii, de Galiaco ii, de Wadono Curte iiii, de Cipiliaco ii, de Vernis ii, de Saliaco ii, de Tanetis ii, de Gentella ii, de Hangaster ii, de Domno Audoino ii, de Taceaco ii, de Cirisiaco ii, de Montiaco iiii, de Albiniaco ii, de Cumellis ii, de Paliardo ii, de Walliaco iiii, de Fircono Villare ii. In totum sunt modi iii et sextarii duodecim.

ITEM DE MORIS QUÆ SOLVUNTUR.

De Walliaco sextarii xlvi, de Monciaco sunt xliiii, de Walhuncorte sunt xxx, de Fortia Villa sunt xxx, de Waduncorte sunt xxv, de Templo Martis sunt xl, de Habronasto sunt xxx, de Waniaco sunt l, de Villa sunt lx, de Cipiliaco sunt xxx, de Saliaco sunt xxxiiii, de Cirisiaco sunt xxx, de Galliaco sunt xxx, de Vernis sunt lx, de Albiniaco sunt lx, de Taceaco sunt xxx, de Hangaster sextarii xxv, de Domno Audoino sextarii xxx, de Tanedis sextarii xlv, de Cumellis sextarii xxx, de Paleardo sextarii xl, de Haion Villare sunt xl.

DE MELLE QUÆ DEBENT VILICI SOLVERE DE TERNISO.

Wicfridus situlas xii, Hilmarus similiter, Willemarus similiter, Ansculfus iii. Item de cera super annum ad sanctum Stephanum libras cclx, et insuper quod remanet ad purificationem sanctæ Mariae, et in Pascha libras xiiii ad cereos faciendos; de ture libras ii. Ad sanctum Johan-.

[*] Cætera quæ sequuntur, semel duntaxat scripta in nostro Codice, extra Adalhardi abbatis Statuta sunt, nec tamen monasterio Corbeiensi aliena

nem, de cera libras LXX, de ture libram I. Ad sanctum Petrum, de cera libras LXX, de ture libram I. Ad sanctum Martinum, de cera libras XX. Ad sanctum Albinum, de cera libras XII. Ad sanctum Silvestrum, de cera libras XII. Ad cellam libras XII; ad medicinam libras XII; ad scolam infantum libras VI. Ad purificationem sanctæ Mariæ, inter cereos et candelas libras LX. Inter totum fiunt libros* DLX.

DE OLEO.

In throno ad sanctum Petrum, ad sanctum Andream, ad sanctum Laurentium, olei libras CLXVI. Ad sanctum Johannem olei libras CLXI. Ad sanctum Stephanum, per totam ecclesiam, libras CLXV. Ad sanctum Martinum, olei libras x̄ et VIII. Ad cellam olei sextarium unum. Ad sanctum Albinum sextarium I. In totum sunt libræ CCCCXXXII.

II.

Istæ sunt pigmentæ quas ad Camaracum debemus comparare de singulis tantum, si pretium habemus : piper libras CXX; ciminum similiter, gingimber libras LXX, gariofile libras X, cinamomum libras XV, galingan libras X, reopontico libras X, custo libras X, percrum libras X, reopontico libras X, spicum libras V, salviola libras X, granomastice libras X, thus libras X, gotsumber libras V; timiama, si inveneris bonum, libras II; mira libras III, sulfus libras X, minium libras III, auripigmentum libras III, sanguinem draconis libras III, indium libras III, spongias X, pomicar X; adzeduarum, bonum compara, storacem, calamita, libras X; de cera libras DC.

Custodibus ecclesiarum damus solidos VIIII, ad scolam solidos III, pulsantibus solidos III, matriculariis solidos V, scamatariis solidos III et denarios III, in sanguissugas solidos II; in funibus, ad lectos, in mattas, in sponzias, in herbas, ad potum fratrum, in cerasias ad medicinam libras VI argenti; ad sanctum Stephanum in papiros denarios II et in sevro[b] denarios II; ad sanctum Petrum in papiros denarium I et in sevro denarium I; ad sanctum Johannem similiter.

III.

DE PASTIS.

IIII nonas januarias debet bonum pastum facere fratribus præpositus Ternacensis pro Adalhardo abbate. Mense februario debent fratres habere pastum, pro abbatibus Angilberto et Hildeberto, de villa Curcellis, quorum unus obiit nonas februarias; alter vero, id est, Heldebertus, x kalendas martias hominem exiit. Eodem mense, VIII kalendas martias, cellararius debet pascere pro Francone et Herrado abbatibus. VI kalendas aprilis obiit Bodo abbas; cellararius de Berberias ejus anniversarium procuret in servitio fratrum, et memoria Waldrici et Almanni simul celebretur cum anniversario nuncupato.

DE ANNIVERSARIO RATOLDI.

Idus martii anniversarius cælebretur dies domni Ratoldi, abbatis, bonæ memoriæ. Quem diem anniversarium officialiter orando Deum celebrem nostris successoribus agendum omnibus annis

---

* Sic.

[b] Sevrum sive sebrum nonnunquam pro sebo recepit media infimaque latinitas.

mandamus; et eos vice Christi deprecamur ut pro remedio et salute ejus animæ omnipotentem Deum fideliter exorent.

Unde notum sit omnibus nostris fratribus tam præsentibus quam et futuris, quod ego Johannes, ejus spiritaliter alunnus, et, sua olim constitutione sancta, camerarius fratrum factus, meo servitio optinuerim apud domnum Maingaudum abbatem æcclesiam de Tauri Monte, quæ est juxta mare, in honore beati martyris Christi Quintini dicata, eo utique tenore, ut quotannis ex prædicta æcclesia camerarius fratrum fratribus, idus martii, optimam refectionem faciat, et ipsi ejus memoriam devote teneant; insuper nec habeat umquam abbas aut quisquis camerarius fuerit, præfatam ecclesiam vendendi potestatem, sed maneat omnibus in commune semper. Et ut hoc ratum et stabile permaneat, vice Christi sanctique Petri, apostolorum principis, contestamur successores nostros ut ita faciant sicuti statutum est. Anno Dominicæ incarnationis DCCCCLXXXVI, indictione XIIII, regnante Hludowico serenissimo rege anno I.

VI kalendas maii obiit Ratbertus abbas, pro quo camerarius fratrum fratribus impendat servitium.

XIII kal. junii obiit Maurdrannus abbas, qui Tanedas Montem dedit nobis. Videte ne ejus memoria obliviscatur: præpositus inde fratribus pastum facere debet.

VIII kal. julii in natali sancti Johannis Baptistæ, debent fratres habere pastum pro Hedone, abbate, de Brachio monasterio et villa Bosonis Curtæ.

XVI kal. septembris cellararius, simul cum camerario fratrum, refectionem facere debet fratribus, pro Guntteros et Heilone abbatibus; quorum Guntterus obiit abbas III idus julii, Heilo vero XVI kal. septembris.

Pridie kalendarum semptembris obiit Wala abbas; de Busco debet fieri ejus memoria. V idus ejusdem mensis obiit Isaac abbas; præpositus fratrum ejus faciat memoriam de Culmellis.

XVII kalendas januarii pascere debet fratres cellararius, pro Hiltmerado episcopo, de Maineras. X kalendas ejusdem mensis debent fratres habere pastum de Rithodi Monte, pro Trasulfo abbate et Benedicta, quæ hanc pro salute animæ suæ tradidit ad altare sancti Petri.

In Epiphania debent habere fratres pastum de villa Poponis Curte.

Octo diebus ante purificationem sanctæ Mariæ camerarius debet pascere fratres de suo ministerio. Finitis vero refectionibus, die purificationis sanctæ Mariæ, debet domnus abbas aut decanus in capitulo cunctis sedentibus imperare fratribus, quatinus pro camerario unum ex integro psallant ac decantent in æcclesia psalterium. Similiter agere debetur pro præposito post Pascha; et item similiter pro præposito Ternacense post natale Domini.

Die Martis ante caput jejunii pascere debet præpositus fratres; die Jovis post cellararius; die Veneris post thesaurarius; die Saturni post portarius. Die dominica post tres missos habeant de piscibus: primum dabit abbas, secundum præpositus, tertium cellararius. Et in nocte similiter Domini; similiter in cœna Domini, et in sabbato sancto dare debent, et in tribus diebus rogationum. Prima die dominica quadragesimæ pascere debet cellararius fratres; secunda præpositus; in festivitate sancti Gregorii thesaurarius, in festivitate sancti Benedicti domnus abbas; in annuntiatione sanctæ Mariæ cellerarius; tertia die dominica quadragesimæ portarius; quarta præpositus; quinta cellararius. Die sancto Paschæ, octo diebus, pascere debet præpositus. In susceptione sancti Gentiani optime pascere debet custos sancti Petri. In ascensione Domini pascere debet præpositus; die Veneris post cellararius; sabbato post portarius; die sancto Pentecosten cellararius. De die sancti Johannis jam dictum est. In festivitate sancti Petri pascere debetur de illis duobus capturis piscium quæ sunt juxta Albiniacum. In festivitate sancti Paulini episcopi pascere debent ortulani. In festivitate sancti Benedicti thesaurarius pascat. Kalendis augusti, ad

43

vincula sancti Petri, debent habere pastum de duobus molendinis, quos construxit abbas Franco super fluvium Corbeiæ, in loco qui vocatur Pons Petrinus, unum superius, alterum inferius. In festivitate sancti Laurentii cellararius dare debet pisces fratribus, excepto præbenda sua, sicut constitutum est. In transitu sanctæ Mariæ debent habere pastum pro abbate Bodone, de molendino quem construxit in villa quæ Vallis dicitur; cujus memoriam similiter agite.

In nativitate sanctæ Mariæ pascere debetur pro Berrengario abbate, de molendinis quos ædificavit et construxit ad portam sancti Albini.

In festivitate sancti Mathei apostoli pastum debent habere pro domno abbate Ratoldo, de villa quæ vocatur Domus Petri, quam Normanni nobis pridem de nostra potestate tulerant; sed, Deo propitio et sancto Petro, jamdictus patronus noster, pro suo jugi famulatu et inænarrabili bonitate, tantum potuit apud Ricardum comitem, ut ei præfatam villam redderet : quam sane nobis, deprecatione Johannis, tunc temporis cellararii, ad nostram communitatem reddidit. Qui, nullo cogente, nobis sponte sua unam exinde addidit refectionem, qua festive carebamus illo in die. Quorum memoriam habere proinde studete omnibus annis.

In festivitate sancti Michaelis pastum debent habere pro memoria Indæ, cujusdam nobilis matronæ, quæ nobis ad altare sancti Petri suum alodum de Bettonis Curte tradidit, et villam quæ vocatur Avesnas, super fluvium Corbeiæ. Insuper frater Johannes, postea custos æcclesiæ sancti Petri, adauxit nobis unum mansum alodi in eadem villa, quem scilicet comparavit quadraginta sex solidis denariorum, cum quodam milite, nomine Geroldo, et ejus uxore, nomine Eufemia, et eorum infantibus. Videte ne memoria obliviscatur datorum harum rerum.

In festivitate sancti Dionisi debet pascere thesaurarius pro Carolo rege, cujus memoriam agite orando.

In festivitate Omnium Sanctorum communiter se pascere debent fratres, sicut constitutum est.

In festivitate sancti Martini pastum habere debent pro Grimoldo præposito, de molendino quem construxit in Cirisiaco; cujus memoriam similiter agite.

In festivitate sancti Andreæ apostoli debent pascere domnus abbas et custos sancti Petri : si unus dederit cibum, et alter det potum, mutantes alternatim.

Die dominica prima adventus Christi debet pascere abbas de Fulcarii Curte, de qua olim inhoneste ejecti sunt fratres; sed Deus eos inde postea vindicans, in eorum ditionem præfatam decenter redegit villam.

In festivitate sanctorum martyrum Fusiani, Victorici atque patroni nostri Gentiani, debent habere fratres pastum de respectu domorum istius castri sancti Petri.

A memoria excessit, nec de singulis benefactoribus nostris singulariter scribere potui. Videamus, nos præsentes et qui futuri sunt fratres, uti memorias eorum agere non neglegamus, de quorum prædiis atque facultatibus refectiones suscipimus.

IV.

Hæc sunt Corbeiæ pastorum nomina Priscæ,
Quorum cura fratres nutrivit dogmate plures :

Teodefridus abbas.
Hrodgarius abbas.
Erenbertus abbas.

Sebastianus abbas.

Grimo abbas.

Leodgarius abbas, v idus novembris.

Addo abbas, iiii kalendas decembris.

Mordramnus abbas, xiii kalendas junii.

Adalhardus senior abbas, iiii nonas januarii.

Item Adalhardus abbas, idibus julii.

Wala abbas, ii idus septembris.

Heddo abbas, viii kalendas julii.

Isaac abbas, v idus septembris.

Ratbertus abbas, vi kalendas maii.

Odo abbas.

Angelbertus abbas, nonis februarii.

Trasulfus abbas, x kalendas januarii.

Hildebertus abbas, x kalendas martii.

Guntharius abbas, iii idus julii.

Heilo abbas, xvi kalendas septembris.

Franco abbas, viiii kalendas martii.

Herradus abbas, viiii kalendas martii.

Bodo abbas, vi kalendas aprilis.

Walbertus abbas, vii kalendas januarii.

Berengarius abbas, iii kalendas septembris.

Heriboldus abbas, xviii kalendas decembris.

Ratoldus abbas, idibus martii[*].

Maingaudus abbas, ii idus novembris.

Herbertus abbas, xiiii kalendas decembris.

Ricardus abbas, xiii kalendas aprilis.

Fulco abbas, nonis decembris.

Nicholaus i abbas, ii nonas martii.

Rotbertus abbas, xi kalendas februarii.

Nicholaus ii abbas, iiii idus augusti.

Johannes abbas, xv kalendas septembris.

Hugo abbas, x kalendas augusti.

V.

Olim non modica contentio fuit inter nos et comitem Ambianensem ac ejus vicecomites, Roriconem, Sasgualonem; sed, Deo propitio, et Waltero comite fratreque nostro Johanne, scilicet camerario, hujus rei negotio permaxime laborante, victores extitimus. Et ut posteris nostris hoc imposterum pateat, huic paginæ inscribere studuimus hoc scriptum.

[*] Nomina quæ sequuntur non manu eadem neque ejusdem antiquitatis scripta sunt.

DE FORATICO IN WARLEDO.

« Anno dominicæ incarnationis dcccclxxxv, indictione xiii. Ego Walterus, gratia Dei, Ambianorum comes, cum uxore mea et filiis meis, cum consilio et voluntate nostrorum communiter fidelium, propter remedium et salutem animarum nostrarum, ac propter visitationem filii nostri Widonis episcopi, quem optime cum suis sanctis reliquiis visitaverunt; clamorem quem de foratico in Warledo de cambis ex longo tempore nostri fideles Rorico et Saxwalo contra monachos sancti Petri habebant ex toto remanere fecimus; et promisimus eis, abbati scilicet et cæteris monachis sancti Petri, secundum fidem et possibilitatem nostram, nunquam nos supradictum clamorem in vita nostra removere; et si quis post discessum nostrum removerit, ex parte Dei et sancti Petri maledictus et anathema in perpetuo sit. Et ut hoc scriptum firmum et stabile permaneat, manibus nostris firmavimus, manibusque fidelium nostrorum firmando tradidimus. Signum Walteri comitis. Signum Godesmanni episcopi. Signum Fulconis archidiaconi. Signum Roriconis archidiaconi. Signum Huberti præpossiti. Signum Ogeri. Signum Lantranni. Signum Hilduini decani. Signum Tancfridi. Signum Roriconis. Signum Drogonis. Signum Wermundi. Signum Saxwalonis. »

RECEPTUM DE OTMARI CURTE.

Ermenfridus, comes Ambianensium, ejusque frater, nomine Gozbertus, jam pridem statuerunt, se daturos sancto Petro de suo alodo quandam villam, nomine Otmari Curtem; sed non id legitime peregerunt, donantes eam absque consensu suorum parentum. Quorum votum et voluntatem postea Walterus, comes Ambianensis, ipsorum etiam hæres et successor, adimplere desiderans, suorum communi consilio superstitum parentum, prædictæ villæ traditionem legaliter nobis fecit, et inde hoc scriptum fieri jussit, ut posteris cognitum habeatur.

« Semper humana fragilitas debet inævitabiles casus perpendere, ut quando repentina supervenerit dies, positio non nos inveniat imparatos, juxta Domini mandatum, *date et dabitur vobis;* et aliud, *facite elemosinam, et ecce omnia mumda sunt vobis;* et, *facite vobis amicos de mammona iniquitatis, qui vos perducant in aeterna tabernacula;* et, *thesaurizate vobis thesauros in cœlo, ubi neque erugo neque tinea demolitur, et fures non effodiunt nec furantur.* His igitur et aliis quampluribus præceptis dominicis admonitus, ego Walterus, gratia Dei comes, nihilhominus et uxor mea, nomine Adela, cum consensu et voluntate nostrorum utique filiorum et filiarum, dedimus supradictam villam sancto Petro, principi apostolorum, Corbeiensis videlicet æcclesiæ rectori atque defensori, pro nostrarum sane remedio animarum : eo scilicet tenore, ut abbas et fratres exinde sibi comparent luminaria atque incensum ad suarum obsequia reliquiarum quotannis. Et quicumque infringere hanc traditionem temptaverit, sit anathema, maranatha, hoc est alienatio a consortio christianorum, nisi ad satisfactionem venerit.

« Actum Ambianis, anno dominicæ incarnationis dcccclxxxvii, indictione xxiii*, regnante rege Odone.

« Ego Walterus firmavi, manibusque nostrorum fidelium firmandum tradidi. Signum Widonis. Signum Adelæ. Signum Walteri, nostri filii. Signum Rodulfi. Signum Gozfridi. Signum Fulconis. »

* Leg. *indictione* xv.

VI.

FRAGMENTUM CHARTÆ LEODOINI, ARCHIEPISCOPI TREVIRENSIS.

(*Ex apographo inedito Biblioth. reg. Paris.*, Dépôt des Chartes, *sub ann.* 706.)

An. 706   Hæc sunt jura quæ eadem villa [i. e. villa Stain, in pago Wafranse sive Vabrensi] dictæ ecclesiæ [i. e. ecclesiæ S. Eucharii monasterii in suburbio Trevirensi] fratribus annuatim persolvere debet. Igitur apud villam Stain xxv mansi computantur, quorum quatuor in nostrum usum non cedunt. Reliqui in Pascha nobis persolvunt viginti gallinas et centum ova, et viginti carradas lignorum. Itidem in festo sancti Martini, similiter in nativitate Domini, in festo sancti Andree taliter et octo solidos census. Item in festo sancti Remigii centum malta tritici. In eodem die vehunt nobis, si volumus, usque Dietenhoven centum octoginta quatuor malta tritici; sin autem undecim uncus et quinque den. hoc redimunt. Item in februario septem dies et dimidium unusquisque mansus servit; similiter in maio, si servitio indigemus. Uno anno purgant curtem a stercore, in secundo anno centum octoginta tegulas dant, et tegunt edes; in tertio anno purgant aquæductum molendini et reparant. Singulis etiam annis in Pascha de areis nostris dabuntur nobis septem solidi et decem galline. Item ad Vincula sancti Petri de pratis dabuntur decem solidi et sexdecim galline. In festo sancti Martini mulieres censum persolvunt, quedam quatuor denarios, quedam tres, si possunt; si non, quantum villicus et nuntius noster eas persolvere posse existimant, ab eis accipiant. Similiter vivi in maio capitalem censum persolvunt, quidam viginti, quidam quinque denarios, si possunt; si non, quantum videmus posse, dabunt. Ad servitium abbatis villicus quinque solidos, decanus quinque, custodes silvarum quinque, in festo sancti Eucharii persolvunt.

VII.

CHARTA WADEMERI ET ERCAMBERTÆ.

(*Ex prototypo inedito archiv. regni Franciæ.*)

An. 729.   Domno sancto et in Christo venerabile patri Sigofredo abbati vel omni congregatione monasterii sancti Vincenti et sancti Germani, ubi ipse pretiosus Domnus in corpore requiescit, quod est sub opidum Parisius civitate constructus. Nos enim, in Dei nomine, inluster vir Wademerus et inluster matrona sua Ercamberta ne. . . . . et nostra. . . . . decrevit voluntas,

ut villa vestra cui vocabulum est Prisciniacus, quae est in pago Vilgasino super
alveum Sigona.............. medietatemque................... nomen
Hebroilsus, Sendam et Hansberta ad ipso monasterio vestro delegaverunt, ad usu
beneficio dignati fuistis nobis concedere tam illas res quam et illas alias.........
...........strumenta ante hos dies ad ecclesia sancti Vincenti et sancti Germani adfirmavimus, hoc est Novisolio in pago Andegavenioso, seus alias res quae
sunt in pago Dorgasino.... .. ..bus, edificiis, casticiis,
mansibus, silvis, canpis, pratis, pascuis, farinariis, gregibus cum pastoribus,
aquis aquarumve decursibus, praediis mobilibus et immobilibus, utriusque genere
sexus tam majore quam et minore, adjacentiis vel reliquis quibuscumque beneficiis.
Ea juris ratione, ut dum pars partis nos advexerimus, ipsas res superius nominatas,
Prisciniacus, Novisolio et Uxxima, usu fructuario ordine excollere, possidere debeamus; post nostrum quoque amborum descessum omnem rem inmeliorata, quicquid
ibidem inventum aut repertum fuerit, tam nos quam successores nostri ad partibus
monasterii vestri sancti Vincenti et sancti Germani recipere debeant, ut neque nos
neque de hæredibus nostris per artificium non habeant aliud adserciendum, et cinso
annos singulos de festivitate in festivitatem sancti Germani, quod evenit II kalendas
junias, solidus in argento xxx dare et adimplere studeamus; et si de ipso cinso negle-
gens aut tardus apparuerimus, licentiam vobis permittimus de totas res ut nos
eiciatis et ad partibus vestris revocare. Si quis vero, quod fieri non credimus, si
nos ipsi aut aliquis de hæredibus nostris vel proheredibus, vel quilibet extranea
personea, qui contra hanc epistolam praecaturia ista, qui nos spontanea voluntate
fieri vel discripbere rogavimus, venire aut eam infrangere voluerit, tunc vobis vel
ad partibus vestris, unacum distringente fisco, auri libras II argento pondo x emendare faciat; et ut haec epistola precaturia tam se de quiquennio in quiquennio reno-
vata fuerit, ista non sit necesse, cui nobis placeat adfirmare, sed per semetipso
omni tempore obteneat firmitatem, cum estipulatione subnexa. Hactum Prisciniaco
villa publice quod fecit mensus agustus dies xx vigenti in anno decimo x regnante
Theoderico gloriossissimo regis.

VVademerus hanc epistola praecaturia facta relecta suscripsit. Ercamberta subscripsit.

Signum † Faronio dominus subscripsit.   Signum † Ansberto, servo Dei.
   Asinarius subscripsit.   Ratbertus subscripsit.
   Jonatas subscripsit.   Rainarius subscripsit.

VIII.

INSTRUMENTUM INQUISITIONIS A MISSIS IMPERATORIS FACTÆ.

(*Ex Angeli Fumagalli Cod. diplom. Santambrosiano*, p. 172-174.)

Post
n. 800. Breve inquisitionis quod fecerunt Anspertus et Ambrosius missi, Gausus gastaldius, de causa domni imperatoris in curte Lemunta; unde intentionem habent
Angelbertus, actor domni imperatoris, de ipsa curte cum Johanne, archipresbi-
tero de ecclesia Massalia [hodie *Missaglia*], et advocato ejus Adelpert de casale
ipsius ecclesiae, qualem conditionem ad ipsam cortem domini imperatoris facere
debeat, hoc est ipsum casale in loco qui nominatur Conni, qualiter exinde juraverunt homines circummanentes ipsa loca ut quitquid exinde scirent certam dicerent
veritatem. In primis homines de Belasio. Besolo dixit et recordavit : « Certe scio
et bene memoro hodie per annos xxv et amplius facientem talem conditionem casale
illo de Conni, qui pertinet de ecclesia Massalia in corte domni imperatoris Lemunta, que et homines illi qui in ipsa casa habitabant per conditionem adjuvabant, et colligebant oliveta illa de curte ipsa, et premebant ipsum oleum, seu
adjuvabant illud evehere ad civitatem Papiam; et si hoc non faciebant, tunc
pertinentes de ipsa curte domni imperatoris potestative pignorabant ipsam casam vel
homines illi qui inibi habitabant; et debent minare remos et persolvere per annum
foenum fascium unum..... » Leo, homo senex, dixit : « Scio casalem illo in
Conni, qui pertinet de ecclesia Massalia, talem habentem conditionem in corte
domni imperatoris Lemunta per annos xl, quod homines illi qui inibi habitabant
per conditionem adjuvabant colligere oliveta de ipsa corte, et minabant remos et
adjuvabant premere ipsum oleum atque evehere ad Papiam, aut de tractura pacca-
bant cum actore de ipsa corte; quod si hoc non faciebant, pertinentes domni imperatoris habitantes in ipsa casa pignorabant...... »

Invenimus in pago Mediolanensi villa que vocatur Lemunta [*Limonta*]. Est ibi
mansio parva dominicata, et est ibi capella intra cortem in honore sancti Genesii,
que nullum adjutorium habet nisi decimam. Aspiciunt ad predictam villam manentes v. Resident super terram domnicam, et reddunt censum secale modios
xxxvi, vinum anforas xii; porcos xii, valentem per unumquemque denarios xx;
arietes xviii, valentem per unum denarios v; pullos xl, ova ccc. Insuper est ibi
terra absens quam ipsi servi laborant, unde solvunt censum solidos v. Sunt aldiones
duo, qui, propter hostem, ad ipsam villam se tradiderunt; donant censum argen-

tum solidos IIII. Sunt ibi oliveta unde exit oleum libras LX. Ista haec juravit domnus Scarius. Madericus habuit in beneficium.

Breve de corte Lemunta, tam de rebus quam et familiis, quod inventum est reservatum esse ad partem sancti Ambrosii. In primis in prefatam domnicatam cortem cum dicata capella in honore sancti Genesii martyris, et olivetas petias duas prope ipsam cortem, atque famulos intra cortem promiscui sexus, numero XXX; et olivetum unum quod positum esse cernitur in loco qui dicitur Cornula. Et nihil reddunt predicti homines, sed excolunt prenominata oliveta, et habent suos peculiares pro victu et vestitu. Hoc tantum inventum est dimissum esse ad partem sancti Ambrosii. Reliquas vero possessiones ejusdem cortis diversis in locis constitutas, quales dudum per missum Ermenulfi ad partem predictae ecclesiae abbreviatae fuerunt, id est oliveta petias tres, quae positae esse videntur in loco qui dicitur Auci, atque olivetum unum quod cernitur in loco qui dicitur Conni, seu casales ibi prope tres : primus in silva Riari, qui regitur per...... [cætera desunt].

IX.

PLACITUM DE COLONIS VILLÆ ANTONIACI.

(Ex prototypo inedito Biblioth. regiæ Paris.)

Pipinus, gratia Dei, rex Aquitanorum. Cum nos in Dei nomine, die Martis Casanogilo villa, palatio nostro, in pago Pictavo, secus alveum Clinno, ad multorum causas audiendum rectaque judicia terminandas resideremus; ibique venientes aliqui homines, nomen Aganbertus, Aganfredus, Frotfarius et Martinus, tam ipse quam eorum pares coloni sancti Pauli de villa Antoniaco ex monasterio Cormaricum sive Jacob abbate; ibique se proclamabant incontra ipso abbate vel suum advocatum, nomine Ageno, eo quod jam dictus abba vel sui missi eis super quærissent vel exactassent amplius de censum vel de prosoluta, quam ipse per drictum facere nec solvere non debebant, nec eorum antecessores antea ad longum tempus non fecerant nec solserant; nec talem legem eis non conservabant quomodo eorum antecessores habuerant. Sed ipse Agenus advocatus et Magenarius præpositus ex ipso monasterio de præsente adstabant, et taliter incontra ipsos intendebant, quod jam dictus abba nec ipsi nullas functiones nec redibutiones eis non exactaverant nec exactare jusserant, nisi quale ipsi per drictum vel per triginta annos partibus ipsius monasterii tam ipsi quam et eorum antecessores desolserant; et discriptionem ibidem optulerunt ad relegendum, in quo continebatur quomodo, sub tempus

An. 828.

Alcuino abbate, ipsi coloni et ipsa villa qui ad præsente adstabat, unacum eorum pares, cum juramento dictaverunt, quid per singula mansa ex ipsa curte desolvere debebant, et habebat daturum ipsa discriptio anno trigesimo quarto regnante Carolo rege. Interrogatum fuit ad jam dictis colonis, qui ibidem de præsente adhaerant, supra discriptione dictaverant vel ipsa redibutione per annorum spatia dissolserant, sicut in ipsa continebatur; aut supra discriptio vera aut bona adherat, aut si contra ipsa aliquid dicere aut opponere vellebant annon. Ipsi ipsam discriptionem veram et bonam esse dixerunt vel recognoverunt, et hoc minime denegare non potebant quod ipsa redibutione per annorum spatia non desolsissent, vel ipsam discriptionem ipsi non dictassent vel antecessores eorum. Proinde nos taliter, unacum fidelibus nostris, id sint, Himmoni comiti, Dadeno, Bobilone, Launaldo, Dodone, Sigoino, Gyslehaldo, Hifarius, David, Helinberto, Adalberto, Acsindo, Amalfredo, Joseph, Arcambaldo, Erinfredo, Geraldo, Ruben, Rotgaudo, Leotgarius, Ingilberto, Dettimio, Salacone, Sevet, Johanni comiti palacii nostri, vel reliquis quampluris, visi fuimus judicasse, ut, dum ipsi coloni taliter se recognoscebant sicut superius est insertum, ut ipsa discriptione sicut ipse dictaverunt vel conscripta adherat, vel ipse ipsa redibutione per spacia annorum feccrant, ita et per singulos annos partibus ipsa casa Dei facere vel dissolvere debeant. Proptera jubemus, ut, dum ac causa sic acta vel perpetrata esse cognovimus, ut memoratus Agenus advocatus sive Magenarius præpositus tale scriptum partibus ipsa casa Dei exinde recipere deberet, quod ita et de præsente manifestum est fecisse.

Deotimius, ad vicem Johanni comiti palacii, recognovi et subscripsi.

Datum quinto idus junio in anno xv imperium domni Hludowici serenissimi imperatoris.

Nectarius scripsit et subscripsit.

X.

FRAGMENTUM CHARTÆ TROANNI COMITIS BOVÆQUE, IPSIUS UXORIS.

(Ex apographo inedito ejusdem biblioth. , Dépôt des Chartes *, sub ann.* 833.)

An. 833.   Et censivimus nos pro hoc annis singulis ad festivitatem sancti Martini hiemalem dare censum solidos ii partibus S. Martini vel vestris [partibus scilicet abbatis monachorumque monasterii S. Martini Majoris] et ad illos famulos in monasterio servientibus sartiles xli, unumquemque longum cubitos xi et latum cubitos ii, et pullos cum ovis quantos illi homines solvunt aut precium, missa S. Martini; et in mense octobrio de caseo modios III; et omni anno, per tres vices, homines triginta diebus quindecim ad operandum, qui vivere debent de suo ebdomada una, et de rebus ejusdem ville alteram; et ad tertium annum famulos quales et quantos portarius elegerit. Et si de ipso censo tardi aut negligentes apparuerimus intra dies XIV in duplum restauremus.

XI.

DIPLOMA CAROLI CALVI DE FEMINIS MONASTERII S. GERMANI PRATENSIS.

(*Ex chartul. Sangermano-pratensi, tribus crucibus signato, fol.* 34, *in archiv. regni Franc.*, L. 82.)

Ao. 877 ? In nomine domini et salvatoris nostri Ihesu Christi. Karolus, divina ordinante providentia, rex Francorum, cunctis sanctæ Dei æcclesiæ fidelibus et nostris notum esse volumus, quemadmodum venerabilis vir Gozlinus et abbas monasterii sanctissimi præsulis Germani Parisiacæ urbis, nostram adiit præsentiam, innotescens nobis ingentem altercationem et scandalum quæ erant inter suos milites et monachos ipsius sancti præsulis Germani, videlicet propter feminas quæ ducebantur de villis abbatiæ tam dicti abbatis Gozlini suorumque fidelium in potestatem monachorum uxorandi causa, quas postea repetere volebant, et capitalitium ab eis requirebant. Nos quoque ex hac altercatione atque tam forti jurgio consilium requirentes, nostrorum cum assensu principum ac nostri archicapellani et abbatis Gozlini, tale repperimus consilium, pro Dei amore et sancti Germani, quo omni tempore fuisset nobis propitius et misericors, ut feminæ quæ ex abbatia ductæ fuerint in monachorum potestatem, a nullo umquam ex ipsa potestate abbatis repetantur, nec aliquod capitalitium neque ullum munusculum eis requiratur ab ipsis. Ergo præcipientes jubemus vobis hoc pietatis præceptum omni tempore inconvulsum et intemeratum permanere, quemadmodum nostri antecessores sua jusserunt præcepta sistere firma. Et ut hæc auctoritas firmior habeatur et per futura sæcula melius conservetur, de anulo nostro sigillari jussimus. Qui vero nostro tempore aliter facere præsumpserit, sive post discessum nostrum hanc confirmationem violare voluerit, a Deo cujus extitit contemptor penis æternalibus se dampnandum cognoscat.

Hebrohardus ad vicem Gozlini archicapellani recognovi.

Sigñum Karoli serenissimi regis.

Datum vi° idus julii anno Christo propitio vi imperii [a] domni Karoli serenissimi regis. Actum Aquisgrani palatii. In Dei nomine feliciter amen.

[a] Fort. legend. *anno* II *imperii*.

XII.

CHARTA BOSONIS DE MONASTERIO DERVENSI.

(Ex apographo inedito Biblioth. reg., Dépôt des Chartes, sub ann. 876.)

An. 876.   Domno sacrosanctæ basilicæ sancti Petri, id est monasterio in Dervo constructo, in pago Pertense, super fluvium Vigera et Alcsmantia, quem donnus Bercharius edificavit. Ego Boso, in Dei nomine, cogitante de casu hominum fragilitatis, sive pro Dei timore intuitum, aut aliquid de peccatis meis minuendis, propterea dono ad monasterium sancti Petri res meas quas habeo in pago Pertense, in fine Olonense, in finem Australziago, in finem Tunerense, in finem Addoniaca, in finem Scuriacensc, in finem Alineis Curtis, tam mansis quam perviis olcas, campis, pratis, silvis, aquis aquarumve decursibus, tam de proprio quam de comparato, de mercato vel ponto, quod ibidem ad me pervenit, cum omni integritate; et mancipia quatuor, his nominibus Autgarde, Adolane, Wilarde, Adolo, cum peculiares eorum, sicut superius conscriptum est; de meo jure in donatione ipsius monasterio sancti Petri, a die presenti dono, trado atque transfundo, aut quicquid ipse abbas aut monachi vel agentes sancti Petri de ipsis rebus et mancipiis facere vel dominari voluerint, in Dei nomine habeant potestatem ad faciendum, nullo contradicente. Si quis vero, si ego ipse aut ullus de heredibus meis aut quælibet ulla opposita persona, qui contra hoc testamentum plenissima voluntate mea conscriptum venire aut agere voluerit, ne hoc valeat evendicare quod repetit, et in fisco, sicut lex est, multa sustineat, et nichilominus presens testamentum omni tempore firmum permaneat, stipulatione subnixa. Actum Pertense ad basilicam sancti Desiderii ubi vocabulum est Olunna vico publico. Datum est hoc testamentum octavo idus octobris anno xxxvi, regnante domino nostro Karolo rege sive imperatore.

   Sunt autem hec ad partem monachorum in ipsa Olonna ecclesia una, ad quam aspiciunt de terra arabili jornales cxxiiii, de prato jornales iii. Aspicit ad ipsam ecclesiam mansus unus in quo habetur jornalis i et de prato jornalis i; mansus quoque indominicatus i, continens jornales ii, et habet in ipso manso hospicia v, de terra arabili jornales xciii, silva communis; alii mansi iiii. Manent ibi homines viii. Aspiciunt ad ipsos mansos de terra arabili cxxiiii jornales, de exartis jornales xxxvii, mancipia inter majores et minores c; farinarium unum. Solvit in anno de annona modios duodecim; ex ponte exit de sale modii sex, de pice solidum i. Inde quoque in Ohereca Curte mansus i, in quo manet homo i, de terra arabili jornales xlv. In Dodelini Monte mansus unus, de terra arabili jornales xv, mancipia quindecim.

XIII.

PLACITUM ARIPRANDI DIACONI.

(*Ex Angeli Fumagalli Cod. diplom. Santambrosiano*, p. 489-493.)

An. 882. Dicebat ipse Petrus abbas [monasterii S. Ambrosii] una cum eundem Ambrosius advocatum [ejusdem monasterii] : Isti prenominati servi homines vel ceteri suorum parentes et vicini hac consortes suorum omnes, habitantes in prenominatis locis, Cevenna, Cantoligo, Selvaniaco et Madronino, sunt servi de ista curte Lemunta; que istam curte Lemunta cum sua pertinentia et familiis adque et predictas locas, cum eorum integritate atque familiis, in predicto monasterio sancti Ambrosii datum et concessum est a bone recordande memorie Lotharium imperatorem per suum preceptum, que hic pre manibus habentur. Et relegere fecerunt. Et postea ab Carolum imperatore, qui nunc esse videtur, eo modo sicut in isto continet preceptum, per suum preceptum in ipsum cenobium omnia ut supra confirmaverat abendum proprietario jure. Sed dum isti prenominati omnes adque ceteri eorum consortes de prenominatas locas inter cetera que parte ipsius monasterii, pro suorum personis et rebus, pro suorum servitia, annue redere et persolvere debeant, querunt se subtraere ad colligendum olivas ex olivetis illas qui sunt dominicatas de ista curte de Lemunta, et eas premere, vel oleum que exinde exiit evegere nolunt, sicut suorum fecerunt parentes et consortes de ipsas locas, Cevenna, Cantoligo, Selvaniaco et Mandrenino a longo tempore. Cum ipsi Petrus abbas et Ambrosius advocatus ita agerentur, tunc predictis omnes vicini et consortes qui ibi aderant elegerunt ex hac causa de eorum parte in rationem standum et finem inde percipiendum, id sunt Leoniaco et magistratum quas super ipsis constitutum erat ad regendum, seu Johannes et Mauretio de Cevenna, Gemmolo de Selvaniago, Donnolino de Madronino. Qui cum ipse Petrus abbas et Ambrosius advocatus iterum eorum quererent quod ipsi et eorum parentes et consortes de prenominatas locas inter cetera quas pro suorum personis et rebus omnibus quas habebant, et reddere censum debebant annue de predictas olivetas, olivas colligere et premere, hac oleum que exinde exiret evegere deberent ad curtem domni imperatoris, qui dicitur curte Deusdedit. Ipsis manifestantes et concredens se dixerunt : « Vere hoc negare non querimus, quia cum lege non possumus quod aldiones imperialis non fuissemus, et verum est quod ad ipsi augusti in ipsum sanctum locum dati fuimus et censum reddidimus, et reddere debemus annue de personis et rebus pro aldianicia in ipso monasterio, sicut

nos antea fecimus et nostri fecerunt parentes. Nam hoc verum non est quod nos
aut nostros parentes vel consortes olivas de prenominatas olivetas coligere aut
premere vel evegere debuissent, aut debeamus.» Cum taliter inter se altergarent,
interrogati sunt predicti consortes ad supradicto Ariprando diacono et vicedomino
[ecclesiæ Mediolanensis] seu ab ipsis judices, si ipsis haberent aliqua firmitatem
pro co eorum concessum fuisset quod ipsi ipsas olivas collegere aut premere vel
evegere non deberent, aut si legaliter se exinde subtraere poterent. Qui dixerunt :
«Vere nullam firmitatem exinde non abemus, nisi, ut diximus, iterum dicimus
quod nos nec nostros parentes nec consortes eas non collegerunt, nec premere
neque evegere debuerunt, nec debemus.» Cum autem ibi essent nobiles et
credentes omines liberi Arimanni habitantes Belasio loco, id sunt Cunibertus, etc.

XIV.

NOTITIA PLACITI TEUDBOLDI COMITIS.

(Ex apographo inedito Biblioth. reg., Dépôt des Chartes, sub ann. 888.)

An. 888.

In Dei nomine. Noticia vel tradiccione qualiter, quibus presentibus bonis
ominibus, qui anc noticia vel tradiccione subterfirmaverunt, insertum qualiter
venit omo nomen Berterius in Asine Villa in publico ad ecclesia sancti Petri plena
plebe conjuncta ; inluster vir Teutbolt comite, ibique in eorum presencia fuit mea
peticia, et vestra decrevit voluntas, nec invitis nec coactus nec circumventus, nisi
per mea plenissima prumta voluntate, corrigiam ad collum meum misi et manibus
in potestate Alariado vel ad uxore sua Ermengart, ad integrum cstatum suum,
secundum lege romana, se tradidit; quo [i. e. in qua lege] insertum est quod omo
bene ingenuus estatum suum meliorare et pegiorare potes; ut post ac die de me
ipsum et de mea angnicione faciatis quitquit volueritis, vos vel eredes vestri, ad
abendi, vendendi, donandi vel ingenuandi. Et si ego, per me meipsum aut per
consilium malorum ominum, me de servicio vestro abstraere voluero, taliter michi detinere vel destringere debeatis, vos vel missi vestri, sicut relico mancipio
originalio vestro. Is presentibus qui corrigiam notaverunt et tradiccione ista subterfirmaverunt.

Sig + Erlulfo. Sig + Rainart. Sig + Magnione.

Sig + Ahino. Sig + Costancione. Sig + Mahidranno.

Sig + Bertran. Sig + Winierio. Sig + Berfredo.

Sig + Wandalbert. Sig + Disderio.

Ego Eldevoldus roytus [leg. *rogatus*] tradiccione ista scripsi. Datavi die sabato
in mense junio anno primo post obitum Bosone et regnante Karolo imperatore.

XV.

DIPLOMA (INEDITUM) ODONIS REGIS DE RICBODONE.

(Ex chartul. capituli B. Mariæ Carnot. , pag. 53; *cod. reg.* 5185 J.)

An. 889.   In nomine sancte et individue Trinitatis. Odo clementia Dei rex. Regalis celsitudinis mos est fideles regni sui donis multiplicibus atque honoribus ingentibus honorare sublimesque efficere. Noverit igitur omnium fidelium sancte Dei ecclesie nostrorumque tam presentium quam et futurorum sollertia, quoniam placuit serenitati nostre quendam fidelem nostrum, nomine Ricbodonem, de quibusdam rebus nostre proprietatis honorare. Sunt autem eedem res in pago Carnotensi super fluvium Oduram in villa Gaugiaco : mansus indominicatus ubi aspiciunt mansa xxxi que supradictus Ricbodo in beneficium tenet. Hoc itaque beneficium jam dicto fideli nostro jure beneficiario et usufructuario concedimus, quactenus dum quilibet Ricbodo, et quando quidem, Deo disponente, uxorem duxerit, et exinde filium procreaverint, et unus ex illis advixerit, jamdictum beneficium teneant atque possideant, nemine inquietante. Unde hoc nostre altitudinis preceptum fieri et memorato fideli nostro dari jussimus, per quod precipimus atque jubemus, ut ab hodierna die jamdictus fidelis noster Ricbodo suprascriptum beneficium teneat, uxorque et filius ejus dum advixerint disponant, usu quidem, ut dictum est, fructuario et jure beneficiario omni tempore vite sue; eo siquidem tenore, ut aliquis eorum in nostra fidelitate semper et defensione pro eorum beneficio deserviat. Et ut hec nostre largitionis concessio ita in omnibus conservetur atque verius credatur, anulo nostro insigniri jussimus. Rohannus notarius ad vicem Ebbonis recognovit.

    Datum xvi kalendas julii, indictione vii, anno ii regnante domno Odoni gloriosissimo rege. Actum Sancto Maximino monasterio in Dei nomine feliciter. Amen.

XVI.

CHARTA RICALSENDIS.

(Ex apographo inedito Biblioth. reg.; Dépôt des Chartes, *sub ann.* 975.)

Circa
au. 975.   Igitur ego enim in Dei nomine Ricalsendis vendicionem facio ad alico homine, nomine Ildegario, episcopo, de alodo meo qui est in urbe Limovicino in vicaria Padriliaco, manso uno cum curte et prato ; et in ipso loco, [in] villa quæ vocatur Pino, hoc sunt mansos v et bordaria una ; et in ipsa vicaria alia villa quæ vocatur

Vileta; et hic habet unum servum nomine Rotbertus cum uxore sua et mancipiis suis, et sunt in ipso loco mansos IIII.

XVII.

CHARTA ERMENFRIDI, ABBATIS GORZIENSIS.

(Ex apographo inedito Biblioth. reg., Dépôt des Chartes, sub ann. 984.)

An. 984. Ermenfridus, gratia Dei humilis abbas Gorziensis monasterii, omnibus sub imperio Christi pie viventibus. Notum sit omnibus presentibus et futuris quod homines potestate Bruoch, quæ a piæ memoriæ Raimbaldo comite perpetuo possidenda tradita est patrono nostro sancto Gorgonio, nos satis humiliter petierunt quatinus ipsis firmitatem privilegii nostra aucthoritate roboraremus, secundum legem qua ipsi regi, donec ejus fiscus erat, a prædicto Raimbaldo prædecessoresque ipsius servierunt. Nos vero rem hujusmodi intime pieque considerantes, indignum nimis judicavimus, nostro tempore, majori eos quam antea gravari servitio. Unde collaudantibus ac suggerentibus cunctis fratribus nostris, quid servitii eatenus sub dominis secularibus ad sanctis predecessoribus nostris, Algenaldo scilicet, Johanne, Odelberto, agerent ab ipsis placuit sciscitari ac deinceps in reliquam ætatem id eis privilegium certissimum firmari, ea lege atque conditione, ut si quis forte eos aliquid mentitos fore ac quicquam debiti servitiique celasse convinceret, predicta eorum postulatio funditus cassaretur. Servitium autem ab ipsis professum subter adnecti visum est. Unusquisque mundialium debet VI denarios festo sancti Remigii, etiam si liberæ sit filius; in anno III placita observabit. Si vero clamosus fuerit, donec ejus causa finiatur, infra potestatem triturabit duo modia avenæ et unum parati; falcem unam in prato mittet femina unum diem in prato, et unum faciet in agro. Fortatis[a] II falces mittet in parato[b]. Sunt mansi XXI et III quartæ. De quodam dimidio manso nil solvitur nisi de ancinga. Integer mansus vehet VIII modios parati aut XV diebus ante festum sancti Remigii aut XV postea. Mansus et dimidium vehet carradam vini, et, si preceptum fuerit, unam vendent. Si domus indominicata aut horreum destructum fuerit, cum carpentario nostro ipsi restaurabunt. Post natale Domini mansus quisque debet VIII denarios de oblationibus. In Pascha quisque mansus debet pullos II et ova XV. Septem mansi ex ipsis solvunt pullos IV et ova XXX. In maio integer mansus debet II carradas lignorum; mansus quisque duas perticas faciet de peitura ubicumque præceptum fuerit infra

---

[a] Fort. leg. *fortalis*.   [b] Fort. legend. : *In Parato sunt mansi XXI*.

potestatem. Manipulos cc harundinis mansus solvet festo sancti Johannis. Quidquid creverit in ancingis et croadis totum triturabunt. In croada quaque dabuntur
ex nostra parte II modii parati ad panem et VI ad bratium.

Actum Gorziæ publice sub die XVI kal. septembris, anno ab incarnatione Domini DCCCCLXXXIV, indictione XII, epacta XV, concurrenta III; in obitu Ottonis II,
et in adeptione regni Ottonis III, et ipso eodemque anno Deoderico defuncto;
Adelbero II cathedram Metensem accepit.

XVIII.
EX CHARTA STEPHANI.

(*Ex apographo inedito, ibidem, sub ann.* 998.)

An. 998. Dono Deo et SS. apostolis ejus Petro et Paulo, et loco qui dicitur Cluniacus,
cui preest domnus Odilo abba, aliquid ex rebus meis quæ sunt site in pago
Maticensi in villa Aziaco : hoc est curtilum indominicatum ubi Tedgerius stat
. . . . Ita dono pro remedio animæ meæ et pro emen-
datione pro quodam servo, cujus pedem amputavi. Dono etiam quemdam servum,
nomine Boninum.

XIX.
CHARTA RAMERICI, ABBATIS MONASTERII S. WINWALOEI
MONASTERIOLENSIS.

(*Ex apographo Biblioth. reg.,* Dépôt des Chartes, *sub ann.* 1000.)

An. 1000. Quoniam sepe rerum memoria gestarum et omnium recordatio preteritorum,
labentibus longi temporis spatiis, a mentibus hominum decidit, iccirco ego Rame-
ricus, ecclesie beati Winwaloei de Monsterolo humilis minister, providens ne
quis, forte pravo consilio seductus, quod suum non esset sibi usurpare presumeret,
noticie futurorum cartam istam legentium et audientium declarare curavi, qualiter
beati Winwaloei corpus a quodam episcopo, nomine Clemente, et quodam abbate,
nomine Benedicto, et quibusdam aliis monachis, clericis et laicis, pro terrore
Francorum terram minoris Britannie vastantium fugientibus, et in majorem Bri-
tanniam deferre volentibus, ut pote qui ejus famulatui prorsus dediti erant, apud
Monsterolum allatum est; quem Helgaldus, qui tunc comes erat, honorabiliter
suscipiens honorabiliter detinuit. Quia villam Caveronis*, que proprium ejus erat

---

* Hodie *Cavron,* inter Hesdinium et Monasteriolum.

allodium, sine advocato, sine majore, penitus liberam sancto donavit, unde ser-
vitores vivere possent, et ubi laici qui Sanctum secuti fuerant habitarent : quare
predecessores mei longa in pace tenuerunt. Sed invalescente mundana nequitia,
partim a Dominis circummanentibus, res nostras injuste invadentibus; partim ab
habitatoribus, justicie nostre aliquando subdi se respuentibus ; temporibus nostris
pax illa turbata est. Hac igitur tam gravissima necessitate conpulsus, consilio capituli
et amicorum meorum quos prudentes et fidos michi credebam, Alulfum, comitem
Hisdinii, advocatum constitui, quo neque fortiorem neque compotentiorem rectitu-
dini nostre tuende cognovi, ut ejus potentia dominos res nostras invadentes depri-
meret, et habitatores qui rebelles essent ad justiciam nostram venire compelleret[a].
Ne qua igitur inter nostros et suos posteros seditio oriretur, consuetudines quas
ei ob hanc causam concessi subsequens pagina declarat. De uno quoque orto,
opera dierum duodecim ad castrum Hisdinii in martio, exceptis vavassorum hortis
et mansuris que in atriis sunt, et exceptis mansuris molinorum et cambe; de
dimidio horto, vi dierum opera; de coteriis, trium dierum operam, de porsonio
comitis, infra natale Domini; de horto, v mumos[b] et minam avene et gallinam;
de dimidio sive coterio, v obolos et quartarium avene et gallinam. In unoquoque
anno debet habere comes tres coroweias, ad galcheras, ad remotiones, ad avenas,
exceptis vavassoribus, nisi forte arent terram que debeat. Has consuetudines pretor
comitis submonere debet in ecclesia. Si vero quis non venerit, iterum pretor sub-
moneat ore ad os, testimonio vicinorum, ad justiciam ante comitem, sub nomine
opere sive coroweie. Si vero venerit et monstrare nequiverit se fecisse operam
sive coroweiam, per iii solidos emendabit. Si autem venire contempserit, comes
ad abbatem clamorem faciet. Quod si ante abbatem venire noluerit, comes quod
suum est querat. Preterea comiti, in exercitum meanti, ad ducendam bennam,
debent rustici ministrare quatuor equos et vavassores duos, quales habuerint. Si
quis de supra dictis equis comiti displicuerit, redimatur, sive ad comitis creditum
fiat. De impensa comitis vivere debent. Et sciendum est quod comes debet esse
advocatus et defensor. Si vero aliquis ad justiciam abbatis venire renuerit, comes
cogere debet. Si autem abbas ab aliquo auxilium habere voluerit, auxilio comitis
et justicia dare debet. Precepi autem ego Alulfus, comes Hisdinii, hanc cartam
ideo fieri, ut tam presentibus quam futuris notum fiat, quod hec conventio perpetua stabilitate ac manus nostre confirmatione roborata consistat. Actum est hoc

---

[a] Quæ sequuntur usque ad voces, *et sciendum est*
quod comes, prætermissa sunt in Gallia Christiana ,
ubi hæc charta edita est, tom. X, instr. col. 283.
[b] Fort. legend. *nammos.*

in cenobio sancti Winwaloci apud castrum Monsteriolum, anno dominice incarnationis M°., indictione XIII, regnante vero rege Roberto anno III.

Signum Alulfi comitis, qui hanc cartam fieri jussit, et manu propria firmavit.

Signum Ramerici, abbatis.	Signum Raineri Rufi.
Signum Herboldi, prepositi.	Signum Walteri.
Signum Adsonis, monachi.	Signum Tedardi.
Signum Warini.	Signum Otberti.
Signum Ebroini.	Signum Hugonis.
Signum Hildradi.	Signum Bernardi.
Signum Fulcardi.	Signum Walonis.
Signum Saleconis.	Signum Fulcardi.
Signum Arnulfi.	Signum Aldonis.
Signum Madelberti.	Signum Rodulfi.
Signum Henrici.	Signum Winoldi.
Signum Lanberti.	Signum Hairfridi.
Signum Otgeri.	

XX.

NOTITIÁ PLACITI DE MULIERE MAJORIS MONASTERII, INEDITA.

(*Ex chartul. Major. Monast. Turon., cod. reg.* n° 5441, fol. 123.)

4

Circa
an. 1037.

Fugax rerum gestarum memoria litterarum vinculis est alliganda, quæ et præsentibus vel oblita in memoriam revocent vel ignorata notificent, et futuris antiqua
renovent et præterita repræsentent. Notum igitur fiat et fidelibus universis et
maxime successoribus nostris, quod Odo comes et mater ejus Berta regina dederunt S. Martino et monachis Majoris Monasterii quendam servum suum, nomine
Ohelmum, qui accepit uxorem, nomine Hilduciam, Rotberti, vicecomitis Blesensis, ancillam, quam ipse vicecomes dederat cuidam militi suo, Herbaldo nominato. Videns autem Ohelmus quod propter uxorem suam a dominis illius pateretur
molestiam, dedit Herbaldo aliquantum pecuniæ ut eam faceret liberam. Quod et
ille fecit dum, tempore quodam, profecturus esset Romam; et ut res recta foret
et firma, libertatis cartulam fecit fieri et tradidit mulieri, quam firmavit etiam
vicecomes Rodbertus et Milesindis, uxor ejus. Post hæc, mortuo Rodberto, vicecomite, et Herbaldo, ejus milite, Ohelmo quoque defuncto et uxore sua filioque
eorum Ascelino, jam pene obsoleta rei hujus memoria, captata calumniæ opor-

tunitate, insurrexerunt Rodbertus et Guillelmus clericus, alter Rotberti vicecomitis, alter Herbaldi filius, et in res Ascelini patrisque ejus, Ohelmi, quæ S. Martino remanserant, inhiantes, cœperunt partem mulieris repetere, negantes patres suos liberam eam fecisse. Quibus cum rei gestæ veritatem monachi Majoris Monasterii retulissent, et Milesindim, Rotberti vicecomitis uxorem, quæ adhuc vivebat, quæ etiam se ab Ohelmo conductam fuisse ut cartam de libertate mulieris firmaret protestabatur, testem fidelissimam adhibuissent; et illi, veritate dissimulata, ab intentata calumnia minime desisterent, ad postremum cartam eis, quam de libertate mulieris patres eorum fecerant, ostenderunt. Illi adversus tam illustris testimonii claritudinem et tantæ evidentiæ lucem calumniosarum objectionum tenebras offundentes, in sua persistebant pertinacia nullorum judiciis adquiescentes sed prædas de S. Martini rebus agentes, et se pejora semper facturos comminantes. Tum Guillelmus clericus dedit istam querelam cuidam militi, nomine Landrico, cognomento Balbo, qui sororem ejus habebat uxorem, ut quasi licentius quam ipse, qui clericus erat, in monachos exerceret ultionem. Qui nimium vehemens et ultra modum infestus ibi tantum erga illos innocens erat, ubi nullo nocere ingenio poterat. Tandem post multa jurgia plurimaque litigia, post multas audientias initas et præ partium certamine non determinatas, condicto apud Firmitatem Norberti placito, post causæ suæ recitationem, cartam monachi de libertate feminæ protulerunt; et, quoniam neque lex neque consuetudo erat eis belli faciendi, hominem quendam suum tradiderunt, qui calidi ferri judicio cartam probaret esse veridicam. Tunc illi rectum quod impugnabant, sero licet, recognoscentes, justitiæ cesserunt, suoque auctoramento cartam firmantes manuum quoque tactu corroboraverunt. Verum ne penitus calumniæ suæ fructu privarentur, sedecim denariorum libras a monachis acceperunt, quas illi inquietudine carere volentes, secundum Apostoli dictum, *redimentes tempus, quoniam dies mali sunt*, dare non renuerunt. Ad recidenda vero in posterum omnia succidivæ calumniæ pullulamina, hæc quæque præter priorem cartam facta est notitia, similiter ut illa, ab his omnibus firmata quorum infra, cum testibus qui affuerunt, scripta sunt nomina.

Signum Rotberti de Vilenolio. S. Guillelmi, clerici, filii Herbaldi. S. Landrici Balbi. S. Hildeburgis, uxoris ejus, sororis Guillelmi. S. Berladii, filii ejus, nepotis Guillelmi clerici. S. Adelaidis, filiæ Hildeburgis et Landrici. S. Archembaldi, fratris Landrici. S. Gerardi, filii Herberti. S. Ernaldi, filii Hugonis Balbi. S. Hemrici, fratris ejus. S. Guarnerii de Viridario. S. Sanzonis, senescalci. S. Ansaldi Nermanni. S. Hervei, filii Tedbaldi. S. Rodgerii, filii Gauscelini Longi. S. Richardi, fratris Hadebrandi. S. Hadebrandi, filii ejus. S. Teoderici, filii Rainardi. S. Andraldi, monachi. S. Radulfi, monachi. S. Gualonis, prioris. S. Hademari,

45.

monachi. S. Gonzonis, monachi. S. Gausfredi de Virsone, monachi, de famulis. S. Fulchodii, presbyteri. S. Raimbaldi de Campo Martis. S. Girbaldi. S. Frodgerii. S. Constantii. S. Maurini. S. Gualterii.

XXI.

CHARTA BALDUINI, FLANDRENSIS COMITIS.

(*Ex And. Du Chesne*, Histoire de Béthune, *instrum.* p. 5 et 6.)

An. 1038. Prudenter satis excogitavit antiquorum solertia, ut litteris commendarent et confirmarent quæ honeste ac recte a se facta posteros latere nolebant. Unde et ego Balduinus, Dei gratia, Flandrensium comes, ad notitiam tam futurorum quam præsentium hic annotari jussi, qualiter beatæ Rictrudis Marcianensis abbatiam per quadringentos et eo amplius annos, hoc est a sui constitutione, semper fuisse ab omni reddituo advocationis liberam, coram baronibus meis, cognoverim et testatus sim; annuens humili petitioni Albrici abbatis et fratrum ipsius ecclesiæ, suggerente etiam et concedente Adela comitissa, conjuge mea, filia regis Roberti; sed, quoniam prævalente secularium nequitia, ad sui defensionem advocato indiget, ut sim ecclesiæ fidelis advocatus et defensor, supradictus abbas mihi dedit duos molendinos, qui sunt in villa Berberia, et duas carrucatas terræ in villa Nigella, ecclesia tamen in sua antiqua libertate semper manente. Ego autem molendinos illos cum terra supradicta per manum ipsius abbatis dedi Hugoni Havet de Albiniaco, eo tenore ut in omnibus sit ecclesiæ Marcianensi promptus adjutor. Quod si neglexerit, me præsente, coram baronibus meis, judicavit, ut et successores ejus et ipse datum supradictum atque advocationem, quam de me tenent, perdant. Et hæc sunt quæ in potestatibus ecclesiæ accipiet. De omni forisfactura, ubi ecclesia ope indigens eum in auxilium vocaverit, si per justitiam ejus aliquid adquisierit, ipse tertiam partem habebit. Quod si non fuerit vocatus, nihil omnino debebit habere. Majores dabunt ei in Nativitate duo sextaria vini et duos capones, et ipse cibabit eos et homines eorum pane et carne et vino. In Pascha dabunt ei duo sextaria vini tantum. Adjutorium, tempore obsidionis vel hostilitatis generalis, quatuor vel quinque hebdomadarum accipiet in potestatibus; id est, de carruca duos solidos, de dimidia unum, de operario divite an paupere tres denarios. Cocus ecclesiæ, magister pistorum, cambarius, et qui cum carro de nemore ligna adducit, nihil dabunt ei, quia omnino ab omni redditu advocationis semper liberi erunt. In hoste quoque regali per manus ministrorum abbatiæ in potestatibus accipiet octo palefridos, et hoc semel in anno si necessitas evenerit; sin autem, nihil omnino. Palefridos ferrare faciet hominibus qui eos ducent, in victu et calciamentis providebit. Cum fuerit reversus, statim illos palefridos omnes restituet dominis suis. Quod donec fecerit, nihil pro eo faciet ecclesia, nec homines ecclesiæ. Præter hæc nihil debet habere Advocatus in ecclesia, nec ista accipere nisi per manus ministrorum abbatiæ. Pro supradictis enim molendinis et terra servire debet ecclesiæ et promptus esse adjutor. Non bannum faciet, nec precarias; nec latronem accipiet, nec corveias nec palefridos; nec ministri ejus aliquid accipient. Sciendum quoque, quod non interpellabit quemquam ad campum de hominibus ecclesiæ, sed ille, contra quem aget, judicio scabinorum, cum sacramento, sola manu, purgabit se. Nec licet ei, nec alicui terrenæ potestati, in aliqua villa sanctæ Rictrudis contra voluntatem abbatis vel monachorum manere, nec convivia præparare, nec placita tenere, nec denariorum vel pecuniæ collectionem ab incolis exigere, nec ullam violentiam inferre. Æqualem libertatem habebunt omnes hospites potestatum, tam advena quam indigena. Iterum non licet ei terras ecclesiæ emere, aut in vadimonium accipere, nec servos nec ancillas ejusdem ecclesiæ in feodo militibus dare, nec aliquid ab illis per violentiam exigere. In silvis quoque sanctæ Rictrudis vel in aquis ipsius[a], nullam habet potestatem, nec homines ecclesiæ contra voluntatem abbatis manutenere potest. Et ut hæc firma et inconvulsa permaneant, studui sigilli mei impressione hoc privilegium roborare, et testes inferius designare.

Signum Balduini marchionis, qui fieri jussit hæc. S. Adelæ comitissæ. Signum Eustachii, comitis Boloniæ. S. Rogerii, comitis de sancto Paulo. S. Gerardi, episcopi Cameracensis. S. Drogonis, episcopi Morinensis. S. Fulconis, episcopi Ambianensis. S. Lieduini, abbatis S. Vedasti. S. Roderici, abbatis S. Bertini. S. Malboldi, abbatis S. Amandi. S. Wichardi abbatis. S. Gerardi abbatis. S. Rodulfi Tornacensis. S. Rodulfi Gandensis. S. Roberti advocati. S. Johannis, advocati Attrebatensis. S. Hugonis Aldenardensis. S. Sanswalonis, Freardi, Walteri, Berneri, Ogeri, Dominici, militum. Hoc placitum fecerunt quatuor milites Advocati: Udo, Ursio, Garderus, Maimbodo. Actum Attrebati curte publica in capella sancti Benedicti, anno Domini mxxxviii, indict. vi, epacta vii, anno iv Balduini, comitis gloriosi; rege Francorum Henrico.

---

[a] *Vel in aquis* et in terris *nullam, etc.*, in apographo ejusdem chartæ, asservato in Bibliotheca regia, *Dépôt des Chartes*, sub anno 1038.

XXII.

CHARTA BALDUINI NOVIOMENSIS EPISCOPI, INED.

(*Ex apographo Biblioth. reg.*, Dépôt des Chartes, *sub ann.* 1046.)

An. 1046.
Ego B.[a] in Dei nomine Noviomorum episcopus, cunctis sanctæ Æcclesiæ filiis
presentibus et futuris notum esse volumus, ante nostram venisse presentiam
domnum Remigium, abbatem cœnobii sancti Eligii, clamorem facientem de quodam Gerardo manente in Roia[b], qui dicebat se esse advocatum unius villæ sancti
Eligii, quæ dicitur Verleius[c], et enim ipsius advocationis occasione quam tenebat,
injuria magis quam jure, incolis ejusdem ville tanta inferebat mala, ut omnes
fugere vellent inde. Quorum calamitati succurere volendo, precatus sum domnum Fulconem, episcopum Ambianensem, cujus erat parrochianus, ut eum anathemate feriret, nobisque licentiam id ipsum faciendi daret : quod et fecit, et ego,
ejus consensu. Monachi vero cotidianum anathema adjecerunt, immo etiam cor-
pora sanctorum de sedibus suis ad terram deposuerunt. His ille perterritus et ab
amicis suis sapienter consultus, presentiam nostram adiit, paratus dimittere quæ
invaserat injuste. Facta est ergo subnotata diffinitio, eo tenore ut, si ulterius post-
hac in hac culpa contra abbatem et monachos inciderit, quod tunc super eum
clamabant, v videlicet porcos, iiii asinos, iii libras et x solidos denariorum in capite
repetant, et ego hujus excommunicationis emendationem : quod ita ad presens
perdonatur, si conventio facta nunquam permutetur. Ea siquidem talis est : In
eadem villa Verleio habeat prefatus advocatus, pro advocatione et deffensione ville,
duos mansos terre : et in villa Matherei Curte[d], quæ est membrum præfatæ villæ
Verleii, unum mansum; et in eadem villa Verleio, a modo in posterum, de uno
quoque mansionario, singulis annis, non plus accipiet, nisi tantum ii panes,
ii sextarios vini, ii denarios pro carne, ii sextarios avenæ, et unam corvadam apud
Matherei Curtem in mense martio per viii dies suæ monitionis in ecclesia in die
festo. Homines sancti Eligii neque sibi neque alii justificabit, nisi de ea re quam
sibi debent, et hoc infra villam. Famulos servientes in dominica curte abbatis nullo

---

[a] Leg. *Balduinus.*

[b] Hodie *Roye*, ad xiv a Noviomago lapidem,
inter aquilonem et occasum.

[c] Nunc *Vrely*, vicus, milliario nono a Roia, versus

septentrionem, aliquantulum ad occidentem vergens.

[d] Nostro tempore *Méharicourt*, bis mille passuum
a Verleio, orientem spectans.

modo justificabit, preter illos qui mansos tenent; et illos non justificabit nisi de prefata consuetudine. Neque mandabit hominem vel feminam de Verleio vel ad Verleium pertinentem, ad suam domum vel in ipsa villa, ut exigat a quoquam manducare vel bibere, vel pretium unius denarii. Quicquid vero agat abbas aut monachus in eadem villa, sive justum sit sive videat injustum, nullo modo quenquam contra eos sustinebit. Quod si super homines sancti Eligii, qui in eadem villa manent aut extra, aliquis clamorem fecerit, non recipiet illum clamorem, nisi prius delatus fuerit clamor ipse ad abbatem aut prepositum aut monachum villæ, et justitia fuerit prohibita. Si autem aliquis illorum qui censales mansos terre tenent obierit, aut paupertate compulsus terram dimiserit, tunc abbas in cujus manu terra est praefatam consuetudinem prefato solvat advocato. Et quoscunque deinceps in terram mittere voluerit monachos, soluti sint ab omni consuetudine contra eundem advocatum et quieti.

Volentes igitur hanc definitionem ex hoc et in omne tempus permanere inviolabilem, sigilli nostri impressione necnon et fidelium nostrorum clericorum ac laicorum nominibus assignari decernimus, quorum ista sunt nomina :

Signum Balduini episcopi. S. Gerardi ipsius advocati.

S. Harduini archidiaconi.
S. Gisleberti prepositi.
S. Achardi decani.
S. Harduini clerici.
S. Guidonis clerici.
S. Gerelmi cantoris.
S. Rotberti clerici.
S. Guiberti clerici.
S. Gibuini clerici.
S. Gerardi clerici.
S. Gualterii clerici.
S. Gunterii clerici.
S. Rainoldi clerici.
S. Odonis clerici.
S. Hugonis clerici.
S. Dionisii clerici.
S. Levulfi clerici.
S. Drogronis clerici.
S. Hugonis clerici.

S. Ingranni.
S. Hugonis.
S. Nocherii.
S. Bosonis.
S. Fulconis.
S. Hatonis.
S. Guarselini.
S. Gamelonis.
S. Gerardi, filii Heroardi.
S. Azselini, filii Galefredi.
S. Gualterii, fratris ejus.
S. Guidonis. S. Ratbodi.
S. Elberti. S. Haduini.
S. Gamelonis, filii Bosonis.
S. Odonis Papalac.
S. Godefridi, filii Iberti.
S. Odonis, hominis Arnulfi.
S. Godefridi, famuli monachorum.

S. Ratbodi clerici.

S. Hugonis castellani.

S. Arnulfi militis.

Actum Noviomi anno incarnationis dominicæ MXLVI, indictione XIIII, pontificatus domni Balduini anno III. Per manus Guidonis.

XXIII.

NOTITIA (INED.) PACTI INTER MONASTERIUM DERVENSE ET COMITEM BREONENSEM INITI.

(Ex apographo, ibidem, sub ann. 1056.)

An. 105⅘. Monachi sancti Petri et beati Bercharii proclamationem fecerunt ad magnanimum comitem Theobaldum de superfluitate quam comes Breonensis, donnus Walterius, faciebat eis; quam proclamationem misit predictus comes in mensuram. Est autem talis mensura. Quando accipiendum erit opus castelli, et karroperum accipiet ministerialis sancti Petri et cum laude ipsius minister Breonensium comitis. Et accipient secundum salvationem hominum sancti Petri et secundum salvationem comitis. Opus ergo castelli semel in anno fiet una ebdomada martii, et non in alio mense. Et si opus non fuerit, pro redemptione operis recipiet sex denarios de mansu vestito, de dimidio tres, de quarta parte mansi tres minutas. Ipsum vero opus si ad alium locum quam ad Breone castrum transducere voluerit, villani non solvent, et ipse ministerialis non inferet illis, sed sex denariis rediment se de mansu vestito, sicut supradictum est. Carroperum quoque similiter semel in anno fiet, si necesse fuerit, a feria quarta usque ad diem dominicam, et solummodo apud Breonam et nusquam alibi; in hac quoque conventione, ut bos claudus sive cornu fracto, et vacca pregnans et fetu tenera in carropero non eat. Quando autem frescenne fuerint accipiende, ministerialis sancti Petri eas accipiet et secundum ipsius [sic] minister Breonensis comitis eas recipiet. Si aliquis per se non potuerit integram solvere, solvet, et pauperes duos vel tres aut quatuor simul adjunget ministerialis sancti Petri, secundum salvationem hominum : frescenna duos solidos valebit, aut pro ipsa duo solidi dabuntur. Porro terminus frescennarum erit a festo sancti Martini usque ad natale Domini, et si solute non fuerint ante diem natalis Domini, in crastino duplicabuntur. Ab illis autem qui in atrio et mercato morantur, frescenne et alie consuetudines non accipientur. Si igitur de opere castelli aut de carropero vel de frecenniis aliqua neglegentia facta fuerit, aliquam justitiam extorquere non licebit

ei, nisi per ministeriales sancti Petri. Conventum autem suum generalem semel in
anno habebit in Pentecostem, si voluerit; et si aliquo modo forte ei contigerit ut
per regionem transeat cum decem aut quindecim militibus, ministerialis sancti
Petri victum ei prebebit. Saumarius unus semel in anno ei prestabitur in servitio
Majoris comitis, et quousque reddatur saumarius, alius ei non prestabitur : alios
quidem caballos in tota abbatia non accipiet, nec ullum servitium de opere castelli vel de carropero aut frescenniis neque omnino aliquid accipiet a clericis sancti
Petri vel equitibus aut servientibus ad ultimum, nec in monasterio neque in tota
abbatia sue defensioni subposita, preter hec que comes Teobaudus ei divisit que-
que supranotata sunt. Et cum laude monachorum promisit comes Vualterius Deo
et sancto Petro, memorabili quoque comiti Teodebaudo, nichil amplius se acceptu-
rum. Hujus rei testes idonei sunt : Walteri comitis, Theodebaudi comitis, Sane-
vuale, Clarembaldi, Vualteri de Orion, donni abbatis Bernardi, donni abbatis
Brunonis, Albrici monachi, Engonis monachi, Alberti monachi, Witeri monachi,
Josberti monachi.

XXIV.

NOTITIA PLACITI APUD MONTORIUM HABITI, INED.

(Ex chartul. Vindocin., cod. reg. 5442, c. 161.)

Au. 1070. Notum sit fratribus nostris, scilicet monachis Majoris Monasterii, quod quidam
servus sancti Martini et noster, nomine Hildradus, duxit uxorem quandam colibertam Hugonis, filii Teudonis, de qua habuit quatuor liberos. Post mortem Hugonis, filius ejus Guillelmus, calumniatus est nobis medietatem filiorum, propter
colibertam patris sui. De qua re domnus Ascelinus monachus, tum præpositus
obedientiæ Burziaci, iniit placitum cum eo apud Montorium in feria sancti Laurentii, ibique judicatum est quod nati de servo et coliberta non debent partiri, sed
patrem sequuntur omnes filii, ideoque calumniam ejus esse injustam. Et cum ille
contenderet illum fuisse colibertum, guadjavit ei domnus Ascelinus jurare quod
ille servus fuerit non colibertus. Quod jusjurandum fecit ei fieri per unum hominem
ejusdem familiæ, nomine Alchierum, de villa Rebla, apud Rupes Episcopi. Acta
sunt hæc anno vii° domni Bartholomei abbatis. Placiti facti apud Montorium
testes sunt hi : Matheus de Montorio et frater ejus, de cujus feuo coliberta
fuit; Malgerius, gener Drogonis; Rosto de Lavarzino; Hubertus Muscipula; Sevinus
de sancto Karileppho; Helinandus de Fracta Valle; Achardus de Rupibus; Frotmundus de Artins; Gaufredus Caulis. De nostris : Benedictus Blanchardus,

46

major; Martinus Lorinus; Hildradus de Buziaco; Morgandus Carpentarius; Teles-
bellus Dens; Petrus, filius Richildis. Jurisjurandi testes : Leodegarius de Rupibus;
Benedictus Blancardus; Hugo de Villa Malorum; Hugo, nepos Leodegarii; Hildradus; Fulbelinus-; Gauterius.

XXV.

(*Ex apographo Biblioth. reg.*, Dépôt des Chartes, *sub ann.* 1076.)

CONVENTIO [INED.] EPISCOPI LINGONENSIS AC SENIORUM CLUNIACENSIUM ADVERSUS
LANDRICUM GROSSUM[a] DE MERCATORIBUS ET DE INJUSTA PEDITURA.

Circa
an. 1076.

Scriptum est : *Qui converti fecerit peccatorem ab errore vie sue salvabit animam ejus
a morte;* et iterum : *Redimentes tempus, quoniam dies mali sunt.* Quapropter noverint
cuncti fideles futuri et presentes, quod ego Landricus Grossus a concupiscentia,
que plerumque secularibus obrepit, abstractus et illectus, quosdam mercatores
Lingonenses cepi per terram meam transeuntes, et eorum res abstuli, donec, conventus ab episcopo Lingonensi ac senioribus Cluniacensibus, partem retinui,
partem reddidi ipsis mercatoribus, ut sua reciperent et deinceps per terram meam
quiete transirent, quid michi singulis annis, loco quasi tributi, solverunt consti-
tuentibus. Ex hoc peccato nata est mihi peccati occasio, scilicet ut cunctis per
terram meam iter agentibus, seu causa negotiationis seu orationis, exactionem,
quam vulgo peditura vocant, imponerem, et hoc meos ab eis exigere juberem.
Hoc seniores Cluniacenses audientes, et, quia nunquam ab antecessoribus meis
aliquid tale factum audierant, nimium dolentes, per fratrem meum domnum Ber-
nardum, suum camerarium, me convenerunt, et ut ab hac injustitia ac Deo odibili
exactione desinerem proposuerunt; et ut tempus sibi redimerent, aliisque quos
hac exactione turbabam quietem providerent, trecentos mihi solidos dederunt.
Ego autem, qui facere hoc sponte, pro timore et amore Dei, debui, accepto
pretio, tandem aliquando consensi, et in manu domni Hugonis abbatis, ac postea
in capitulo Cluniacensi exactionem illam nunquam a me vel ab aliquo meorum
exigendam fideliter repromisi; set et servos vel francos, quoscumque tunc temporis calumpniando requisivi, similiter in toto et in perpetuum, sicut exactionem
illam, verpivi, et hoc observandum a me omni tempore fideliter promitto, et
heredes meos observare precipio. Siquis autem, vel ego ipse vel quilibet filiorum

---

[a] Charta altera ejusdem Landrici Grossi edita est in Gall. Christ. t IV, instr. col. 283

vel filiarum meorum, vel certe mihi in hoc honore terreno succedentium, hanc
exactionem iniquam, quam vocant peditvram, facere, aut servos vel francos,
quos werpivi, repetere, vel quolibet modo a servicio sancti Petri seniorum Cluniacensium inquietare presumpserit, iram omnipotentis Dei Patris et Filii et Spiritus Sancti incurrat, et, nisi ad satisfactionem et emendationem venerit, in perpetuum anathema maranata, eterno igne comburendus, regno Dei et vita eterna
careat. Amen. Signum Landrici, qui hanc werpitionem fecit. Sig. Joceranni, filii
ejus. Sig. Ilii de Craia. Sig. Humberti Ungri. Sig. Engilberti de Curtavas. Sig. An-
sedei, juvenis, de Oblaco. Sig. Artaldi de Buxeria. Sig. Joceranni de Curtavas.

XXVI.

NOTITIA (INED.) PLACITI A NIVERNENSI EPISCOPO HABITI.

(Ex apographo, ibidem, sub ann. 1094.)

Circa
an. 1080.
Notum fieri volumus omnibus nostre ecclesie filiis tam presentibus quam futuris,
quoniam domnus tertius Hugo, Nivernensis episcopus, xv kal. septembris prima
feria, Nivernis, sub ulmo sua consedit, et nobis canonicis filios Alchisii de Valle
divisit. Evenerunt autem nostre parti de pueris isti : Johannes major natu et Mes-
chinus atque Baronellus et uxor cujusdam nostri rustici. Fuit autem Nivernis
puplice factum, videntibus atque audientibus clericis et laicis. Clerici vero sunt
hii : Rainerius præcentor, Landricus presbiter, Bernardus filius Malguini, Bernardus
de Aziaco, Guido Vermilio, Iterius de Narsiaco. Laici vero sunt isti : Eldradus
puer, filius Eldradi; Goffridus de Canlivasco, Raginaldus prepositus et Oliverius,
Bernardus de Cruce, Raginaldus Mirator Pedum, Girbaldus Baldo, Goffridus
filius Gislemari et multi alii. De servientibus episcopi : Giraldus Bogarellus et
Sirellus privignus ejus, Stephanus dapifer, et Raginaldus mariscalcus.

XXVII.

NOTITIA (INED.) PACTI INTER ABBATEM NOBILIACENSEM ET ENGELELMUM DE MORTUO MARI INITI.

(Ex apographo, ibidem, sub ann. 1085.)

Circa
an. 1085.
Sanctæ matris ecclesiæ cunctis fidelibus tam posteris quam præsentibus certum
fieri volumus, quod Engelelmus de Mortuo Mari multa mala fecerat et faciebat

46.

sancto Juniano, et in suo tempore malas consuetudines in terra sua miserat, in
curtibus videlicet que Bubalicia [*Bouresse*] et Mazeriole [*Mazeroles*] vocantur; sed
postea se contra Deum et sanctum ejus Junianum male fecisse recognoscens, fecit
inde placitum cum abbate Bertranno [Nobiliacensi] et monachis ejus, relinquens
eas consuetudines ipse et filii ejus, Engelelmus scilicet, Petrus et Bernardus, et
uxor sua Lucia : de quibus consuetudinibus has scribere curavimus. Si quislibet
homo manens in terra sancti Juniani, in altera terra duxisset uxorem, vel femina
virum; sequebatur eos et capiebat illos et omnia sua. Quod nequaquam amplius
faciet, nisi tantum cum domus remanserit vacua in terra sancti Juniani, sed tunc
illos reducet. Et si quis forifaciebat aliquid ei vel suis hominibus in curtibus
supradictis, capiebat sua sine ulla reclamatione quam faceret judici nec monacho.
Servi vero sancti Juniani ad eum venire solebant, et ex illis suos servientes in
domo sua, vel quoslibet ministros, quosdam autem milites faciebat absque consensu abbatis atque monachorum. Has consuetudines et omnes alias, quas enarrare
longum est, et cetera omnia que male in curtibus supradictis invaserat, omnino
reliquit super altare sancti Juniani, satisfaciens Deo, exceptis his que infrascripta
sunt : videlicet causa manducandi omni anno retdunt homines de curtibus supradictis xx solidos. Retinuit biannium rusticorum ad castrum claudendum, sicut
fecerant antecessores. Retinuit conducendi annonas inde unde antecessores sui
conduxerunt, et ad diem natalis Domini quatuor karratas de ligna; et si aliquis
villanus de ipso bianno remanserit, minime dabit suum gatgium. De unoquoque
villano qui vineam habet et vineam debet, unam somam vini reddat; similiter
de unoquoque oves habentem, unum anniculum. Nec porcus, nec bos, nec
vaca, nec aries, nec aliud quicquam sit raptum. Si comes Pictavis ibi veniens
manducaverit, et aliquod forfactum fuerit factum villanis, ubi abbas vel rusticus
clamaverit, sit emendatum in sua mercede; et de ipsis terris ubi non est statio
hominum, si aliquis consuetudinarius volens ipsas terras operari, operetur per
preceptum prepositi sancti Juniani, et reddat de consuetudinem mensurate secundum quod habuerit de terra, ut non remaneat terra absa. Si vero aliquis villanus
de foris venerit, et voluerit ibi manere et terram abere, liberam teneat per duos
annos ab omni consuetudine. De pratis vero que senior de Luciaco habet ad
medietatem de villanis per quictantiam, ita sit quod ipse faciat sequare ad suum
cauctum [al. *conductum*], pretiumque reddat, et villam [fort. *villani*] affenerent et
parciantur, et postmodum senior accipiat qualemcumque partem voluerit. Armiger
autem senioris accipiat unum tale onus de feno vel de palea, quod ipse portare
possit, ex unoquoque villano, si invenerit. Quarta vero Arberti soluta et libera.
Defensio vero leporum omnino dimissa. De illo qui parat focum abbati nulla con-

suetudo sit accepta. De silva Faiet abet abbas medietatem de pascherio de terra
sancti Juniani. Testes hujus rei : Engelelmus, Lucius, Petrus Abrutit, Rotbertus de
Faadel, Unbertus de Corciaco et Jordanus frater ejus, Guillelmus de Maceriolas et
Isembertus de Bubalicia.

XXVIII.

NOTITIA DE NIVELONE PETREFONTENSI, INED.

(Ex apographo, ibidem, sub ann. 1089.)

An. 1089. Consuetudo huc usque fuit satisque laudabilis ab illis quibus res sue violenter et
indebite auferebantur, et, dictante malitia, injuste consuetudines imponebantur,
tandem pace sequestrante malitiam, postquam cuique sua restituta erant et consuetudines contra jus posite destitute fuerant, fieri litteras continentes fedus concordie ;
ut si aliquis, vel qui malum intulerat, vel qui mala perpessus fuerat, adversus legem
federis vellet recalcitrare, litteris allatis in medio, prelecto cyrographo, juxta ejus
significationem, malecfactor nil contra decretum repetere, mala perpessus nil quod
jure deberet ultra posset defendere. Hujus itaque consilii formam tenentes, notum
fieri volumus tam futuris quam presentibus, quod Nivelo Petrefontensis[a], suorum
consilio servientium, postquam Suessorum matrem ecclesiam multiplici rapina
longo tempore spoliavit; villas quoque illius, scilicet Amblolacum[b] et Kalam, injustis consuetudinibus oppressit; super his multotiens conventus a fratribus ut eum
peniteret, non assentiens illis, a corpore sancte Dei ecclesie falce anathematis ab-
scisus est, sicque ab ante natale Domini usque in diem Parasceve impenitens
sustinuit maledictum; die autem predicta, disponente Domino, contigit domnum
Rainaldum, Remorum archipresulem et cum eo Ingelrannum, ecclesie nostre archidiaconum, interfuisse Compendio, quorum consilio et frequenti ammonitione,
quia ibi morabatur, Nivelo pulsatus, non potens persuasoriis eorum verbis contradicere, nesciens sue salutis hortamina declinare, hortante archiepiscopo, adnitente
archidiacono, cogente anathematis summo periculo ; ante dictum archiepiscopum et
nostrum archidiaconum injustas consuetudines, quibus villas ecclesie superius dictas
graviter oppresserat, inibi werpivit; illud werpire pollicens se facturum et emendaturum fratribus mala que illis fecerat, altera die Veneris sequentis ebdomade, in
capitulo sanctorum Gervasii et Prothasii : quod et fecit. Ne vero inter nos et illum

---

[a] Castrum Petrefontense hodie *Pierrefonds*, circiter xx millia passuum a Suessionibus, occasum
spectans.

[b] Nunc *Ambleny* et *Chelle;* hic milliaribus xv, ille
quinquies mille et quingentis passibus a Suessionibus, uterque versus occidentem.

vel ejus successores, ut fieri solet, aliqua in futuro fiat altercatio, que werpivit subscribi precipimus, nec minus ea que sibi debentur in villis stilo memorieque mandavimus. Carnes ad edendum, suillas scilicet et arietinas ceterasque, pro temporis oportunitate solebant in Amblolaco sui servientes in meatibus illius capere : hec dimisit, et eas similiter quas capiebant in die placiti advocature, ad opus obsonii de hospitibus nostris, qui sui non erant consuetudinarii. Jumenta quoque hominum nostrorum, ubicumque per annum inveniebantur, absque voluntate eorum quorum fuerant, ad quodcumque opus Nivelonis servientes ejus soliti erant secum abducere. Si quis autem nostrorum hominum in aliquo Nivelonem videretur offendere, clamore postposito, qui deberet ad nos vel ad ministros nostros fieri, ministri ejus nostris nichil relinquebant, domos eorum depredantes et terram infringentes sanctuarii : hec iterum Nivelo werpivit, ea conditione ut carnes quas in die placiti sui ad opus obsonii de hospitibus nostris, qui sibi placitum debebant, caperet, admodum acciperet et eas justo precio compararet. Illud etiam silentio non fuit transire consilium, quod si aliquis hominum nostrorum haberet duos filios aut plures, et illi postea adulti etate vellent in alodiis nostris, in quibus ipse nichil habet, edificare, interminabat ne fieret : quod postea concessit, ita tamen ut edificia sue advocationis deserta non remanerent. Partem atrii quam nobis abstulerat restauravit; et placitum trium mansionum que erant site apud Darnumstallum, Johannis scilicet filii Fulradi, Guntini quoque et Albrade, nostri esse juris a nostris sacramento probatum, reddidit. Pascua quoque que nostri erant dominii, a suis usurpata ministris, eodem modo probata, reliquit. Huc usque de Amblolaco; nunc ad ea que ad Kalam attinent accedamus. Kalam vero, in qua nullus predecessorum suorum quicquam juris habuerat, preter duos mansos eidem ruri adjacentes; et medietatem bestiarum arantium sua corvada ob ville custodiam tot modis oppresserat, ut de die in diem, preter suum jus, jumenta, boves et asinos ad quodlibet opus faciendum, non solum ipse sibi, sed et sui tam milites quam servi caperent; et ne faber, nisi quotannis sibi pro incude xii^{cim} nummos redderet, aut pistor, aut sutor, aut carnifex, aut tabernarius, absque sui licentia in ea haberentur, prohibuerat. Prata nostra et nostrorum mansionariorum per annum multotiens a stabulariis suis seccare et devastare faciebat; corvadam unam ab incolis ejusdem ville ad munitionem sui castri unoquoque anno requirebat.

   Pro quibus omnibus, quia injuste egerat, excommunicatus et ad ultimum Dei gratia visitatus; militum suorum consilio, immo precibus sue probate mulieris; domino Deo et nobis injustas consuetudines quas in Kala exercuerat werpivit. Nos vero, quia Kale custodiam habebat, cum mansis et medietate corvade, que, ut dictum est, pro custodia ville antiquitus tenebat, ut eam deinceps melius servaret et nobis amicitior esset, duas corvadas, quas prius non habebat, ad incrementum sui beneficii in eadem villa ei concessimus : unam, in tempore messis, ad deferendas fruges pertinentes ad Petrefontensis castri dominium, exceptis frugibus Sarmasie, Ciri et Altrechie[a]; et aliam, in tempore vindemiarum, ad comportanda vina, vino similiter excepto prescriptarum villarum. Fuit etiam concessum, quod animalia de dominio fratrum, et animalia prepositi, majoris, decani, presbiteri, ad has corvadas faciendas non accederent, nec ministri Nivelonis animalia corvadarum per se caperent, sed a ministris nostris temporibus dictis requirerent; ita tamen ut ministri nostri animalia omnia que die constituta invenirent, suis deliberarent. Si autem eadem die omnia animalia corvadam debentia haberi aut inveniri non possent, infra xv[cim] dies sine lege persolverentur. Cum vero, expleto corvadarum negotio, bestie redderentur, si cui suum animal in corvada mortuum fuisset, justo componi precio censuimus. Illa Nivelo werpivit, et ista sibi concessimus; et inde mutua voluntate litteras istas fieri precepimus, ut earum interpositione, et ex utraque parte infra scriptorum testimonio, a modo inter nos et illum et etiam successores illius omnis lis sopiatur et contentio.

Facta sunt hec in domo Lisiardi prepositi, anno ab incarnatione Domini millesimo Lxxx[mo]ix, concurrentibus vii, epacta vi, indictione vii[b].

XXIX.

ITEM NOTITIA ALTERA DE EODEM, INED.

(Ex apographo, ibidem, sub ann. 1089.)

1089.   Notum fieri volumus tam futuris quam presentibus, quod Nivelo Petrefontensis villam quandam sanctorum martyrum Gervasii et Prothasii, Kalam scilicet, diu injustis consuetudinibus oppressit, pro quibus multociens conventus a fratribus ecclesie, ut eum peniteret, non assentiens illis, a corpore sancte Dei ecclesie anathemate sequestratus est; sic que ab ante natale Domini usque in diem Parasceve impenitens sustinuit excommunicationem. Die autem predicta, disponente Domino, contigit domnum Rainaldum, Remorum archipresulem, et cum eo Ingelrannum, nostre ecclesie archidiaconum, interfuisse Compendio ; quorum consilio et frequenti admonitione Nivelo pulsatus, injustas consuetudines, quibus villam ecclesie nostre superius dictam graviter oppresserat, in manu I. archidiaconi,

[a] Hodie *Sermoise, Ciry, Autrèches*, vici, haud procul a Suessionibus.
[b] Leg. *indictione* xii.

presente Hugone Albo, fratre suo, et Hugone de Basilicis et Dudone, Tetbaldi
comitis dapifero, et Fulchoio, sancte Remensis ecclesie canonico, et Odone,
Catalaunensi archidiacono; presentibus etiam canonicis sancte Compendiensis
ecclesie cum multis aliis; ex parte vero Nivelonis, presente et eodem modo
werpiente uxore sua Haduide, et Hugone de Athichi, et Thesrone de Compendio,
et Nivelone de Rupeforti, cum multis aliis, inibi werpivit, illud werpire pollicens
se facturum et emendaturum fratribus mala que fecerat, post imminens Pascha,
sexta feria sequentis ebdomade, in capitulo sanctorum martyrum G. et P. Quod
et fecit hoc modo. Kalam namque, in qua nullus predecessorum suorum quicquam
juris habuerat, preter duos mansos eidem ruri adjacentes, et medietatem bestiarum arantium in sua corvada, ob ville custodiam, tot modis oppresserat; de die
in diem, preter jus suum, jumenta, boves, asinos, ad quodlibet opus faciendum non solum ipse sibi, sed et sui tam milites quam servi capiebant; et ne faber,
nisi pro incude quotannis sibi xii^cim nummos redderet, aut pistor, aut sutor, aut
carnifex, aut tabernarius, absque sui licentia haberentur in ea prohibebat; prata
etiam nostra et nostrorum mansionariorum per annum multociens stabularii sui
secabant et devastabant; corvadam ab incolis ejusdem ville ad munitionem sui
castri unoquoque anno requirebat; pro quibus omnibus, quia injuste egerat, ut
dictum est, excomunicatus, et ad ultimum Dei gratia incitatus, has injustas consuetudines, quibus Kalam oppresserat, werpivit. Nos vero, quia Kale custodiam
habebat, preter mansos et medietatem corvade que, ut dictum est, pro custodia
ville antiquitus tenebat, ut eam melius deinceps servaret, duas karraturas, quas
prius non habebat, ad incrementum sui beneficii, in eadem villa ei concessimus:
unam scilicet in tempore messis, ad deferendas fruges pertinentes ad Petrefontensis castri dominium, exceptis frugibus Sarmasie, Cyri et Altrechie, et aliam in
tempore vindemiarum eodem modo. Fuit etiam concessum quod animalia de
dominio fratrum et animalia prepositi, majoris, decani, presbiteri, ad has carra-
turas faciendas non irent, nec ministri Nivelonis animalia ad carraturam illam per
se caperent, sed a ministris ejusdem ville temporibus dictis requirerent; ita tamen
ut ministri nostri animalia, que die constituta invenirent, suis deliberarent; si
autem eadem die omnia animalia haberi non possent, infra octo dies sine lege
persolverentur. Injustas igitur consuetudines, quas Kale intulerat, nobis in capitulo
nostro Nivelo werpivit, et duas quas non habebat ei concessimus. Inde mutua
voluntate litteras istas fieri precepimus, ut earum interpositione, et ex utraque
parte infra scriptorum testimonio a modo inter nos et illum et etiam successores
illius omnis lis sopiatur et contentio. Infra scriptorum autem nomina utriusque
partis hec sunt : ex parte ecclesie, I. archidiaconus, L. prepositus; de sacerdoti-

bus, Hugo precentor, Adam, Hilduinus, Hugo, item Hugo, Odo; de diaconibus, Rotbertus, Erchenaldus, Petrus, Hugo scolasticus, Rainardus, Ivo; de subdiaconibus, Rogerus, Johannes, Garnerus succentor, Tetbaldus, Ivo, Ansellus, Rotbertus, Guarnerus, Hugo, Adam, Ivo, Gualterus, Rainaldus, Girardus, Odo, Fulcho; de acolitis, Manasses, Petrus, Adalus, Odolus, item Odolus, Ebalus, Alexis, Laurentius, Hugolus, Gualterus, Ivolus, Hugolus, item Hugolus; de laicis, Adelaidis comitissa; Rotbertus, frater Fulchonis; Sanswalo; Odardus, filius Helvidis; Rotbertus stabularius; de Amblonaco, Rogerus major, Guido decanus, Rogerus capitalicius; Rotbertus, filius Berte; Albericus, Golvanus, Bonardus, Ogerus, Herluinus, Albertulus, Macharius refectorius; de Kala, Paganus major; Tetbaldus, Petri filius; ex parte Nivelonis, Guillelmus Rorigonis; Ivo, frater Fulchonis; Odardus, Goislanus, Hugo, Guiardus de Cociaco, Herveius.

Facta sunt hec in capitulo sancti Gervasii anno incarnationis dominice MLXXX^{mo}IX°, concurrentibus VII, epacta VI, indictione XI, regnante Phylippo rege anno XXVIII, episcopante Henrico Suessioni anno III. Et ut hec conventio rata et inconvulsa permaneat, ego Hugo, ecclesie sancti Gervasii scolasticus et cancellarius, hunc inter nos et Nivelonem scripsi et subscripsi cyrographum.

XXX.

NOTITIA (INED.) PACTI INTER MONASTERIUM S. CYPRIANI PICTAV. ET INGELELMUM INITI.

(*Ex apographo, ibidem, sub ann.* 1098.)

Circa
an. 1098.
Willelmus, cognomento Nobilis, dimisit quendam famulum, cum alodo in quo manebat, monasterio sanctæ Mariæ et sancti Cypriani et fratribus, absque alicujus servitio, nisi ejusdem loci. Sed quod in prospectu castri Mortemaris erat ipse alodus, per vim rapiebant substantiam servi, qui ibi manebat, Ingelelmus et fratres ejus et homines eorum. Unde contristi [sic] fratres rogaverunt eos ut quiescerent ab hac rapina. Quod ita fecerunt; et promiserunt ut deinceps nullus, eis consentientibus vel jubentibus, juste vel injuste aliquid raperet aut acciperet vel quereret; quod si factum fuerit, justitiam facerent de eo qui invaserit. Et ut hoc firmiter tenerent, dederunt monachi I. et fratribus ejus Seguinoni et Launo XV solidos karitative. S. Ingelelmi et fratrum suorum Seguinoni et Launi, et obtimatum eorum qui adfuerunt.

47

XXXI.

NOTITIA (INED.) DE JUVENIBUS DUOBUS QUI SE ABDICATA LIBERTATE S. MARTINO DEDIDERUNT.

(Ex apographo, ibidem, sub ann. 1099.)

An. 1099.   Notum sit omnibus quod, cum domnus abbas noster Bernardus[a], obedientias nostras peragrans et invisens anno ab ordinatione sua xvi, esset apud villam Belfodii, duo quidam juvenes, Clamahoc scilicet, cognomento Belserius, et Isenbardus de Ableni Villa, venerunt ad eum in domum nostram ejusdem videlicet obedientiæ, et sponte propria et in futura vita vera libertate a Deo donarentur et a jugo et servitute peccati et mortis nunc et in æternum liberarentur, devenerunt servi beati Martini et omnium monachorum Majoris Monasterii ante prefatum domnum abbatem nostrum, super genua sua stantes, et, ut moris est, positis quatuor denariis ab eisdem super capita singulorum. Quod viderunt et audierunt testes isti, de monachis : Ariprandus Hainricus; Gausfredus Vaslinus; Hugo, qui tempore illo regebat eandem obedientiam; Laurentius, socius ejus. De famulis : Rotbertus de Guastina, Guarinus presbyter, Petrus Burdonius, Haimo de Dalmariaco, Hilduinus famulus, Hubertus capellanus Majoris Monasterii.

XXXII.

NOTITIA (INED.) PLACITI INTER FRATRES MONAST. SANCTI ARNULFI CRISPIACENSIS IPSORUMQUE SERVOS INITI.

(Ex apographo, ibidem, sub ann. 1102.)

An. 1102.   In nomine Patris et Filii et Spiritus sancti. Notum fieri volumus tam presentibus quam futuris, quosdam servos et ancillas beati Arnulfi in contradictionem et rebellionem contra ecclesiam et monachos sancti Arnulfi aliquando venisse, et in tantum numerum eorum et tumultum popularem valuisse, ut omnino comeatum uxorum ducendarum et partem suarum pecuniarum, quam vulgo mortuamanum dicimus, se daturos denegarent; liberasque uxores se ducturos absque ullo respectu monasterii, filiasque liberas alienis daturos se adfirmarent; fidelitatem tamen tantum se facturos ecclesie sine alio respectu concedebant : et ita se a jure et servitute

_____

[a] Ordinatus abbas Majoris Monasterii ann. 1084.

monasterii se alienabant. Super quibus omnibus clamorem et querimoniam in presentia domne Adele, comitisse nostre, uxoris videlicet Hugonis Magni, fratris Philippi, regis Francorum, qui tunc peregre profectus fuerat Iherosolimam, fecimus. Comitissa autem diem convenientem cause hujus definiende constituit. Die vero statuta convenimus, et, presentibus magnis viris et vicinis obtimatibus, causam nostram hoc modo ad finem hunc perduximus. Videlicet confessi et legitimo judicio convicti et comprobati in presentia comitisse et barorum [sic] omnium et innumeri populi, qui huic discussioni interfuerant, se servos et ancillas et omnem suam posteritatem sue generationis in perpetuum ecclesie sancti Arnulfi cognoverunt; fidelitatem coram populo fecerunt, respectum et capitale sui capitis, id est IIII^or denarios per singula capita unicuique viri et mulieris, reddiderunt.

Hec sunt nomina servorum qui fidelitatem fecerunt : Rotgerius, Rotbertus, fratres et sorores eorum. Witburgis et maritus ejus, Ascelinus. Mascelina et vir ejus, Herveus. Qui duo viri per copulam predictarum mulierum servituti et fidelitati nostre acquisiti fuerant. Tertia vero soror Walburgis, uxor Balduini, similiter fecit. Qui prenominati fratres et sorores filii et filie fuerant Walterii et Ermengardis, uxoris ejus. Consanguinei horum predictorum fuerunt Bertrannus Argentarius et soror ejus Emelina, uxor Radulfi Fabri. Similiter et Balotus et sorores ejus, Eldeardis, uxor Gunterii, et Emelina et Ermenildis, uxor Hugonis Macicrerii, et Suphitia, uxor Theoni, filia supradicti Ascelini, et Rascendis, uxor Theinardi, soror supradicti Bertranni.

Hoc autem definitum est sub Stephano, priore sancti Arnulfi; presente etiam Ursione, priore sancti Martini de Campis, cum quibusdam suis fratribus, Rotberto de Pruvinis et Richardo de Borith, et Walterio camerario. De nostris autem fratribus hujus loci affuerunt : Hugo camerarius, Walterius sacrista, Rotbertus decanus, Bartholomeus cantor, Richardus subprior, Petrus cementarius, Walterius cellararius et alii quamplures. De servientibus laicis qui interfuerunt et viderunt et audierunt sunt hi : Ingelbertus, cognomento Cochemerus; Dominicus, Odardus, Proardus, Bodo pistor, Walterius cocus; Hugo sartor et frater ejus Stephanus, qui et de cognatione eorum erant; Walterius de Otgerio, filius Richerii majoris, qui et de eadem consanguinitate fuerat; Gunterius Boverius et Balduinus juvenis. Milites vero qui affuerunt testes hujus definitionis hi fuerunt : Adam Dives et frater ejus Petrus, et ambo filii Thethaldi Divitis; Arnulfus vicecomes et filii ejus Arnulfus et Symon; Paganus de Dicii; Rodulfus de Martirio et fratres ejus Rotgerius et Paganus; Thetbaldus Strabo et filius ejus Rodulfus; Rufus et Josbertus de Monte Tallant. Vicini vero obtimates fuerunt : Hugo de Loduno; Walerannus camerarius; Richardus, castellanus de Bistisiaco; Morellus de Placsiaco; Odardus

Percebut ; Hudardus de Gonissa ; Oddo Brieto ; Ermerius de Vietello ; Manassedis, Hugo, Girardus, fratres, et Gislebertus, nepos eorum, de Bolenche ; Robertus de Cellis.

Acta sunt autem hec anno ab incarnatione Domini millesimo c.ii. indictione xᵃ et epacta nulla, concurrens unus, vi idus decembris ante nativitatem Domini, regnante Philippo rege Gallie. + A. Ω.

XXXIII.

NOTITIÀ (INED.) DE DUELLO PICTAVIS INITO.

(Ex apographo, ibidem, sub ann. 1104.)

An. 1104. Estat lex sancita antiquitus, quam constat stare firmius, in qua derogacionem alicujus utique nefas esse deprehendimus. Nunc igitur edisseram quod cunctis esse palam peroptavi enixius ; notificare cercius rem gestam et non fabulam dignam decrevimus memoria, ne fieret oblivio Nobiliaco in monasterio ; scilicet cum volumus persistere quod posteris gliscimus relinquere, diligenter membranulis satagimus inscribere. Anno quo ab Hierosolimis Willelmi, Aquitanie ducis, fit reditus, Willelmus quidam, Teotbaudi grammatici filius, cum duce supradicto ab Hierosolimis rediit, quem dux arcius diligens Pictaviensem prepositum constituit. Qui tanto sublimatus honore supra se cepit extolli, et inferiores quosque premere, superiores aggressus est attentare. Igitur et nobis non modicam inferre calumpniam molitus est, molendinos videlicet, qui ad Cassannas nuncupantur, violenter auferens. Quo facto, domnus G. abbas necnon monachi pariter consternati ceperunt contra hoc inquirere quid opus facto esset. Tandem salubri reperto consilio, suis hoc imputavere peccatis. Quapropter imprimis Deum suis voluerunt precibus, helemosinis, aliisque placare quamplurimis. Ad ultimum conquesti sunt ad Ugonem de Liziniaco, qui, ut dux ab Hierosolimarum partibus eodem anno redierat, quem itidem suis interesse negotiis adsciverunt, utputa qui et defensor cenobii mag ᵃ....

.... nostri apud judicem fore videbatur. Igitur dux, vix compulsus Ugonis precibus, mixtisque querimoniis, decrevit ipse et magnates sue domus, quatenus duellum a pugilibus fieret, quo pacto absque ulla retractacione molendinos possiderent......... exitus rectius decrevisset. Quod impendio abbatem et monachos perterruit. Enimvero, ne tantum dampnum, si hoc facere recusarent, de molendinorum amissione paterentur, de Dei adjutorio presumentes, qui

ᵃ Ubi voces exciderunt puncta posuimus.

desiderium pauperis exaudit et re. . . . . juvat, violentiam vero a longe obpugnat, spoponderunt se, licet coacti, facturos comitis deliberacionem ; ita duntaxat ut, si victoria eos, de qua hesitare non poterant, consequerentur, assensum preberet, et si opus. . . . . haberent in hoc. . . . . denegaret. Qui se sane ita facturum promisit. Illico dies, in quo hoc fieret, constituitur ab utrisque. Fit tante rei apparatus, omnibusque rite peractis, venerunt pugiles, quorum nomina hæc sunt, David Quatuor-Ossa ex nostra parte, ... Arveus, in insulam que Pictavi habetur, in qua moris est taliter pugnandi. Oracione prius celebrata, congressi sunt; diuque illis dimicantibus en haud defuit verus inspector, qui servos suos, monachos scilicet, donans victoriam. . . . . suffudit suosque fautores confusione permaxima. Clamor fere omnium qui affuerunt, Dominum suppliciter laudantium, attollitur, qui diligit justitiam et odit iniquitatem. Qua de re monachi tripudiantes cum gaudio reversi sunt ad. . . . . noscuntur, anno millesimo centesimo quarto incarnationis Domini, idus junii, epacta vigesima secunda, luna decima sexta, indicione duodecima, concurrente v; Philippo, rege Francorum, regnante; Petro Pictaviensi cathedre presidente; Willelmo, comite, Aquitaniam gubernante.

Assignati : filius comitis Willelmus cum pedagogo suo. Sig. Ugo Claret. Sig. Ugo de Cella. Sig. Bromandus Aimericus. Sig. Ranulfus de Venaurs. Sig. Audebertus Gunclafer. Sig. Hiohannes Gauterius. Sig. Radulfus filius. . . . . vicarius. Hi fuerunt in insula dum certamen finiretur; extra insulam speculantes abbas Gunbaudus sancti Benedicti Quinciaci, Ugo de Liziniaco, et innumerabilis Pictavorum. . . . . nostrorum spectantium monachorum. Sig. Geraldi. Sig. Engelberti. Sig. Bernardi. Sig. Petri.

XXXIV.

NOTITIA (INED.) WERPITIONIS AB ANDREA DE TRAHENTO ABBATISSÆ S. MARIÆ SANTONENSIS FACTÆ.

(Ex apographo, ibidem, sub ann. 1104.)

Circa an. 1104. Andreas de Trahento, prepositus de Vix[a], faciebat injuriam sanctæ Mariæ, de furno villæ, et de medietaria Ansterii, et de receptu vinearum; unde querebantur abbatissa et sanctimoniales; et hæc querela protracta usque ad tempus domnæ

---

[a] Nunc quoque *Vix*, mille quingentos passus a Malliaco Pictonum, inter austrum et occasum.

abbatissæ Florentiæ, tali modo diffinita est. Andreas siquidem, ammonitus a do-
mina sua abbatissa Florentia, die constituta venit cum amicis suis responsurus et de
furno et de medietaria quod curia abbatissæ judicaret. Facta igitur narratione
utriusque partis, judicatum est, quod, si Andreas posset probare sacramento et
manifesta lege judicii narrationem suam, haberet et furnum et terram. Qui affir-
mans se id facturum, suscepit duo judicia, unum pro furno, alterum pro terra, alia
die determinata apud Xanctonas ante domnam abbatissam, et ipso die facturus ei
rectum de aliis injuriis, de quibus dominæ querebantur. Cumque dies illa adve-
nisset, fuit Andreas ante abbatissam cum Amelino de Benatio et cum aliis amicis
suis. Calefacta itaque aqua in duabus caldariis in ecclesia sanctæ Mariæ, et præ-
paratis hominibus Andreæ, quasi ad portanda judicia, Andreas videns animum
abbatissæ firmissimum ad judicia suscipienda, timuit, nec ausus est se mittere
contra dominam suam in periculum judiciorum; et stans ante illam in præsentia
domni Ramnulfi episcopi et Petri archidiaconi, ac aliarum venerabilium persona-
rum tam canonicorum quam militum, defecit, et recusavit judicia, mittens se in
misericordia abbatissæ, et relinquens illi furnum et terram. Abbatissa vero retinens
sibi furnum totum, nullam partem Andreæ relinquens, concessit illi et filio suo,
tantum dum viverent, ut, dum ipse vel filius suus in villa manerent, haberent
licentiam coquendi panem suum proprium in furno sine fornagio; ita ut nec filius
filii sui, nec aliquis prorsus heredum illam licentiam ulterius haberent. Terram
etiam prefatæ medietariæ, quam abbatissa totam requirebat, scilicet rupturam et
consuetudinem, tali pacto sibi concessit, ut ipse et filius suus terram haberent et
totam consuetudinem, præter terragium et decimam, tantum dum viverent. Si
vero filius suus haberet filium legitime de uxore sua natum, haberet filius rupturam
terræ, si totam consuetudinem vellet facere. Si vero filius suus sine legitimo filio
moreretur, haberet sancta Maria totam terram suam absque ullo impedimento; aut
si ille filius filii Andreæ consuetudinem nollet facere, similiter esset terra sanctæ
Mariæ sine impedimento. Reliquit quoque Andreas receptum novellarum vinearum, quem injuste accipiebat; ita ut nec ipse nec filius suus ulterius receptum
illum haberet. Et totum hoc placitum, sicut prædictum est, firmatum est concessione Andreæ facta proprio ore, et concessione similiter domnæ abbatisse Florentiæ
in claustro sanctæ Mariæ ante capitulum, ubi congregatio monasterii convenerat,
in presentia domni Ramnulfi episcopi et Petri archidiaconi, astantibus canonicis
sancti Petri, Goscelino magistro scolarum, Rainaudo Chaisnelo, Willelmo Jos-
berto; astantibus etiam militibus Fulcaldo Airaldo, Constantino Crasso, Engelberto
de Escoels, Aimelino quoque de Benatio, et aliis plurimis. Et quia filius Andreæ
illuc venire non poterat, concessit ibidem Andreas quod apud Vix faceret filium

suum totum placitum concedere. Quo facto, juravit Andreas super altare sanctæ
Mariæ fidelitatem abbatissæ, sicut antea juraverat abbatissæ Arsendi.

XXXV.

NOTITIA (INED.) DE VILLA POPERINGEHEM.

(Ex apographo, ibidem, sub ann. 1107.)

Au. 1107. Notum sit omnibus quod villa Poperingehem*, quam comes Arnulfus sancto
Bertino tradidit cum comitatu ipsius ville, pro redemptione animæ suæ, et tam
successorum suorum videlicet comitum quam predecessorum, in magna pace fuit
usque ad tempus quo Odo de Rinigelles ministerium obtinuit, qui pravas consuetudines in eadem villa elevavit. Unde, mortuo Odone, hæc conventio facta est
inter Lambertum, filium ejus, et abbatem sancti Bertini, Lambertum nomine.
Post mortem siquidem Qdonis, Lambertus, filius ejus, venit ad abbatem Lambertum, rogans eum ut quod pater suus ab eo tenuerat, scilicet quoddam feodum in
terris, et ministerium de Poperingehem ei redderet, offerens pecuniam pro ministerio. Abbas vero, communicato consilio cum capitulo ecclesiæ et hominibus suis,
feodum quidem terræ ei concedens, ministerium reddere noluit, propter magnas
injustitias et forisfacturas quas pater ejus fecerat, videlicet depredando homines
Sancti contra justitiam et voluntatem monachi procurationem villæ habentis, et
sine judicio scabinorum, et coactas petitiones faciendo ; et cum ad eum nisi decimus nummus de placitis pertineret, reliquos novem et cætera, quæ de placitis ad
abbatem pertinebant, abbati et ecclesiæ violenter auferebat. Timens vero abbas
et fratres ne filius similes injustitias faceret, sub testimonio et presentia fratrum et
militum suorum, eidem Lamberto ministerium ad custodiendum tantummodo
commendavit, et nullum donum ei aliquatenus inde fecit; ita tamen ut tamdiu
hanc custodiam haberet, quamdiu abbati placeret. Idem tamen Lambertus omnino
promisit et in conventionem habuit abbati, coram predictis testibus, quod nullam
coactam petitionem in eadem villa faceret, neque sine assensu prepositi et judicio
scabinorum quemquam in villa depredaret, nec ea quæ de placitis ad abbatem
pertinent ad se quolibet modo traheret; et si querimonia de aliqua forisfactura
ministeriali fuerit facta, nullatenus admissam causam, nisi publico placito coram

---

* Hodie *Poperinghe*, ad octavum ab Ypra lapidem, versus occasum.

preposito et judicibus, determinaret; nec quemlibet post factum clamorem sine preposito reconciliaret; neque terram in villa sine voluntate et licentia abbatis emeret, pro eo quod pater suus censum terræ suæ semper retinuerat; neque stramen equorum, nisi cum voluntate abbatis, in curia haberet. Cum vero milites villæ in expeditionem comitis moniti proficisci deberent, prepositus cum consilio ministerialis et scabinorum de uno pauperiori milite redemptionem accipiens, v solidos et IIII^{or} nummos ministeriali, ad expensas suas in hostem comitis, in auxilium daret; reliquæ vero militum redemptiones, si quæ fuerint, non ad ministerialem sed ad abbatem pertinerent. Postremo nullam injuriam in prædicta villa faceret; et si in eadem villa quod homines *pand* vocant accipitur, nusquam, nisi in curia abbatis, deponetur; et de omnibus submanentibus seu hospitibus abbatis, vel de rebus eorum qui in burgo vel in villa manent, ministerialis, nisi monitus a preposito, nullatenus se intromittat. Hæc conventio facta est anno M° C° VII° in camera abbatis, sub his testibus quorum nomina subscripta sunt : Elembertus de Kelmes, Alardus de Menteka, Wido de Crumbeke, Heremarus Garetir et Robertus filius ejus, Meingerus filius Bovonis, Almarus et Scinelinus, Winredus et Hagebarnus clericus, Ascelinus et Fulbertus. Postremo hujus conventionis totum capitulum est testis.

XXXVI.

CHARTA WILLELMI, ABBATIS S. PETRI CARNOT.

Inedit.

(*Ex chartul. monast. S. Petri Carn.*, *cod. reg.* 5417, p. 502.)

An. 1108. Quicquid utilius^a. — Ego Willelmus, abbas sancti Petri. — Notifico hominem, nomine Durandum, qui, cum prius liber esset, quia quandam nostram ancillam, nomine Dudam, accepit uxorem, vinculo servitutis apud nos est obligatus, pristine libertati eum, cum tota procreatione infantium, restituisse.

Actum in capitulo sancti Petri anno dominice incarnationis millesimo centesimo octavo. Assistentibus Ansoldo Goetho, Ansoldo Elimatore, Roberto Quatuor-Boves, Salomone de Bonvilla.

---

^a Librarius, prætermissis, non paucis, quæ minoris momenti videbantur, summam chartæ in chartularium citatum transferre satis habuit.

XXXVII.

NOTITIA DE CASA VICECOMITIS IN PICTONIBUS.

(Ex apographo Biblioth. reg., Dépôt des Chartes, sub ann. 1104.)

Circa
» 1110.

Notum sit omnibus sancte Dei ecclesie fidelibus, quod Aimerius, Dei gratia Toarcensium vicecomes, suorum peccatorum pondera considerans, et ob hoc cruciamenta inferni, nisi clementia Dei subveniat, perhorrescens, ut societatem fidelium saltim in districto examine consequi valeret, edificavit ecclesiam in Dei et sancti Nicholai honore apud Casam[a], cum consilio et concessione fratrum suorum Rodulfi atque Savarici, necnon et filiorum suorum Herberti atque Gaufridi, auctoritate insuper domni Petri, Pictavensis episcopi, et Amati, Burdegalensis archiepiscopi, atque Guillelmi, Aquitanorum ducis. Sed quia ad salutem animæ ecclesiam instruere parum proficit, nisi illi qui ibidem ad servitium Dei sunt constituti habeant unde corporaliter sustentari possint, providit de rebus suis dare monachis sancti Florentii, quos ibidem locaverat. Illa vero que eis concessit tam liberaliter eis contulit, ut nullus ex judiciaria potestate ibi potestatem exercendi ingrediatur, nec aliquid imperare.

Statutum est ergo in constructione castelli et paroechie de Casa ab Aimerico, vicecomite, et Isemberto, Pictavorum episcopo, sua auctoritate id confirmante, ut omnes qui in castellaria Case, tam in arabili terra quam in tota foresta vicecomitis propria, tunc habitabant vel habitaturi erant, paroechiani essent ecclesie ipsius castelli, decimamque consuetudinariam, quam vicecomiti reddere solebant, predicte ecclesie servitoribus persolverent : predictus nempe episcopus, vir nobilissimus, ut equitatis amator, et rerum preteritarum non ignarus, antiquorum patrum traditiones sequens, parechiam sequi debere asseruit decimationem.

Si exercitus in terram vicecomitis intraverit, bellumque ei fuerit, homines sancti Nicholai a preposito monachorum invitati illuc pergent, et remanentes a monachis tantum distringantur : sic namque diffinitum est apud Casam in presentia Gaufridi vicecomitis, filii supradicti Aimerici, post combustionem castri Toarcii, patrate [leg. *patratam*] a Gauzfrido Martello, adhuc juvene, Andegavorum comite, anno dominice incarnationis millesimo cIII, die dominica, hora tertia, v kal. septembris. At vero si contra rebelles in sua ditione obsidionis seu vastationis causa perrexerit, homines sancti Nicholai castrum Case cum aliis custodient, ut prepositus vicecomitis juste disposuerit.

[a] Nunc *la Chaise-le-Vicomte*, octies mille passus a Burbone Vendeensi, eurum versus.

Fera seu venatio in terra sancti Nicholai ab aliquo suorum homine infra defensum, si ictu ferri vel juste fortuitu comprehensa fuerit, monachorum erit; si vero cum insidiis aut immissione canum, et reus et fera judicio vicecomitis subjacebunt.

Discordia qualiscumque inter homines sancti Nicholai et vicecomitis exorta, non nisi apud Casam in curia sancti Nicholai erit judicanda, cujuscumque ordinis sit clamans. Inde cum primis alii officiales vicecomitibus successissent, inter illos ac monachos lites facte sunt; sed prefati Aimerici vicecomitis auctoritate, factorumque illius replicatione, a monachis devicte sunt. Ipse namque Aimericus totius castelli Case curiam sancto Nicholao concessit, ita ut ejusdem sancti homo, cujuscumque etiam judicii preliique sit, ibi lege convictus, liberum illum monachi reducant, nullamque forfacturam emendet preposito nec vicario.

Si vicecomes aliquam costumam in suos burgenses seu villanos levaverit, homines sancti Nicholai immunes erunt, omnisque illorum redditio monachorum erit; et hoc ita sollemniter vidimus confirmatum, quando predictus Herbertus, Aimerici vicecomitis filius, quando vendam carnis in castello Case immisit, quam post tres fere annos in Ierosolimitana peregrinatione jam morte vicinus, annuente Gauzfrido, fratre suo, jussit dimitti.

Ferarum omnium pelles que in spaleo vicecomitis sunt apud Casam, quocumque modo, morbo vel ferro, aut a quolibet interficiantur, pellis sancto Nicholao erit, et quisquis sit portitor, libram panis justitiamque vini idoneam pro unaquaque pelle a monachis accipiat.

Burgensis necnon ruricola quispiam vicecomitis seu monachorum, si ad alterutrum migrare voluerit, anno uno ac die exul factus, liberum iter deinceps habebit. Baronum vero homo, si ad monachos transierit, suscipiatur; si quas tamen ipsius ejus prior dominus invenerit facultates, in illius erunt deliberatione.

XXXVIII.

NOTITIA DE HOMINIBUS ECCLESIÆ S. MICHAELIS BELVACENSIS.

Ined.

(*Ex apographo, ibidem, sub ann.* 1100.)

_{Circa
AD. 1100.} Notum sit universis tam futuris quam presentibus, quomodo ex progenie Gisleberti, majoris sancti Michaelis de Mariscello [*], quem proprii capitis natura

---

[*] Hodie *Marisel*, prope Bellovacum, orientem versus.

sancti Michaelis ecclesie dederat, duo filii ejus Bernerus et Gudo, cum tribus sororibus, videlicet Hildeburgi, Helisabeth et Hersendi, capitium quatuor denariorum, quod singulis annis dederant, non denegantes; sine assensu vero prefate ecclesie cujuslibet generis mulieres in uxores ducere, et supradictas sorores, insuper etiam universas sui generis feminas quibuslibet in conjugium dare sibi licere dicebant, atque in extrema vite eorum consuetudinem, que vulgo mortua manus vocatur, se non daturos affirmare volebant. Quocirca canonici supradicte ecclesie eos ad placitum invitantes, certam diem eis constituerunt. Illi autem in infidelitate sua se non posse perseverare apud semetipsos sentientes, conscientia accusante, ante diem cause constitutam Bernerus et Gudo ad ecclesiam beati Michaelis, nullo invitante, spontanea voluntate venientes, quicquid injuste prius negaverant, nullo cogente, coram Rainero decano atque Warnero necnon et Baldrico atque Raimbaldo et Hainrico et Adone et Guntero, canonicis, libentissime cognoverunt. Istius cognitionis testes existunt Girardus de Hanvelis, cum filio suo Nicholao et Gisberto suo homine, et Rabellus de Braicello et Walbertus venator; Bernerus, Lancionis filius; Garnerus de Trosuris, Warnerus Naslim, Berengarius de Magno Campo; Robertus, Helisabeth filius. Sorores autem cum vidissent fratres ad viam veritatis rediisse, nolentes in errore suo diutius permanere, eodem modo due earum, Hildeburgis scilicet et Hersendis, non diu post fratres ad eandem sancti Michaelis ecclesiam accedentes, quod fratres recognoverant confiteri non distulerunt, attestantibus Lanscione de Alceio, Fulcone de Milliaco, Radulfo de Lavercinis, Walone de Hulceio; Ascelino, majore de Bovisgenu[*]; Berengario molendinario, cum Walifrido, filio ejus; Ivone de Maricello, Bernero de Braicello. Ad ultimum autem Helisabeth, soror tercia, cum filia sua Ermengardi, nolens nec potens denegare diutius nec veritati resistere, nullo, nisi rectitudinis ac conscientie voce, eam vocante, ad prescripte ecclesie presentiam modo servili regrediens, quod injuste et negligentia fratrum proposuerat verbo veritatis recognovit; ibique propria manu, pro filia secum adducta, quam in conjugium erat datura, consuetudinem, que licentia vocatur, scilicet xv denarios sancto Michaeli ejusque canonicis, uti eorum coliberta, multis aliis videntibus, donavit. Itaque ut istius rei memoria omni tempore servaretur, denarii quos pro filia dederat, more solito, circumstantibus hic notatis, dispersi sunt....
.... Berengarius de Magno Campo, Walterus de......., Hugo de Muncilleis, Ricardus de Vagiscort, Ulbertus, Walterus Brito, Walterus cocus, Alardus carpentarius, Bernerus ac Gudo fratres, de quibus fuit prima querela; Robertus de Hulscio; Odo, major de Senentis.

[*] Nunc *Bongenoux*, viculus, milliario I a Bellovaco, spectans meridiem.

48.

Ascelinus de Bovisgenu et major, capitalis homo sancti Michaelis, Avelinam mulierem liberam duxit; hec eadem postea fidelitatem sancto Michaeli et canonicis ejus, in presentia Garneri de Coionne, Petri Thesaurarii, Henrici et Rambaldi, ejusdem ecclesie canonicorum, in camera ipsius Rambaldi, fecit, quatuor denarios de capite suo solvens, et jurans quod servitutem sancti Michaelis et canonicorum ejus non negaret, et quod sanctus Michael et canonici........... illius Aveline fuit. Supradictus Ascelinus et Galterus Brito, Garneri de Coionne homo. Hec supranominati canonici viderunt et audierunt; et Rabellius de Braicello, et Galterus, filius Geile, et Scirannus cellerarius, et Radulfus, Lanscelini cocus, viderunt et audierunt, et testes inde sunt. Hoc factum fuit in festivitate sancti Clementis.

Adsignamus memorie futurorum Robertum de Polohoio ad ecclesiam sancti Michaelis venisse, et fidelitatem coram decano R. et predicte ecclesie canonicis fecisse, et iiii^{or} denarios de capitali dedisse; quod testantur clerici et laici : Rainerus, ..., Garnerus de Coionne, Ogerus, Odo et Walterus et Raimbaldus; laici vero, Ascelinus, major de Bovisgeniculo, et ejus filius Guascio, et Robertus nepos ejus, Guerrico de Bovisgenu........... Non longo post tempore.......... uxor ejusdem Roberti ad predictam ecclesiam venit, persolvens de capitali iiii^{or} denarios, fidelitatem fecit, his attestantibus : Rainero decano, Odone de Gernant, Garnero de Coionne, Rambaldo, Ogero et Waltero clericis; laicis vero, Segnore et Bernardo fratribus, Lanscelini famulis, et Arnulfo, nepote Raineri decani, et Manasse de Mal.

XXXIX.

CHARTA TETBALDI, COMITIS PALATINI, DE VINO SANCTI GERMANI VILLÆ.

(Ex prototypo ined. archiv. regni Franciæ.)

An. 1140. In Dei nomine. Cum, teste Apostolo, omnis potestas a domino Deo sit, necesse est his qui potestatem habent, cujuscunque honoris vel dignitatis sint, ne collati sibi beneficii existant ingrati, set, uti sibi a Deo prebentur temporalia commoda, ita ipsi efficaciter studeant quatinus ex transitoriis rebus sibi, Deo largiente, affluentibus, premia æternæ beatitudinis adquirant; quod sine dubio fit si justitiæ et pietati animum suum applicuerint, sanctamque ecclesiam tuentes et servorum Dei precibus aurem accommodantes, eis assensum non denegaverint : nichil quippe

offertur Deo ditius bona voluntate. Ego itaque Tebaldus, Dei gratia comes pala-
tinus, notifico tam fidelium presentiæ quam posteritati, quod Hilduinus de Matriolis in terra sancti Germani, quæ sanctus Germanus et Vallis appellatur, et in
adjacenti potestate centum modios vini se debere habere de feodo meo testabatur.
Sed quoniam ipsa terra tam guerris quam ipsius Hilduini et predecessorum ejus diversis oppressionibus pene destructa fuerat, et paucis incolis habitabatur; nec ibi
vineæ cultæ erant cum ipsam vini quantitatem habere non valeret, a paucis habitatoribus eam exigebat nec eis parcere volebat; qua de re terræ ipsius incolæ com-
moti, possessiones suas deserentes fugam parabant. Abbas vero Hugo et monachi
beati Germani possessionis suæ devastationem graviter ferentes, Hilduinum convenerunt, rogantes ut a tanta et insolita exactione cessaret, nec ab hominibus terræ
suæ majorem vini quantitatem, quam ipse vel pater suus habuerant, violenter exi-
geret; sicque, incolis redeuntibus et terram et vineam libentius colentibus, ipsis et
Hilduino majus inde commodum proveniret. Hilduinus siquidem jam sibi damnum
incurrisse, fugatis incolis, prospiciens, petentium precibus celerius assensum pre-
buit. Quia vero advocatoriam prefatæ terræ idem de feodo meo tenebat, utrique,
monachi videlicet et Hilduinus, Calestræ presentiam meam adierunt, obnixe depre-
cantes ut huic remissioni misericorditer assentirem. Ego autem illius evangelici non
surdus auditor : *Estote misericordes sicut et pater vester misericors est;* et illius : *Beati
misericordes quoniam ipsi misericordiam consequentur,* petentium preces gratanter ob-
audivi. Statutum itaque est in presentia mea, me discernente et Hilduino assentiente,
ne ab incolis, eo tempore prescriptam terram habitantibus, vel eorum successoribus, major vini quantitas, quam ipse vel pater ejus habuerant, deinceps exigatur:
quantitas vero xxxvi modiorum erat. Si etiam vinum, gelu vel grandine vel alia
tempestate, defecerit, non major vini quantitas, quam in vineis erit, ab ipsis ex-
torqueatur. Quod si ipsi incolæ vel alii supervenientes in terris incultis, quæ vinum
reddere solitæ fuerant, vineam ædificare voluerint, arpennum, qui antiquitus modium vini reddere solebat, dimidium modium deinceps solvat, et dimidium aripennum quartam partem modii. Ne vero super hoc statuto aliqua controversia moveri
in posterum valeat, placuit discretioni meæ ut omnes terræ illius incolæ cum debita vini quantitate subscribantur; et ne quandoque hæc institutio a nostris vel
ipsius Hilduini successoribus quassari valeat, hanc cartam fieri precepi, quam sigilli
mei auctoritate corroboravi.

Rotlandus unum modium et quartam partem reddere debet. Landricus i modium. Petrus dimidium modium; idem inter se et Emelinam, sororem suam, quartam partem modii. Robertus quartam partem modii. Johannes et Guedo, gener
ejus, dimidium modium et quartum. Susanna dimidium modium et quartum. Terri-

cus quartam partem modii et II sextarios et dimidium. Rogarius VIIIam partem modii.
Petrus dimidium modium. Reinoardus quartam partem modii; Britio tantumdem;
Simon tantumdem. Isembardus dimidium modii. Girardus quartam partem et II sextarios et dimidium. Ernaldus VIII partem modii. Osanna quartam partem modii.
Reimbaldus dimidium modium. Britiardus dimidium modium, et quartam partem
inter se et Emelinam, sororem suam. De terra Hilderii quartam partem. Rainaldus
et Milesendis II sextarios et dimidium; Girardus tantumdem. Robertus dimidium
modium. Azcselina quartam partem; Letaldus tantumdem. Hermengardis et Guibertus quartam partem modii et quartam partem sextarii. Clemens, sacerdos, quartam partem modii. Herbertus dimidium modium. Reinaldus tantumdem. Eralmus
dimidium modium; idem et Leugardis, ipsius avunculi uxor, dimidium modium.
De astis VII, quas Godardus tenuit, dimidium modium, quousque vinea crescat.
Drogo III partes modii. Vitalis quartam partem; Ernaldus tantumdem. Meinardus
quartam partem; Eimelina tantumdem. Johannes quartam partem; Eimelina tantumdem. Milo et ipsa Eimelina quartam partem. Girbertus et Johannes, filius ejus,
dimidium modium. Robertus III partes modii. Guibertus quartam partem. Durandus
quartam partem et II sextarios. Gunterius quartam partem modii; Letrannus tantumdem. Tebaldus et fratres ejus VIII sextarios et dimidium. Odo quártam partem
modii. Petrus et Odo, frater ejus, quartam partem et duos sextarios et dimidium;
idem Odo II sextarios. Hunoldus quartam partem modii; Josbertus tantumdem. Guillelmus III partes modii. Guarinus II sextarios et dimidium. Constantius dimidium
modium et III sextarios et quartum. Odo quartam partem modii. Gualterius et nepos
ejus dimidium modium. Ermensendis quartam partem. Vinea Odonis quartam
partem. Durandus dimidium modium. Robertus quartam partem et II sextarios et
dimidium. Odo et Amanbertus dimidium modium et VI sextarios et quartam partem sextarii. Meinardus quartam partem modii. Girardus et Frollandus, frater
ejus, modium et tres partes sextarii. Josbertus dimidium modium; item ipse et
ejus heredes quartam partem. Frollandus quartam partem et II sextarios et dimidium. Ricardus II sextarios et dimidium. Rainerius quartam partem modii; Herbertus tantumdem. Tacentes dimidium modium. Terricus quartam partem. Andreas
dimidium modium. Avunda et sorores ejus sextarium et dimidium. Arnulfus
quartam partem modii. Henricus III partes modii et III partes sextarii. Arnulfus
dimidium modium. Reimbaldus quartam partem. Terra Guinbaldi modium.
Robertus dimidium modium. Eremburgis dimidium modium et III partes sextarii.
Johannes dimidium modium et II sextarios et dimidium. Odo quartam partem
modii. Gualterius et Tebaldus dimidium modium. Benedictus quartam partem.
Richerius dimidium modium. Durandus et Gillebertus, frater ejus, quartam partem

modii et III partes sextarii. Guibertus II sextarios et quartum. Milesendis II sextarios. Bertrannus dimidium modium.

De curia comitis sunt testes : Stephanus de Garlandia, Goscelinus de Aunello, Hildeinus de Vendopere, Petrus de Castello, Petrus Bursaldus, Albertus de Monte Omeri, Guido de Garlandia, Marcus de Plaiotra, Herbertus Grandis de Pruvino. Ex parte vero monachorum : Teobaldus monachus, Lambertus monachus presbyter, Clemens, Galterus presbyter de Donna Maria, Rollandus major sancti Germani, Hugo custos nemorum. Ex parte vero Hilduini de Matriolis : Erardus miles et major Amanthi, Herbertus Taffeth, Fulco Gainnardus, Salomon cellerarius ipsius Hilduini, Martinus Furlo, Bernardus Mignuns, Teobaldus Challou.

Actum est hoc apud Pruvinum, anno ab incarnatione Domini M° C° XL°, regnante Ludovico, Ludovici filio, in tercio anno regni sui; Henrico, archiepiscopo Senonensium, cathedra residente. Willelmus, clericus meus, hanc cartam sigillavit.

XL.

DE MANUMISSIONE HOMINUM DE VILLA NOVA.

(*Ex chartulario sangermano-pratensi, dicto Guillelmi abbatis, fol. 158-160, in archiv. regni Franciæ, signato L. 83.*)

An. 1249. Universis presentes litteras inspecturis frater Thomas, miseratione divina, beati Germani de Pratis Parisiensis minister humilis, totusque ejusdem loci conventus, eternam in Domino salutem. Notum facimus, quod, cum ecclesia nostra esset et fuisset in possessione quieta et pacifica, a tempore quo non erat memoria, habendi, levandi et capiendi manum mortuam, forismaritagium, talliam sive collectam ad placitum, singulis annis, ab hominibus de Villa Nova Sancti Georgii, de Valentone et de Crona, et de omnibus aliis infra metas parrochiarum de dictis villis, videlicet de dicta Villa Nova Sancti Georgii, de Valentone et de Crona, commorantibus; tandem post plures tractatus placuit hominibus dictarum villarum, pro remissione et recompensatione præedictorum, et tali modo quod de cetero ipsi et heredes ipsorum essent immunes et liberi a predictis manu mortua, forismaritagio, tallia annua ad placitum, dare mille et quadringentas libras parisienses, de quibus nobis a dictis hominibus extitit integre satisfactum. Condictum est etiam et concessum inter nos, ex una parte, et homines dictarum villarum, ex altera, quod non poterunt facere communias [in] jamdictis villis, sive communiam in aliqua dictarum villarum, nisi a nobis vel successoribus nostris petita licentia et obtenta, nec esse de communia quamdiu in dicta villa vel in villis manebunt. Item condictum est et concessum, quod teneuram sive teneuras, in territorio dictarum villarum sitas, nulli ecclesie vel monasterio, vel alicui ecclesiastice persone, que originem non duxerit de hominibus dictarum villarum, nulli communie nec alicui de communia, nulli militi dare, vendere, commutare, vel alio aliquo modo alienare in ipsos, aliquis vel aliqui poterunt quoquo modo. Et si contigerit aliquem vel aliquos dictorum hominum communiam intrare, vel aliquid de teneuris in territoriis dictarum villarum sitis aliquem existentem in communia ex successione vel ex legato vel alio justo titulo devenire, non poterunt se juvare de libertate, privilegio vel usu communie contra usum vel onus annexum teneuris. Item universi homines etatis legitime predictarum villarum, ad requisitionem nostram vel prioris nostri de dicta Villa Nova Sancti Georgii, tenentur nos juvare et defendere personaliter, sicut boni homines dominum suum, ad repellendum violentiam, si qua personis vel rebus nostris inferretur infra territorium dictarum villarum, quotiens a priore dicte ville vel mandato ipsius super hoc fuerint requisiti. Hec autem omnia et singula homines de Villa Nova Sancti Georgii, de Valentone et de predictis aliis villis voluerunt, laudaverunt et etiam promiserunt se bona fide servaturos, se et suos heredes successoresque ipsorum ad omnia predicta et singula nunc et in perpetuum specialiter obligantes; salvis nobis et ecclesie nostre omnimoda justitia et dominio in dicta Villa Nova Sancti Georgii et aliis predictis villis, et aliis redditibus nostris, redevantiis et costumis. Que costume tales sunt. Universi homines de Villa Nova Sancti Georgii et de Valentone omnia sua animalia trahentia ad carrugam tenentur ducere ad excolendum terras nostras quinque diebus per annum : videlicet in prima aratione, per unum diem; in secunda, per duos dies; in seminis hyemalis coopertione, per alium diem; in aratione martii per alium diem; exceptis hospitibus monasterii Fossatensis et feodalibus, qui quater tantummodo per annum, videlicet in qualibet aratione per unum diem, tenentur ducere animalia sua trahentia ad terras nostras annis singulis excolendas, cum super hoc fuerint requisiti; et hospitibus nostri conventus de dicta Villa Nova, qui ad corvadas hujusmodi non tenentur, sed in prima aratione, et secunda in seminis hyemalis coopertione, pro quolibet aratro duos panes de duobus denariis et unam quartam vini. Et in martio pro quolibet aratro tres denarios aratoribus prior noster dicte ville ministrabit. Item habemus bannum in dicta Villa Nova Sancti Georgii annuatim a die Pasche per unum mensem continuum et integrum; et vendere poterimus in domo nostra vel extra, in dicta villa in uno loco, per servientes nostros proprios, vel per alios quoscunque de eadem villa in pluribus locis, vina qualia voluerimus seu bannum, et quantum vendere poterimus, per totum dictum mensem : ita quod pro qualibet masura tenentur capere et recipere unum sextarium vini usque ad valorem octo denariorum ad minus, jure banni, nec licebit alicui hospiti nostro vendere vinum in dicta villa quamdiu duraverit bannum nostrum. Item universi hospites nostri de Villa Nova Sancti Georgii et de Valentone bennarii ad molendina nostra per bannum molere debent; et iidem homines de Villa Nova Sancti Georgii ad furnum nostrum sive furna nostra per bannum coquere, et pro quibuslibet quinque minellis bladi unum boissellum cumulatum per totum anni circulum nobis solvent et furnagia, salvo jure participantium, prout hactenus exstitit consuetum. Boulengerii vero multuram et furnagia prout hactenus consueverunt nobis solvent. Item ullus hospitum nostrorum de Villa Nova Sancti Georgii poterit panem vendere in dicta Villa Nova, nisi sit de hospitibus qui fuerunt defuncti Ade Rigaut, excepto illo pane qui fiet de blado quod moletur ad molendina nostra et coquetur ad furna nostra : qui vero contra fecerit totum panem amittet, nisi in die fori in quo quilibet panem quemcunque, dum tamen legitimum, poterit vendere in dicta Villa Nova, salvo nobis jure fori. Item nullus forensis panem in dicta Villa vendere poterit, nisi solummodo transeundo, excepto predicto die fori : qui vero moram fecerit, nullo emptore presente, vel dequarchaverit, panem totum amittet. Item cubas suas et vindemias omnium vinearum et terrarum, si in vincis plantate fuerint, que tenentur ad censum de nobis, quilibet possidens ad curia nostra [sic] dictarum villarum Ville Nove et Valentone in vindemiis adducere, et pro quolibet modio duo sextaria vini de mera gutta pro decima, et tertiam partem totius pressoragii; exceptis vineis que dicuntur de pressorio Hemerici, ex quibus pro quolibet modio unum sextarium vini tantummodo de pressoragio pro decima et tertiam partem totius pressoragii residui; et exceptis vineis feodalibus, de quibus pro quolibet modio unum sextarium vini tantummodo pro decima nobis solvet. Nec licebit alicui vindemiare vineas suas, nisi prius a priore nostro dicte ville petita licentia et obtenta. In die vero qua vindemiabuntur vinee clausi nostri de dicta Villa Nova, dicti homines cessabunt a vindemiatione aliarum omnium vinearum. Item in vindemiis quolibet anno dicti homines de dicta Villa Nova et de Valentone tenentur nobis et ecclesie nostre in septuaginta quinque modiis vini annui redditus, pro redditu qui dicitur *bien;* quos septuaginta quinque modios vini dicti homines tenentur assignare, et declarare debitores dicti vini, sacramentis corporaliter prestitis, quotiens super hoc fuerint requisiti. Item linteamina, culcitras nobis abbati et successoribus nostris, quotiens in dicta villa jacebimus, et illis qui nobiscum in dicta Villa Nova pernoctabunt de familia nostra, homines dicte Ville Nove ministrabunt. Item hospites nostri de Villa Nova Sancti Georgii, manentes in terra que fuit defuncti Ade Rigaut militis, liberi ab omni banno molendinorum, furnorum et vini, tenentur nobis et ecclesie nostre annuatim in festo sancti Dyonisii in xxIIII[or] solidis redditus pro masuris suis, cum censu capitali; et hospites nostri de Valentone, manentes in terra que fuit defunctorum Petri Da-

vout et Humberti le Picart, tenentur nobis et ecclesie nostre in duodecim solidis et
decem denariis parisiensibus annui redditus pro masuris suis, in festo sancti Remigii, cum censu capitali. Preterea homines de Villa Nova Sancti Georgii et de predictis aliis villis consuetudines et jura omnia alia prout hactenus consueverunt, exceptis predictis manu mortua, forismaritagio, tallia annua ad placitum, de cetero
sine contradictione et difficultate qualibet, nobis et ecclesie nostre reddent et persolvent pacifice et quiete. Hoc etiam salvo nobis et ecclesie nostre, quod, eo anno
quo dominus rex a nobis solidos suos levabit, a dictis hominibus solidos levare poterimus, quos habito respectu ad solidos nobis impositos et terram nostram talliabilem, levandam [sic] viderimus bona fide. Consenserunt etiam et voluerunt dicti
homines quod summa pecunie, quam nos vel successores nostri ipsis imposuerimus
pro solidis domini regis, bona fide, quolibet anno quo dominus rex a nobis solidos
suos levabit, assidebitur et levabitur per duodecim homines electos a communitate
villarum predictarum; qui duodecim homines jurabunt coram nobis vel coram
priore nostro dicte ville, antequam dictam assisiam faciant, quod eam bona fide
facient, nec aliquem gravabunt plus debito, nec etiam plus debito relevabunt. Colligent etiam dictam assisiam cum sumptibus dictarum villarum, et eamdem collectam apud ecclesiam nostram apportabunt infra duos menses, postquam summa
dictorum solidorum domini regis hominibus predictarum villarum ex parte nostra
determinata fuerit et imposita; et eamdem integre persolvent. Si vero aliquis por-
tionem sibi assignatam solvere distulerit, prior noster dicte ville mittere tenebitur
servientem suum sine mercede ad capiendum seu sesiendum de rebus illius qui defecerit, vel sic per captionem seu sisionem rerum suarum quilibet solvere compel-
latur. Voluerunt etiam et concesseruut dicti homines, quod, si in solutione dicte
pecunie deficerent in toto vel in parte, vel non concordarent in electione duodecim
hominum qui dictam assisiam, prout dictum est, deberent facere, ita quod per hoc
summa pecunie eis imposita non esset nobis et successoribus nostris infra dictum
terminum integre persoluta, ex tunc liceret nobis, quolibet anno quo dominus rex
a nobis solidos suos levabit, capere vel capi facere de rebus cujuscumque hominis,
hospitis nostri, in dictis villis commorantis, unius vel plurium, mobilibus vel immobilibus, prout nobis melius placuerit, tantum quod super summa pecunie dictis
hominibus pro dictis solidis imposita, nobis vel mandato nostro fuerit plenarie satisfactum, et quod liceat nobis vel mandato nostro distrahere res captas, nisi, infra
octo dies post captionem rerum predictarum, super tota summa pecunie nobis vel
mandato nostro fuerit integre satisfactum. Nos vero hujusmodi recompensationem
gratam habentes, Petro dicto Comiti, Clementi le Gouz, Galtero dicto Asino, Gerardo le Velu, Bertaudo filiastri ejus, Rodulpho Quartier, Aveline relicte Renouldi,

Acelino de la Trelle, Boucardo de Furno, Guillelmo le Pic, Reginaldo de Fonte,
Johanni fratri ejus, Thome de la Tuille, Bertaudo le Galeis, Galtero dicto Asino,
Gaufrido Vilain, Clementi Germont, Thome fratri ejus, Nycholao de Mongison,
Fulcherio fratri ejus, Johanni Lorence, Galtero le Normant, Onfrido de Limolio,
Odoni Pietran, Ade Morel, Ade le Buchet, Joberto de Puiseit; Henrico, filio Ra-
dulphi Surdi; Christiano de Castello, Dionisio de Castello, Huberto de Castello,
familie defuncti Vitalis; Nicholao et Giloni de Castello, et universis hominibus et
eorum heredibus et ipsorum uxoribus commorantibus infra methas parrochiarum
predictarum villarum, videlicet de Villa Nova Sancti Georgii, de Valentone et de
Crona, manum mortuam, forismaritagium, talliam annuam ad placitum et omnimodam servitutem, si quam habebamus vel habere poteramus in dictis hominibus universis et singulis et eorum heredibus, quantum ad personas eorum, totaliter remisi-
mus, et eosdem manumittimus, et libertati plene et perpetue ascribimus et donamus. Hujusmodi autem remissionibus et libertatibus tantummodo gaudere volumus
homines superius nominatos, cum uxoribus et heredibus eorumdem, tempore confectionis presentium litterarum in eorum mainburnia existentibus, et illos et illas
undecumque duxerint originem, qui et que infra metas dictarum parrochiarum de
Villa Nova Sancti Georgii, de Valentone et de Crona, tempore remissionis predicte
et manumissionis, morabantur, et illos dictarum parrochiarum nativos qui se causa
peregrinationis seu ad aliena servitia transtulerant, qui necdum alibi matrimonium
contraxerunt. Quod ut ratum et stabile permaneat in futurum, predictis hominibus
in testimonium presentes litteras concessimus, sigillorum nostrorum munimine
roboratas. Actum anno Domini M°CC°XL° nono mense februario, regnante Ludovico,
Ludovici filio, rege Francorum piissimo.

XLI.

HEC LITTERA EST DE LIBERTATE HOMINUM DE THEODOSIO.

(Ex eodem chartulario, fol. 140-142.)

An. 1250.   Universis presentes litteras inspecturis frater Thomas, miseratione divina, beati
Germani de Pratis Parisiensis minister humilis, totusque ejusdem loci conventus,
eternam in Domino salutem. Universitati vestræ notum facimus, quod ad nostram
accedentes presentiam homines nostri de Theodasio, de Choisiaco et de Gringnon,
et Guillelmus Brunel, Robertus Brunel, Garnierus Niger, Guillotus Niger, Albertus
Liodis, Johannes de Orliaco, familia defuncti Roberti dicti Santi Petri, Maria Parva,
Odo Pelliparius, Radulphus de Choisiaco, Petrus de Furno, familia defuncti Martini
de Furno, familia defuncti Johannis de Furno, familia defuncti Landerici de Furno,

49.

Guillelmus Parvus et filius ejus, fratres Guillelmi de Gringnone, familia defuncti
Roberti Loncjumel, Robertus de Ruella et Ysabella Nigra, homines nostri de Pyrodio, id est Pareto; item Herbertus Buchet, Johannes Blanc-Chien, Gilotus Blanc-
Chien, Odo de Martreio, uxor Mathei Boulart, uxor Guidonis Rolebaut, Gileta ejus
nepotis, Johannes Repile, mater ejusdem Johannis, Maria de Orliaco, Petrus Blanc-
Fourre, relicta Johannis Fabri, Johannes Valens, Symon de Orgeriis, Galterus Sutor,
Stephanus dictus Prepositus et Henricus de Fonte, homines nostri de Vitriaco, nobis
humiliter supplicarunt ut pro manu mortua, forismaritagio, collecta sive tallia annua[a] ad placitum, de quibus habendis, levandis et capiendis a dictis hominibus ecclesia nostra erat et fuerat in possessione quieta et pacifica a tempore a quo non extat
memoria, certam pecunie summam in emptionem redditus et utilitatem ecclesie
nostre convertendam, pro remissione et recompensatione predictorum, ab ipsis recipere misericorditer dignaremur. Nos autem ipsorum petitionis clementer annuen-
tes et eorum utilitati et quieti imposterum providere volentes, communi assensu et
voluntate, manum mortuam, forismaritagium, collectam sive talliam annuam ad
placitum et omnimodam servitutem, quam habebamus vel habere poteramus in
dictis hominibus, universis et singulis et eorum uxoribus heredibusque eorumdem,
tempore confectionis presentium litterarum in eorum manburnia existentibus, quantum ad eorum [libitum] ubique de cetero se transferre voluerint, pro duabus mili-
bus et ducentis libris parisiensibus, de quibus a dictis hominibus nobis est integre
satisfactum, totaliter et imperpetuum remittimus et quitamus, et eosdem manumittimus ac perpetue libertati plene ascribimus et donamus, salvis nichilominus
nobis et ecclesie nostre omnimoda justitia et dominio in dictis villis de Theodasio,
de Choisiaco, de Gringnon et de Pyrodio, id est Pareto, et de potestate dictarum
villarum, et aliis reddditibus, consuetudinibus, redevantiis et coustumis. Que coustu-
me tales sunt. Cubas suas et vindemias omnium vinearum, que tenentur ad censum
a nobis et ad oblies et ad campipartem, de quibus vineis sitis in terra ad campipartem plantatis et plantandis tenentur nobis pro quolibet arpento in viginti denarios
annui census in dominica proxima post festum nativitatis beate Virginis, tempore
vindemiarum ad pressoria nostra de Theodasyo, de Choisiaco, de Gringnon et de
Pyrodio, id est Pareto, in vindemiis dicti homines tenentur adducere, et pro quolibet
modio vini duo sextaria vini de mera gutta, et terciam partem totius pressoragii
nobis solvent, exceptis vineis sitis in censivis buticularie Sanceline, Girardi Gontart,
terre sancti Petri Fossatensis, feodi Johannis de Cristolio et Guillermi de Braia; de
quibus pro quolibet modio vini unum sextarium vini pro decima, et quartam partem

totius pressoragii, si ad pressorium adducere voluerint, nobis solvent. Si vero terras ad campipartem plantatas in vineis vel etiam plantandas ad agriculturam redigi contingerit, ad campipartem item revertentur, cessante solutione census annui supradicti. Nec licebit alicui pressorium in dictis villis de Theodasio, de Choisiaco, de Grignon et de Pyrodio, id est Pareto, sive pressoria facere vel habere. Item quando nos abbas seu successores nostri jacebimus in villa de Teodasio, hospites nostri ejusdem ville nobis et successoribus nostris et illis qui nobiscum ibidem pernoctabunt de nostra familia culcitras ministrabunt. Item omnes hospites nostri dictarum villarum de Teodasio, de Chosiaco et de Gringnon, bannarii ad molendina nostra per bannum molere et multuram solvere; et iidem homines de Teodasio, de Chosiaco et de Pyrodio, id est Pareto, ad furna nostra per bannum coquere et furnagia, sicut hactenus consueverunt, nobis reddere tenebuntur. Et corveias similiter, que tales sunt. Omnes hospites nostri de Teodasio et de Choisiaco, exceptis commorantibus in censiva buticularie, tenentur quilibet ipsorum, pro masura qualibet, nomine corvadarum, per unum diem interesse ad prata nostra fenenda, et tunc prior noster dicte ville cuilibet fenanti unum obolum parisiensem ministrabit. Item omnes hospites nostri de Theodasio et de Choisiaco omnia animalia sua trahentia tenebuntur ducere ad colendas culturas nostras novem diebus per annum, scilicet in prima aratione per tres dies, in secunda per tres dies, in aratione martii per tres dies. Item omnes homines de Gringnon et omnes manentes in terra sancti Petri, sancti Marcelli, Johannis de Cristolio et Guillelmi de Braia, tenentur ducere omnia animalia sua trahentia ad excollendas predictas culturas nostras sex diebus per annum, videlicet in prima aratione per duos dies, in secunda per duos dies, in aratione martii per duos dies, cum super hoc predicti omnes homines fuerint requisiti, scilicet in prima aratione et secunda pro quolibet aratro, in prima aratione in iiii[or] solidis parisiensibus, in secunda in quatuor solidis parisiensibus, et in aratione martii in iiii[or] solidis, nomine corvadarum. Item quilibet possidens sive possidentes dictorum hominum de Pyrodio masuram quamlibet in villa de Pyrodio, unum arpentum terre continentem, exceptis quatuor masuris, videlicet tribus masuris Guillelmi majoris et fratrum suorum et masura Mathei Brunel, que quatuor masure debent nobis annuatim sex solidos parisienses de tensamento cum censu consueto, tenentur nobis annuatim pro qualibet masura in sex denariis censualibus in festo sancti Remigii, in festo sancti Bartholomei in tribus solidis de tensamento, in crastino natalis Domini in uno sextario avene et duobus caponibus et tribus obolis et uno pane, qui dicitur panis sancti Stephani; et conducere cum equis et quadrigis aut summariis suis propriis, quando et quotiens ex parte nostra super hoc fuerint requisiti, de blado nostro de Pyrodio unum modium bladi ad mensuram parisiensem

in monasterio nostro, et integre mensuratum reddere in granariis nostris ejusdem
monasterii; et nunc tenemur cuilibet sive quibuslibet quamlibet quadrigam cum
blado predicto conducenti ministrare in grangia nostra de Pyrodio unam jarbam
vaccentii, et in monasterio nostro duos panes, unum album et unum nigrum, et
unam quartam vini, et pro summario unum panem album et dimidiam quartam
vini. Custodes vero bladorum et vinearum in dictis villis de Theodasio, de Choisiaco,
de Gringnon et de Pyrodio, annuatim instituentur boni et fideles per nos et per priorem nostrum de Theodasio, et pro custodia predictorum habebunt custodes ea prout
hactenus habere consueverunt[a]. Exceptis predictis manu mortua, forismaritagio,
tallia annua ad placitum, de cetero sine conditione et difficultate qualibet nobis et
ecclesie nostre reddent et persolvent pacifice et quiete; hoc etiam salvo nobis et ecclesie nostre, quod eo anno quo dominus rex a nobis solidos suos levabit, talliam a
dictis hominibus levare poterimus, quam, habito respectu ad solidos nobis impositos et terram nostram talliabilem, levandam viderimus bona fide. Conditum est
etiam et concessum inter nos, ex una parte, et homines de Teodosio, de Choisiaco
et de Gringnon et de Pyrodio, ex altera, quod teneuram sive teneuras, in territorio
dictarum villarum sitas, nulli ecclesie vel monasterio vel alicui ecclesiastice persone, que originem non duxerit de hominibus dictarum villarum, nulli communie
nec alicui de communia, nulli militi dare, vendere, commutare, vel alio modo
alienare in ipsos, aliquis vel aliqui poterunt quoquo modo, nec civi Parisiensi nec
alii, nisi cum honore et consuetudine teneure. Et super hoc, si prior voluerit, fient
littere officialis Parisiensis. Et si contigerit aliquem vel aliquos dictorum hominum
communiam intrare, vel aliquid de dictis teneuris ad aliquem hominem existentem
in communia, ex successione vel ex legato vel alio justo titulo devenire, non poterunt se juvare de libertate, privilegio vel usu communie contra onus annexum teneure. Item condictum est et concessum quod dicti homines non poterunt facere
communiam in dictis villis aut in aliqua dictarum villarum, nisi a nobis vel successoribus nostris petita licentia et obtenta, nec esse de communia quamdiu in dictis
villis manebunt. Item universi homines etatis legitime dictarum villarum, ad requisitionem nostram vel prioris nostri de Theodasio, tenentur nos juvare et defendere
personaliter, sicut boni homines dominum suum, ad repellendum violentiam, si
qua personis vel rebus nostris infra territorium dictarum villarum inferretur, quotiens a priore de Teodosio vel mandato ipsius super hoc fuerint requisiti. Hec
autem omnia et singula homines de Teodosio, de Choisiaco, de Gringnon et de
Pyrodio voluerunt, laudaverunt et etiam promiserunt se bona fide servaturos, se et

---

[a] Hic prætermisit librarius oscitans nonnulla quæ supplere possis ex charta quæ præcedit, hominibus
Villæ Novæ concessa ann. 1249.

suos heredes successoresque ipsorum, ad omnia et singula predicta adimplenda nunc et imperpetuum specialiter obligantes. Nos vero hujusmodi remissionibus et libertatibus tantummodo gaudere volumus illos et illas, undequaque duxerint originem, qui et que in dictis villis de Teodasio, de Choisiaco et de Gringnon, tempore remissionis predicte et manumissionis morabantur, et omnes illos quorum nomina superius continentur, cum uxoribus suis et heredibus eorum, et illos earumdem villarum de Teodasio, de Choisiaco et de Gringnon nativos qui se ad aliena servitia se transtulerant, qui necdum alibi matrimonium contraxerunt. Quod ut ratum et stabile permaneat in futurum, presentes litteras predictis hominibus concessimus sigillorum nostrorum munimine roboratas.

Actum anno incarnationis dominice M° CC° L° mense novembrio, regnante Ludo- vico, Ludovici filio, rege Francorum piissimo.

XLII.

DE COMPROMISSIONE FACTA AB HOMINIBUS DE EMENTE.

(Ex eodem chartul. , fol. 181-184. *)*

An. 1256 Omnibus presentes litteras inspecturis officialis curie Senonensis in Domino salutem. Notum facimus, quod coram mandato nostro, ad hec audienda et videnda que sequuntur, a nobis loco nostri specialiter destinato, constituti fuerunt religiosus vir et honestus abbas sancti Germani de Pratis Parisiensis et nobiles viri Johannes de Foresta et Petrus de Castris, milites, et Martinus carnifex, Nycholaus Boisart et Guillelmus sutor, Johannes de Mescheure, et plures alii usque ad sexdecim, qui in autentico sunt contenti ; et magister Odo, clericus, procurator religiosorum virorum abbatis et conventus sancti Germani de Pratis, cum litteris procuratoriis, sigillis dictorum abbatis et conventus sancti Germani de Pratis Parisiensis sigillatis ; et idem Odo procurator coram dicto mandato nostro exhibuit quasdam litteras sigillo Senonensis curie sigillatas, quarum tenor talis est :

Omnibus presentes litteras inspecturis magister Odo, officialis curie Senonensis, in Domino salutem. Notum facimus, quod coram mandato nostro, ad hec audienda que sequuntur, a nobis loco nostri specialiter destinato, Martinus carnifex, Nycholaus Boisart, Guillelmus sutor, Johannes de Vico Cavo, Nycholaus de Fonte, filius defuncti Hugonis, et plures alii ; et Ogerus, et Johannes, dictus Greniers, procuratores generales et speciales hominum sancti Germani de Pratis Parisiensis de Emente et de potestate Ementis, quorum nomina inferius sunt expressa, ab ipsis hominibus constituti, facti et ordinati super quadam discordia orta inter ipsos omnes homines, ex una parte, et religiosos viros abbatem et conventum sancti Germani de Pratis

Parisiensis, ex altera; videlicet tantummodo super tallia ad placitum anni quo dominus rex apud Ementem gistum suum capit, et super mensuratione ordei debita et hactenus inquisita, et super quibusdam aliis controversiis et contentionibus inter ipsas partes retrohabitis, tam ratione predictorum quam rationibus aliis quibuscumque; habentes potestatem plenariam et mandatum speciale ab ipsis hominibus de Emente et de potestate Ementis componendi, compromittendi, transsigendi, paciscendi, obligandi se, nomine ipsorum et eorum cujuslibet, de observando inviolabiliter et tenendo quicquid cum ipsis procuratoribus super predictis, necnon et ipsis procuratoribus ratum habentibus, actum fuerit, statutum et etiam ordinatum, prout hæc omnia et singula in litteris procuratoriis, sigillo Senonensis curie sigillatis, super hoc confectis, plenius et expressius continentur, et quarum tenor talis est:

Omnibus presentes litteras inspecturis magister Odo, officialis curie Senonensis, in Domino salutem. Notum facimus, quod coram mandato nostro, ad hoc audiendum quod sequitur, a nobis loco nostri specialiter destinato, constituti homines infrascripti, scilicet, homines sancti Germani de Pratis Parisiensis in potestate de Emente consistentes, ut dicebant, videlicet Droco Strabo, Symon Biau-Vilains, Nycholaus Brunoiz, Guillotus Pitauz, Britaudus, Hubertus Taupins, et plures alii in autentico contenti, procuratores suos generales et speciales fecerunt, constituerunt et ordinaverunt unanimes et singulariter requisiti, videlicet Martinum carnificem, Nycholaum Boissart, Guillelmum sutorem, et plures alios in autentico contentos, super quadam discordia orta inter ipsos et religiosos viros abbatem et conventum sancti Germani de Pratis Parisiensis, videlicet super tallia ad placitum tantummodo anni quo dominus rex apud Ementem gistum suum capit; item super mensuratione ordei debita et hactenus consueta, et super quibuscumque aliis controversiis et contentionibus inter ipsas partes retrohabitis, tam ratione predictorum quam rationibus aliis quibuscumque; dantes eisdem procuratoribus potestatem plenariam et mandatum speciale componendi, compromittendi, transsigendi, paciscendi, obligandi se, nomine ipsorum et eorum cujuslibet, de observando inviolabiliter et tenendo quicquid dicti procuratores fecerint et quicquid cum ipsis super prædictis omnibus et singulis, necnon et ipsis sexdecim procuratoribus ratum habentibus, actum fuerit, statutum et etiam ordinatum, et omnia et singula faciendi super predictis que ipsi facerent et facere possent insimul et quilibet eorum per se, si ad omnia predicta personaliter interessent; promittentes homines prefati quilibet ipsorum, fide in manu dicti mandati nostri prestita corporali, se ratum et gratum habituros et in perpetuum contra non venturos quicquid predicti sexdecim fecerint, et quicquid cum ipsis super omnibus predictis et singulis, necnon et ipsis sexdecim ratum habentibus, actum fuerit, statutum et etiam ordinatum; obligantes se et heredes suos et omnia bona sua, sub eadem fide, ad conservandum indempnes et ad liberandum dictos sexdecim, quantum et omnia et singula supradicta, predictis omnibus nichilominus in suo robore duraturis; supponentes, quantum ad hoc, prefati homines jurisdictioni curie Senonensis ubicunque maneant vel existant. In cujus rei testimonium, ad petitionem et instantiam dictorum hominum factas dicto mandato, prout idem mandatum nobis retulit, presentes litteras sigillo Senonensis curie fecimus sigillari. Hec autem omnia acta sunt coram dicto mandato nostro, cui fidem adhibemus, vocato et presente decano Ville Nove Guiardi, prout idem mandatum nobis retulit viva voce. Actum anno Domini m° cc° l° sexto mense augusto.

Bonis mediantibus, unanimes et spontanei pro se, et nomine procuratorio pro aliis omnibus hominibus supradictis, ad formam pacis concorditer devenerunt : videlicet, quod voluerunt et expresse consenserunt quod religiosus vir et venerabilis abbas predictus sancti Germani de Pratis super predictis discordiis et contentionibus, scilicet tallia predicta et mensuratione ordei et aliis que sequuntur, ubicunque locorum quandoque opus fuerit, et a quibus crediderit justum esse, veritatem inquirat et secundum inquisita ordinet et statuat per consilium nobilium virorum Johannis de Foresta et Petri de Castris, militum, ad hoc ab ipsis procuratoribus electorum, nominatorum et advocatorum, vel alterius eorumdem, prout idem abbas voluerit, que ordinanda viderit et etiam facienda; promittentes dicti procuratores, fide in manu dicti mandati nostri prestita corporali, et sub pena centum librarum parisiensium obligando, sub eadem fide, ad hec se et homines supradictos, heredes et bona sua universa et hominum predictorum attendere, et irrevocabiliter observare omnia et singula que idem abbas cum predictis militibus vel altero eorumdem super predictis discordiis duxerit ordinanda; et etiam statuendo illud quod ex nunc ratum habentes et imposterum habituri, et contra non venturi per se vel per alios quod per predictum abbatem, una cum predictis militibus vel altero eorumdem, super omnibus et singulis superius et inferius contentis actum et statutum fuerit et etiam ordinatum, et pena soluta, rata semper maneant et firma omnia que ab ipso abbate et militibus predictis vel ab eodem abbate cum altero dictorum militum fuerint stabilita et ordinata super discordiis et contentionibus supradictis et aliis inferius nominatis. Super conspiratione autem et confederatione factis, ut dicitur, inter homines supradictos contra dictos religiosos, promiserunt dicti procuratores sub eisdem fide et pena ad hec de potestate sibi tradita, tam se quam homines supradictos et universa bona sua et hominum predictorum obligando, se et dictos homines observare omnia et singula que idem abbas fecerit, ordinanda duxerit et etiam statuenda. Preterea omnes qui predictam terram sancti Germani exierint, nisi reverti voluerint, de cetero non juvabunt nec erunt in hoc facto contra predictos abbatem et conven-

tum ad consilium et auxilium eorumdem; et si aliqui vel aliquis de villa et de
potestate predicta contra premissa venirent vel contra premissorum aliquid pre-
sumerent aliquid attemptare, aut predictis non parerent, quod illum vel illos pro
posse suo ad premissorum observationem fideliter inducerent; et si non possent,
nullum eis vel ei consilium vel auxilium preberent, nec umquam in facto contra
predictos religiosos ad consilium vel auxilium ipsorum rebellium seu premissis non
parentium, verbo vel facto, latenter seu etiam apparenter, sub fide et obligatione
bonorum suorum et heredum factis, ut dictum est; promittentes hec omnia et singula observare, tenere et fideliter adimplere, et, quamtum ad omnia premissa et
singula, jurisdictioni Senonensis curie supponentes. Et hec acta sunt coram predicto
mandato nostro, ad hec, ut dictum est, a nobis destinato, prout id mandatum
nostrum, cui credimus et cujus relationi fidem plenariam adhibemus, nobis retulit
viva voce. Actum anno Domini M° cc° L° vI° mense augusto.

Deinde idem abbas, de consensu et voluntate dictorum militum, presentibus pre-
fatis hominibus procuratoribus et dicto procuratore dictorum abbatis et conventus
necnon et decano Ville Nove Guiardi, Adam de Varennis, Gilone de Emente, militibus, et magistro Adam de Vois, clerico, ad hoc vocatis, in presentia dicti mandati nostri, statutum et ordinationem suam protulit in forma que sequitur :

In nomine Patris et Filii et Spiritus Sancti, amen. Cum homines de Emente et de
potestate Ementis confiterentur talliam annuam ad *plesir* anno quolibet se debere
monasterio sancti Germani de Pratis Parisiensis, excepto anno quo illustris rex Francorum gistum suum capiebat apud Ementem, quo anno eamdem talliam se solvere
teneri negabant; parte monasterii predicti contrario asserente et dicente eosdem
homines sicut et in aliis annis teneri ad dictam talliam solvendam monasterio supradicto; et super hoc inter dictum monasterium et dictos homines contentio mota
esset; ipsi homines, tam de Emente quam de potestate Ementis, procuratores suos
generales et speciales fecerunt, constituerunt et ordinaverunt unanimiter et singulariter requisiti, videlicet Martinum carnificem, Nycholaum Boysart, Guillelmum
sutorem, Johannes de Vico Novo, Nycholaum de Fonte, filium defuncti Hugonis,
et plures alios in autentico contentos, ipsisque procuratoribus dederunt potestatem
et mandatum speciale componendi, compromittendi, transsigendi, paciscendi,
obligandi se, nomine ipsorum omnium hominum et eorum cujuslibet, de observando inviolabiliter et tenendo quicquid dicti procuratores facerent et quicquid
cum ipsis procuratoribus super predictis et aliis actum esset, statutum et etiam ordinatum. Qui procuratores unanimes et spontanei pro se, et nomine procuratorio
pro aliis omnibus hominibus et singulis predictis, ad talem formam pacis amicabi-
liter et concorditer devenerunt : videlicet, quod voluerunt et expresse concesserunt,

in nos fratrem Guiardum, permissione divina, abbatem predicti monasterii, taliter
compromittentes, quod nos abbas predictus super predictis discordiis et contentionibus, scilicet tallia predicta et aliis, ubicumque locorum quandoque vellemus et a
quibus crederemus justum esse, inquireremus veritatem et secundum inquisita or-
dinaremus et statueremus, per consilium nobilium virorum Johannis de Foresta et
Petri de Castris, militum, ad hoc ab ipsis procuratoribus electorum, nominatorum
et advocatorum, vel alterius eorumdem, que ordinanda videremus et etiam statuenda : et hoc ipsi procuratores, sub certa pena, promiserunt, fide prestita corporali. Nos vero abbas predictus, veritate a nobis et predictis militibus diligentissime
inquisita super discordiis supradictis a testibus juratis, tam ex parte dictorum pro-
curatorum quam pro jure dicti monasterii, productis ipsorum testium apertis attesta-
tionibus, de voluntate et consilio dictorum militum, ac, ipsis presentibus, diligenter inspectis, et super eisdem una cum predictis militibus habito consilio et diligenti
tractatu, tam a clericis in jure peritis quam laicis nobilibus et aliis ; omnibus consi-
deratis que ad jus conservandum tam dicti monasterii quam hominum predictorum
nos movere poterant et debebant ; cum ex confessione ipsorum hominum et depo-
sitionibus testium productorum evidenter appareat, ipsos homines teneri ad dictam
talliam annuam ad *plesir* monasterio solvendam predicto; parte predicti monasterii per
testes ydoneos juratos, tam religiosos quam seculares, pro dicto monasterio productos,
suam intentionem dilucide comprobante ; nec ostensum fuerit vel probatum quod
anno quo dominus rex gistum suum capit apud Ementem, liberi sint dicti homines
a solutione tallie predicte, procuratoribus suis et dicti monasterii procuratore coram
nobis presentibus, de consilio et assensu dictorum militum, statuendo et ordinando
condempnavimus predictos homines ad dictam talliam annuam ad *plesir,* tam in anno
quo dictus rex apud Ementem capit gistum suum, quam in aliis annis, persolvendam
de cetero pacifice monasterio supradicto. Super mensura autem coustumarum ordei,
super qua erat similiter contentio inter predictum monasterium et homines supradictos, et super qua similiter in nos exstitit compromissum; de consilio predicto
nobilium, equitate suadente, taliter statuimus et ordinando condempnavimus predictos homines, ut ipsi coustumas ordei monasterio persolvant predicto, nunc et imposterum ad mensuram rasam quam eisdem tradidimus in presenti. In hujusmodi rei
testimonium, ut presentibus temporibus et futuris super predictis perpetua memoria
habeatur, nos Johannes de Foresta et Petrus de Castris, milites supradicti, de quorum consilio et assensu omnia predicta acta sunt et completa, nobis presentibus, sigilla nostra, una cum sigillo abbatis predicti, presentibus duximus apponenda. Actum
et datum anno Domini M° CC° L° VI° mense novembri, in vigilia sancti Andree apostoli. Ac eis tradidit et exhibuit statim postmodum idem abbas mensuram predictam.

                                      5o.

Que statuta et ordinationem dicti milites rata, grata habuerunt pariter et accepta et etiam coram dicto mandato nostro confessi fuerunt predicta omnia acta esse et completa de eorum consilio, voluntate pariter et assensu; ac litteris supradictis statuto et ordinatione, ut dictum est, confectis, ipsi milites sigilla sua, una cum sigillo ejusdem abbatis, apponenda duxerunt; petentes a dicto mandato nostro tam dicti milites quam procurator dictorum abbatis et conventus, ut nos eisdem abbati et conventui super premissis litteras nostras, sigillo Senonensis curie sigillatas, concedere dignaremur. In quorum memoriam et munimen presentibus litteris sigillum Senonensis curie duximus apponendum. Actum anno Domini M° CC° L° sexto mense novembri.

III bis.

FRAGMENTA AMPLIORA POLYPTYCHI SITHIENSIS.

Cum et mancum esset et scripturæ mendis compluribus inquinatum apographum quo usi sumus in edendo fragmento polyptychi Sithiensis, supra n° III typis excuso, ecce hic idem fragmentum, sed amplius inque ordinem restitutum, subjicimus a nobismet ipsis descriptum ex codice nitidissimo chartularii Folquini, asservato in bibliotheca publica Bononiæ in finibus Morinorum. Nec tamen superius editum omnino duximus ablegandum : fluxit enim ex codice diverso, operæque pretium esse potest conferre inter se lectiones et codicis nostri et Bononiensis*. Quo uti nobis licuit, intercedente viro summo Francisco Guizot, Regis administro, qui ut universæ per Franciam rei litterariæ juventutique instituendæ æterna cum laude præest, ita nobis quoque plurima benignitatis suæ documenta vel hoc in genere studiorum nostrorum dedit.

CHARTULARIUM FOLQUINI LEVITÆ ET MONACHI, LIB. II, FOL. 34.

BREVIATIO VILLARUM MONACHORUM VICTUS.

1. Sed quia gesta beati Folquini [b] narrando, parumper ab abbatum gestis digressi

* Quæ lectiones ut facilius comparari possint, addimus hic concordantiam, ut vocant, capitum utriusque editi nostri cum codice Bononiensi.

Codex Bononiensis.	Hoc nostrum editum.	Editum nostrum prius.
Cap. XV......	Cap. 1......	Cap. omissum.
XVI.....	2.....	4.
XVII.....	3....	omissum.
XVIII....	4....	omissum.
XIX.....	5....	5.
XX......	6....	3.
XXI.....	7....	omissum.
XXII.....	8....	omissum.
XXIII....	9....	omissum.
XXIV.....	10.....	6.
Cap. XXV....	Cap. 11.....	Cap. 7.
XXVI...	12.....	8.
XXVII...	13....	omissum.
XXVIII...	14....	omissum.
XXIX...	15....	9.
XXX...	16....	omissum.
XXXI...	17.....	2.
XXXII...	18....	omissum.
XXXIII..	19....	omissum.
XXXIV..	20....	1.
XXXV...	21.....	omissum.
XC.....	22....	omissum.

[b] Morinorum episcopi.

sumus, libet jam ad ea pernarranda calamum reflectere. Abbas igitur Adalardus villas ad fratrum usus pertinentes, vel quicquid exinde sub qualicumque servitio videbatur provenire, absque his quæ in aliis ministeriis erant distributæ, vel quæ militibus et cavallariis erant beneficiatæ, tali jussit brevitate describere.

2. In KELMIS habent monachi ecclesiam I ac bunaria XII et mancipia VI. Luminarii IV : unusquisque solvit de cera valente denarium I. Mansum indominicatum cum casa et aliis castitiis; de prato bunaria XXXVIII, de terra arabili bunaria CLXXX, de silva grossa bunaria XXX, de silva minuta bunaria XV. Mansa XV per bunaria XII, et ille dimidius per bunaria VI, cum servis X, qui faciunt in ebdomada III dies, et ancille VI faciunt ladmones VI : aliæ ingenuæ, facit unaquaque dimidium ladmonem; unusquisque parat de brace modia X, de farina VI; pullos III, ova XX. Ad vineas unum quodque annum carros II. Lunarii XVI, prebendarii VII. Ded habet bunaria VI, arat bunaria II.

3. In FRESINGAHEM Everwinus habet bunaria V, arat jurnales III, et solvit denarios VI. In eadem villa Heleca habet bunarium dimidium, arat jurnalem I.

4. In IONINGAHEM Berengen habet bunaria VIIII, arat bunaria IIII. In Elciaco Amalger habet bunaria XIIII, mancipia III; arat bunaria IIII, et solvit solidos II.

5. In MORNINGEHEM Guntbertus habet bunaria VIII, arat bunaria IIIIor. Gerbald habet bunaria III, arat bunarium I. Stracfret habet bunaria VI, arat bunarium I et dimidium. Thegen, major, habet casam dominicatam cum aliis castitiis; de prato bunaria V; de terra arabili bunaria XX, de silva minuta bunaria V; mancipia XII. Berharius caballarius habet mansam [sic], de terra arabili bunaria XX, de prato bunaria V, de silva minuta bunaria VI. Mansa II per bunaria XII. Facit sicut superius. Mancipia VIII. Benemar habet casam cum aliis castitiis; de prato bunaria X, de terra arabili bunaria XXX, de pastura et silva minuta bunaria XXIII; mansa III per bunaria XII. Facit sicut superius. Mancipia XXIIIor. Ostoradus habet mansa cum castititia [sic], de prato bunaria XII, de terra arabili bunaria XX, de silva minuta bunaria VI, mansa III per bunaria XII. Facit sicut superius. Mancipia XXIIII. Bavo habet casam cum aliis castitiis; de prato bunaria XI, de terra arabili bunaria XXX, de silva minuta bunaria IIII; casam I; per bunaria VIII. Facit sicut superius. Mancipia XVI. Wendelhadus habet casam cum aliis castitiis; de prato bunaria XI, de terra arabili bunaria XXX, silva minuta bunaria III; mansus I, per bunaria XII. Facit sicut superius. Mancipia XIIII. Megenfridus habet casam cum

aliis casticiis; de prato bunaria xɪ, de terra arabili bunaria xʟᴠ, de silva minuta et pastura bunaria xvɪ; mansus ɪɪ, per bunaria xɪɪ. Facit sicut superius. Mancipia ɪɪɪɪ. Balduinus habet casam cum aliis casticiis; de prato bunaria vɪ, de terra arabili bunaria xx, de silva minuta et pastura bunaria xx; mansus ɪ per bunaria xɪɪ. Facit sicut superius. Mancipia vɪɪɪɪ.

6. Iɴ Bᴇʀᴍɪɴɢᴀʜᴇᴍ habet mansum cum scuria; de terra arabili bunaria xxɪɪɪ, silva minuta bunaria ɪɪɪ, et in Edenenas de terra bunaria x, mancipia x. Omnes, excepto Iremberto, arant ad ipsam villam bunaria ɪɪɪɪ, et colligunt ɪɪ et ducunt ad monasterium; et cludunt virgas xɪɪ, et in monasterio item omnes virgas ɪɪɪɪ. Et facit unusquisque in anno dies xxɪɪɪɪᵒʳ in estate. Irembertus autem arat bunaria ɪɪ et colligit ɪ. Luminarii xɪ solvunt inter omnes solidos vɪɪ, denarios vɪɪɪ. Homines qui faciunt in anno ɪɪɪ dies sunt xx.

7. Iɴ Aᴛᴄᴏɴᴀ est æcclesia ad quam solvunt vɪɪ homines de lumine unusquisque de cera valente denarios ɪɪ. Casam indominicatam cum aliis castitiis, de prato bunaria xɪ, de terra arabili bunaria cc, de silva minuta bunarium ɪ, de pastura inculta bunaria ʟ. Mansa xxɪɪɪɪᵒʳ et dimidium, omnes per bunaria xɪɪ, et ille dimidius per bunaria vɪ, cum servis xɪɪ, qui faciunt in ebdomada dies ɪɪɪ; ancillæ xɪɪ, faciunt ladmones xɪɪ; alii ingenui faciunt ɪɪ dies in ebdomada, et de illis ingenuis feminis xɪɪɪ veniunt ladmones vɪ et dimidium. Ad vineas carra vɪ. Facit unusquisque de brace modios x, de farina vɪ. Pulli ɪɪɪ, ova xx. Lunarii xv, prebendarii vɪ. Wilbertus habet bunaria xɪɪ, solvit solidos ɪɪ, et prævidet silvam. Sunt ibi homines qui faciunt ɪɪ dies in ebdomada ʟxxɪɪɪɪ. Iremharius, major, habet casam indominicatam cum aliis castitiis; de prato bunaria x, de terra arabili bunaria xxɪɪ, de pastura et silva minuta bunaria xv; mansa ɪɪ per bunaria xɪɪ. Facit sicut superius. Mancipia xxɪɪɪ, Stillefridus habet mansum, de prato bunaria vɪ et jornalem ɪ, de terra arabili bunaria xxxv, de silva minuta bunaria vɪ. Mancipia vɪɪɪ. Bavo habet mansum cum casa et aliis castitiis; de prato bunaria v et dimidium, de terra arabili bunaria xʟvɪ et dimidium, de silva minuta bunaria vɪɪɪ. Mancipia xɪɪɪɪ : isti unaquaque ebdomada faciunt ɪɪ dies; si non caballicant, sepiunt virgas v, et in monasterio inter omnes virgas ɪɪɪɪ. Iodberta habet in Selem, pertinentem ad Attona, precariam ɪ, unde solvit solidum ɪ.

8. Iɴ Bᴏᴛɴɪɢɢᴀʜᴇᴍ Bertrada habet aliam, unde debet arare.

9. Iɴ Bᴇʀɴɪɴɢᴀʜᴇᴍ habet inter silvam et terram arabilem bunaria plus xʟ.

10. In Beingahem villa habet æcclesiam, indominicatum mansum cum casticiis; de prato bunaria xv, de terra arabili bunaria cxx, de silva grossa bunaria xl ,ad saginandos porcos xx, de silva minuta bunaria c. Mansum xviii et dimidium per bunaria xii, et ille dimidius per bunaria vi, cum servis xi, qui faciunt iii dies in ebdomada; ancillæ viiii, facit [sic] ladmones viiii, alii ingenui faciunt ii dies in ebdomada; et de ingenuis feminis x veniunt ladmones v. Ad vineas carra iv et dimidium. Unusquisque de brace parat modia x, de farina vi; pullos iii, ova xx. Lunarii xxi. Sunt ibi prebendarii vi. Luminarii xc : solvunt inter omnes libram i, solidos v. Brunger habet bunaria vi, arat bunarium i et dimidium. Megel habet bunarium i et dimidium, arat dimidium. Megenger habet bunaria ii, arat dimidium. Bavo habet bunaria iii^or, solvit denarios viii. Gundelbertus habet bunaria iii, arat bunaria ii. Omel, decanus, habet bunaria iii; arat bunaria ii. Lantfredh habet de terra bunaria xxxi et dimidium, de silva minuta bunaria iii; mancipia xiii. Arat bunaria ii, solvit solidos ii. Emgelger, major, habet bunaria de terra xliii et dimidium, de silva minuta bunaria x; mancipia xx. Item alius Engelgerus habet casam cum casticiis, de terra arabili bunaria xlii, de silva minuta bunaria x; mancipia vii. Isti arant bunaria iiii unusquisque, et sepiunt virgas xv. Gundelbertus habet bunaria xl, inde solvit solidos vi, et unaquaque ebdomada ii dies: et habet mancipia iii. Molendinos iii : de uno veniunt modia c; de aliis, de unoquoque modia lx; et ille unus dat pullos xx, ova cc; illi alii unusquisque pullos xv, ova c. Badager habuit inde precariam i, hoc est mansum i, de terra bunaria xliiii; mancipia ii. Isti arant bunaria iiii unusquisque, et sepiunt virgas xv; et in estate facit dies xvi, et colligit bunarium i et dimidium, et ducit ad monasterium; et ad monasterium sepiunt inter omnes virgas iii. Dant pullos ii, ova x.

11. In Coiaco habet æcclesiam cum bunariis xviii, mancipia ii. De luminariis solidos iii. Casam indominicatam cum aliis castitiis. De prato bunaria xl, de terra arabili bunaria clx, de silva minuta bunaria xxxv. Mansa xxi, per bunaria x. Sunt in eis servi xv, qui faciunt in ebdomada dies iii; ancillæ vii, faciunt ladmones vii; alii ingenui, qui faciunt in ebdomada ii dies; et illæ ingenuæ feminæ unaquæque facit ladmonem dimidium. Ad hostem carrum dimidium, ad vineas carra iii. Facit unusquisque de brace modia x, de farina modia vi. Pullos iii, ova x. Sunt ibi lunarii xxiiii. Luminarii xlii, solvunt inter omnes solidos xii. Prebendarii sunt ibi vi. Habet ibi sedilium i, inde solvit solidum i. Walager habet bunaria ii, arat bunarium i. Molendinum i, solvit modia xxx. Camba i, solvit solidos iiii. Megenhardus habet bunaria iii et dimidium, solvit solidum i et dimidium. Homines

qui faciunt ii dies in anno sunt xxxvii. Ille major habet casam cum casticiis; de terra bunaria xxii, silva minuta bunaria vii; mancipia iiii.

12. In Rumingahem habet mansum cum casticiis; de terra bunaria xv, de silva minuta bunaria x. Mansos ii et dimidium, per bunaria xii, et ille dimidius per bunaria vi. Resident in eis servi iii, qui facit [sic] in ebdomada dies iii; ipsique perserviunt totos illos mansos. Ad vineas carrum dimidium. Faciunt de brace modia x. Pullos ii, ova xx. Habet ibi lunares xiii; luminarios x, solvunt inter omnes solidos ii, denarios ii. Homines qui faciunt ii dies in anno sunt iiii°. Sunt ibi bunaria xiiii. Veniunt ad incensum de formaticis pensæ x. Item de bunariis ii, solvit pensam i de formaticis. Item de bunario solvit de formaticis pensam dimidiam. Item de bunariis vii veniunt de formaticis pense vii.

13. In Pupurninga villa habet æcclesiam cum bunariis xviii; mansum i indominicatum; de terra arabili bunaria clviii, de silva grossa faginina et minuta mixta bunaria cccc, ad saginandos porcos dc; mansa xlvii et dimidium : ex his x constant bunariis xxiiii, itemque x bunariis xx, itemque x bunariis xv, illi alii omnes per bunaria xiii, et ille dimidius bunariis viii. Resident in eis servi iiii, faciunt in ebdomada iii dies; ancillæ iiii, facit [unaquæque] camsiles iiii; alii ingenui faciunt ii in ebdomada dies; et illæ ingenuæ feminæ, solvit unaquæque denarios iiii. Lunarem nullum. Luminarios clxxiiii, inde veniunt libræ ii, solidi xviii. Herescarii cviiii, veniunt solidi xiiii, denarii vii. De terra censali, incultis et infructuosis, bunaria cxviii, veniunt incensum de formaticis pensæ xxi. Aucas xxv. Ad hostem carros ii, ad vineas carros ii. Illæ quatuor ancillæ parant de brace modia x. Unusquisque pullos ii, ova x. In tertio anno porcum i valentem denarios iiii°r. Ille Major habet mancipia iiii. De bunariis x veniunt de mel sextarii iii. Godobert caballarius habet casam indominicatam cum aliis castitiis; de terra bunaria· lxxxvi, silva minuta bunaria iiii, mancipia vi. Mortbert caballarius habet casam indominicatam cum aliis casticiis; terra arabili bunaria xx, silva minuta bunaria xii et dimidium, mancipia x. Mansa iiii per bunaria xii. Resident in eis ingenui, qui nichil aliud facit [sic] per totum annum nisi ii dies in ebdomada. Dat unusquisque eorum pullum i, ova v. Isti arant unusquisque bunarium i et colligunt i, et caballicat. De censali terra bunaria xii; veniunt de mel sextarii ii. Porcarius unus habet bunaria iii ad vestitum. Item de bunariis iii solvunt flascones xii, scutellas c. Engeten habet bunaria iiii, arat bunarium dimidium et operatur unaquæque [sic] ebdomada i diem. Radeken habet bunaria iii, arat bunarium dimidium et facit in ebdomada ii dies. Aldbert bunaria iiii; facit similiter. Abbo bunaria v; arat dimidium.

14. In Pascandala habet de una ecclesia tres partes; mansum [sic] iii, per bunaria xx; solum [fort. leg. *solvunt*] in censum de assibus ii.

15. In Weserinio habet ecclesiam indominicatam, mansam [sic] cum casticiis; de prato bunaria xvi, de terra arabili bunaria clviiii, de silva grossa bunaria xviii ad saginandos porcos xx, de silva minuta bunaria li, de pastura communi sufficienter. Mansa xviii. Decem ex his constant per bunaria xii; item v constant bunariis x, tres bunariis viiii; cum servis xii, ancillis viii. Facit in ebdomada dies iii, et ladmones viii. Alii ingenui, facit ii dies in ebdomada, et de ingenuis feminis x veniunt ladmones v. Ad hostem carrum dimidium, ad vineas carrum i dimidium. Unusquisque parat de brace modia x, de farina vi; et dant pullos ii, ova xx. Prebendarii v, lunarii xxxvi. Luminarii lx : inter omnes solvunt libram i. Sunt ibi homines xxi qui faciunt in anno ii dies. Habet ibi sedilios x; veniunt in incensum de argento solidi viii dimidius. Tunel habet bunaria xiiii, arat bunaria ii et custodit silvam. Molendinos iii : unusquisque solvit modia majora xxx; in uno anno saginat porcos ii, in alio i; et debet pullos xx, ova cc. Item molendinum i, solidos v. Winetmar, major, habet de prato bunaria iii, de terra arabili bunaria xxxii, silva minuta bunaria v; mansa ii. Facit sicut superiores. Lunarii xvii. Hlodoger caballarius habet mansum dominicatum; de prato bunaria vii, de terra arabili bunaria xliii, silva minuta bunaria viii. Lunarii xxi. Gerwinus caballarius habet casam dominicatam cum casticiis, de terra bunaria xv, manicipia ii.

16. In Aldomhem habet casam indominicatam cum aliis casticiis; de prato bunaria xv, de terra arabili bunaria xcviii, silva grossa bunaria l ad saginandos porcos xxx, silva minuta bunaria liii; mansos xv, per bunaria xii, cum servis vii. Facit in ebdomada dies iii; ancillæ ii, facit ladmones ii; alii ingenui, facit in ebdomada ii dies, et de ingenuis feminis veniunt ladmen. v. Ad host carrum dimidium, ad vineas carrum i dimidium. Parat unusquisque de brace modia x, de farina vi, et debet pullos iiii, ova xx. Sunt ibi prebendarii vi, lunarii xviii; luminarii xxiiii^{or}, inter omnes solvunt solidos viii et dimidium. Molendinos ii : ex uno veniunt modia majora xxx, et ex alia [sic] modia xxx; uno anno saginat porcos ii, alio i; pullos xx, ova cc. Quod molendinum habet Otbertus, et habet bunaria xiiii, et habet mancipia v, et custodit silvam. Ille Decanus habet bunaria iiii dimidium ad prebendam. Homines facientes in anno ii dies sunt xviii. Salaca, major, habet casam dominicatam cum aliis castitiis; de terra arabili bunaria xxx, silva minuta bunaria iii; mancipia xii. Suithger caballarius habet casam dominicatam cum aliis casticiis; de prato bunaria vii, de terra arabili bunaria xlvi, de silva minuta

bunaria x; mansos iii, per bunaria xii, cum servis ii, et facit iii dies in ebdomada; ingenuæ iii feminæ, facit unaquæque ladmonem dimidium. Facit servitium sicut in ipsa villa; et habet lunarios vii, et habet æcclesiam dimidiam cum
bunariis viii, et mancipia ii, et luminarios xv : solvunt inter omnes solidos iiii et
denarios viii.

17. In Scala habet casam indominicatam cum aliis castitiis; de prato bunaria vii, de terra arabili bunaria lxxxii, de pastura communi sufficienter; mansa xvi,
omnes per bunaria xii, cum servis v, qui faciunt ii dies in ebdomada; ancillæ ii,
qui [sic] facit ladmones ii. Aliæ ingenuæ, unaquaque [sic] facit ladmonem dimidium.
Ad hostem solidos iiii, ad vineas carrum i dimidium. Parat unusquisque de bracc
modia x, de farina similiter. Pullos iii, ova x. Sunt ibi prebendarii vi. Adalandus
habet bunaria xx, arat bunaria iii; ille Major habet [bunaria?] xxiiii, mancipia i.

18. In Gisna habet æcclesiam cum bunariis xii, mancipia iii. Habet ibi casam
indominicatam cum aliis castitiis; de prata bunaria lxxx, de terra arabili bunaria
cxlviii, de silva grossa bunaria xxx ad saginandos porcos xx, de silva minuta
bunaria xl, de pastura communi sufficienter. Mansa xvi : ex his constant vii
bunariis vii [fort. leg. xii?], item iii [vi?] constant bunariis xi, item iii bunariis
viiii. Resident in eis servi viiii, qui faciunt in ebdomada iii dies; ancillæ iii, facit
ladmones iii; alii ingenui, facit ii dies in ebdomada; aliæ ingenuæ, facit unaquæque
ladmones [sic] dimidium. Ad hostem carrum dimidium, ad vineas carra ii. Unusquisque de brace parat modia x, de farina modia vi; pullos iii, ova xx. Lunares
xviii; luminarii xciii, inter omnes solvunt libram i et solidum i denarios viii.
Homines qui facit [sic] ii dies in anno xl. De terra censali bunaria xii, solvunt
solidos iiii. Megentio habet bunaria xii; est berbicarius, et prævidet silvam; et
sunt prebendarii iiii. Ille Decanus habet bunaria v ad prebendam. Harduinus
berbicarius habet bunaria viii ad prebendam. Thiodradus caballarius habet bunaria xi. Stitwinus habet bunaria xii, arat bunaria ii, dat carrum ad Wadnam
et ad monasterium. De bunariis xi et mancipiis ii veniunt de mel sextarii vi.
Item de bunariis vi veniunt pisces quanti possunt. De terra censali in Colonia et de
precariis veniunt de formaticis pensæ lx. Ille Major habet mansum dominicatum;
de terra arabili bunaria xlv, de silva minuta jornalem i, mancipia v. Roolf habet
casam dominicatam, et est caballarius; bunaria xiii, mancipia ii. Godobert caballarius habet casam dominicatam; de terra bunaria xxi, mancipia iiii, de silva
minuta bunaria iiii. Adda habet bunaria xl, mancipia xv; facit ladmones [sic] i,
arat bunaria ii et colligit.

19. In Terwana habet casam indominicatam cum aliis castitiis; de terra arabili bunaria liii, de silva grossa bunaria vi ad porcos iiii, de silva minuta bunaria iiii. Mansum [*sic*] x, per bunaria xii. Omnes tenent ingenui; facit in ebdomada ii dies, ad vineas carrum i; unusquisque debet denarios iiii, pullos ii, ova xx. Faciunt de brace modia x, de farina vi, ladmonem nullum; ad hostem nichil. Ango habet bunaria ii, arat jurnalem i. Megenlano habet jornales iii, arat bunarium dimidium. Hildeburg habet bunaria iii, arat bunaria ii. Litlo habet bunaria iii, arat bunaria ii. Sunt ibi lunares viii; luminarii et herescarii clv; veniunt libræ ii solidi xiiii denarii viii. Habet ibi sedilios xxxiii, inde veniunt solidi xv dimidius, libræ ii. Ille Major habet bunaria viii. Bereger habet bunarium i dimidium, arat jurnalem i. Hadaken habet bunarium i dimidium, arat bunarium dimidium. Frumger habet bunarium i dimidium, arat jornalem i. Habet ibi molendinum i, solvit modia c, pullus xxx, ova ccc; saginat porcum i.

20. In Thorbodessem habet æcclesiam cum bunariis viii et jornalem i, manc. [*i. e.* mancipium *vel potius* mansum] i indominicatum; de prato bunaria xv, de terra arabili bunaria cxlvii, silva minuta bunaria viiii, de pastura communi satis. Mansa xviii : ex his unum constat bunariis xii, decem per bunaria x, item vii per bunaria viiii. Sunt in eis servi xii, qui faciunt in ebdomada dies iii; ancillæ viiii, facit ladmones viiii. Alii ingenui, facit in ebdomada ii dies; et illæ ingenuæ feminæ vii, unaquæque facit ladmonem dimidium. Ad hostem solidos iiii; ad vineas carra iii. Facit de brace modia x, de farina similiter. Pullos ii, ova x. Lunares vi; luminarii xvi, solvunt inter omnes solidos ii denarios viii. Molendinum i, inde venit incensum modiorum xii. De terra censali bunaria viiii. Arat bunaria iiii, et dat multonem i. Regenger habet bunarium i et jornalem i, arat bunarium i. Alavius habet bunaria ii, arat bunarium i. Hisegeger, major, habet bunaria xviii, mancipia viii. Molendinum i, solvit modia xi. Homines qui faciunt ii dies in anno sunt xxviiii. Saxger habet bunaria xx, mancipia iii; solvit solidos iii. Amalwaldus habet bunaria vi, mancipia iii, et caballicat. Alfwardus, ille Saxo, habet bunaria viiii.

21. Intra monasterium per diversas officinas habet prebendarios xcv; et de hortis veniunt libræ xx, si eis prebendæ dantur et vestimenta et utensilia. Habet in Widingaham mansum cum castitiis; de terra bunaria xx; servit unaquaque die fratribus ad condimentum cibi in coquina. Item habet inter Mighem et Huolingaam bunaria xxx; servit unaquaque die ad pistrinum et ad bracitorium in adducendis lignis. Item habet in Boningaham mansa iiii per bunaria xii; nichil aliud faciunt per totum annum, nisi emendant tecta monasterii. De silva grossa

inter Ciampingaham et Hilffcrod, unde possunt saginari porci L. Item habet ad portam mansum unum per bunaria XIIII; servit unaquaque die ad portam. Molendinum unum ad opus eorum.

22. BREVIS DE SUBSTANTIA ET CENSU ET DISPENSA DOMINI SALVATORIS[a], QUANDO HILDUINUS ABBAS[b] INJUSTE KAL. SEPT. A MANIBUS GUNBERTI [LEGITIMI POSSESSORIS] OMNIA ABSTULIT ANNO DOMINI DCCCLXVII.

DE MINISTERIO ECCLESIASTICO DOMINI SALVATORIS. Sunt ibi capsæ IIIIᵒʳ auro argentoque paratæ, cruces III, calix I cum patena argentea, turibulum eneum I. Pendunt ibi calic. III, armillæ IIII in funibus cloccarum auro argentoque paratæ.

DE VESTITU. Pallei IIII, palla linea I, corporalia II, cinctoria III, alba I, casulæ II, stola I, succinctorium auro paratum I, dalmatica diaconalis I.

DE LIBRIS. Missale I, lectionarium I, antiphonarium I, omiliaria III, regula I, baptisterium I, omiliæ Gregorii, epistolæ Pauli, Genesis, Prophetarum.

AD BASILICAM domini Salvatoris in porta sunt de terra arabili bunaria LXV, de prato bunaria XX, de silva saginacia faginina bunaria XX, de minuta bunaria XV. Sunt servientes inter viros et feminas XVIIII, qui inter omnes non habent nisi mansos VII per bunaria XII. Sunt mancipia XIIII. Vaccarius habet bunaria IIII, berbicarius bunaria III.

In Curmontium inter terram cultam et incultam bunaria L, mancipia VIII. Ad luminaria et fabricationem et tecturam et emendationem ecclesiæ et incensum, inter Steneland et Winningahem sunt bunaria inter terram et silvam XX. In Triaco et terra Trudbaldi, in Henrikingahem et Reka, in marisco quod ipse Goibertus [pater Guntberti] ad altare tradidit, bunaria XXVI. In Kilciaco, quod datum est in elemosina Edeberge, pro quo in annuali ejus XII pauperes pascuntur. Item in Sethliaco et Campanias bunaria XVIII : quod datum est in elemosina Trutlindæ, pro qua in annali ejus C pauperes pascuntur. In Quentvico mansum I. Item luminaria pro Goiberto et Gundberto et Trudlinda et Riquione, de quibus inter censum et luminare debet venire libra I solidi v ad elemosinam faciendam

---

[a] Est ecclesia domino Salvatori consecrata, in Steneland, diœcesis Terwanensis. sita
[b] Sithiensis.

et clericorum necessitatem. In Heremavinc marisco mansum I, quem dedit Adalardus abbas, unde venit solidi xt. In Simpiaco bunaria xii, quæ tradidit Zoppo pro libris v argenti, unde deberent venit [*fort. leg.* venire] solidi III. Sedneversingahem, quod dedit Liodricus, bunaria xviii, inde debent pensæ III. Item silva in Gruonoberg cum terra in Dagmaringahem, quam concessit Adalardus abbas, unde veniunt solidi II. De luminariis de ministerio Trudbaldi, unde veniunt solidi viii. De horto in Insula solidi xv: summa libræ II. De precaria veniunt solidi II denarii vi. De sale modiola x. Item quæ annuatim ex his rebus expendebantur ad luminaria, cera, oleum, pinguedo et universæ necessitates in sanctuario Dei. Clerici viii pascebantur, vestiebantur nonis novembris in annuale Goiberti : fratribus de farina nitida modia v, de farina grossa ad dispensam famulis et pauperibus modia II, de cervisia modia III, de formaticis pensam I; ad pisces solidos v, de pinguedine sextarii [*fort. leg.* sextar. II], de melle sextarium magnum I, de [*sic*] uncia I, de cumino uncia I; inter cinamomum et gallingar et cariofilo uncia I; de vino modia vii aut viii, ad Montem [S. Audomari?] modium I; de cera libræ III. vi idus novembris indedit ecclesiæ, ad opus fratrum et hospitum, de farina nitida modia v, de cervisia modia xv; inter hospites et pauperes de formaticis pensum [*sic*] II dimidium, frisingas IIII; ad pauperes ccclxv, de farina grossa quantum necesse est; ad pisces solidos v, de vino modia vii, pullos xv. vi kalendas januarii fratribus de vino modium I; idibus januarii similiter; xv kalendas marcii similiter; et pauperes c, de farina grossa modia II, de cervisia modium I cum compane. Nonis marcii modium I pauperibus ut supra. In octavis Pasce vel in Pasca annotina modium I pauperibus ut supra. IIII nonas mai modium I pauperibus ut supra. vi idus mai modium I pauperibus ut supra. Idibus julii modium I pauperibus ut supra. viii idus augusti modium I pauperibus ut supra. Idibus septembris modium I pauperibus ut supra. IIII nonas octobris calices II pauperibus, ut supra; initio musti modium I.

Odlandus faber habet in Kessiaco, quam Adalardus concessit, de terra mala bunaria L, mancipium nullum. Bernardus advocatus habet in Vostringe terram quam tradidit Goibertus, bunaria L, mancipium nullum.

De Vaccariis. Ratwinus habet inter juniores et seniores vaccas vii cum vitulis lactantibus II, vacuas III, juvencos triennes III; debet pensas : sunt inter totum capita xx. Berbicas [*sic*] Vodel habet oviculas lactantes L, vacuas xxiii, multones xiii, agnellos L : sunt inter totum capita cxxxvi. In Curmontium Huobel habet multones xiii, annales viii, oviculas lactantes xxxvi, vacuas xiiii, agnelli xxxvi : sunt inter totum capita cvi [leg. cvii]. Debet pensas xxx. In Stenedland sunt porci, inter majores et minores, xxx; sunt boves II ad occidendum, pulli xii, anates III; sunt ibi de spelta supra sementiam bennæ xvi, de baliarcho carradæ xxx, de avena carradæ xv, de hordeo carradæ ii, de feno carradæ xxxv. Sunt inter boves et vaccas et berbicas et porcos capita cqc.

Post hæc ego Gundbertus, in mense junio anno sequenti, tabulas ii marmoris purpurei, valentes libras iiii, dalmaticas subdiaconales, armillam ad cloccam habentem argenti solidos v, quaterniones diversos Veteris Testamenti obtuli do mino Salvatori. Dedi item denarios viii in Bononia ad materiamen altaris.

INDEX GENERALIS.

Numeri romani ad capita referuntur; arabici sine littera ad paragraphos, cum littera *p* ad paginas. Litteræ *Ap.* appendicem, *c.* columnam, *l.* lineam indicant.

52

Bruoch (potestas de). *Ap.* XVII, p. 351.
Bruolos (Hubert de). V, 94, p. 50, c. 1, l. 17.
Bubalicia. V. *Isembertus.*
Bubalicia, curtis. *Ap.* XXVII, p. 364.
Bubla pagi Pinciacensis. XXIV, 132-134, p. 263.
Buculas (qui facit). IX, 244, p. 108.
Bunarium, Bunnarium, Bunuarium, mensura agri. *Fere ubique.*
Bunarium de silva. IX, 84, p. 88. — de concidis. IX, 88, p. 89. — de pastura. IX, 90, p. 89; *ac alibi plaries.*
Bura. *Ap.* V, 11, 1, p. 315.
Burbo Vendeensis. P. 377, not. *a.*
Burdenaius. *Ap.* II, 12, p. 291.
Burdigalensis archiepiscopus. V. *Amatus.*
Burgenses vicecomitis Toarciensis. *Ap.* XXXVII, p.378.
Burgerti Curtis. *Ap.* II, 12, p. 291.
Burziaci (obedientia). *Ap.* XXIV, p. 361.
Buscalidis. XXII, 1, p. 227.
Buscus, viculus. *Ap.* p. 337.
Busloni Curtis. VII, p. 62, c. 2.
Busta. *Ap.* IV, 1, p. 296.
Butiacus villa pagi Briacensis. XV, 97, p. 178.
Buticula. *Ap.* II, 16, p. 292.
Buticularia. *Ap.* XLI, p. 388-389.
Büxeria. V. *Artaldus.*
Buxidus. IV, 230, p. 107.
Buxidus. XXI, 47, p. 220.
Buxidus. *Ap.* 1, 5, p. 284; 20, p. 287.
Buxidus, villa pagi Dorcassini. XIII, A, B, p. 131; 92-95, p. 148; 135, c. 2; 21-22, p. 136; 37, p. 138; 53, p. 141; 61, p. 142. P. 131, not. *c, d;* p. 132, not. *a;* p. 133, not. *a, b;* p. 134, not. *a, b;* p. 135, not. *a;* p. 136, not. *a, c;* p. 137, not. *a, b;* p. 138, not. *a, b, c;* p. 140, not. *a;* p. 147, uot. *b.* Breve de Buxido. XIII, p. 131-150.
Buxitus. XIII, 62, p. 143.
Buxitus. XXIV, 96, p. 258. V. *Buxidus.*
Buziacus. *Ap.* XXIV, p. 362.

Caballarii. *Ap.* III *bis*, 5, p. 397; 13, p. 400; 18, p. 402.— Qui mansum dominicatum sive casam dominicatam habent. 15-16, p. 401; 18, p. 402. V. *Cavallarii.*
Caballicare. *Ap.* III *bis*, 7, p. 398; 13, p. 400; 20, p. 403.
Caballi. II, 1, p. 6. XIV, 2, p. 151. XV, 2, p. 165. XVI, 2, p. 179. XIX, 2-3, p. 199. XXII, 2, p. 228.
Caballus domitus. *Ap.* IV, 4, p. 298.
Caballum donare. XIII, B, p. 131.
Caballo suo (qui prosolvit de). IX, 147, p. 96.
Caballum solvere, pascere. IX, 8, p. 77.
Caballum (qui pascit). IX, 57, p. 85; 139, p. 95.

Caballi pastum (qui solvit). IX, 209, p. 106; 243, p. 108.
Caballi (spelta ad pastum). IX, 9, p. 77.
Caballo (qui facit quicquid ceteri ministeriales sibi præcipiunt cum suo). IX, 146, p. 96.
Cadenæ. IX, p. 94, c. 2. V. *Catenæ.*
Calami. *Ap.* IV, 3, p. 297.
Calau. IX, 21, p. 79.
Caldaria. XIII, 99, p. 149.
Caldariæ ad aquam calefaciendam in judiciis. *Ap.* XXXIV, p. 374.
Calestra. *Ap.* XXXIX, p. 381.
Calix. Ap. V, 2, p. 308; 4, p. 309-310.
Calmiciacus. *Ap.* II, 12, p. 290.
Calumniatæ (feminæ). XIX, 37, p. 205; 44, p. 206. XXIV, 42, p. 251.
Calumniati (homines). XIX, 48, p. 207.
Camba. *Ap.* III *bis*, 11, p. 399; IV, 18, p. 301.
Cambis monasterii Corbeiensis (statutum de). *Ap.* V, 1, 7, p. 313-314; II, 15, p. 333.
Cambarius. *Ap.* XXI, p. 356.
Camborciacus sive Camburciacus, villa pagi Pinciacensis. XXV, 1, p. 271, c. 2; 3, p. 271. P. 273, not. *a.*
Cambortus. XXIV, 170, p. 268; 179-180, p. 269.
Cameræ tres. *Ap.* V, p. 304, c. 2; 1, p. 307.
Cameracensis episcopus. V. *Gerardus.*
Cameracus, ubi pigmenta venundantur. *Ap.* p. 336.
Camerarius utensilia ferrea curat. *Ap.* V, II, 1, p. 315.
Campania. *Ap.* 1, 10, p. 285.
Campania, viculus. *Ap.* V, II, 9, p. 325.
Campaniæ, villa. *Ap.* III *bis*, 22, p. 404.
Campipars. *Ap.* XLI, p. 388-389.
Campus Rembabt. V, 94, p. 50, c. 1, l. 11.
Campo Martis (Raimbaldus de). *Ap.* XX, p. 356.
Campum (advocatus Marcianensis homines Marcianenses non debet interpellare ad). *Ap.* XXI, p. 357.
Camsilis sive Camsilus. XX, 2, p. 208; 38, p. 212; 48, p. 213.
Camsilos (lidæ et ancillæ quæ faciunt). XIII, 109, 110, p. 150.
Camsiles ab ancillis facti. *Ap.* III *bis*, 13, p. 400.
Camsili de octo ulnis. XIII, 110, p. 150.
Candela. XXIV, 112, p. 260.
Candelæ et cerei. *Ap.* p. 336.
Cantivascus. V. *Goffridus.*
Canonica (qui de vino solvit in). XXV, 3, p. 271; 34, p. 276.
Canonica et agraria. XVI, 22, p. 182.
Cantoligus, villa monasterii Ambrosiani. *Ap.* XIII, p. 348.
Caors (Hugo de). V, 94, p. 50, c. 1, l. antepen.

418   INDEX GENERALIS.

53.

GLOSSARIUM PECULIARE.

▶→ Locos ubi occurrunt voce, sequentes quære in Indice generali.

ABBATILIS, ad abbatem pertinens.

ABSA terra, vacans, inculta.

ABSUS homo, qui juris alieni est glebæque adscriptus, nec tamen ullum mansum tenet.

ABSUS mansus, qui non constituit prædium plenum cultumque, neque colitur jure colonico, quia homine vel quibusdam terris, sive aliis ad id necessariis, est destitutus. Opponitur *manso vestito*.

ACCOLA, qui domum alienam habitat, vel qui prædium alienum colit.

ADVENA, qui migravit e loco unde oriundus est, ac in alio incolit.

ADVOCATORIA, munus advocati.

ADVOCATUS cujusdam ecclesiæ vel monasterii, minister laicus qui jura resque illius ecclesiæ monasteriive tuebatur.

AGRARIA, genus quoddam præstationis quæ ex agris, maxime messibus, penditur.

AIRBANNUM. V. *Hairbannum*.

ALAPUM (*Ap.* v, II, 11, p. 330), species edulii muriatici, quod fit ex porcis.

ALDIO, ALDIUS : genus hominum variæ conditionis, inter libertatem imperfectam et mitiorem servitutem; prope iidem apud Longobardos, qui apud Francos liti.

ALNA, pro *ulna*, mensura longitudinis.

ALODIS, ALODIUM, ALAUDUM : fundus liber, nulli juri obnoxius; cujusque proprietas perfecta.

AMBLACIUS, annulus virgis flexibilibus contortisque efformatus, cui paxillus jugi inseritur; isque annulus aratri temonem extremum aduncumque, in ipsum introductum, retinet atque attrahit. Aliter sentit Ducangius, qui cratem intelligit.

ANDEDA (*Ap.* IV, 18, p. 301), sustentaculum ferreum ligni comburentis in camino.

ANGARIA, præstatio jumentorum, plaustrorum vel navigiorum.

ANNONA, frumenta trita. Annona viva, quæ trita et ventilata, vel, si Ducangium audimus, quæ necdum molita est.

ANNUALE, anniversarium.

ANSARIA. V. *Osaria*.

ANTSINGA, modus agri.

ANWILLA, pro *anguilla*, piscis.

ARCHICAPELLANUS, summus custos palatinæ capellæ, primusque inter dignitates palatinas. Eidem insuper archicancellarii officia assignata erant.

ABCISTERIUM, pro *asceterium*, id est, monasterium.

ARIMANNUS, homo minoris conditionis, liber tamen, obnoxius militiæ nonnullisque aliis officiis, tum publicis tum feudalibus.

ARIPENNUM, ARIPENNIS : mensura agraria.

ASPICERE, pertinere, spectare.

ASTA, HASTA : mensura agri, quæ hodie apud Burgundiones vocatur *hâte*, efficitque partem octavam ipsorum *jornalis*.

AUCA, anser.

AUDIENTIA, dies sive tempus quo sedent judices; vel, alio sensu, conventus obstrictorum coram domino, patrono aut judice.

AUGUSTATICUM, AUGUSTUM : messio, sive tributum pro messione.

AUSARIA. V. *Osaria*.

AVERGARIA, agri mensura, continens, ut videtur, bunarium polyptychi nostri unum et dimidium, vel circiter.

BACCO, porcus saginatus, occisus salitusque.

BALIARCHUS, genus hordei, nostratibus *baillarge* sive *baillart*.

BANCALE, tapete quo *bancus* sive scamnum sternitur.

BANNUM : 1° Præbitio operarum ad edictum domini ipsi præstandarum, maxime in fenisiciis, messione, vindemia. 2° Edictum, auctoritas, vel jus edicto admonendi, cogendi, prohibendi, in quacumque feudali circumscriptione. 3° Domini feudalis privilegium, quo quis incola feudi astrictus est uti mola, furno, torculari dominico. 4° Privilegium, quod domino competit, vinum suum venumdandi certo dierum spatio, cum homines feudi a vini proprii venditione cessare, imo non-

nunquam vinum dominicum emere debeant.
5° Vectigal de pane vel vino venumdando.
6° Territorium jurisdictionis cujuscumque feudalis.

BANNARIUS, subjectus *banno* sive jurisdictioni dominicæ.

BANSTA (*Ap.* v, 11, 1, p. 315), cista, quam hodie vocitamus *banse* vel *banne*. Vid. *Benna*.

BARONES, *vassi* si:e *vassalli* præstantiores.

BENEFICIARIUS, qui beneficium tenet.

BENEFICIATUS, datus in beneficium.

BENEFICIUM, FEODUM : prædium ad usumfructum alicui concessum, sub conditione fidei, militaris servitii, officiorumve alius generis domino præstandorum.

BENNA : 1° cista vel sporta, mensura aridorum ; 2° vehiculi biroti genus, in formam navis, ramalibus circumductis implexisque cincti.

BERBICARIUS, opilio.

BESSUS, ligo, hodie apud nos *bêche*. Vid. *Ap.* v, 11, 1, p. 315.

BIANNIUM, opus tributarium domino feudali a subjectis præstitum. V. *Bien*.

BIEN, annua præstatio vini ab hominibus feudorum soluta, pro operis, ut videtur, in vineis dominorum suorum, tempore vindemiæ, redimendis.

BINALIA, aratio iterata.

BLADUM, BLADA : messio.

BLASUS, instrumentum bellicum, telum ; unde, quod inferebat vulnus, nobis videtur a nostratibus dictum *blessure*.

BORDARIA, prædiolum rusticum, ab hominibus deterioris conditionis cultum.

BOULENGERIUS, pistor, hodie *boulanger*.

BRACIS, Germanis *ma'tz*, Anglis *malt*, hordeum aqua maceratum ex quo fit cerevisia.

BRACITORIUM, i. q. *camba*, officina ubi cerevisia conficitur, apud nos *brasserie*.

BRATSARE, cerevisiam conficere.

BRATSATOR, cerevisiæ confector, quem nunc dicimus *brasseur*.

BREVIS, libellus rationarius, inventarium, perscriptio.

BROILUS, locus arbustivus vel dumosus herbidusque, muris aut sepibus cinctus, in quo feræ pascuntur : vivarium.

BUCULA, species corveiæ cum pari boum, si audire vellemus editores Ducangii. Mallem tamen intelligi de fibula, *boucle*, vel de umbone clypei, sive de clypeo. Certe in locis compluribus Polyptychi armorum fabricatio colonis pro censu indicitur. Conf. IX, 150, p. 97; XIII, 102, p. 149, etc.

BUNARIUM, BUNNARIUM, BUNDARIUM : mensura agraria, de cujus amplitudine eginus in Prolegomenis.

BURA, BURIA (*Ap.* v, I, 1, p. 307) : locus sive ædes ubi plaustra, instrumentum plostrarium, omnia denique ad rem vehicularem spectantia asservantur; unde fluxerit apud nos vox *bourrelier*. Locum ubi lintea eluuntur (nostratibus *buerie* sive *buanderie*) interpretatur Ducangius; sed, meo judicio (pace tanti viri dixerim), parum recte.

BURGENSIS, burgi sive villæ incola, domino loci pro incolatu tributum pensitans, quod vocatur *burgagium*.

BUSTA, arcula, pyxis.

BUTICULA, olla, vas.

BUTICULARIA, promptuarium vinarium, vel territorium subjectum ministro qui rei vinariæ præest.

CABALLARIUS, CAVALLARIUS : qui cum equo militat vel famulatur.

CABALLICARE, cum equo ad militiam vel famulatum præsto esse.

CALDARIA, cupa minor, vel cortina, quam vocamus *chaudière*.

CALIX, mensura liquidorum, continens sextam partem sextarii.

CALUMNIATUS, homo de cujus domino coram judice causa agitur, litigiosus.

CAMBA, officina ubi cerevisia vel panis coquitur et conficitur.

CAMBARIUS, qui *cambæ* præest.

CAMERA, pars ædium ubi opifices operantur.

CAMERARIUS, qui præest cameræ, inque procuratione est monasterii; cujus officium singulos census reditusque perquirere ac percipere; horrea, aratra, agriculturam, pecora, officinas, victum, vestitum et omnino omnia quibus usus est monasterio, expedire.

CAMPIPARS, fructuum fundi, quam colonus partiarius solvit domino, pars et portio.

CAMSILIS, CAMSILUS : pannus lineus, ulnarum VIII in longitudinem, II in latitudinem.

CANONICA, præstatio annua quæ penditur ex frugibus terræ.

CAPATICUM, CAPITALITIUM, CAPITIUM, CAVATICUM :

capitis census, plerumque denariis IV constans, ab hominibus *capitalibus* sive *de capite*, quotannis domino vel patrono solvendus.

CAPELLA : 1° sacellum; 2° (*Ap.* v, 1, 3, p. 309), brevior cappa.

CAPITALIS, CAPITALITIUS, CAVATICARIUS: homo *de capite*, obnoxius domino vel patrono, cui *capaticum*, i. e. tributum annuum, solvit.

CAPLIM, CAPLINUM : operatio cædendi vel decacuminandi arbores silvaticas. Hodieque apud Germanos *kappen* est *decacuminare*.

CAPPA (*Ap.* v, 1, 3, p. 309), vestis cilicina, laxior, quæ cæteris vestibus superaddebatur, penulæ instar; bardocucullus.

CARNATICUM, tributum ex ovibus, plerumque alternis annis, aut pecunia solutum.

CARRADA, onus carri, vehes.

CARRATIO, CARRITIO : ligna in quadrum secta.

CARROPERA, opera carro facta, vectura.

CARROPERARIUS, qui *carroperas* facere debet.

CARRUA, CARRUCA : mensura agri, quantum aratro uno proscinditur.

CARRUM : 1° plaustrum; 2° onus plaustri, vehes; 3° vectura.

CASA, ædes ad habitandum aptæ, domus.

CASATUS, qui casam habitat.

CASTELLARIA, territorium castro subjectum, jurisdictio castri.

CASTITIA, ædificia rustica usui agriculturæ, habitationisque præcipuæ sive casæ appendices, ut sunt stabula, horrea, alia id genus.

CAVALLARIUS vel CAVALUS (*Ap.* v, 1, 1, p.307), genus opificis, de cujus ministerio non liquet.

CAVALLARIUS. V. *Caballarius*.

CAVATICARIUS. V. *Capitalis*.

CAVATICUM. V. *Capaticum*.

CAVEA : utrum levius onus, unde apud nos *charge?* an epistolæ, monitoria ad monasterium S. Germani missa? an capsæ in quibus monitoria illa deferenda includebantur? an aliud? De vero significatu nondum satis nobis liquet.

CELLARIUS, CELLERARIUS: promus qui cellæ præest, escæ potusque curam gerens, ac rem cibariam providens.

CENSALIS, CENSILIS : tributo sive censui obnoxius.

CENSITUS, pro quo annuum tributum sive census solvitur; locatus.

CENSIVA, territorium censui subjectum.

CENSUS, tributum ex agris, prædiis, frugibus, fetibus, locationibus pensitatum.

CENTENA, pars divisioque pagi vel comitatus, territorium jurisdictioni *centenarii* subjectum.

CIRCINNATOR, qui circuitiones excubiasque nocturnas agit, circitor.

CIRCULUS, vinculum cupæ.

CLAMOSUS, cujus causa vel jus in judicio versatur.

CLAUSURA, sepimentum.

CLOCCA, campana.

COLIBERTI, genus hominum qui libertate, nec tamen plenaria, sed conditionali, sub cujusdam tributi vel servitii obligatione, fruebantur; iidem fortasse quos ætas antiquior colonos, posterior homines mortuæ manus vocitavit.

COLLECTA, tributum a subditis domino præstitum; i. q. *tallia*, q. vide.

COLLECTOR, exactor.

COLONUS, qui perpetuo jure colit alienum prædium, cujus fruges in usus proprios convertit, sub censu sive tributo, cum officiis servilibus variis, domino annuatim præstando; quique glebæ adeo attributus et obstrictus est, ut ei quasi adhæreat, fundusque non nisi cum homine, neque homo nisi cum fundo alienari possit. De colonis plura videsis in Prolegomm.

COMITATUS, comitis jurisdictio, territorium.

COMMUNIA, urbis, oppidi, villæ universitas, quæ jure quodam municipali potitur atque administratur.

COMPANIS, COMPANATICUS : quicquid una cum pane comeditur, obsonium.

COMPARATUS, bona industria, diligentia, parcimonia acquisita; peculium.

CONCAMIARE (IX, 303, p. 116), commutare.

CONCIDA, CONCIDES : silva cædua, nostratibus *bois taillis*.

COXIADA, species operis pistorii; panis ex ovis et lacte subactus.

CONJECTUM, contributio a singulis hominibus ejusdem villæ sive prædii in unum collata.

CONJUNCLA, lorum quo ad jugum alligantur ac conjugantur boves.

CONLADORATUS, frumenta, minutæ fruges, simulque porcina, labore parata atque ad victum asservata; penus.

CONSUETUDINARIUS, obnoxius pensitationibus ac servitiis quæ ex consuetudine præstantur.

CONSUETUDINES, præstationes consuetæ ab incolis burgi vel villæ exhibitæ.

CORBIS, CORBUS : mensura aridorum, continens modios XII.

CORONA, lychnus pensilis in modum coronæ.

COROWEIA, i. q. *curvada.*

CORTINA, aulæum quo lectus cubicularis velatur, nostratibus *rideau.*

CORVADA, CORVEIA, i. q. *curvada.*

COSTUMÆ, i. q. *consuetudines.*

COTERIUM, prædiolum rusticum atque obnoxium, una cum tugurio; pars quarta *horti,* plus minus.

COTONARIUS (*Ap.* IV, 20, p. 302), malus cydonea sive cotonea, nostratibus *coignassier.*

COTTUM (*Ap.* V, I, 3, p. 309), culcitra, Gallis *coite.*

CROADA, spatium, areæ circa habitationes.

CUBA, cupa vinaria major, hodie *cuve.*

CUCULLA (*Ap.* V, I, 3, p. 309), i. q. *hroccus,* q. v.

CULTURA, ager vel incertæ quantitatis, vel qui uno aratro in anno exarari potest; nostratibus *couture.*

CURARE, expurgare, apud nos *curer.*

CURIA, tribunal feudale.

CURTILIS, CURTILUS : domus, habitatio rusticana prædiolo conjuncta.

CURTIS, area sub dio relicta, domo, stabulis aliisque ad rem rusticam necessariis tectis circumdata; cors.

CURVADA, CURVATA: opera agrestis plerumque unius diei, maxime aratoria, ad sationes agrorum faciendas, a rusticis dominis præstita. Procedente tempore, vox latiore sensu significavit quælibet officia corporalia acservitutes, a subditis absque mercede dominis exhibita; angariæ, nostratibus *corvées.*

DECANIA, certa quantitas agrorum excolendorum, jurisdictioni *decani* subjecta.

DECANUS, minister ruralis, præpositus culturæ villæ vel definitæ alicujus agrorum quantitatis, operas laboresque rusticorum dirigens, ac jurisdictionem quamdam inferiorem exercens in colonos aliosque agrorum cultores.

DEFENSUS, silva vel pars silvæ, in qua venari lignarive nemini, nisi domino, licet.

DENERATA, pretium unius denarii.

DEPRECARI (XII, 3, p. 123; 15, 124; 18, 125), per *precariam* prædium conducere vel possidere.

DEQUARCHARE, exonerare, nostratibus *décharger.*

DEXTRUM, mensura agraria, pars vigesima quinta aripennis.

DIES, opera unius diei.

DISCUS (*Ap.* IV, 18, p. 301), mensa, Germ. *Tisch.*

DISPENSA, quæ consumuntur victu vestituque familiæ, domus.

DISPENSANDUM (solarium ad), cubiculum superius, *dispensæ* destinatum.

DOLATORIA (*Ap.* V, II, 1, p. 315), dolabra, hodie *doloire.*

DOMINICATUS, ad dominum pertinens ipsique proficiens, non colonis vel aliis quibuslibet subjectis jure beneficii, ususfructus locationisve concessus.

DOMINICUM, domini res, jus.

DOMINIUM, fundus proprius, peculiaris domino, ab ipsoque habitatus vel cultus; oppositus *teneuris.*

DOSSALIS, aulæum, tapete, quo parietes ornatus gratia teguntur, quodque dorso acclinando inservit.

DOTUM (IX, 304, p. 116), dos.

DOVA, assis quo fit cupa sive *tunna* ; apud nos *douve.*

DRAPPUS, textum laneum, lineum vel cannabinum.

EMINA, pro *hemina;* mensura liquidorum, dimidium sextarii.

ERPTIA, occa, quam vocitamus *herse.*

EULOGIA, munusculum quodcunque, nonnunquam tamen speciei præfinitæ; quodque erat muneris, in tributum transierat atque exigebatur.

EXTRANEUS, ex aliena terra sive potestate.

FABER GROSSARIUS, qui opera minus elegantia, nec materia neque artificio conspicua conficit, velut faber ferrarius, lignarius, etc.

FABRICINA, officina ubi faber operatur, vel potius ipsa opera in hujus officina fabricata.

FACTUS, i. q. *mansus.*

FACULA, FAX : frustum ligni resinosi in virgas tenues fissum, ad lumen faciendum; tædæ genus.

FALCILE (*Ap.* V, II, 1, p. 315), falcula, apud nos *faucille.*

FARINARIUS : 1° moletrina; 2° homo ei præpositus, molitor.

FASCIOLA, fascia cruralis, qua crura pedesque circumligantur.

FASCIUS, pro *fascis.*

FAX. V. *Facula.*

FEODUM. V. *Beneficium.*

FERREOLUS : 1° parvus verres, porculus; Germanis *Ferkel;* 2° (*Ap.* IV, 23, p. 304), vas vinarium, ferro ligatum.

FILTRINUS, (*Ap.* V, I, 3, p. 308), coactilis; unde apud nos substantive *feutre,* Germ. *filz,* Angl. *felt.*

FINIS, circumscriptio territorii, pagi divisio.

FISCALIS, ad fiscum pertinens.

FISCUS, prædium majus, indivisum, ejusdemque administrationis; partim a domino, partim ab ipsius obnoxiis cultum.

57.

FLASCO, lagena, vas figulinum.

FOCUS, quævis habitatio singularis, omnesque qui unam aliquam domum constituunt.

FORASMITICUM, quod est extra dominium, vel ultra fines dominii.

FORASTICUS, externus, qui est extra dominium; idem qui alibi dicitur *forensis*.

FORATICUM, jus in vinum et cerevisiam veno posita, competens domino feudi.

FORCAPIUM, capitatio personalis, externis sive *foraticis* imposita. Aliter interpretatur Ducangius, deque tributo per vim percepto intelligit, haud scio an perperam.

FORENSIS, externus, i. q. *forasticus*.

FORMATICUM, caseus, nostratibus *fromage*.

FORNAGIUM, FURNAGIUM : præstatio pro pane coquendo in furno domini feudi.

FORSTARIUS, FORISTARIUS : saltuum vinearumque custos.

FOSSORIUM, ligo quo terra foditur.

FRANCUS homo, liber.

FRESCENNA, FRISINGA, FRISKINGA : porcellus lactéus. Teutonice certe sermone venatorio aper anniculus. *Frischling;* bimus, *ein übergegangener Frischling; apra peperit, die Bache hat gefrischt.*

FUMLO sive HUMLO, planta; Plinio lupus salictarius; Linnæo humulus lupulus; apud nos *houblon.* In hac quoque voce, qua speciem farris significari conjiciebat, hæsit Ducangius.

FUSARIUS, fusor, quem vocitamus *fondeur.*

GALCHERÆ, proscissio, sive aratio vervactorum, a nostratibus dictorum *jachères.*

GALLINGAR, GALINGAN (*Ap.* p. 336, § 2), herba indica, hodie *galanga.*

GARARIUS, Ducangio custos vel lignarius sector; Acherio, qui nemoribus secandis præest, unde vox vernacula *grurier.*

GASTALDIUS, præfectus villæ sive prædii regii vel alius domini cujuslibet.

GATGIUM, pignus, nostratibus *gage.*

GENICIUM, i. q. gynæceum, i. e. textrinum, ubi mulieres, obnoxiæ cæteroquin conditionis, pannis vestibusque texendis operam dabant.

GENICULA, juvenca, nunc *génisse.*

GERGIA, GERMGIA, GERMIA, JERMGIA : ovicula quæ, si Ducangium audimus, nondum parit. Sed fortasse rectius accipietur de ove quæ semel tantum peperit; conf. XVI, 22, p. 182.

GISTUM, hospitium, sive jus divertendi et hospitandi, quod dominus habet apud subjectos; nostratibus *gîte.*

GRANICA, horreum, in præsenti *grange.*

GUADJARE, sponsione lacessere, ponere pignus cum aliquo.

GULBIUM (*Ap.* v, 11, 1, p. 315), instrumentum ferreum, non ad hortum excolendum, ut autumat Ducangius, sed in usu fabrorum lignariorum atque ferrariorum. Vulgus nostra consuetudine *gouge.*

HAIRBANNUM, HERBANNUM, AIRBANNUM : tributum pro militia exactum; a teutonico *heerbann.*

HERBATICUM, census tertio quoque anno domino debitus pro herba succidenda vel depascenda.

HERESCARIUS, qui domino *scaram* debet; non species minutæ monetæ, ut aiunt apud Ducangium.

HIBERNATICUM, arationes in semente frumentorum hiemalium, quæ ante hiemem seruntur.

HOMO alicujus, i. e., ex ipsius familia domestica, vel *vassallus*, vel obnoxius, vel servus.

HORTOLANUS, HORTULANUS : qui præest *horto.*

HORTUS, septum, ubi, frumentis exceptis, fruges coluntur variæ.

HOSPES, incola cultorque prædioli alieni, dicti *hospitii*, sub certo censu vel servitio ex domini usu.

HOSPITALARIUS, qui *hospitali* deservit.

HOSPITALE, ædes ubi pauperes peregrinique excipiuntur, aluntur, curantur.

HOSPITATUS, præstatio pro incolatu, nisi malis esse i. q. *gistum.*

HOSPITIUM, prædiolum cum habitatione, occupatum non jure hæreditario, sicut *mansus,* sed pactitio, vel ad domini arbitrium.

HOSTIS, exercitus, expeditio militaris.

HOSTILARICIUM, HOSTILESUM, HOSTILITIUM : boum præstatio, in rem bellicam exsoluta.

HOSTITIUM, casa cum agello ab *hospite* locata.

HROCCUS sive CUCULLA (*Ap.* v, 1, 3, p. 309), vestis quæ supra alias induitur, caput humerosque tegens; inde *rochetum,* vulgo *rochet.* Germanis *rock* est tunica.

HUMELO, HUMLO, HUMOLO : planta, cujus semine utimur in cerevisia condienda; nostratibus *houblon.* V. *Fumlo.*

INCENSUM, locatio sub conditione census exsolvendi.

INDIUM, i. e. indicum, quod adhuc vocamus *inde* sive *indigo*.

INDIUS vel INDIUM, vox, nisi fallor, ejusdem familiæ qua *andedus, andena, anderius, endes;* est ferreum fulmentum foci; unde apud nos fluxisse videtur *andier* sive *landier.*

INDOMINICATUS, ad dominium pertinens; i. q. *dominicatus*, q. v.

INFRAMITICUM, quod est intra dominium, citra fines territorii feudalis. Opponitur *forusmitico.*

INGIUS vel INGIUM, idem fortasse quod *indius;* nisi sit pro *ingenio*, i. e. machina bellica vel venatica, nostratibus *engin.*

INSUPER ANNUM, i. e. per annum, anno currente.

JARBA, spicarum manipulus, apud nos *gerbe*, Germanis *garbe.*

JERMGIA. V. *Germgia.*

JORNALIS, mensura agraria, minor aripenni.

JUCTUS, mensura agri, eadem quæ aripennis.

JUNICULA, i. q. *genicula*; quam v. vocem.

JUNIOR, inferior, vicarius, qui *senioris* vicem gerit.

JUSTITIA : 1° territorium feudale, fines intra quos jurisdictio exercetur; 2° forum judiciale.

KAVATICUM. V. *Capaticum.*

LABORATIO, quod est labore et industria acquisitum, comparatum, collectum.

LADMO, pensum textile, nisi quid me fallit, mulieribus *lidis* vel obnoxiis impositum, velut confectio *camisilium* et *sarcilium.*

LAVENDARIA (*Ap.* V, 1, 1, p. 307), lavacrum, locus in quo panni eluuntur.

LEAR sive LEARIS, vervex vel aries, nostratibus *bélier.* Ita certe video censeri Ducangio.

LECTARIUM (*Ap.* V, 1, 3, p. 309), i. q. *lectisternium.*

LECTISTERNIUM, instragulum, torale, quod appellamus *courte-pointe.*

LEGUA, LEOA, LEUUA : mensura itineraria; finitur passibus mille quingentis.

LIBERARE (*Ap.* V, 1, 1, p. 306), expedire.

LICENTIA, præstatio consuetudinaria dominoque feudali debita a vel pro filiabus in matrimonium euntibus.

LIDILIS, ad statum *lidorum* spectans.

LIDUS, LITUS : homo conditionis obnoxiæ, mediæ inter colonicam et servilem; qui nec jure omni colonorum, nedum ingenuorum, fruitur, nec tamen omnibus servorum premitur oneribus.

LIGNARITIA, LIGNERITIA : 1° vectura lignaria; 2° tributum plerumque pecunia exsolutum pro vectura ejusdem generis redimenda. Hæ autem præstationes domino debebantur a subjectis, in illius silvis jus lignorum cædendorum ad usum annuum habentibus.

LIGNARIUM (*Ap.* V, 1, 1, p. 306), ligna quibus calefit furnus ad panem coquendum.

LINIFICIUM (XIII, 109, p. 150), materia linea, ad pannos texendos apta.

LITMONIUM, LIDIMONIUM : 1° conditio *lidi;* 2° præstatio a *lido* vel *lida* debita, titulo conditionis ipsius.

LUCUS, silvula vel saltus.

LUMINARIA : 1° incensio luminum in locis sacrosanctis; 2° summa ecclesiæ vel in lumina vel in quasvis alias necessitates ipsius eroganda.

LUMINARIUS, obnoxius ecclesiæ, cui pendit tributum ad *luminaria.*

LUNARIS, LUNARIUS : qui singulis *lunis* sive mensibus aut operas præstabant ecclesiæ vel monasterio, aut, quod magis placet, sportulas quasdam vel eleemosynas accipiebant. Ejusdem generis videntur esse ac *matricularii.*

MADASCIA, spira fili convoluti, Italis *matassa*, apud nos *écheveau;* inde fluxisse videtur, strictiore sensu, vernaculum nostrum *mèche.*

MAGISCA, non de *agro qui de novo ad cultum redigitur,* uti aiunt apud Ducangium, sed de vectura mense Maio præstanda intelligi debet.

MAJOR, villicus, qui cæteris obnoxiis idem prædium habitantibus præest.

MALATURA, locus, cella, ubi braces coacervantur.

MALTUM, mensura aridorum, German. *malter.*

MANDURNIA, tutela.

MANENTES, indigenæ soli alieni, præstationibus atque servitutibus feudalibus variis subjecti.

MANSELLUS, mansus minor.

MANSIO, domus, ædes.

MANSIONARIUS, qui mansionem alienam incolit, inquilinus.

MANSIONILIS, MANNILE : ager cum mansione, Gallis *mênil.*

MANSOARIUS, MANSUARIUS : qui mansum vel partem mansi tenet, colit, habitat.

MANSURA, agri portiuncula cum tugurio; unde nostratium *masure.*

MANSUS, prædium rusticum certæ amplitudinis, cum cella sive habitatione, fundos varii generis continens, cultum ab hominibus obnoxiæ conditionis, tributa servitiaque definita ac perpetua debentibus.

MANUOPERA, MANOPERA : opera manibus facta, servitium manuale.

MANUOPERARIUS, MANOPERARIUS : qui servitium per manus debet.

MANUS MORTUA, inopia facultatis, vel potius imperfecta facultas alienandi atque testandi; adeo ut bona hominum vinculo hujusmodi obstrictorum, si absque liberis masculis, ex legitimo matrimonio procreatis, vita excessissent, ad dominum feudalem ipso jure pertinerent.

MANUTENERE, asserere, tueri.

MARISCALCUS, qui præest aulæ rebusque interioribus.

MARISCUS, fundus paluster, nostratibus marais.

MATERIAMEN, materia lignea omnis generis, exstruendis tegendisve ædificiis idonea.

MATIO (Ap. v, 1, 1, p. 307), lapicida, quem hodie vocamus maçon.

MATRICULARIUS, qui in matriculam monasterii inscribitur, subque servitiis quibusdam in monasterio præstandis, inibi tectum, victum, vestitum invenit.

MAXNILE. V. Mansionilis.

MEDDLA, idem, opinor, quod meta, i. e. acervus segetum in acutum cacumen fastigatum; nostratibus meule.

MEIRÆ, MERÆ : tesseræ propter solennitates peractas datæ clericis; quibus postea, his ipsis redditis, pecunia numerabatur. Apud nos méreaux.

MERCATUM, emporium, quod appellamus marché.

MESSIS, ager cultus et seminatus.

MILES, qui tenet beneficium aliquod, proptereaque in expeditionibus bellicis militiæ onus subire nomenque profiteri debet.

MINISTERIALIS, minister tum ruralis tum domesticus, cui dominus quoddam munus vel officium commisit.

MINISTERIUM : 1° munus ministerialis; 2° territorium intra quod id munus a ministeriali administratur.

MINUTIA [Æ] porcorum, intestina ac membra minutatim concisa, unde fiunt succidiæ, farcimina, insicia porcina varie condita inque carnario adservanda.

MISMALVA (Ap. iv, 23, p. 304), althæa officinalis.

MISSUS, legatus.

MITICUM. V. Forasmiticum et Inframiticum.

MIXTURA, MISTURA : miscellum frumentum, quod ruricolæ nostri dicunt méteil.

MODIUS, mensura liquidorum et aridorum, plerumque sextariorum XVI.

MOLENDARIUS (Ap. v, p. 305, col. 1), MOLENDINARIUS : qui moletrinam exercet.

MOLENDINUS, MOLINUS; moletrina, apud nos moulin.

MOLTURA, MULTURA : frumentum in farinam redactum.

MORARIUS, morus, arbor, hodie mûrier.

MORATUM, MORETUM (Ap. v, p. 305 et 306) : vinum, ut videtur, ex moris confectum.

MULFOLÆ (Ap. v, 1, 3, p. 308), chirothecæ pellitæ, contra hiberni frigoris injurias; nostratibus olim moufles, nunc mituines.

MULINARIUS, MULNARIUS : dicitur alio vocabulo molendinarius, sermone vernaculo meunier.

MULTO, vervex, mouton.

MULTURA. V. Moltura.

MUNBORATIO, defensio, tutela.

MUNBORATUS, MONBORATUS, MUNDIALIS : sub tutela vivens cujusdam domini vel patroni, ideoque ipsi certas præstationes debens. Apud Germanos olim mund erat patronus; unde adhuc vormund, mündel, mündig.

MUNIDATUS, in nummos cusus, signatus, apud nos monnayé.

MUSTATICUM, mustum, vel musti præstatio.

NAPATICA, mensura agraria, eadem, ut suspicor, quæ antcinga. Certe hic ne cogitari quidem potest de cultu naporum, in glossariis.

NATALITIUM (x, 2, p. 117), natalis dies.

NOBILIS (iv, 36, p. 37), liber, ingenuus.

OBEDIENTIA, territorium vel prædium monasterio obediens, quo abbas monachum vicarium mittebat, administrandi causa.

OBLIE, panum præstatio, quæ certis diebus fiebat domino a subditis.

OFFICIALIS, minister sive ministerialis, unde apud nos officier.

OFFICINA, cella promptuaria peculiaris, ubi res cibariæ unius et ejusdem generis separatim ab aliis conservantur vel præparantur.

OLCA, ager sepibus vel fossa circumclusus.

ORTULANUS. V. Hortulanus.

OSARIA, AUSARIA, ANSARIA : fascis vimineus.

PAGENSIS, rusticus, incola pagi, plerum que adnexus glebæ.

PAGUS, territorium multitudinis sociatæ, pars distincta territorii cui plerumque præerat comes.

PALAFRIDUS. V. *Paraveredus.*

PAND, pignus, Germanis *pfand.*

PARAFREDUS. V. *Paraveredus.*

PARATÆ (*Ap.* V, 1, 7, p. 314, not. c), operæ ad susceptiones hospitum.

PARATUM, spelta, opinor, gluma exuta, deglupta.

PARAVEREDUS, PARVAREDUS, PALAFRIDUS, PARAFREDUS : equus agminalis, quem dominus a subjectis exigebat.

PARAVEREDARIUS, qui paraveredum præstat.

PARCIO, portio, pars.

PAR, socius.

PARIES, latus aulæ, agri, domus ab angulo ad angulum, quod dicimus *pan.*

PASCHERIUM, præstatio pro porcis in pastum per silvas agendis; idem quod *pastio.*

PASTA : 1° altilis; 2° gallina saginata ad cibum.

PASTIO, PASCIO : 1° tempus introducendi porcos in silvas, pasturæ causa; 2° pastus glandarius herbariusque porcorum locis silvestribus; 3° jus pascendi porcos in silvis; 4° census pro eo ipso jure pensitatus.

PASTIONALIS silva, quercubus glandiferis consita, ad pastum porcorum.

PASTUS, epulæ, nostratibus *repas.*

PATELLA, vas in quo cerevisia conficitur.

PECTURA, PEITURA : opus cancellatum, ramalibus virgisque factum.

PECULIARE', peculium.

PECULIUM, omnis generis pecudes.

PEDALIS, mensura lignorum.

PEDITURA, vectigal quod a viatoribus solvitur, nostratibus *péage.*

PELLIPARIUS, pellio.

PELLITIA (*Ap.* V, 1, 3, p. 309), pellita vestis, rheno; apud nos *pelisse.*

PENSA : 1° pondus centum librarum, ut opinor; 2° porcina, pro cibariis menstruis erogata.

PERGAMENARIUS, qui membranas sive pergamenum conficit; hodie *parcheminier.*

PERTICA : 1° mensura longitudinis; 2° mensura arealis.

PICTURA, pars vineæ, *pecturis,* quantum auguror, circumclusa. V. *Pectura.*

PISA, gynæceum.

PISELUM, PISILIS : conclave vaporario vel fornacula calefactum; unde apud nos *poële.*

PLACITUM : 1° conventus publicus, ubi jus dicebatur; 2° judicium.

PLANA (*Ap.* IV, 18, p. 301), falcula ad levigandum, utrinque manubrium habens, quod appellamus *plane.*

PLANETA, vestis sacerdotalis, eadem quæ posterius *casula,* hodie *chasuble.*

PLUMACIUM, fortasse pulvinar, tametsi in commentario nostro, Eckbardum secuti, secus existimavimus de hujus vocabuli potestate.

PORTARIUS, ostiarius, sermone vernaculo *portier.*

PORTATURA, portatio, bajulatio.

POTESTAS : 1° *fiscus,* quam V. V.; 2° dominium, quod majores nostri, veteres illi admodum antiqui, vocabant *pôte, pôté.*

PRÆBENDA, PROVENDA : victus, vestitus, tecti largitio, quibusdam obnoxiis a monasterio viritim facta.

PRÆBENDARIUS, PROVENDARIUS : qui præbenda fruitur.

PRÆPOSITILIS, ad Præpositum pertinens.

PRÆPOSITUS : 1° secunda persona in monasterio, ita ut proximus esset abbati, summam administrationem atque curam bonorum redituumque communitatis gerens; idem qui postea ubique fere dictus est *Prior;* 2° qui justitiæ militiæque domini præest in territorio feudali; 3° idem qui *Advocatus,* quam V. V.

PRÆSUL (X, 2, p. 117), episcopus.

PRÆTOR, minister inferior, qui *consuetudines* domino feudi debitas exigit atque præstandas curat; prope idem qui villicus.

PRÆVIDERE, custodire, curare.

PRECARIA : 1° fundus quem quis ecclesiæ vel monasterio largitur, cujus tamen usumfructum ad vitam sibi retinet sub annuo censu; 2° ususfructus ad vitam, itidem sub annuo censu, rei propriæ quam quis ecclesiæ monasteriove donavit.

PRECATURIA epistola, qua quis *alodium* vel prædium ab ecclesia monasteriove, sub annuo censu, ad vitam utendum accipit, illud precario possessurus.

PRESBYTER, parochus, curio, nostratibus *prétre* vel *curé.*

PRESSORAGIUM, mustum tortivum, apud nos *pressurage.*

PRESSORIUM, torcular, *pressoir.*

PROVENDA. V. *Præbenda.*

PROVENDARIUS. V. *Præbendarius.*

PROVENDARICIUS (*Ap.* v, II, 1, p. 315), qui ad *Præbendarium* pertinet.

PULLUS regalis, pullus gallinaceus superindictus, ob adventum regis præstandus; nec vero gallus gallinaceus absolute, quemadmodum intelligitur apud Ducangium.— PULLUS vindemialis, qui vindemiarum tempestate solvitur.

PULMENTUM, omnis generis obsonium.

PULSANS, aspirans ad vitam monasticam, jam mutatione vestis facta; idem qui aliquot sæculis post *novitius* dictus est, nunc *novice.*

QUARTA : 1° mensura vinaria, heminas circiter quatuor continens; 2° mensura agrestis, fortasse pars quarta areæ mansi.

QUARTARIUS (*Ap.* v, 1, 4, p. 309), quadra panis, unde *quartier.*

RECEPTUS, jus domini convivandi apud subjectos, vel præstatio pro jure illo redimendo.

RECREDERE SE, profiteri se in obnexum, antea injuste ejuratum, redire.

REDEVANTIA, vectigal annuum domino feudi pendendum; unde apud nostrates *redevance.*

REFECTIO, epulæ.

REFECTORIUS, cui refectionis curandæ officium incumbit.

REMOTIONES, aratio iterata; apud Cenomannos *remaette*, Burgundionibus *rebeuil.*

REWADIARE, rursus oppignerare.

RIGA, fort. i. q. striga, i. e. terra e compluribus sulcis constans, in aggerem ab arantibus egesta, sulcoque latiore a reliquis separata, ne aqua sementi noceat; Anglis *ridge*, apud ruricolas nostros *raie.*

RUNCINA (*Ap.* IV, 18, p. 302), ferramentum hodie dictum *varlope* aut *rabot.*

RUPTURA TERRÆ, tributum quod ex agro plebeio percipitur : index vox vernacula *roture.*

SAGUM (*Ap.* v, 1, 3, p. 309) : 1° species panni lintei, rasi tenuisque; ut nunc provinciales loquuntur, *saie*; 2° amictus quadratus, in humero connexus.

SALA, domus plerumque, ut videtur, ex lapidibus constructa.

'SAMIATOR (*Ap.* v, 1, 1, p. 307), samiarius, lingua nostra *fourbisseur.*

SAPO, unguentum, opinor, mellitum liquidumque.

SARCILIS, SARCILUS : pannus laneus, crassus, filis inter se transversis textus; hodie *serge.*

SATIO : 1° Seminatio; 2° tempus sationis, sativum; unde nostratibus *saison*; 3° pars agri seminibus gravida, quam vocamus *sole* sive itidem *saison.*

SAUMARIUS, equus clitellarius, sagmarius, quem appellamus *sommier.*

SCABINUS, judex in tribunali vel ipsius comitis, vel vicarii præpositive comitatensis.

SCARA, servitium hemerodromorum; epistolarum, monitoriorum, aliarumque rerum minoris ponderis, ultro citroque perlatio.

SCINDULA, i. q. scandula, *bardeau*, teutonice *schindel.*

SCROPA, fort. instrumentum terræ fodiendæ aptum.

SCURIA, stabulum, unde apud nostrates *écurie.*

SCUTARIUS, scutorum artifex.

SCUTERE, i. q. *excutere.*

SEDILIUS, agellus cum tugurio.

SEIGA, idem videtur quod *fascium*, quam v. v.

SENESCALCUS, minister monasticus, cujus munus circa monasterii dapes, mensam, omninoque circa sumptus universos versabatur.

SENIOR : 1° dominus feudalis, nostratibus *seigneur*; 2° maritus; 3° qui vere munus possidet, oppositus *juniori*, i. e. vicario; 4° qui munere magis honesto atque amplo fungitur; honoratus, primarius.

SERVIENS, i. q. *ministerialis*, quod v.; sermone vernaculo *sergent.*

SERVIDA (*Ap.* v, II, 1, p. 315), præstatio definita frugum, ab hortulano debita.

SERVILIS, ad conditionem servorum pertinens.

SERVUS. V. in Prolegomm.

SEVRUM, i. e. sebum.

SEXTARIUS, mensura liquidorum et aridorum, pars decima sexta modii, aut plus paulo minusve.

SICERA, liquor fermentatus quilibet, excepto vino.

SIGALIS, SIGALUM : secale, *seigle.*

SIGNUM, tintinnabulum.

SOALIS, SOGALIS : porcus adultus atque fort. exsectus.

Soc, vomer, qui adhuc, haud mutato vocabulo, *soc* dicitur.

SOCCI (*Ap.* v, II, 3, p. 308), genus calceamenti, hodie *socques.*

SOGALIS. V. *Soalis.*

SPALEUM, locus ubi distenduntur atque servantur pelles ferarum venatu cæsarum.

Spelta, triticum spelta Linn., nostratibus *épeautre.*

Sporles, donum oblatum domino, qui in possessionem feudi venit; adventorium.

Sprevarius, genus accipitris, nostratibus *épervier,* teutonice *sperber.*

Sprimatus panis, si recte auguror, haud diversus a *paximatio,* i. e. subcinericio; vel certe factus ex *mixtura,* quam vide v.

Staupus, mensura aridorum, sextarium dimidium continens vel circiter; teutonice *stauf.*

Stephani (panis S.), idem, opinor, panis qui alibi vocatur *natalitius* aut de *pers;* fieri solebat die natali Domini, ex farina delicatiori, ovis lacteque simul subactis.

Stirpus, ager stirpibus purgatus culturæque accommodatus.

Stirpare, exstirpare.

Sungia (*Ap.* v, 11, 11, p. 331), adeps porcina, Italis *songia* vel *sugna,* Græcis recentioribus ξύγγι. Derivatum est ab *axungia.*

Tallia, quod a tenentibus domino in ipsius necessitatibus penditur; nostratibus *taille.*

Taratrum (*Ap.* v, 11, 1, p. 315), terebra, quam vocitamus *tarière.*

Tapsatio, nisi quid me fallit, i. q. *taxatio,* i. e. exactio.

Teneura, prædium, quod quid sibi hæredibusque suis a domino, sub certis conditionibus ac præstationibus traditum, tenet atque possidet; a majoribus nostris dictum *tenure.*

Tensamentum, patrocinium quod domini subditis præstant.

Terragium, pars frugum domino rediens ex agro ab ipsius subjectis culto; agrarium.

Toacla (*Ap.* IV, 18, p. 301), mappa, Anglis *towel.*

Tonna, vas majus vinarium, apud nos *tonne.*

Tornatura, commeatus ultro citroque, uti videtur, eodem significatu quo *scara,* quam vide v.

Tramissis, Tramisium, Tramisum, Tremissis : 1° frumenta trimestria, quæ quidem initio veris seruntur, tribusque mensibus maturescunt; 2° eorum satio.

Truncus (*Ap.* v, 11, 1, p. 315), genus ferramenti quod truncat.

Tuninus, Tunimus : 1° asserculus; 2° ornithon gallinarium asserculis s. ambricibus cancellatum.

Umilo. V. *Humlo.*

Uncia : 1° pondus, pars duodecima libræ; 2° modus agri, non ubique idem.

Vaccarius, bubulcus quem appellamus *vacher.*

Vaccentius, vox de qua nondum satis mihi constat, sitne vicia, an omnino omne genus pabuli.

Vasallus, homo obnoxius, qui aliquodpiam beneficium tenet, habitatque apud dominum, cui famulatur tum in equitando, tum in quovis alio officio.

Vassus, homo obnoxius, qui, æque ac vasallus, quoddam tenet beneficium, nec tamen domum dominicam habitat, sed separatim *casam* aliquam externam, quique servitium domino præstat. Idem interdum vocatur *homo casatus.*

Vestitus mansus, qui recte atque ordine colitur, undeque præstationes ac vectigalia juxta legem mansorum expedite percipiuntur.

Vicaria, divisio pagi vel comitatus; territorium ac jurisdictio cujusdam ministri, qui, comiti subjectus, *vicarius* vocabatur, eratque in imperio secundarius.

Villa, vicus rusticus; complurium in agris mansionum prædiorumque ejusdem territorii in unum junctio.

Villanus, in *villa* degens et in opere rustico occupatus; atavis nostris *villain.*

Villaris, minor *villa,* vel, ut suspicor, ea pars *villæ* quæ a rusticis subjectis incolitur.

Villicus, i. q. *major,* q. vide v.

Vinarium, aut cella vinaria, aut certe vinetum.

Vinericia : 1° servitus devehendi vindemiam collectam vinumve recens factum; 2° tributum pro illa præstatione redimenda.

Vinitor, vineæ cultor.

Virga, mensura longitudinis.

Vittonica (*Ap.* IV, 20, p. 302), i. q. betonica, herba.

Votivus homo, qui se suaque tradidit in servitium alicujus sancti, i. e. ecclesiæ; idem, opinor, qui *oblatus.*

Wacaritia, bubile, nostratibus *vacherie.*

Wacca, scribitur quandoque pro *vacca.*

Wacta, excubiæ; nobis nunc *guet;* Germanis olim *wacht,* hodie *wache.*

Wactare (XIII, 64, p. 143), excubias agere.

58

WANTUS (*Ap.* v, 1, 3, p. 308), chirotheca; nunc dicimus *gant.*

WERPIRE, deserere, abdicare, possessionem rei alicujus dimittere. Inde est quod formavit consuetudo verbum *déguerpir.*

WERPITIO, abdicatio.

WICHARIA, WICHARISCA : servitii genus, quod præstant vassalli in silva dominica. Ita certe apud Ducangium ; at non ejusmodi videtur interpretatio ut acquiescere in ea possis. Nobis, tametsi prorsus certam proferre nequeamus, tamen longe verisimilius fit, *wichariam* esse vecturæ genus.

WINERICIA, i. q. *vinericia.*

EMENDANDA.

Pag. 5, not. b, lin. 2, t. VII, p. 483; *leg.* t. VII, p. 423.

59, nol. b, lin. 1, Bisuntinencis; *leg.* Bisunti-nensis.

63, § 26, lin. 12, perticasi II; *leg.* perticas III.

191, § 3, lin. 7, vinicula; *leg.* junicula.

251, § 39, lin. 11, prævident; *scrib.* prævident*.
lin. 12, tenuerit*; *corr.* tenuerit.
not. a, tenuerint; *leg.* prævidet.

287, § 18, lin. 3, Gisberga; *leg.* Girberga.
§ 20, lin. 2, Warnerius; *leg.* Guarnerus.

309, c. IV, lin. 3, modio; *leg.* modo.

329, c. XI, lin. 5, albas; *leg.* abbas.

341, c. VI, lin. 9, uncus; *leg.* unciis.
lin. 18, vivi; *leg.* viri.

346, c. XI, lin. 7, tam dicti; *leg.* jam dicti.

401, § 15, lin. 1, ecclesiam indominicatam, mansam; *scrib.* ecclesiam, indominicatam mansam.

--

►→ Breviarii rerum fiscalium Caroli Magni Specimen, quod ex Eckhardo in Appendicem nostram admisimus, mendis compluribus scatet; ideoque secundum accuratissimam ejus editionem, quam nuperrime debemus viro doctissimo Pertz, emendandum est sic :

Pag. 296, § 1, lin. 1, Staphinsere; *leg.* Staphinseic.
lin. 8, *post* crystallinum; *adde* 1.
lin. 12, *post* patena sua *adde* solidos XXX; alter vero deforis sculptus et deauratus pensat pariter cum patena sua [solidos XV].

Pag. 297, § 2, lin. 3, pendentes; *leg.* pendent.
lin. 6, *pro* lineam *pone* siricam.
lin. 7, inducenda VIIII; *leg.* induenda VIII.
lin. 10, *post* Plumacium *adde* serico indutum.
§ 3, lin. 13, nitro; *leg.* vitro.
lin. 15, *post* sedendum *adde* 1.

Pag. 298, § 4, lin. 2; decimas provendarunt; *leg.* dedimus provendariis.
not. a, lin. 1, *delinend.* decimarum.
lin. 5, capreas; *leg.* capras.
lin. 6, avecos; *leg.* aucas.
lin. 9, Culcitra cum plumariis; *leg.* Culcita cum plumatiis.
§ 5, lin. 2, frisbcinguas; *leg.* friskinguas.
lin. 6, unsquisque; *leg.* unusquisque.
lin. 8, bovem, id est; *leg.* bovem 1. Interpunctio vero nostra servanda videtur.
lin. 9, *post* praecipitur, *adde* et sunt mansi v, qui dant annis singulis boves II. Aequitat quocumque illi præcipitur. [Et sunt mansi IV, etc.]

Pag. 299, § 6, lin. 3, MIV; *leg.* MVI.
lin. 6, Witunburg, *leg.* Wizunburch.
§ 7, lin. 5, carradas; *leg.* carra.
lin. 6, precarium; *leg.* precariam.
§ 9, lin. 1, precarium; *leg.* praecariam.

Pag. 300, § 12, lin. 2, *post* picturas *adde* IV, et e contra recepit, in ipso pago, in villa illa, cum casa dominicata, mansos vestitos serviles v, de vineis picturas [V].
§ 14, lin. 2, *post* absos *adde* v.
§ 15, lin. 1, Alusenza, *leg.* Alasenza.
§ 17, lin. 5, ingenuiles III; *leg.* ingenuiles IIII.
absos; *leg.* absum.

Pag. 301, § 18, lin. 8, toaclum, *leg.* toaclam.
lin. 9, calderos aereos II, ferreum 1; *leg.* calderas aeras II, ferrea 1.
lin. 12, sufficientia; *leg.* sufficienter.
lin. 13, CCCL; *leg.* CCCCL.
lin. 14, 15 et 16, seminum; *leg.* seminavit.
lin. 16 et 17, ordei modios mille, DCCCC seminum, reliqui repositi; *leg.* ordeo modii MDCCC, seminavit MC, reliqua repperimus.

Pag. 301, § 18, lin. 18, *post* mod. *adde* DCCC ad
      minorem mensuram; de-
      dit prebendariis modios
      [CCXL].
    lin. 18, *delin.* praebendarum.
    lin. 19, de pont. II; [de] sale; *leg.*
      de pontibus II, sale.
  § 19, lin. 1, mansionibus; *leg.* mansio-
      nilibus.

Pag. 302, § 19, lin. 2, *delend.*, casas et curtem
      sepe munitam.
    lin. 2, *post* dominicatas *adde* et
      curtem sepe munitam.
  § 20, lin. 14, vestimenta ad lectum; *leg.*
      vestimenta : lectum.
    lin. 20, fieri farina; *leg.* fieri de fa-
      rina.
    lin. 23, *post* unctis, *adde* de censu
      baccones CL, cum minu-
      cia et unctis.

Pag. 302, § 20, lin. 24, formatas; *leg.* formaticos.

Pag. 302, § 20, lin. 29, anantes XVII ; *leg.* anan-
      tes VI.

Pag. 303, § 21, lin. 2, caminatas; *leg.* caminatis.
    lin. 16, baccones CXXV; *leg.* bacco-
      nes tantos.
  § 22, lin. 11, *post* repperimus *adde* Or-
      deo modios DCCC, semi-
      navit modios CCCC, reli-
      qua repperimus. [Lar-
      dum.]

Pag. 304, § 23, lin. 5, plumarium ; *leg.* pluma-
      cium.
    lin. 6, bancalem ; *leg.* bancalem 1.
    lin. 10, mentastrum ; *leg.* mentas-
      tram.
    lin. 11, scalonios; *leg.* scalonias.
  § 24, lin. 1, τωιτ; *leg.* tantos.
    lin. 2, τωιτ; *leg.* tantos. *Post* caete-
      ris *adde* omnibus.
    lin. 3, Irl [litterulis?]; *leg.* vel re-
      liquis.

INDEX CAPITUM.

APPENDIX.

www.ingramcontent.com/pod-product-compliance
Lightning Source LLC
Chambersburg PA
CBHW060950280326
41935CB00009B/677